Jahrbuch für die Geschichte des Protestantismus in Österreich

Band 139/140 (2023/2024)

Jahrbuch für die Geschichte des Protestantismus in Österreich

Band 139/140 (2023/2024)

Herausgegeben von Martina Fuchs, Leonhard Jungwirth, Thomas Scheiwiller und Astrid Schweighofer im Auftrag der Gesellschaft für die Geschichte des Protestantismus in Österreich

Jahrbuch für die Geschichte des Protestantismus in Österreich

Band 139/140 (2023/2024)

Tagungsband: evangelisches:erinnern. Evangelische Erinnerungskulturen im Österreich des 20. und 21. Jahrhunderts

Herausgeber:innen: Martina Fuchs, Leonhard Jungwirth, Thomas Scheiwiller, Astrid Schweighofer

EVANGELISCHE VERLAGSANSTALT
Leipzig

Vorstand der Gesellschaft für die Geschichte des Protestantismus in Österreich:
Astrid Schweighofer (Präsidentin), Michael Bünker (Vizepräsident), Ingrid Vogel (Schriftführerin), Johannes Leitner (Kassier), Andreas Paul Binder, Martina Fuchs, Rahel Christine Hahn, Uta Heil, Frank Hinkelmann, Leonhard Jungwirth, Siegfried Kröpfel, Günter Merz, Karl-Reinhart Trauner

Ehrenmitglied: Karl W. Schwarz

Mit Unterstützung der Stadt Wien, des Zukunftsfonds der Republik Österreich, des Bundesministeriums für Bildung, Wissenschaft und Forschung, des Forschungszentrums Religion and Transformation in Contemporary Society, der Österreichischen Gesellschaft für Politische Bildung, des Evangelischen Bundes Österreich, der Evangelischen Kirche in Österreich, der Evangelisch-Theologischen Fakultät der Universität Wien, des Evangelischen Bildungswerks Oberösterreich, des Albert Schweitzer Haus – Forum der Zivilgesellschaft.

 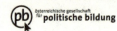

Bibliographische Information der Deutschen Nationalbibliothek
Die Deutsche Nationalbibliothek verzeichnet diese Publikation in der Deutschen Nationalbibliographie; detaillierte bibliographische Daten sind im Internet über http://dnb.dnb.de abrufbar.

© 2024 by Evangelische Verlagsanstalt GmbH · Leipzig
Printed in Germany

Das Werk einschließlich aller seiner Teile ist urheberrechtlich geschützt. Jede Verwertung außerhalb der Grenzen des Urheberrechtsgesetzes ist ohne Zustimmung des Verlags unzulässig und strafbar. Das gilt insbesondere für Vervielfältigungen, Übersetzungen, Mikroverfilmungen und die Einspeicherung und Verarbeitung in elektronischen Systemen.

Das Buch wurde auf alterungsbeständigem Papier gedruckt.

Gesamtgestaltung: Zacharias Bähring, Leipzig
Druck und Binden: BELTZ Grafische Betriebe GmbH, Bad Langensalza

ISBN 978-3-374-07534-8 // eISBN (PDF) 978-3-374-07535-5
www.eva-leipzig.de

Michael Bünker zum 70. Geburtstag gewidmet

Vorwort

Der vorliegende Doppelband des *Jahrbuchs für die Geschichte des Protestantismus in Österreich* versammelt Beiträge, welche auf der Tagung *evangelisches:erinnern. Evangelische Erinnerungskulturen im Österreich des 20. und 21. Jahrhunderts* (Wien, 19. bis 21. April 2023) als Vorträge präsentiert wurden; diese werden durch einen weiteren, grundsätzlichen Aufsatz ergänzt, nämlich denjenigen von Tim Lorentzen. Den Anstoß zu dieser Tagung gaben Diskussionen rund um evangelische Erinnerungskultur und Geschichtspolitik im Rahmen des »Memory Lab evangelisches:erinnern«, einem interdiszipinär arbeitenden Netzwerk von Wissenschaftler:innen, Pfarrer:innen und Pädagog:innen, das seit 2021 am »Albert Schweitzer Haus – Forum der Zivilgesellschaft« angesiedelt ist. Die wissenschaftliche Konzeption der Tagung stammte von den Herausgeber:innen des vorliegenden Doppelbandes; ihre Organisation lag zu großen Teilen in den Händen von Matej Perč, Bildungsreferent des »Albert Schweitzer Haus – Forum der Zivilgesellschaft«. Ihm sei für sein Engagement an dieser Stelle herzlich gedankt.

Um die Jahrtausendwende wurde in der österreichischen Protestantismusgeschichtsforschung ein neues Kapitel aufgeschlagen. Geschichtswissenschaftliche Impulse aufgreifend, unterschied man zusehends zwischen deskriptiver Quellenarbeit und (selbst-)reflexiver Erinnerungsarbeit bzw. verknüpfte diese beiden Ansätze miteinander. Neue Perspektiven und Selbstbilder des evangelischen Konfessionsverständnisses etablierten sich. Wiederholt wurde bei Tagungen und in Publikationen unter verschiedenen Blickwinkeln über das protestantische Selbstverständnis nachgedacht. Während zum Thema ›Mentalitäten‹ nach protestantischen Denkarten und Haltungen gefragt wurde,[1] standen bei der Frage nach ›Identitäten‹ Merkmale im Vordergrund, welche eine vermeintlich geschlossene Zugehörigkeit zu einer Konfession oder einem konfessionell geprägten Milieu thematisierten.[2] Mit der Frage nach ›Reformationszeit und Protestantismus im österreichischen Gedächtnis‹ wurden die Fremdwahrnehmungen des österreichischen Protestantismus behandelt, und zwar mit einem weitgehend rezeptionsgeschichtlichen Zugriff.[3] Damit wurde das weite Feld der Gedächtnis- und Erinnerungsforschung betreten.

Der vorliegende Band zur Tagung *evangelisches:erinnern* setzt diese Fragestellungen im Prisma österreichisch-evangelischer Selbst- und Geschichtsbilder zueinander in Beziehung, analysiert und reflektiert sie unter der Prämisse erinnerungs-

---

[1] Johannes DANTINE/Klaus THIEN/Michael WEINZIERL (Hg.), Protestantische Mentalitäten (Wien 1999).
[2] Evangelische Akademie Wien (Hg.), Evangelische Identitäten nach 1945 – Tagungsband (Wien 2012).
[3] Martina FUCHS/Astrid SCHWEIGHOFER (Red.), Reformationszeit und Protestantismus im österreichischen Gedächtnis (JGPrÖ 132/133 [2016/2017], Leipzig 2019).

Vorwort

theoretischer, rezeptionsgeschichtlicher sowie systematisch-theologischer Zugänge.

In den hier versammelten Aufsätzen werden unterschiedliche Erinnerungsmedien, verschiedene Frömmigkeits- und Sozialmilieus wie auch museale Einrichtungen des österreichischen Protestantismus berücksichtigt. Dabei wird ein Perspektivenbogen von Theologie und Geschichte über Architektur- bis zu Literatur- und Kunstgeschichte gespannt. Folgende Überlegungen haben sich als forschungs- und erkenntnisleitend erwiesen:

- Wie erinnern Evangelische, und wie wird Evangelisches innerhalb – und fallweise auch außerhalb – des österreichischen Protestantismus erinnert?
- Welche Erinnerungsleit- und welche Erinnerungssubkulturen lassen sich innerhalb und außerhalb des österreichischen Protestantismus identifizieren?
- An welchen Stellen wurden Spuren der Erinnerung verschüttet oder aus dem kollektiven Gedächtnis getilgt, und an welchen Stellen und mit welchen Zielen werden diese Spuren wieder freigelegt?
- Was bedeuten die praktizierten Erinnerungskulturen, die Selbst- und Geschichtsbilder für das Verhältnis der Erinnernden zu zentralen gesellschaftlichen Fragen der Gegenwart?

Neben Expert:innen aus unterschiedlichen wissenschaftlichen Bereichen kommen im vorliegenden Tagungsband auch Repräsentant:innen lokaler Erinnerungsinitiativen und -projekte aus Pfarrgemeinden und Museen zu Wort.

Unser Dank gilt den zahlreichen Fördergebern, mit deren Unterstützung nicht nur die Tagung durchgeführt, sondern auch der vorliegende Tagungsband teilfinanziert werden konnte. Zudem danken wir Frau Pia Schachner für die Korrekturlesearbeiten und Frau Hildegard Busch für die administrative Unterstützung.

Wien, im März 2024

Martina Fuchs, Leonhard Jungwirth, Thomas Scheiwiller und Astrid Schweighofer

Inhaltsverzeichnis

Vorwort 7

Grussworte

Michael Chalupka
Bischof der Evangelischen Kirche A. B. in Österreich 17

Uta Heil
Dekanin der Evangelisch-Theologischen Fakultät der Universität Wien . . . 19

Einleitung: Erinnerungsorte und Memoria

Tilmann Robbe
Erinnerungsorte. Ein anschaulicher Begriff und seine
komplexe Bedeutung 25

Tim Lorentzen
Memoria. Über alltägliches und feierliches Gedächtnis 39

Erinnerungskultur und Geschichtspolitik: Zugänge und Perspektiven

Claudia Lepp
Analystin oder Akteurin? Das Verhältnis der evangelischen
Zeitgeschichtsforschung zur evangelischen Erinnerungskultur 51

Olivier Dantine
Selbstvergewisserung oder kritische Reflexion? Die Funktion des
Erinnerns in der Evangelischen Kirche in Österreich 61

Thomas Scheiwiller
›Ethik als Erinnerung‹. Eine theologische Ethik evangelischen Erinnerns . . 67

Leonhard Jungwirth/Astrid Schweighofer
Zwischen ›Opfer‹ und ›Elite‹. Selbstbilder und Geschichtsbilder
einer Minderheitskirche 91

Martina Fuchs
›Evangelische Belletristik‹ – Evangelisches in der Belletristik?
Texte aus Österreich 121

Helmut Braun
Welche Selbst- und Geschichtsbilder werden in ›evangelischer
Architektur‹ und ›evangelischer Kunst‹ (re-)produziert? 135

Johannes Modeß
Der Raum predigt mit. Erinnern, Gedenken und Feiern in der
Lutherischen Stadtkirche Wien 151

Karl-Reinhart Trauner
Intentionen der Gefallenengedenkens 159

Matthias Weigold/Heinz Schubert
»Zur Umkehr schreiten wir voran«. Erinnern und Mahnen in der
Heilandskirche Graz 173

Sonja Danner
Erinnerung hat viele Gesichter. Zeig mir deines! – Erinnern im
Religionsunterricht 181

Selbst- und Geschichtsbilder in unterschiedlichen Erinnerungskulturen

Barbara Heyse-Schaefer
Der lange Weg zur Gleichberechtigung. Die Erinnerung an evangelische
Frauen und Frauenorganisationen im 20. Jahrhundert 195

Michael Bünker
»Gedenke der vorigen Zeiten« (5. Mose 32,7). Erinnerungs- und
Gedenkkultur im österreichischen Luthertum 205

Thomas Hennefeld
Erinnerungskultur in reformierter Tradition aus heutiger Perspektive . . . 215

Esther Handschin
»Das Beste von allem ist, dass Gott mit uns ist.« (John Wesley). Erinnern,
Bezeugen und Gedenken in methodistischer Tradition 223

Frank Hinkelmann
Selbst- und Geschichtsbilder im pietistisch-evangelikalen Milieu
der evangelischen Kirche 231

Andrea Ramharter-Hanel
Kopftuch und »Chat Noir«. Die Brückenbauer aus Syrmien in Tulln 237

Selbst- und Geschichtsbilder: Evangelische Museen und Gedächtnisprojekte

Waltraud Stangl/Ernst Dieter Petritsch
Ein Evangelisches Museum für Österreich 247

Johannes Leitner
Fotoarchive im Netz am Beispiel der Evangelischen Topothek
und ihr Beitrag zur Erinnerungskultur 253

Anita E. Ernst
Das Evangelische Diözesanmuseum in Fresach. Ein Überblick 261

Günter Merz
Das Evangelische Museum Oberösterreich in Rutzenmoos 267

Michaela Legenstein
Das Evangelische Diözesanmuseum Steiermark 273

Andrea Greinecker/Michael Bünker
Gedächtnisprojekt »Weg des Buches« 279

Österreichische Öffentlichkeit, evangelische Erinnerungsarbeit und Geschichtspolitik

Roland Werneck
›Holprige Umkehr‹. Die evangelische Kirche und das Judentum seit 1945   287

Elisabeth Gruber
Evangelische Geschichte im öffentlichen Raum: *Mental Maps*
der Erinnerung 297

Inhaltsverzeichnis

Hannes Leidinger
Transformation des Gedächtnisses. Zur Instrumentalisierung des
Oberösterreichischen Bauernkrieges im 19. und 20. Jahrhundert 309

Verschüttete Erinnerung, Verdrängung und Aufarbeitung: Werkstättenberichte

Elke Petri
Fenster mit Geschichte(n): Eine Kirchengemeinde lebt mit ›dunkelbunten‹
Fenstern. Werkstattbericht einer evangelischen Pfarrerin 319

Sabine Maurer
Gelungene ›Neurahmung‹ des antijudaistischen Altarbildes in der
evangelischen Kirche Voitsberg? 329

Monika Faes
Erinnerungsorte schaffen – mitten unter uns. Das Beispiel des Ramsauer
Pfarrers Jakob Ernst Koch 339

Rezensionen

Ulrich H. J. Körtner
Karl-Reinhart Trauner: Charles Alphonse Witz-Oberlin. Pfarrer,
Oberkirchenrat, Professor, Pazifist (Wien 2022) 347

Karl W. Schwarz
Christof Aichner/Brigitte Mazohl (unter Mitarbeit von Tanja Kraler) (Hg.):
Die Korrespondenz des Ministers für Cultus und Unterricht Leo Thun-
Hohenstein (1849–1860). Auswahledition zu den Reformen von Unterricht
und Bildung in der Habsburgermonarchie (Wien/Köln 2022) 351

Astrid Schweighofer
Herbert Posch/Martina Fuchs (Hg.): Wenn Namen leuchten. Von der
Universität Wien 1938 bis 1945 vertriebene Geschichte-Studierende
und -Lehrende: ein Denkmal (Wien 2022) 359

Karl-Reinhart Trauner
Gerhard Strejcek: Ein Dresdener Pfarrer in Wien. Pfarrer Paul Zimmermann
und die evangelische Gemeinde 1875–1925 (Berlin 2023) 361

Marija Wakounig
Karl W. Schwarz: »Wie verzerrt ist nun alles!« Die Evangelisch-Theologische Fakultät Wien in der NS-Ära (Wien 2021) 365

Thomas Winkelbauer
Thomas Greif/Andrea K. Thurnwald (Hg.): Evangelische Migrationsgeschichte(n). Begleitband zum europäischen Ausstellungsprojekt 2023 (Lindenberg im Allgäu 2023) 369

Zur Geschichte der Gesellschaft für die Geschichte des Protestantismus in Österreich

Karl W. Schwarz
Zum 145. Geburtstag der Gesellschaft für die Geschichte des Protestantismus in Österreich 377

Abkürzungen 391

Mitarbeiter:innenverzeichnis 393

Grussworte

Grusswort von Michael Chalupka

Bischof der Evangelischen Kirche A. B. in Österreich

Ich freue mich, dass diese Tagung nun möglich geworden ist. Und ich habe hohe Erwartungen und bin überzeugt, dass sie in diesen Tagen Erfüllung finden können – oder zumindest ein Schritt vorwärts getan werden kann auf dem Weg zu einer Erinnerungskultur der Evangelischen Kirchen in Österreich, die den Menschen entspricht, die diese Geschichte gelebt und geprägt haben, die uns besser verstehen lässt, wie wir den Weg weitergehen können angesichts vielfältiger Herausforderungen, und die dem Protestantismus in Österreich im Gedenken der Republik einen Platz gibt, der das Ganze bereichert.

Dadurch, dass das ›Denkmal‹, das an die wechselvolle Geschichte des Protestantismus in Österreich erinnert hat, 2019 geschleift worden ist – der Karfreitag als gesetzlicher Feiertag hatte auch diese Funktion –, klafft eine Lücke, die sich nicht von selbst schließen wird.

> »An die Geschichte des Protestantismus in Österreich wird – abgesehen von Historikern – vor allem in der katholischen Kirche und in den Bundesländern mit Landesausstellungen erinnert, aber nicht auf Bundesebene vom offiziellen Österreich, selbst nicht im Reformationsgedenkjahr 2017. Der Karfreitag wäre eine Gelegenheit dazu.«[1]

In der Kürze eines Grußwortes möchte ich mich aber nicht damit aufhalten, zu fragen, warum es auf Seiten der Republik dazu gekommen ist, sondern danach fragen, ob nicht unsere eigene Art und Weise des historischen Umgangs mit unserer Geschichte damit zu tun hat, dass es diesen zentralen Ort des Gedenkens und der Erinnerung an die Opfer der Gegenreformation nicht gibt. Dazu zähle ich auch das Fehlen eines physisch begehbaren Museums des Protestantismus in Österreich, das vieles begreifbarer machen könnte. Mein Verdacht ist, dass überzeugende Ideen nicht allein an fehlenden Finanzen scheitern.

Es hat nie an Erzählungen gefehlt, in denen wir die Opfer der Gegenreformation benannt haben und uns auf sie und ihre Geschichte, ihren festen Glauben, ihre Beharrlichkeit und Treue zum Evangelium berufen haben. Die Gegenreformation, ihre Märtyrer und Bekennerinnen haben einen festen Platz in der Geschichtskonstruktion unserer Kirchen. Und doch fehlt der *eine* Ort der Erinnerung.

Der Opfer wurde aber nicht nur gedacht, sondern man hat sich auch auf sie berufen. Besonders in der Hinwendung zum Deutschnationalismus und in der Zeit vor dem ›Anschluss‹ wurde die eigene Opfergeschichte missbraucht. Die rheto-

---

[1] Rudolf Leeb, Gastkommentar: Der Karfreitag in Österreich. Die Presse (18.4.2019), https://www.diepresse.com/ 5615089/der-karfreitag-in österreich [7.11.2023].

rische Figur in den 1930er Jahren war: Der katholisch geprägte ›Ständestaat‹ hat die schrecklichsten Zeiten der Gegenreformation wieder aufleben lassen.² Diese Selbst-Viktimisierung führte allzu schnell in die Täterschaft. Die Scham über die Täterschaft steht womöglich einer angemessenen Erinnerung an die realen Opfer der Gegenreformation, der Vertriebenen und Zwangskonvertierten, entgegen.

Da kommen wir am Diktum von Ingeborg Bachmann nicht herum: »Auf das Opfer darf sich keiner berufen«. Ich zitiere im Zusammenhang:

> »Eben deshalb darf es keine Opfer geben [...], Menschen als Opfer, weil der geopferte Mensch nichts ergibt. Es ist nicht wahr, dass die Opfer mahnen, bezeugen, Zeugenschaft für etwas ablegen, das ist eine der furchtbarsten und gedankenlosesten, schwächsten Poetisierungen. [...] Auf das Opfer darf keiner sich berufen. Es ist Missbrauch. Kein Land und keine Gruppe, keine Idee, darf sich auf ihre Toten berufen.«³

Kein Land, keine Gruppe, keine Idee... Und ich ergänze: wohl auch keine Kirche darf sich auf ihre Toten berufen.

Wie also funktioniert Erinnerungskultur, ohne sich auf die Opfer zu berufen? Wie aus der Geschichte und auch ihren Opfern lernen und Zukunft gestalten?

Ingeborg Bachmann ist uns da Mahnerin. Zugleich wissen wir aber auch, dass es ohne die Erinnerung an die Opfer der Shoah und an die Opfer des Zweiten Weltkrieges keine Deklaration der Menschenrechte, keine Genfer Konvention und keinen Staat Israel geben würde.

Es gibt also einen Unterschied zwischen dem Missbrauch der Opfer zur eigenen Geschichtsklitterung und der Idee, dass sich die Opfer nicht wiederholen dürfen.

Wie also funktioniert Erinnerungskultur, ohne sich auf die Opfer zu berufen? Wie aus der Geschichte und auch ihren Opfern lernen und Zukunft gestalten? Wie funktioniert das in der Geschichte der Evangelischen Kirche in Österreich, in deren Reihen es Opfer und Täter gegeben hat und die immer noch keinen zentralen Ort der Erinnerung im Rahmen der Republik gefunden hat?

Das sind die Fragen, die ich Ihnen ans Herz legen möchte. Auf die Antworten freue ich mich. Denn dadurch kann es gelingen, diese Lücke, die das geschleifte ›Denkmal‹ des Karfreitags hinterlassen hat, zeitgemäß zu füllen.

---

[2] Vgl. z. B. [Robert KAUER], Denkschrift über die Lage der evangelischen Kirche in Österreich und die Verletzung der Bestimmungen des Friedensvertrages von St. Germain zum Schutze der Glaubens- und Gewissensfreiheit. Die Gegenreformation in Neu-Österreich, ein Beitrag zur Lehre vom katholischen Ständestaat, hg. von Kurt AEBI/Theodor BERTHEAU/Hans GLARNER/Ernst GEYER/Rudolf GROB (Zürich 1936).

[3] Ingeborg BACHMANN, Die Wahrheit ist dem Menschen zumutbar (München 1981) 135.

Grusswort von Uta Heil

Dekanin der Evangelisch-Theologischen Fakultät der Universität Wien

Was bedeutet Erinnern auf Evangelisch?

Der Titel dieser so interessanten Tagung – *evangelisches:erinnern. Evangelische Erinnerungskulturen im Österreich des 20. und 21. Jahrhunderts* – überrascht zunächst: Sind Menschen, die evangelisch sind, andere Menschen und erinnern sich auf andere Art und Weise? Oder wie ist dieses im Titel platzierte Adjektiv zu verstehen? Denken Evangelische anders? Fühlen sie anders? Sprechen sie eine andere Sprache? Das kann aber eigentlich nicht gemeint sein. Der Titel kann sich nicht auf das Subjekt – denjenigen, der sich erinnert –, sondern nur auf das Objekt – mithin auf den Gegenstand des Erinnerns – beziehen.

Der Titel der Tagung wirft eine weitere Frage auf: Ist das Erinnern überhaupt zentral für Evangelische? Etwas Besonderes für den Protestantismus? Steht das Evangelische nicht gerade für das Gegenteil: für den Aufbruch, den Traditionsbruch, Altes hinter sich zu lassen, hin zu Neuem? Diese Beschreibung weist sicher auf einen richtigen Aspekt hin, wie auch das protestantische Schriftprinzip *sola scriptura*, gemeint als Berufung auf die Schrift allein und nicht auf die kirchliche Tradition, anzeigt. Dennoch fehlt natürlich auch im Protestantismus nicht ein Rückblick auf die Vergangenheit, und nach über 500 Jahren hat auch der Protestantismus eine eigene Geschichte hinter sich und Traditionen entwickelt.

Wie und wo wird an Evangelisches erinnert? Schaut man sich ein wenig um, so stößt man beispielsweise auf »erinnern.at«: Diese Webpage verweist auf das von der OeAD – Österreichs Agentur für Bildung und Internationalisierung – »durchgeführte Programm zum Lehren und Lernen über Nationalsozialismus und Holocaust«.[1] Auch das österreichische Parlament widmet sich dem Erinnern und Gedenken:

> »Mit dem Erinnern an die schrecklichsten Zeiten des 20. Jahrhunderts will das Parlament Österreich in verschiedenen Veranstaltungsformaten das Andenken an die Opfer des Nationalsozialismus wahren, Lehren aus der Vergangenheit ziehen und sich bewusst mit diskriminierenden und antisemitischen Tendenzen in der Gesellschaft auseinandersetzen.«[2]

Das ist natürlich absolut wichtig ohne Abstriche, zeigt aber auch, dass der Begriff ›Erinnern‹ fast ausschließlich mit dem Gedenken an die Zeit des Nationalsozialismus gleichgesetzt wird.

---

[1] Selbstauskunft auf der Webpage https://www.erinnern.at/ueber-uns/ueber-uns [12.1.2024].
[2] Selbstauskunft auf der Webpage https://www.parlament.gv.at/erleben/veranstaltungen/erinnern-gedenken/ [12.1.2024].

Grußwort von Uta Heil

Die im Jahr 2004/05 erschienenen drei Bände *Memoria Austriae*[3] haben unter »Personen« wohl einen Beitrag zu Kardinal Franz König, unter »Bauten« zum Stephansdom, zu Mariazell, unter »Unternehmen« beispielswies zu Julius Meinl und Manner. Unter Unternehmen wäre sicher auch ein Eintrag zur evangelischen Unternehmer-Familie Reininghaus passend gewesen, die ein Brauereiimperium und fortschrittliche Sozialstrukturen aufbaute. Außerdem ist meiner Wahrnehmung nach Bier genauso wichtig für die österreichische Identität wie Wein. Man mag sich darin trösten, dass in den Bänden auch Ludwig van Beethoven nicht vorkommt, aber Wolfgang Amadeus Mozart natürlich nicht fehlt.

Eine neue Form des Erinnerns auf einer Metaebene präsentiert das Forschungsprojekt der Universität Wien *POREM: Politics of Remembrance and the Transition of Public Spaces. A Political and Social Analysis of Vienna.*[4] Das Projekt wurde zwischen 2014 und 2017 am Institut für Staatswissenschaft der Universität Wien durchgeführt und vom Wiener Wissenschafts-, Forschungs- und Technologiefonds (WWTF) sowie vom Nationalfonds der Republik Österreich für Opfer des Nationalsozialismus finanziert. Es widmet sich dem Erinnern im öffentlichen Raum und kann inzwischen eine interaktive Karte, kombiniert mit Zeitleiste, vorweisen.[5] Hier geht es darum, wann, wo und woran seit der Zeit des Austrofaschismus in Wien und Umgebung erinnert wurde. Interessant wäre es, etwas Analoges für den Protestantismus in Österreich zu erstellen.

Damit möchte ich diesen kleinen Ausflug durch die Medien beenden. Es bleibt der Eindruck – evangelisches Erinnern ist notwendig, denn evangelisches Vergessen ist allgegenwärtig: Man vergisst uns Evangelische, und damit wir uns nicht selbst verlieren und vergessen, ist Erinnern geboten. Denn Erinnern stiftet Identität, Erinnerungsorte verbinden mit der Region, Erinnerungszeiten / Gedenktage machen Evangelische im Kalender sichtbar.

Aber natürlich ist ein kritisch reflexives Erinnern geboten, nicht eine Märtyrer- und Heldengeschichte in rosaroter Färbung. Denn das entspricht nicht der protestantischen Identität, schon gar nicht unserem Wissenschaftsverständnis. Es gilt auch, an die Schattenseiten der eigenen Geschichte zu erinnern und diese nicht zu überspringen oder zu ignorieren. Außerdem muss bedacht werden: Erinnerungen können verloren gehen, können auch trügen, können fehlgehen. Daher bedeutet protestantisches Erinnern auch, über das sogenannte kulturelle Gedächtnis – um einen Begriff von Jan Assmann aufzugreifen – hinauszugehen und das Gegebene zu hinterfragen und Verschüttetes aufzudecken.

Daher freue ich mich, dass Tagung und Konferenzband so engagiert von Martina Fuchs (Institut für Geschichte, Hist.-Kult. Fakultät, Universität Wien), Leonhard Jungwirth (Institut für Kirchengeschichte, Christliche Archäologie und Kirchliche

---

[3] Emil BRIX/Ernst BRUCKMÜLLER/Hannes STEKL (Hg.), Memoria Austriae, Bd. 1: Menschen, Mythen, Zeiten (Wien 2004); Bd. 2: Bauten, Orte, Regionen (Wien 2005); Bd. 3: Unternehmer, Firmen, Produkte (Wien 2005).
[4] https://porem.univie.ac.at/ [18.1.2024].
[5] https://poremwien.univie.ac.at/maps/ [12.1.2024].

Kunst, ETF, Universität Wien), Matej Perč (Albert Schweitzer Haus – Forum der Zivilgesellschaft), Thomas Scheiwiller (Institut für Systematische Theologie und Religionswissenschaft, ETF, Universität Wien) und Astrid Schweighofer (Österreichische Akademie der Wissenschaften, Kirchlich Pädagogische Hochschule Wien/Krems) vorbereitet wurden und ein reichhaltiges Tableau an Themen bieten.

Einleitung:
Erinnerungsorte und Memoria

Erinnerungsorte

Ein anschaulicher Begriff und seine komplexe Bedeutung

Von Tilmann Robbe

I. Vorbemerkungen

Was ist ein Erinnerungsort? Diese Frage scheint überflüssig zu sein: Das ist ein Ort, an den man sich erinnert. Oder ein Ort, der einen an etwas erinnert?

Das Wort ist seit mindestens zwei Jahrzehnten in aller Munde. Es gibt dicke Bücher, die jeden Kaminsims schmücken können und in denen Erinnerungsorte gesammelt und beschrieben werden. Es gibt Stadtführungen zu Erinnerungsorten, Reiseführer, Gedenkveranstaltungen und Tagungen, die das Wort im Titel führen. Aber wer sich die einzelnen Erinnerungsorte näher anschaut, steht vor einer verwirrenden Vielfalt: Da sind Denkmäler, Gedenkstätten und historische Orte, manche erinnern an Personen, die wirklich alle kennen, manche rufen Ereignisse in Erinnerung, die erklärungsbedürftig sind, wieder andere sind für kleine Gemeinschaften wichtig, während andere den Anspruch erheben, universell zu sein. Gibt es überhaupt etwas, das alle Erinnerungsorte verbindet?

II. Drei Beispiele

Um mehr über den Begriff der Erinnerungsorte herauszufinden, greife ich willkürlich drei Beispiele heraus:

Das erste ist das Estadio Mario Alberto Kempes in der argentinischen Stadt Córdoba. Es wurde für die Fußball-Weltmeisterschaft in Argentinien errichtet und 1978 eröffnet. Am 21. Juni 1978 traf die Nationalmannschaft des amtierenden Weltmeisters Deutschland hier in der zweiten Turnierrunde auf die Auswahl Österreichs, die als Gruppenletzte auch bei einem Sieg keine Chance auf ein Weiterkommen hatte. Für Deutschland war die Situation hoffnungsvoller: Mit einem eigenen Sieg, der freilich deutlich ausfallen musste, und je nach Ausgang der gleichzeitig stattfindenden Partie zwischen den Niederlanden und Italien, schien nicht nur das Spiel um den dritten Platz, sondern auch das Finale theoretisch noch erreichbar.

Es kam bekanntlich anders: Das österreichische Team nahm die ihm zugedachte Rolle als Steigbügelhalter für den deutschen Einzug in die Endrunde nicht an, sondern warf die deutsche Mannschaft mit 3:2 aus dem Turnier: das ›Wunder‹, oder, je nach Perspektive, die ›Schmach von Córdoba‹.[1]

Am lebendigsten in Erinnerung geblieben ist, neben dem Schlagwort selbst, die engagierte Kommentierung des Spiels durch den Sportreporter Edi Finger – vergleichbar mit der ikonischen Reportage des Weltmeisterschafts-Finales der deutschen Nationalmannschaft gegen Ungarn in Bern 1954 von Herbert Zimmermann.[2] Ein kurzer Ausschnitt aus Edi Fingers Reportage (»Tooor, Tooor, Tooor, Tooor, Tooor, Tooor! I wer' narrisch!«) reicht aus, um das Ereignis in Erinnerung zu rufen und, damit verknüpft, den Moment des fußballerischen Triumphs gegen den sonst häufig so übermächtigen Nachbarn zu vergegenwärtigen. Dabei spielt es keine Rolle, ob man das denkwürdige Spiel im Stadion erlebt oder die Reportage im Radio verfolgt hat. Die Bedeutung des Ereignisses, das durch einen akustischen Auslöser ins Gedächtnis zurückgerufen wird, verdichtet sich selbst für diejenigen, die erst viel später von dem Ereignis erfahren haben, in der Chiffre ›Wunder von Córdoba‹. Der Ort des Ereignisses, das Estadio Mario Alberto Kempes, ist für diesen Vorgang nahezu bedeutungslos. Der Erinnerungsort ist nicht das Stadion am Ort des historischen Geschehens, sondern die Chiffre und ihre Bedeutung im Bewusstsein der Fußballliebhaber.

Ein Erinnerungsort ist also nicht unbedingt ein geographischer Ort. Es scheint zudem nicht von Bedeutung zu sein, ob man sich als Zuschauer im Stadion oder als Radiohörer an das Spiel erinnert – die Chiffre vergegenwärtigt den symbolischen Mehrwert auch ohne persönliche Erinnerung an das Ereignis.

Der zweite Erinnerungsort liegt im Norden Deutschlands: Am Ausgang des Hamburger Hafens bei Finkenwerder erweitert sich die Elbe und bildet südlich des Flusslaufs das Mühlenberger Loch, eines der größten Süßwasser-Watten Europas. Im Rhythmus der Gezeiten fällt es bei Niedrigwasser teilweise trocken und bietet Fischen und Vögeln einen Lebensraum in unmittelbarer Nähe zum größten Seehafen Deutschlands. Gegenüber von Blankenese gelegen, ist das Mühlenberger Loch außerdem ein beliebtes Segelrevier im Einzugsgebiet der Hamburger Elbvororte. Da ist kaum ein Segelverein am Elbhang, der es nicht für die Ausbildung des Segelnachwuchses nutzt. Die Fahrt über die Elbe, die Querung des dichtbefahrenen Fahrwassers und schließlich die langen Nachmittage, die mit dem Üben von Segelmanövern auf dem ruhigen Wasser des Mühlenberger Lochs vergingen, sind ganzen Generationen von jugendlichen Seglerinnen und Seglern lebendig in Erinnerung geblieben.

---

[1] Florian LABITSCH, Die Narrischen. Sportereignisse in Österreich als Kristallisationspunkte kollektiver Identitäten (Wien/Berlin 2009), darin insbesondere das Kapitel »Die Narrischen. Córdoba als Gedächtnisort«, 65–90; Roman HORAK/Georg SPITALER, Sport Space and National Identity. Soccer and Skiing as Formative Forces: On the Austrian Example. *American Behavioral Scientist* 46/11 (2003) 1506–1518.

[2] Diethelm BLECKING, Das »Wunder von Bern« 1954 – Zur politischen Instrumentalisierung eines Mythos. *Historical Social Research* 40 (2015) 197–208.

Gleichzeitig grenzt das Mühlenberger Loch an die industriell genutzten Flächen des Hamburger Hafens: Am östlichen Ufer wurde während des Zweiten Weltkriegs eine Flugzeugwerft angesiedelt, die nach einigen Zwischenschritten schließlich im Hamburger Werk des europäischen Luftfahrtunternehmens Airbus aufging. Ende der 1990er Jahre suchte Airbus einen Standort für die Fertigung des neuen Großflugzeugs A380, und der Hamburger Senat beschloss, das Vorhaben durch die Erweiterung des Werkgeländes ins Mühlenberger Loch hinein zu ermöglichen. Aufgrund der ökologischen Bedeutung des Gebiets leisteten Teile der Bevölkerung erbitterten Widerstand gegen das Vorhaben; Anwohner und Naturschutzverbände versuchten, das Projekt zu verhindern. Trotzdem wurde von 2001 bis 2003 ein knappes Viertel des Mühlenberger Lochs zugeschüttet – für die Verbände ein Sinnbild dafür, wie die Politik im Verein mit Großunternehmen nicht nur die Interessen der benachbarten Bevölkerung, sondern auch den notwendigen Schutz der natürlichen Lebensgrundlagen ignorieren.[3]

So wurde ein Naturraum, dessen Bekanntheit über die Region hinaus eher begrenzt ist, für unterschiedliche Gruppen zum bedeutsamen Ort widerstreitender Erinnerungen. Für Wassersportlerinnen oder Erholungsuchende bildet er einen persönlichen Erinnerungsschatz, der immer wieder ins Gedächtnis zurückgerufen werden kann. Für Teile der Bevölkerung, für Arbeitnehmerinnen und Arbeitnehmer der Airbus GmbH, für die Hamburger Wirtschaftspolitik bildet er das Musterbeispiel für erfolgreiche Wirtschaftsförderungsprojekte. Aus Sicht von Naturschutzverbänden und Bürgerinitiativen zeigt sich hier die Bedenkenlosigkeit, mit der die Industrie, unterstützt von der Politik, ihr Profitstreben über die Interessen der Allgemeinheit stellt.

Erinnerungsorte können also durchaus geographische Orte sein. Sie können aufgrund persönlichen Erlebens entstehen, gleichzeitig aber auch Bedeutung für diejenigen annehmen, die keine persönlichen Erinnerungen an den Ort haben. Sie können von unterschiedlichen Gruppen in Anspruch genommen werden und konträre Inhalte transportieren; sie sind umstritten. Sie sind für Gruppen relevant, die ganz unterschiedlich zugeschnitten sein können und sich nicht ›naturwüchsig‹, sondern aus gemeinsamen Tätigkeiten, Einstellungen oder Interessen ergeben.

Das dritte Beispiel ist die Kirche vom Heiligen Grab in der Altstadt von Jerusalem. Unter ihrem Dach wird nicht nur das Grab Christi verortet und damit gleichzeitig der Ort der Auferstehung, sondern auch der Kreuzigungsfelsen und der Ort, an dem das Kreuz Christi aufgefunden wurde. Darüber hinaus wird der Ort, an dem Adams Schädel die Jahrhunderte überdauert hat, in der Kirche gezeigt. Mehrere

---

[3] Renate NIMTZ-KÖSTER/Uwe WESTPHAL, Das Mühlenberger Milliardenloch oder wie ein Flugzeug die Politik beherrscht (Hamburg 2005).

christliche Konfessionen konkurrieren um die Nutzung des Gebäudes und wachen über die Einhaltung der minutiös festgelegten Nutzungsrechte.[4]

Die Grabeskirche zeigt im Kleinen, was im Großen auch in der christlichen Gedenklandschaft des Heiligen Landes sichtbar ist. In einem grundlegenden Werk zur Gedächtnisforschung hat der französische Soziologe Maurice Halbwachs 1941 untersucht, wie sich die heutige Gedächtnis-Topographie auf dem Boden des Heiligen Landes entwickelt hat.[5] Dabei kommt es ihm nicht darauf an, die Authentizität der überlieferten Wirkungsstätten Jesu zu bestätigen oder zu widerlegen. Stattdessen zeigt er, dass schon die Gedächtnislandschaft der ›Judenchristen‹ sich nicht mehr auf die vollständig verlorengegangene Überlieferung der tatsächlichen Orte von Jesu Wirken stützen konnte, und dass in dem Moment, in dem das Christentum zur römischen Staatsreligion wurde, die Gedächtnislandschaft nach den Vorstellungen der römischen Christen umgeformt wurde. Die europäische Christenheit der Spätantike und des Mittelalters machte sich ihrerseits eine Vorstellung von der Gedächtnistopographie des Heiligen Landes und prägte sie der vorgefundenen Landschaft in der Zeit der Kreuzzüge ein. Dabei wurden Orte verlegt, an einigen Orten wurden mehrere Ereignisse zusammengefasst, und schließlich gibt es Ereignisse, derer an mehreren Orten gedacht wird. Die vermeintlich so festgefügte Erinnerungslandschaft mit den beglaubigenden Orten ist damit das Produkt einer immer neuen Konstruktion und fortwährender Überschreibung.

Obwohl Erinnerungsorte also dazu dienen, Gedächtnisbestände zu beglaubigen und auf Dauer zu stellen, müssen sie keineswegs ›authentisch‹ sein, was immer das heißt, sondern es reicht, dass eine Gemeinschaft ihnen ihre Bedeutung zuschreibt.

Wenn aber Erinnerungsorte im kulturwissenschaftlichen Sinn weder geographische Orte sein müssen, ihre Eigenschaft nicht durch persönliche Erinnerungen bestimmt wird und die Verortung des erinnerten Ereignisses keine Rolle für die Festlegung des Ortes spielt – was sind dann Erinnerungsorte?

---

[4] Jürgen Krüger, Die Grabeskirche zu Jerusalem, Geschichte – Gestalt – Bedeutung (Regensburg 2000); Annemarie Mörtl, »Im Haus meines Vaters gibt es viele Wohnungen.« Die Grabeskirche zu Jerusalem als Erinnerungsort (Masterarbeit Universität Graz 2019).

[5] Maurice Halbwachs, Stätten der Verkündigung im Heiligen Land. Eine Studie zum kollektiven Gedächtnis, hg. von Stephan Egger (Maurice Halbwachs in der édition discours 6/édition discours 21, Konstanz 2003) (franz. Orig.-Ausg. La topographie légendaire des évangiles en Terre Sainte, Paris 1941); Kai Trampedach, Die Konstruktion des Heiligen Landes. Kaiser und Kirche in Palästina von Constantin bis Justinian, in: Die Levante. Beiträge zur Historisierung des Nahostkonflikts, hg. von Michael Sommer (Freiburger Beiträge zu Entwicklung und Politik 27, Freiburg i. Br. 2001) 83–111.

III. Erinnerung als kollektive Erinnerung

Der Begriff Erinnerungsort setzt sich aus zwei Teilen zusammen, die in der Gedächtniskonjunktur der letzten Jahrzehnte[6] eine intensive Entwicklung durchgemacht und einen Bedeutungsüberhang gewonnen haben, den das Wort allein zunächst nicht preisgibt.[7]

Dem ersten Teilwort, der ›Erinnerung‹, ist das ›Gedächtnis‹ und das ›Gedenken‹ verwandt. Das Gedächtnis lässt sich als eine Art Speicher denken, in dem vergangene Wahrnehmungen, Ereignisse oder Deutungen aufbewahrt werden. Um die Inhalte des Gedächtnisses in der Gegenwart wachzurufen, bedarf es der Tätigkeit des Erinnerns. Dabei werden die Gedächtnisbestände kaum jemals unverändert aus dem Speicher entnommen, sondern mehr oder weniger bewusst in die Bedürfnisse und Deutungsmuster der Gegenwart eingepasst; sie werden aktualisiert. Vollzieht sich das Erinnern in einem rituellen Rahmen, spricht man von Gedenken. Der unwillkürliche oder bewusst herbeigeführte Erinnerungsanlass weicht dann dem intendierten Gedenkzweck, der ein gegenwärtiges Ziel verfolgt.

Ob man also von ›Erinnerungsorten‹, ›Gedächtnisorten‹ oder ›Gedenkstätten‹ spricht, ist nicht zufällig, sondern transportiert unterschiedliche Bedeutungsnuancen.

Neben den konkretisierenden Bedeutungsnuancen des Wortfeldes bringt die Erinnerung aber noch eine zusätzliche Bedeutungserweiterung mit, für die vor allem Maurice Halbwachs verantwortlich ist: Bevor er sich den christlichen Gedächtnisorten im Heiligen Land zuwandte, untersuchte er in den 1920er Jahren die Bedingungen des Gedächtnisses und kam zu dem Schluss, dass sich Individuen immer innerhalb von Gemeinschaften erinnern und folglich das Gedächtnis der Einzelnen von der Zugehörigkeit zu unterschiedlichen Gruppen gerahmt und geformt wird. Aus den solchermaßen geformten Einzelgedächtnissen setzt sich, so Halbwachs, das kollektive Gedächtnis zusammen, in dem sich der gemeinsame Gedächtnisbestand einer Gruppe findet. Auch wenn dieses nicht ohne die Gruppe gedacht werden kann, ist sein Träger doch immer der Einzelne. Kollektives Gedächtnis im Sinne Halbwachs' ist sozial bedingtes Gedächtnis.[8]

---

[6] Einführend: Aleida Assmann, Gedächtnis als Leitbegriff der Kulturwissenschaften, in: Kulturwissenschaften. Forschung – Praxis – Positionen, hg. von Lutz Musner/Gotthart Wunberg (Wien 2002) 27–45; Sabine Moller, Erinnerung und Gedächtnis, Version 1.0, http://docupedia.de/zg/Erinnerung_und_Gedächtnis [6.12.2023]; Astrid Erll, Kollektives Gedächtnis und Erinnerungskulturen. Eine Einführung (Stuttgart/Weimar 2005); Johannes Fried, Der Schleier der Erinnerung. Grundzüge einer historischen Memorik (München 2004).

[7] Dazu ausführlicher Tilmann Robbe, Historische Forschung und Geschichtsvermittlung. Erinnerungsorte in der deutschsprachigen Geschichtswissenschaft (Formen der Erinnerung 39, Göttingen 2009) 31–34.

[8] Maurice Halbwachs, Das Gedächtnis und seine sozialen Bedingungen (Soziologische Texte 34, Berlin/Neuwied 1966); Ders., Das kollektive Gedächtnis (Frankfurt a. M. 1985).

Da diese Form des Gedächtnisses an Individuen gebunden ist, kann es nur begrenzte Zeit überdauern. Hier setzt der Ägyptologe Jan Assmann an, der im Jahr 1988 mit einem kurzen, aber intensiven Text zum kollektiven Gedächtnis[9] die kulturwissenschaftliche Gedächtnisforschung geradezu entfesselt hat.

Assmann teilt das kollektive Gedächtnis in zwei ›Register‹: Das kommunikative Gedächtnis bewahrt Erinnerungsbestände, die innerhalb einer Gruppe lebendig, für die Gruppe unmittelbar verständlich und alltäglich sind. Die Inhalte dieses Erinnerungsregisters werden im täglichen Gespräch ausgetauscht und verhandelt, überdauern aber wegen der Bindung an das individuelle Gedächtnis nur begrenzte Zeit, so dass sie nach drei bis vier Generationen verblassen.

Sollen Erinnerungsbestände über diesen Zeitraum hinaus bewahrt und auf Dauer gestellt werden, müssen sie in dauerhafte Medien übertragen oder auf kulturelle Manifestationen ausgelagert und von spezialisierten Institutionen wie Bibliotheken, Archiven oder Museen bewahrt werden. Assmann nennt dieses Register das kulturelle Gedächtnis. Die Inhalte solcher Gedächtnisinstitutionen überdauern viel längere Zeiträume und sind aufgrund ihres Alters häufig nicht mehr unmittelbar verständlich, sondern interpretationsbedürftig. Es werden nicht nur Spezialisten für die Aufbewahrung, sondern auch für die Deutung und Aktualisierung der Inhalte benötigt. Assmann spricht für die von ihm untersuchten Zeiträume von Priestern, die das kulturelle Gedächtnis für die Zeitgenossen ausdeuten; heute sind es Historiker, Theologinnen, Bibliothekare und Archivarinnen, die das kulturelle Gedächtnis zugänglich halten.

Wird von Erinnerungsorten gesprochen, geht es also nicht um die alltagssprachliche Erinnerung der Einzelnen, sondern es schwingt der Bedeutungsüberhang des kulturwissenschaftlichen Gedächtnisbegriffs mit: Erinnerungsorte betreffen nicht das individuelle, sondern das kollektive Gedächtnis, wie es Maurice Halbwachs oder Jan Assmann beschrieben haben.

IV. Der Ort als Topos

Eine ähnliche Komplexität finden wir beim zweiten Wortbestandteil, dem ›Ort‹. Im Deutschen ist der Ort in der Landschaft lokalisierbar, auf Karten verzeichnet und konkret. Einen Ort kann man aufsuchen. Ebenso ist es mit den sprachlichen Verwandten des Erinnerungsortes, also den Denkmälern, Lernorten, Gedenkstätten, Mahnmalen oder Schauplätzen eines historischen Geschehens. Sie alle können aufgesucht und geographisch verortet werden. Wenn aber Erinnerungsorte, wie ich anfangs behauptet habe, nicht unbedingt geographische Orte sein müssen, bietet die deutsche Sprache nur wenige Anhaltspunkte – allenfalls kommt der Gemeinplatz in den Sinn, der ebenfalls wie ein geographischer Begriff daherkommt, sich

---

[9] Jan Assmann, Kollektives Gedächtnis und kulturelle Identität, in: Kultur und Gedächtnis, hg. von Dems./Tonio Hölscher (Frankfurt a. M. 1988) 9–19.

aber im übertragenen Sinn auf die ›allgemeinen Orte‹ der antiken Rhetorik zurückbezieht und Schlagwörter sowie immer wieder gebrauchte Argumentationsfiguren, ›Topoi‹, bezeichnet. Neben dem Topos, dem lateinischen *locus communis*, kennt die Rhetorik auch den *locus memoriae*, der den Rednern als Merkhilfe für die systematische Memorierung ihrer Gegenstände dient. Auch dieser Ort ist kein geographisch fassbarer Ort, sondern ein Ort in der Vorstellung, an dem die Themen und Argumentationen abgelegt und im Fortgang der Rede wieder aufgesucht werden.[10]

Auf diese *loci memoriae* der antiken Rhetorik bezog sich der französische Historiker Pierre Nora, als er in den 1970er Jahren die Idee entwickelte, die Geschichte Frankreichs anhand ihrer prägenden Mythen und Symbole zu schreiben. Er diagnostizierte das Ende der einheitlichen französischen Nationalgeschichte. Stattdessen beobachtete er, wie unterschiedliche Gruppen, die vorher vermeintlich in der Nation aufgegangen waren, ihre Identität entdeckten und begannen, das Gedächtnis ihrer Gruppe zu erforschen und in partikulare Geschichten zu überführen. Die einheitliche nationale Geschichte, wie sie vorher nahezu ausschließlich erzählt worden war, verlor ihre Selbstverständlichkeit. An ihre Stelle trat die Frage, wodurch die Nation angesichts der Vielfalt ihrer Mitglieder zusammengehalten wird und was an die Stelle der bisherigen Einheitsgeschichte treten kann.[11]

Nora erschloss in dieser Situation einen neuen Gegenstandsbereich für die Geschichtswissenschaft: Anders als die Historiker vor ihm wollte er sich für die Erzählung der französischen Geschichte nicht auf Ereignisse, Entwicklungen und Persönlichkeiten beschränken, sondern diese anhand der Vorstellungen über Frankreich neu schreiben, als Gedächtnisgeschichte oder als »Geschichte zweiten Grades«.[12] Anstatt eines Ereignisses wollte er dessen Wirkungsgeschichte und die (möglicherweise unterschiedlichen) Bedeutungen untersuchen, die dem Ereignis im Laufe der Zeit zugeschrieben wurden. Anstatt des Wirkens einer historischen Persönlichkeit interessierten ihn die (möglicherweise wechselnden) Traditionslinien, die vom Wirken der Person in die jeweilige Gegenwart gezogen wurden. Mit einem Wort: Anstatt mit der Geschichte selbst wollte er sich damit befassen, welche Rolle die Geschichte im nationalen Gedächtnis spielte und wie dieser Gebrauch von Geschichte die Nation überhaupt erst konstituiert hat.[13]

Nora sah sich einer Vielzahl von Gegenständen gegenüber: Historische Orte (wie etwa Verdun), mythische Figuren (wie Jeanne d'Arc) oder kulturelle Formeln (wie die Galanterie) bilden gemeinsam das symbolische Inventar Frankreichs. Um diese Vielfalt unter einen Hut zu bekommen, greift er zum lateinischen *locus memoriae*

---

[10] Frances A. YATES, The Art of Memory (London 1966).
[11] Pierre NORA, Comment écrire l'histoire de France?, in: Les lieux de mémoire, Vol. III: Les France 1, hg. von DEMS. (Paris 1992) 9–32.
[12] Pierre NORA, Pour une histoire au second degré. *Le Débat* 122 (2002) 24–31.
[13] Pierre Nora war nicht der einzige, der die Rolle der Geschichte im Prozess der Nationsbildung untersuchte. Nur wenig später beschrieben Eric J. HOBSBAWM/Terence RANGER, The invention of tradition (London 1983) auf ganz ähnliche Weise die zentrale Funktion der Vergangenheitsdeutung in der Nationalstaatsbildung.

der Gedächtniskunst und übersetzt ihn zum französischen *lieu de mémoire*. Er gibt dem französischen *lieu* damit gleichzeitig die metaphorische Bedeutung des lateinischen *locus* mit, der in der Gedächtniskunst einen gedachten Ort bezeichnet.

V. Deutsche Erinnerungsorte[14]

1990, also zwei Jahre, nachdem Jan Assmann seine Überlegungen zum kommunikativen und kulturellen Gedächtnis veröffentlicht hatte, kommt der Begriff nach Deutschland: Die Einleitung zu Noras *Les lieux de mémoire*, seiner »Geschichte zweiten Grades«, erscheint in deutscher Sprache und macht den Begriff als ›Gedächtnisort‹ im deutschen Sprachraum bekannt.[15]

Kurz darauf beginnen in Berlin Etienne François und Hagen Schulze damit, Noras Idee einer ›Geschichte zweiten Grades‹ nach Deutschland zu transferieren.[16] Auch sie bereiten eine Sammlung nationaler Mythen und Symbole vor, aber angesichts der deutschen Geschichte kann dieses Vorhaben den Akzent nicht auf eine vermeintlich ungebrochene Kontinuität nationaler Einheit legen, sondern ist bei jedem einzelnen untersuchten Topos mit Brüchen und teils radikalen Deutungsverschiebungen konfrontiert.[17]

An einem Beispiel wie dem Brandenburger Tor[18] lässt sich leicht veranschaulichen, wie der immer gleiche Gegenstand zum Objekt verschiedenster Deutungsentwürfe wird: Ursprünglich bloß die repräsentative Markierung einer Zollgrenze, wird es nach Napoleons Einmarsch zum Symbol für französische Unterjochung, nach den Befreiungskriegen aber zum Sinnbild deutscher Einigkeit gegen Frankreich. Die Nationalsozialisten marschieren bei ihren Paraden nicht mehr westwärts durch das Tor, sondern ostwärts und verdeutlichen dadurch die neue Frontstellung. Nach dem Zweiten Weltkrieg wird das Tor zum Symbol der deutschen Teilung, bis es schließlich 1989 mit dem Mauerfall erneut seinen Sinn umkehrt und zum Einigungssymbol wird. Jede dieser Deutungen steht in ihrer Zeit mehr oder weniger absolut, aber in der Abfolge wird ihre Zeitgebundenheit sichtbar. Die vermeintlich festgefügte Bedeutung des symbolhaften Ortes wandelt sich mit dem Blick, den die jeweilige Gegenwart auf das Symbol wirft. Man könnte bildhaft sagen, dass sich

---

[14] Etienne François/Hagen Schulze (Hg.), Deutsche Erinnerungsorte, 3 Bde. (München 2001).
[15] Pierre Nora, Zwischen Geschichte und Gedächtnis, aus dem Französischen übersetzt von Wolfgang Kaiser (Berlin 1990). Bereits zuvor war der Begriff punktuell von einzelnen deutschsprachigen Autoren verwendet worden, aber erst nach dem Erscheinen von Noras Essay erlangte er eine höhere Bekanntheit.
[16] Constanze Carcenac-Lecomte, Pierre Nora und ein deutsches Pilotprojekt, in: Steinbruch Deutsche Erinnerungsorte. Annäherungen an eine deutsche Gedächtnisgeschichte, hg. von Ders. u. a. (Frankfurt a. M. 2000) 13–26.
[17] Etienne François/Hagen Schulze, Einleitung, in: Deutsche Erinnerungsorte I, hg. von Dens. (München 2001) 9–24.
[18] Gustav Seibt, Das Brandenburger Tor, in: François/Schulze, Erinnerungsorte (wie Anm. 14), Bd. 2, 67–85.

die unterschiedlichen Bedeutungen wie Sedimente absetzen und sich Schicht für Schicht überlagern. Am besten sichtbar ist die oberste Schicht, aber beginnt man zu graben, treten vergangene Bedeutungen wieder zu Tage, auch wenn sie in der Gegenwart nicht mehr relevant sind.

Hier kommt die Unterscheidung zwischen Gedächtnis und Erinnerung wieder ins Spiel. Wenn wir annehmen, dass das Gedächtnis ein Speicher ist, in dem Vergangenes aufbewahrt wird, Erinnerung dagegen die Tätigkeit, mit der die gespeicherten Gegenstände aufgesucht und wieder vergegenwärtigt werden, dann kann eine Unterscheidung zwischen Gedächtnis- und Erinnerungsorten auch unterschiedliche Funktionen der Orte bezeichnen: An Gedächtnisorten lagern sich vergangene und gegenwärtige Deutungen ab, aber an Erinnerungsorten kann man den wandelbaren Blick auf die Vergangenheit in der jeweiligen Gegenwart sichtbar machen.

Etienne François und Hagen Schulze verwenden in ihrem Werk *Deutsche Erinnerungsorte* daher das Wort »Erinnerungsort«, nicht »Gedächtnisort«, wie es die erste Übersetzung nahelegte.[19] Sie wollen damit deutlich machen, dass die deutsche Geschichte kein festgefügter Monolith ist, den man nur beschreiben muss, sondern dass sich die Perspektive der Vergangenheitsbetrachtung nach den Bedürfnissen der jeweiligen Gegenwart richtet und daher veränderlich ist und sich durch die Zeiten immer wieder verändert hat.

Auch in den *Deutschen Erinnerungsorten* werden, wie im französischen Vorbild, vollkommen disparate Gegenstände untersucht: Das schon erwähnte Brandenburger Tor, Grimms Märchen, Heinrich Manns *Professor Unrat*, der Volkswagen, Willy Brands Kniefall in Warschau – es gibt kaum etwas, das diese Gegenstände verbindet, außer dass sie eine Rolle in der deutschen Geschichte gespielt haben und verschiedene Facetten des kaum überschaubaren und schon gar nicht kohärent zu erzählenden Bestands deutscher Vergangenheiten symbolisieren. Sie alle sind nach Überzeugung der Herausgeber Teile des deutschen kulturellen Gedächtnisses und im übertragenen Sinne: Orte in der deutschen Erinnerungslandschaft.[20]

Das vermeintlich leicht verständliche Wort ›Erinnerungsort‹ bezeichnet also keinen Ort, an den man sich erinnert, sondern einen Topos im kollektiven Gedächtnis.

VI. Erinnerungsgemeinschaften und ›ethnographische Distanz‹

Entwickelt und erstmals angewandt wurde der Begriff ›Erinnerungsort‹ von Pierre Nora im nationalen Rahmen. Auch Etienne François und Hagen Schulze haben einen nationalen Untersuchungsraum gewählt, aber versucht, ihn durch die Einbeziehung geteilter Erinnerungsorte oder den Blick von außen flexibler zu gestalten.

---

[19] François/Schulze, Einleitung (wie Anm. 17).
[20] Ebenda.

Gleichwohl war die Nation zwar der erste, aber nicht der einzig denkbare Untersuchungsrahmen. Am Beispiel des Mühlenberger Lochs habe ich versucht zu zeigen, dass Erinnerungsorte im regionalen Rahmen genauso existieren wie für Gruppen, die temporär durch bestimmte Anliegen zusammengebracht werden. Die unterschiedlichen Gedenklandschaften im Heiligen Land überlagern und durchdringen sich gegenseitig. Eine Schulklasse bewohnt einen spezifischen Erinnerungsraum genauso, wie es eine Familie oder eine Dorfgemeinschaft tut. Und schließlich besitzt die protestantische Bevölkerung in Österreich eine Gedächtnislandschaft, die von der Mehrheitsgesellschaft der umrahmenden Nation kaum wahrgenommen wird. Erinnerungsorte beschränken sich also nicht auf Nationen, sondern entstehen überall dort, wo sich Gemeinschaften Vorstellungen über ihre Vergangenheit, Gegenwart und Zukunft machen. Sie entstehen selbst dort, wo konkurrierende Gruppen dieselben Orte für unterschiedliche Bedeutungszuschreibungen in Anspruch nehmen.

Das heißt, dass sich an Gedächtnisorten unterschiedliche Bedeutungen nicht nur nacheinander ablagern können, wie am Brandenburger Tor, sondern dass sie auch gleichzeitig der Ort unterschiedlicher Ansprüche an dieselbe Vergangenheit sein können. Die Bedeutung eines Ortes kann sich nicht nur durch einen Perspektivwechsel im Zeitablauf, sondern auch durch gleichzeitige, aber unterschiedliche Blickwinkel verändern. Die Untersuchung von Erinnerungsorten muss unweigerlich zu der Erkenntnis führen, dass sich die Vergangenheit – aus unterschiedlichen Perspektiven betrachtet – unterschiedlich darbietet und Geschichte folglich nicht von vornherein festliegt, sondern ihre jeweilige Form erst unter dem spezifischen Blick der Gegenwart findet, genauso wie die Erinnerung auch.

Das bedeutet aber auch, dass die Untersuchung von Erinnerungsorten kein nostalgisches Vorhaben der Selbstvergewisserung sein kann, weil sie die Freilegung von Deutungsverschiebungen und -konkurrenzen einschließt. Gedächtnisorte offenbaren keine überzeitlichen Wahrheiten und begründen keine vermeintlich naturwüchsigen Ansprüche in der Gegenwart, sondern sie zeigen umgekehrt, wie die Vergangenheit für die Anliegen der Gegenwart in Anspruch genommen wird. Der schweizerische Historiker Guy Marchal spricht vom Geschichtsgebrauch, der so lange legitim ist, solange er andere Blickwinkel weder diffamiert noch ausschließt.[21] Gründungsmythen und nationale Symbole können in der Gegenwart wirkmächtig sein, aber sie können dennoch kritisch untersucht und in zeitlichen Kontexten verortet werden. Dafür braucht es jedoch, so Nora, eine gewisse Distanz im Verhältnis zur Vergangenheit. Solange Vergangenheit und Gegenwart als ein Kontinuum betrachtet und absolut gesetzt werden, solange eine Vergangenheitsdeutung als verbindlich und unhinterfragbar verallgemeinert wird, so lange können Gemeinschaften nicht als »Ethnologen ihrer selbst«[22]

---

[21] Guy P. MARCHAL, Schweizer Gebrauchsgeschichte. Geschichtsbilder, Mythenbildung und nationale Identität (Basel 2006).

[22] Pierre NORA, La notion de ›lieux de mémoire‹ – est-elle exportable? in: Lieux de mémoire et

tätig werden bzw. lassen sie die gewissermaßen ethnographische Analyse ihrer Geschichtsmythen auch nicht zu.[23]

VII. Sammlung oder Tiefenbohrung?

Erinnerungsorte lassen sich auf zweierlei Weise untersuchen: als Bestandsaufnahme, die versucht, die Gedächtnislandschaft einer Gruppe zu einem gegebenen Zeitpunkt weiträumig auszuleuchten und zu bevölkern, oder als Tiefenbohrung, welche die abgelagerten Bedeutungen eines Gedächtnisortes Schicht für Schicht freilegt und die Deutungsgeschichte in ihrer ganzen Wandelbarkeit nachzeichnet. Beispiele gibt es für beide Vorgehensweisen:

Die Herausgeber der drei Bände von *Memoria Austriae*, Emil Brix, Ernst Bruckmüller und Hannes Stekl, haben den ersten Weg eingeschlagen, und sie haben eine Herangehensweise gewählt, die sich deutlich von der ihrer Vorläufer unterscheidet.[24] Wie zuvor in Frankreich und Deutschland war es ihr Ziel, die nationale Gedächtnislandschaft Österreichs in ihren prägenden Symbolen und Vorstellungen zusammenzustellen. Anders aber als die Vorgängerprojekte in Frankreich oder Deutschland wollten die Initiatoren ihr Inventar nationaler Mythen und Symbole nicht durch eine eigene, mehr oder minder stichhaltige Setzung zusammenstellen, sondern griffen zu sozialwissenschaftlichen Werkzeugen, um den österreichischen Gedächtnisbestand empirisch zu erfassen. Deutlicher als in den Sammlungen französischer oder deutscher Erinnerungsorte ist hier zu sehen, dass ein solches Inventar eine Momentaufnahme ist, die einen bestimmten Zeitpunkt in der Entwicklung des Gruppengedächtnisses repräsentiert. ›Erloschene‹ Erinnerungsorte, also solche, die in der Gegenwart nicht mehr bedeutungsvoll und folglich im individuellen Gedächtnis der Befragten kaum noch präsent sind, kommen auf diese Weise eher nicht zum Vorschein, und auch Gedächtnisbestände, die ein negatives Licht auf die Gemeinschaft werfen würden, sind auf diese Weise nicht gut zu erfassen.

Peter Stachel dagegen hat mit dem Heldenplatz in Wien einen einzelnen Erinnerungsort zum Gegenstand seiner Untersuchungen gemacht.[25] Der Platz, auf dem 1938 nach dem Einmarsch deutscher Truppen eine Menschenmenge Adolf Hitler

---

identités nationales, hg. von Pim den Boer/Willem Frijhoff (Amsterdam 1993) 3–10, hier 10.

[23] Martina Baleva, Nationalmythos Batak. Die Dekonstruktion eines Bildes und die Folgen. kritische berichte 2 (2008) 21–30.

[24] Emil Brix/Ernst Bruckmüller/Hannes Stekl (Hg.), Memoria Austria I–III (Wien/München 2004/2005).

[25] Peter Stachel, Der »Heldenplatz«. Zur Semiotik eines österreichischen Gedächtnis-Ortes, in: Steinernes Bewusstsein I. Die öffentliche Repräsentation staatlicher und nationaler Identität Österreichs in seinen Denkmälern, hg. von Stefan Riesenfellner (Wien/Köln/Weimar 1998) 619–656; Peter Stachel, Ein österreichischer Gedächtnisort. Der Heldenplatz als historisches Symbol und politische Metapher, in: Modellierungen von Geschichte und Kultur, Bd. 2, hg. von Jeff Bernard/Peter Grzybek/Gloria Withalm (Wien 2000) 555–572; für ein breiteres Publikum: Peter Stachel, Mythos Heldenplatz (Wien 2002).

zujubelte, besaß schon vor diesem prägenden Ereignis eine Geschichte wechselnder Bedeutungen und blieb auch nach dem Zweiten Weltkrieg der Schauplatz politischer Kundgebungen und Ereignisse, bei denen der Platz für unterschiedliche Ziele in Anspruch genommen wurde. Wie im Brennglas zeigen sich auf diesem Platz die Brüche der österreichischen Geschichte, sowohl im Bauprogramm als auch in den Ereignissen, die auf ihm stattgefunden haben. Dass außerdem der Heldenplatz nach dem Ende des Zweiten Weltkriegs in der Literatur als Chiffre für die begeisterte Zustimmung zum ›Anschluss‹ diente, demonstriert die vielfältigen Formen, in denen sich ein Erinnerungsort manifestieren kann. Ein erstaunlicher und dem Heldenplatz eigentümlicher Befund lautet aber auch, dass kein Versuch, den Heldenplatz während der Zweiten Republik für andere Bedeutungen in den Dienst zu nehmen, die Symbolkraft der jubelnden Hitler-Anhänger verdrängen konnte.

In Stachels Herangehensweise spiegeln sich die Erkenntnisse, die an der Kommission für Kulturwissenschaften und Theatergeschichte der »Österreichischen Akademie der Wissenschaften« aus der Beschäftigung mit der zentraleuropäischen Geschichte und der daraus erwachsenden Erinnerungslandschaft gewonnen wurden. In einer Region, die von wechselnden staatlichen Zugehörigkeiten, vielfältigen ethnischen, kulturellen oder religiösen Zuschreibungen und sich überlagernden Identitäten geprägt ist, werden konkurrierende Inanspruchnahmen, Mehrdeutigkeiten, Umdeutungen und Überschreibungen nicht als Ausnahmen, sondern geradezu als Kennzeichen von Erinnerungsmalen erkannt. Die wechselnden Codierungen von Erinnerungsorten, ihre Deutungsgeschichte, steht im Mittelpunkt des Interesses, weil Eindeutigkeit unter diesen Voraussetzungen gar nicht entstehen kann oder, wird sie behauptet, bestenfalls eine Illusion, aber häufiger eine Verfälschung ist. Erinnerungsorte, so zeigt sich hier, ›gehören‹ kaum jemals einer einzelnen Gruppe, sondern sie werden von verschiedenen Gemeinschaften mit unterschiedlichen Bedeutungen belegt, und dies nicht nur nacheinander, sondern mitunter auch gleichzeitig. Daraus erklärt sich die große Skepsis, mit der aus diesem Blickwinkel die großen Sammlungen von Erinnerungsorten betrachtet werden: Indem Erinnerungsorte ausgesucht, geordnet, kategorisiert und beschrieben werden, entsteht die Illusion eines Kanons, der für eine bestimmte Gruppe zu einer bestimmten Zeit verbindlich ist. Dabei schließt die Inanspruchnahme eines Erinnerungszeichens für eine bestimmte Gruppe automatisch andere Gruppen aus, für die der Erinnerungsort ebenfalls bedeutend ist, und die Zusammenstellung eines (wie auch immer unabgeschlossenen) Kanons verschleiert die Tatsache, dass Gemeinschaften niemals so homogen sind, wie der Kanon nahelegt. Vor diesem Hintergrund hat vor allem Heidemarie Uhl darauf hingewiesen, dass die Sammlung von Erinnerungsorten einer Nation auch dann affirmativen Charakter trägt, wenn die Initiatoren einer solchen Sammlung für sich in Anspruch nehmen, die Gedächtnislandschaft einer Gruppe in dekonstruierender Absicht kritisch unter die Lupe zu nehmen. Mit der Auswahl allein werde ein »hegemoniales Inventar dessen, was eine Nation ausmacht, festgeschrieben«, und durch die wissenschaftliche

Betrachtung werde diesem Inventar noch zusätzliche Legitimation verliehen.[26] Dabei kommt es, so könnte man den Gedanken fortspinnen, gar nicht so sehr darauf an, ob die Gedächtnislandschaft einer Nation oder einer anderen Gruppe in den Blick genommen wird: Indem ein Topos dem Gedächtnisinventar einer Gruppe einverleibt wird, werden andere Gemeinschaften oder andere Deutungsmöglichkeiten an den Rand gedrängt. Sich dieser Kritik zu stellen, ist Aufgabe jeder Sammlung von Erinnerungsorten.[27]

Denkmäler, Gedenkstätten, Mahnmale: All dies sind Erinnerungsorte. Auch Orte, an die man selbst sich erinnert, können Erinnerungsorte sein. Aber sie sind nur ein verschwindend geringer Teil der potentiellen Untersuchungsgegenstände, die als Erinnerungsorte betrachtet werden können.

An Erinnerungsorten lässt sich nicht nur zeigen, wie relevant die Vergangenheit für die Gegenwart sein kann, sondern auch, wie wandelbar sie ist. Je genauer man hinsieht, desto vielfältiger und interessanter werden die einzelnen Mythen, Symbole und Vorstellungen, die das Gedächtnis von Gemeinschaften bilden. An jedem einzelnen Gegenstand lässt sich zeigen, dass die Vergangenheit nicht aus sich selbst heraus bedeutsam ist, sondern dass jede Gesellschaft, jede ›Zeit‹ ihre je eigenen Fragen an sie stellt und daraus die für sie relevante Geschichte zusammenstellt. Das macht die eigentliche Attraktivität des Begriffes aus: Die Vielstimmigkeit der historischen Überlieferung, die Perspektivität der Vergangenheitsbetrachtung, die konkurrierende Inanspruchnahme und von Gegenwartsinteressen geleitete Interpretation von Geschichte wird an Erinnerungsorten erlebbar.

---

[26] Heidemarie UHL, Gedächtnis – Konstruktion kollektiver Vergangenheit im sozialen Raum, in: Kulturgeschichte. Fragestellungen, Konzepte, Annäherungen, hg. von DERS./Christina LUTTER/Margit SZÖLLÖSI-JANZE (Querschnitte. Einführungstexte zur Sozial-, Wirtschafts- und Kulturgeschichte 25, Innsbruck u. a. 2004) 139–158, hier 151; mit ähnlicher Stoßrichtung schon Moritz CSÁKY, Gedächtnis, Erinnerung und die Konstruktion von Identität. Das Beispiel Zentraleuropas, in: Nation und Nationalismus in Europa. Kulturelle Konstruktion von Identitäten. Festschrift für Urs Altermatt, hg. von Catherine BOSSHART-PFLUGER/Joseph JUNG/Franziska METZGER (Frauenfeld 2002) 25–49.

[27] Heidemarie Uhl konnte den geplanten Vortrag, in welchem sie ihre Perspektive auf die Erinnerungskultur im Zusammenhang mit dem Projekt *evangelisches:erinnern* zur Diskussion stellen wollte, leider nicht mehr halten und zur Publikation bringen.

Memoria

Über alltägliches und feierliches Gedächtnis

Von Tim Lorentzen

Beginnen wir mit einer Geschichte. Martina Memoria, so wollen wir ihre Protagonistin nennen, kehrt gut gelaunt von einem Fest zurück. Ihr Frauenhandballteam besteht seit 25 Jahren, und so ein Vierteljahrhundert darf man üblicherweise nicht ungefeiert verstreichen lassen. Es gab ein Freundschaftsspiel, bei dem erstmals die neuen Trikots getragen wurden, im Foyer wurde eine Ausstellung mit Fotos und Erinnerungsstücken gezeigt, und einige Damen trugen lustige Verse über die Vereinsgeschichte vor, in denen die eigenen Triumphe bejubelt, die Niederlagen tröstlich verarbeitet und die Konkurrenz gnadenlos verspottet wurden. Natürlich war die Lokalzeitung da, und ein Mann vom regionalen Sportfernsehen nutzte den Anlass zu einigen unpassenden Bemerkungen über Frauensport, die sich in den nächsten Tagen noch zu einem kleinen Medienskandal ausweiten und die Jubiläumsfreude überschatten werden, aber das weiß man zu diesem Zeitpunkt noch nicht. Es war wirklich ein schöner Nachmittag, und da es nun spät geworden ist, nimmt Martina eine Abkürzung durch den Park, denn aus irgendeinem Grund, den sie vergessen hat, wollte sie eigentlich längst zu Hause sein. Sonst meidet sie die Strecke, weil sie auf der Höhe des Denkmals regelmäßig ein mulmiges Gefühl überfällt. Es ist die harmlose Statue eines christlichen Wohltäters im Gehrock, auf den eine große Sozialstiftung und mehrere Kirchengebäude zurückgehen. Aber seit Martina weiß, dass er das alles aus dem Sklavenhandel finanziert hatte (und alle wissen es), versetzt ihr sein Denkmal bei jeder Begegnung einen neuen Stich. Denn Martina ist Schwarz.

Obwohl sie hier geboren und aufgewachsen ist, bekommt sie immer wieder zu spüren, dass sie nicht völlig dazugehört. Selbst in ihrer Kirchengemeinde, wo sie bekannt ist, hört sie noch manchmal Komplimente für ihr gutes Deutsch oder ihre vorbildliche Integration, oder man fragt sie durchaus interessiert, woher sie denn *eigentlich* kommt. »Ach, in Wahrheit aus der Nähe von Passau«, sagt sie dann. Dass das alles nicht ausgrenzend *gemeint* ist, weiß sie auch selbst. »Andere Deutsche bemerken ihre Hautfarbe oft gar nicht«, denkt sie, »darum bewundern sie in der Statue auf dem Sockel auch nur den großherzigen Stifter und haben kein persönliches Problem damit, woher sein Reichtum kam.« Martina versteht sich nicht als Nachfahrin von Plantagenarbeitern, das ist nicht der springende Punkt. Sie ist keine Aktivistin, aber in den letzten Jahren hat sie mit wachsender Beteiligung die öffentlichen Debatten um das Denkmal im Park verfolgt, in dem sich so viele ihrer unguten Gefühle verdichten. Wieder hat es die Statue geschafft, sie abzulenken und aufzuwühlen. In solche Gedanken vertieft, steigt sie die Treppe zur Wohnung hinauf. Die Tür steht offen, ihr Freund hat den Tisch gedeckt und wartet schon: »Wie war's auf der Feier?

Du warst ja ganz schön lange da; hast du unseren Kennenlerntag vergessen?« »Es ist zum Totlachen«, ruft sie, »mein ganzer Tag ist voller Geschichte!«

Ohne Gedächtnis keine Identität. Das gilt für Individuen und Paare, für Sportvereine und Konfessionen, Sozialmilieus und ganze Nationen. Ihr aktiver Rückgriff auf längst Vergangenes verdichtet sich besonders an Tagen und Orten des Gedenkens, in festlichen Ritualen und in der Mobilität von Medien. Woran wir uns erinnern oder erinnert werden, was wir versehentlich vergessen oder strategisch verdrängt haben, wie wir uns mit Erzählungen von Siegen oder Niederlagen, von Zusammengehörigkeit und Abgrenzung, von zugefügtem oder erlittenem Leid unseren Platz in der Welt sichern, unterliegt einem komplizierten Bedingungsgefüge: Soziale und kulturelle Faktoren, religiöse und ethische Überzeugungen, nicht zuletzt der Einfluss der Generationen, rahmen unsere Gedächtnisse, die kollektiven so wie die individuellen, und es gibt, wie an einem beliebigen Tag unserer Handballerin, kein Entrinnen daraus. Selbstverständlich habe ich die unspektakuläre kleine Begebenheit aus dem Leben von Martina Memoria so konstruiert, dass sie möglichst viele Aspekte der akademischen Diskussion über ›Gedächtniskultur‹, ›Erinnerungsorte‹, ›Denkmale‹ und ›Geschichtsnarrative‹ in sich einschließt.[1] Es ist eine Art Modell im Miniaturmaßstab, gebaut, um wiederkehrende Regeln und Gesetzmäßigkeiten kulturellen Gedächtnisses zu veranschaulichen. Aber die Geschichte ist wahr – so wahr,

---

[1] Vgl. an grundlegenden Arbeiten etwa Maurice HALBWACHS, Les cadres sociaux de la mémoire (Bibliothèque de philosophie contemporaine / Travaux de l'année sociologique, Paris 1925); deutsch zuletzt u. d. T.: Das Gedächtnis und seine sozialen Bedingungen (Frankfurt a. M. ⁴2006); Pierre NORA (Hg.), Les lieux de mémoire, Bd. 1–7 (Paris 1984–1994); hiernach u. a. Etienne FRANÇOIS/Hagen SCHULZE (Hg.), Deutsche Erinnerungsorte, Bd. 1–3 (München 2001–2002); Jan ASSMANN, Kollektives Gedächtnis und kulturelle Identität, in: Kultur und Gedächtnis, hg. von DEMS./Tonio HÖLSCHER (Frankfurt a. M. 1988) 9–19; Aleida ASSMANN, Erinnerungsräume. Formen und Wandlungen des kulturellen Gedächtnisses (München ⁴2009); DIES., Der lange Schatten der Vergangenheit. Erinnerungskultur und Geschichtspolitik (München ²2014); Edgar WOLFRUM, Geschichtspolitik in der Bundesrepublik Deutschland. Der Weg zur bundesrepublikanischen Erinnerung 1948–1990 (Darmstadt 1999); DERS., Geschichte als Waffe. Vom Kaiserreich bis zur Wiedervereinigung (Göttingen ²2002); DERS., Erinnerungskultur und Geschichtspolitik als Forschungsfelder. Konzepte – Methoden – Themen, in: Reformation und Bauernkrieg. Erinnerungskultur und Geschichtspolitik im geteilten Deutschland, hg. von Jan SCHEUNEMANN (Schriften der Stiftung Luthergedenkstätten in Sachsen-Anhalt 11, Leipzig 2010) 13–32. – Für die kirchengeschichtliche Theoriebildung vgl. Harry OELKE, Wir erinnern uns: Dietrich Bonhoeffer. Anmerkungen zur kirchlichen Erinnerungskultur in Deutschland nach 1945. *MEAKIZ* 24 (2006) 71–91; Frank-Michael KUHLEMANN, Erinnerung und Erinnerungskultur im deutschen Protestantismus. *ZKG* 119 (2008) 30–44; Tim LORENTZEN, Gedächtnis und Gott. Reflexionen zur kirchengeschichtlichen Erinnerungsforschung, in: Geschichte und Gott. XV. Europäischer Kongress für Theologie (14.–18. September 2014 in Berlin), hg. von Michael MEYER-BLANCK (VWGTh 44, Leipzig 2016) 669–690; Claudia LEPP, Kirchliche Zeitgeschichte und Erinnerungskultur, in: Kirchliche Zeitgeschichte. Bilanz – Fragen – Perspektiven, hg. von DERS./Thomas BRECHENMACHER/Frank KLEINEHAGENBROCK/ Harry OELKE (AKiZ B 83 / VKZ B o. Nr., Göttingen 2023).

wie sie unbemerkt überall im deutschen Sprachraum passiert sein könnte, auch in Österreich. Wichtig ist andererseits, dass sie gerade nicht im akademischen Milieu spielt. Im Gegenteil, gerade die Lebens- und Gegenwartsnähe der Gedächtniskultur hat in der jüngsten Zeit wieder zu heftigen Auseinandersetzungen in der breiten Öffentlichkeit geführt, die vielleicht deutlicher als je zuvor gezeigt haben, wie existentiell die Vergangenheitsdeutungen auf uns wirken, innerhalb derer wir leben. Vom Vereinsjubiläum über das unbehagliche Denkmal im Park bis hin zu einem ganz privaten Gedenkakt in den eigenen vier Wänden hat Martina Memoria an einem einzigen Tag eine ganze Reihe gedächtniskultureller Operationen mitvollzogen, die stellvertretend für die Themenvielfalt des vorliegenden Tagungsbandes stehen.[2]

Schon das 25. Jubiläum ihres Handballclubs hatte ja keine natürliche Zeitspanne und keine vereinsgeschichtliche Zäsur markiert, sondern einen lediglich mathematisch definierten Zeitraum.[3] Dass wir nach Ablauf eines Jahrhunderts einen Gedenktag zu erwarten haben, ist nicht selbstverständlich, geschweige denn nach mehr oder weniger ›runden‹ Jahrhundertabschnitten von 50, 25 oder bei Ehepaaren sogar zur ›Petersilienhochzeit‹ nach zwölfeinhalb Jahren. Man hat von einem »Zwang der runden Zahl«[4] gesprochen, so als wären Jubiläen durch die unbestechlich ablaufende Zeit bereits vorprogrammiert. Schon Augustinus hat im berühmten 11. Buch seiner *Bekenntnisse* die Unmöglichkeit beschrieben, den scheinbar völlig gleichmäßig ablaufenden Zeitstrom mit der eigenen Erfahrung in Deckung zu bringen. So ist das Jahrhundert tatsächlich ein denkbar ungeeignetes Standardmaß, das sich als abstrakte Größe der menschlichen Teilnahme entzieht; schon deshalb waren die päpstlichen Jubeljahre des Mittelalters von den kalendarischen Jahrhundertwechseln bald zu kleineren Abständen verkürzt worden, um allen Interessierten die zu dieser Gelegenheit ausgespendeten Ablässe realistischerweise einmal zu Lebzeiten ermöglichen zu können.[5] Doch auch nach bescheidenen 50 oder 25 Jahren feiert sich ein Jubiläum nicht von selbst, es findet nur statt, wenn eine bestimmte Gruppe

---

[2] An dieser Stelle danke ich Leonhard Jungwirth für die reizvolle Einladung, den Beiträgen der Wiener Tagung »evangelisches:erinnern« vom April 2023 nachträglich einen einleitenden Beitrag voranzustellen. Wenn ich in dessen Fußnoten öfter als üblich eigene Arbeiten anführe, so geschieht dies erstens wegen der darin angezeigten weiterführenden Literatur, zweitens um mancher Formulierungen willen, auf deren wörtliche Wiederverwendung ich hier nicht völlig verzichten mochte. Stephanie Gripentrog-Schedel, der Diversitätsbeauftragten der Kieler Theologischen Fakultät, danke ich für geduldige Beratung, meiner Hilfskraft Jonna Krieger für redaktionelle Durchsicht.

[3] Zu Jubiläen vgl. im Folgenden Michael MITTERAUER, Anniversarium und Jubiläum. Zur Entstehung und Entwicklung öffentlicher Gedenktage, in: Der Kampf um das Gedächtnis. Öffentliche Gedenktage in Mitteleuropa, hg. von Emil BRIX/Hannes STEKL (Wien/Köln/Weimar 1997) 23–89; Winfried MÜLLER, Vom »papistischen Jubeljahr« zum historischen Jubiläum, in: Jubiläum, Jubiläum... Zur Geschichte öffentlicher und privater Erinnerung, hg. von Paul MÜNCH (Essen 2005) 29–44; Franz Xaver BISCHOF, Zu Geschichte und Aktualität christlicher Jubiläumskultur. *Münchner Theologische Zeitschrift* 67 (2016) 123–138.

[4] MITTERAUER, Anniversarium (wie Anm. 3) 23.

[5] Vgl. MÜLLER, Jubeljahr (wie Anm. 3) 32f.

daran eigenes Interesse anmeldet (Ich pflege dies am Beispiel meines 50. Todestags zu erläutern, der zweifellos kommen wird, zu dem aber aller Voraussicht nach und vernünftigerweise keine Gedenkfeier zu erwarten ist, und dieses Gedankenexperiment mögen andere mit günstigeren Prognosen für sich selbst durchführen). In der Regel wird eine solche Interessengemeinschaft ein Organisationskomitee bilden, das dazu qualifiziert und autorisiert ist, und wo dieses Recht bezweifelt wird, werden sich bald Gegenkomitees mit alternativen Programmen und konkurrierenden Deutungsansprüchen gründen, die sich nun auf denselben Erinnerungsgehalt mit eigenen Legitimationserzählungen beziehen werden.

Bevor wir uns solchen Deutungskonflikten zuwenden, verweilen wir noch ein wenig beim Gedächtnis in der Zeit. Älter als das mathematisch begründete Jubiläum ist der jährlich wiederkehrende Gedenktag, das Anniversarium.[6] Unsere eingespielte Übung, Vergangenes in der zyklischen Wiederkehr von Jahrestagen zu vergegenwärtigen, in höchst individuellen Strukturen erfreulicher und betrüblicher Daten in unseren Kalendern, hat tiefe religionsgeschichtliche Wurzeln. Im christlichen Europa war zunächst das Totengedenken dominant, indem es die Erlösung des Menschen von seiner Sterblichkeit, der Gedenktag des Märtyrers dessen endgültigen Triumph über seine Verfolger markierte. Wie der mittelalterliche Heiligenkalender, vielleicht sogar noch stärker, haben die Nekrologien der monastischen Reformorden unsere Gewohnheit mitvorbereitet, im jährlichen Gedenken an Vergangenes unsere gelebte Zeit zu strukturieren.[7] Jahrestage sind »Denkmäler in der Zeit«[8], hat Aleida Assmann geschrieben und dabei ihre Bedeutung für Trauernde oder Zeugen traumatischer Erlebnisse hervorgehoben: »Was in der linearen Zeit in zunehmende Distanz rückt und schließlich vergeht, wird in der periodischen Zeit in bestimmten Abständen immer wieder zurückgeholt und neu vergegenwärtigt.«[9] In Gemeinschaft kann das Jahresgedenken an schwere Erinnerungen durch diese zyklische Aktualisierung erträglich werden, auch weit über die Zeitzeugenschaft hinaus. Erzählungen von Jubel und Trauer verstetigen sich im Jahresgedenken über Generationen hinweg. Das Judentum insonderheit lebt und erhält sich über mehrtausendjährige Distanzen hinweg aus der Wiederkehr seiner geschichtlichen Erinnerung im religiösen

---

[6] Vgl. MITTERAUER, Anniversarium (wie Anm. 3).

[7] Vgl. Joachim WOLLASCH, Totengedenken im Reformmönchtum, in: Monastische Reformen im 9. und 10. Jahrhundert, hg. von Raymund KOTTJE/Helmut MAURER (VKAMAG 38, Sigmaringen 1989) 147–166; Arno BORST, Computus. Zeit und Zahl in der Geschichte Europas (Berlin 2004).

[8] Aleida ASSMANN, Jahrestage – Denkmäler in der Zeit, in: MÜNCH (Hg.), Jubiläum (wie Anm. 3) 305–314, hier 313.

[9] Ebenda 309. Während der Niederschrift dieser Passage ereilt uns die Nachricht vom Tode Jan Assmanns (1938–2024), eine denkwürdige Koinzidenz, die ich hier notiere, weil beide Eheleute, Jan und Aleida Assmann, in ihren Schriften so ungemein viel für das Verständnis des kulturellen Gedächtnisses und seine politische Aktualität getan haben. Mühelos wird man sagen können, dass Jan Assmann auf lange Zeit im Gedächtnis bleiben wird.

Festkalender.[10] Ihm folgten die christlichen Feiertage, die das biblische Geschehen vergegenwärtigen, die Märtyrer- und Heiligentage ebenso wie die moderne Übung säkularer Gedenkfeiern. Bei Martina Memoria und ihrem Freund scheint sich der jährliche Kennenlerntag noch nicht ganz eingespielt zu haben und wird vielleicht auch einmal von wichtigeren Daten überdeckt werden (wir wollen es ihnen wünschen). Auch für das Anniversarium gilt, dass ein Datum noch nicht von selbst gedenkwürdig ist, solange keine Erinnerungsgemeinschaft verbindliches Interesse daran verabredet.

Ebenso ist es mit der Ortsgebundenheit kulturellen Gedächtnisses: Ein Ort, an dem einmal etwas ›geschehen‹ ist, wird dadurch noch lange kein Ort der ›Geschichte‹, kein aktiver Gedenkort, wenn ihn nicht eine Gemeinschaft erfolgreich für ein sinnstiftendes Gedächtnis reklamiert hat. Gleichgültig, ob ein Handballclub pünktlich im Vereinsheim feiert, ob der Protestantismus sein 500. Jubiläum in Wittenberg, Zürich oder Schleitheim begeht, oder ob sich Überlebende am Befreiungstag in einer KZ-Gedenkstätte versammeln – der Ineinsfall von Ort und Tag wirkt wie ein Katalysator: Beide Komponenten verstärken einander und binden eine Erinnerungsgemeinschaft, die hier und heute ihr Zentrum hat.[11] Zwar kann ein Gedenktag überall begangen werden, aber die Feier am historischen Ort des Geschehens zieht besondere Aufmerksamkeit auf sich. Dort, nirgendwo anders, muss die Elite einer Erinnerungsgemeinschaft zu diesem Anlass zusammenkommen, dort erhalten ihre Worte und Handlungen besonderes Gewicht, und was von dort aus gesendet und gedruckt wird, kann höhere Autorität beanspruchen und wird einmal als kanonische Zeitansage von Späteren zitiert. Eine Konkurrenzveranstaltung mit eigenem Deutungsanspruch auf dasselbe Ereignis wird es schwer haben, wenn nicht ein überzeugend legitimierter Ersatzort gefunden wird. Als beiderseits des Eisernen Vorhangs Martin Luthers 500. Geburts- und Dietrich Bonhoeffers 40. Todestag gefeiert wurden, waren solche Deutungskonkurrenzen um authentische Orte des Gedenkens in Ost und West mit Händen zu greifen.[12] Doch auch unabhängig vom historischen Datum kann dieselbe Stätte durchaus ambivalente Reaktionen auslösen, die in rivalisierende Sinnzuschreibungen und Rituale münden. Wie auf den europäischen Schlachtfeldern einander Triumphe und Niederlagen ablösten, ist heute noch an Denkmalen und Ausstellungen ablesbar, wo die Kämpfe nach ihrem militärischen Ende oft genug mit Waffen aus dem Arsenal der Religion und der

---

[10] Vgl. Yosef H. YERUSHALMI, Sachor: Erinnere dich! Jüdische Geschichte und jüdisches Gedächtnis. Aktualisierte Ausgabe, übers. von Wolfgang HEUSS, m. Beitr. von Michael BRENNER (Frankfurt a. M. 2023).
[11] Vgl. zum Folgenden LORENTZEN, Gedächtnis (wie Anm. 1) 676–679.
[12] Vgl. zum Luthergedenken 1983 die Beiträge in: SCHEUNEMANN (Hg.), Reformation (wie Anm. 1); zu Bonhoeffer-Feiern 1985 Andreas PANGRITZ, West-östliches Bonhoeffer-Gedenken. *Junge Kirche* 47 (1986) 343–352; Tim LORENTZEN, Bonhoeffers Widerstand im Gedächtnis der Nachwelt (Paderborn 2023) 303–318.

Geschichtspolitik weitergeführt wurden.¹³ Ein kirchlicher Gedenkort kann politisiert oder gar säkularisiert, ein politischer sakralisiert oder gar sanktifiziert werden. Und von der einen Seite als christlicher Wohltäter verehrt, wird für die andere der skrupellose Sklavenhändler zur täglichen Provokation, sein Denkmal im Park mithin zum Zankapfel der städtischen Zivilgesellschaft. Als im Sommer 2020 Demonstrierende der *Black-Lives-Matter*-Bewegung zu Bristol die längst umstrittene Statue des Philanthropen und Menschenhändlers Edward Colston vom Sockel rissen und im Hafenbecken versenkten, lösten sie damit eine weltweite Debatte über den Umgang mit Denkmalen des Kolonialismus und Rassismus aus, die uns vielleicht auch etwas besser sensibilisiert hat für die Verletzungen, die solche Orte auf *People of Colour* ausüben. Die stille Selbstverständlichkeit, in der die lange unbeachteten Denkmale einen scheinbar unschuldigen Schlummer gehalten hatten, ist ihnen unerträglich geworden. Die Historikerin Alex von Tunzelmann hat derartigen und anderen Denkmalstürzen sogleich ein lesenswertes Buch gewidmet.¹⁴

Zusätzlich zu Gedenktag und Gedenkort wirkt als dritter Faktor der Gedenkakt.¹⁵ Nicht einfach durch physische Anwesenheit zu einem bestimmten Datum und an einem bestimmten Ort, sondern erst durch ganz bestimmte Handlungen werden Jubiläum und Gedenkfeier zelebriert. Dazu gehört, dass man Blumen mitbringt oder Kränze niederlegt, es gibt Grußworte und Festreden, und zwar in einer meist hierarchisch festgelegten Liturgie und Choreographie, die vorherrschende Konventionen und Erwartungen aufnehmen müssen, eine Plakette oder ein Denkmal wird eingeweiht, dazu müssen autorisierte Persönlichkeiten bestimmte Operationen durchführen, oder eine neue Ausstellung, eine neue Kundenhalle, ein frisch gedruckter Bildband werden der Öffentlichkeit übergeben. Häufig wird ein historisches Jubiläum mit dem pünktlichen Abschluss von Restaurierungsarbeiten verbunden, ein Brauch aus der Barockzeit, als man zum Kirchweihjubiläum gern die fertig ausstuckierte Kirche neu weihte und damit Kontinuität und Modernisierung sinnfällig miteinander verband.¹⁶ Auch das Jubiläum von Martinas Handballverein ist einer solchen Liturgie gefolgt, mit einer historischen Ausstellung und einer Art Reimchronik, die Siege und Niederlagen zu einem folgerichtigen Narrativ verarbeitet und in

---

13   Vgl. zum religiösen Schlachtengedenken zuletzt Tim Lorentzen, Konfessionelle Gedächtniskulturen im 19. Jahrhundert, in: Differenz und Wahrheit. Theologische Transformationen konfessioneller Glaubensreflexion zwischen 1750 und 1914, hg. von Markus Wriedt (CMW 7, Tübingen 2024) 375–401.

14   Vgl. Alex von Tunzelmann, Fallen Idols. Twelve Statues that Made History (London 2021); deutsch u. d. T.: Heldendämmerung. Wie moderne Gesellschaften mit umstrittenen Denkmälern umgehen, übers. von Kristin Lohmann (München 2022); ferner Sebastian Barsch/Silja Leinung (Hg.), erinnern_zerstören_gestalten. Denkmäler im interdisziplinären Diskurs (Think! Historically 4, Kiel 2023).

15   Zur Funktion des Liturgischen in der Erinnerungskultur vgl. exemplarisch Benedikt Kranemann, Das Reformationsjubiläum in der Liturgie. Zur Inszenierung öffentlicher Vergewisserung protestantischer Identität, in: Meyer-Blanck (Hg.), Geschichte (wie Anm. 1) 852–867.

16   Vgl. Müller, Jubeljahr (wie Anm. 3) 41f., mit besonderem Verweis auf das Freisinger Bistumsjubiläum 1724.

der spöttischen Abgrenzung von rivalisierenden Clubs das eigene Selbstbewusstsein für die nächste Saison aufgefrischt hat, während eine Freundschaftsbegegnung mit einem Team aus der Nachbarschaft olympischen Geist demonstriert hat, bei der die traditionellen Vereinsfarben durch neue Trikots zukunftsfähig gemacht worden sind: Von den meisten wohl unbemerkt, ist an diesem Nachmittag eine ganze Klaviatur konventioneller Elemente der europäischen Gedächtniskultur bespielt worden. Und erneut wird man bei vielen solcher Rituale, auch im säkularen Bereich, ihre Herkunft aus der religiösen Liturgie nicht übersehen.[17] Ein höherer Grad feierlicher Sakralität fördert Zusammengehörigkeitsgefühl und Bekenntnisbereitschaft der Erinnerungsgemeinde, die sich schließlich nicht nur auf Vergangenes besinnen, sondern daraus auch ein aktualisiertes Programm für Gegenwart und Zukunft gewinnen will, auf das sie sich für die nächste Periode einschwören kann.

Vierter Faktor: Monumente und Medien.[18] Damit ein Gedenkort immer wieder aufgesucht und im Wandel der Generationen immer neu aktualisiert werden kann, muss an ihm das zu Erinnernde aufgespeichert werden. Das geschieht etwa durch die Überbauung eines Märtyrergrabes durch eine Kapelle, die Konservierung einer historischen Stätte, ihre künstlerische und epigraphische Ausgestaltung, durch Musealisierung oder die Ansiedlung von Erinnerungsinstituten mit geschultem Personal, das im Umgang mit dem Publikum Lehren aus der Vergangenheit verstetigen kann. Um aus der geographischen Entfernung oder nach mehreren Generationen die dort gespeicherte Erinnerung aufzunehmen, muss man den Ort aufsuchen. Gleichzeitig und in Wechselwirkung mit der topographischen Archivierung von Vergangenheit wird Erinnerung mobil, in der Zeit und in der Geographie ungebunden kann sie auch abgerufen werden von entfernt lebenden Memoranten oder solchen, die noch nicht einmal geboren sind – und sogar dann noch, wenn der Gedenkort längst eingeschlafen ist. Während also das Gedenken einerseits fest lokalisiert wird, ist durch Literatur zugleich für Mobilität gesorgt, über geographische und historische Distanzen hinweg. Topographisch gespeicherte Vergangenheit, wie wir sie in Monumenten aufsuchen, und mobil abrufbare Vergangenheit, wie sie über Medien zu uns gelangt, erlauben der Erinnerung, sich in der *longue durée* fortzusetzen unter immer neuen Bedingungen, sich im Wandel der Generationen aber auch immer anderen Politisierungen, Idealisierungen, Moralisierungen usw. zur Verfügung zu stellen. Das heißt zugleich, dass örtlich aufgespeicherte Erinnerungsgehalte auch über lange Strecken hinweg ungenutzt bleiben können, in Monumenten und Medien gleichsam konserviert für spätere Wiederentdeckung. Denn banalerweise kann nicht alles gleichzeitig erinnert werden, die Ökonomie öffentlicher Gedächtniskultur ist auf Auswahl und Vereinfachung angewiesen, sie kanonisiert bestimmte Memorate und verzichtet auf andere, kann aber auch klassische Memorate wieder dekanonisieren, wenn sie unerwünscht geworden oder durch häufigen Gebrauch abgegriffen sind, und kann stattdessen unbeachtet verwahrten neuen Raum und neue Aufmerksamkeit geben.

---

[17] Aufschlussreich hierzu besonders MITTERAUER, Anniversarium (wie Anm. 3) 81–89.
[18] Das Folgende nach LORENTZEN, Gedächtnis (wie Anm. 1) 680f.

Aleida und Jan Assmann[19] haben hier zwischen »*Speichergedächtnis*« und »*Funktionsgedächtnis*« unterschieden: In Monumenten und Medien, in Archiven und Museen, in Bildern und Bibliotheken konservierte Vergangenheit ist für sich noch keine Erinnerungskultur, dies leisten erst zyklisch wiederholte Vergegenwärtigung, nie abgeschlossene Kontrolle und Korrektur des Kanons, feierliches Funktionalisieren der symbolisch ausgewählten und für die Gegenwart aktualisierten Memorate. Gerade die kirchliche Gedächtniskultur ist in solchen Aufgaben völlig zu Hause. Das Christentum ist auf sehr kurze Erinnerungszyklen eingestellt, bedingt durch den Rhythmus der Sonntage und des Kirchenjahres mit seinen Festkreisen. Als »Gedächtnisgemeinschaft par excellence«[20] mit dem Gottesdienst als Kristallisationsort eines nie abgerissenen Erinnerungsgeschehens hat es eine lang eingeübte Routine in der Unterscheidung zwischen gespeicherter Tradition (nach der Bibel etwa dem Liedgut, den kalendarischen Märtyrer- und Heiligenverzeichnissen, der Kirchengeschichte oder den Kunstdenkmälern) und tagesaktueller Vitalisierung eines begrenzten Traditionsausschnitts.

Unterdessen lehrt uns gerade die kontroverse Gedächtnisgeschichte der Konfessionen und Religionen, dass die hier skizzierten Beanspruchungen von Vergangenheit nicht nur der kollektiven Vergemeinschaftung gedient haben, sondern gleichzeitig auch der Abgrenzung zu konkurrierenden Bekenntnissen und Kirchen:[21] Identitätsstiftung nach innen und Demarkation nach außen, das waren in der Streitgeschichte der Konfessionen zwei Seiten derselben Medaille, wenn etwa das Erfolgsnarrativ der jeweils eigenen Kirche nahtlos aus den Evangelien, Konzilien und Kirchenvätern hergeleitet und die gegnerischen Gemeinschaften umso stärker häretisiert, ja diabolisiert wurden. Im katholischen Bereich des deutschen Sprachraums sind solche Strategien noch heute öffentlich ablesbar, wo auch immer die strahlenden Heiligen Georg und Michael mit gezieltem Waffeneinsatz die monströse Häresie zu Fall bringen, während sich im Gegenzuge der Protestantismus geschichtspolitisch an der Dämonisierung von Papst- und Mönchtum abgearbeitet hat.[22] Sehen wir konfessionelle Rivalitäten der Frühen Neuzeit noch stark von der zentralen Heilsfrage bestimmt, so ist in der säkularen Gedächtniskultur aufschlussreich, wie etwa die Kontingenz militärischer Siege und Niederlagen zu Nationalerzählungen von großer Einheitlichkeit verarbeitet worden ist, die keinen Zweifel an der Folgerichtigkeit von Gottes Führung zuließen. Verlustreiche Misserfolge konnten so als sinnvolle Etappen künftiger Triumphe in die Zielgerichtetheit des eigenen Geschichtsnarrativs eingepflegt, ihre Opfer zu Märtyrern verklärt, die Schlachtfelder zu heiligen Stätten sakralisiert

---

[19] Vgl. ASSMANN, Schatten (wie Anm. 1) 54–58.
[20] Christoph MARKSCHIES/Hubert WOLF, »Tut dies zu meinem Gedächtnis«. Das Christentum als Erinnerungsreligion, in: Erinnerungsorte des Christentums, hg. von DENS./Barbara SCHÜLER (München 2010) 10–27, hier 11.
[21] Vgl. zum Folgenden LORENTZEN, Gedächtnis (wie Anm. 1) 682–684.
[22] Vgl. Tim LORENTZEN, Fromme Störenfriede. Über Erinnerungskonkurrenzen im Christentum, in: BARSCH/LEINUNG (Hg.), erinnern (wie Anm. 14) 87–111, bes. 94–98.

werden.²³ In unserem kleinen Modell eines lokalen Handballvereins wird es für die Motivation künftiger Spielfreude wiederum nicht unwichtig sein, wenn das Jubiläum zur Gelegenheit einer identitätsstärkenden Erfolgserzählung benutzt wird, in der auch sportliche Pechsträhnen sinnstiftend verarbeitet werden.

Zu guter Letzt aber ruft uns das zum selben Anlass stattfindende Freundschaftsspiel in Erinnerung, dass auch die Konfessionen und Nationen Europas keineswegs dazu verurteilt waren, in ihren historischen Frontstellungen zu verharren, sondern dass insbesondere das Christentum auch Möglichkeiten der Begegnung, Verständigung und Versöhnung auf historisch belastetem Boden bereithält.²⁴ Für den Umgang mit schuldhaften Vergangenheiten, gebrochenen Identitäten, erlittenen und zugefügten Taten steht den Kirchen ein jahrtausendelang eingeübter Modus der Vergangenheitsbewältigung zur Verfügung – die Buße. Sie macht Geschehenes nicht ungeschehen, kann aber Tätern und Opfern helfen, ihre Sprache zurückzuerlangen, gegenseitige Annäherung zuzulassen und mit der gemeinsamen Geschichte weiterzuleben.²⁵ Wenngleich Buße inhaltlich die Vergangenheit zur Sprache bringen muß, so ist sie doch funktional auf die Zukunft ausgerichtet. Lothar Kreyssigs Idee der ›Aktion Sühnezeichen Friedensdienste‹ gehört ebenso hierher wie das erinnerungspolitische Konzept ›Healing of Memories‹ und die Vision einer dialogischen Erinnerungskultur für den Kontinent Europa.²⁶ Voraussetzung dafür sind Gesellschaften, die den Verzicht auf exklusiven Besitz von Geschichte nicht mit peinlichem Prestigeverlust verwechseln, mit einer Beschädigung der glorreichen Vergangenheit, mit Demütigung. Ein Schuldbekenntnis ersetzt die sicher geglaubte Identität einer Gemeinschaft durch eine neue moralische Integrität. Selbstexkulpation und Selbst-

---

[23] Vgl. Tim LORENTZEN, Reformationsjubiläum und Völkerschlachtgedenken. Alternative Erinnerungskulturen um 1817, in: Reformation und Militär. Wege und Irrwege in fünf Jahrhunderten, hg. von Angelika DÖRFLER-DIERKEN (Göttingen 2019) 167–182; DERS., Gedächtniskulturen (wie Anm. 13); DERS., Störenfriede (wie Anm. 22) 98–102.

[24] Vgl. LORENTZEN, Gedächtnis (wie Anm. 1) 684–688; Jeremy M. BERGEN, Die reuige Kirche in der Geschichte. Theologische Reflexionen, übers. von Wolfgang NEUMANN. ÖR 63 (2014) 166–181.

[25] Zum Besprechen und Beschweigen traumatisch erlebter Vergangenheit vgl. Maike SCHULT, Leiden ist fast nicht besprechbar. Trauma und Sprachlosigkeit zwischen den Generationen, in: Bis ins vierte Glied. Transgenerationale Traumaweitergabe. Publikation zur Fachtagung der Landesbeauftragten für die Stasi-Unterlagen in Mecklenburg-Vorpommern und Berlin (Schwerin, 16. Oktober 2014), hg. von Anne DRESCHER/Uta RÜCHEL/Jens SCHÖNE (Schwerin 2015) 137–149.

[26] Vgl. Anton LEGERER, Tatort: Versöhnung. Aktion Sühnezeichen in der BRD und in der DDR und Gedenkdienst in Österreich (Leipzig 2011); Dieter BRANDES (Hg.), Healing of Memories in Europe. A Study of Reconciliation between Churches, Cultures, and Religion (Reconciliatio 1, Leipzig 2008); Ralf K. WÜSTENBERG, Politische Versöhnung in theologischer Perspektive. Zur Aufarbeitung von Vergangenheit in Südafrika und Deutschland. EvTh 69 (2009) 341–355; DERS./Jelena BELJIN (Hg.), Verständigung und Versöhnung. Beiträge von Kirche, Religion und Politik 70 Jahre nach Kriegsende (BThZ.B 2016, Leipzig 2017); Aleida ASSMANN, Auf dem Weg zu einer europäischen Gedächtniskultur? (Wiener Vorlesungen 121, Wien 2012).

martyrisierung dagegen stellen sich allzu rasch als Varianten der Selbstheroisierung heraus.

Mit diesen Bemerkungen haben wir den eng abgesteckten Bereich fester Tage und Orte, Liturgien und Literaturen des kulturellen Gedächtnisses bereits verlassen, wie er uns in den feierlichen, mithin alltagsfernen Formen des Jubiläums, der Gedenkstätte oder des Reformationstags begegnet. Treffen Ort und Tag, Ritual und Medium zu einem Ereignis zusammen, können wir solche Mechanismen kollektiver Beanspruchung von Vergangenheit zwar in besonders konzentrierter Weise ablesen. Doch man hat auch in einem viel weiteren Horizont von ›kollektivem Gedächtnis‹ gesprochen, das alle denkbaren Möglichkeiten der Aneignung von Vergangenheit umfasst, auch solche, die auf Schritt und Tritt unseren Alltag begleiten.[27] Von der Familienlegende zur wissenschaftlichen Tagung, von der Geschichtsstunde zur politischen Demonstration, vom Straßennamen zur Sonderbriefmarke, vom Heimatmuseum zur Fernsehdokumentation, vom Stammtischgespräch zur parlamentarischen Debatte könnten wir uns der alltäglichen Gegenwart der Geschichte kaum entziehen, und es würde uns ähnlich gehen wie Martina Memoria am Ende ihres langen Tages.[28] Die jüngsten Auseinandersetzungen um die alltägliche Präsenz von Rassismus, Kolonialismus und Antisemitismus brauchten nicht erst auf passende Gedenktage zu warten, um unsere Aufmerksamkeit zu gewinnen. Auch die öffentlichen Diskurse der Gegenwart über ›Heimat‹, ›Volk‹ und ›Leitkultur‹, um nur einige zu nennen, gehören zur alltäglichen Wirkung gedächtniskultureller Vorgänge, ohne an besondere Daten, Orte und Rituale gekoppelt zu sein. Und wenn schließlich die Neue Rechte von einer »erinnerungspolitischen Wende um 180 Grad« fabuliert, mit der die Verbrechen des Nationalsozialismus zu einem »Fliegenschiss« in einer ansonsten glorreichen deutschen Geschichte bagatellisiert werden sollen, hat das nichts mehr zu tun mit der feierlichen Alltagferne von Jubiläen und Gedenkstätten, sondern markiert einen schweren Angriff auf das gewachsene demokratische Selbstverständnis unserer heutigen Gesellschaft.[29] Dies alles zeigt: Gedächtniskultur ist keine Errungenschaft, die fortan in bürgerlicher Kultiviertheit gepflegt werden will, sondern ein nie abgeschlossener Prozess, um den immer neu gerungen werden muss, notfalls im Streit. Die Expertise der Geschichtswissenschaften, insbesondere auch der Kirchen- und Theologiegeschichte, wird für ein aktuelles Verständnis gedächtniskultureller Mechanismen sehr gebraucht. In meinem kleinen Modell habe ich versucht, dies auch unter Anwendung einiger christlicher Tugenden, die dabei förderlich sein können, zu demonstrieren, nämlich der Poesie und des Humors. Denn die Rückkehr des Nationalismus, die wir derzeit in Europa beobachten, ist überhaupt nicht zum Totlachen.

---

[27] Vgl. HALBWACHS, Cadres / Gedächtnis (wie Anm. 1) Kap. V–VII; DERS., La mémoire collective (Paris 1950); deutsch u. d. T.: Das kollektive Gedächtnis (Frankfurt am Main 1991).
[28] Vgl. LORENTZEN, Gedächtnis (wie Anm. 1) 672–674.
[29] Vgl. Heinrich DETERING, Was heißt hier »wir«? Zur Rhetorik der parlamentarischen Rechten (Ditzingen 2019).

Erinnerungskultur und Geschichtspolitik:
Zugänge und Perspektiven

Analystin oder Akteurin?

Das Verhältnis der evangelischen Zeitgeschichtsforschung zur evangelischen Erinnerungskultur

Von Claudia Lepp

In einer demokratischen Gesellschaft ist die öffentliche Erinnerungskultur das Ergebnis von gesellschaftlichen Aushandlungsprozessen.[1] Dies gilt auch für die Erinnerungskultur, die sich auf evangelische Persönlichkeiten oder kirchliche Ereignisse bezieht. Immer wieder werden Straßennamen, Kriegerdenkmäler oder Kirchenglocken mit NS-Symbolen zu Gegenständen erinnerungskultureller Auseinandersetzungen innerhalb und außerhalb der Kirchen. Vielfach nehmen auch Zeithistoriker:innen an diesen Debatten teil, zum einen in advokatorischer Funktion für eine Seite, zum anderen in einer objektiv-richterlichen Position. Dabei stellt sich jedes Mal die Frage, ob die Geschichtswissenschaft mit ihren Vertreter:innen selbst Teil der Erinnerungskultur ist oder nicht. Unter den Fachvertretern wird sowohl für einen engeren als auch für einen weiteren Begriff von ›Erinnerungskultur‹ plädiert. Hans Günter Hockerts versteht ihn als einen »lockere[n] Sammelbegriff für die Gesamtheit des nicht spezifisch wissenschaftlichen Gebrauchs der Geschichte in der Öffentlichkeit – mit den verschiedensten Mitteln und für die verschiedensten Zwecke.«[2] Davon trennt er die Zeitgeschichte als Wissenschaft klar ab. Christoph Cornelißen beschreibt hingegen den kulturgeschichtlichen »Leitbegriff […] Erinnerungskultur« als einen »formalen Oberbegriff für alle denkbaren Formen der bewussten Erinnerung an historische Ereignisse, Persönlichkeiten und Prozesse«. Dieser umschließe alle »Repräsentationsmodi von Geschichte« und damit auch den geschichtswissenschaftlichen Diskurs.[3] Den nachfolgenden Überlegungen liegt diese weitere Begriffsdefinition zugrunde. Die dabei verwendeten Beispiele kommen aus den erinnerungskulturellen Debatten der Bundesrepublik Deutschland, die grundsätzlichen Aussagen gelten aber gleichermaßen für die österreichische Situation.

---

[1] Siehe zu diesem Beitrag auch Claudia LEPP, Kirchliche Zeitgeschichte und Erinnerungskultur, in: Kirchliche Zeitgeschichte. Bilanz – Fragen – Perspektiven, hg. von DERS./Thomas BRECHENMACHER/Frank KLEINEHAGENBROCK/Harry OELKE (Göttingen 2021) 159–176.

[2] Hans G. HOCKERTS, Zugänge zur Zeitgeschichte: Primärerfahrung, Erinnerungskultur, Geschichtswissenschaft, in: Verletztes Gedächtnis. Erinnerungskultur und Zeitgeschichte im Konflikt, hg. von Konrad H. JARAUSCH/Martin SABROW (Frankfurt a. M. 2002) 39–73, hier 41.

[3] Christoph CORNELISSEN, Erinnerungskulturen. Version: 2.0., in: *Docupedia-Zeitgeschichte. Begriffe, Methoden und Debatten der zeithistorischen Forschung* (22.10.2012) (http://docupedia.de/zg/cornelissen_erinnerungskulturen_v2_de_2012 [14.3.2023]) 1.

I. Die Erforschung der evangelischen Erinnerungskultur

Die evangelische Erinnerungskultur ist für die Kirchengeschichtsforschung zunächst v. a. ein Untersuchungsgegenstand. In der Geschichtswissenschaft boomt das Thema Erinnerungskultur seit den 1990er Jahren und hat dort zwischenzeitlich bereits zu Sättigungserscheinungen geführt.[4] Mit etwas Verzögerung hat sich auch die kirchengeschichtliche Forschung diesem Forschungstrend angeschlossen und untersucht für das 20. Jahrhundert vermehrt Beispiele christlicher Erinnerungskultur als kollektive Identitätsstiftung und Identitätssicherung.[5] Methodisch unterscheiden sich die Studien von Allgemein- und Kirchenhistoriker:innen zum historischen Wandel christlicher Erinnerungskultur darin, dass Kirchengeschichtsforschende die »spezifisch theologisch-ekklesiologische Dimension des Erinnerns«[6] einbeziehen und die Erinnerungskultur einer bestimmten Zeit auch theologisch beurteilen werden. Davon abgesehen sind die Methoden und Werkzeuge identisch. Dass neben den Theolog:innen auch Allgemeinhistoriker:innen, die zur Geschichte der christlichen Erinnerungskultur arbeiten, über Kenntnisse von traditionellen »religiöse[n] Codierungen« und »religiöse[n] Strategien zur [...] Heilssicherung« verfügen[7] bzw. sich im interdisziplinären Dialog aneignen sollten, gehört zu den Grundlagen wissenschaftlichen Arbeitens.

Das Gedenken an evangelische Personen, Gruppen, Institutionen und Texte der NS-Zeit zählt bis heute zu den am häufigsten bearbeiteten erinnerungskulturellen Themen.[8] Intensiv setzten sich Forschende mit Phasen und Funktionen der öffentlichen Erinnerung an widerständige Theologen und Kirchenvertreter wie Dietrich Bonhoeffer,[9]

---

[4] Martin Sabrow meint, dass sich die »Neugierde auf weitere Forschungsergebnisse auf dem ad nauseam beackerten Feld des kommunikativen und kulturellen Gedächtnisses [...] verflüchtigt« habe. Martin Sabrow, Die Krise der Erinnerungskultur. Merkur 72 (2018) 91–98, hier 96.

[5] Siehe auch zum Folgenden Tim Lorentzen, Gedächtnis und Gott. Reflexionen zur kirchengeschichtlichen Erinnerungsforschung, in: Geschichte und Gott. XV. Europäischer Kongress für Theologie. 14.–18. September 2014 in Berlin, hg. von Michael Meyer-Blanck (VWGTh 44, Leipzig 2016) 669–690, hier 669.

[6] Philipp Ebert/Jan Hoffrogge/Frederieke Schnack/Julius Trugenberger, Wo finden wir uns? Evangelische und katholische Erinnerungsorte im Deutschland des 20. Jahrhunderts. MKiZ 6 (2012) 11–44, hier 18.

[7] Tim Lorentzen zählt diese zu den Spezialkenntnissen der Kirchenhistoriker:innen. Vgl. Tim Lorentzen, Was ist kirchengeschichtliche Gedächtnisforschung? Reflexionen zum 20. Juli. MKiZ 13 (2019) 47–76, hier 72; Ders., Gedächtnis (wie Anm. 5) 684.

[8] Vgl. z. B. Siegfried Hermle/Dagmar Pöpping (Hg.), Zwischen Verklärung und Verurteilung. Phasen der Rezeption des evangelischen Widerstandes gegen den Nationalsozialismus nach 1945 (AKiZ B 67, Göttingen 2017).

[9] Vgl. z. B. Tim Lorentzen, Phasen und Funktionen des Bonhoeffer-Gedenkens in Deutschland, in: Hermle/Pöpping (Hg.), Verklärung (wie Anm. 8) 155–181.

Martin Niemöller[10] oder Paul Schneider[11] auseinander. Besonders starke Veränderungen in der Erinnerungskultur im Sinne einer »Demontage kirchlicher Galionsfiguren«[12] wurden dabei beispielsweise in Bezug auf den bayerischen Landesbischof Hans Meiser[13] oder den holsteinischen Bischof Wilhelm Halfmann[14] herausgearbeitet. Gerade das Verhalten von kirchenleitenden Persönlichkeiten im Nationalsozialismus gibt bis heute immer wieder Anlass zu erinnerungskulturellen Auseinandersetzungen, die hoch emotional geführt werden. Die Erinnerung an Organisationen wie die Bekennende Kirche hat sich ebenfalls im Laufe der Zeit verändert und auch dieser Wandel war bereits Gegenstand von Untersuchungen.[15] Unter den Texten, die als ›Erinnerungsorte‹ fungieren, war die *Barmer Theologische Erklärung* häufig Forschungsobjekt.[16] Bei den Ereignissen wurden insbesondere der ›Kirchenkampf‹[17] und der ›20. Juli 1944‹[18] wissenschaftlich behandelt. Anlässlich des Gedenkjahres 2014 kamen auch Arbeiten zur Erinnerung an den Ersten Weltkrieg hinzu.[19] Erinnerungsorte jüngeren Datums sind indes bislang noch seltener Gegenstand erinnerungskulturel-

---

[10] Vgl. Malte Dücker, Martin Niemöller als »postheroische« Heldenfigur: Perspektiven der Erinnerungskultur im 21. Jahrhundert, in: Martin Niemöller – Brüche und Neuanfänge. Beiträge zu seiner Biographie und internationalen Rezeption, hg. von Lukas Bormann/Michael Heymel (AKiZ B 87, Göttingen 2023) 81–103.

[11] Vgl. z. B. Thomas M. Schneider, Verklärung – Vereinnahmung – Verdammung. Zur Rezeptionsgeschichte Pfarrer Paul Schneiders, in: Hermle/Pöpping (Hg.), Verklärung (wie Anm. 8) 183–196.

[12] Nora A. Schulze, Im Norden wie im Süden? Die Demontage kirchlicher Galionsfiguren am Beispiel des bayerischen Landesbischofs Hans Meiser, in: Kirchengeschichte kontrovers. Neuere Debatten zur Bekennenden Kirche in Schleswig-Holstein, hg. von Rainer Hering/Tim Lorentzen (SVSHKG 60, Husum 2022) 260–289.

[13] Vgl. z. B. Nora A. Schulze, Das Verhalten des bayerischen Landesbischofs Hans Meiser in der NS-Herrschaft im Urteil von Zeitgenossen, Forschung und Erinnerungskultur: Ein Forschungsbericht. *BWKG* 119/120 (2019) 301–312; Dies., Hans Meiser. Vom Widerstandskämpfer zur persona non grata, in: Hermle/Pöpping (Hg.), Verklärung (wie Anm. 8) 197–209; Harry Oelke, Kirchliche Erinnerungskultur im evangelischen Bayern. Landesbischof Meiser und der Nationalsozialismus, in: Spielräume des Handelns und der Erinnerung. Die Evangelisch-Lutherische Kirche in Bayern und der Nationalsozialismus, hg. von Ders./Berndt Hamm/Gury Schneider-Ludorff (AKiZ B 50, Göttingen 2010) 205–236.

[14] Vgl. Hering/Lorentzen (Hg.), Kirchengeschichte (wie Anm. 12).

[15] Vgl. Rainer Hering/Tim Lorentzen, Kirchengeschichte kontrovers: Die Rolle der Bekennenden Kirche in Schleswig-Holstein, in: Dies. (Hg.), Kirchengeschichte (wie Anm. 12) 11–25; Harry Oelke, Der heutige Protestantismus und das Erbe der Bekennenden Kirche, in: Bormann/Heymel (Hg.), Niemöller (wie Anm. 10) 443–458.

[16] Vgl. z. B. Thomas M. Schneider, Wem gehört Barmen? Das Gründungsdokument der Bekennenden Kirche und seine Wirkungen (CuZ 1, Leipzig 2017).

[17] Vgl. z. B. Christoph Strohm, Kirchen und Nationalsozialismus, in: Erinnerungsorte des Christentums, hg. von Christoph Markschies/Hubert Wolf (München 2010) 629–641.

[18] Vgl. z. B. Lorentzen, Gedächtnisforschung (wie Anm. 7).

[19] Vgl. z. B. Klaus Fitschen, Vom Schwinden der Erinnerung. Die Wahrnehmung des Ersten Weltkrieges in der Geschichte des Protestantismus, in: Der Erste Weltkrieg und die Reformierte Welt, hg. von Veronika Albrecht-Birkner/Hans-Georg Ulrichs (Forschungen zur Reformierten Theologie 3, Neukirchen-Vluyn 2014) 86–95.

ler Forschung geworden. Erheblicher zeithistorischer Forschungsbedarf besteht auch noch im Hinblick auf transnationale und vergleichende Studien zur christlichen Erinnerungskultur.[20] Und nicht zuletzt sollte auch mehr danach gefragt werden, an wen und woran besonders nach 1945 *nicht* erinnert wurde. Denn die andere Medaillenseite der Erinnerung ist das Vergessen bzw. Verdrängen.

Neben den Arbeiten über das Gedenken an einzelne zeitgeschichtliche Personen, Texte oder Ereignisse gibt es auch bereits grundsätzliche Überlegungen zu den Strukturen und Formen christlicher Erinnerungskultur. So markiert der Kieler Kirchenhistoriker Tim Lorentzen vier paradigmatische Mechanismen für die gesamte christliche Erinnerungskultur, nämlich die »Lokalisierung, Periodisierung, Liturgisierung und Literarisierung«.[21] Der Historiker Frank-Michael Kuhlemann arbeitete drei typische »modi memorandi« des deutschen Protestantismus im 20. Jahrhundert heraus: die »glorifizierende Erinnerung«, die »traumatisierte Erinnerung« sowie einen »kritischen, theologisch argumentierenden Erinnerungsmodus«.[22]

In den bisher erschienenen erinnerungskulturellen Einzelstudien wurde zumeist die Beteiligung von Kirchen- und Allgemeinhistoriker:innen in den oft stark polarisierten erinnerungskulturellen Debatten mitbetrachtet, wenn auch nicht vertieft. Eine systematische Analyse der Rollen von Akteur:innen, die konfessionell gebundene oder ungebundene Forschende in der christlichen Erinnerungskultur bislang eingenommen haben, dient aber zugleich einer strukturellen Verhältnisbestimmung von evangelischer Erinnerungskultur und kirchlicher Zeitgeschichtsforschung.

II. Die Rollen von zeithistorisch Forschenden in der evangelischen Erinnerungskultur

Die Forschung zur Kirchlichen Zeitgeschichte ist in ihrer öffentlichen Dimension Bestandteil der Erinnerungskultur im weiteren Sinne. Ihre Vertreter:innen können dabei verschiedene Rollen übernehmen.

In erster Linie stellen die zur Kirchlichen Zeitgeschichte Forschenden einen »Fundus kritisch geprüften Wissens« bereit.[23] Sie tun dies primär durch ihre quel-

---

[20] Als erste Ansätze vgl. z. B. Katharina KUNTER, Vom »Concentration Camp Hero« zum »Neuen Kreisau«. Erinnerungskultur und Widerstandsrezeption aus internationaler Perspektive, in: HERMLE/PÖPPING (Hg.), Verklärung (wie Anm. 8) 53–74; sowie Siegfried HERMLE, Kirchen in Mitteleuropa über das Epochenjahr 1918. Ein Tagungsbericht. *MKiZ* 13 (2019) 201–205; sowie zuletzt zur Entstehung des »Niemöller-Mythos« im europäischen Protestantismus und in den USA die Beiträge von George HARINCK, Wilken VEEN, Stephen PLANT, Matthew HOCKENOS und Frédéric ROGNON in: BORMANN/HEYMEL (Hg.), Niemöller (wie Anm. 10) 119–207.

[21] LORENTZEN, Gedächtnisforschung (wie Anm. 7) 54.

[22] Frank-Michael KUHLEMANN, Erinnerung und Erinnerungskultur im deutschen Protestantismus. *ZKG* 119 (2008) 30–44, hier 37–43.

[23] Auf die allgemeine Zeitgeschichtsforschung bezogen HOCKERTS, Zugänge (wie Anm. 2) 72.

lenbasierten wissenschaftlichen Veröffentlichungen, die der Kritik der Fachcommunity Stand halten müssen. Ihre Forschungsergebnisse speisen Historiker:innen aber auch durch ihre beratende Tätigkeit in Erinnerungsdiskurse ein. So sitzen Geschichtsforschende oftmals in Beiräten größerer kirchlicher und staatlicher erinnerungskultureller Projekte sowie Einrichtungen, d. h. auf Wissensvermittlung gerichteter Formen der Erinnerung. Nach ihrem eigenen Selbstverständnis nehmen sie in solchen Gremien die Rolle eines Korrektivs ein, indem sie eine kritische Historisierung anmahnen und unzulässige Vereinfachungen ablehnen. Denn Erinnerungskultur fordert oft eine Eindeutigkeit, die dem historischen Befund nicht entspricht.[24] Indem Historiker:innen einer Entkontextualisierung historischer Ereignisse widersprechen und eine wissenschaftlich objektivierte Geschichte vertreten, werden sie aber bisweilen von anderen Akteur:innen der Erinnerungskultur, seien es Zeitzeug:innen, Hinterbliebene oder Kirchenleitende, als Störfaktor empfunden. Mitunter werden sie daher gar nicht erst zur Beratung erinnerungskultureller Projekte herangezogen oder im Projektverlauf aus einem antiakademischen Affekt heraus von ihrer Beratungsfunktion entpflichtet. Der Konflikt zwischen dem rationalen Erklärungsansatz der (Kirchen-)Geschichtswissenschaft, einem religiösen oder »moralisierenden Duktus der Erinnerung«[25] sowie geschichtspolitischen Intentionen lässt sich nicht immer auflösen. Historiker:innen, Theolog:innen, Kirchenleitende und Zeitzeug:innen nehmen in der Gestaltung von Erinnerungskultur eben strukturell unterschiedliche Rollen ein. Die evangelische Erinnerungskultur büßt jedoch an gesellschaftlicher Akzeptanz ein, wenn sie eine dieser Rollen unbesetzt lässt. Und auch dort, wo es etwa wie in der Evangelischen Kirche Berlin-Brandenburg-schlesische Oberlausitz eigens kirchliche Beauftragte für Erinnerungsarbeit gibt und eine »theologische Profilierung der Erinnerungskultur«[26] angestrebt wird, darf eine Rückbindung an die zeithistorische Forschung nicht aufgegeben werden. Die insgesamt boomende Erinnerungskultur hat sich in den vergangenen Jahren auch zu einem kirchlichen Arbeitsgebiet entwickelt. Auf ihm sollten kirchliche Praktiker:innen und (Kirchen-)Historiker:innen konstruktiv zusammenwirken. Dazu gehört auch, dass Erinnerungsprozesse und ihre gesellschaftlichen Funktionen thematisiert und problematisiert werden.[27] Wenn die evangelische Kirche dieses Arbeitsfeld für ihre eigene Identität, ihre gesellschaftliche Relevanz sowie die politische Entwicklung für wichtig hält, so muss sie aber auch zeithistorische Forschung als wissenschaftliches Fundament ihrer eigenen Gedenkkultur fördern –

---

[24] Vgl. SCHULZE, Meiser (wie Anm. 13) 289.
[25] Konrad H. JARAUSCH, Zeitgeschichte und Erinnerung. Deutungskonkurrenz oder Interdependenz?, in: DERS./SABROW (Hg.), Gedächtnis (wie Anm. 2) 10.
[26] Erinnerungskultur und Gedenkstättenarbeit in der EKBO, Grundlagen und Handlungsstrukturen, hg. von der Evangelischen Kirche Berlin-Brandenburg-schlesische Oberlausitz, Öffentlichkeitsarbeit im Evangelischen Medienhaus (Berlin 2016) 24.
[27] Dies fordert der Historiker Konrad H. Jarausch insgesamt für einen verantwortlichen Umgang mit Gedenken in der Gesellschaft. Siehe JARAUSCH, Zeitgeschichte (wie Anm. 25) 35.

und dies möglichst nicht erst in Reaktion auf erinnerungskulturelle Konflikte.[28] Zudem sollte sie die Empfehlungen aus der Wissenschaft ernst nehmen, auch wenn es letztlich die Kirchenvertretenden selbst entscheiden müssen, wen und was sie nach innen und nach außen für erinnerungswürdig halten. Die Entscheidungen etwa über Gebäudenamen oder Gedenktafeln fällen gemeinhin nicht Historiker:innen. Infolge wissenschaftlicher Beratung historisch gut informierte Kirchenvertretende könnten aber auch in den öffentlichen Mediendiskursen souveräner auftreten und manche Fallstricke rechtzeitig erkennen. Und sie müssten dann auch nicht nur auf Angriffe reagieren und Rückzugsgefechte führen.

In den Medien übernehmen historisch Forschende zumeist die Aufgabe der kritischen Beobachtung kirchlicher Erinnerung: Sie hinterfragen eine Forschungsergebnisse ignorierende »gegenwartsbezogene Betroffenheitskultur«[29]; sie klären über Geschichtslegenden auf; sie geißeln die Verdrehung historischer Tatsachen oder dechiffrieren geschichtspolitische Intentionen. Gelegentlich wird dabei aus dem Kritisieren auch ein Anklagen oder Urteilen. Seltener übernehmen zeithistorisch Forschende in den Medien die Verteidigung kirchlicher Erinnerung. Gerade an kirchlich gebundene Zeithistoriker:innen wird aber mitunter von Seiten der Kirchen diese Erwartung herangetragen und von Seiten einer kritischen Öffentlichkeit wird ihnen häufig genau diese Haltung unterstellt. Mit Hilfe des Apologievorwurfs wischen kirchenkritische Medienschaffende oder Erinnerungsagierende manchmal auch kirchengeschichtliche Forschungsergebnisse, die nicht in ihr Geschichtsbild von den Kirchen oder einzelnen Kirchenvertretern passen, vom Tisch oder greifen Wissenschaftler:innen unsachlich an. Für die öffentliche Reputation von Forschenden kann es somit nachteilige Folgen haben, wenn sie sich an erinnerungskulturellen Konflikten beteiligen, die ja gerade, wenn es sich um die kirchliche NS-Vergangenheit handelt, moralisch stark aufgeladen sind, mit zum Teil nachteiligen Folgen für die Debattenkultur.[30] Eine drohende Verunglimpfung schreckt nicht wenige universitäre Historiker:innen davon ab, auf dem erinnerungskulturellen Feld aktiv zu werden. Hinzu kommt, dass Mediendiskurse und Zeitgeschichtsforschung unterschiedlichen Tempi folgen: Viele Debatten sind längst beendet, bis

---

[28] Im Nachgang der Auseinandersetzungen um die Umbenennung von Bischof-Meiser-Straßen finanzierte die Evangelisch-Lutherische Kirche in Bayern mehrere Forschungsprojekte. Vgl. SCHULZE, Norden (wie Anm. 12) 284f.

[29] JARAUSCH, Zeitgeschichte (wie Anm. 25) 32.

[30] Im Streit um die Bischof-Meiser-Straße in Pullach bei München wurde der Münchener Kirchenhistorikerin Nora Andrea Schulze vom Pullacher Geschichtsforum vorgeworfen, in dem von ihr verfassten Erläuterungstext zu dem Straßenschild werde der »völkisch und rassistisch geprägte Antisemitismus Meisers […] mit konstruierten Erklärungen, gravierenden Auslassungen, historisch nicht haltbaren Umdeutungen und Verweisen auf seine kirchlichen Verdienste ausgeblendet«. Andrea KÄSTLE, Rechtfertigung unterm Straßenschild. *Münchner Merkur* 49 (28.2.2023) 31.

neue Forschungsergebnisse vorliegen. Haben letztere dann nicht das Potential zur Skandalisierung, wird auch keine neue Mediendebatte eröffnet.[31]

Mit noch viel schnelleren Tempi werden Historiker:innen in den Sozialen Medien konfrontiert. Gedenkstätten und Einrichtungen der politischen Bildung nutzen bereits Facebook, Instagram, TikTok oder Twitter zur Geschichtsvermittlung und zum interaktiven Austausch. Neue Vermittlungsformate wie z. B. das vom »Südwestrundfunk« und »Bayerischen Rundfunk« 2022 initiierte Instagramprojekt *@ichbinsophiescholl* sind indes hoch umstritten.[32] Die interaktive Gestaltung von Erinnerung auf Social-Media-Plattformen stellt Historiker:innen vor Herausforderungen, denen sie sich aber nicht entziehen sollten.

In den Medien und in Beiräten können Zeitgeschichtsforschende auch als Impulsgebende für die kirchliche Erinnerungsarbeit auftreten, indem sie für das Gedenken an bestimmte Personen oder die historische Aufarbeitung bestimmter Vorgänge werben bzw. diese einfordern.[33] Dazu zählen auch für die Kirche brisante Themen, die bislang dem historischen Vergessen anheim gegeben waren, wie etwa die kirchliche Hilfe für NS-Täter nach 1945.[34] Historisch Forschende können ebenso Impulse für eine Veränderung in der Praxis evangelischer Erinnerungskultur setzen. So regte Tim Lorentzen kürzlich dazu an, die evangelischen Kirchen in Deutschland sollten die Gefallenendenkmäler als

> »Orte so aktualisieren, dass sie erst recht als Stätten der Trauer, der Mahnung zum Friedensauftrag des Christentums, der Buße und Versöhnung genutzt werden können. […] Christliche Erinnerungskultur, die durch Buße zu Verständigung und Versöhnung führen kann, hätte gerade im heutigen Europa ihre notwendige Aufgabe. Klug gestaltet, könnten dazu Orte wie diese beitragen, an denen wir nicht einfach die Toten betrauern müssten, sondern das Töten.«[35]

---

[31] Dies trifft für mehrere Arbeiten zur Rolle der evangelischen Kirche in der DDR zu, die nach Beendigung der Mediendebatte um die ›Stasi-Kirche‹ publiziert wurden. Vgl. Lepp, Zeitgeschichte (wie Anm. 1) 166.

[32] Vgl. Mia Berg/Christian Kuchler (Hg.), @ichbinsophiescholl. Darstellung und Diskussion von Geschichte in Social Media (Historische Bildung und Public History 1, Göttingen 2023).

[33] So wirkte beispielsweise der Berliner Historiker Manfred Gailus als Promotor für die Erinnerung an die widerständige Protestantin Elisabeth Schmitz. Vgl. Claudia Lepp, Marga Meusel und Elisabeth Schmitz. Zwei Frauen, zwei Denkschriften und ihr Weg in die Erinnerungskultur, in: Hermle/Pöpping (Hg.), Verklärung (wie Anm. 8) 285–301, hier 296.

[34] In einer Zeitungsrezension zu dem Band Nicholas J. Williams/Christoph Picker (Hg.), Die Kirche und die Täter nach 1945. Schuld – Seelsorge – Rechtfertigung (VIEG 136, Göttingen 2022), forderte der Historiker Clemens Vollnhals: »Zur Aufarbeitung dieses finsteren Kapitels sollte die evangelische Kirche – wie bereits in vielen Unternehmen und Behörden geschehen – eine unabhängige Historikerkommission einsetzen.« Clemens Vollnhals, Ein Herz für Täter, in: https://www.faz.net/aktuell/politik/politische-buecher/ein-herz-fuer-taeter-18359888.html [11.7.2023].

[35] Tim Lorentzen, Trauer und Trotz. Religiöses Kriegsgedenken nach 1918. *MKiZ* 17 (2023) 13–47, hier 40f.

Manchmal sind es aber auch ›nur‹ die Publikationen von Historiker:innen, die wiederum Seelsorgende oder Erziehende dazu inspirieren, das Gedenken an historische Personen oder Ereignisse vor Ort voranzutreiben.[36]

In kritischer wie in inspirierender Absicht beteiligen sich Zeitgeschichtsforschende an der öffentlichen Aushandlung von Erinnerungskultur. Sie profitieren aber auch von diesen Aushandlungsprozessen, da in deren Vollzug ihre Forschungsergebnisse in eine breitere Öffentlichkeit gelangen können. Dass aber insbesondere die Massenmedien vornehmlich an Neuigkeiten und Enthüllungen interessiert sind und weniger an komplexen Zusammenhängen und differenzierten Urteilen, ist ein struktureller Konflikt zwischen Wissenschaft und Medien. Öffentliche Debatten oder groß gefeierte Jahrestage beeinflussen indes auch die Themenwahl von historisch Forschenden, man denke etwa an die Zwangsarbeiterthematik[37] oder das Gedenken anlässlich 100 Jahre Anfang bzw. Ende des Ersten Weltkrieges.[38]

Zu einem Rollenkonflikt kann es bei Zeithistoriker:innen kommen, wenn sie auf kirchliche Aufforderung hin kirchliche Erinnerungskultur aktiv mitgestalten. Bei solchen Auftragsarbeiten müssen sie sich in erster Linie den Methoden wissenschaftlichen Arbeitens verpflichtet fühlen und auf eine unabhängige Deutungshoheit insistieren. Klar ist aber auch, dass Forschende im Bereich der Kirchlichen Zeitgeschichte wie alle Historiker:innen »in kollektive Deutungs- und Erinnerungshorizonte sowie prägende Zeitumstände eingebunden sind«.[39] Insbesondere die eigene Zeitgenossenschaft hat durchaus Auswirkungen auf den wissenschaftlichen Umgang mit der jeweiligen Thematik. Aber auch die Zugehörigkeit zu einer theologischen Schule oder kirchenpolitischen Richtung kann Effekte auf die historische Arbeit haben. Die Reflexion darüber sollte nicht dem jeweiligen Widerpart in der erinnerungskulturellen Debatte überlassen werden, weil dies schnell zu persönlichen Angriffen führt. Von kirchlich gebundenen Zeitgeschichtsforschenden wird vermutlich noch etwas mehr Selbstreflexivität verlangt, zumal wenn es sich um Theolog:innen handelt. Dies darf sie aber nicht davon abhalten, nachvollziehbaren kirchlichen »Erinnerungs- und Gedenkbedürfnissen« eine wissenschaftliche

---

[36] Vgl. die Beispiele bei Dagmar PÖPPING, Zwischen Forschung und Erinnerungskultur. Ein Katalog über Gedenkorte des evangelischen Widerstandes gegen den Nationalsozialismus, in: HERMLE/PÖPPING (Hg.), Verklärung (wie Anm. 8) 249.

[37] Vgl. Jochen-Christoph KAISER (Hg.), Zwangsarbeit in Kirche und Diakonie 1939–1945 (KoGe 32, Stuttgart 2005); Uwe KAMINSKY, Die Evangelische Kirche und die Zwangsarbeit. Ein Resümee, in: Zwangsarbeiterforschung in Deutschland. Das Beispiel Bonn im Vergleich und im Kontext neuerer Untersuchungen, hg. von Dittmar DAHLMANN/Albert S. KOTOWSKI/Norbert SCHLOSSMACHER/Joachim SCHOLTYSECK (Migration in Geschichte und Gegenwart 4, Bonn 2010) 101–116.

[38] Vgl. z. B. Martin GRESCHAT, Der Erste Weltkrieg und die Christenheit. Ein globaler Überblick (Stuttgart 2014); Horst MÖLLER/Peter STEINBACH/Josef PILVOUSEK (Hg.), Glaube und der Erste Weltkrieg [= Faith in the First World War]. KZG/CCH 31/1 (2018).

[39] CORNELISSEN, Erinnerungskulturen (wie Anm. 3).

Grundlage zu geben.[40] Die Wissenschaftler:innen sollten ihre Forschungsergebnisse aktiv in die Erinnerungskultur einbringen und diese so mitgestalten. Das bedeutet nicht, in ein »volkspädagogisches Wissenschaftsverständnis«[41] zu verfallen und aus der Kirchlichen Zeitgeschichte eine reine Anwendungswissenschaft zu machen; die Konjunktur der *public history* hat aus der allgemeinen Zeitgeschichte schließlich auch nicht eine solche gemacht. Es bedeutet aber, wie der Kirchenhistoriker Kurt Nowak es schon vor einigen Jahren formulierte, »memoriale Verantwortung«[42] zu übernehmen. Heute heißt das, dabei neben der konfessionellen und nationalen auch die ökumenische und internationale Dimension mit einzubeziehen. Die kirchliche wie die staatliche Erinnerungskultur sollte nicht allein Zeitzeug:innen, (Kirchen-) Politiker:innen und Medienschaffenden überlassen werden. Dies gilt besonders in einer Zeit, in der eine kritisch-aufgeklärte Erinnerungskultur von Rechtspopulisten in Deutschland und anderen europäischen Ländern durch »geschichtspolitische Tabubrüche«[43] angegriffen wird. Es gilt aber auch in einer Zeit, in der Erinnerung – um es mit dem Historiker Martin Sabrow zu formulieren – zu einer »Pathosformel der gesellschaftlichen Selbstverständigung«[44] geworden ist und Erinnerungskultur »säkulare Erlösungsversprechen«[45] impliziert.

Die Forschenden im Bereich der Kirchlichen Zeitgeschichte sollten idealerweise immer beides sein: Akteur:innen und Analyst:innen der evangelischen Erinnerungskultur. Beide Rollen können einander durchaus wechselseitig befruchten. So kann ein analytischer Blick auf das eigene erinnerungskulturelle Handeln versachlichend wirken und insbesondere dazu führen, andere Forschende, die sich an denselben Aushandlungsprozessen beteiligen, fair zu behandeln. Denn eines zeigt die Erfahrung auch: Historiker:innen können in erinnerungskulturellen Auseinandersetzungen durchaus auf unterschiedlichen Seiten stehen.[46] Insbesondere in Erinnerungskonflikten, die die Zeit des Nationalsozialismus betreffen, verbinden auch sie mitunter wissenschaftliche Argumente mit moralischem Impetus und geschichtsdidaktischer Absicht. So lässt sich seit den 1990er Jahren zwar einerseits eine Verwissenschaftlichung der Erinnerungskultur beobachten, aber andererseits

---

[40] Bezogen auf die allgemeinen Gedenk- und Erinnerungsbedürfnisse in der Gesellschaft vgl. JARAUSCH, Zeitgeschichte (wie Anm. 25) 34.
[41] SABROW, Krise (wie Anm. 4) 97.
[42] Kurt NOWAK, Kirchliche Zeitgeschichte an der Schwelle des 21. Jahrhunderts. Ein Thesenpapier (Archiv der Forschungsstelle für Kirchliche Zeitgeschichte München, unveröffentl. Thesenpapier für die Mitgliederversammlung der Evangelischen Arbeitsgemeinschaft für Kirchliche Zeitgeschichte am 22. und 23. Juni 2001 in Berlin) 1–12, hier 10.
[43] SABROW, Krise (wie Anm. 4) 95.
[44] DERS., Abschied von der Aufklärung? Über das Erlösungsversprechen unserer Erinnerungskultur. *Merkur* 71/813 (Februar 2017) 5–16, hier 15.
[45] Ebenda 16.
[46] Auch hierfür sind die Auseinandersetzungen um das Gedenken an den bayerischen Landesbischof Hans Meiser ein Paradebeispiel. Vgl. SCHULZE, Verhalten (wie Anm. 13); DIES., Hans Meiser (wie Anm. 13); DIES., Norden (wie Anm. 12).

bei einigen in Erinnerungsdebatten involvierten Fachkolleg:innen auch eine Moralisierung wissenschaftlicher Argumentation.[47] Mit einer solchen rhetorischen Strategie fallen sie aber aus der ihnen im erinnerungskulturellen Diskurs vorgesehenen Rolle: die der auf Versachlichung, Differenzierung und Historisierung drängenden Erinnerungsakteur:innen.

---

[47] Vgl. PÖPPING, Forschung (wie Anm. 36) 252f.

Selbstvergewisserung oder kritische Reflexion?

Die Funktion des Erinnerns in der Evangelischen Kirche in Österreich

Von Olivier Dantine

I. Vorbemerkungen

Im Rahmen dieses Tagungsbands werde ich die Perspektive der Kirchenleitung der Evangelischen Kirche in Österreich einbringen; dies tue ich im folgenden Beitrag als jemand, der seine Aufgabe darin sieht, das kirchliche Leben – und damit auch die Erinnerungskultur in den Gemeinden seines Zuständigkeitsbereichs – zu überblicken, zu begleiten und untereinander in einen Austausch zu bringen, weiters in der Öffentlichkeit für die Evangelische Kirche zu sprechen. Immer wieder werde ich auch zu Gedenkfeiern eingeladen. So stehe ich auch in der Verantwortung, Gedenkinitiativen teilweise selbst anzustoßen oder zumindest zu begleiten. Dass für die Perspektive der Kirchenleitung ausgerechnet der evangelisch-lutherische Superintendent für Salzburg und Tirol angefragt wurde, ist sicher nicht zufällig.

II. Protestantenvertreibungen als Thema der Erinnerungskultur

Die Erinnerungskultur in Salzburg und Tirol ist stark verbunden mit den Protestantenvertreibungen des 17., 18. und 19. Jahrhunderts. Auch wenn die evangelischen Gemeindeglieder in diesen beiden Bundesländern nur in ganz seltenen Fällen Nachfahren der Vertriebenen sind, kommt ein evangelischer Superintendent nicht umhin, sich mit der Thematik auseinanderzusetzten: Googelt man ›Protestanten Salzburg‹ oder ›Protestanten Tirol‹, beziehen sich die ersten Ergebnisse auf diese Vertreibungen. Glasfenster mit Darstellungen dieser Vertreibungen finden sich in der Salzburger und der Innsbrucker Christuskirche. Beim Wiedererstehen von Evangelischen Gemeinden im 19. und frühen 20. Jahrhundert war die Identitätsbildung auf Basis dieser Erinnerung konstitutiv. In Salzburg, nicht zufällig eine ›Los-von-Rom-Gemeinde‹, wurde Anfang des 20. Jahrhunderts der evangelische Verein »Salzbund« gegründet, der die Erinnerung an diese Vertreibungen wachhält. Wie die reine Opferperspektive dazu führte, dass Evangelische zu Tätern wurden, wird in anderen Beiträgen dieses Tagungsbandes ausführlicher thematisiert.[1]

---

[1] Vgl. bes. Leonhard Jungwirth/Astrid Schweighofer, Zwischen ›Opfer‹ und ›Elite‹. Selbstbilder und Geschichtsbilder einer Minderheitskirche; Michael Bünker, »Gedenke der

Aber auch in der zweiten Hälfte des 20. Jahrhunderts spielt die Erinnerung an die Protestantenvertreibungen weiterhin eine Rolle. Der in den 1970er Jahren an die evangelische Kirche angebaute Gemeindesaal in Bad Hofgastein trägt an den Wänden neben einem großen Porträt Martin Lodingers, der 1533 aus Gastein nach Nürnberg auswandern musste, drei weitere große, fast die ganze Wand ausfüllende Abbildungen: den ›Salzleckerschwur‹, die Vertreibung aus dem Pongau 1731/32 und die Aufnahme der Vertriebenen. In jeder Gemeindeveranstaltung haben die Besucher:innen also diese Erinnerung vor Augen.

III. Erinnerung und ihre Folgen

Eine peinliche Episode aus den 1980er Jahren verdeutlicht, wie die Erinnerung an diese Vertreibungen die Haltung von kirchlichen Gremien beeinflusst. Im Jahr 1988 lud der evangelische Bischof Dieter Knall Papst Johannes Paul II., der auf seiner zweiten Österreich-Reise auch in Salzburg Station machte, zu einem ökumenischen Gottesdienst in die Salzburger Christuskirche ein. Der erste Fehler war – und das ist, wenn ich das so ausdrücken darf, ein ›Kardinalfehler‹ –, dass Knall das Presbyterium der Salzburger Pfarrgemeinde nicht vorher angefragt hatte; der zweite, dass er die Empfindlichkeit der Salzburger Evangelischen, zumindest einiger im Presbyterium, unterschätzte: Fast hätte das Presbyterium den Beschluss gefasst, den Papst wieder auszuladen, denn – so die hier paraphrasierte Argumentation – ein Papst in einer evangelischen Kirche, ausgerechnet in Salzburg, sei angesichts der Vertreibungen des 18. Jahrhunderts nicht angebracht.[2]

Es kam bekanntlich nicht zur Ausladung, weil doch irgendjemand an die Vergebungsbitte von Erzbischof Rohracher erinnert haben soll, die dieser 1966 anlässlich der Amtseinführung des ersten Superintendenten von Salzburg und Tirol, Emil Sturm, geäußert hatte.[3] Die 22 Jahre nach der Vergebungsbitte hatten also offenbar nicht ausgereicht, um sich der Opferrolle zu entledigen. Im Übrigen war es den Verantwortlichen in der Superintendenz gerade deswegen wichtig, zum 50jährigen Jubiläum der Superintendenz Salzburg und Tirol auch an diese Vergebungsbitte zu erinnern. Einerseits in Dankbarkeit dafür, was durch sie ökumenisch in Salzburg möglich wurde, andererseits um zu bedenken, wie wichtig die Möglichkeit, die Opferrolle zu verlassen, für das Selbstverständnis der Evangelischen ist.

Im öffentlichen Leben spielt das Gedenken an die Vertreibungen nach wie vor eine große Rolle. Als Anfang der 2000er Jahre der damalige Innsbrucker Bürgermeister Herwig van Staa der Evangelischen Superintendenz Salzburg-Tirol das An-

---

vorigen Zeiten« (5. Mose 32,7). Erinnerungs- und Gedenkkultur im österreichischen Luthertum.
[2] Ludwig V. Toth, Erinnerungen an den Besuch von Johannes Paul II., in: 150 Jahre Evangelische Pfarrgemeinde Salzburg, Festschrift, hg. von Tilmann Knopf (Salzburg/Wien 2013) 195f.
[3] Dietmar W. Winkler, Aus der Vergebung: Aufbruch zum Miteinander. Zur Vergebungsbitte Erzbischof Andreas Rohrachers. *Amt und Gemeinde* 66 (2016) 126–137.

gebot machte, ein Haus im Eigentum der Stadt äußerst günstig zu verpachten, um darin die Superintendentur zu beherbergen, hat er dies im Gemeinderat als Entschädigung für die Vertreibungen argumentiert. Die Evangelische Superintendenz hat dieses Angebot dankbar angenommen.

IV. ›Gebrauch‹ der Erinnerung

Welche Funktion hat also Erinnerung für die evangelische Kirche in diesem Fall? Die Perpetuierung der Opferrolle? Wie problematisch das ist, ist schon angeklungen und es würde auch die Bedeutung, welche die evangelische Kirche für das öffentliche Leben spielt, auf das Erinnern an diese Ereignisse reduzieren. Oder ist es doch ein Auftrag an Vertreter:innen der evangelischen Kirche, sich gegen Diskriminierungen anderer Religionen und für einen Dialog der Religionen auf Augenhöhe einzusetzen, wie dies etwa im Zuge der Diskussion um die Moschee mit Minarett in Telfs in Tirol geschehen ist?

Wenn ich jetzt den Horizont über Salzburg und Tirol hinaus weite, dann sehe ich einen ›Gebrauch‹ der Erinnerung an die Zeiten der Reformation und der Gegenreformation sowie an die Toleranzzeit in Österreich, der mehr mit Selbstvergewisserung zu tun hat, nicht zuletzt mit der Vergewisserung einzelner Interessensgruppen.

Dazu erwähne ich zwei Beispiele, bewusst aus sehr konträren Gruppierungen: Im Zuge der heftigen Debatte um die Weisungsungebundenheit von Pfarrer:innen im Anschluss an die gemischt-konfessionelle ›Berndorfer Trauung‹ 1965 formierte sich die Gegnerschaft gegen die Haltung der damaligen Kirchenleitung am 31. Oktober 1967 unter dem Namen ›Aktion 450‹;[4] sie tat dies wohl, um die Autorität ihrer theologischen Argumentation mit der Erinnerung an den Beginn der Reformation genau 450 Jahre zuvor und mit der Rückbindung an reformatorische Theologie zu untermauern.

2019 formierte sich während der Diskussion um die Öffnung der kirchlichen Trauung auch für gleichgeschlechtliche Ehepaare vorübergehend der ›BELT – Bund Evangelisch-Lutherischer Toleranzgemeinden‹[5] – kurze Zeit später mit dem Zusatz ›und Gemeinden‹. Es schlossen sich hier Gemeinden zusammen, die sich gegen eine solche Öffnung stellten. In dieser Bezeichnung fand sich eine aus meiner Sicht eigenartige Unterscheidung zwischen ›Toleranzgemeinden‹ und ›Gemeinden‹. Aus ekklesiologischer Perspektive ist ›Toleranzgemeinde‹ keine eigene Kategorie. Auch hier ging es aber um die Untermauerung von Autorität: Dieses Mal auf der Basis der Erinnerung an jene Gemeinden, die den Kern des Wiedererstehens evangelischen

---

[4] Vgl. Leonhard Jungwirth, Politische Vergangenheiten. Der österreichische Protestantismus in den Jahren 1933/34 bis 1968 (AKiZ B 93, Göttingen 2024) 304.

[5] Vgl. z. B. die Stellungnahme der Evangelischen Pfarrgemeinde A. und H. B. St. Pölten zur »Ehe für alle« (o. J.), https://stpoelten.evang.at/sites/default/files/general/ehe_fuer_alle_-stellungnahme.pdf [23.01.2024].

Kirchenlebens in Österreich gebildet und sich durch besondere Glaubenstreue in der Zeit des Geheimprotestantismus ausgewiesen hatten.

Nicht nur bei der Bildung von kirchenpolitischen Interessensgruppen spielen Bezüge zur Geschichte des Protestantismus eine Rolle, sondern sie dienen auch in anderen Kontexten der Vergewisserung, etwa um aus dieser Erinnerung etwas Tröstliches zu generieren. Ich erinnere an die unpubliziert gebliebenen, an die Pfarrgemeinden ausgesandten Rundbriefe des lutherischen Bischofs Michael Chalupka im ersten Covid19-Lockdown im Jahr 2020. In dieser außergewöhnlichen – und bis dahin unvorstellbaren – Situation eines wochenlangen Ausfallens von Präsenzgottesdiensten versuchte er mit Verweis auf die Zeit der Gegenreformation zu ermutigen: Auch die jahrzehntelange Unmöglichkeit des Abhaltens von öffentlichen Gottesdiensten habe evangelisches Leben in Österreich nicht zum Erliegen gebracht. Dies ist keine ungefährliche Argumentation, gab es doch auch in der Evangelischen Kirche in Österreich zum Teil heftige Kritik daran, dass die Kirche einfach so staatlichen Vorgaben nachgegeben hätte. Ohne im Detail auf die konkrete Diskussion eingehen zu wollen, sei hier nur Folgendes angemerkt: Der Ausfall von Präsenzgottesdiensten war formal nie staatlich angeordnet, vielmehr handelte es sich um eine Vereinbarung der Bundesregierung mit den Religionsgemeinschaften.[6] Hätten so nicht auch gerade die scharfen Kritiker:innen der Gottesdienstabsagen mit dem Bezug auf die Gegenreformation den Widerstand gegen die angebliche Unterwerfung der Kirche unter den Staat begründen können, so wie auch die Erinnerung an die Bekennende Kirche in dieser Hinsicht instrumentalisiert wurde?[7]

Es gibt also Nebenwirkungen, wenn von Interessensgruppen innerhalb der Kirche oder als Kirche von Erinnerung ›Gebrauch‹ gemacht wird. Wie soll die Instrumentalisierung des Erinnerns zur Argumentation und Durchsetzung unterschiedlicher Interessen verhindert werden? Die Selbstvergewisserung durch Erinnern hat ihre Grenzen.

V. Vom Gedenken zur Verantwortung

Dieser Grenzen war sich die Kirche zuletzt etwa in der Vorbereitung für das Reformationsjubiläumsjahr 2017 bewusst. Es bestand der Wunsch, dieses Reformationsjubiläum nicht allein als Fest der Selbstvergewisserung zu feiern. Im Jahr 2013 wurde von den Synoden A. B. und H. B. und der Generalsynode sowie von der

---

[6] Vgl. N.N., Bundeskanzler Kurz dankt Kirche für ihr Wirken angesichts der Pandemie. *kathpress* vom 15. April 2020 (https://www.erzdioezese-wien.at/site/home/nachrichten/article/82822.html [23.01.2024]).

[7] Vgl. Arnd Henze, Fehlgeleitete Widerstandsromantik. Wenn sich Christen vor den Karren von Corona-Leugnern und Rechtspopulisten spannen lassen. *zeitzeichen. Evangelische Kommentare zu Religion und Gesellschaft* vom 7. April 2021 (https://zeitzeichen.net/node/8966, [23.01.2024]).

Konferenz der Evangelisch-Methodistischen Kirche in Österreich gemeinsam ein Papier zur Vorbereitung auf das Reformationsjubiläum verabschiedet: *Evangelisch Kirche sein – 500 Jahre Reformation*.[8] Nach einer Einleitung, die sowohl an den Anlass des Jubiläums erinnert als auch an die weiteren Ausprägungen der Reformation als Begründung dafür, dass die drei Kirchen gemeinsam das Jubiläum begehen, folgt ein Abschnitt, der sich mit der Verantwortung der Kirchen befasst, die sich aus dem Reformationsgedenken ableitet:

> »Die Freiheit des Christenmenschen verwirklicht sich in der Bereitschaft, Verantwortung zu übernehmen. Das Evangelium soll im Leben des Menschen Gestalt gewinnen, Glaube soll gelebter Glaube sein. Die in Jesus Christus geschenkte Gemeinschaft mit Gott wandelt das Leben von Grund auf (Heiligung). Aus ›fröhlichem Glauben‹ (Martin Luther) wendet sich der befreite Christenmensch dem Nächsten und der Welt zu. Reformatorische Impulse beeinflussen die soziale Verantwortung der Gesellschaften und legen Grundlinien für ein sozial und ökologisch verantwortetes Wirtschaften. Evangelische Kirchen sind diakonische Kirchen, die sich der Nöte der Menschen annehmen, für soziale Gerechtigkeit eintreten und ihre Stimme für Gerechtigkeit, Frieden und die Bewahrung der Schöpfung erheben.«[9]

Im dritten Teil des Vorbereitungspapiers wird wiederum die ökumenische Dimension des Reformationsjubiläums ausgeführt. Ganz bewusst, so hieß es in vielen Stellungnahmen im Kontrast zu den konfessionell abgrenzenden früheren Jubiläumsfeiern, sollte die Ökumene mit einbezogen werden, insbesondere die römisch-katholische Kirche – eine Einladung, die die römisch-katholische Kirche angenommen hat. Auch wenn die inhaltliche Annäherung noch auf sich warten lässt, gab es nach meiner Wahrnehmung im evangelisch-katholischen Verhältnis sehr wohl ›atmosphärisch‹ große Fortschritte. Es ist dies vielleicht ein positives Beispiel dafür, was Erinnern bewirken kann, wenn es sich nicht auf Selbstvergewisserung beschränkt, sondern wenn auch die daraus wachsende Verantwortung für die Gesellschaft und für die Ökumene ernst genommen wird.

Erinnern, Schuldeingeständnis und Verantwortung übernehmen, mit diesen entscheidenden Schlagworten würde ich auch eine Stellungnahme beschreiben, die im Gedenkjahr 2005 von den Synodalausschüssen A. B. und H. B. in gemeinsamer Sitzung verabschiedet wurde. Dieses kirchenpolitische Wort ist für mich ein Beispiel dafür, wie sich das Erinnern deutlich von Selbstvergewisserung abhebt und die kritische Reflexion zum Ruf nach Verantwortung wird. Dabei geht es einerseits um die eigene Täterrolle in Bezug auf die Verbrechen des Nationalsozialismus, andererseits um das Überwinden der Opferrolle in Bezug auf die Unterdrückung und Diskriminierung evangelischen Lebens in Österreich.

---

[8] Generalsynode der Evangelischen Kirche A. und H. B. in Österreich/Konferenz der Evangelisch-Methodistischen Kirche in Österreich, Evangelisch Kirche sein – 500 Jahre Reformation, https://www.kirchenrecht.at/resolution/46216.pdf [20.4.2023].
[9] Ebenda.

»Wir denken dabei [beim gemeinsamen Erinnern und Gedenken unsers Landes, Anm. d. Verf.] zuerst an die unzähligen Opfer von Diktatur und Krieg. Es belasten uns die schmerzlichen Erfahrungen von Schuld und Scheitern unserer Kirchen und einer großen Zahl ihrer Mitglieder in der Zeit des Nationalsozialismus, insbesondere in Bezug auf jüdische Mitbürgerinnen und Mitbürger, Sinti und Roma und andere verfolgte Gruppen, wo mutiger bekannt, treuer gebetet, fröhlicher geglaubt, brennender geliebt und entschiedener widerstanden hätte werden müssen. Die Erinnerung an dieses Versagen darf nicht verdrängt werden und ruft uns weiterhin zu ständiger Selbstprüfung auf. Als evangelische Gemeinden, Christinnen und Christen haben wir bis ins zwanzigste Jahrhundert leidvoll erfahren, welche Folgen Intoleranz und Beschränkungen der politischen und konfessionellen Freiheit haben. Diese Schatten der Vergangenheit sind heute überwunden. So ist es möglich geworden, dass die christlichen Kirchen aus einem neu geschenkten ökumenischen Bewusstsein gemeinsam das Ökumenische Sozialwort und [im Rahmen des Österreichkonvents, Anm. d. Verf.] Beiträge zur neuen österreichischen Bundesverfassung erarbeitet haben. Als freie Kirche leben wir in einem freien demokratischen Rechtsstaat innerhalb der Europäischen Union, in der Menschenwürde und Menschenrechte unverzichtbare Werte und Grundlagen sind.«[10]

In weiteren Abschnitten wird das Gedenkjahr zum Anlass genommen, zur aktiven Teilhabe an der Demokratie aufzufordern. Aus dem Erinnern wird also zur Verantwortung aufgerufen.

Die wichtige Funktion des Erinnerns im Sinne einer kritischen Reflexion wird deutlich. Das gilt für all jene Anlässe, die die Evangelische Kirche in Österreich immer wieder zu entsprechenden Stellungnahmen und Apellen nutzt. Das gilt auch für Gedenkinitiativen, an denen sich Vertreter:innen unserer Kirche beteiligen und von denen einzelne im Rahmen dieses Tagungsbands als repräsentative Beispiele vorgestellt werden. Mit solchen Initiativen hat die Kirche auch eine wichtige Vorbildwirkung, die nicht unterschätzt werden darf. Erinnerungskultur ist einer der wichtigen Modi, mit dem Kirche ihrer Verantwortung für die Gesellschaft wahrnimmt.

---

[10] Evangelischen Kirche A. und H. B., Erklärung der zum Gedenkjahr 2005, https://www.kirchenrecht.at/resolution/46690.pdf [19.4.2023].

›Ethik als Erinnerung‹

Eine theologische Ethik evangelischen Erinnerns

Von Thomas Scheiwiller

I. Vorbemerkungen

Weder kann sich das Erinnern in der philosophischen Ethik noch das evangelische Erinnern innerhalb der theologischen Ethik auf eine breite Tradition berufen.[1] Die wenigen Versuche, die es aus dem 20. Jahrhundert gibt, haben eine theologische Ethik des Erinnerns entweder anhand der Motive Schuld und Leid[2] oder im Rahmen einer Erfahrungstheologie als individuelles Erinnern thematisiert.[3] Auch philosophische Versuche haben die moralische Beurteilung kollektiver Erinnerungsprozesse in Ermangelung einer allgemeinverbindlichen Grundlage näher zum Glaubens- denn zum Wissensbegriff gestellt.[4] Ebenso gilt, dass es die *eine* evangelische Ethik nicht (mehr) gibt. Die Bedingungen der Spätmoderne, in

---

[1] ›Erinnern‹ ist als Lemma in theologischen (bzw. evangelischen) Lexika mit Verweis auf »Gedächtnis« nur in *RGG⁴* (Bd. 4, 2001) aufgeführt, allerdings ohne dogmatische oder ethische Abteilung; in *RGG³* (Bd. 1, 1957) ist nur »Anamnese« mit Verweis auf »Liturgik III.« (Grundbegriffe der Liturgik) enthalten – ›Erinnerung‹ und ›Gedächtnis‹ werden nicht thematisiert. Nur von »Gedenktage« wird auf den Artikel »Feste/Feiertage« verwiesen, wo auch eine moralische Perspektive aufgezeigt wird. Im *Lexikon der letzten Dinge* wird ›Erinnern‹ nur als individualpsychologisches Phänomen erwähnt; im *Evangelischen Kirchenlexikon* (1986) ist »Anamnese« mit dem Verweis auf das »Eucharistiegebet« enthalten; in die *TRE* wurden weder ›Anamnese‹ (Bd. 2, 1978) noch ›Gedächtnis‹ (Bd. 12, 1984) oder ›Erinnerung‹ (Bd. 10, 1982) aufgenommen. Ebensowenig finden sich eigene Lemmata im *Wörterbuch des Christentums* (1988), dem *Lexikon Theologie – Hundert Grundbegriffe* (2004), dem *Evangelischen Staatslexikon* (2006) oder dem *Taschenlexikon Religion und Theologie* (2008); in das katholische *LThK* wurde »Gedächtnis« (Bd. 4, ²1960) schon früh aufgenommen, allerdings gibt es bis heute keinen eigenen Eintrag zur ›Erinnerung‹, sondern nur einen Verweis u. a. zur »Anamnese«, die dafür schon seit dem Vorgängerlexikon der *LThK*, dem *Kirchlichen Handlexikon* (Bd. 1, 1907), enthalten ist.

[2] Vgl. Johann Baptist Metz, Zwischen Erinnern und Vergessen. Die Shoah im Zeitalter der kulturellen Amnesie, in: Ders., Zum Begriff der neuen Politischen Theologie (1967–1997) (Mainz 1997) 149–155; Ders., Memoria passionis. Ein provozierendes Gedächtnis in pluralistischer Gesellschaft (Gesammelte Schriften, Bd. 4, Freiburg i. Br./Basel/Wien 2017) 231f. Vgl. dazu Ulrich H. J. Körtner, Zur Einführung. Offene Fragen einer Geschichtstheorie in Theologie und Geschichtswissenschaft, in: Ders. Geschichte und Vergangenheit. Rekonstruktion – Deutung – Fiktion (Göttingen 2007) 1–21, hier 8f.

[3] Vgl. Konrad Stock, Grundlegung der protestantischen Tugendlehre (Gütersloh 1995) 37–40.

[4] Vgl. Avishai Margalit, Ethik der Erinnerung (Frankfurt a. M. 2000) 41.

der sich *die* Geschichte in Geschichten, *die* Erinnerung in Erinnerungen und der Ansatz einer universalen Ethik in Ethiken aufgelöst haben, können eine abschließende Großerzählung nicht mehr glaubhaft machen. Trotz dieser unübersichtlichen Ausgangslage soll in diesem Artikel der Versuch unternommen werden, eine systematisch-theologische Reflexion des Verhältnisses von evangelischer Ethik und Erinnerung anzustrengen, indem zwischen Geschichte und ihrer Urteilsebene differenziert wird.

Ethik befasst sich innerhalb der Theologie vorrangig mit der Beschreibung des guten Lebens oder mit intentionalem Handeln bzw. mit Unterlassung von Handlungen, was sich mit den Kategorien ›Erinnern‹ und ›Vergessen‹ nur schwer vereinbaren lässt.[5] Dementsprechend schwierig gestaltet sich die moralische Bewertung einer ›kollektiven‹ Perspektive von Erinnerung.[6] Eignet sich Erinnerung überhaupt für ethische Urteilsbildung?[7] Evangelisches Erinnern ausschließlich mit dem Individuum zu verknüpfen, ergibt aus meiner Sicht deshalb keinen Sinn, da Erinnern und Vergessen in ihrer Interaktionsdimension immer eine moralische Komponente beanspruchen. Der Wert ›richtigen‹ Handelns bezieht sich immer auf gesellschaftliche Konventionen bzw. Rechtsgrundlagen. D. h. auch eine auf individualethische Verpflichtung abgestellte Wert- oder Güterethik ›richtigen‹ Erinnerns kommt nicht ohne Gesellschaftsbezug aus. Wird Erinnerung demgegenüber von einer gesellschaftlichen Perspektive aus betrachtet, kommt ihre Rekonstruktion (Genese), ihre normative Geltung und auch die Gefahr der Instrumentalisierung von Erinnerung, so die Grundannahme dieses Beitrags, besser zum Tragen.

Vor diesem Hintergrund erscheint es notwendig, im folgenden ersten Abschnitt sowohl in die normativen Problemstellungen der Geschichtsphilosophie als auch in die positionell verfasste (theologische) Ethik einzuführen. In beiden Abschnitten geht es darum aufzuzeigen, dass eine moderne Beurteilung von Geschichte und Ethik weniger über absolute Grundbestimmungen als über standortbestimmte und damit plurale Ansätze funktioniert. Das Paradigma von der *einen* Geschichte

---

[5] Vgl. Christoph Kühberger/Clemens Sedmak, Ethik der Geschichtswissenschaft. Zur Einführung (Wien 2008) 114. Eine sehr basale Definition schlägt Reiner Anselm, Ethik des politischen Gedenkens. MKiZ 2 (2008) 27–39, hier 27 vor: »Insofern Erinnerung hilft, die Gegenwart wahrzunehmen, hat Erinnern auch immer etwas mit Lebensführung – und damit mit Ethik – zu tun.«

[6] Elena Esposito, Soziales Vergessen. Formen und Medien des Gedächtnisses der Gesellschaft (Frankfurt a. M. 2002) 18: »Aus der Funktionsweise von Gehirn und Bewusstsein können keine Schlussfolgerungen hinsichtlich der Funktionsweise der Gesellschaft gezogen werden.«

[7] Vgl. Margalit, Ethik (wie Anm. 4) 39. Eingehend mit dem Versuch einer Ethik des Erinnerns hat sich der katholische Theologe Thomas Weißer (Laubach) beschäftigt. Vgl. Thomas Laubach, Ethik und Erinnerung. Eine Spurensuche. *forum medienethik* 2 (1999) 58–69; Ders., Warum sollen wir uns überhaupt erinnern? Ethische Zugänge zur Erinnerung, in: Zugänge zur Erinnerung. Bedingungen anamnetischer Erfahrung. Studien zur subjektorientierten Erinnerungsarbeit, hg. von Ottmar Fuchs/Reinhold Boschki/Britta Frede-Wenger (Münster 2001) 183–198.

und dem sich in ihr erfüllenden *einen* Sinn ist auch innerhalb des Protestantismus brüchig geworden (Kap. II.1).[8] Dementsprechend hängt das Scheitern der *einen* geschlossenen Hermeneutik von Geschichte und Erinnerung mit einer Fragmentarisierung von ethischen Prinzipien bzw. mit einer mit der Säkularisierung übereinstimmenden spezifisch-christlichen Ethik zusammen (Kap. II.2).

In einem zweiten Teil stellt sich die Frage, ob aus der Geschichte überhaupt ethische Urteile abgeleitet werden können. Kann aus der Unterscheidung in eine Realgeschichte und eine davon abhängige Erinnerungskonstruktion gefolgert werden, dass auch Moral nur eine konstruierte Normierung innerhalb der jeweiligen Gesellschaften darstellt? Fragen zur Rechenschaft gegenüber der Geschichte, zu Machtkritik und zur Funktion von (theologischer) Geschichtswissenschaft oszillieren dabei zwischen »memoriale[r] Verantwortung«[9] und einem durch authentisch-sinnliche Erfahrung wachgehaltenen »säkulare[n] Erlösungsversprechen«[10] (Kap. III.1).

In diesem Zusammenhang ist die Aufklärung über das eigene Geschichtsverständnis von besonderer Bedeutung: Vereinfacht gesagt verfolgt dieses entweder eine fortschritts- und wahrheitsgebundene Aufklärungsgeschichte oder tendiert zu einer aufklärungs- und kulturkritischen Genealogie. Eng damit verbunden ist die Frage, ob ›Macht‹ eine steuerbare und kritisierbare Größe innerhalb der Gesellschaft oder ein – wenn auch ambivalentes – Konstituens von Gesellschaften und Subjekten ist?[11]

---

[8] Vgl. Jochen TEUFFEL, Geschichten, Historik und die Theologie. *NZSTh* 47 (2005) 233–250.

[9] Kurt NOWAK, Kirchliche Zeitgeschichte an der Schwelle des 21. Jahrhunderts. Ein Thesenpapier (Archiv der Forschungsstelle für Kirchliche Zeitgeschichte München, unveröffentl. Thesenpapier für die Mitgliederversammlung der Evangelischen Arbeitsgemeinschaft für Kirchliche Zeitgeschichte am 22. und 23. Juni 2001 in Berlin) 1–12, hier 10. Kurt NOWAK, Die Konstruktion der Vergangenheit: zur Verantwortung von Theologie und Kirche für den Gedächtnisort »1989«, in: DERS./Leonore SIEGELE-WENSCHKEWITZ (Hg.): Zehn Jahre danach. Die Verantwortung von Theologie und Kirche in der Gesellschaft. Leipzig 2000, 3–20.

[10] Martin SABROW, Abschied von der Aufklärung? Über das Erlösungsversprechen unserer Erinnerungskultur. *Merkur* 71/Heft 813 (2017) 5–16, hier 16.

[11] Vgl. Philipp SARASIN, Was ist Wissensgeschichte? *Internationales Archiv für Sozialgeschichte der Deutschen Literatur* 36/1 (2011) 159–172, hier 172: »Die Rede von der Genealogie impliziert […] bekanntlich seit Nietzsche und dann wieder bei Foucault die Rekonstruktion der Herkunftsgeschichte von Wahrheiten und Geltungsansprüchen als eine Geschichte nicht zuletzt von Machtbeziehungen, die der Genealoge gleichsam unter der glatten Oberfläche der Diskurse entziffert. Ordnungssysteme, Medien und Akteure des Wissens sind, mit anderen Worten, immer und grundsätzlich Teil von Machtbeziehungen und entfalten selbst Machtwirkungen. Die Wissensgeschichte unterscheidet sich insofern fundamental von der alten Sozialgeschichte, indem sie nicht unterstellt, Macht resultiere letztlich immer aus bestimmten sozialen Ungleichverhältnissen und sei daher aus diesen analytisch ableitbar, und sie versteht Macht auch nicht ausschließlich politisch verfasst. Vielmehr schreibt sie Diskursen und technischen Strukturen wie Experimentalanordnungen oder Medien genauso Machtwirkungen zu wie Institutionen, mit denen Akteure verbunden sind. Macht ist, folgt man Foucault, nur ein anderer Name für die Relationen, in die Menschen, Diskurse, Artefakte und Institutionen verflochten sind.«

> »Die Paradoxie liegt darin – für den Analytiker wie der Sache nach –, dass Macht als Relation genauso unumgänglich und damit nicht wirklich ›kritisierbar‹ ist, wie man die Ballung von Macht in Institutionen oder die verschleierte Macht hinter scheinbaren Wahrheiten dennoch kritisieren und genealogisch dekonstruieren kann, ja muss, wenn man nicht zu ihrem Sänger werden will.«[12]

Im Hintergrund steht die grundlegende Frage menschlichen Selbstverständnisses: Versteht sich der Mensch als aktives, freies und autonomes Subjekt oder (auch) als passives, geprägtes und heteronomes *subjectum* – als Unterworfener? Moralisch nimmt die Erinnerung in dieser Auseinandersetzung die Funktion ein, dass der in Machtkomplexe eingebundene Mensch Geschichte (re-)konstruiert, ohne dabei einen neutralen Standort *extra nos* einnehmen zu können. Im Anschluss an die moderne Religionskritik erscheint es unzulässig, Gott (wieder) zur hermeneutischen Instanz der Universalgeschichte zu erklären. Erinnerung wird zu einer individuellen und gesellschaftlichen Konstruktionsleistung vor dem Hintergrund einer nur selektiven und perspektivischen Geschichtsinterpretation.

In dem beschriebenen genealogischen Dilemma wird die Konstituierung des Subjekts in einen alles mitbestimmenden Machtdiskurs miteinbezogen, weshalb das Subjekt der Macht nicht äußerlich sein kann und somit nicht in kritische Distanz treten kann. Das stellt die Ethik evangelischen Erinnerns vor folgende paradoxe Herausforderung: Theologie und kirchliche Institutionen wissen nicht nur um ihre aktive Mitgestaltung von Machtstrukturen und deren allfälligen negativen Folgen, sondern stellen sich diesen in binnenkirchlichen und gesellschaftlichen Diskursen. Im Verweis auf Geschichte nimmt die Erinnerung moralisch – so die hier vertretene These – die beiden Momente ›Identität‹ und ›Machtkritik‹ ein. Während für die Generierung von Erinnerungs- und Identitätsdiskursen ein positives Moment von Macht notwendig ist, ist sie in ihrer negativen Form für Manipulation von Erinnerungsdiskursen verantwortlich.

Das protestantische Selbstverständnis definiert sich im Sinne einer *reformatio* sowohl über eine kritische Rückschau als auch über einen erneuernden Ausblick. Dementsprechend sind Forschungsgegenstände und -ergebnisse als protestantische Gehalte offen und dynamisch zu verstehen, da alle Inhalte den modernen Transformationsprozessen des Glaubens und der Säkularisierung unterworfen sind. In der Theologiegeschichte wurde dieser Anspruch immer wieder auf identitätsstiftende Formeln wie jene der *ecclesia semper reformanda* oder des ›protestantischen Prinzips‹ konzentriert. Letzteres bezeichnet u.a. die kritische Rezeption von ontologischen Schemata, indem überkommene wesenhafte Ideen und Vorstellungen von Sünde, Gewissen oder Gnade im Sinne eines modernen Selbst- und Weltbildes hinterfragt und reformuliert werden: Das protestantische Prinzip fordert die Kritik an der Ambivalenz von (Kirchen-)Institutionen ein.[13] Ebenso kann die Erinnerung

---

[12] Ebenda 172.
[13] Vgl. Paul Tillich, Systematische Theologie, Bd. III, hg. von Christian Danz (Berlin/Boston ⁵2017) 653f. u. ö.

wie auch die Ethik sowohl als anthropologische Anlage als auch als Topos ontologischer bzw. sozioökonomischer Konstruktionsprozesse verstanden werden. Aus diesem Grund ist das kritische Moment des protestantischen Prinzips auch auf Erinnerung, Geschichte und Ethik anzuwenden. Die im abschließenden Kapitel exemplarisch vorgestellte protestantische ›Ethik als Erinnerung‹ hebt einerseits auf die im modernen Rechtstaat garantierte und unveräußerliche Würde des Menschen ab und korrigiert andererseits den allgemeinen Zugang über *den* Menschen bzw. die statistisch erfassten Bürger:innen im Rechtsstaat dahingehend, dass das Individuum an der Schnitt- und Problemstelle zu gesellschaftlichen Institutionen in den Fokus gelangt. Werden in diesem Zusammenhang Geschichte und Erinnerung moralisch anhand von Gesellschafts- und Machtkritik bewertet, werden selbst schon wieder ontologische Konzepte in Anschlag gebracht. Im abschließenden Kapitel wird daher die These vorgeschlagen, das integrale Verhältnis von Ethik und Erinnerung[14] dahingehend zu differenzieren, dass die gesellschaftliche Prägung durch Machtprozesse vom ›protestantischen Prinzip‹ – als einer stetigen Selbstkritikformel – begleitet wird (Kap. III.2).

II. Normativität der Geschichte und Perspektivität der Ethik

Im folgenden Abschnitt sollen in groben Zügen von der Aufklärung über die Moderne bis hin zur Spät- oder Postmoderne die Differenzierungsprozesse des Geschichts- und Ethikbegriffs nachgezeichnet werden. Das stets an Komplexität gewinnende Verhältnis von Ethik und Geschichte bestimmt auch den Erinnerungsdiskurs maßgeblich mit.

II.1 Religion und normatives Geschichtsverständnis

Während normative Fragen in Bezug auf Erinnerung keine große Resonanz erfahren haben, kann sich die Verhältnisbestimmung von Religion und Geschichte auf eine lange Tradition berufen. Um 1800 war es Friedrich Schleiermacher, der als Vertreter der sogenannten Sattelzeit eine Ausdifferenzierung von Religion als selbstständigem Kulturfeld ausmachte. Das ontologische Theologieverständnis wurde im aufgeklärten Protestantismus in eine ›Religionstheologie‹ transformiert, die das religiöse Subjekt nicht mehr unter den Heilsplan eines göttlichen Wesens stellt, sondern das religiöse Bewusstsein selbst in den Vordergrund rückt.[15] Religion wird zu einem separaten – gar von der Moral getrennten – Teil der Gesellschaft. Gleichzeitig findet eine Verlagerung von der allgemeinen Gotteserkenntnis zum individuellen

---

[14] LAUBACH, Warum (wie Anm. 7) 193f.: »Wir müssen uns nicht erinnern, weil dies und jenes passiert ist, oder dies und jenes nicht wieder passieren soll; wir müssen uns vielmehr erinnern, weil nur ein erinnerndes Urteilen und Handeln auch ein qualifiziertes sittliches Urteilen und Handeln ist. Die Moral folgt also nicht dem Erinnern, sondern Erinnern selbst ist normativ in dem Sinne, dass es zur Sittlichkeit konstitutiv gehört.«

[15] Vgl. Falk WAGNER, Art. Religion II. *TRE* 28 (1997) 522–545, hier 526f., 529.

Gottesbewusstsein statt.[16] Schleiermacher stellt das »Geschichtlich-Individuelle bestimmter Religionen gegen das Abstrakt-Natürliche«[17] und leitet – so Hans-Joachim Birkner – die »Zuwendung zur Geschichte«[18] der theologischen Wissenschaft ein. Die in der Aufklärung gestellte Frage nach der Gesetzhaftigkeit in der Geschichte (Geschichtsphilosophie) geht nun von einem menschlichen Handeln aus, das in natürlichem und kulturellem Rahmen stattfindet. Eine nachaufklärerische theologische oder biblische Deutung von Geschichte ist nur noch im Rahmen einer Verdoppelung oder Mehrdeutigkeit verständlich.[19] Zudem wird Geschichte als »ethisch-humanistisches Fortschrittsmodell« an das historische Auftreten des Christentums gebunden.[20] Spätestens mit Nietzsche hat sich in der zweiten Hälfte des 19. Jahrhunderts endgültig die Skepsis gegenüber der Geschichtsphilosophie eingeschlichen. Seine Forderung lautete, dass sich Geschichte selbst historisch werden muss. Ihre konstruktiv-kulturtragende Dimension soll durch ihre kritische Funktion ersetzt werden.[21]

In der Theologie im Übergang in die Moderne um 1900 wird mit dieser Forderung Ernst Troeltsch in Verbindung gebracht.[22] Die industrielle Moderne hat zu grundlegenden sozioökonomischen Veränderungen der Gesellschaft und ihren Wertevorstellungen geführt. Schleiermachers Einsicht eines historischen Bewusstseins aufgrund der beginnenden Ausdifferenzierung der Gesellschaft wird im

---

[16] Vgl. Christian Danz, Systematische Theologie (Tübingen 2016) 67f.

[17] Falk Wagner, Die Bedeutung der Theologie für die inhaltliche Gestaltung des Religionsunterrichts, in: Ders., Revolutionierung des Gottesgedankens. Texte zu einer modernen philosophischen Theologie, aus dem Nachlaß ediert von Christian Danz/Michael Murrmann-Kahl (Tübingen 2014) 15–120, hier 24.

[18] Hans-Joachim Birkner, Natürliche Theologie und Offenbarungstheologie. Ein theologiegeschichtlicher Überblick. NZSTh 3 (1961) 279–295, hier 288; vgl. dazu Joachim Boekels, Schleiermacher als Kirchengeschichtler. Mit Edition der Nachschrift Karl Rudolf Hagenbachs von 1821/22 (Berlin 1994).

[19] Roderich Barth, Erinnerungskultur ohne Geschichtsphilosophie? Überlegungen im Anschluss an Ernst Troeltsch, in: Geschichte und Gott. XV. Europäischer Kongress für Theologie (14.–18. September 2014 in Berlin), hg. von Michael Meyer-Blanck (Leipzig 2016) 691–708, hier 696; zum wissenschaftlichen Verhältnis von Geschichte und Theologie vgl. Michael Murrmann-Kahl, Theologische Konstruktivität und historische Rekonstruktion – Konkurrenz oder Partnerschaft?, in: Erfahrung – Geschichte – Identität. FS Richard Schaeffler, hg. von Matthias Laarmann/Tobias Trappe (Freiburg i. Br./Basel/Wien 1997) 165–183.

[20] Barth, Erinnerungskultur (wie Anm. 19) 697; vgl. dazu Jörg Dierken, Fortschritte in der Geschichte der Religion? Aneignung einer Denkfigur der Aufklärung (ThLZ.F 24, Leipzig 2012).

[21] Vgl. Barth, Erinnerungskultur (wie Anm. 19) 698.

[22] Ernst Troeltsch, Die Bedeutung des Protestantismus für die Entstehung der modernen Welt, in: Ders., Schriften zur Bedeutung des Protestantismus für die moderne Welt (1906–1913) (KGA 9, Berlin/New York 2002) 201–316, hier 205: »So ist das Verständnis der Gegenwart immer das letzte Ziel aller Historie; sie ist eben die Gesamtlebenserfahrung unseres Geschlechtes, so gut und so weit wir uns ihrer zu erinnern und so gut und so nah wie wir sie auf unser eigenes Dasein zu beziehen vermögen.«

Rückblick auf das 19. Jahrhundert von Troeltsch als »Historisierung unseres ganzen Wissens und Empfindens der geistigen Welt« beschrieben.[23] Dementsprechend baut Troeltsch das Verhältnis von historischer Kritik (biblische und kirchenhistorische Wissenschaft) und normativer Geschichtsphilosophie (Systematische Theologie) um. Zwar steht die historische Rekonstruktion für die Wissenschaftlichkeit der Theologie, für eine normative Begründung des Glaubens kommt sie allerdings nicht mehr in Frage. Geschichte und Glaube werden strikt getrennt.

Vor dem Hintergrund, dass alles historisch geworden ist, d. h. alles – auch das Christentum – aus einer relativen und partikularen Perspektive zu betrachten ist, stellt sich Troeltsch die Frage, wie Normativität überhaupt noch zu denken ist.[24] Die Lösung sieht er in der Verbindung von Geschichtsforschung und Geschichtsphilosophie. Die Aufgabe der Geschichts- und Religionsphilosophie ist es nun, den historischen Zirkel aus Quellenkritik bzw. der damit verbundenen Rekonstruktion von Geschichte und dem individuellen Standpunkt zu reflektieren.[25] Normen erweisen sich ebenfalls als relativ, da sie durch wertebasierte Vorhaben von Wissenschaftler:innen bestimmt sind. Die Geschichtsphilosophie hat insofern ein praktisches Ziel, als dass sie die kulturtheoretische Grundlage für Troeltschs (Güter-)Ethik bildet.

In der Theologie nach dem Ersten Weltkrieg kam es aufgrund der kulturpessimistischen Stimmung einerseits zu einer ›antihistorischen Revolution‹,[26] die Troeltschs Konzept einer »Polymorphie der Wahrheit«[27] kritisch gegenüberstand und der Unmittelbarkeit des Glaubens den Vorzug gab. Andererseits wurde dessen Idee des »Gottesgeistes als Neudeutung der Religion« stattgegeben, was zu einem offenbarungstheologischen Integral aus Schöpfung, Kultur und Religion(-sgeschichte) leitete (Paul Tillich).[28] Bis heute arbeitet sich die Theologie sowohl an Ansätzen ab, die stärker die Vermittlungsleistung von Kultur, Geschichte und Theologie herausstreichen (Kulturprotestantismus) und solchen, die in der Folge der ›Wort-

---

[23] Ernst TROELTSCH, Die Krisis des Historismus, in: DERS., Schriften zur Politik und Kulturphilosophie (1918–1923) (KGA 15, Berlin/New York 2002) 437–455, hier 437.

[24] Vgl. Friedrich Wilhelm GRAF, Art. Troeltsch, Ernst Peter Wilhelm. RGG^4 8 (2005) Sp. 628–632, hier 632; DANZ, Theologie (wie Anm. 16) 79.

[25] Vgl. DANZ, Theologie (wie Anm. 16) 79f.; Jörg DIERKEN, Heilsgeschichte, Religionsgeschichte und Offenbarungsgeschichte. Probleme und Perspektiven christlichen Geschichtsdenkens, in: Theologie der Religionsgeschichte. Zu Wolfhart Pannenbergs Entwurf, hg. von Gunther WENZ (Pannenberg-Studien 8, Göttingen 2021) 17–33; Johannes ROHBECK, Geschichtsphilosophie zur Einführung (Hamburg 2004) 97–103.

[26] Friedrich Wilhelm GRAF, Die »antihistorische Revolution« in der protestantischen Theologie der zwanziger Jahre, in: DERS., Der heilige Zeitgeist. Studien zur Ideengeschichte der protestantischen Theologie in der Weimarer Republik (Tübingen 2011) 111–137; Kurt NOWAK, Die »antihistoristische Revolution«. Symptome und Folgen der Krise historischer Weltorientierung nach dem Ersten Weltkrieg in Deutschland, in: Umstrittene Moderne. Die Zukunft der Neuzeit im Urteil der Epoche Ernst Troeltschs, hg. von Horst RENZ/Friedrich Wilhelm GRAF (Troeltsch-Studien 4, Gütersloh 1987) 133–171.

[27] GRAF, Troeltsch (wie Anm. 24) Sp. 632.

[28] Christian DANZ, Gottes Geist. Eine Pneumatologie (Tübingen 2019) 93.

Gottes-Theologie‹ auf der Grundlage der Erfahrung mit Weltkriegen, Totalitarismus und der Shoah die moralische Andersartigkeit der Kirche als Gegenwelt zum sich verfehlenden Verhältnis von Religion und Staat gegenüberstellen.[29] Außerdem wird in heutigen Debatten – im Gegensatz zu geschichtstheologischen Ansätzen des 20. Jahrhunderts (z.B. Wolfhart Pannenberg) – die theologische Geschichtsdeutung nicht mehr auf *die* Wirklichkeit oder *eine* Universalgeschichte bezogen, sondern auf die Deutungsebene innerhalb des religiösen Feldes oder des religiösen Kommunikationssystems hin relativiert.[30] Im Zentrum steht nun die Frage, inwiefern sich das religiöse Selbstverständnis von Geschichte von anderen Erzählungs- und Interpretationsweisen unterscheidet.[31]

Geschichte kann im Kontext der Theologie als Heils-, Religions- oder Offenbarungsgeschichte aufgefasst werden.[32] Insbesondere heilsgeschichtliche Ausläufer sind in der modernen Geschichtsphilosophie verschiedentlich aufgenommen und transformiert worden (z. B. Georg Wilhelm Friedrich Hegel, Karl Marx). Heute haben derartige teleologische Geschichtsauffassungen an Bedeutung verloren. Allerdings wurden diese im Zuge weiterer Säkularisierungsprozesse durch ›Erzählungen‹ von unendlichem ökonomischen Wachstum und grenzenloser technischer Entwicklung ersetzt. Eine naiv-ontologische Rezeption dieser Fortschrittsmetaphern kann nicht nur negative Auswirkungen auf Individuen und Kollektive, sondern auch auf die Lebensgrundlagen insgesamt haben.[33] Bei der politischen Lösung von zukünftigen Gesellschaftsproblemen die Verantwortung allein für eine ›Logik‹ des selbstregulierenden Marktes oder der technischen Innovationskraft zu übernehmen, ist in Anbetracht gegenwärtiger ökologischer Problemstellungen eine verkürzte Zielsetzung.

Aus heutiger Perspektive bleibt Troeltschs These der historischen Relativierung von Wahrheit und Wirklichkeit ebenso aktuell wie die Überzeugung, dass die Auflösung von Ausgangs- und Zielpunkt in der Geschichte zugunsten eines offenen Sinn- und Deutungsmodells anschlussfähig ist für aktuelle Fragestellungen der Kulturtheorie. Der Geschichte als offenem Entwicklungsmodell kommt dabei sowohl ein aneignendes als auch kritisches Moment zu, d. h. zum Erinnern gehört notwendig auch ein Vergessen (vgl. Tabelle in Kap. 2.2). In der historischen Arbeit

---

[29] Von Historiker:innen wurde auch die Unterscheidung von »Kulturprotestantismus« und »Moralprotestantismus« getroffen. Vgl. Thomas NIPPERDEY, Deutsche Geschichte 1866–1918, Bd. 1, Arbeitswelt und Bürgergeist (München 1990) 475–507; Gangolf HÜBINGER, Bürgerkirche und liberaler Revisionismus im wilhelminischen Deutschland, in: Religion und Gesellschaft im 19. Jahrhundert, hg. von Wolfgang SCHIEDER (Stuttgart 1993) 272–299, hier 273.

[30] Michael MURRMANN-KAHL/Folkart WITTEKIND, Geschichte als Thema der Theologie. *ThLZ* 144/4 (2019) Sp. 279–296, hier 295.

[31] Vgl. ebenda Sp. 282.

[32] Vgl. DIERKEN, Heilsgeschichte (wie Anm. 25) 17–33.

[33] Zur Fortschrittssemantik in der theologischen Ethik vgl. Stephan SCHLEISSING, Das Maß des Fortschritts. Zum Verhältnis von Ethik und Geschichtsphilosophie in theologischer Perspektive (Edition Ethik 1, Göttingen 2008).

zeigt sich zudem, dass die historische Bewertung von einer individuellen Positionierung abhängt und damit eine »überindividuelle ›historische Wahrheit‹« nur schwer möglich ist.[34] Dass nicht nur die deutende Geschichtswissenschaft, sondern auch die normativ verfahrende (theologische) Ethik einer Perspektivität unterworfen ist, soll im nächsten Abschnitt erläutert werden. Sowohl die Historie als auch die Ethik müssen im Anschluss an die bereits genannte These in der Spätmoderne im Sinne einer Standpunktabhängigkeit neu eingeordnet werden.

II.2 Perspektivität theologischer Ethik

Analog zum Verhältnis von Theologie bzw. Religion und Geschichte stehen auch die Bestimmungsversuche der Theologie zur Ethik vor einer Vielzahl von Problemen. Nicht nur der individuelle Gewissensentscheid ist zum Problemfeld protestantischer Ethik geworden,[35] sondern auch die Frage nach einer partikularen oder universalen Gültigkeit. Während sich eine liberale Ethik an allgemeinen Verfassungs- und Menschenrechten – an Gesetz und Gerechtigkeit – abarbeitet, orientieren sich die seit den 1980er Jahren konstituierenden kommunitaristischen Ansätze erneut an Wertegemeinschaften (*moral communities*).[36] Dem Vorwurf gegen eine verallgemeinernde und marktlogisch funktionierende liberale Ethik, die sich vorwiegend am Individuum orientiert, steht die Kritik gegenüber, den volatilen Wertbegriff von »gesellschaftlichen Traditionsbeständen kommunaler Solidarität«[37] für einen Sondergruppen-Ethos einzusetzen, der erst recht für Manipulationsversuche angreifbar wird.

Die evangelische Ethik wird sowohl an den verschiedenen dogmatischen Loci als auch entlang unterschiedlichster philosophischer Ethikkonzepte entfaltet. Zum einen wurde sie über die Gotteslehre als Schöpfungsordnung erfasst, d. h. Gott schafft vor der Schöpfung und vor dem Sündenfall eine dem Menschen unvermittelte Gesellschaftsordnung (z. B. Volk, Staat). Die Gefahr besteht dabei in einem konservativen Moralismus, der für eine dynamische Veränderbarkeit des Weltumgangs nur wenig Anknüpfungspunkte bietet.[38] Zum anderen ist eine Ethik über die »Königsherrschaft Christi«[39] nicht nur »sprachlich« als »rückwärtsgewendete[]

---

[34] Bodo Mrozek, Zur Frage des kollektiven Erinnerns. Die Semantik der Memoria. *Merkur* 66 (2012) 411–419, hier 419; vgl. Barth, Erinnerungskultur (wie Anm. 19) 701.

[35] Vgl. Thomas Scheiwiller, Heteronormativität als Verhinderung? Oder warum die ›Die Ehe für alle‹ in Österreich (noch) eine Frage des Gewissens ist. *EvTh* 79/4 (2019) 407–423.

[36] Friedrich Wilhelm Graf, Art. Ethik. Lexikon Theologie. Hundert Grundbegriffe, hg. von Alf Christophersen/Stefan Jordan (Stuttgart 2004) 92–96, hier 94.

[37] Joachim von Soosten, Gerechtigkeit ohne Solidarität? Deontologische Ethik in der Kritik. *ZEE* 36 (1992) 61–74, hier 61.

[38] Vgl. Michael Murrmann-Kahl, Zur pneumatologischen Verortung der theologischen Ethik, in: Pneumatologie, hg. von Gottfried Adam/Ulrich H. J. Körtner/Wilhelm Pratscher (WJTh 3, Wien 2000) 101–111, hier 101.

[39] Vgl. Karl Barth, Christengemeinde und Bürgergemeinde, in: Ders., Rechtfertigung und Recht. Christengemeinde und Bürgergemeinde. Evangelium und Gesetz (Zürich 1998) 47–80, hier 64f; Ders., Das christliche Leben. Die Kirchliche Dogmatik IV/4, Fragmente

Utopie« zu interpretieren,[40] sondern macht die Kirche zum alleinigen ethischen Handlungssubjekt.[41] Eine Vermittlung von religiösem System mit deren Umwelt wird dadurch erheblich erschwert.[42] Auch eine auf die ›Letzten Dinge‹ bzw. das ›Reich Gottes‹ verlagerte Idealvorstellung des Guten und Richtigen bringt Schwierigkeiten mit sich. Denn wie bei der Ethik einer Schöpfungsordnung werden individueller Wille und menschliche Gesellschaftsentwürfe einseitig an einem göttlichen Idealbild bemessen, was oft einer Entdifferenzierung von Religion und Gesellschaft gleichkommt.[43] Schließlich sehen sich auch kulturprotestantische Ansätze der Kritik ausgesetzt: Die Rede von einem christlichen Geist, der vollumfänglich in deontologische Ethikmodelle bzw. in die Kultur schlechthin aufgeht, scheint zunehmend unwahrscheinlich. Auch hier werden Ganzheitsansprüche und Abschließungsfiguren in Anschlag gebracht, die in der Spätmoderne so nicht mehr vertreten werden können.[44]

Neben den verschiedenen Anbindungen der Ethik an die Dogmatik können auch unterschiedliche ethische Grundausrichtungen festgemacht werden: beispielsweise die Güterethik, das Naturrecht, der Utilitarismus und die Wertethik. Diese ontologisch-teleologischen Ethiken haben das gemeinsame Problem, dass sie negativ unter der Formel »Freiheit als Ethik« zusammengefasst werden können, denn ihr Handlungszweck wird über den Charakter, die Natur, die Lust oder über Werte definiert.[45] Auch wenn das moralische Ziel des Handelns am Individuum ausgerichtet

---

aus dem Nachlaß Vorlesungen 1959–1961, in: Karl Barth-Gesamtausgabe, II. Akademische Werke 1959–1961, hg. von Ans Anton DREWES/Eberhard JÜNGEL (Zürich 1976) 399–450.

[40] Martin HONECKER, Weltliches Handeln unter der Herrschaft Christi: Zur Interpretation von Barmen II. ZThK 69/1 (1972) 72–99, hier 92.

[41] BARTH, Christengemeinde (wie Anm. 39), 78: »Der rechte Staat muß in der rechten Kirche sein Urbild und Vorbild haben. Die Kirche *existiere* also *exemplarisch*, d.h. so, daß sie durch ihr einfaches Dasein und Sosein auch die Quelle der Erneuerung und die Kraft der Erhaltung des Staates ist.«

[42] Falk WAGNER, Christus und Weltverantwortung als Thema der Pneumatologie Paul Tillichs, in: DERS., Christentum in der Moderne, hg. von Jörg DIERKEN/Christian POLKE (DoMo 9, Tübingen 2014) 446–463, hier 447f.

[43] Vgl. MURRMANN-KAHL, Verortung (wie Anm. 38), 103f.

[44] Vgl. dazu Friedrich Wilhelm GRAF, Akzeptierte Endlichkeit. Protestantische Ethik in einer Kultur der Widersprüche, in: Pluralismus und Identität, hg. von Joachim MEHLHAUSEN (VWGTh 8, Gütersloh 1995) 115–125.

[45] Falk WAGNER, Ethik als Freiheitsvollzug. Zum Verhältnis von philosophischer und theologischer Ethik, in: DERS., Revolutionierung des Gottesgedankens. Texte zu einer modernen philosophischen Theologie, aus dem Nachlaß ediert von Christian DANZ/Michael MURRMANN-KAHL (Tübingen 2014) 540–551, hier 547; Johannes FISCHER, Theologische Ethik und Christologie. ZThK 92 (1995) 481–516, hier 512: Wagners Reduktion der Wertedebatte auf eine intersubjektiv nicht begründbare Gefühlsebene wurde auch kritisiert. Werten komme immer auch eine ›transsubjektive‹ Ebene zu. Die »Nachweisbarkeit« oder »Verifizierbarkeit« von Werten sei von der Frage zu unterscheiden, was gemeint ist, wenn Individuen von Werten sprechen. Werden Aussagen über Werte in ›transsubjektiven‹ Bezügen formuliert (z. B. was es zu erhalten oder zu schützen gelte), müsse ihnen auch eine objektive Seite zugesprochen werden.

ist, findet dessen Begründung unabhängig vom Subjekt statt.[46] Ebenso wird die theologische Ethik, die sich von systematischen oder biblischen Vorbestimmungen abhängig macht, rein negativ bestimmt, indem sie lediglich eine Freiheit von inneren und äußeren Zwängen beschreibt.[47]

Die verschiedenen Ansätze zeigen, dass sowohl die Dogmatik als auch die Ethik einer Positionalität unterworfen sind, d. h. sich um Wahrheit und Wirklichkeit bemühende Ansprüche stehen in direktem Konkurrenzverhältnis.[48] Daraufhin stellt sich die Frage, ob in der ethischen Disziplin eine Mehrstimmigkeit erwünscht ist oder ob diese den Anspruch nach Allgemeingültigkeit unterläuft.[49] Tatsächlich ist die moderne protestantische Ethik bis heute – so die These des Theologen Friedrich Wilhelm Graf – von Idealen der »Einheitsstiftung«, von »monistischen Denkformen« und einem »Homogenitätsglauben« getragen: »Entsolidarisierung« und »Egoismus« werden noch immer als Folge von »Individualisierungsprozessen« gedeutet.[50] Zu einem offenen und kritisch diskutierten Pluralismus der Ethiken gehört dementsprechend nicht nur die Konstruktion moralischer Inhalte, sondern auch die historische Analyse sozioökonomischer Milieus und die interdisziplinären Verbindungslinien von Theolog:innen.[51] Vor einer derartigen historischen Einordnung schreckte die theologische Ethik lange Zeit zurück – fehlende Einordnungsversuche in die eigene Disziplingeschichte und ihr apodiktischer Anspruch führten zu ihrer »hohe[n] Veralterungsgeschwindigkeit«.[52] Aufgrund ihres Versäumnisses, »in methodisch kontrollierter Weise ein kollektives Gedächtnis zu pflegen«, wird die »protestantische Ethik« gar als »extrem erinnerungsschwach« eingestuft.[53] Dabei waren sich die Verfasser:innen moderner Ethiken durchaus bewusst, dass sich eine an Erinnerung und Historik ausgerichtete Moralreflexion nicht nur identitätsbildend auf Theologie und Kirche auswirkte, sondern auch mit subversiver Kritik inklusive anschließender Relativierungstendenzen einhergehen würde.[54]

---

[46] Vgl. WAGNER, Ethik (wie Anm. 45) 542: Die »Gegebenheiten naturhafter, lebensweltlich-sozialer oder abstrakt-geltungsmäßiger Art [...] werden vielmehr gedacht wie gegeben, aber sie sind nicht gegeben wie gedacht (durch freies Tun konstituiert)«. Natürlich gibt es auch namhafte protestantische Ethiken, die sich als Tugend- oder Güterethik begreifen. Vgl. STOCK, Grundlegung (wie Anm. 3), 146; aktuell vgl. Johannes FISCHER, Die Zukunft der Ethik. Ein Essay (Tübingen 2022) bes. 100–107.

[47] Auch aktuelle Debatten verstehen sich noch in diesem Schema; vgl. Reiner ANSELM, Lebensführung aus Freiheit. Zur Grundlegung einer evangelischen Ethik, in: Was ist theologische Ethik? Grundbestimmungen und Grundvorstellungen, hg. von Michael ROTH/Marcus HELD (Berlin/Boston 2018) 5–18.

[48] Die Unterscheidung von Dogmatik und Ethik besteht darin, dass Dogmatik beschreibt, während die Ethik in zukünftig-vorschreibender Weise auf das Gute und das richtige Handeln verweist. Vgl. dazu MURRMANN-KAHL, Konstruktivität (wie Anm. 19) 167.

[49] Vgl. DERS., Verortung (wie Anm. 38) 104f.; GRAF, Endlichkeit (wie Anm. 44) 115.

[50] GRAF, Endlichkeit (wie Anm. 44) 124.

[51] Ebenda 116.

[52] Ebenda 119.

[53] Ebenda 120.

[54] Vgl. ebenda 121.

III. Ethische Dimensionen von Geschichten und Erinnerungen

Fragen zur Erinnerung brechen in der Spätmoderne zunehmend aus den engen Linien der reinen Identitätsbildung aus und werden aus pluraler und globaler Perspektive betrachtet. Debatten um die Erinnerungspolitik und die Wertegesellschaft treten je nach politischer Ereignislage wieder in den Vordergrund gesellschaftlichen Interesses. Aber auch im ›Supermarkt der Religionen‹ treten Fragen zur Erinnerung als Markenzeichen immer stärker in den Fokus.[55] Die Frage nach dem, was erinnert werden soll und was vergessen wird, wird zunehmend unter medientheoretischer Perspektive verhandelt.[56] Die gleichsam voranschreitenden, aber in Konkurrenz stehenden Phänomene der Vergemeinschaftung und der Individualisierung verändern moralische Fragestellungen in Bezug auf die individuelle Aneignung von Erinnerung.[57]

Die Ethik, *der* Glaube und sogar *die* Geschichte sind selbst historisch und somit dekonstruierbar geworden. Wenn sich jedoch die protestantische Kirchengeschichte nicht mehr als Heilsgeschichte versteht, warum hält sie noch am Kollektivsingular ›die Kirchengeschichte‹ fest? Obwohl ihr teleologischer Anspruch weggebrochen ist, betreibt sie fragmentarische Bestandsaufnahme, die sich zum einen implizit oder explizit als Aufarbeitung der eigenen Identität und zum anderen als Kritikdisziplin versteht.

III.1 Historische Verantwortung oder: wider die vermeintliche Neutralität von Geschichte

Gedächtnis und Erinnerung lassen sich in eine individuelle und eine kollektive bzw. kommunikative Ebene unterscheiden. Allerdings ist »[b]ereits das individuelle Gedächtnis […] sozial bedingt (durch Sprache, Sozialisation, kulturelles Umfeld) und hat insofern kommunikativen Charakter.«[58] Während das kulturelle Gedächtnis

---

[55] Klappentext von Friedrich Wilhelm Graf, Götter global. Wie die Welt zum Supermarkt der Religionen wird, (München 2014): »Weltweite Migrationen, das Internet und der entgrenzte Kapitalismus haben die Religionen in zuvor nie gekannte Bewegung versetzt. Gott und vielerlei Götter werden zunehmend vermarktet, und auf den globalen Religionsmärkten setzen sich harte, kompromisslose Glaubensweisen durch.«

[56] Vgl. Christian Danz (Hg.), Medien – Erinnerung – Affekte. Dimensionen einer Theologie der Kultur (Tübingen 2024).

[57] Wolfgang Hardtwig, Fiktive Zeitgeschichte? Literarische Erzählung, Geschichtswissenschaft und Erinnerungskultur in Deutschland, in: Ders., Hochkultur des bürgerlichen Zeitalters (Kritische Studien zur Geschichtswissenschaft 169, Göttingen 2005) 114–135, hier 132. Wird Erinnerung globalisiert, weil mediale, überregionale und zwischenstaatliche Erinnerungsformen eintreten, geht das mit einer »Entkontextualisierung« einher. Dieser entgegenzuwirken ist Aufgabe der Historiker:innen (135). Allerdings geht Hardtwig davon aus, dass der postmoderne Schub einer Individualisierung auch Vorteile für die Erinnerungskultur mit sich bringt. Multimedial geschult und sensibel für Geschichten und *stories*, sind gerade jüngere Generationen äußerst anschlussfähig für Erinnerungsarbeit (vgl. 132).

[58] Jan Assmann, Art. Gedächtnis I. *RGG*[4] 3 (2000) Sp. 523–525, hier 523. Zur Einführung vgl. auch den Artikel von Tilmann Robbe in diesem Band.

das individuelle Gedächtnis prägt, müssen Individuen das kulturelle Gedächtnis abrufen, um es wachzuhalten – es handelt sich um ein Wechselverhältnis: »Es gibt kein vor-kulturelles individuelles Gedächtnis. Es gibt aber auch keine vom Individuum abgelöste, allein in Medien und Institutionen verkörperte Kultur.«[59] Die sozial und kulturell bedingte Erinnerung zeichnet sich zudem durch ihren »Gegenwartsbezug und konstruktiven Charakter« aus.[60] Allerdings wird die Frage, inwiefern Historizität auf einem Realismus bzw. Konstruktivismus beruht, gerade in der Theologie kritisch aufgegriffen. Die rein auf erzähl- und erinnerungstheoretischen Ansätzen aufbauende Kulturwissenschaft würde die faktenbasierte Geschichtsforschung unterbelichten.[61] Gegenüber der ›klassischen‹ Geschichtsmethodik haben zeitgenössische kulturwissenschaftliche Ansätze den Vorteil, eine »größere[] Sensibilität für eine Standpunktepistemologie« aufzuweisen.[62] Was wird präferiert: Ereignis oder Erinnerung, Realität oder Konstruktion, Objektivität oder Subjektivität? Entlang der Problemstellungen der historischen Verantwortung, der Machtkritik und schließlich der Funktion von (theologischer) Geschichtswissenschaft werden im Folgenden moralische Rückfragen erörtert.

In Bezug auf die *historische Verantwortung*[63] stellen sich folgende Fragen: Inwiefern sind das historische Ereignis, die individuelle Erinnerung und die über das kollektive Gedächtnis konstruierten (Selbst-)Bilder moralisch zu bewerten? Gibt es gar eine Pflicht zur Beurteilung des Erinnerns oder des Vergessens?[64] Wie ist es zu bewerten, dass sich Erinnerung als Identitätsbildung sowohl auf das passive Opferverständnis als auch auf die aktive Täter:innenhandlung beziehen kann und

---

[59] Astrid ERLL, Kollektives Gedächtnis und Erinnerungskulturen. Eine Einführung (Stuttgart ³2017) 95. Eine theologische Deutung hat u.a. Ingolf U. DALFERTH, Glaube als Gedächtnisstiftung. *ZThK* 104 (2007), 59–83, hier 61 vorgelegt: »[…] daß nicht *Gottes Wort* auf dem Bücherregal verstaubt, wo die selten benutzte *Bibel* steht, sondern daß die Schrift zu *Gottes Wort an uns* nur wird, wo und wann der heilige Geist es will und wirkt. Das Medium ist eben *nicht* die Botschaft, auch wenn es diese nicht ohne Medien gibt.«

[60] ERLL, Gedächtnis (wie Anm. 59) 6.

[61] Vgl. MURRMANN-KAHL/WITTEKIND, Geschichte (wie Anm. 30) Sp. 283f., 286, 289.

[62] Kristina CHMELAR, Etwas Boden unter den Füßen. Auf dem Weg zu einer postkonstruktivistischen Gedenkanalytik, in: Volkseigenes Erinnern. Die DDR im sozialen Gedächtnis, hg. von Hanna HAAG/Pamela HESS/Nina LEONHARD (Wiesbaden 2017) 13–35, hier 14.

[63] Zum Thema vgl. Jenny TILLMANNS, Was heißt historische Verantwortung? Historisches Unrecht und seine Folgen für die Gegenwart (Bielefeld 2014); Christoph KÜHBERGER/Clemens SEDMAK, Ethik der Geschichtswissenschaft. Zur Einführung (Wien 2008) 52–74; Arthur Alfaix Assis, Tagungsbericht: Was heißt historische Verantwortung? *H-Soz-Kult* 26.05.2006 (www.hsozkult.de/conferencereport/id/fdkn-119805 [25.01.2024]).

[64] MARGALIT, Ethik (wie Anm. 4) 12 hat folgende Fragen aufgestellt: »Sind wir dazu verpflichtet, uns an vergangene Personen und Ereignisse zu erinnern? Wenn ja, welcher Art ist diese Verpflichtung? Kann Erinnern und Vergessen überhaupt Gegenstand moralischen Lobs und Tadels sein? Wer ist jenes ›Wir‹, das (vielleicht) die Pflicht hat, sich zu erinnern: Ist es ein kollektives Wir, oder ist ›Wir‹ in einem eher distributiven Sinne zu verstehen, sodass die Verpflichtung auf jedes einzelne Mitglied des Kollektivs überginge?«

beide Perspektiven aus der Retrospektive die Frage nach der ›Verschuldung an der Geschichte‹ stellen können?[65]

Der Historiker Jörn Rüsen schließt positiv an den kontrovers diskutierten Begriff der historischen Verantwortung an. Eine »historische Ethik in der Geschichtskultur der Gegenwart« ist dann möglich, wenn entweder aus heutiger Perspektive das Handeln in der Vergangenheit distanziert beurteilt wird oder man sich für das Handeln der Vorgängergenerationen verantwortlich fühlt.[66] Dabei vertritt er die These, dass ›historische Identität‹ auch jenseits der drei Generationen eines kommunikativen Gedächtnisses wirksam ist, diese im Sinne einer »intergenerationelle[n] Subjektivität« sogar den zukünftigen Handlungs- und Deutungshorizont erweitern, wenn die Ereignisse weiter in der Vergangenheit zu liegen kommen.[67] Innerhalb des Protestantismus kann man das von einer »*glorifizierende[n] Erinnerung*«, die moderne Errungenschaften wie »Bildungsdenken und Wissenschaftsorientierung, religiöse Autonomie und Gewissensfreiheit, bürgerliche Emanzipation und politischen Fortschritt«[68] als Kontinuität aus der Reformationszeit interpretiert, ebenso ableiten wie von einer »*traumatisierte[n] Erinnerung*«,[69] die *cum grano salis* auf die Marginalisierung und Schuldverstrickung im modernen Säkularisationsprozess zurückzuführen ist.

Dabei stellt sich die Frage, ob eine neutrale Ebene historischer Tatsachen von deren Bewertung unterschieden werden kann oder ob die Bewertung ein integraler Bestandteil historischer Arbeit ist.[70] Oder anders formuliert: Sollen heutige moralische

---

[65] Peter Reisinger hat diesbezüglich eine These zur Bewertung von Schuld in den Geschichtswissenschaften aufgestellt, vgl. Peter Reisinger, Sündenfall und Tod Gottes, in: Transformationsprozesse des Protestantismus. Zur Selbstreflexion einer christlichen Konfession an der Jahrtausendwende, Falk Wagner (1939–1998) zu Ehren, hg. von Martin Berger/Michael Murrmann-Kahl (Gütersloh 1999) 166–183, hier 176: »Historiker haben die Tendenz, Fragen zu Recht und Ethik nicht als Fragen der jedem möglichen, zeit*un*gebundenen sittlichen Beurteilung zu verstehen, sondern als faktisch-empirische, als kausale Tatbestände zu erklären und damit die eindeutig beantwortbare Schuldfrage zu eskamotieren«, d. h. diese durch gezwungene Erklärungen scheinbar zum Verschwinden zu bringen oder sie »historisierend zu exkulpieren«, d. h. vom Vorwurf des Verschuldens zu entlasten. Vgl. weiter Hartmut von Sass, Vergeben und Vergessen. Über eine vernachlässigte Dimension der Soteriologie. NZSTh 55/3 (2013) 314–343; Christian Maier, Das Gebot zu vergessen und die Unabweisbarkeit des Erinnerns. Vom Umgang mit schlimmer Vergangenheit (München 2010).

[66] Jörn Rüsen, Historik. Theorie der Geschichtswissenschaft (Köln/Weimar/Wien 2013) 239.

[67] Ebenda.

[68] Frank-Michael Kuhlemann, Erinnerung und Erinnerungskultur im deutschen Protestantismus. *ZfK* 119/1 (2008) 30–44, hier 37 und 38.

[69] Ebenda 39. Als dritten Typ stellt Kuhlemann einen kritischen Modus des Geschichtskultur vor (42). Auch die zu einer sozialisierten Moral (Eltern, Schule, Medien) hinzutretende »szenische Erinnerung«, die sich aus besonderen Erfahrungen speist, ergibt zusammen mit ersterer zwar einen sozialisierten ›Verhaltenskompass‹ (Intuition), für eine normative Grundlegung reicht es allerdings nicht aus. Wilfried Härle, Ethik (Berlin/Boston ²2018) 112.

[70] Nur wenige Kirchengeschichtslehrbücher thematisieren auch die Ebene des Urteilens. Eine Ausnahme bildet beispielsweise Katharina Heyden/Martin Sallmann, Quellen auslegen.

Standards auf die Geschichte angelegt werden? Der Theologe und Ethiker Johannes Fischer hat vorgeschlagen, zwischen einer wertneutralen ›historischen Wahrheit‹ (wissenschaftliche Urteile) und einer moralisch beurteilbaren ›geschichtlichen Wirklichkeit‹ (Erinnerung) zu unterscheiden.[71] Den Verfechter:innen historischer Vergleichbarkeit und den Zweifler:innen an historischer Singularität kann so entgegnet werden, dass auf der Ereignisebene Vergleiche zwar angestellt werden können – im Bereich der Erinnerung allerdings die Singularität gewahrt werden muss. Denn nur wenn die beiden Ebenen getrennt bleiben, kann die Geschichtsinterpretation davor bewahrt werden, dass Historiker:innen zu normativen Bewerter:innen der Erinnerungsgeschichte avancieren.[72] Auch Theolog:innen verwischen diese Ebenen gerne, indem sie unter Berufung auf das prophetische Wächteramt Christi (vgl. zur ›Königsherrschaft Christi‹ Kap. 1.2) als hermeneutische Expert:innen der Wirklichkeit auftreten.[73] Während bei einer allein über Urteile rekonstruierten Geschichte der intersubjektive Sinnzusammenhang abhandenkommt, fehlt dem erinnernden Narrativ die Korrekturfunktion.[74] Die wissenschaftliche Historie ist, so Fischer, aufgrund ihrer Neutralität »dasjenige Geschichtskonstrukt [...], das uns

---

Konzepte und Methoden der Historischen Theologie (Darmstadt 2023). Diesen Hinweis verdanke ich Michaela Durst.

[71] Johannes FISCHER, Historische Wahrheit und geschichtliche Wirklichkeit. Zur Kontroverse über Postkolonialismus und die Aufgabe der Geschichtswissenschaft. *ZEE* 67/3 (2023) 171–184. Die Unterscheidung von einer »l'histoire comme savoir« und einer »l'histoire comme mémoire« übernimmt er von Gérard NOIRIEL, Sur la ›crise‹ de l'histoire (Paris 1996) 184. Vgl. dazu auch Johannes ROHBECK, Geschichtsphilosophie zur Einführung (Hamburg 2004) 17.

[72] Vgl. FISCHER, Wahrheit (wie Anm. 71) 171–184, hier 174f., 182. Einerseits werden der Geschichte die Funktionen des Lernens und der Identität zugeschrieben. Dass andererseits zwischen der Ebene der Historik und jener der Erinnerung differenziert werden muss und besonders letztere von ihrer Perspektivität abhängig ist, wird theoretisch zwar eingeräumt (HEIL, Nutzen, 256f.), faktisch aber unterschlagen. So beispielsweise Uta HEIL, Vom Nutzen und Nachteil der Historie für eine Theologie der Zukunft, in: Theologie der Zukunft – Zukunft der Theologie, Festschrift zum 200-jährigen Jubiläum der Evangelisch-Theologischen Fakultät Wien (WJTh 14, Göttingen 2023) 247–272, hier 250–252. Die Aufgabe von Historiker:innen ist es dementsprechend, Erinnerungspolitiken nicht zu erliegen und Partei zu ergreifen (in diesem Falle für oder gegen die Israelpolitik vor dem Hintergrund des Holocausts), sondern kritisch zu hinterfragen. Die hermeneutische Befangenheit zeigt sich gerade dann, wenn Historiker:innen an der einen Stelle schreiben, dass die »Kirchengeschichte noch vor Herausforderungen« steht, weil »zur Geschichte des christlichen Judenhasses und Antisemitismus [...] schon viel recherchiert, nachgedacht und gestritten worden« ist, jedoch »beim eigenen Beitrag zum Kolonialismus [...] noch Lücken und neue Fragen« (252) bestehen, um es sich dann an anderer Stelle doch wieder zum verkürzten »Anliegen« zu machen, die strukturellen Probleme des weltweiten Rassismus und Kolonialismus auf ein »Erweiterungscurriculum ›Antisemitismus bekämpfen‹« zu reduzieren (250, Anm. 5).

[73] Vgl. dazu Friedrich Wilhelm GRAF, Vom Munus propheticum Christi zum prophetischen Wächteramt der Kirche? Erwägungen zum Verhältnis von Christologie und Ekklesiologie. *ZEE* 32 (1988) 88–106.

[74] Vgl. FISCHER, Wahrheit (wie Anm. 71) 180.

im Raum der Intersubjektivität gemeinsam ist«.[75] Für die Geschichtswissenschaft heißt das, dass sie Wertungen reflektieren und nicht aufstellen soll.[76]

Ob dabei, wie von Fischer vorgeschlagen, in Bezug auf die »identitätspolitische[] Inanspruchnahme der Geschichte« trennscharf zwischen »erinnerter Geschichte« und »dem Gebrauch, der im öffentlichen Streit von der Geschichte gemacht wird«, unterschieden werden kann, ist allerdings zweifelhaft.[77] Erinnerte Geschichte ist doch per definitionem in ›Gebrauch‹ bzw. in individuelle und öffentliche Prozesse eingebunden. Dementsprechend schwierig ist es, die historische Dekonstruktion identitätspolitischer Manipulationsversuche, die im politischen Feld über die Unterscheidung von Macht und Ohnmacht[78] funktionieren, von einem akademischen Diskurs abzulösen, der entlang von Wahrheit und Un-Wahrheit erfolgt.

Die Frage, ob es hinter oder in den Quellen eine zu beschreibende Wahrheit gibt oder ob doch alles nur diskursiv konstruiert ist, wird im Christentum in erster Linie im Verhältnis von historischem Jesus und dogmatischen Christus reflektiert.[79] Für das jeweils eigene Geschichtsverständnis spielt das individuelle Erinnerungsvermögen eine zentrale Rolle und nimmt dabei eine machtvolle Konstruktionsleistung ein. Dieses Erinnerungsvermögen steht der historischen Konstruktion allerdings oft im Weg. Geschichte als Umgang mit Erinnerung ist nicht an neutrale Erinnerung von Individuen gebunden, sondern von identitätspolitischen und sozioökonomischen Interessen gesteuert.[80] Eine Ethik der Erinnerung bezieht sich daher sowohl beim Anspruch an eine historische Wahrheit als auch bei konstruktivistischen Ansätzen auf die Möglichkeit, über Macht gesteuerte, asymmetrische bzw. paternalistische Gesellschaftsordnungen zu entlarven und, wenn notwendig, sich diesen zu widersetzen. Dementsprechend ist eine Trennung von kollektiver Erinnerung und kollektiver Identität vorzunehmen. Denn v. a. die kollektive Identität läuft in einer normativen Verhältnisbeschreibung von ›Wir‹ und ›den Anderen‹ Gefahr, sich in eine Ideologie oder zumindest in eine »Identitätskonkretheit« zu verwandeln, mit der Unterschiede nach außen überhöht und nach innen relativiert werden.[81]

---

[75] Ebenda 181.
[76] Vgl. ebenda 182.
[77] Ebenda 183.
[78] Wobei politisch gerade die ›Ohnmacht‹ des Opfers gerne stilisiert wird, um sie in Macht umzudeuten.
[79] Vgl. Christian Danz/Michael Murrmann-Kahl (Hg.), Zwischen historischem Jesus und dogmatischem Christus. Zum Stand der Christologie in der Moderne (Tübingen ²2011).
[80] Béatrice Ziegler, »Erinnert euch!« – Geschichte als Erinnerung und die Wissenschaft, in: Der Beitrag von Schulen und Hochschulen zu Erinnerungskulturen, hg. von Peter Gautschi/Barbara Sommer Häller (Schwalbach 2014) 69–89, hier 69, 86.
[81] Jan Assmann, Kollektives Gedächtnis und kulturelle Identität, in: Ders., Kultur und Gedächtnis (Frankfurt a. M. 1988) 9–19, hier 13; vgl. Erll, Gedächtnis (wie Anm. 59) 105; Laubach, Ethik (wie Anm. 7) 66. Vgl. zur strittigen Frage um die Funktion des Identitätsbegriffs in der Kirchengeschichtsforschung Wolf-Friedrich, Schäufele, Theologische Kirchengeschichtsschreibung als Konstruktionsaufgabe. Ein Plädoyer. ThLZ 139 (2014), Sp. 831–850, bzw. als eine kritische Reaktion Heil, Nutzen (wie Anm. 72) 259.

Die von der Theologie bzw. der theologischen Geschichtsforschung kritisierten Diskurse zu kulturwissenschaftlichen Erinnerungstheorien dadurch richtigzustellen, indem Erinnerung als *memoria* an sich als christlich ausgewiesen wird, kann nicht überzeugen. Die christliche Erinnerungsgeschichte bruch- und transformationslos an die liturgische Anamnese – die Einsetzungsworte – anzuschließen, ist eine ontologische Verkürzung.[82] Gerade das protestantische Prinzip verlangt es, derartigen ontologischen Konzepten kritisch gegenüberzustehen.[83] Ebenso hat der französische Philosoph Michel Foucault mit dem Hinweis auf ein »Gegengedächtnis« (*contre-mémoire*) den »metaphysischen und anthropologischen« Charakter des Gedächtnisses hinterfragt.[84] In Anlehnung an Nietzsches Dreiteilung der Historie macht er gegen diese nicht nur auf die Identitätskritik (›monumentalistische Historie‹), sondern auch auf die historischen Brüche (›antiquarische Historie‹) aufmerksam. Foucault geht außerdem so weit, dass er dem akademischen ›Willen zum Wissen‹ nicht nur die Objektivität abspricht, sondern auch dessen Anspruch auf Gerechtigkeit hinterfragt. Der Fokus auf die Wahrheit droht dann zu verschwimmen, wenn der moderne ›Wille zur Wahrheit‹ derart entgrenzt wird, dass die Perspektivität des Erkenntnissubjekts ausgeschaltet wird (›kritische Historie‹).[85]

Kritische Erinnerung im Sinne eines ›Protestantischen Prinzips‹ richtet sich nicht an bloßer Wert- und Traditionspflege aus. Vielmehr misst sie sich an kulturwissenschaftlichen Theorien, die sich über die historisch vermittelte Erinnerung für Identitätsprozesse in der Gegenwart interessieren. Die »*Funktionalität*« der Erinnerungsarbeit vor die »*Referentialität*«, also die Arbeit an der historischen Sache selbst, zu setzen, gelingt allerdings nur dann, wenn man von einem fixen Traditionsbestand und einer eingeübten Erinnerungskultur ausgehen kann.[86] Bei einer

---

[82] Gegen Christoph MARKSCHIES/Hubert WOLF, »Tut dies zu meinem Gedächtnis«. Das Christentum als Erinnerungsreligion, in: Erinnerungsorte des Christentums, hg. von DENS. (München 2010) 10–27, hier 11, 15. Demgegenüber scheint es einsichtiger zu sein, nicht das Christentum als solches, sondern die Christ:innen als erinnerungsaffin einzustufen, da ihre Grundlage ein historisch bezeugter charismatischer Jude war, dessen Zeugnis sich zu einem historisch konstruierten Glaubensbild tradiert hat. Vgl. dazu Christian DANZ, Grundprobleme der Christologie (Tübingen 2013) 194f. Zum anderen, darauf hat LAUBACH, Warum (wie Anm. 7) 192 hingewiesen, »reicht [es] nicht aus, vom Judentum und Christentum als Erinnerungsreligionen zu sprechen. Ihre Erinnerungen sind mit Akten der Vergegenwärtigung verbunden, die ihrerseits appellative und handlungsleitende Funktion haben«.

[83] Vgl. Jörg LAUSTER, Der ewige Protest. Reformation als Prinzip (München 2017) 58f.; vgl. dazu Arnulf von SCHELIHA/Markus SCHRÖDER (Hg.), Das protestantische Prinzip. Historische und systematische Studien zum Protestantismusbegriff (Stuttgart/Berlin/Köln 1998).

[84] Michel FOUCAULT, Nietzsche, die Genealogie, die Historie, in: DERS., Schriften in vier Bänden. Dits et Ecrits II, 1970–1975, hg. von Daniel DEFERT/François EWALD (Frankfurt a. M. 2002) 166–191, hier 186.

[85] Vgl. ebenda 187–190. »Das soll nicht im Sinne einer Kritik heißen, der Wille zur Wahrheit sei durch die Grenzen der Erkenntnis eingeschränkt; vielmehr verliert er alle Grenzen und jede Ausrichtung auf die Wahrheit, wenn er das Subjekt der Erkenntnis opfern muss.« (190)

[86] Gegen Tim LORENTZEN, Gedächtnis und Gott. Reflexionen zur kirchengeschichtlichen Erinnerungsforschung, in: MEYER-BLANCK (Hg.), Geschichte (wie Anm. 19) 669–690, hier 673f.

zu starken Fixierung auf die Funktion des Gewohnten und Traditionellen drohen nicht nur kritische Neuansätze, sondern auch die »kontrapräsentische Struktur« – ein kulturelles Reservoir, das vorübergehend nur latent vorhanden ist, aber jederzeit abgerufen werden kann – zu wenig berücksichtigt zu werden.[87]

Wird sich die »Zukunft der Theologie und was die Kirchengeschichte dazu beitragen« kann nur in »anlasslose[r] Grundlagenforschung« ergehen,[88] verkommt sie meines Erachtens zu einer normenfreien Philologie, die aufgrund ihres unhinterfragten Anspruchs auf eine objektive Neutralität[89] erst recht wieder eine politische Funktion einnimmt: Vernachlässigt die Geschichtswissenschaft die hermeneutische Differenzierung in eine zu interpretierende Geschichte und eine interpretierte Geschichte als Erinnerung, entzieht sie sich ihrer normativen Relevanz, wodurch sie in Bezug auf die Gesellschaft entweder irrelevant wird oder mit deren Veränderungen kritiklos konform geht. Der »Missbrauch« der Geschichte ist dementsprechend nicht nur auf normative, interessengeleitete und ›überholbare‹ Thesen zurückzuführen, sondern stellt sich auch bei einer auf Dauer und Neutralität gestellten ›historischen Ästhetik‹ ein.[90] Der Forderung nach »einer kritischen Distanz«, die ›Erinnerung bewahrt‹,[91] indem ein ›Gegenwartsverständnis‹ oder ›Lerneffekt‹ einsetzt,[92] kann man nur mittels eines reflexiven Begriffs von Geschichte gerecht werden. Einen verantwortungsvollen Bildungsauftrag bietet die Geschichtswissenschaft nur dann an, wenn der Grundlagenforschung eine normative Rezeption der Erinnerungsarbeit beiseitegestellt wird. Ebenso verliert ein von der historischen Arbeit abgelöster und rein auf moralische Funktionen abgestellter Erinnerungsbegriff die kritische Hermeneutik aus den Augen.[93]

---

[87] Jan ASSMANN, ›Nachwort‹, in: ESPOSITO, Vergessen (wie Anm. 6) 414; vgl. Jan ASSMANN, Das kulturelle Gedächtnis. Schrift, Erinnerung und politische Identität in frühen Hochkulturen (München [7]2013) 79.

[88] HEIL, Nutzen (wie Anm. 72) 271 und 272.

[89] Zur vermeintlichen Neutralität der Geschichte vgl. FOUCAULT, Nietzsche (wie Anm. 84) 184: »[D]er Historiker löscht seine eigene Individualität aus, damit die anderen die Bühne betreten und das Wort ergreifen können. Er muss sich daher gegen sich selbst wenden, seine Vorlieben hintanstellen, seinen Ekel überwinden, seine eigene Perspektive trüben und durch eine angeblich universelle Geometrie ersetzen; er muss den Tod nachahmen, um ins Reich der Toten einzudringen; er muss sich eine gesichts- und namenlose Scheinexistenz zulegen. Und in dieser Welt, in der er seinem eigenen Willen Zügel angelegt hat, kann er dann den anderen das unausweichliche Gesetz eines höheren Willens vorführen. Nachdem er in seinem Wissen alle Spuren seines Willens beseitigt hat, stößt er im Erkenntnisobjekt auf die Form eines ewigen Willens. Die Objektivität des Historikers ist die Umkehrung des Verhältnisses zwischen Wille und Wissen.«

[90] So z.B. bei HEIL, Nutzen (wie Anm. 72) 272.

[91] Ebenda 269.

[92] Vgl. ebenda 272.

[93] Vgl. LAUBACH, Warum (wie Anm. 7) 185: Laubach fasst folgende Maxime als »zentrale Funktionen der Erinnerung« zusammen: »Sie wird gedeutet als Instrument der Warnung oder der Prävention, ist Verpflichtung, bezeugt Respekt oder Dankbarkeit, ist Bedingung personaler wie kollektiver Identität oder schlicht Ausweis des Humanen.«

Abschließend stellt sich dabei die Frage, ob dem in klassischen Erinnerungs- und Traditionskonzepten eingeschriebenen Sinn nach »Stabilität, Identität und Vergemeinschaftung«[94] allein mit einer ›irdischen‹, ›fragmentarischen‹ und ›konstruierten‹ ästhetischen Geschichtsmethodik beizukommen ist.[95] Um eine spätmoderne Gedächtniskultur zu irritieren, so denke ich, müssen Formen der traditionellen Identitätsbildung grundlegend hinterfragt werden. Für heutige Gesellschaften wurde als alternativer Referenzrahmen u. a. eine auf kapitalistische (Pseudo-)Innovationen abzielende Profitkultur vorgeschlagen, die ihre kulturelle und gesellschaftliche Identität schon längst nicht mehr über klassische identitätspolitische Merkmale, sondern über den Begriff der »Inszenierung« steuert.[96]

III.2 Das ›protestantische Prinzip‹ einer ›Ethik als Erinnerung‹

Gerade in identitätspolitisch aufgeladenen Zeiten ist der Einwand, dass »Erinnerung [...] zunächst keines kategorischen Imperativs [bedarf], weil es die anthropologische Konstante der Erinnerungsfähigkeit gibt«,[97] ernst zu nehmen. Dem *Was* und *Wie* des Erinnerns, steht hier die bloße Erinnerungsfähigkeit gegenüber. Die intendierte Kritik an verantwortungsethischen Erinnerungsanweisungen ist insofern berechtigt,[98] als sich die erhoffte Kohäsion über inhaltliche Erinnerungsvorschriften in pluralen Mediengesellschaften zusehends problematisch gestaltet. »Wir *sollen* erinnern, was wir nicht erinnern *wollen*«,[99] diese für die Erinnerungspolitik lange in Anspruch genommene moralische Losung erfährt einen gesellschaftlichen Erosionsprozess. Diesem Argument eine vermeintlich neutrale ›anthropologische Erinnerungsfähigkeit‹ entgegenzuhalten, ist allerdings insofern problematisch, als sowohl kollektive als auch individuelle Erinnerungen bereits sozial und kulturell vorgeprägt sind. Erinnerungen stehen in einem Interaktionsverhältnis mit der Gesellschaft. Ebenso hängen Erinnerungs- und Geschichtsdeutungen nicht allein von der Quellenlage ab, sondern werden im Sinne einer reflexiven Anthropologie

---

[94] CHMELAR, Boden (wie Anm. 62) 16.
[95] Vgl. HEIL, Nutzen (wie Anm. 72) 254–264.
[96] Hermann BLUME, Frau ohne Schatten? Inszenierung als Kategorie kulturwissenschaftlicher Analyse, in: Inszenierung und Gedächtnis. Soziokulturelle und ästhetische Praxis, hg. von DEMS./Elisabeth GROSSEGGER/Andrea SOMMER-MATHIS/Michael RÖSSNER (Bielefeld 2014) 15–41, hier 16: »Und so gibt uns die seit mindestens drei Dekaden sich weiter akkumulierende und medial allgegenwärtige Begriffsantinomie von ›Inszenierung‹ versus ›Authentizität‹ einigen Anlass zu fragen, ob sich darin nicht auch ein kollektives Gewahrwerden ankündigt eines zunehmend deutlicher hervortretenden Wegbruchs eines ganzen soziokulturellen Bedeutungskontinents: eine Bruchlinie, aufgerissen durch die Abschiebung eines bislang grundsätzlich ›traditional‹ verfassten, auf Gedächtnis beruhenden Kultursystems, durch ein kapitalistisch grundsätzlich über Innovationen (oder Pseudoinnovationen) lukrierendes, und daher auf ›Inszenierung‹ beruhendes System von ökonomisch definierten Bedeutungen?«
[97] LAUBACH, Warum (wie Anm. 7) 185; vgl. dazu auch Vgl. MARGALIT, Ethik (wie Anm. 4) 41.
[98] Vgl. LAUBACH, Warum (wie Anm. 7) 194f.
[99] Michael THEUNISSEN, Reichweite und Grenzen der Erinnerung (Tübingen 2001) 69.

vor dem Hintergrund der sozialen und kulturellen Prägung der Beobachter:innen gedeutet.

Die bisher besprochenen Aspekte einer Ethik evangelischen Erinnerns werden in folgender Matrix (vgl. Tabelle) überblicksartig zusammengefasst. Während auf der Identitätsebene Erinnerung und Vergessen in erster Linie für ›Gruppenbezogenheit‹ und ›Verdrängungsmechanismen‹ stehen, die als gemeinschaftsstiftend angesehen werden können,[100] sind auf der (macht-)kritischen Seite die ›historische Verantwortung‹ und das ›protestantische Prinzip‹ verortet. Das gesellschaftliche Vergessen als bewusste Erinnerungsebene steht hier einer Geschichtskonstruktion gegenüber, die den Ambivalenzen im Rahmen menschlicher Endlichkeit nur selektiv, perspektivisch und pluralistisch begegnen kann. Während senkrecht zwischen Identität und (Macht-)Kritik unterschieden wird, stehen die Felder inhaltlich auch in einer diagonalen Beziehung. Der in diesem Aufsatz nicht thematisierte – für eine theologische Perspektive auf Moral und Erinnerung allerdings zentrale – Begriff der Vergebung wird deshalb kurz erwähnt, da er sowohl im Rahmen eines individuellen als auch eines kollektiven Vergessens bzw. im Sinne nachhaltiger Erinnerungsformen auf religiöse und politische Gesellschaftsprozesse einwirkt.[101]

Ethik evangelischen Erinnerns	Identität	(Macht-)Kritik
Erinnerung	Gruppenbezogenheit Erinnerung als Ethik Aktives gesellschaftliches Erinnern	Historische Verantwortung Vergebung durch Erinnerung Erinnerung als Anstrengung gegen das Vergessen
Vergessen	Geschichtsverdrängung bzw. -manipulation Vergebung durch Vergessen Aktives gesellschaftliches Vergessen	Protestantisches Prinzip Ethik als Erinnerung Geschichtskonstruktion

---

[100] Dass mit dem Vergessen schrecklicher Vergangenheit nicht automatisch ein Geschichtsrevisionismus einhergehen muss, hat Christian Meier gezeigt. Christian MEIER, Das Gebot zu vergessen und die Unabweisbarkeit des Erinnerns. Vom öffentlichen Umgang mit schlimmer Vergangenheit (München 2010) 97: »[E]s ist keineswegs ausgemacht, daß tätige Erinnerung Wiederholung ausschließt«.
[101] Paul RICŒUR, Das Rätsel der Vergangenheit. Erinnern – Vergessen – Verzeihen (Göttingen ²2000) 144: Verzeihen als »Form des aktiven Vergessens«; LAUBACH, Warum (wie Anm. 7) 191–193.

Eine Ethik der Erinnerung ist dann als problematisch zu bewerten, wenn sie in der reinen Form einer ›Erinnerung als Ethik‹ auftritt, d. h. wenn die moralische Verpflichtung aus einer heteronomen Begründung – einem fremdbestimmten Erinnerungsnormativ – abgeleitet wird, um anschließend menschliches Handeln an eingeforderten Absolutheitsansprüchen zu messen.[102] Auch wenn individuelle Erinnerung nur innerhalb eines sozialen und kommunikationstheoretischen Rahmens zu verstehen ist,[103] muss die kollektive Erinnerung so verfasst sein, dass eine autonome und kritische Aneignung durch das Individuum möglich ist. Wird dem nicht stattgegeben, schließt das Identitätsmoment der Erinnerung andere Deutungsmöglichkeiten von vornherein aus. Theologisch kann eine derart zwanghaft auf das religiöse Subjekt wirkende ›Erinnerung als Ethik‹ nur mit einem asymmetrischen und chauvinistischen Gottesbegriff korrespondieren (Falk Wagner). Die ›Ethik als Erinnerung‹ hingegen repräsentiert die freie Annahme eines symmetrischen – die Andersheit des Menschen anerkennenden – Gottesbegriffs.[104] Diese Offenheit setzt sich auch kritisch mit der Realität einer Geschichtskonstruktion auseinander, die einer kontingenten Ambivalenz aus selektivem Erinnern und kritischem Vergessen gerecht wird.[105]

Auch wenn alle vier in der Matrix aufgeführten Dimensionen konstitutiv zum Erinnerungsbegriff gehören, wird an dieser Stelle für eine u. a. an Machtkritik orientierte kollektive Erinnerung plädiert. Einerseits ist das dadurch begründet, dass individuelle oder gemeinschaftliche Wertvorstellungen (u. a. auch von Theologien, Theolog:innen oder Kirchen) innerhalb von Gesellschaften zu Verallgemeinerungen führen bzw. zu missionarischen Gewissensakten erklärt werden, was eine Moralisierung der Gesellschaft zur Folge hat.[106] Andererseits bewirken diese zu eng gefassten Wertvorstellungen einer (religiösen) Gemeinschaft einen Diskursabbruch gegenüber der Gesellschaft.[107] Beim Verhältnis von gesellschaftskonstituie-

---

[102] Vgl. DIERKEN, Heilsgeschichte (wie Anm. 25) 19.

[103] Vgl. DANZ, Geist (wie Anm. 28) 226.

[104] Zur These einer ›Ethik als Freiheit‹ vgl. WAGNER, Ethik (wie Anm. 45) bes. 545f., 549f.

[105] Zur Position einer dynamisch-kritischen Erinnerung vgl. Theodor W. ADORNO, Minima Moralia. Reflexionen aus dem beschädigten Leben, in: DERS., Gesammelte Schriften, Bd. 4, hg. von Rolf TIEDEMANN (Darmstadt 1998) 189f.: »Keine Erinnerung [ist] garantiert, an sich seiend, indifferent gegen die Zukunft dessen, der sie hegt; kein Vergangenes […] gefeit vorm Fluch der empirischen Gegenwart. Die seligste Erinnerung […] kann ihrer Substanz nach widerrufen werden durch spätere Erfahrung«.

[106] Vgl. ZIEGLER, »Erinnert euch!« (wie Anm. 80) 71: Nicht nur ein staatliches, sondern auch ein kirchliches Kollektiv sieht sich dem Problem ausgesetzt, dass mit der Erinnerungskultur ein Erinnerungsimperativ an das Individuum gerichtet wird, das »zum Instrument einer Herrschaftstechnik« wird, »die das Geschichtsbewusstsein der Individuen im Interesse einer *shared history* als eine Grundlage kollektiver Identität bearbeitet und formt«.

[107] Auch wenn an dieser Stelle eine gesamtgesellschaftliche Lösung vorgeschlagen wird, sei deutlich erwähnt, dass der Konflikt um die Wertehoheit und die Anfrage nach dem Integrationswillen bzw. die Forderung nach dem Integrationszwang von den Mehrheiten an die Minderheiten kulturellen und gesellschaftlichen Aushandlungsprozessen unterliegt.

renden Wertvorstellungen und deren Kritik sei an das von Troeltsch beschriebene Verhältnis von historischen und systematischen Fächern in der Theologie erinnert. Die Geschichte übernimmt dabei die Funktion, mittels Vielgestaltigkeit der Erklärungsmöglichkeiten neue Komplexität an die systematischen Fragestellungen heranzutragen, den Glauben zu historisieren und systematische Einheitsmodelle zu hinterfragen. Demgegenüber reflektiert die Systematik, dass Geschichtsschreibung ein interessengeleitetes und konstruierendes Deutungsverfahren ist (vgl. Kap. 1.1).[108]

An dieses Modell einer Ethik evangelischen Erinnerns können grundsätzlich sowohl Güterethiken als auch deontologische Konzepte anschließen. Als Beispiel für einen deontologischen Ansatz könnte an dieser Stelle auf die Selbstzweckformel Immanuel Kants hingewiesen werden, in der sich die Menschenwürde dadurch auszeichnet, dass der Mensch immer auch Selbstzweck und niemals nur Mittel zum Zweck ist.[109] Nicht nur der Theologie dient sie als Reflexionsformel zur Selbstbegrenzung, sondern auch die Geschichtswissenschaft bezieht sich bei Fragen nach der Schnittmenge von Sinn und Geschichte auf die dort verhandelte Menschenwürde: »Der Gesichtspunkt dieser Würde synthetisiert die verschiedenen [d. h. kognitiven, ästhetischen, politischen, moralischen und religiösen] Dimensionen der Geschichtskultur in eine einzige, eben die umfassend-menschliche.«[110] Dabei steht der Kategorische Imperativ nicht für eine formalisierte Einlösung einer universalgültigen Ethik, sondern für die »Erinnerung an ein uneingelöstes revolutionäres Versprechen«, dass sich die menschliche Geschichte selbstbewusst vom Naturverlauf lossagte.[111] Allerdings sind die kulturellen Entwürfe von »Autonomie, Gerechtigkeit, Gleichheit und Freiheit in der bürgerlich-kapitalistischen Gesellschaft« von maßgeblichen Antagonien geprägt. Der Kategorische Imperativ wird damit nicht länger als individuelle oder gesellschaftliche Realisierungsgestalt, sondern als Perspektive angesehen.[112]

    Auf dem Boden des Rechtsstaats gibt es – und das meiner Meinung vollkommen berechtigt – nur eine Pflicht zur juristischen und nicht zur sozialen Integration.

[108] Vgl. DANZ, Grundprobleme (wie Anm. 82) 208.

[109] Immanuel KANT, Grundlegung zur Metaphysik der Sitten [1785], in: Immanuel Kant Werkausgabe VII, hg. von Wilhelm WEISCHEDEL (Frankfurt a. M. ¹⁴1998) BA 66f.: »Handle so, daß du die Menschheit, sowohl in deiner Person, als in der Person eines jeden andern, jederzeit zugleich als Zweck, niemals bloß als Mittel brauchest.«

[110] RÜSEN, Historik (wie Anm. 66) 245. Rüsen plädiert für eine Umwandlung des Kategorischen Imperativs in einen Kategorischen Imperativ historischen Denkens. Man könne ihn dann als Ausdruck der praktischen historischen Vernunft verstehen: »Denke historisch so, dass die Selbstzweckhaftigkeit des Menschen (seine Würde) in seiner je besonderen Lebensform ausgemacht wird und dass diese Lebensform mit allen anderen zeitlich und räumlich verschiedenen Lebensformen in einen übergreifenden zeitlichen Zusammenhang gebracht wird, der als allgemeine geistige Orientierung im Zukunftsbezug einer je besonderen Gegenwart erscheint.« (144)

[111] Gerhard SCHWEPPENHÄUSER, Die »kommunikativ verflüssigte Moral«. Zur Diskursethik bei Habermas, in: Unkritische Theorie. Gegen Habermas, hg. von Gerhard BOLTE (Lüneburg 1989) 122–145, hier 131.

[112] Zur Verhältnisproblematik von individueller und allgemeiner Ebene vgl. Volker GERHARD, Nur das Individuum überwindet die Geschichte. Zum Topos der Selbstüberwindung bei

Die Erinnerung nimmt in Bezug auf moralische Bewertungen die Funktion ein, heteronome Machtstrukturen, die den Bedingungen für autonome Handlungskonzepte entgegenstehen, kritisch zu reflektieren. Ein integrales Verhältnis von Erinnerung und Sittlichkeit, in dem sich »[s]ittliches Sollen [...] zwangsläufig auf Erinnerung beziehen [muss]« bzw. die »Moral [...] nicht dem Erinnern [folgt], sondern Erinnerung selbst [...] normativ in dem Sinne [ist],« dass sie »zur Sittlichkeit konstitutiv gehört«,[113] greift allerdings zu kurz. Nur mittels einer Unterscheidung in Geschichte und Erinnerung kann zwischen historischer Kritik und Rezeptionsgeschichte vermittelt werden. Deshalb ist das moralische Urteil mehr als eine »Chiffre für verdichtete Erinnerung« bzw. eine »Erinnerung auf Moral« und geht in einer ethischen Perspektive evangelischen Erinnerns über ein »Handeln im Gewohnten« hinaus.[114]

Das protestantische Proprium einer Ethik evangelischen Erinnerns ist dementsprechend auf die Überwindung einer rein statistisch verstandenen Menschenwürde ausgerichtet, indem sie sich auf Anerkennungsprozesse zwischen Individuen und gesellschaftlichen Institutionen fokussiert.[115] Eine stärkere Formulierung einer sowohl protestantisch getragenen und universalgültigen Ethik ist der Erinnerung in der Spätmoderne nicht abzugewinnen. Zu unterschiedlich sind die Strukturen von Erinnerungsorten und -erzählungen aufgebaut, zu politisch werden diese benutzt, um individuelle und kollektive Identitäten gegeneinander auszuspielen. Es bleibt die – auch vom Protestantismus getragene – Überzeugung und Forderung, Mitmenschen niemals als Spielball der Geschichte festzulegen, sondern in all ihrer Übereinstimmung und Differenz die Freiwilligkeit des Anderen hervorzuheben.

Die Erinnerung als Identitätsmoment, als historische Verantwortung, als Machtstruktur, als ›protestantisches Prinzip‹ ist im Rahmen der (theologischen) Geschichtswissenschaft zum einen an historische Fakten gebunden; zum anderen wird sie in ihrer individuellen und gesellschaftlichen Rezeption selbst historisch –

Ernst Troeltsch, in: »Geschichte durch Geschichte überwinden«. Ernst Troeltsch in Berlin (Troeltsch-Studien, Neue Folge 1, Gütersloh 2006) 93–115, hier 110: »In der Ethik kann der Allgemeinbegriff nur wirksam sein, wenn er sich in wirksamer Weise auf die Individuen bezieht, die aus ihrer Einsicht in das Allgemeine (dem sie selber zugehören) eine ihnen tatsächlich mögliche Konsequenz zu ziehen in der Lage sind. Folglich ist auch eine universalistische Ethik, sofern sie tatsächlich den Anspruch auf ethische Verbindlichkeit erhebt, notwendig individuell.«

[113] LAUBACH, Warum (wie Anm. 7) 193, 194.
[114] Ebenda 196, 197.
[115] Vgl. VON SOOSTEN, Gerechtigkeit (wie Anm. 37) 74; Falk WAGNER, Metamorphosen des modernen Protestantismus (Tübingen 1999) 190 beschreibt das Thema der Religion in der Moderne folgendermaßen: »Die freie Entfaltung der Individuen, deren Bedürfnisse und Interessen, sind immer wieder zu bewahren und bewähren, zumal deshalb, weil die sozialen Funktionssysteme das personale Selbstsein der Individuen immer als bloßes Mittel verrechnen und verbrauchen. [...] Denn die individuelle Freiheit läßt sich nur dann verwirklichen, wenn das Gleichgewicht zwischen personalem Selbstsein und sozialem Anderssein nicht auf Dauer gestört ist.«

und dadurch plural und reflexiv. Während die *eine* historische Rekonstruktion und Erzählung brüchig geworden ist, wird auch der prospektive Charakter von Erinnerung und den aus ihr gezogenen moralischen Absichten uneindeutig. Dieser Überblick zu einer Ethik evangelischen Erinnerns schließt daher mit dem Vorschlag, der identitätspolitischen Versuchung das Recht auf Autonomie aller Gesellschaftsgruppen in Erinnerung zu rufen, die revisionistische Versuchung auf die demokratiepolitischen Schwierigkeiten von Geschichtsverfälschung aufmerksam zu machen, die Überzeugung von einer historischen Verantwortung auf ihren Moralismus hinzuweisen und das ›protestantische Prinzip‹ vor akademischer Abgehobenheit zu bewahren, indem es stets an seine gesellschaftliche Funktion erinnert wird.

Zwischen ›Opfer‹ und ›Elite‹

Selbstbilder und Geschichtsbilder einer Minderheitskirche

Von Leonhard Jungwirth und Astrid Schweighofer

I. Vorbemerkungen

In den vergangenen Jahrzehnten hat der »Gedächtnisdiskurs« die Konstruktion von Geschichtsbildern und Selbstbildern zunehmend in das Zentrum der historischen Forschung gerückt.[1] Diese Entwicklung hat sich auch für die theologische Disziplin der Kirchengeschichte als gewinnbringend erwiesen,[2] denn »[k]ollektive Identitäten, d. h. die grundlegende Selbstverständigung von Gruppen« – und damit auch von Kirchen, Pfarrgemeinden, kirchlichen Netzwerken, Einrichtungen und Vereinen – »über Kriterien der Zugehörigkeit, ihr Verhältnis zu anderen und ihre Aufgaben für die Zukunft, bestimmen sich in hohem Maße über geteilte Vorstellungen über ihre Vergangenheit«.[3] Allerdings gilt es nicht, eine den

---

[1] Stefan DORNHEIM, Erinnerungsagentur. Eigengeschichtsschreibung und konfessionelle Gedenkkultur im lutherischen Pfarrhaus (1550–1850), in: Reformatio et memoria. Protestantische Erinnerungsräume und Erinnerungsstrategien in der Frühen Neuzeit, hg. von Christopher SPEHR/Siegfried WESTPHAL/Kathrin PAASCH (Refo500 Academic Studies 75, Göttingen 2020) 397–422, hier 400.

[2] Vgl. z. B. Jan SCHEUNEMANN (Hg.), Reformation und Bauernkrieg. Erinnerungskultur und Geschichtspolitik im geteilten Deutschland (Schriften der Stiftung Luthergedenkstätten in Sachsen-Anhalt 11, Leipzig 2010); Thomas KAUFMANN, Reformationsgedenken in der Frühen Neuzeit. Bemerkungen zum 16. bis 18. Jahrhundert. *ZThK* 107 (2010) 285–324; Christoph MARKSCHIES/Hubert WOLF (Hg.), Erinnerungsorte des Christentums (München 2010); Joachim BAHLCKE/Stefan ROHDEWALD/Thomas WÜNSCH (Hg.), Religiöse Erinnerungsorte in Ostmitteleuropa. Konstitution und Konkurrenz im nationen- und epochenübergreifenden Zugriff (Berlin/Boston 2013); Dorothea WENDEBOURG, So viele Luthers… Die Reformationsjubiläen des 19. und 20. Jahrhunderts (Leipzig 2017). Im Kontext der österreichischen Protestantismusgeschichtsforschung begegnen erste erinnerungskulturgeschichtliche Fragestellungen insbesondere in: Reformationszeit und Protestantismus im österreichischen Gedächtnis, red. von Martina FUCHS/Astrid SCHWEIGHOFER (JGPrÖ 132/133 [2016/2017], Leipzig 2019) – vorzugsweise bei Alexander HANISCH-WOLFRAM, Erzählungen von Verfolgung und Duldung. Zur Erinnerungskultur des Oberkärntner Protestantismus (311–322), bei Andreas HOCHMEIR/Martina FUCHS, Reformations- und Protestantismusgedächtnis im Land ob der Enns (323–337) oder bei Martin KRENN, Der Raum Pinkafeld als protestantischer Erinnerungsort (339–350) – sowie bei Leonhard JUNGWIRTH, Das österreichisch-protestantische Opfernarrativ und seine Wandlungen im Laufe des 20. Jahrhunderts. Eine Studie zu evangelischer Erinnerungskultur und Geschichtspolitik am Beispiel des oberösterreichischen Bauernkriegs von 1626. *MKiZ* 15 (2021) 41–73.

[3] Kai STRUVE, Nationalismus- und Minderheitenforschung, in: Historische Schlesienforschung. Themen, Methoden und Perspektiven zwischen traditioneller Landesgeschichts-

Selbst- und Geschichtsbildern vermeintlich zugrunde liegende »Wirklichkeit der Vergangenheit«[4] zu ergründen und zu erforschen; vielmehr ist eine substantielle Erweiterung bisheriger Kirchengeschichtsschreibung insbesondere mit der Frage nach der »*Funktionalität*«[5] dieser immer wieder neu konstruierten Selbst- und Geschichtsbilder zu erzielen. An der sich dadurch eröffnenden Schnittstelle von Mentalitäts-, Deutungs-, Verarbeitungs- und Ereignisgeschichte stellen sich etwa folgende grundlegende Fragen: Welche Funktion erfüllen Erinnerungsinhalte in ihrer jeweiligen Epoche? Wozu wird erinnert? Oder: Wozu wird auch nicht erinnert, wozu wird Erinnerung getilgt, wozu wird Geschichte umgedeutet, umgewertet, instrumentalisiert?

Ausgehend von diesen Fragestellungen widmen wir uns im vorliegenden Beitrag den Selbst- und Geschichtsbildern der Evangelischen Kirche in Österreich. In einem historischen Längsschnitt, der von der Reformationszeit bis in die Gegenwart reicht, werden im Folgenden bedeutende Erinnerungsstränge in den Blick genommen und Funktion sowie Kontext ihrer Entstehung, ihrer Bewahrung, aber auch ihre funktionalen Veränderungen oder ihr Funktionsverlust schlaglichtartig beleuchtet. Die Selbst- und Geschichtsbilder der Evangelischen Kirche in Österreich – die genau genommen erst seit 1781 als eine Minderheitskirche anzusehen ist – oszillieren unserer Beobachtung zufolge zwischen den beiden Polen ›Opfer‹ und ›Elite‹ bzw. ›Opfervergangenheit‹ und ›Elitenvergangenheit‹. Die Wurzeln dieser bis heute identifizierbaren und höchst ambivalenten Selbst- und Geschichtsbilder reichen tief.

II. Reformationszeit[6] und Geheimprotestantismus

Für das Geschichtsbild der Evangelischen im 16. Jahrhundert sind die *Magdeburger Zenturien* von zentraler Bedeutung. Es handelt sich dabei um den »erste[n] Versuch einer universal angelegten, lutherischen Kirchengeschichtsschreibung«,[7] die den Verlauf der Geschichte im Kontext der zeitgenössischen Apokalyptik heilsge-

---

schreibung und moderner Kulturwissenschaft, hg. von Joachim BAHLCKE (Neue Forschungen zur Schlesischen Geschichte 11, Köln/Weimar/Wien 2005) 293–322, hier 308.

[4] Maurice HALBWACHS, Stätten der Verkündigung im Heiligen Land. Eine Studie zum kollektiven Gedächtnis (Konstanz 2003 [1941]) 21.

[5] Vgl. Tim LORENTZEN, Gedächtnis und Gott. Reflexionen zur kirchengeschichtlichen Erinnerungsforschung, in: Geschichte und Gott. XV. Europäischer Kongress für Theologie (14.–18. September 2014 in Berlin), hg. von Michael MEYER-BLANCK (VWGTh 44, Leipzig 2016) 669–690, hier 673.

[6] Die Ausführungen zum 16. Jahrhundert sind Teilergebnisse des von Astrid Schweighofer durchgeführten Drittmittelprojekts *Understanding Lutheran Confessionalisation*, finanziert vom Austrian Science Fund (FWF), V 809-G.

[7] Harald BOLLBUCK, Wahrheitszeugnis, Gottes Auftrag und Zeitkritik. Die Kirchengeschichte der Magdeburger Zenturien und ihre Arbeitstechniken (Wolfenbütteler Forschungen 138, Wiesbaden 2014) 11.

schichtlich deutete.⁸ Das auf Initiative des lutherischen Theologen Matthias Flacius Illyricus erstellte dreizehnbändige Werk erzählt die Geschichte des Christentums von seinen Anfängen bis zum 13. Jahrhundert mit dem Ziel, die reformatorische Lehre auf Basis historischer Zeugnisse als die ›wahre‹, evangeliumsgemäße Lehre zu legitimieren.⁹ Der ›Kern‹ der Erzählung lautet: Das Evangelium sei unter der Herrschaft des Papsttums verfälscht, ja beinahe vernichtet, und erst mit der Reformation wieder zum Vorschein gebracht worden. Angesichts des antichristischen Treibens stehe es jetzt allerdings neuerlich vor der Gefahr der Verdunkelung und Vernichtung.¹⁰

Die *Magdeburger Zenturien* waren selbstverständlich auch bei den Evangelischen der österreichischen Länder in Umlauf; mit dem in habsburgischen Diensten stehenden Diplomaten und Hofbibliothekar Caspar Nidbruck fand das ›Zenturienwerk‹ sogar einen tatkräftigen Unterstützer in Wien.¹¹ Den zeitgenössischen Quellen ist zu entnehmen, dass für die Erstellung der *Zenturien* Geldsammlungen durchgeführt und schon vorab Exemplare bestellt wurden.¹² Flacius und seine Mit-

---

⁸ Vgl. zu diesem Geschichtsverständnis Anja MORITZ, Interim und Apokalypse. Die religiösen Vereinheitlichungsversuche Karls V. im Spiegel der magdeburgischen Publizistik 1548–1551/52 (SMHR 47, Tübingen 2009) 26f.

⁹ Vgl. BOLLBUCK, Wahrheitszeugnis (wie Anm. 7) 11.

¹⁰ Vgl. Rudolf LEEB, Das Bild von Reformation und Gegenreformation in Österreich in der katholischen und evangelischen Geschichtsschreibung sowie im österreichischen Geschichtsbewusstsein, in: FUCHS/SCHWEIGHOFER (Red.), Reformationszeit (wie Anm. 2) 21–39, hier 23; Rudolf LEEB, Das Erbe der Protestantengeschichtsforschung in Österreich. Die Fragestellungen der Vergangenheit und die Perspektiven für die künftige Forschung. *Carinthia I* 189 (1999) 711–723, hier 712. Matthias Flacius und seine Mitarbeiter am ›Zenturienwerk‹ waren überzeugt, in der Endzeit zu leben. Die damaligen religionspolitischen Entwicklungen ließen für sie gar keinen anderen Schluss zu. Mit dem Augsburger Interim, jenem Reichsgesetz, das nach dem Willen Kaiser Karls V. die im Schmalkaldischen Krieg unterlegenen Evangelischen wieder in die alte Kirche zurückführen sollte, war für sie der *casus confessionis* gegeben. Es galt, die religiöse Wahrheit klar und laut zu bekennen und die ›reine‹ Lehre Luthers zu verteidigen. Ein Kompromiss in zeremoniellen Fragen, wie ihn Philipp Melanchthon und andere kursächsische Theologen zwecks Friedenserhalt gegenüber der altgläubigen Seite einzugehen bereit waren (*Leipziger Landtagsvorlage*, Dezember 1548), kam für den Kreis der sogenannten strengen Lutheraner oder Gnesiolutheraner um Matthias Flacius nicht in Frage, sie sahen darin vielmehr ein Einfallstor des Teufels und einen ersten Schritt in Richtung Vernichtung der religiösen Wahrheit. Vgl. dazu den historischen Überblick bei Irene DINGEL, Historische Einleitung, in: Der Adiaphoristische Streit (1548–1560), hg. von DERS., bearb. von Jan Martin LIES/Hans-Otto SCHNEIDER (Controversia et Confessio. Theologische Kontroversen 1548–1577/80. Kritische Auswahledition 2, Göttingen 2012) 3–14.

¹¹ Vgl. zu Nidbruck BOLLBUCK, Wahrheitszeugnis (wie Anm. 7) 26–28, 150–164 u. ö.; zum Briefwechsel zwischen Flacius und Nidbruck Victor BIBL, Der Briefwechsel zwischen Flacius und Nidbruck. *JGPrÖ* 17 (1896) 1–24; 18 (1897) 201–238; 19 (1898) 96–110; 20 (1899) 83–116; dazu auch Heinz SCHEIBLE, Die Entstehung der Magdeburger Zenturien. Ein Beitrag zur Geschichte der historiographischen Methode (SVRG Nr. 183, Jg. 72, Gütersloh 1966) 11, mit Anm. 5.

¹² Vgl. etwa Stadtarchiv Regensburg [im Folgenden: StAR], Reichsstadt Regensburg, Eccl. I, 18, 77, 11542, Bartholomäus Pica an Nikolaus Gallus, Graz, 2.8.1559; StAR, Reichsstadt

streiter, allen voran der Regensburger Superintendent Nikolaus Gallus, übten hierzulande großen Einfluss aus, der sich auch auf das Selbstverständnis und Selbstbild vieler österreichischer Evangelischer auswirkte. Sie sahen sich als die standhaften Bekenner inmitten des Papsttums, von der katholischen Obrigkeit verfolgt, aber von der Hoffnung getragen, dass Gott sie vor der »abgoterei«[13] bewahren und ihnen Beistand leisten würde. Der oberösterreichische Adelige Jörg von Perkheim berichtete in den 1550er Jahren nach Regensburg von den Versuchen, »alles auf das pabstumb [zu] pringen«[14] und »die waren lehrer aus osterreych zu vertreyben«.[15] »[K]han euch nit verhalten«, schreibt Perkheim an anderer Stelle, »das der theufl noch uns hefftig zurnt [...], wie sein ardt ist«.[16] Aus der Steiermark erreichte Nikolaus Gallus 1559 folgende Nachricht: »Unser Prediger zählt kühn die papistischen Irrtümer auf, und Gott sammelt auf wunderbare Weise die kleine Gemeinde.«[17]

Außerhalb der österreichischen Erbländer erinnerte man sich in den 1550er Jahren an einen Vorfall, der sich zu Fronleichnam 1549 in Wien zugetragen hatte und auch in einer zeitgenössischen Druckschrift Erwähnung fand. In dem Büchlein *Wahrer Bericht und Trost aus dem sechsten Kapitel des Propheten Baruchs*[18] schildert Pfarrer Thomas Rorer aus dem oberpfälzischen Cham gemäß der eingangs dargelegten Vorstellung von ›Verfall‹ und ›Aufschwung‹ des Evangeliums unter Papsttum und Reformation, wie das Wort Gottes »jtzund bey vns Deudschen [...] so gar mit fûssen [getreten]« werde[19] und wie Gott dieses sündhafte Verhalten nun in Form von »krieg / Thewrung / Pestilentz / falsche[r] lehr vnd vnrechte[m]

Regensburg, Eccl. I, 18, 2, 11287, Jörg von Perkheim an Nikolaus Gallus, Linz, 25.1.1558; vgl. dazu Eduard BÖHL, Beiträge zur Geschichte der Reformation in Österreich. Hauptsächlich nach bisher unbenutzten Aktenstücken des Regensburger Stadtarchivs (Jena 1902) 181f., 335; Astrid SCHWEIGHOFER, Im Streit für Christus – Nikolaus Gallus und die lutherische Konfessionsbildung (Habilitationsschrift Universität Wien 2022) 364.

[13] StAR, Reichsstadt Regensburg, Eccl. I, 58, 25, 34983, Jörg von Perkheim an Nikolaus Gallus, Linz, 28.8.1554.

[14] StAR, Reichsstadt Regensburg, Eccl. I, 58, 17, 34947, Jörg von Perkheim an Johann Hiltner, Linz, 5.4.1554; vgl. dazu BÖHL, Beiträge (wie Anm. 12) 113–115, hier 114.

[15] StAR, Reichsstadt Regensburg, Eccl. I, 18, 17, 11322, Jörg von Perkheim an Nikolaus Gallus, o. O., 5.1.1558; vgl. BÖHL, Beiträge (wie Anm. 12) 136.

[16] StAR, Reichsstadt Regensburg, Eccl. I, 58, 25, 34983, Jörg von Perkheim an Nikolaus Gallus, Linz, 28.8.1554; vgl. BÖHL, Beiträge (wie Anm. 12) 117.

[17] Übersetzung durch die Verf., lat. Original: »Noster concionator audacter errores papisticos taxat, et Deus mirabiliter ecclesiolam colligit.« StAR, Reichsstadt Regensburg, Eccl. I, 18, 77, 11541, Bartholomäus Pica an Gallus, Graz, 2.8.1559.

[18] Thomas RORER, Warer bericht vnd trost || aus dem sechsten Capitel des Pro= || pheten Baruchs / allen betrûbten gewissen / so in diesen kûmmerlichen zeiten des Jnterims vnd A= || diaphora halben / nicht wissen / wie sie sich hal= || ten sollen / Nûtzlich vnd trôstlich zu lesen. [...] (Magdeburg: Christian Rödinger 1550) [VD 16 R 3051; benutztes Exemplar: ÖNB Wien, Sign.: 77.Dd.481] (keine durchgängige Paginierung; die Paginierung wurde von der Autorin vorgenommen). Vgl. zu dieser Schrift und zu Thomas Rorer SCHWEIGHOFER, Streit (wie Anm. 12) 193–199.

[19] RORER, Bericht (wie Anm. 18) 26–28, hier 28.

Gottesdienst«[20] strafe. Rorer ermuntert seine Leserschaft zum Bekennen und Leiden um Christi willen, so wie es schon die frühen Christen getan hätten[21] – und jener »jung Peckenknecht« (Bäckersgehilfe) in Wien, der das »Spectakel Corporis Christi« verurteilt und gelästert habe und deswegen, nachdem ihm Zunge und Hände abgeschnitten worden seien, den Feuertod habe erleiden müssen.[22] Doch, so Rorer unter Bezug auf Lk 17,33:

> »Wer sein leben erhalten will (verstehe mit anbetung der Babilonischen Hurn / vnd jhres schendlichen Jnterims [das Augsburger Interim; Anm. d. Verf.]) der sol es verlieren / Wer es aber vmb seinen willen verleuret (wie der jung Peckenknecht / jtzund zu Wien in Osterreich [...]) der wirt es wider finden / vnd das ewige leben besitzen.«[23]

Mit dem Einsetzen der Gegenreformation wurde das Bild von den Evangelischen als leidende Märtyrer und Bekenner der religiösen Wahrheit fortgeschrieben und verstärkt. Ein eindrückliches Beispiel dafür ist die rund 270 Seiten starke Schrift *Bericht und Erinnerung von der Tyrannischen päpstischen Verfolgung des Heiligen Evangelii in Steiermark, Kärnten und Krain* aus dem Jahr 1601.[24] Der Verfasser David Rungius, Professor der Theologie in Wittenberg, beklagt in seiner Vorrede das »grewlich[e] Ungewitter« über den innerösterreichischen Ländern – gemeint sind die gegenreformatorischen Maßnahmen – als Ausfluss des »gerechten Zorn[s]« Gottes und Werk des »leidigen Sathan« und verweist in diesem Zusammenhang auf die »grosse Bestendigkeit« der nunmehr verfolgten und vertriebenen innerösterreichischen Evangelischen.[25] Die »gewaltsame Reformation« sei letztlich allerdings nichts anderes als der Ausdruck des »grossen zweiffels der Papisten«, die mit ihren »Lûgen« und ihrer »Abgôtterey« keinen Anklang fänden und sich nun nur mehr mit Gewalt zu helfen wüssten.[26] Gott habe die Evangelischen der Steiermark,

---

[20] Ebenda 26.
[21] Vgl. ebenda 42–48.
[22] Ebenda 44. Der Vorfall wird auch erwähnt bei Bernhard RAUPACH, Evangelisches Oesterreich, || das ist, || Historische || Nachricht || von den || vornehmsten Schicksahlen || der || Evangelisch=Lutherischen Kirchen || in dem || Ertz=Hertzogthum || Oesterreich, || [...] (Hamburg: Felginers Witwe 1732) 41 [benutztes Exemplar: BSB München, Sign.: 4 H.ref. 615-1] sowie Theodor WIEDEMANN, Geschichte der Reformation und Gegenreformation im Lande unter der Enns, Bd. 2 (Prag 1880) 59. Vgl. dazu auch Martin SCHEUTZ, Kaiser und Fleischhackerknecht. Städtische Fronleichnamsprozessionen und öffentlicher Raum in Niederösterreich/Wien während der Frühen Neuzeit, in: Aspekte der Religiosität in der Frühen Neuzeit, hg. von Thomas AIGNER (Beiträge zur Kirchengeschichte Niederösterreichs 10, St. Pölten 2003) 62–125, hier 80f.
[23] RORER, Bericht (wie Anm. 18) 44.
[24] David RUNGIUS, Bericht vnd Erinnerung / || Von der Tyranni= || schen Bâpstischen verfolgung || des H. Euangelij / in Steyermarckt / Kârndten || vnd Krain / mit angehengtem trost an die ver= || folgten Christen / [...] (Wittenberg: Lorentz Seuberlich 1601) [VD 17 12:111457Z; benutztes Exemplar: BSB München, Sign.: Polem. 311 t#Beibd. 2]; vgl zu dieser Schrift LEEB, Bild (wie Anm. 10) 21–23.
[25] RUNGIUS, Bericht (wie Anm. 24) A 2r/v.
[26] Ebenda A 2v.

Kärntens und Krains »wirdig geachtet / zu Martyrern vnd Bekennern seines Namens zu machen«.²⁷ Damit »die Geschicht von der Verfolgung vnd Bekandtnuß des Göttlichen Worts« nicht in Vergessenheit gerate, habe Rungius alles aufgeschrieben, in der Hoffnung, die von den Verfolgungen Betroffenen würden den Bericht um Einzelheiten erweitern »vnd zu ewige[m] gedechtnuß in offnen druck verfertigen«.²⁸

Rungius' Darstellung fand wenige Jahre später im *Gründlichen Gegenbericht* des Katholiken Jakob (Johannes) Rosolenz, damaliger Propst des Klosters Stainz in der Steiermark, scharfen Widerspruch.²⁹ Rosolenz holt darin zu einer umfassenden Verteidigung der alten Kirche und der Gegenreformation aus – Rungius' *Bericht* wird bereits auf dem Titelblatt als »Lügenbuch« bezeichnet.³⁰ Damit prallten zwei Wahrheits- bzw. Deutungsansprüche aufeinander:³¹

> »Es handelt sich um einen Kampf um die Deutungshoheit der Ereignisse in der Zeit von Reformation und Gegenreformation in Innerösterreich. Das historische Geschehen dient für beide Seiten nur als Argument für die Wahrheit der jeweils eigenen Konfession. Dementsprechend gegensätzlich sind die historiographischen Bilder sowie die Deutung bzw. Beschreibung von Reformation und Gegenreformation.«³²

Im 18. Jahrhundert wurde das bisher gezeichnete, von Märtyrer- und Bekennertum geprägte Bild der österreichischen Evangelischen in der nunmehr ausschließlich ausländischen Publizistik und Geschichtsschreibung um eine weitere Ebene ergänzt.³³ Ausschlaggebend dafür waren die Ereignisse rund um die große Salzburger Emigration bzw. Ausweisung von 1731/32, die in ganz Europa mit Interesse sowie Schrecken wahrgenommen und thematisiert wurden. Vorangegangen war der Ausweisung eine Bekenntnisbewegung unter den evangelischen Bewohner:innen des Erzstifts Salzburg. Diese wurden fortan, nicht nur, aber v. a. in pietistischen Kreisen, als Beispiele für wahres Bekennertum, als Glaubensvorbilder und Glaubens-

---

27 Ebenda A 3v.
28 Ebenda A 3v–A 4r.
29 Jakob (Johannes) Rosolenz, Gründlicher GegenBericht / || Auff || Den falschen Bericht || vnnd vermainte Erinnerung Dauidis || Rungij / Wittenbergischen Professors / Von || der Tyrannischen Bäpstischen Verfolgung deß || H. Evangelij / in Steyermarckt / Kårnd=|| ten / vnd Crayn. [...] (Graz: Georg Widmanstetter 1607) [VD 17 12:111199Z; benutztes Exemplar: BSB München, Sign.: 4 Polem. 1617]; vgl zu dieser Schrift Leeb, Bild (wie Anm. 10) 22f.
30 Rosolenz, Gegenbericht (wie Anm. 29) A 1r.
31 Vgl. Leeb, Bild (wie Anm. 10) 24.
32 Ebenda 24.
33 Vgl. in diesem Zusammenhang, v. a. zu Bernhard Raupachs Darstellungen, Rudolf Leeb, Zum wissenschaftlichen Profil der an der Fakultät lehrenden Kirchenhistoriker und zur österreichischen evangelischen Kirchengeschichtsschreibung, in: Zeitenwechsel und Beständigkeit. Beiträge zur Geschichte der Evangelisch-Theologischen Fakultät in Wien 1821–1996, hg. von Karl Schwarz/Falk Wagner (Schriften des Archivs der Universität Wien 10, Wien 1997) 13–48, hier 41f.; Leeb, Bild (wie Anm. 10) 25f.; Ders., Erbe (wie Anm. 10) 712f.

helden gefeiert:³⁴ Hier erfolgte die Thematisierung der Ausweisung zum Zweck der Erbauung und der Erweckung. So war beispielsweise in einer der auflagenstärksten pietistischen Zeitschriften davon die Rede, »dass ›*die Nachrichten von der Saltzburgischen Emigration auch den Malabarischen Christen* [in Indien; Anm. d. Verf.] *zu guter Erweckung*‹ dienen würden«.³⁵

Im katholischen Österreich war indessen schon zu Beginn des 17. Jahrhunderts die Erinnerung an den autochthonen österreichischen Protestantismus des Reformationsjahrhunderts gewissermaßen getilgt worden. Eindrücklich zeigt sich dies am Kreuzweg, der 1639 von St. Stephan zur Bartholomäuskirche in Wien-Hernals angelegt wurde. Wenige Jahrzehnte früher waren die evangelischen Wiener:innen auf demselben Weg zu den evangelischen Gottesdiensten ins Schloss Hernals ›ausgelaufen‹.³⁶ Mit der Errichtung des Kreuzweges wurde dieser Teil der evangelischen Geschichte gleichsam katholisch überschrieben.

III. Von der Zeit der Toleranz bis zum Ende des 19. Jahrhunderts

Mit dem Toleranzpatent Kaiser Josephs II., das ab 1781 den »augspurgischen und helvetischen Religions-Verwandten« das religiöse Privatexerzitium in eigens errichteten Bethäusern wie auch die schulische Erziehung ihrer Kinder gestattete,³⁷ begann für die Evangelischen in Österreich eine neue Zeitrechnung. Augenfällig wird das etwa in einer Inschrift der ›Toleranzkirche‹ in Feld am See in Kärnten, wo es heißt: »Unter JOSEPH den Zweiten, Deutschlands gnädigem Kayser, dem Vater der weisen Religionsduldung, ward dieses Bethaus zur Beförderung der evangelischen Christenthumslehre errichtet im Sechsten Jahr der hiesigen Toleranz 1787«.³⁸

---

[34] Vgl. Leeb, Bild (wie Anm. 10) 24; Ders., Die große Salzburger Emigration von 1731/32 und ihre Vorgeschichte (Ausweisung der Deferegger 1684), in: Glaubensflüchtlinge. Ursachen, Formen und Auswirkungen frühneuzeitlicher Konfessionsmigration in Europa, hg. von Joachim Bahlcke (Religions- und Kulturgeschichte in Ostmittel- und Südosteuropa 4, Münster 2008) 277–305, hier 278.

[35] Zit. nach: Gergely Csukás, Topographie des Reiches Gottes. Die »Sammlung auserlesener Materien zum Bau des Reiches Gottes« und ihre Fortsetzungsserien (AGP 66, Göttingen 2020) 94 (Kursivsetzung von der Vorlage übernommen).

[36] Vgl. zu Hernals Rudolf Leeb, »Europa niemals kannte ein größere Kommun …« Die evangelischen Pfarrzentren für Wien außerhalb der Stadtmauern in der Reformationszeit, in: Brennen für den Glauben. Wien nach Luther. Katalog zur 413. Sonderausstellung im Wien Museum vom 16. Februar bis 14. Mai 2017, hg. von Dems./Walter Öhlinger/Karl Vocelka (Salzburg/Wien 2017) 182–197, hier v. a. 182–184, 192–197; Rudolf Leeb, Das Ende des protestantischen Zentrums – Hernals wird katholischer Wallfahrtsort, in: Ders./Öhlinger/Vocelka (Hg.), Brennen, 367.

[37] Toleranzpatent Kaiser Josephs II. vom 13.10.1781.

[38] Vgl. die Abbildung *Deckeninschrift für Joseph II.* in: Rudolf Leeb/Astrid Schweighofer/Dietmar Weikl (Hg.), Das Buch zum Weg. Kirchen-, Kunst- und Kulturgeschichte am Weg des Buches (Salzburg 2008) 114.

Mit dem Toleranzpatent war gleichsam eine »Stunde Null« eingetreten,[39] die viele Evangelische den Blick in eine neugewonnene Gegenwart und Zukunft richten ließ. In einer heilsgeschichtlichen Deutung der Zeitläufe scheint dem Geschichtshandeln Gottes, d. h. der Errettungserfahrung, in der der Kaiser als Vollstrecker des göttlichen Willens fungierte, eine höhere Bedeutung beigemessen worden zu sein als dem Schrecken vergangener Zeiten:[40] »Nie wieder rückwärts!«,[41] so stand es 1817 programmatisch auf dem Portal des Bethauses im oberösterreichischen Thening – zum ersten Mal wurde in diesem Jahr in Österreich ein Reformationsjubiläum gefeiert. In dieser neuen ›Erinnerungskultur‹ der tolerierten Gemeinden spiegelt sich – trotz punktuell und lokal aufkommender Krisenstimmungen[42] – auch grundlegend ein aufgeklärter wie ein spätpietistisch-erweckter Fortschrittsglaube wider, der insbesondere über die aus dem Ausland kommenden Geistlichen in die Gemeinden transportiert wurde.[43] Die Zukunft blieb zwar »eschatologisch

---

[39] LEEB/SCHWEIGHOFER/WEIKL (Hg.), Buch (wie Anm. 38) 115.

[40] Vgl. z. B. Georg M. EISENBACH, Dankpredigt an dem feyerlichen Gedächtnißtag der von Sr. allerhöchst Kaiserl. Königl. Majestät unsers glorwürdigsten Monarchen Josephs des Zweyten Anno 1782 erhaltenen Religions-Freyheit der der Augsburgischen Confeßion zugethanen Gemeinden in Oberösterreich gehalten über Matth. XXV. 29. in dem Bethaus der Stat Eferding den 13ten Oktober 1783 (VD 18 14001233, Linz 1784) 9: »Wenn ich euch, liebe und werthe Gemeine! an eure vergangene Zeit zurück erinnere, wie euer Glaube unter göttlichem Verhängniß so lange unter der Kreuzpresse gelegen, eure Gewissen gebunden gewesen, eure heimliche Zusammenkünften um einander aus dem Wort Gottes zu belehren, euch zu erbauen und zu stärken, mit vieler Angst, Furcht und Schrecken geschahen; wie eure Bibeln und andere Erbauungsbücher, wenn sie denen Feinden eures Glaubens durch schnellen Uiberfall nicht zum Raub wurden, in heimliche Oerter, in die Erde, oder gar unter den Mist vergraben werden mußten, wie ihr über eurem Glauben gar Gefängnis, Bande, Leibesstrafen und andere Trübsalen erdulden mußtet. Wenn ich euch, sage ich, an diese Trübsalen erinnere, wie diese [1781] auf einmal schnell und wider aller Menschen Hoffnungen aufgehört, wie eure Begnadigungen da angefangen.«

[41] Zit. nach: Jakob GLATZ, Nachrichten über die Feyer des dritten Jubelfestes der Reformation in den sämmtlichen kaiserl. königl. Oesterreichischen Staaten im Jahre 1817. Nebst einigen allgemeinen Bemerkungen über den gegenwärtigen kirchlichen Zustand der Protestanten in gedachten Staaten (Wien 1818) 70.

[42] Vgl. Leonhard JUNGWIRTH, Die frühe ›Toleranzzeit‹ in Oberösterreich. Beobachtungen am Beispiel des ›Toleranzpastors‹ Georg Michael Eisenbach, in: Festschrift für Rudolf Leeb zum 65. Geburtstag, hg. von DEMS./Astrid SCHWEIGHOFER (JGPrÖ, Sonderbd., Leipzig 2023) 173–189, bes. 181–184.

[43] Zu den von Pietismus oder Aufklärung geprägten Geistlichen vgl. z. B. Grete MECENSEFFY, Der Nürnberger Kaufmann Johann Tobias Kießling und die österreichischen Toleranzgemeinden. *JGPrÖ* 74 (1958) 29–70. Die Zeit- und Weltdeutungen der Geistlichen schlugen sich auch sichtbar auf die künstlerischen Ausgestaltungen der Bethäuser nieder. Vgl. z. B. LEEB/SCHWEIGHOFER/WEIKL (Hg.), Buch (wie Anm. 38) 29 [Erweckungsbewegung], 115 [Aufklärung]. Sie stießen aber dort, wo sie an den über lange Zeit hinweg gepflegten Traditionsbeständen rührten, mitunter auch auf erbitterten Widerspruch. Vgl. z. B. Franz REISCHER, Die Toleranzgemeinden Kärntens nach einem Visitationsbericht vom Jahre 1786 (AVGT 60, Klagenfurt 1965) 24–105, bes. 46–49; Alexander HANISCH-WOLFRAM, Neue Lieder, neuer Geist und die Frage nach der evangelischen Identität. Der Gesangbuchstreit in den Kärntner

ausgemalt«, der Jüngste Tag rückte aber »in immer nebulösere Ferne«.[44] In zunehmendem Maße wurde die Gegenwart als »neue[r] Möglichkeitszeitraum« in den Blick genommen.[45] Das ehrende Andenken an Joseph II., das in den ersten Gemeinden mit Inschriften, Gedenktafeln und Denkmälern[46] hochgehalten und ab 1785 mit jährlichen Toleranzfeiern ritualisiert wurde,[47] verdeutlicht diese neue Gegenwartsverbundenheit. Nach und nach dürfte sich über diese Gedenkkultur auch eine spezifische Identität – nämlich die bis heute besondere Identität der Toleranzgemeinden – herausentwickelt haben.[48] Die vitale Erinnerung an Joseph II. scheint spätestens mit dem Zerfall der Monarchie jedoch erstarrt und mancherorts auch erodiert zu sein.[49] Gelegentlich ist ihre uneingeschränkte Vitalität oder auch

---

Toleranzgemeinden, in: StimmKraft. Kirchenlieder schreiben Geschichte. Beiträge zur Vergangenheit, Gegenwart und Zukunft evangelischen Singens. Wissenschaftlicher Begleitband zur Sonderausstellung im Evangelischen Kulturzentrum Fresach 2015, hg. von DEMS./Werner HORN (Das Kärntner Landesarchiv 44, Klagenfurt 2015) 114–128; Jakob E. KOCH, Zur Geschichte der Gesangbuchfrage in Oberösterreich seit den Tagen der Toleranz. *JGPrÖ* 74 (1958) 3–28; Ernst HOFHANSL, Nachlese zum oberösterreichischen Gesangbuchstreit. Ein Beitrag zur österreichischen Frömmigkeitsgeschichte. *JGPrÖ* 94 (1978) 96–106.

[44] Achim LANDWEHR, Die endlose Geschichte vom Ende der Geschichte. Stationen endzeitlichen Denkens seit dem 17. Jahrhundert, in: MEYER-BLANCK (Hg.), Geschichte (wie Anm. 5) 128–151, hier 140.

[45] Ebenda 140.

[46] Vgl. Rudolf LEEB, Josephinische Toleranz, Toleranzgemeinden und Toleranzkirchen, Toleranzbethaus, in: BAHLCKE/ROHDEWALD/WÜNSCH (Hg.), Erinnerungsorte (wie Anm. 2) 965–977, hier 973; Werner TELESKO, Konfessionelle Themen in der bildenden Kunst im ›Geschichtsraum‹ Österreich seit 1781, in: FUCHS/SCHWEIGHOFER (Red.), Reformationszeit (wie Anm. 2) 133–153, bes. 134–137.

[47] Vgl. Gustav REINGRABNER, Im Consistorium – zum amtlichen Wirken von Jakob Glatz, in: Jakob Glatz. Theologe – Pädagoge – Schriftsteller, hg. von Gottfried ADAM/Robert SCHELANDER (Göttingen 2010) 61–80, hier 71.

[48] Zur besonderen Identität der Toleranzgemeinden vgl. z. B. Rudolf LEEB, Der österreichische Protestantismus und die Los-von-Rom-Bewegung, in: Protestantische Mentalitäten, hg. von Johannes DANTINE/Klaus THIEN/Michael WEINZIERL (Passagen Gesellschaft, Wien 1999) 195–230, hier 195f. sowie Herbert UNTERKÖFLER, Zwischen zwei Welten. Anmerkungen zur kulturellen Identität der Evangelischen in Österreich. *MEAKiZ* 14 (1994) 31–44, passim.

[49] Erste Anzeichen eines allmählichen Erstarrens und Erodierens dieser Gedenkkultur begegnen schon während des 19. Jahrhunderts, so etwa in dem wachsenden Bedürfnis der Gemeinden nach der feierlichen Begehung des Reformationstags und der gleichzeitigen Abkehr von den jahrzehntelang gepflegten Toleranzfeiern (vgl. REINGRABNER, Consistorium [wie Anm. 47] 74) oder auch in der zunehmenden Überschreibung des Kaiser-Joseph II.-Gedenkens mit neuen Gedenk- und Huldigungsakten, die ab dem Erlass des Protestantenpatents 1861 nunmehr Kaiser Franz Joseph I. galten. Vgl. Karl W. SCHWARZ, Der Anteil des Protestantismus an den Monarchie- und Kaiserjubiläen, in: FUCHS/SCHWEIGHOFER (Red.), Reformationszeit (wie Anm. 2) 173–187, hier 184f.; LEEB/SCHWEIGHOFER/WEIKL (Hg.), Buch (wie Anm. 38) 94f. Mit dem Zusammenbruch der Monarchie kam es allerdings auch hier zu einem deutlichen Bruch, der etwa mit Blick auf die 1918 erfolgte Umbenennung der 1898 in Wien-Währing erbauten »Evangelischen Kaiser-Franz-Joseph-Jubiläumskirche« in »Lutherkirche« evident wird. Vgl. Grete MECENSEFFY/Hermann RASSL, Die evangelischen Kirchen Wiens (Wiener Geschichtsbücher 24, Wien/Hamburg 1980) 86. Bemerkenswert sowie von hoher Aussage-

ihre Unangefochtenheit aus heutiger Perspektive zudem kritisch zu hinterfragen: So wurde etwa eine dem Kaiserhaus gegenüber nicht unkritische Sammlung an Predigten und Berichten, die anlässlich des Reformationsjubiläums 1817 veröffentlicht wurde,[50] vom Herausgeber, Konsistorialrat Jakob Glatz, einer kirchenpolitischen Korrektur unterzogen; kritische Stimmen, die sich insbesondere am Beginn der ›Ära Metternich‹ mehrten, wurden getilgt, die vielfältigen Gedenkakte in einer Zeit des unbedingt »verordnete[n] Kaisergehorsam[s]« in Richtung einer Kaiserhuldigung getrimmt.[51] Vielsagend ist in diesem Zusammenhang auch die Untersagung eines öffentlichen ›Confessio Augustana-Jubiläums‹ im Jahr 1830, »weil« – notabene – »die gegenwärtigen Zeitumstände es räthlich machten, Alles Aufsehen zu vermeiden«.[52] So wurde durch eine obrigkeitliche erinnerungspolitische Entscheidung eine von Loyalität gekennzeichnete Erinnerungskultur geschaffen und kritische Erinnerung verunmöglicht. Wahrscheinlich ebenfalls aus Loyalitätsgründen blieb auch an der 1821 in Wien eingerichteten theologischen Lehranstalt eine kirchenhistorische Beschäftigung mit der österreichischen Protestantismusgeschichte bis in die 1880er Jahre völlig aus.[53]

Mit der Entdeckung der Gegenwart als »Möglichkeits- und Handlungszeitraum«[54] ging am Ende des 18. Jahrhunderts auch eine Neuentdeckung der Zukunft einher: Zukunft kam als gestaltbare, als beeinflussbare sowie als verheißungsvolle Zukunft

---

kraft für die Bedeutung, die Joseph II. im österreichischen Protestantismus auch weiterhin beigemessen wurde und die er insbesondere vor dem Hintergrund der Nationalitätenkonflikte des ausgehenden 19. Jahrhunderts als ein »symbol for the past golden era of German predominance in the monarchy« wiedergewinnen sollte (Nancy M. WINGFIELD, Conflicting Constructions of Memory. Attacks on Statues of Joseph II in the Bohemian Lands after the Great War. *Austrian History Yearbook* 28 [1997] 147–171, hier 152), ist jedoch, dass in der Leobener »Gustav-Adolf-Kirche« – einem zentralen und repräsentativen Kirchenbau der tendenziell Habsburg-kritischen ›Los-von-Rom-Bewegung‹ – Kaiser Joseph II. und somit auch die Erinnerung an seinen Gnadenakt noch 1909 fest im Bildprogramm der Buntglasfenster verankert wurden; allerdings kam es hier zu einer erinnerungspolitischen Neuinszenierung: Mittels eines Kranzes aus Eichenlaub und Kornblumen wurde wortwörtlich ein deutschnationales *reframing* des Kaiserbildnisses vorgenommen. Eine Abbildung findet sich in Günther JONTES, Die evangelische Gustav-Adolf-Kirche zu Leoben. Ein Führer durch Geschichte und Kunst (Leoben 2006) 33. Zu den Fenstern der »Gustav-Adolf-Kirche« vgl. zudem Astrid SCHWEIGHOFER, Der österreichische Protestantismus um 1900 und die Moderne, in: Die Geburt der Moderne aus dem Geist der Religion? Religion, Weltanschauung und Moderne in Wien um 1900, hg. von DERS./Rudolf LEEB (Wiener Forum für Theologie und Religionswissenschaft 20, Wien 2020) 91–117, hier 110f.

50 Vgl. GLATZ, Nachrichten (wie Anm. 41).
51 Vgl. Wichmann VON MEDING, Österreichs erstes Reformationsjubiläum. Jakob Glatz und die Gemeinden Augsburgischer Konfession 1817/18. Ein Modell des Verhältnisses von Kirchenleitung und Verkündigung (Kontexte 23, Frankfurt a. M. u. a. 1998) bes. 127–129, hier 127.
52 Zit. nach: Johannes HUND, Das Augustana-Jubiläum von 1830 im Kontext von Kirchenpolitik, Theologie und kirchlichem Leben (VIEG 242, Göttingen 2016) 458.
53 Vgl. LEEB, Erbe (wie Anm. 10) 713.
54 LANDWEHR, Geschichte (wie Anm. 44) 140.

in den Blick.⁵⁵ Das wirkte auch auf die Erinnerung sowie ihre unterschiedlichen Funktionen zurück und soll im Folgenden an einzelnen Beispielen veranschaulicht werden:

Trotz der neugewonnenen Freiheit wurden die traumatisierenden Geschichten der Vergangenheit mit der ›Stunde Null‹ des Toleranzpatents nicht getilgt.⁵⁶ Zum einen dürfte das an transgenerational vererbten Gefühlen gelegen sein,⁵⁷ an familiär gepflegten Narrationen, an unscheinbaren, aber mit religiösem und identitätsstiftendem Sinn aufgeladenen Erinnerungsorten in der Region,⁵⁸ zum anderen sah man sich gegenwärtig erfahrenen Ungerechtigkeiten und zukünftig zu befürchtenden Risiken und Gefahren ausgesetzt: Predigten der Toleranzzeit, in denen die Situation der Evangelischen und ihrer Bethäuser »mit [...] Stall und [...] Krippe« verglichen wurde,⁵⁹ verdeutlichen die wahrgenommene Brüchigkeit der eigenen Lebens- und Glaubensumstände. Der in den geheimprotestantischen Gebieten kultivierten Erinnerung kam somit eine warnende, aber auch eine identitätsstabilisierende und glaubensstärkende Funktion zu. Die zukünftigen Generationen sollten wissen, wie mit ihren Vorfahren umgegangen worden war – die Erinnerung an die ›Märtyrergeschichte‹ war Rüstzeug für Gegenwart und Zukunft, aber auch

---

55 Vgl. z. B. ebenda 140f.; Sascha SALATOWSKY, Kampf um die Reformation. Aspekte lutherischer Erinnerungskultur, in: SPEHR/WESTPHAL/PAASCH (Hg.), Reformatio (wie Anm. 1) 483–517, hier 506 sowie Daniel FULDA, Wann begann die ›offene Zukunft‹? Ein Versuch, die Koselleck'sche Fixierung auf die ›Sattelzeit‹ zu lösen, in: Geschichtsbewusstsein und Zukunftserwartung in Pietismus und Erweckungsbewegung, hg. von Wolfgang BREUL/Jan C. SCHNURR (AGP 59, Göttingen 2013) 141–172, hier 171: »Die Erwartung, dass es einen Geschichtsprozess gibt, in dem das Spätere ›organisch‹ aus dem Früheren hervorgeht, und dass dieser Prozess in eine bessere Zukunft führt, beherrschte [...] im späten 18. Jahrhundert die Intellektuellen.«

56 »Die Spuren und die unterirdischen Kanäle der damaligen Geschehnisse [die Geschehnisse in der Zeit der Gegenreformation; Anm. d. Verf.] führen aber ganz gewiss bis in die unmittelbare Gegenwart.« Rudolf LEEB, Reformation, Gegenreformation und katholische Konfessionalisierung in Kärnten. Carinthia I 190 (2000) 203–225, hier 225. Vgl. z. B. mit Blick auf den Oberösterreichischen Bauernkrieg von 1626 Elisabeth GRUBER, Die Aneignung aufrührerischer Elemente als Erinnerungsgeschichte. Das Beispiel Stefan Fadinger, in: Die Stimme der ewigen Verlierer? Aufstände, Revolten und Revolutionen in den österreichischen Ländern (ca. 1450–1815), hg. von Peter RAUSCHER/Martin SCHEUTZ (VIÖG 61, Wien/München 2013) 415–430, bes. 423–427.

57 Vgl. zu dieser (bisher im Hinblick auf den österreichischen Protestantismus nicht näher erforschten) Thematik v. a. Yael DANIELI (Hg.), International Handbook of Multigenerational Legacies of Trauma (New York/London 1998).

58 Vgl. z. B. Simone M. LASSNIG, Denkmäler der Reformationszeit und des Geheimprotestantismus im Raum Paternion. Die Hundskirche und umliegende Denkmäler (Dipl.-Arb. Universität Wien 2010); Dietmar WEIKL, Das religiöse Leben der Geheimprotestanten, in: DERS./LEEB/SCHWEIGHOFER (Hg.), Buch (wie Anm. 38) 172–174, hier 172.

59 Paul VON ZIMMERMANN, Toleranz und Intoleranz gegen das Evangelium in Oesterreich, mit besonderer Berücksichtigung der neuesten Zeit. Festvortrag gehalten am Jubiläumstage des Toleranzpatentes den 13. October 1881 in Wien und in vielfach erweiterter Gestalt auf Wunsch der Festversammlung veröffentlicht (Leipzig 1881) 82.

Negativfolie für das Kommende. Auch weit nach 1781 wurde in Kärnten etwa noch folgende Geschichte tradiert, die an die Zwangsdeportationen evangelischer Personen nach Siebenbürgen erinnerte:

> »›Jâ‹, sâgg der Vâter, ›man terf nit drauf dönk, wia sie 'n âltn Groamânn in der Nöring, wo mein Öngge ângekaft hât, wia a Wild umanândergjâgg hâmp und wia die Kinder gschriarn hâmp, wia sie von der Muater wöck nâch Siebenbürgen gliefert worn send, bloß weil die Leut ihrn luthrischn Glaubem nit hâmp aufgebm wölln. […]‹«⁶⁰

Bemerkenswert ist, dass sich die internalisierten, aufgrund mangelnder Quellen freilich nur schwierig zu erfassenden Selbst- und Geschichtsbilder der Geheimprotestant:innen⁶¹ durch die neu eintreffenden Pfarrer mit Fremdbildern zu mischen begannen: Die v. a. im deutschen Pietismus oftmals mit dem Zweck der Erbauung und Glaubensstärkung entstandenen Geschichtsbilder⁶² wurden über die Pfarrer an die vermeintlich ›ursprünglichen‹ Erinnerungsorte zurückgetragen und mit dem jeweils dort kultivierten Gedächtnis verwoben.⁶³ Von hier aus scheinen die Erinnerungsbestände wiederum in kirchen- und konfessionspolitische Auseinandersetzungen transferiert und dabei auch geschichtspolitisch aufgeladen worden zu sein: Orthodox-erweckliche Einstellungsdispositionen wurden zur Mitte des 19. Jahrhunderts etwa als ein »Beharren auf dem Grunde« ausgewiesen, »den unsere Väter mit ihrem Blute besiegelt« haben.⁶⁴ Mit dem Verweis auf die marty-

---

60   Michael UNTERLERCHER, In der Einschicht. Das Leben eines Kärntner Bergbauernbuben. Erinnerungen eines Siebzigjährigen. (Klagenfurt ²1976 [St. Ruprecht bei Villach 1932]) 163.
61   Vgl. zur Quellenlage z. B. Johannes THONHAUSER, Die Kirche und die ›Kärntner Seele‹. Habitus, kulturelles Gedächtnis und katholische Kirche in Kärnten insbesondere vor 1938 (Wien/Köln/Weimar 2019) bes. 273f. Hier gilt, was Rudolf Leeb ganz grundsätzlich auch im Hinblick auf die Salzburger Emigranten festhielt: »Ihre Geschichte haben andere für sie geschrieben.« LEEB, Emigration (wie Anm. 34) 279.
62   Vgl. LEEB, Emigration (wie Anm. 34) 278f.
63   Besonders anschaulich wird das etwa in den Äußerungen des ersten Eferdinger ›Toleranzpastors‹, einem Württemberger. Vgl. Georg M. EISENBACH, Die von Kaiser Joseph II. in seinen Staaten zwar gegründete aber von der Römischen Hierarchie untergrabene Toleranz. In einer Species Facti dargestellt mit mehr als hundert Urkunden beleuchtet und dem Kaiser zugeeignet von einem noch blutenden Opfer der Römischen Hierarchie und der politischen Kirche (Frankfurt a. M./Leipzig 1789) 15: »Wohlthat war für unsere protestantische Kirche die Publicität, durch welche uns die Schicksale unserer Kirche, der heftige Widerstand, den sie gefunden, und die Drangsale, die sie bald mehr, bald weniger bishero erfahren, bekannt gemacht wurden, welche klägliche symtomatische [sic!] Zufälle noch immer einen Bezug auf unsere gegenwärtigen Zeiten haben.«; oder ebenda [Vorrede] 6: »Sollten meine […] Gemeindsbrüder und Schwestern nicht hierdurch eher glauben dörfen, daß der zwar noch vorhandene Saame des Cardinal Clesels, des ehemaligen großen Zerstöhrers der Lutheraner in Oesterreich nimmer die Gewalt haben werde, die er ehemalen, nach Raupachs Geschichte in Oberösterreich ausgeübt hat?«
64   Ferdinand C. KÜHNE, Die evangelische Kirche in Oesterreich, die evangelische Gemeinde Graz und die ›Presse‹. Mittheilung an die österreichischen evangelischen Gemeinden und andere Freunde der Wahrheit: ein fliegendes Blatt (Eferding 1871) 5.

riologisch aufgeladene Vergangenheit wurde eine identitäre Brücke in die Gegenwart geschlagen und dadurch den Anliegen einer liberalen Theologie die Grenze gezogen: Die erwecklich geprägten »Oberösterreicher« seien auch »heute noch, wie ihre Väter, bereit, Gut und Blut für ihre theure evang[elische] Kirche zu opfern!«,[65] so formulierte es Senior Ferdinand Carl Kühne – er selbst bemerkenswerterweise ein gebürtiger Preuße.[66]

Überhaupt ist den Geistlichen in einer evangelischen Erinnerungskulturgeschichte höchste Aufmerksamkeit zu schenken. Insbesondere während der zweiten Hälfte des 19. Jahrhunderts entwickelte sich das evangelische Pfarrhaus zu einer regelrechten »Erinnerungsagentur«.[67] In der Vereinzelung des Diasporapfarrers in katholischem Umfeld oder im Gegenüber einer »zunehmend kritischen gelehrten Öffentlichkeit«[68] gingen nicht wenige Geistliche »über die traditionellen Formen der Geschichtsreflexion« wie beispielsweise »Leichen-, Gedächtnis- und Jubiläumspredigten« hinaus und betätigten sich geschichtswissenschaftlich:[69] als Chronisten ihrer Pfarrgemeinden, als Biographen und Autobiographen oder auch als Kirchenhistoriker. Sie schufen »selbstreferentiell« Erinnerung,[70] konstruierten Selbst- und Geschichtsbilder, wurden – teilweise auch in dynastischen und familiären narrativen Verbindungen – zu maßgeblichen Trägern und Gestaltern evangelischer (und zumeist sehr männlich geprägter) Erinnerungskultur. Sie begründeten im österreichischen Protestantismus einen geschichtskundigen Pfarrertypus, der bis heute begegnet[71] und lokal oder regional auch geschichts- und identitätsstiftend wirkte und wirkt. Herauszuheben sind in diesem Kontext die Flüchtlingspfarrer, die nach 1945 mit ihren Gemeinden aus den deutschsprachigen Regionen Südosteuropas nach Österreich kamen und sich hier niederließen.

---

[65] Ebenda 5.
[66] Vgl. Bernhard H. ZIMMERMANN, Carl Ferdinand Kühne. Erster Rektor der Lehranstalten in Oberschützen. *JGPrÖ* 68/69 (1953) 265–279; Leonhard JUNGWIRTH/Regine JUNGWIRTH, ›Erweckliche‹ Frömmigkeit. Eine mentalitäts- und kulturgeschichtliche Studie zu den evangelischen Erweckungsbewegungen in Österreich am Beispiel des Eferdinger Pfarrers Ferdinand Carl Kühne, in: Erweckungsbewegung, red. von Leonhard JUNGWIRTH/Günter MERZ/Astrid SCHWEIGHOFER (JGPrÖ 138, Leipzig 2022) 119–173.
[67] DORNHEIM, Erinnerungsagentur (wie Anm. 1) 415.
[68] Ebenda 411.
[69] Ebenda 410.
[70] Vgl. Martin SCHEUTZ, Bethäuser, Türme, Glocken und Kirchen – Das Erbe der Reformation rund um den Dachstein, in: FUCHS/SCHWEIGHOFER (Red.), Reformationszeit (wie Anm. 2) 299–310, hier 309. Als herausragende Beispiele sind etwa Gustav Trautenberger, langjähriger Pfarrer der evangelischen Gemeinde in Brünn/Brno, Bernhard Czerwenka, Pfarrer in Arriach und Ramsau, oder die Koch-Dynastie in Oberösterreich zu nennen.
[71] Vgl. allein den aktuellen Vorstand der »Gesellschaft für die Geschichte des Protestantismus in Österreich«: Von den 13 Vorstandsmitgliedern sind acht ins geistliche Amt ordiniert. Vergleichbares lässt sich auch mit Blick auf ehemalige Vorstandsmitglieder konstatieren. Vgl. https://gesellschaft-protestantismus.univie.ac.at/ [21.2.2024].

Ganz grundlegend fungierten sie als »Träger heimatlicher Überlieferungen«[72] und als maßgebliche Stützen evangelischer Erinnerungssubkulturen.[73]

Den Pfarrern am Ende des 19. Jahrhunderts war es ein deutliches Anliegen, die ehemalige Größe und historische Bedeutung des österreichischen Protestantismus aufzuzeigen und nachzuweisen.[74] Im Hintergrund standen zweifelsohne der Historismus, aber auch der aufkeimende politische Katholizismus und eine generelle, mit einer zunehmenden Demokratisierung der Gesellschaft einhergehende Ausdifferenzierung und Pluralisierung öffentlicher Erinnerung. Während »konfliktträchtige und sozial ambivalent zu interpretierende Themenkreise wie die Reformation und die Gegenreformation, die Bauernkriege und andere Phänomene« in einer künstlerischen Vergangenheitsinszenierung und -aktualisierung bis dahin tendenziell ausgespart worden waren,[75] gewann der »Kampf um die Herrschaft über die Geschichte, über Erinnern und Vergessen«, nun an Relevanz.[76] Außerdem ging es den Pfarrern darum, ein Bewusstsein historischer Kontinuität aufrecht zu erhalten oder – in den seit Mitte des 19. Jahrhunderts neugegründeten Gemeinden – auch erst zu schaffen. Am sogenannten Pinsdorfer Bauernhügel etwa, einem sich bei Gmunden befindenden Massengrab aus der Zeit des Oberösterreichischen Bauernkriegs von 1626, wurde 1883, anlässlich der 400. Wiederkehr von Luthers Geburtstag, durch Pfarrer Josef Friedrich Koch eine Gedenkinschrift angebracht, auf welcher der bäuerliche Glaubenskampf betont wurde; dass die Inschrift nur kurz darauf wieder abgeschliffen werden musste, verdeutlicht die Brisanz solcher erinnerungspolitischen Behauptungsversuche.[77] Auch die ›Bekenner‹ und (hier ausnahmsweise ebenso) die ›Bekennerinnen‹, die am Anfang der Toleranzzeit standen, gerieten mehr und mehr als Glaubensvorbilder in den Blick[78] und wurden gleichsam als ›Erzeltern‹ an den

---

[72] Gustav REINGRABNER, Evangelisches Pfarrhaus in katholischer Umgebung (am Beispiel Österreich), in: Das evangelische Pfarrhaus in der Neuzeit. Vorträge, hg. von Johann-Friedrich ENKE (Leipzig 1992) 31–44, hier 38.

[73] Zu den Erinnerungssubkulturen der ›Umsiedler‹ und ›Heimatvertriebenen‹ vgl. exemplarisch Andrea Ramharter-Hanel im vorliegenden Band.

[74] Vgl. Gustav REINGRABNER, Eine Wolke von Zeugen – Bernhard Czerwenka. *Glaube und Heimat* 53 (1999) 36f., hier 36.

[75] Werner TELESKO, Kulturraum Österreich. Die Identität der Regionen in der bildenden Kunst des 19. Jahrhunderts (Wien/Köln/Weimar 2008) 298.

[76] Edgar WOLFRUM, Geschichtspolitik in der Bundesrepublik Deutschland. Der Weg zur bundesrepublikanischen Erinnerung 1948–1990 (Darmstadt 1999) 17.

[77] Vgl. JUNGWIRTH, Opfernarrativ (wie Anm. 2) 50–53.

[78] Vgl. den bemerkenswert frühen schriftlichen Bericht über die (dort allerdings nicht namentlich genannte) erste Gosauer ›Bekennerin‹ Brigitta Wallner in Hermann DAUM, Kämpfe und Leiden der Evangelischen in Oesterreich, Steiermark, Kärnthen und Krain. Eine ernste Warnung für alle Evangelischen (Darmstadt/Leipzig 1861) 151f., in dem auch auf die mündliche Überlieferung dieser Gründungserzählung verwiesen wird. Eine Gedenktafel für die ›Glaubensheldin‹ Wallner wurde dann aber erst 1924 im Kirchenraum angebracht. Vgl. die Fotografie der Gedenktafel: https://de.m.wikipedia.org/wiki/Datei:Gosau,_protestant_church,_plaque_for_Brigitta_Wallner.jpg [13.10.2023]. Der niederösterreichischen ›Bekennerin‹ Rosina Steinauer wurde 1881 gleich eine eigene Publikation gewidmet:

Beginn der Gemeindegeschichten gestellt. In Kirchenräumen wurde zudem mit Inschriftentafeln an die Pfarrer der ›Toleranzzeit‹ erinnert, so etwa in Bad Goisern.⁷⁹

Im Wiener Bürgertum und in den neu entstehenden städtischen Gemeinden scheint die Erinnerung wiederum von der Klage über den Verlust vergangener Größe und kulturprägender Kraft dominiert worden zu sein: Hätte das Toleranzpatent den österreichischen Protestantismus nicht in seinen Rechten beschnitten, »[d]ie evangelische Gemeinde Wiens würde […] heut statt 25,000 vielmehr 50–60,000 Seelen zählen müssen«,⁸⁰ betonte der Wiener Pfarrer Paul von Zimmermann⁸¹ 1881 in Bezug auf die Einschränkungen des hundert Jahre zuvor erlassenen Toleranzpatents, um darüber hinausgehend zu postulieren: Ohne die Gegenreformation wäre »Oesterreich […] heut die erste protestantische Macht der Erde«.⁸² Wohl um diesen Komplex zu kompensieren, gerierte sich insbesondere der Wiener Protestantismus zunehmend als geistige Elite⁸³ – das ehemalige bekennerische Selbstbild

---

M. G. W. Br[andt], Rosina Steinauer. Ein Lebensbild aus der Zeit des Toleranzedikts Kaiser Josephs II. Zur ersten hundertjährigen Jubelfeier des Toleranzedikts am 13. October 1881 (o. O. 1881). Ein Denkmal in Form eines Gedenksteins wurde ihr allerdings erst viel später als Wallner, nämlich erst 1997 in Sonntagberg, errichtet. Vgl. Herbert Krückel, Rosina Steinauer. Eine standhafte Bekennerin des evangelischen Glaubens im südwestlichen Niederösterreich des 18. Jahrhunderts, in: http://frauen-und-reformation.de/?s=bio&id=44 [13.10.2023]. Eine verstärkte Zuwendung zu den ›Zeugen des Evangeliums‹ lässt sich schließlich – aufgrund wachsender konfessionspolitischer und ideologischer Auseinandersetzungen – für die erste Hälfte des 20. Jahrhunderts konstatieren. Vgl. z. B. Jakob E. Koch, Luther und das Landl. Bilder aus der Geschichte der evangelischen Kirche Oberösterreichs (Leipzig 1931) bes. 32–36; Hans Eder, Die evangelische Kirche in Österreich. Blüte, Not und neuer Aufbau (Berlin 1940) 82–121. Unter neuen politischen Vorzeichen (s. u.) fand diese Märtyrergeschichtsschreibung v. a. in der Rubrik *Eine Wolke von Zeugen* im evangelischen Kalender *Glaube und Heimat* durch den Wiener Superintendenten Georg Traar ihre Fortsetzung. Vgl. die zusammenfassende Veröffentlichung Georg Traar, Eine Wolke von Zeugen (Wien 1974). Auch heute noch hat das Gedenken an die ›Bekennerinnen‹ und ›Bekenner‹ der ›ersten Stunde‹ in den Toleranzgemeinden einen hohen Stellenwert. Besonders sichtbar wird das etwa in der evangelischen Kirche in Mitterbach am Erlaufsee, wo bis 2016 bei einer groß angelegten Renovierung durch die Architekten Ernst Beneder und Anja Fischer im Geländer der Empore »die Namen der Personen verewigt [wurden], welche die Pfarrgemeinde gegründet und die Kirche erbaut haben«. Birgit Lusche, Geschichte, in: Glaubensreich. Evangelisch im Ötschergebiet (https://www.evangmitterbach.at/?page_id=1744 [13.10.2023]).

79 Vgl. Scheutz, Bethäuser (wie Anm. 70) 309.
80 Von Zimmermann, Toleranz (wie Anm. 59) 83.
81 Vgl. Gerhard Strejcek, Ein Dresdener Pfarrer in Wien. Pfarrer Paul Zimmermann und die evangelische Gemeinde 1875–1925 (Berlin 2023) und die dort besonders herausgearbeiteten Verbindungen ins Wiener Bürgertum.
82 Von Zimmermann, Toleranz (wie Anm. 59) 13.
83 Vgl. z. B. Otto Friedlaender, Letzter Glanz der Märchenstadt (Wien 1985 [1948]) 152f., bes. 152: Die Wiener Evangelischen »bilden einen recht geschlossenen Kreis, sie verkehren und heiraten meist untereinander und sie sind, wie das bei einstens verfolgten Minoritäten nicht selten vorkommt, dazu übergegangen, sich für eine Elite und für etwas Besseres als das übrige Wiener Bürgertum zu halten. [Sie] sehen ein wenig hochmütig auf das in Aberglauben und lockeren Sitten dahinlebende Wiener Volk herab. […] Sie fühlen sich ganz sicher im Be-

der ›Wahrheitszeugen‹ wurde im bürgerlichen Liberalismus und Kulturprotestantismus[84] in das Selbstbild einer intellektuell-religiösen Avantgarde übersetzt. Auch hier diente die Geschichte als selbstvergewissernder Referenzpunkt: Die »gewaltigen Heldenthaten« der Reformationszeit wurden ebenso erinnert wie die Sehnsucht des Volkes »nach etwas Besserem«.[85] Es zeichnete sich bereits eine ›erinnerungskulturgeschichtliche‹ Entwicklung ab, die um 1900 eine völlig neue Dynamik erhalten sollte.

IV. ›Los-von-Rom‹-Zeit und Nationalsozialismus

Mit der ›Los-von-Rom-Bewegung‹ kam es in der Evangelischen Kirche in Österreich zu einer geschichtspolitischen Zäsur.[86] Die von deutschnationaler Seite betriebene Austrittspropaganda aus der als klerikal, antimodern und proslawisch diffamierten römisch-katholischen Kirche (›Los-von-Rom!‹), die im Kontext des Nationalitätenkonflikts in Böhmen und Mähren sowie der dort erfolgten Aufwertung der tschechischen Sprache im Amtsverkehr (›Badenische Sprachenverordnungen‹, April 1897) erfolgte, konfrontierte die evangelische Kirche mit einer beträchtlichen Zahl an Ein- und Übertritten.[87] Diese teils deutschnational motivierten, teils einer liberalen und antiklerikalen Geisteshaltung entspringenden Eintritte führten im Verbund mit zeitgleichen Zuwächsen durch Zuzug von Evangelischen insbesondere aus dem Deutschen Reich und Geburtenüberschuss zu zahlreichen Gemeindegründungen und zur Errichtung neuer Kirchenbauten.[88] Finanziell und personell getragen wurde der nun einsetzende Gemeindeaufbau durch den reichsdeutschen »Evangelischen Bund zur Wahrung der deutsch-protestantischen Interessen« und den von ihm nach Österreich geschickten Vikaren. Mit ihnen drang nicht nur ein theologischer Liberalismus, sondern auch eine scharf antikatholische, deutschnationale und antisemitische Gesinnung in die österreichische evangelische Kirche

---

sitze der Wahrheit und sie sind der Meinung, daß auch gebildete und aufgeklärte Katholiken das zugeben müssen, wenn sie ehrlich sind.«
[84] Vgl. Karl-Reinhart Trauner, Liberalismus und österreichischer Protestantismus. *JGPrÖ* 127/128 (2011/2012) 59–100.
[85] Von Zimmermann, Toleranz (wie Anm. 59) 34.
[86] Vgl. zur Geschichtsschau der ›Los-von-Rom-Bewegung‹ v. a. Leeb, Bild (wie Anm. 10) 34–37; zum Opfernarrativ Jungwirth, Opfernarrativ (wie Anm. 2) 55f.
[87] Vgl. Leeb, Protestantismus (wie Anm. 48) 197f. Vgl. umfassend zur ›Los-von-Rom-Bewegung‹ Karl-Reinhart Trauner, Die Los-von-Rom-Bewegung. Gesellschaftspolitische und kirchliche Strömung in der ausgehenden Habsburgermonarchie (Szentendre ²2006 [1999]) 114.
[88] Vgl. Leeb, Protestantismus (wie Anm. 48) 202–205; Ders., Die Deutschen Christen in Österreich im Lichte neuer Quellen. *JGPrÖ* 124/125 (2008/2009) 39–101, hier 42. Vgl. zum Kirchenbau der ›Los-von-Rom‹-Zeit ebenda 207f.; Ders., Der Kirchenbau der Los-von-Rom-Bewegung, in: Kirchliche Kunst in Sachsen. Festgabe für Hartmut Mai zum 65. Geburtstag, hg. von Jens Bulisch/Dirk Klingner/Christian Mai (Beucha 2002) 156–172; Schweighofer, Protestantismus um 1900 (wie Anm. 49) 91–117, hier 104–113.

ein.⁸⁹ Die zahlenmäßig nur eine Minderheit darstellenden Vikare übten beträchtlichen Einfluss aus und verdrängten sowohl in kirchen- als auch erinnerungspolitischer Hinsicht Frömmigkeit und Mentalität der traditionell lutherisch geprägten Toleranzgemeinden.⁹⁰

Die publizistische Propaganda des »Evangelischen Bundes« und der in Österreich tätigen Vikare schuf das Bild einer ›deutschen‹ evangelischen Kirche Österreichs und der österreichischen Evangelischen als der ›besseren Deutschen‹. Das katholisch geprägte Österreich sollte der ›neuprotestantischen‹ und ›nationalprotestantischen‹ Geschichtsauffassung zufolge evangelisch werden, um den Anschluss an das Deutsche Reich voranzutreiben.⁹¹

In ihrer Deutungshoheit politisierten die ›Los-von-Rom‹-Vikare und Pfarrer das alte protestantische Opfernarrativ und verschärften es; gleichzeitig präsentierten sie die österreichischen Evangelischen als vorwärtsgewandte ›deutsche‹ Diaspora-Elite im rückständigen katholischen Habsburgerstaat.⁹² Die Erinnerung erhielt nun eine zutiefst politische Funktion und hatte Auswirkungen auf das Verhältnis zwischen evangelischer Kirche und Staat. »Die alte reformatorische Geschichtskonzeption lebte in neuem deutschnationalem und antiklerikalem Gewand wieder auf.«⁹³

Die Publikationen der ›Los-von-Rom‹-Zeit zeichnen das Bild einer verfolgten, unterdrückten Kirche und ihrer ›Bekenner‹, ›Helden‹ und ›Märtyrer‹. Thematisiert wurden v. a. gegenreformatorische Maßnahmen wie »Kirchenzerstörungen, Bücherverbrennungen, die Emigrationen, Transmigrationen und Deportationen«;⁹⁴ kulturelle Prägekraft, Theologie und Frömmigkeit des Protestantismus der Reformationszeit kamen dabei kaum zur Sprache.

> »Die Los-von-Rom-Publizistik hat das Kunststück zuwege gebracht, daß nicht nur im katholischen Österreich, sondern auch beinahe in der evangelischen Kirche selbst vergessen wurde, daß es in Österreich Gegenden gibt, die seit dem 16. Jahrhundert in religiöser Hinsicht vom Protestantismus dominiert werden.«⁹⁵

---

[89] Vgl. LEEB, Protestantismus (wie Anm. 48) 198–201, 211; DERS., Christen (wie Anm. 88) 42–45; Astrid SCHWEIGHOFER, Evangelischer Antisemitismus im Österreich der Zwischenkriegszeit, in: Antisemitismus in Österreich 1933–1938, hg. von Gertrude ENDERLE-BURCEL/Ilse REITER-ZATLOUKAL (Wien/Köln/Weimar 2018) 259–275, hier 260f.

[90] Vgl. Herbert UNTERKÖFLER, Zwischen zwei Welten. Anmerkungen zur kulturellen Identität der Evangelischen in Österreich, in: Geistiges Leben im Österreich der Ersten Republik. Auswahl der bei den Symposien in Wien vom 11. bis 13. November 1980 und am 27. und 28. Oktober 1982 gehaltenen Referate. Sonderdruck, hg. von Isabella ACKERL/Rudolf NECK (Wissenschaftliche Kommission zur Erforschung der Geschichte der Republik Österreich, Veröffentlichungen 10, Wien 1986) 348–369, hier 349f.; LEEB, Protestantismus (wie Anm. 48) 208f.; DERS., Profil (wie Anm. 33) 44–46.

[91] Vgl. LEEB, Christen (wie Anm. 88) 42f.; DERS., Protestantismus (wie Anm. 48) 200.

[92] Vgl. LEEB, Protestantismus (wie Anm. 48) 209–211; JUNGWIRTH, Opfernarrativ (wie Anm. 2) 58f.

[93] LEEB, Erbe (wie Anm. 10) 715.

[94] LEEB, Protestantismus (wie Anm. 48) 210; vgl. auch DERS., Erbe (wie Anm. 10) 715.

[95] LEEB, Protestantismus (wie Anm. 48) 210.

Die Geschichte der österreichischen Evangelischen wurde von der Geschichte der Gegenreformation her gelesen,[96] vor deren Hintergrund Gegenwart und Zukunft gedeutet wurden. »Unter dem Kreuz ist die evangelische Bewegung in Österreich von ihrem Anbeginn gestanden und unter ihm steht sie noch trotz aller zeitweisen Befreiung von Leid und Not«,[97] schrieb der Bad Ausseer Pfarrer Friedrich Selle 1928 in seinem *Schicksalsbuch der evangelischen Kirche in Österreich*, in dem er, wie es im Untertitel heißt, die »wichtigsten Urkunden und Zeugnisse für ihre Bekenner« zusammenstellte. Das apokalyptisch motivierte Bekennertum des 16. Jahrhunderts wird hier verdiesseitigt und politisiert, denn Pfarrer und Theologen wie Selle sahen in ihrer Gegenwart die unmittelbare Gefahr einer »neuen Gegenreformation«.[98] Der evangelische Kirchenhistoriker George Loesche stellte schon im Vorwort seiner stark tendenziös und subjektiv geprägten *Geschichte des Protestantismus in Österreich* von 1930 fest, dass »das Römertum wieder auf dem Marsch [sei]«[99] und hielt eine Wiederholung der »religiösen Kämpfe« früherer Zeiten für durchaus möglich.[100]

Zwar sei die österreichische Regierung der Ersten Republik den Evangelischen gegenüber wohlwollender gesinnt als frühere Regierungen, die Evangelischen müssten allerdings »immer auf Horchposten und in Alarmbereitschaft [...] stehen«.[101]

Loesche sprach der Geschichtswissenschaft »äußerst bedeutsame Dienste« für die Gegenwart zu und sah sich selbst in der

> »Pflicht [...], die unsäglichen Leiden, die heldischen Leistungen und die leuchtenden Leitbilder unseres Protestantismus in Österreich in helles Licht zu rücken, auf Grund unanfechtbarer Quellen, ohne die Fehler im eigenen Hause zu vertuschen, ohne der Gegenseite Unrecht zu tun, deren Vorzüge in Dingen und Personen gern anerkannt werden. Uns gilt in erster Linie der Kampf um Religionsfreiheit, um Gleichberechtigung der Konfessionen, um Schutz der kirchlichen und außerkirchlichen religiösen Minderheiten [...].«[102]

In den Jahren des ›Ständestaates‹ kam der Topos der Gegenreformation – und damit das Geschichtsbild der ›Los-von-Rom-Bewegung‹ – vollends zum Durchbruch, auch im sogenannten altprotestantischen Milieu der ländlichen Toleranzgemeinden.[103] Der Praktische Theologe und langjährige Dekan der Evangelisch-Theologi-

---

[96] Vgl. JUNGWIRTH, Opfernarrativ (wie Anm. 2) 55.
[97] Friedrich SELLE, Schicksalsbuch der evangelischen Kirche in Österreich. Ein Lesebuch ihrer wichtigsten Urkunden und Zeugnisse für ihre Bekenner (Berlin 1928) 3 (Gesperrtsetzung von der Vorlage übernommen).
[98] Georg LOESCHE, Geschichte des Protestantismus im vormaligen und im neuen Österreich (Wien/Leipzig ³1930) X–XVI, hier XI. Vgl. zu dieser Schrift LEEB, Bild (wie Anm. 10) 35; DERS., Profil (wie Anm. 33) 42f.
[99] LOESCHE, Geschichte (wie Anm. 98) XI.
[100] Ebenda X.
[101] Ebenda XIII–XV, hier XV.
[102] Ebenda XV.
[103] Vgl. LEEB, Bild (wie Anm. 10) 36; DERS., Erbe (wie Anm. 10) 715; JUNGWIRTH, Opfernarrativ (wie Anm. 2) 58.

schen Fakultät der Universität Wien Gustav Entz schwor die österreichischen Evangelischen auf Vortragsreisen regelrecht auf das Opfernarrativ ein, indem er ihnen »ins Bewusstsein [rief], mit welch grauenhaften Mitteln unsere Heimat [...] wieder katholisch gemacht wurde«. Den »Nachkommen einer Kirche von Märtyrern und Bekennern« sei es demnach geboten, »unter den kirchlichen Bedrängnissen ebenso wie unter den schnöden Verlockungen der Gegenwart fest zu bleiben«.[104]

Die Protagonisten des sich dezidiert als katholisch verstehenden ›Neuen Österreich‹ haben ihrerseits von Anfang an die »katholische Sendung Oesterreichs«[105] betont und den gegenwärtig zu führenden Kampf gegen das nationalsozialistische Deutschland mit der Gegenreformation verglichen.[106] Die evangelische Kirche Österreichs galt – ein Erbe der ›Los-von-Rom‹-Zeit – als »militant antikatholisch, extrem liberal, unösterreichisch«[107] – und: nationalsozialistisch imprägniert. Mit dem nationalsozialistischen Juliputsch des Jahres 1934 schlug das bisher vorherrschende »Mißtrauen« zwischen ›Ständestaat‹ und evangelischer Kirche in offene Anklagen sowie »Konfrontation«[108] um – samt Hausdurchsuchungen und Verhaftungen. Die Evangelischen wähnten sich in einer Situation der ›Verfolgung‹.[109] Unter dem Titel *Die Gegenreformation in Neu-Österreich* erschien 1936 eine vom Reichspropagandaministerium in Auftrag gegebene und von dem evangelischen Juristen Robert Kauer verfasste Schrift, in der die evangelischerseits erhobenen Beschwerden gegen den ›Ständestaat‹ ausführlich dokumentiert wurden.[110] Gleich zu Beginn des Vorworts heißt es: »Diese Schrift will den Kampf zur Darstellung bringen, den heute die Evangelischen in Neu-Österreich um ihre verbrieften Rechte und Freiheiten zu führen gezwungen sind.«[111] Die Diskriminierungen und Schikanen, denen sich die Evangelischen von Seiten des ›Ständestaates‹ ausgesetzt sahen und die sich nahtlos in das überkommene Opfernarrativ einpassen ließen, verstärkten die Affinitäten der österreichischen Evangelischen zum Nationalsozialismus. Der ›Anschluss‹ an das nationalsozialistische Deutschland sollte, so die Hoffnung, ›Befreiung‹ aus

---

[104] Gustav ENTZ, Erinnerungen aus fünfzig Jahren kirchlicher und theologischer Arbeit (unveröffentlicht, Wien 1956) 119.

[105] Dietrich VON HILDEBRAND, Oesterreichs Sendung. *Der Christliche Ständestaat. Österreichische Wochenhefte* Jg. 1, Nr. 1 (3.12.1933) 3–5, hier 4; vgl. dazu Astrid SCHWEIGHOFER, Die Evangelische Kirche in Österreich im Spiegel von Tageszeitungen zur Zeit des Ständestaates (mit einem Exkurs zu den Jahren des Nationalsozialismus), in: FUCHS/SCHWEIGHOFER (Red.), Reformationszeit (wie Anm. 2) 211–252, hier 212.

[106] Vgl. Karl W. SCHWARZ, Bejahung – Ernüchterung – Verweigerung: Die Evangelische Kirche in Österreich und der Nationalsozialismus. JGPrÖ 124/125 (2008/2009) 18–38, hier 20f.

[107] LEEB, Protestantismus (wie Anm. 48) 212.

[108] Gerhard Peter SCHWARZ, Ständestaat und evangelische Kirche von 1933 bis 1938. Evangelische Geistlichkeit und der Nationalsozialismus aus der Sicht der Behörden von 1933 bis 1938 (Dissertationen der Karl-Franzens-Universität Graz 76, Graz 1987) 3, 30, 50, 97, hier 3.

[109] Vgl. SCHWEIGHOFER, Kirche (wie Anm. 105) 220.

[110] Kurt AEBI u. a. (Hg.), Die Gegenreformation in Neu-Oesterreich. Ein Beitrag zur Lehre vom katholischen Ständestaat (Zürich 1936). Vgl. zu dieser Schrift SCHWARZ, Bejahung (wie Anm. 106) 22; SCHWEIGHOFER, Kirche (wie Anm. 105) 212.

[111] AEBI (Hg.), Gegenreformation (wie Anm. 110) VII.

jahrelanger Not und ›Verfolgung‹ bringen.[112] Die nationalprotestantische Sehnsucht nach dem rettenden Eingreifen des ›deutschen Helden‹,[113] den man nunmehr in Adolf Hitler zu erblicken meinte, steigerte sich insbesondere in radikal nationalsozialistischen und ›deutschchristlichen‹ Kreisen zu einer innerweltlichen Heils- und Erlösungssehnsucht; die selbstviktimisierende Verarbeitung von Gegenwart[114] und Vergangenheit wurde zur national-religiösen Selbstsakrifizierung überhöht:[115] »Unser Volk braucht Männer, die für die äußere und innere Freiheit das höchste Opfer zu bringen bereit sind«, formulierte der Theninger Pfarrer Gerhard Fischer 1939: »Das wissen die Ostmärker, die Nachkommen der tapferen Freiheitskämpfer [des Oberösterreichischen Bauernkriegs; Anm. d. Verf.] vor 300 Jahren.«[116]

Damit fand das von der ›Los-von-Rom-Bewegung‹ geprägte Selbst- und Geschichtsbild der österreichischen Evangelischen, das den kämpferischen Geist der Evangelischen um ihre Rechte und Freiheiten betonte, im Nationalsozialismus seine ›natürliche‹ Fortsetzung. Die Geschichte der österreichischen Evangelischen wurde – auch von Evangelischen selbst – instrumentalisiert und nationalsozialistisch codiert.[117] Der Oberösterreichische Bauernkrieg von 1626 beispielsweise wurde mit dem Freiheitskampf der evangelischen Österreicher:innen gegen das vermeintliche ständestaatliche ›Unterdrückersystem‹ parallelisiert[118] – auch im *Neuen Wiener Tagblatt*, wo im August 1938 folgende, erinnerungspolitisch höchst bezeichnende Worte zu lesen waren:

> »Auf dem Haushamerfeld steht seit 13 Jahren ein Denkmal, das an das heldenhafte Sterben deutscher Bauern und Bürger erinnert, die als Opfer eines Unterdrückersystems für ihre bis zum Tod gehaltene Treue zu ihrer besseren deutschen Ueberzeugung um ihr Leben würfeln mußten. Der Verein ›Hoamatland‹ hat das Denkmal geschaffen und es trotz allen Anfeindungen und Zerstörungsversuchen der Anhänger des abgetretenen Systems über die letzten Jahre halten können.«[119]

---

[112] Vgl. JUNGWIRTH, Opfernarrativ (wie Anm. 2) 58–60.
[113] Vgl. Hartmut LEHMANN, Protestantische Weltsichten. Transformationen seit dem 17. Jahrhundert (Göttingen 1998) 141–144.
[114] »Tausende von uns haben gelitten und geblutet.« [Gerhard FISCHER], Das Erleben der Gegenwart im Lichte der Worte Luthers. *Evangelische Wacht für Österreich. Evangelisches Drei-Groschen-Blatt für jedermann* 3/8a (10.4.1938) 2.
[115] Vgl. Leonhard JUNGWIRTH, Von der Macht der Erinnerung und der Sehnsucht nach Sinn. Brüche im österreichischen Protestantismus der 1930er Jahre. *KZG/CCH* 137/2 [in Redaktion].
[116] [Gerhard FISCHER], Der Dienst der Freiheit ist ein strenger Dienst. *Evangelische Wacht für Österreich. Evangelisches Drei-Groschen-Blatt für jedermann* 4/16 (15.8.1939) 1.
[117] Vgl. LEEB, Christen (wie Anm. 88) 44f.
[118] Vgl. SCHWEIGHOFER, Kirche (wie Anm. 105) 250.
[119] N.N., Feierstunde auf dem Haushamerfeld. *Neues Wiener Tagblatt* Jg. 72, Nr. 224 (16.8.1938) 4; vgl. dazu SCHWEIGHOFER, Kirche (wie Anm. 105) 250.

In der evangelischen Kirche gerieten derartige Selbst- und Geschichtsbilder im Laufe der NS-Zeit – zunächst v. a. in kirchennahen Kreisen – aufgrund der existenzbedrohenden Religionspolitik und des ideologischen Totalitätsanspruchs des Nationalsozialismus in eine immer deutlicher wahrnehmbare Krise.[120] Der Instrumentalisierung der eigenen Geschichte durch die nationalsozialistische Geschichtspolitik stellte man sich aber erst im Laufe der Nachkriegszeit.

V. Von der Nachkriegszeit bis in die Gegenwart[121]

Nach 1945 fand sich die Evangelische Kirche in Österreich in einer hochkomplexen Situation wieder: Es war dies der österreichische Sonderfall nationalsozialistischer ›Vergangenheitsbewältigung‹, nämlich die österreichische Opferthese: Dabei wurden die beiden Größen ›Deutschland‹ und ›Nationalsozialismus‹ mehr und mehr zu einer Einheit verbunden;[122] die eigene österreichische Rolle wurde hingegen aus der schwerwiegenden und belastenden Vergangenheit extrahiert.[123] Um nicht Gefahr zu laufen, als »unösterreichisch[e] und importiert[e]«[124] ›Nazikirche‹ integraler Bestandteil dieser ›unheilvollen Synthese‹ von ›Deutschland‹ und ›National-

---

[120] Erste Anzeichen einer solchen Transformation der Selbst- und Geschichtsbilder begegnen bereits in der Publikation von Hans Eder (Hg.), Die Evangelische Kirche in Österreich. Blüte, Not und neuer Aufbau (Berlin 1940), die anlässlich der Aufnahme der »evangelische[n] Kirche der Ostmark in die Mutterkirche der Reformation« (Klappentext) und in deutlicher politischer Übereinstimmung mit dem Nationalsozialismus verfasst wurde. Die ›Märtyrergeschichte‹ der evangelischen Kirche wurde darin streng christozentrisch gedeutet: Die »besondere Bedeutung« der »kleinen und armen evangelischen Kirche« Österreichs sei es, angesichts ihrer Vergangenheit »Kreuzkirche zu sein, Kirche, an der man das Kreuz sieht« (181). In diesem Erfahrungshorizont stehend, habe auch alle zukünftige Aufbauarbeit der Kirche »einzig und allein im Gehorsam gegen den Herrn der Kirche« zu geschehen (216). Dem Totalitätsanspruch des Nationalsozialismus wurde hier eine deutliche Grenze gesetzt.

[121] Die folgenden Ausführungen basieren in weitesten Teilen auf Ergebnissen von Leonhard Jungwirth, Politische Vergangenheiten. Der österreichische Protestantismus in den Jahren 1933/34 bis 1968 (AKiZ B 93, Göttingen 2024). Mit spezifischer Schwerpunktsetzung begegnen einzelne Ausführungen zudem bei Dems., Opfernarrativ (wie Anm. 2) sowie bei Dems., Eine ›Nazikirche‹? Zu Genese und Konsequenz eines österreichisch-evangelischen Selbst- und Fremdbilds. KZG/CCH 36/2 (2023) [im Druck].

[122] Vgl. Oliver Rathkolb, Die paradoxe Republik. Österreich 1945 bis 2015 (Wien 2015) 58; Cornelius Lehnguth, Generationalität und Geschichtsdeutung in Österreich. zeitgeschichte 42/1 (2015) 34–48, hier 34.

[123] Vgl. z. B. Oliver Rathkolb, Fiktion ›Opfer‹ Österreich und die langen Schatten des Nationalsozialismus und der Dollfuß-Diktatur (Österreich – Zweite Republik. Befund, Kritik, Perspektive 21, Innsbruck u. a. 2017); Heidemarie Uhl, Vom Opfermythos zur Mitverantwortungsthese: NS-Herrschaft, Krieg und Holocaust im ›österreichischen Gedächtnis‹, in: Transformationen gesellschaftlicher Erinnerung. Studien zur ›Gedächtnisgeschichte‹ der Zweiten Republik, hg. von Christian Gerbel u. a. (Reihe Kultur.Wissenschaften 9, Wien 2005) 50–85.

[124] Vgl. Leeb, Protestantismus (wie Anm. 48) 212.

sozialismus‹ zu bleiben, musste sich die evangelische Kirche aus dieser Synthese herauslösen. Dabei durfte sie das geforderte Maß an Entnazifizierung und kritischer Selbstthematisierung nicht außer Acht lassen, war sie doch insbesondere seitens der österreichischen Behörden mit einer entsprechenden Erwartungshaltung konfrontiert.[125]

Dies gelang der evangelischen Kirche nach 1945 bemerkenswerterweise durch die Anknüpfung an die Opfernarrative des 19. und frühen 20. Jahrhunderts, insbesondere über die positive Umwertung des Opfernarrativs der ›Los-von-Rom‹-Zeit:[126] Anstelle der einseitig politisierten Leidens- und Verfolgungsgeschichte wurde jetzt – nicht weniger einseitig – die entbehrungsreiche, aber glaubensstarke Frömmigkeitsgeschichte der österreichischen Protestant:innen und »unsere[r] junge[n] kleine[n] arme[n] evangelische[n] Kirche«[127] betont. Die ›Väter‹ des österreichischen Protestantismus wurden als unpolitische »Zeugen einer Glaubenstreue, die unverzagt in schwersten Stürmen standhielt«,[128] gedeutet; die Leidensmetapher von der ›kleinen Gemeinschaft unter dem Kreuz‹ wurde auf die evangelische Kirche während der ›Ständestaat‹- und NS-Zeit übertragen. In kirchlichen Zeitschriften und kirchengeschichtlichen Publikationen, in Hirtenbriefen und Kalenderblättern wurde quasi ›von oben‹ versucht, den österreichischen Protestantismus geistes- und kulturgeschichtlich inmitten der österreichischen Geschichte und Gegenwart zu platzieren. Seine tiefe Verwurzelung in der österreichischen Geschichte sollte nachgewiesen werden, um ihn somit eindeutig als ›österreichisch‹ auszuweisen: zwar als ›Opfer‹ der österreichischen Geschichte, aber eben auch als genuin österreichisches ›Opfer‹. Einschlägige Codierungen einer nationalsozialistischen Erinnerungskultur galt es nach 1945 in ein martyrologisches, entpolitisiertes wie auch ›austrifiziertes‹ Opfernarrativ zu ›übersetzen‹.

Bedeutsam ist, dass in dieser Zeit auch eine neue, bis heute weiterverfolgte und weiterentwickelte Auseinandersetzung mit der österreichischen Protestantismusgeschichte einsetzte; dabei kamen – anstelle der bisher betonten Ereignisgeschichte – nun auch kultur-, institutionen-, frömmigkeits- und theologiegeschichtliche Gesichtspunkte in den Blick.[129] Dies wirkte zum Teil auch auf die ›Erinnerungsbestände‹ zurück, die in den Gemeinden kultiviert und in den neu entstehenden evangelischen Museen inszeniert wurden.[130]

---

[125] Vgl. Karl W. SCHWARZ, Bischof D. Gerhard May und die Austrifizierung der Evangelischen Kirche, in: Evangelische Identitäten nach 1945 – Tagungsband, hg. von der Evangelischen Akademie Wien (Wien 2012) 71–86, hier 81.

[126] Vgl. dazu und zum Folgenden v. a. JUNGWIRTH, Vergangenheiten (wie Anm. 121) 435–452, 563–569; DERS., Opfernarrativ (Anm. 2) sowie DERS., ›Nazikirche‹ (wie Anm. 121).

[127] MECENSEFFY, Kießling (wie Anm. 43) 29.

[128] Leopold TEMMEL, Was die Bibel den Vätern war. *Das Banner* 20/4 (1947) 94.

[129] Vgl. LEEB, Bild (wie Anm. 10) 21–39, hier 39.

[130] Zu den Evangelischen Museen vgl. die Beiträge von Anita E. Ernst, Michaela Legenstein, Günter Merz sowie Waltraud Stangl und Ernst Petritsch im vorliegenden Band.

Die neue Form der Geschichtserinnerung hatte angesichts des vermeintlich weiterhin drohenden Säkularismus, mit dem sowohl der Kommunismus als auch die westliche Konsumkultur gemeint waren, für die Nachkriegskirche zudem eine systemstabilisierende Funktion:[131] Die nunmehr etablierte Erinnerungsleitkultur war Mahnung, Warnung und Aufruf für die gegenwärtige und zukünftige Evangelische Kirche in Österreich. Diese Leitkultur wurde zum Referenzrahmen identitätspolitischer Selbstvergewisserung, aber auch Grundlage für einen autoritativen Führungsstil der Kirchenleitung: Einflüsse moderner Theologie und Bestrebungen zur Repolitisierung der Kirche wurden klar abgelehnt, weil sie als von außen aufgenötigte Kontinuitäten eines kultur- und nationalprotestantischen Glaubensabfalls gedeutet wurden. Durch die vorbildhafte Hervorhebung der ›altprotestantischen Glaubenszeugen‹ wurde versucht, in den Pfarrgemeinden und insbesondere in der evangelischen Jugend ein als genuin österreichisch erachtetes, traditionsbezogenes und unpolitisches Glaubensleben durchzusetzen. Das von der Kirche beanspruchte Wächteramt[132] wurde angesichts der damaligen gesellschaftspolitischen und theologiegeschichtlichen Veränderungen mit einem Beharrungsanspruch und, v. a. unter Bischof Oskar Sakrausky, mit dem retrotopisch[133] anmutenden Zukunftsbild einer vermeintlich besseren Vergangenheit verknüpft: ›Nie mehr wieder‹ sollten Staats- und Gesellschaftspolitik wie in der Zeit des Nationalsozialismus die Grundlagen des biblischen Zeugnisses und der reformatorischen Bekenntnisschriften verlassen. Im Zuge wachsender kirchenpolitischer Auseinandersetzungen reklamierte die kirchenleitende Generation, die als Deutungselite den Erinnerungsdiskurs dominierte, das Erbe des ›Altprotestantismus‹ wie auch der Bekennenden Kirche für sich. Auch heute noch werden vergleichbare Ansprüche erhoben,[134] etwa im Kontext von sexualethischen Konflikten und hier insbesondere in den zum Teil evangelikal geprägten ›Toleranzgemeinden‹:[135] Dort werden diese Selbstbilder mit

---

[131] Vgl. dazu und zum Folgenden v. a. JUNGWIRTH, Vergangenheiten (wie Anm. 121) 435–452, 563–569.

[132] Vgl. ebenda 283–290. Ein solches politisches Wächteramt wurde der Evangelischen Kirche in Österreich aber – zumindest in staatskirchenrechtlicher Hinsicht – in der Realität nicht zugestanden. Vgl. Karl W. SCHWARZ, Der österreichische Protestantismus im politischen Diskurs des 20. Jahrhunderts. Anmerkungen zu Affinitäten, Optionen und Aporien – Eine Forschungsbilanz [*KZG/CCH* Sonderdruck] (Göttingen 2022) 355–357.

[133] Vgl. Zygmunt BAUMAN, Retrotopia (Berlin 2017).

[134] Zu der mit der österreichischen Situation durchaus vergleichbaren bundesdeutschen Situation vgl. Siegfried HERMLE, Die Evangelikalen als Gegenbewegung, in: Umbrüche. Der deutsche Protestantismus und die sozialen Bewegungen in den 1960er und 70er Jahren, hg. von DEMS./Claudia LEPP/Harry OELKE (AKiZ B 47, Göttingen ²2012) 325–351, hier 345f.; Gisa BAUER, Evangelikale Bewegung und evangelische Kirche in der Bundesrepublik Deutschland. Geschichte eines Grundsatzkonflikts (1945 bis 1989) (AKiZ B 53, Göttingen 2012) 277.

[135] Im Zuge der innerkirchlichen Debatten rund um die Öffnung der Segnung für homosexuelle Paare im Jahr 2019 schlossen sich einzelne Pfarrgemeinden – gleichsam um ihrem Widerspruch zur ›Ehe für alle‹ historisches Gewicht zu verleihen – vorübergehend zum »Bund evangelisch-lutherischer Toleranzgemeinden« (BELT) zusammen – dies allerdings nicht zur

dem Anspruch eines innerkirchlichen Wächteramts verknüpft.[136]

Unterschiedliche Faktoren bewirkten spätestens zu Beginn der 1950er Jahre das Ende einer zu Beginn noch selbstkritischen Auseinandersetzung mit der nationalsozialistischen Vergangenheit;[137] das evangelische Opfernarrativ wurde schon bald geschichtspolitisch überformt. Insbesondere die politische Realität des katholischen ›Ständestaates‹ wurde einseitig überbetont und damit zu einer spezifisch österreichisch-protestantischen Opferthese verzerrt: Der katholische ›Ständestaat‹ habe die österreichischen Evangelischen dem Nationalsozialismus gleichsam in die Arme getrieben, wo sie dann als ›verführte‹ und ›betrogene‹ Kirchentreue erneut zu Opfern geworden seien. Die weitgehenden ideologischen Übereinstimmungen mit dem Nationalsozialismus, die deutschnationale Ausrichtung eines großen Teiles der österreichischen Minderheitskirche oder die obrigkeits- und kriegslegitimierende Theologie wurden mittels dieser doppelten Opferthese völlig ausgeklammert. Die zahlreichen Schattierungen, in denen sich die NS-Zeit aus heutiger Sicht präsentiert, verschwanden in einer weitgehend vereinheitlichenden Geschichtsschau. Von den Opfern des Nationalsozialismus wurde lediglich in der Form eines anonymen und dadurch auch nicht länger differenzierbaren Kollektivs gesprochen. Die Erinnerungsleitkultur der Nachkriegskirche konnte allerdings – und darin liegt schlussendlich auch die große Ambivalenz des Opfernarrativs – in vielen ehemals deutschnational orientierten evangelischen Österreicher:innen ein neues Österreichbewusstsein wachrufen oder verstärken.[138]

Der von jüngeren Evangelischen zunehmend geäußerte Wille zur Auseinandersetzung mit der belasteten und belastenden Vergangenheit wurde durch die zunehmende Einpassung der evangelischen Kirche in die österreichische Opferthese klar abgeblockt; stattdessen nahmen Tendenzen überhand, die die Evangelischen zu entschulden versuchten, sie als Opfer inszenierten oder die nationalsozialistischen Affinitäten als etwas dem Protestantismus Wesensfremdes externalisierten.[139] Gemeinsam mit dem Konservativismus und dem patriarchalen Autoritarismus der

---

Freude etlicher Gemeinden, die diesen Titel ebenfalls für sich beanspruchen können. Vgl. dazu auch den Beitrag von Olivier Dantine im vorliegenden Band.

[136] Vgl. JUNGWIRTH, Vergangenheiten (wie Anm. 121) 589.

[137] Vgl. zum Folgenden ebenda 244–283, 435–452. Zur Vergangenheitsbewältigung vgl. noch immer die zwar unveröffentlichte, aber umfang- und materialreiche Proseminararbeit von Monika NÜCHTERN, ›Vergangenheitsbewältigung‹ in der EKiÖ? Eine Untersuchung zum Problem ›Juden und Christen‹ in der Zeit von 1945–1965 (Kirchengeschichte-Proseminararbeit, Wien 1985).

[138] Vgl. Gerald STOURZH, Erschütterung und Konsolidierung des Österreichbewusstseins. Vom Zusammenbruch der Monarchie zur Zweiten Republik, in: Was heißt Österreich? Inhalt und Umfang des Österreichbegriffs vom 10. Jahrhundert bis heute, hg. von DEMS./Richard G. PLASCHKA/Jan P. NIEDERKORN (Archiv für österreichische Geschichte 136, Wien 1995) 289–311, bes. 305–307; LEEB, Christen (wie Anm. 88) 100f.

[139] Vgl. JUNGWIRTH, Vergangenheiten (wie Anm. 121) 259–265, 357–360, 435–452, 563–569.

Kirchenleitung schufen diese Tendenzen den Nährboden für ein neues, ja für ein konträres vergangenheitsbezogenes Narrativ.[140]

In der Vergangenheitsbewältigungsdebatte rund um das Jahr 1968 näherte sich eine ›protestbewegte‹[141] kirchenpolitische Generation – v. a. aufgrund der eigenen Konfliktsituation – den historischen Zusammenhängen durch betont moralische Fragestellungen an: Die evangelische Kirche wurde einseitig als zutiefst in die Machenschaften der illegalen NSDAP verwickelt thematisiert, wobei zumeist ausgesprochen unkritisch auf einschlägige Selbstpräsentationen der evangelischen Kirche aus dem Jahr 1938 zurückgegriffen wurde. Die moralischen Fragestellungen führten immer wieder auch über eine Solidarisierung mit den Opfern der Vergangenheit bis hin zu einer Identifizierung mit denselben. Entsprechend wurde die Elterngeneration bzw. die kirchenpolitische Generation, die den innerkirchlichen Erinnerungsdiskurs dominierte, zunehmend mit den nationalsozialistischen Täter:innen gleichgesetzt oder zumindest spürbar in deren Nähe gerückt. Ideologische Kontinuitätslinien im Milieu der ›ehemaligen‹ Nationalsozialist:innen boten auch im Protestantismus zwar noch immer deutliche Anhaltspunkte für eine gegenwärtige Vergangenheit; der seit dem Ende der 1950er Jahre gewachsene Wille zu einer Auseinandersetzung mit der nationalsozialistischen Vergangenheit wurde nun auch zunehmend mit eigenen Erfahrungen verknüpft. Man fühlte sich – gleich einer ›Bekennenden Kirche‹ – unverändert nationalsozialistischen Strukturen und Ideologien gegenübergestellt.

Diese Erblast der nationalsozialistischen Vergangenheit wog schwer. Es galt der ›protestbewegten‹ Generation folglich, sich über den Protest aus ihren unheilvollen Verstrickungen zu lösen und sich durch Moralisierung und Anklage[142] von der »gefühlten Vergangenheit«[143] zu distanzieren; es galt, das tiefe Schweigen, die relativierenden Tendenzen des Opfernarrativs zu brechen, die moralisch Schuldigen zu benennen und sich selbst wie auch Kirche und Gesellschaft durch die Inszenierung eines religiös-moralischen Neubeginns von der ›Erbschuld‹ zu befreien.[144] Dieser religiös-moralische Neubeginn, der sich etwa im politischen, reformorientierten, friedensethischen Engagement der ›protestbewegten‹ Generation widerspiegelte, wurde v. a. im Horizont christlicher Eschatologie zu vollziehen versucht.[145] Die historischen Anknüpfungspunkte des systemstabilisierenden Nachkriegsnarrativs

---

[140] Vgl. zum Folgenden v. a. ebenda 569–579.
[141] Vgl. Norbert FREI, 1968. Jugendrevolte und globaler Protest (München ²2008) 77.
[142] Vgl. Jörn RÜSEN, Die Menschlichkeit der Erinnerung. Perspektiven der Geschichtskultur, in: Das Unbehagen an der Erinnerung – Wandlungsprozesse im Gedenken an den deutschen Holocaust, hg. von Margrit FRÖLICH/Ulrike JUREIT/Christian SCHNEIDER (Frankfurt a. M. 2012) 147–160, hier 151.
[143] Ulrike JUREIT, Gefühlte Vergangenheiten. Zum Verhältnis von Geschichte, Erinnerungen und kollektiven Identitätswünschen. *Vorgänge. Zeitschrift für Bürgerrechte und Gesellschaftspolitik* 2 (2012) 16–23.
[144] Ulrike JUREIT, Generationenforschung (UTB 2856, Göttingen 2006) 120.
[145] Vgl. JUNGWIRTH, Vergangenheiten (wie Anm. 121) 577–579.

traten darüber in den Hintergrund. »Wir [...] haben es nicht nötig, romantisierend auf eine uralt-ehrwürdige Vergangenheit zurückzublicken«,¹⁴⁶ gab sich etwa der Wiener Studentenpfarrer und Systematiker Wilhelm Dantine – der theologische Vordenker dieser kirchenpolitischen Generation – schon am Beginn der 1960er Jahre kämpferisch. »[G]laubhaft gelebte protestantische Existenz« gelte es nicht zu erinnern, sondern im Hier und Jetzt sowie im Blick auf die Zukunft zu leben, so seine Überzeugung.¹⁴⁷

Doch obgleich sich zahlreiche Vertreter jener ›protestbewegten‹ Generation ab den 1990er Jahren in hohe kirchenpolitische Ämter wählen ließen,¹⁴⁸ wurden die Erinnerungssedimente, die die Zeiten der Gegenreformation und anderer Unterdrückungen im kollektiven Gedächtnis forttrugen, nicht nachhaltig verschüttet. Vielmehr wurden sie auch von dieser Generation immer wieder freigelegt und dienten ihrer Kirchenpolitik als legitimatorischer Referenzpunkt: Nicht aber, »um sich einmal mehr als Opfer zu stilisieren«, sondern um durch moralische Selbstanklage und durch die mahnende Erinnerung an eigene historische Diskriminierungserfahrungen während der Zeit der Gegenreformation zur Solidarität mit unterdrückten Gruppierungen aufzurufen.¹⁴⁹

Das vergangenheitsbezogene Narrativ der ›protestbewegten‹ Generation setzte zweifelsohne wichtige erste Akzente für eine selbstkritische Vergangenheitsbewältigung. In deren Verlauf kam es auch zu einer ersten Dekonstruktion ehemaliger Opfer- und Elitenbilder.¹⁵⁰ Die eigenen geschichtspolitischen Überzeichnungen in Bezug auf den Nationalsozialismus und die Rolle der evangelischen Kirche wurden ab dem Ende der 1970er Jahre sukzessive kritisch hinterfragt und zum Teil auch einer Korrektur unterzogen.¹⁵¹ Doch bis heute bilden die hier grob skizzierten, seit 1945 konstruierten politischen Vergangenheiten als ›gegenwärtige Vergangenheiten‹ entscheidende Referenzrahmen für kirchen- und identitätspolitische Selbstvergewisserung und Selbstverortung.

---

[146] Wilhelm DANTINE, Das Zeugnis der Kirche von der Gegenwart Christi. *Amt und Gemeinde* 12/10 (1961) 65–67, hier 67.

[147] Wilhelm DANTINE, Stadt auf dem Berge?, in: Protestantisches Abenteuer. Beiträge zur Standortbestimmung der evangelischen Kirche in der Diaspora Europas, hg. von Michael BÜNKER (Innsbruck 2001) 48–89, hier 71.

[148] Vgl. JUNGWIRTH, Vergangenheiten (wie Anm. 121) 583, Anm. 22.

[149] Ulrich H. J. KÖRTNER, Geschichte erinnern – Beobachtungen zur österreichischen Perspektive, in: Geschichte erinnern als Auftrag der Versöhnung. Theologische Reflexionen über Schuld und Vergebung, hg. von Sándor FAZAKAS/Georg PLASGER (Forschungen zur reformierten Theologie 5, Neukirchen-Vluyn 2015) 35–50, hier 45.

[150] Vgl. z. B. Michael BÜNKER, Evangelische Kirche und die Frage der Minderheiten. Eine Standortbestimmung aus christlicher Sicht, in: Protestantische Identität im europäischen Kontext, hg. von Gottfried ADAM/Wilhelm PRATSCHER (WJTh 7, Wien/Berlin 2008) 23–33, hier 23f.

[151] Vgl. JUNGWIRTH, Vergangenheiten (wie Anm. 121) 595–597.

VI. Fazit

Opfer- und Elitenbilder haben zwar grundlegende Wandlungsprozesse durchlaufen, kennzeichnen aber seit den Anfängen des Protestantismus in Österreich die hier kultivierte Erinnerung: Die Vorstellung, die wahren Bekenner und Bewahrer der von der katholischen Kirche unterdrückten und verfolgten religiösen ›Wahrheit‹ zu sein, bestimmte über Jahrhunderte das Selbstbild der österreichischen Evangelischen. Die in der Reformationszeit von den Evangelischen geschaffene Erinnerung hatte die Funktion, ihrem eigenen konfessionellen und religionspolitischen Standpunkt Legitimität zu verschaffen. Die Evangelischen sahen sich und die religiösen sowie politischen Entwicklungen ihrer Gegenwart als Teil der Heilsgeschichte. Mit der Aufklärung trat die heilsgeschichtliche Sichtweise – und damit das eschatologische Moment – in den Hintergrund. Erinnern und Erinnerung gewannen nun im Hinblick auf die ganz konkreten gegenwärtigen und zukünftigen Lebensverhältnisse an Relevanz – sie wurden gleichsam verdiesseitigt. Dies zeigt sich bereits im Gedächtnis an Joseph II., erhielt seine politische Zuspitzung aber spätestens mit der ›Los-von-Rom-Bewegung‹ und besonders während der Zeit des ›Ständestaates‹ und des Nationalsozialismus. Festzuhalten bleibt, dass das Erinnern evangelischer Vergangenheit durch den Zivilisationsbruch des Nationalsozialismus einen grundlegenden Paradigmenwechsel erfahren hat: Elitäre Selbstbilder gerieten durch die Erblast der NS-Zeit in eine zunehmende Krise und damit aus dem Fokus kirchenpolitischer Selbstbeschreibung, wurden aber auf Gemeindeebene – und je nach Milieu in religiöser[152] oder in kultureller[153] Zuspitzung – durchaus weitergepflegt. Die Opfernarrative der evangelischen Kirche des 20. Jahrhunderts wurden wiederum ausschließlich durch die Brille der eigenen nationalsozialistischen Vergangenheit konstruiert, und das in sehr unterschiedlichen Ausprägungen.

Bis heute werden die evangelischen Opfernarrative in unterschiedlichen Kontexten aktualisiert, teilweise affekthaft,[154] teilweise ganz bewusst und auch programmatisch:[155] Hier ist z. B. auf die jüngste Karfreitagsdebatte[156] hinzuweisen, bei der der lutherische Bischof Michael Chalupka erst im April 2023 den geforderten freien Karfreitag als ein »Denkmal für die schrecklichen Zeiten der Gegenreformation und des Unrechts an der evangelischen Minderheit« bezeichnet hat.[157]

---

[152] Vgl. z. B. den Beitrag von Frank Hinkelmann im vorliegenden Tagungsband.
[153] Als repräsentatives Beispiel vgl. Monika SALZER/Peter KARNER, Vom Christbaum zur Ringstraße. Evangelisches Wien (Wien 2008).
[154] Vgl. JUNGWIRTH, Opfernarrativ (wie Anm. 2) 72.
[155] Vgl. Tim LORENTZEN, Was ist kirchengeschichtliche Gedächtnisforschung? Reflexionen zum 20. Juli. Martin Onnasch zum 75. Geburtstag. *MKiZ* 13 (2019) 47–76, hier 73.
[156] Vgl. dazu z. B. Karl W. SCHWARZ, Der Karfreitag – ein Feiertag im Dilemma: Zwischen Minderheitenschutz, Diskriminierungsverbot, ökonomischen Sachzwängen und individueller Urlaubsgestaltung. *Zeitschrift für evangelisches Kirchenrecht* 64/2 (2019) 172–183; Rudolf LEEB, Gastkommentar: Der Karfreitag in Österreich. *Die Presse* (18.4.2019), https://www.diepresse.com/ 5615089/der-karfreitag-in-osterreich [6.11.2023]
[157] N. N., Karfreitag: Bischof Chalupka plädiert für ›Feiertag für alle‹. *Kathpress* (5.4.2023):

Tatsächlich ist in diesem Zusammenhang nach dem Verhältnis von Erinnern und dem Beharren auf Minderheitenschutz und Minderheitenrechten zu fragen. Aus der Perspektive der Minderheitenforschung spiegelt sich in Opfer- und Eliten-Selbstbildern ganz grundlegend der Wille zur »Erhaltung und Pflege des Andersseins« wider.[158] Dabei zeigt sich die eminente wie auch zutiefst ambivalente Bedeutung von Erinnerung und Geschichtspolitik für die Sicherung der eigenen Identität.[159]

Bemerkenswert erscheint uns mit Blick auf das 21. Jahrhundert zudem eine Neuausrichtung evangelischer Erinnerung durch den europäischen Integrationsprozess. Evangelische Vergangenheit kommt zunehmend auch aus einer transnationalen Perspektive in den Blick. Zu erwähnen sind etwa das Projekt zu den »Evangelischen Pfarrer[n] in Mauthausen«, das 2022 mit einer Publikation abgeschlossen wurde,[160] oder die in Kooperation mit zahlreichen internationalen Partnereinrichtungen konzipierte und 2023 veranstaltete Sonderausstellung »Evangelische Migrationsgeschichte(n)« des »Evangelischen Museums Oberösterreich«.[161] Auch ökumenische und interreligiöse Erinnerungsprojekte scheinen evangelische Erinnerung zu beeinflussen und dabei das alte Paradigma von Opfer und Elite aufzubrechen. In diesem Zusammenhang stellt sich freilich die Frage, inwiefern Selbstbilder auch durch Fremdbilder einer nicht-evangelischen Mitwelt oder auch durch ein Gefühl mangelnder Außenwahrnehmung (mit-)konstruiert und verfestigt werden: »An die Geschichte des Protestantismus in Österreich wird – abgesehen von Historikern – vor allem in der katholischen Kirche und in den Bundesländern mit Landesausstellungen erinnert, aber nicht auf Bundesebene vom offiziellen Österreich«,[162] stellte Rudolf Leeb erst 2019 fest und führte dieses von Seiten der

---

https://www.katholisch.at/aktuelles/143354/karfreitag-bischof-chalupka-plaediert-fuer-feiertag-fuer-alle [6.11.2023].

[158] Matthias STICKLER, Religiöse und konfessionelle Minderheiten als Eliten im langen 19. Jahrhundert. Einführende Überlegungen zu einem scheinbar randständigen Thema, in: Religiöse und konfessionelle Minderheiten als wirtschaftliche und geistige Eliten (16. bis frühes 20. Jahrhundert) [Büdinger Forschungen zur Sozialgeschichte 2006 und 2007], hg. von DEMS./Markus A. DENZEL/Matthias ASCHE (Deutsche Führungsschichten in der Neuzeit 28, St. Katharinen 2009) 45–69, hier 47.

[159] Vgl. dazu z. B. Leonhard JUNGWIRTH, Überlegungen zur Rolle konfessioneller Identität im *Memory Lab evangelisches:erinnern. Amt und Gemeinde* 73/1 (2024) 7–13, bes. 8–11.

[160] Michael BÜNKER/Dietlind PICHLER (Hg.), Evangelische Pfarrer im KZ Mauthausen (Wien 2022).

[161] Thomas GREIF/Andrea K. THURNWALD (Hg.), Evangelische Migrationsgeschichte(n). Begleitband zum europäischen Ausstellungsprojekt 2023 (Schriften und Kataloge des Fränkischen Freilandmuseums in Bad Windsheim 94; Evangélikus Gyűjteményi Kiadványok, új sorozat. B-sorozat 4; Miscellanea ecclesiastica des Zentralarchivs der Evangelischen Kirche A.B. in Rumänien, Hermannstadt/Sibiu, 24; Rummelsberger Reihe 26, Lindenberg/Allgäu 2023). Vgl. auch die diesbezügliche Rezension von Thomas Winkelbauer im vorliegenden Band.

[162] LEEB, Karfreitag (wie Anm. 156).

Republik nur sehr punktuell konterkarierte Phänomen[163] insbesondere auf Spezifika der österreichischen Staatsgeschichte zurück.[164] Verbirgt sich somit, so fragen wir abschließend, hinter der beharrlichen Pflege evangelischer Opfer- und Eliten-Selbstbilder stets auch ein Ringen um Sichtbarkeit und Anerkennung?[165]

---

[163] Ins kollektive Gedächtnis der österreichischen Evangelischen hat sich etwa die Feststellung des Bundespräsidenten Rudolf Kirchschläger eingebrannt, als dieser die evangelische Kirche 1981 anlässlich des 200-Jahr-Jubiläums des Toleranzpatents als »unverzichtbare[n] Teil des Ganzen« bezeichnete. Zit. nach: SCHWARZ, Karfreitag (wie Anm. 156) 182.

[164] Rudolf Leeb verweist auf die enge Verbindung zwischen dem Protestantismus und den Landständen des 16. Jahrhunderts im Gegenüber zu den katholischen Habsburger Landesfürsten. Nach dem Zerfall der Habsburgermonarchie und mit der Errichtung der föderalistisch strukturierten Republik hätten sich diese konfessionspolitischen Konstellationen auf den österreichischen Bund bzw. die österreichischen Bundesländer übertragen. Dies hätte sich nachhaltig auf den Umgang der Politik mit dem Protestantismus ausgewirkt.

[165] Rudolf Leeb hält etwa in Bezug auf die Massenemigrationen österreichischer Protestant:innen am Beginn des 17. Jahrhunderts fest: »Diese Massenemigrationen sind im öffentlichen Geschichtsbewusstsein Österreichs praktisch nicht vorhanden.« Rudolf LEEB, Die Gegenreformation, in: DERS./SCHWEIGHOFER/WEIKL (Hg.), Buch (wie Anm. 38) 168–171, hier 171.

›Evangelische Belletristik‹ – Evangelisches in der Belletristik?

Texte aus Österreich

Von Martina Fuchs

I. Einleitung

In einigen Teilen Österreichs dominierte für eine gewisse Zeitspanne der Protestantismus – ›Glaubensmärtyrer‹ und Bauernkriege inklusive; es folgten massive gegenreformatorische Bestrebungen, teils von Erfolg gekrönt, teils blieben die Geheimprotestanten ihrem Glauben treu; es kam auch zu Deportationen – euphemistisch Transmigrationen genannt. Stichwortartig seien aufgelistet: 1684 Ausweisung der Protestanten aus dem Defreggental; 1731/32 wurden die Evangelischen aus dem Erzbistum Salzburg vertrieben und siedelten sich mehrheitlich in Ostpreußen an; ab 1734 wurden Menschen, v. a. aus Salzburg und Kärnten, nach Siebenbürgen deportiert; schließlich mussten 1837 die Zillertaler ›Inklinanten‹ auswandern und fanden im schlesischen Riesengebirge Aufnahme.

Die weitere Entwicklung ist bekannt – über das Toleranz- und Protestantenpatent, das Phänomen der ›Los-von-Rom-Bewegung‹ bis zur tatsächlichen Gleichstellung mit der römisch-katholischen Kirche nach dem Zweiten Weltkrieg.

Eine bewegte Geschichte also, die reichlich Stoff für literarisches Schaffen bereithält. Von dieser einfachen Feststellung ausgehend, drängen sich einige Fragen auf: Erstens, wie stellt sich der Forschungsstand dar? Zweitens, welche Ereignisse der evangelischen Geschichte Österreichs wurden und werden aufgegriffen, literarisch bearbeitet und überformt? Gibt es beliebte Sujets? Drittens, wer waren bzw. sind die SchriftstellerInnen?

II. Forschungsstand

Gelegentlich wurden literarische Werke in einschlägigen Zusammenstellungen bibliographisch erfasst – diese sind meist älteren Datums, sodass für ›jüngere‹ Dichtungen ein nicht unerheblicher Rechercheaufwand zu leisten ist. Das Vorhaben von 2007, Protestantismus und Literatur miteinander in kulturwissenschaftlichen Dialog zu bringen, blieb ohne Nachfolge.[1]

---

[1] Michael Bünker/Karl W. Schwarz (Hg.), Protestantismus & Literatur. Ein kulturwissenschaftlicher Dialog (Protestantische Beiträge zu Kultur und Gesellschaft 1, Wien 2007).

Literaturgeschichten wiederum beschäftigen sich nach wie vor mit einem gewissen Kanon: Einzelne für die gegenständliche Fragestellung relevante AutorInnen werden zwar erwähnt – die Frage nach dem ›Warum‹ der Themenwahl wird aber nicht gestellt und folglich nicht in Zusammenhang mit ›evangelischer Belletristik‹ behandelt.[2]

Die Reformation, eigentlich Gegenreformation, spielt dann eine Rolle, wenn es um die Begriffsbestimmung ›österreichischer‹ in Abgrenzung zu ›deutscher‹ Literatur geht: Als mögliche Unterschiede – wenngleich kontrovers diskutiert – werden »Sieg der Gegenreformation«, »Einfluß des slawischen Raumes« und »mediterrane Gefühlshaltung«[3] angeführt.

Die Verfasserin gegenständlichen Beitrags hat sich gelegentlich in Einzelstudien an verschiedenen Aspekten des Themas versucht: Leonhard Kaiser[4] und Stefan Fadinger als Protagonisten,[5] Egon Hajek als ›Reformations-Schriftsteller‹ mit seinen Romanen zu Johannes Honter und Caspar Tauber;[6] ferner an einigen ›österreichischen‹ Romanen aus der ersten Hälfte des 20. Jahrhunderts.[7]

Die Quellenbasis dieser Untersuchung stellen in erster Linie historische Romane des 20. und 21. Jahrhunderts aus Österreich dar, eine Gattung, die für WissenschaftlerInnen mittlerweile genauso interessant ist wie für LiteratInnen.[8] Einige neuere Romane sollen etwas ausführlicher vorgestellt werden, um das Bild entsprechend abrunden zu können.

---

[2] Ein Beispiel: Kurt ADEL, Aufbruch und Tradition. Einführung in die österreichische Literatur seit 1945 (Untersuchungen zur österreichischen Literatur des 20. Jahrhunderts 8, Wien 1982) 56 (zu Enrica von Handel-Mazzetti und Paula Grogger).

[3] Hilde SPIEL, Einführung, in: Die Zeitgenössische Literatur Österreichs Bd. 1, hg. von DERS. (Kindlers Literaturgeschichte der Gegenwart. Autoren, Werke, Themen, Tendenzen seit 1945, Bd. 5, Frankfurt a. M. aktual. Ausgabe 1980 [1976]) 1–133, hier 7.

[4] Martina FUCHS, Ein evangelischer *lieu de mémoire*? – Der bayerisch-oberösterreichische Märtyrer Leonhard Kaiser in Historischer Belletristik. *Jahrbuch des Oberösterreichischen Musealvereines – Gesellschaft für Landeskunde* 158 (2013) 141–174.

[5] Martina FUCHS, Der unscheinbare Rebell. Stefan Fadinger in Historischer Belletristik, in: Die Stimme der ewigen Verlierer? Aufstände, Revolten und Revolutionen in den österreichischen Ländern (ca. 1450–1815). Vorträge der Jahrestagung des Instituts für Österreichische Geschichtsforschung (Wien, 18.–20. Mai 2011), hg. von Peter RAUSCHER/Martin SCHEUTZ (VIÖG 61, Wien/München 2013) 431–454.

[6] Martina FUCHS, Egon Hajek – ein Pfarrer aus Siebenbürgen als Reformationsschriftsteller. *Jahrbuch des Bundesinstituts für Kultur und Geschichte der Deutschen im östlichen Europa* 22 (2014 [erschienen München 2015]) (Themenschwerpunkt Reformation) 325–373.

[7] Martina FUCHS, Reformation und Gegenreformation im österreichischen historischen Roman: Acht Beispiele der ersten Hälfte des 20. Jahrhunderts, in: Reformationszeit und Protestantismus im österreichischen Gedächtnis, red. von DERS./Astrid SCHWEIGHOFER (JGPrÖ 132/133 [2016/2017], Leipzig 2019) 189–209.

[8] Eine gute Einführung in Wesen, Entwicklung und Erforschung des Historischen Romans bietet aktuell: Gisela FEBEL, Geschichtsdenken in historischen Romanen über die Bartholomäusnacht, in: Wider die Geschichtsvergessenheit. Inszenierte Geschichte – historische Differenz – kritisches Bewusstsein, hg. von DERS./Sonja KERTH/Elisabeth LIENERT (Zeit, Sinn, Kultur 9, Bielefeld 2022) 87–113, hier 87–98.

III. ›Beliebte‹ Ereignisse und Sujets

Welche Ereignisse der evangelischen Geschichte Österreichs wurden und werden aufgegriffen, literarisch bearbeitet und überformt? Gibt es beliebte Sujets?

Vorweg: Die überwiegende Anzahl der bis dato bekannten Dichtungen ist der Zeit der Gegenreformation gewidmet; gelegentlich finden sich aber auch literarische Erzeugnisse zu anderen Themen, v. a. den verschiedenen Bauernkriegen; soweit ich die Literatur überblicke, vermochten die auf die Zeit des Geheimprotestantismus folgenden Ereignisse SchriftstellerInnen kaum zu inspirieren – von einzelnen die Regel bestätigenden Ausnahmen abgesehen, etwa dem Roman *Die Hungerglocke. Ein Roman aus der steirischen Los-von-Rom-Bewegung* (1912): Der Titel dieses Romans des bekannten, aus Westfalen stammenden, in Österreich tätigen ›Los-von-Rom-Pfarrers‹ Ludwig Mahnert spricht für sich.[9]

Wir beschränken uns jedoch in gegenständlicher Untersuchung auf die Zeit von den 1520er bis zu den 1730er Jahren.

Bis in die Anfangsphase des Zweiten Weltkriegs erschienen kontinuierlich einschlägige Dichtungen, mit einer Klimax in den 1920er und besonders den 1930er Jahren. Dann erfolgte ein gravierender Einbruch – Ereignisse aus der österreichischen Protestantismusgeschichte wurden nur noch vereinzelt aufgegriffen, doch ist seit den 2000er Jahren eine verhaltene Trendumkehr zu beobachten.

Für den ›Boom‹ in den 1930er Jahren lieferten einzelne Autoren selbst die Erklärung: So etwa habe sich der Stoff angeboten, da in der Zeit des österreichischen ›Ständestaates‹ der Protestantismus ebenfalls unterdrückt worden sei.[10] Ein anderer Literat betont als Movens, er habe dem »volksbewußten Deutschen an Beispielen der Vergangenheit zu zeigen [versucht], wie die Ostmarkdeutschen vor drei Jahrhunderten um Hochziele stritten gegen Machtgier und Herrschsucht des politischen Katholizismus.«[11] [Hervorhebung im Orig.] Um schließlich – 1939 – befriedigt festzuhalten: »Was diese Besten in vergangenen Zeitspannen erträumten und nicht erreichten, das hat nun nach jahrzehntelangem Ringen wiederum ein Mann aus dem Volke erreicht: das Sklavenjoch der Jahrhunderte ist zerbrochen, die deutsche Seele ist frei!«[12] [Hervorhebung im Orig.]

---

[9] Vgl. Karl-Reinhart Trauner, Biograph seiner Zeit: Pfarrer Ludwig Mahnert (1874–1943), in: Bünker/Schwarz (Hg.), Protestantismus (wie Anm. 1) 213–262, hier 219–229.

[10] Siehe Egon Hajek, Wanderung unter Sternen. Erlebtes, Erhörtes und Ersonnenes (Stuttgart 1958) 240.

[11] Richard Neudorfer, Unterm Fronjoch. Ein Ringen um die Freiheit von Leib und Seele. Roman (Leipzig/Graz 1939) 11.

[12] Ebenda 12.

Sujets und Werke[13]

Zu erwähnen sind – einem chronologischen Vorgehen verpflichtet – zwei ›Blutzeugen‹ der Reformation: der 1524 in Wien enthauptete Caspar Tauber sowie der 1527 in Schärding als Ketzer verbrannte Leonhard Kaiser.

Dem Wiener Tuchhändler und Kaufmann Tauber widmete Egon Hajek einen 1938 erschienenen, umfangreichen Roman.[14] Tauber versammelt Anhänger der neuen Lehre zu Predigt und gemeinsamem Abendmahl in seinem Haus. Von der eigenen Frau verraten, wächst er vor dem geistlichen Gericht über sich hinaus: »Aus seinen Augen leuchtete es wie sprühende Blitze … Um sein Haupt strahlte es wie einstens um das Haupt Stephans […] für kurze Zeit war der einfache Tuchfärber in der Tat Gottes Bote.« (233/234)

Die Lutherischen werden positiv apostrophiert: Sie orientieren sich am Evangelium, sind bescheiden und voller Mitgefühl für Bedürftige. Die Katholiken dagegen verharren in sinnentleerten Riten, sind arrogant und agieren unmenschlich.

Der zweite der eben erwähnten ›Blutzeugen‹, Leonhard Kaiser, Pfarrvikar im oberösterreichischen Waizenkirchen, aufgrund seiner lutherischen Lehransichten verhaftet und zum Widerruf veranlasst, verließ seine Heimat und wurde in Wittenberg Schüler Luthers; ein Besuch in der Heimat führte zu neuerlicher Verhaftung und schließlich zur Verbrennung als ›hartnäckiger Ketzer‹: Von österreichischen Autoren sind – abgesehen von dem in Wien tätigen schon erwähnten Pfarrer Hajek, der Kaiser in einem Laienspiel thematisierte – keine Werke zu Kaiser bekannt; deutsche Schriftsteller widmeten ihm ein Drama, drei Erzählungen sowie einen als geradezu grotesk zu charakterisierenden, 1840 erschienenen Roman: In Summe wird Kaiser zum Ideal stilisiert, zum Vorbild für alle evangelischen Christen.[15]

Noch weniger Aufmerksamkeit zog Balthasar Hubmaier, der 1528 als Täufer in Wien auf dem Scheiterhaufen endete, auf sich. Der Verfasserin sind keine belletristischen Werke zu seiner Person bekannt: Grundsätzlich sind Täuferschicksale unterrepräsentiert; eine Rolle wird ihnen meist nur als Gegenpart bzw. in Kontrastierung zu den Anhängern Luthers zugestanden. Eine der wenigen bekannten Ausnahmen stammt von der Tiroler Lehrerin Maria Veronika Rubatscher: Ihr Roman *Das lutherische Joggele. Roman aus dem Marterbuch der deutschen Seele*, erschienen 1935 in Heilbronn, spielt im 16. Jahrhundert im Pustertal und erzählt das tragische Schicksal eines Täufers.[16]

---

[13] Seitennachweise zu Zitaten aus der Primärliteratur erfolgen in Klammern im Haupttext; die Schreibung von Eigennamen entspricht der jeweiligen Vorlage.

[14] Egon HAJEK, Du sollst mein Zeuge sein. Lebenswege eines deutschen Bekenners. Roman (Graz/Leipzig o. J. [1938]). Siehe FUCHS, Reformation (wie Anm. 7) hier 192–194.

[15] Vgl. FUCHS, Ein evangelischer *lieu de mémoire*? (wie Anm. 4).

[16] Vgl. dazu Wolfgang STROBL, »Sie brauchen einen, der stärker ist als das Feuer …«. Politische (Erlösungs-) Theologie im Roman *Das lutherische Joggele* (1935) der Maria Veronika Rubatscher. ÖGL 57 (2013) 85–90. Im englischen Sprachraum stellt sich die Situation etwas anders dar, siehe etwa den 2013 erschienenen ersten Band einer Trilogie von Jeremiah Pearson mit dem Titel *The Brethren*. Das Werk wurde auch ins Deutsche übersetzt und erfuhr mehrere

Wenn das Thema ›Großer Bauernkrieg‹ aufgegriffen wurde, dann meist lokal beschränkt auf Tirol und Michael Gaismair, wobei dessen Person in erster Linie zu Bühnenstücken anregte. Grundsätzlich changiert die Darstellung des Bauernführers vom protestantischen Rebellen gegen die katholischen Habsburger bis hin zum Kämpfer für die Freiheit Tirols sowie der Religion. Wirklich populär wurde Gaismair in der Zeit des Nationalsozialismus; marxistisch-leninistische Autoren sahen in ihm dann einen Frühsozialisten, und im Südtirol der Nachkriegszeit wurde ihm sogar eine legitimierende Rolle zugewiesen.[17]

Eine seltene Ausnahme rund um den Themenkomplex ›Bauernkrieg 1525‹ stellt der 1998 erschienene Roman *Notgasse* des 1955 im steirischen Rottenmann geborenen Autors Peter Gruber dar, in dem er sich dem obersteirischen Knappen- und Bauernaufstand von 1524/25 widmet.[18]

Im Zentrum steht ein ungleiches bäuerliches Brüderpaar: Der eine Bruder – unbesonnen, zu Gewalttätigkeit neigend – wird zu einem Anführer der Bauern; der andere – besonnen, menschlich integer – sieht ebenfalls die Missstände, will aber mit Bedacht vorgehen. Ihn beschäftigen besonders die Lehren der neu ins Tal gekommenen Prediger:

> »›… von Jesu Christi ist uns Heil gekommen, ohne unser Zutun. Frömmigkeit wird nicht durch das strenge Ablegen der geheimen Beichte gehandhabt, auch nicht durch Fastenzeiten und Tage des Opferns, des Gebens und der Buße. Die Freiheit des Christenmenschen und des christlichen Glaubens ist auch ohne diese Werke erreichbar, für euch alle …‹« (99)

Dem Aufstand schließen sich letztendlich aber auch die gemäßigteren Bauern an. Landeshauptmann Siegmund von Dietrichstein wird besiegt; die siegreichen Rebellen zerstören, plündern und vernachlässigen ihre bäuerliche Arbeit, während die Vernünftigeren für den Winter vorsorgen. Als allerdings Niklas II. Graf Salm mit dem Exekutionsheer vorrückt, greifen auch die gemäßigten Bauern wieder zu den Waffen – das Ende ist bekannt: Schladming und viele Bauerngüter werden niedergebrannt. Exemplifiziert an den beiden Brüdern, vermittelt dieser letztlich sehr traditionelle

---

Auflagen: Jeremiah PEARSON, Die Täuferin. Historischer Roman (Der Bund der Freiheit 1; Bastei-Lübbe-Taschenbuch 18019, Köln 2015). Auch das ›Täuferreich zu Münster‹ erfreut sich einer gewissen Beliebtheit. Siehe Katja SCHUPP, Zwischen Faszination und Abscheu. Das Täuferreich von Münster. Zur Rezeption in Geschichtswissenschaft, Literatur, Publizistik und populärer Darstellung vom Ende des 18. Jahrhunderts bis zum Dritten Reich (Edition Kulturregion Münsterland 1, Münster/Hamburg/London 2002).

17 Vgl. Martina FUCHS, Ferdinand I. und seine Darstellung in deutschsprachiger Belletristik, in: Kaiser Ferdinand I. Aspekte eines Herrscherlebens, hg. von DERS./Alfred KOHLER (Geschichte in der Epoche Karls V. 2, Münster 2003) 247–267, hier 248–256.

18 Peter GRUBER, Notgasse. Roman (Weitra o. J. [1998]). – Der Autor wuchs auf dem Bergbauernhof seiner Eltern im Ennstal auf; er lebte in Aich im Ennstal und seit 2005 in Wien. Der gelernte Bürokaufmann und Marketing-Assistent betätigt sich in diversen literarischen Genres. Vgl. http://peter-gruber.com/w2/ueber-mich/ [5.7.2023]. – Für den historischen Kontext vgl. Roland SCHÄFFER, Der obersteirische Bauern- und Knappenaufstand und der Überfall auf Schladming 1525 (Militärhistorische Schriftenreihe 62, Wien 1989).

›Bauernroman‹ eindeutig, was ›gut‹ und was ›böse‹ ist. Drastisch wird die bedrückende Lebenssituation der Bauern ebenso geschildert wie das hochmütige, menschenverachtende Gebaren der ›Herrschaft‹, ferner die erstarrten Riten der römischen Kirche, die nur darauf aus ist, die Menschen zu bevormunden und ›klein‹ zu halten; die bäuerliche Bevölkerung hingegen lebt in beständiger Angst vor möglichen Verfehlungen und pflegt dennoch abergläubische Rituale.

Die Lehren Martin Luthers werden begierig aufgegriffen, betont einer der »Neuprediger« doch: »[...] Luther sagt, die Menschen sind zugleich Gerechte und Sünder. Der Mensch lebt als Sünder vor dem Gesetz unter der Gnade Gottes. [...].« (97) Die gemäßigten Bauern jedoch überlegen: »[...] Und überhaupt gefällt es mir nicht, den Aufstand einzig und allein auf die Fahne des Evangeliums zu stecken. Ich zweifle daran, daß Luther das will und damit einverstanden wäre.« (192)

Das brutale Strafgericht der Obrigkeit bereitet unter den »völlig entrechteten und gedemütigten Bauernvolk« erst recht den Boden für Luthers Lehren: »Mit offenen Händen wurden die Gelehrten empfangen. Die innere Wandlung des Bauernvolkes hatte schon längst eingesetzt und der lutherische Siegeszug schien durch nichts mehr aufzuhalten zu sein.« (310) Gott wird eines Tages für Gerechtigkeit sorgen; den Weg dorthin aber weist der Wittenberger Reformator (vgl. 313).

In diesem ›klassischen Heimatroman‹[19] geht der Autor mit weltlicher und kirchlicher Obrigkeit, aber auch mit Aufwieglern, hart ins Gericht und plädiert für gemäßigtes Agieren; Sorgfaltspflichten gegenüber der ›Familia‹ haben Vorrang vor Eigeninteresse.[20]

Einzigartig ist ›nur‹ das gewählte Sujet: der Bauern- und Knappenaufstand in der Steiermark 1525 – ein Thema, für das sich die Historische Belletristik m. W. bis dato nicht begeistern konnte.

Ebenso selten wird der sogenannte Zweite Oberösterreichische Bauernkrieg (1595–1597) zum Thema: Richard Neudorfer hat diesem 1939 einen Roman gewidmet:[21] Die Handlung, angesiedelt im südöstlichen Mühlviertel, setzt 1597 ein. Das harte Los der Bauern wird eindrücklich geschildert. Im Zentrum steht eine bäuerliche Gemeinschaft, deren ärmliche Lebensbedingungen durch die hohen Frondienste für die Herrschaft ins nahezu Unerträgliche gesteigert werden.

---

[19] Inklusive aller Klischees: Verrat, Brudermord, Vergewaltigung usw.; von Anfang an steht der positive Protagonist fest, dessen Schicksal von der Leserschaft umso tragischer empfunden werden wird. Althergebracht erscheinen auch manche Beschreibungen/Schilderungen, etwa: »Ihr Gesicht erstrahlte in diesem Augenblick und ihre Augen bekamen wieder die glänzende Helle.« (246): Unwillkürlich fühlt man sich an Ludwig Ganghofer oder John Knittel erinnert.

[20] Nebenbei vermittelt Gruber jede Menge Wissen zu bäuerlichem Leben und Tätigkeiten.

[21] NEUDORFER, Fronjoch (wie Anm. 11).

Eindeutig ist die Botschaft eines sterbenden Bauernführers:

> »»Zusammenhalten, alle ... alle! Zusammengehen alle, nit in so kleinen Häufeln wie wir ... Viel mehr! [...] Wir sind zu wenig gwest ... Müssen mehr sein ... viel mehr. Ihr Jungen, wenn man euch nit bei unserm Glauben laßt, wagt es ... noch einmal. Es mueß sein! ... Aber alle einen Sinn haben! [sic!] ... Nit ducken und abschwören! ... Aufstehen! Beim Glauben bleiben! [...].«« (284–286)

Nun zum Oberösterreichischen Bauernkrieg von 1626 und seinem ›Helden‹, dem Bauernführer Stefan Fadinger, dessen literarische Rezeption gelegentlich auch Thema wissenschaftlicher Analysen war.[22] Ihm wurden relativ kontinuierlich Dramen, Romane und Epen gewidmet: Gemeinhin wird Fadingers Treue zum habsburgischen Herrscherhaus betont, ebenso wie sein Kampf um Gewissens- und Religionsfreiheit – das Übel liegt also in der bayerischen Fremdherrschaft. Für einen katholischen Autor aus der Mitte des 19. Jahrhunderts ist Fadinger zwar ein ›Aufrührer‹, der sich durch sein Tun schuldig macht, aber in zahlreichen als ›national‹ bis ›völkisch‹ zu charakterisierenden Werken ist er der geborene Anführer, der auf strenge Disziplin achtet und den Schwachen stets zur Seite steht.[23]

Wie bereits betont, übten besonders Geheimprotestantismus und die Vertreibung österreichischer Protestanten durch die jeweilige Obrigkeit große Anziehungskraft auf die SchriftstellerInnen aus. Zunächst ist der Salzburger Erzbischof Wolf Dietrich von Raitenau (reg. 1587–1612) zu nennen: *Der Wolf im Purpur*, so der Titel des 1919 erschienenen Romans von Ludwig Huna, ist ein Despot, der rücksichtslos über das Leben seiner Untertanen bestimmt. Der Verderbtheit der alten Kirche stehen die aufrechten Protestanten, von ›echter‹ religiöser Überzeugung geleitet, gegenüber.[24]

Der Geheimprotestantismus in Kärnten wird ebenso aufgegriffen[25] wie das Leben und Leiden derjenigen Evangelischen, welche nach dem Oberösterreichischen Bauernkrieg 1626 heimatlos wurden und sich nach dem Westfälischen Frieden in der Buckligen Welt ansiedelten.[26]

---

[22] Den umfassendsten Überblick bietet nach wie vor: Adalbert SCHMIDT, Der Bauernkrieg in literarischer Sicht. *Oberösterreichische Heimatblätter* 29 (1975) 133–153.

[23] Vgl. FUCHS, Rebell (wie Anm. 5).

[24] Ludwig HUNA, Der Wolf im Purpur (Leipzig/Zürich 1919). Siehe FUCHS, Reformation (wie Anm. 7) hier 196–198. Raitenaus zusätzlicher ›Bonus‹ ist seine Beziehung zu Salome Alt – durch sie wird der Kirchenfürst für literarische Verarbeitung noch reizvoller, etwa: Erwin H. RAINALTER, Mirabell. Der Roman einer Frau (Wien/Berlin/Leipzig 1941): Dies ist übrigens das einzige Werk dieses Autors, das nicht auf der vom Bundesministerium für Unterricht herausgegebenen *Liste der gesperrten Autoren und Bücher* aus 1946 stand.

[25] Gustav RENKER, Das Volk ohne Heimat (Leipzig 1925). Siehe FUCHS, Reformation (wie Anm. 7) hier 198f.

[26] Adolf INNERKOFLER, Der Lutheranerbaum von Kirchschlag. Geschichte einer deutschen Bauernsiedlung. Erzählung aus den Bauernkriegen und Kuruzzeneinfällen nach alten Sagen, Sängen und Volksbräuchen in der »Buckligen Welt« (Wien 1938). Siehe FUCHS, Reformation (wie Anm. 7) hier 200f.

Ein Themenschwerpunkt liegt auf den Vertreibungen der Salzburger Protestanten 1731/32 – und zwar bis in die jüngste Zeit. Schon 1908 vermittelte Hans Kirchsteiger in seinem Tendenzroman *Der Primas von Deutschland*, die Lutheraner seien die besseren Deutschen.[27]

In Erwin Herbert Rainalters Roman *Das große Wandern*, 1936 erschienen,[28] sind die Protestanten aufrechte Charaktere voll Bekennermut. Die meisten von ihnen haben es durchaus zu Wohlstand gebracht, dennoch verlassen sie um des Glaubens willen die vertraute Salzburger Heimat, um im Exil ein neues, freies Leben beginnen zu können.

Dem Erzbischof Leopold Anton Eleutherius von Firmian (reg. 1727–1744), der überraschend positiv dargestellt wird, ist klar, dass dieser Exodus für sein Territorium gravierende Folgen haben wird (vgl. 263f.). Der negative Part wird hier ausschließlich seinem Kanzler, Hieronymus Cristani von Rall, zugeschrieben; dieser macht Firmian klar, dass »die Gesamtheit« (190), nicht das Wohl des Einzelnen, vorzugehen habe. In ›bester‹ NS-Doktrin wird ausgeführt: Selbstverständlich gelte für die Menschen, was auch im Tierreich ehernes Gesetz sei, nämlich, dass »ein unerbittlicher Kampf ausgetragen [werde], bei dem der Schwächere nach einem großen und strengen Gesetz gegen den Stärkeren unterliegt.« (167)

Das Bauernleben selbst – im Sinn einer für alle, alle für einen (vgl. 29) – wird in bewährter Blut- und Boden-Manier geschildert (vgl. z. B. 67), gewürzt durch die Liebesgeschichte zweier junger Menschen unterschiedlicher Konfession. Ein junger, hitziger Bauer fasst die Forderungen der Protestanten zusammen: »›[...] Wer den rechten Glauben in sich hat, der will das Abendmahl als Wein und Brot, der will das deutsche Wort in der Kirchen, das wir alle verstehn. [...].‹« (87)

Wie gestaltet nun Barbara Büchner, eine 1950 in Wien geborene Autorin, deren Roman *Die Frau des Ketzers* 2007 erschienen ist, die historischen Ereignisse?[29]

Mit Erzbischof Firmian kommt in Salzburg ein Jesuitenzögling, der keine Nächstenliebe kennt und sich ganz der Jagdleidenschaft hingibt, an die Macht. Er will »›[...] die Ketzerei in Salzburg gänzlich und von der Wurzel her ausrotten.‹« (86)[30] Die Dreijahresfrist zur Ausweisung der Evangelischen erregt sein besonderes

---

[27] Hans Kirchsteiger, Der Primas von Deutschland. Roman (Wien 1908). Siehe Fuchs, Reformation (wie Anm. 7) hier 202f.

[28] Erwin H. Rainalter, Das große Wandern. Roman (Wien 1936).

[29] Barbara Büchner, Die Frau des Ketzers. Historischer Roman (Moers 2007). – Die Autorin war als Journalistin und erfolgreiche Kinder- und Jugendbuchautorin tätig; beeinflusst von Edgar Allan Poe und H. P. Lovecraft wandte sie sich schließlich dem Horrorgenre zu. Vgl. http://aa.agentur-ashera.net/index.php?option=com_content&view=article&id=822:buechner-barbara&catid=41:b&Itemid=113 [5.7.2023].

[30] Ganz in der Tradition vergleichbarer älterer Romane dieses Themenkomplexes, werden die Angehörigen der Societas Jesu einmal mehr klischeehaft-pejorativ charakterisiert. Selbst der Erzbischof (!) fürchtet sich »vor ihren blassen Gesichtern und bohrenden Augen, ihren leisen Stimmen und der Kälte, die sie ausstrahlten.« (307) Angeführt seien auch die »düstere[n] Schauspiel[e]« (119) der Jesuiten, welche die Menschen zur ›einzig wahren Kirche‹ zurückführen sollen, wobei die Patres allerdings – bezeichnend! – zu unlauteren, die Menschen

Missfallen; daher wird alles dafür getan, die Protestanten als Abtrünnige, Aufwiegler oder Wiedertäufer zu diffamieren, da diese sofort aus dem Land vertrieben werden können.

An diversen Einzelschicksalen – etwa dem ›Ketzer‹ und seiner titelgebenden Frau aus dem Gasteiner Tal – werden das brutale Vorgehen der Obrigkeit sowie das unermessliche Leid der Bevölkerung geschildert; atmosphärisch dicht beschreibt die Autorin das Leben der Menschen in ständiger Angst vor Verrat, Hausdurchsuchung, Verhaftung, Folter.

Die Evangelischen – letztendlich 20.000 Personen – bekennen sich vor der Obrigkeit zu ihrem Glauben und sind bereit, Leiden auf sich zu nehmen, bleiben »stolz und aufrecht« (218); brutale Folter und harte Haftbedingungen können sie nicht brechen.

Das eben Gesagte gilt auch für die Frauen, wie ein Beispiel demonstrieren möge:

> »›Von Christus [bin ich] nicht [abgefallen]‹, erwiderte die Frau mutig, ›nur von der Kirche, die solche Menschen wie Euch zu Seelenhirten beruft: Mietlinge, Säufer und Hurenböcke! Redet man nicht in der ganzen Gastein davon, dass Ihr Euch bei der Messe vor Trunkenheit oft kaum auf den Beinen halten könnt, und weiß nicht jeder, dass die beiden Kinder Eurer Wirtschafterin aus keinen anderen Lenden herstammen als den Euren?‹« (229)

Erwähnt sei aber auch, dass es Geistliche gibt, welche die Missstände in der Kirche und das Fehlverhalten der schlecht ausgebildeten Kleriker durchaus sehen; ein gebildeter Jesuit ist gegen Gewaltanwendung, ja bewundert die glaubensstarken ›Gegner‹ sogar:

> »In diesem Punkt fühlte Aurelius sich den Lutherischen sehr verbunden. Auch wenn er die Irrlehre ablehnte, konnte er nicht anders, als Menschen zu bewundern, die ihr Letztes für ihren Glauben hergaben, denn genau das machte auch das Wesen der Jesuiten aus. Es kam ihm seltsam vor, dass er dachte, er hätte sich in der Gesellschaft eines Erzketzers um vieles wohler gefühlt als neben diesem geistlichen Säufer, der jetzt schon so umnebelt war, dass er seiner Wirtschafterin beim Einschenken auf den Hintern klatschte und sich brüllend damit brüstete, dass kein Bauer den Blick zu heben wage, wenn er auf der Kanzel stünde.« (117)

Durch die Ausweisungen, unbarmherzig im kalten Bergwinter durchgeführt, verwischen sich die Standesunterschiede: Die Bauern solidarisieren sich mit Knechten und Mägden, die als erstes innerhalb kürzester Zeit vertrieben wurden.[31]

---

täuschenden Mitteln greifen. Auch die Spanier – wenngleich ›nur‹ auf einem Gemälde präsent – unterliegen weiterhin der ›leyenda negra‹: Sie sind »steif« und »blutlos« (176).

[31] Sowohl der Emigrationserlass wie auch das preußische Einladungspatent sind nebst Angaben zum historischen Hintergrund dem Buch beigegeben, ferner einige Literaturangaben und Fußnoten – ein bewährter ›Trick‹, um den Wahrheitsgehalt eines historischen Romans zu steigern.

Grundsätzlich handelt es sich um einen traditionellen historischen Roman, in dem u. a. auch unerfüllte Liebe eine Rolle spielt, wenngleich Barbara Büchner bestrebt ist, der katholischen Seite etwas mehr Gerechtigkeit widerfahren zu lassen; (protestantische) Autoren älterer einschlägiger Texte würden niemals gemäßigt agierende katholische Geistliche in ihren Werken auftreten lassen.

Die ›starken‹ Frauen dagegen sind keinerlei emanzipatorischen Tendenzen der Autorin geschuldet, sondern Gemeingut – Protestantinnen werden stets als genauso glaubensstark und leidensfähig gezeichnet wie ihre männlichen Glaubensgenossen.

Einen ganz ›eigenen‹ Roman hat der Salzburger Wilhelm Gregor Resch, er lebte von 1905 bis 1991, mit seinem 1973 erschienenen Roman *Ein Jahr Fegefeuer für Michael Johann Kaßwurm* geschaffen.[32] Im Jahr 1733 begibt sich der im Pinzgau amtierende katholische Priester Kaßwurm nach Gastein zur Kur: Sein Weg führt durch eine teilweise verödete Landschaft; ein Umstand, welcher durch die Protestantenvertreibungen verursacht wurde. In seinem ›ersten‹ Leben war der Protagonist Offizier im erzbischöflichen Heer; eine traumatische Verwundung führte zum Sinneswandel.[33] Im Land herrschen Angst und Furcht – immer noch wird mit unerbittlicher Härte nach möglichen Protestanten gefahndet; Hausdurchsuchungen, Verhaftungen und Folter sind die gängigen Mittel. Der Weltgeistliche gerät in Widerspruch zu den kirchlichen Instanzen, besonders den Jesuiten,[34] tritt er doch für eine Bekehrung durch Liebe ein und zeichnet sich durch Menschlichkeit aus.

Reschs Roman baut auf Kontrasten auf: auf der einen Seite die (Ordens-)Geistlichen, welche Angst und Schrecken verbreiten, die Bevölkerung in Unwissen halten wollen und den Aberglauben fördern; auf der anderen Seite Kaßwurm und einzelne andere, die menschlich agieren, mit den verängstigten Leuten mitfühlen und -leiden. Aus Luthers Lehre greift Kaßwurm besonders Taufe und Abendmahl als Sakramente, das Priestertum aller Gläubigen, Ablehnung von Heiligenverehrung und Fegefeuer, Nichtanerkennung der Stellvertreterfunktion des Papstes für Gott heraus, und betont, die ewige Seligkeit sei nicht durch einen Gnadenakt Gottes zu erlangen (vgl. 52). Luther sei ein »»frommer Mann«« gewesen: »»Doch er hat mit dem Bad, das gerade zu seiner Zeit so gefährlich heiß geworden war, auch das Kind ausgeschüttet. […].«« (73)

Als Kaßwurm vor den Erzbischof zitiert wird, beruft er sich – ganz in lutherischer Manier – auf sein Gewissen; Firmian jedoch antwortet selbstherrlich: »»Das

---

[32] Wilhelm G[eorg] RESCH, Ein Jahr Fegefeuer für Michael Johann Kaßwurm. Roman (Lizenzausgabe Salzburg o. J. [wahrscheinlich 1975, Orig. 1973]). – Der aus Zell am See stammende Autor war Elektroingenieur und Direktor des WIFI Salzburg; 1964 wurde er mit dem Goldenen Ehrenzeichen der Republik Österreich ausgezeichnet; der Großteil seines Werkes wurde nicht veröffentlicht. Für diese Informationen danke ich Dr. Silvia Bengesser-Scharinger, Literaturarchiv Salzburg (Mail an die Autorin vom 28.2.2023).

[33] Vom Offizier zum Geistlichen – wer denkt da nicht an Ignatius von Loyola!

[34] Deren Wirken in der Neuen Welt etwa durchaus positiv beschrieben wird; die ›übliche‹ Charakterisierung ist aber offenbar unvermeidbar: »»[…] Sie waren ja Jesuiten, also auch Meister der Verstellung […].«« (306)

Gewissen in diesem Lande bin ich! [...].«" (194) – gewünscht sind »"bedingungslos[e] Knechte"«. (288)

Cristiani, der erzbischöfliche Kanzler,[35] hält Kaßwurm für einen »Schwärmer« (413) und mit dessen Aufruf zur Gewaltlosigkeit für brandgefährlich. In der Tat sind Haltung und theologische Ansichten für einen katholischen Priester des 18. Jahrhunderts nicht gerade typisch; wenngleich Kaßwurm Verständnis für die evangelische Lehre aufbringt, grenzt er sich doch deutlich von dieser ab: Ist Kaßwurm also ein ›theologisches Zwitterwesen‹? Einiges spricht dafür und ergänzt denjenigen Traditionsstrang, in dessen Rahmen Literaten besonderes Interesse an religiösen ›Mischformen‹ zeigten, um ein jüngeres Beispiel.[36]

Leiden und Unterdrückung der Salzburger Bevölkerung werden ebenso drastisch vor Augen geführt wie das Fehlverhalten der römischen Amtskirche, ferner die Auswirkungen der Protestantenvertreibung auf Landwirtschaft, Handel und Gewerbe. Das eigentliche Anliegen des Autors besteht m. E. – neben seinem grundsätzlichen theologischen Interesse – in der Appellation an Menschlichkeit.

IV. Die Schriftstellerinnen und Schriftsteller

Wenig überraschend, sind die meisten AutorInnen, welche Ereignisse aus der Geschichte des österreichischen Protestantismus für die Plots ihrer Werke wählten, ÖsterreicherInnen, meist sogar mit starken regionalen Bezügen: Mit Michael Gaismair beschäftigten sich v. a. Literaten aus Tirol; Ähnliches gilt für Stefan Fadinger – hier dominieren die Oberösterreicher. Es ist wohl auch kein Zufall, dass ein Autor, der im steirischen Ennstal aufwuchs, dem obersteirischen Bauern- und Knappenaufstand einen Roman widmete. In auffälligem Gegensatz zu diesem Befund steht Leonhard Kaiser: Mit dem oberösterreichischen ›Märtyrer‹ haben sich – soweit bis dato bekannt – in erster Linie deutsche Autoren beschäftigt, aber auch der bereits genannte Egon Hajek,[37] welcher, geboren 1888 in Kronstadt/Brașov, von 1931 bis 1956 Pfarrer von Wien-Währing war und ein reiches schriftstellerisches Schaffen entfaltete, etwa – wie eben vorgestellt – zu Caspar Tauber, aber auch zu Johannes Honter oder Valentin Greff-Bakfark, einem in der Reformationszeit lebenden siebenbürgischen Musiker.[38]

Ausgewogen hingegen ist das Verhältnis Österreicher – Deutsche beim Thema ›Vertreibung aus Salzburg‹, und zwar auch im zeitlichen Längsschnitt. Dieser

---

[35] Übrigens auch bei Resch schlechter beleumundet als sein ›Chef‹.
[36] Ältere Beispiele wären Ludwig HUNA, Wunder am See (Leipzig/Zürich 1930) (dazu siehe FUCHS, Reformation [wie Anm. 7] hier 195f.); oder RENKER, Volk (wie Anm. 25). Auch die ›traditionellen‹ Fragen nach »"[...] Glaube oder Heimat? [...] Was ist Treue? [...].«" (82) werden von Resch aufgeworfen.
[37] Egon HAJEK, Das Reich muß uns doch bleiben. Ein geistliches Laienspiel (Wien o. J. [1934]). Siehe FUCHS, Ein evangelischer *lieu de mémoire*? (wie Anm. 4) hier 155–158.
[38] FUCHS, Hajek (wie Anm. 6) hier bes. 352–358.

Stoff regte österreichische DichterInnen ebenso an wie deutsche: Abgesehen von der ›Beteiligung‹ beider Länder – des vertreibenden und des aufnehmenden – faszinierte und fasziniert die Dramatik der Ereignisse, die Möglichkeit, (fingierte) Einzelschicksale entsprechend drastisch auszuformen.[39] Der lokale Bezug ist für die österreichischen AutorInnen in diesem Fall allerdings keineswegs das Movens gewesen, stammen die meisten doch *nicht* aus Salzburg.

Wenngleich die Vertreibung der Zillertaler Protestanten im 19. Jahrhundert vergleichsweise weniger häufig dichterisch gestaltet wurde – es überwiegen Werke aus der Zeit vor dem Zweiten Weltkrieg –, finden sich im Genre ›Roman‹ hauptsächlich Deutsche als Verfasser, wiederum gelegentlich mit regionalem – in diesem Fall schlesischem – Bezug.[40]

Um das Bild abzurunden, sei erwähnt, dass sich unter den LiteratInnen der schier unüberblickbaren deutschsprachigen Dichtungen rund um Martin Luther auch einige Österreicher finden,[41] etwa der ›Altösterreicher‹ Walter von Molo[42] (1928) oder der Oberösterreicher Carl Hans Watzinger (1938)[43] – zu ihrer Zeit vielgelesene Autoren.[44]

Insgesamt weisen viele der älteren AutorInnen einen strammen Bezug zu völkischem und/oder NS-Gedankengut auf.[45] Eine wie auch immer geartete ›nationale‹ Geisteshaltung ist bei ›jüngeren‹ SchriftstellerInnen nicht feststellbar – fast alle ergreifen aber Partei für die evangelische Sache, besonders wenn es um Verfolgung, Unterdrückung und Vertreibung der Protestanten geht: Daraus kann auf eine gewisse Affinität zum evangelischen Glauben geschlussfolgert werden, aber

---

[39] Ein jüngeres ›deutsches‹ Beispiel: Edelgard MOERS, Der Lutheraner [ein historischer Roman] (Dorsten 2014), und ein älteres: Hedwig VON REDERN, Heimatsucher. Erzählung aus Salzburger Leidens- und Siegestagen (Schwerin 1928).

[40] Fedor SOMMER, Die Zillertaler. Ein Heimweh-Roman (Halle 1925).

[41] Vgl. Matthias LUSERKE-JAQUI, »Ein Nachtigall die waget«. Luther und die Literatur (Tübingen 2016); zur deutschsprachigen Überlieferung: Martina FUCHS, Der Nationalheros. Martin Luther in deutscher historischer Belletristik, in: Luther und die Deutschen. Begleitband zur Nationalen Sonderausstellung auf der Wartburg 4. Mai – 5. November 2017, hg. von der Wartburg-Stiftung Eisenach/Uwe JOHN (Red.) (Petersberg 2017) 358–364.

[42] Walter VON MOLO, Mensch Luther. Roman (Berlin/Wien/Leipzig 1928), wobei Intrigen zwischen Papst und Kaiser im Vordergrund stehen.

[43] Carl H. WATZINGER, Mensch aus Gottes Hand. Ein Luther=Roman (Karlsbad/Leipzig 1938): ›Sein‹ Luther – positiv charakterisiert – ist sich seiner Sendung, der nationalen Aufgabe, bewusst.

[44] Martin Luther ist auch in Werken mit anderer Schwerpunktsetzung immer wieder eine wichtige Bezugsperson: z. B. RENKER, Volk (wie Anm. 25); oder Franz LÖSER, Der Bergherr von Gastein (Zürich/Leipzig/Wien 1930), in dessen Zentrum Erasmus Weitmoser und Martin Lodinger stehen – beide im Bergbau tätig und frühe Anhänger Luthers. Siehe FUCHS, Reformation (wie Anm. 7) hier 194f.

[45] Etwa die knapp erwähnten Richard Neudorfer, Erwin H. Rainalter und Gustav Renker. Der Oberösterreicher Neudorfer ist beispielsweise bereits 1929 der NSDAP beigetreten. Vgl. Uwe BAUR/Karin GRADWOHL-SCHLACHTER, Literatur in Österreich 1938–1945. Handbuch eines literarischen Systems, Bd. 3: Oberösterreich (Wien/Köln/Weimar 2014) 307.

auch auf eine Neubewertung historischer Gerechtigkeit sowie die Sensibilisierung unterdrückten Minderheiten gegenüber.

In den Werken älteren Datums erfolgt eine ausgesprochen klischeehafte Darstellung, ja die ›Konnotation‹ erscheint eindeutig: ›evangelisch‹ ist ›gut‹, ›katholisch‹ ›böse‹. Die Kritik an der römisch-katholischen Kirche fällt größtenteils massiv aus, wobei vielfach die Ereignisse aus der Reformations- bzw. Gegenreformationszeit nur als Folie für die Kritik an Staat und Kirche der gelebten Gegenwart dienen. ›Jüngere‹ LiteratInnen bemühen sich um mehr Ausgewogenheit; politisch-ideologische Implikationen spielen keine oder eine geringere Rolle.

Welche Selbst- und Geschichtsbilder werden in ›evangelischer Architektur‹ und ›evangelischer Kunst‹ (re-)produziert?

Von Helmut Braun

I. Einführung

Gibt es evangelische Architektur und evangelische Kunst? Im Folgenden wird die Frage zwar nicht beantwortet, aber aufgezeigt, dass ›evangelische Denkweisen‹, ›evangelische Lebensgestaltung‹, ›evangelisches Glaubensleben‹, ›evangelische Identität‹ in Architektur und Kunst der Evangelisch-Lutherischen Kirche in Bayern aufscheinen.

»Kultur braucht Erinnerung, Erinnerung braucht Kultur.«[1] Dass der »Mensch sein Gedächtnis nicht nur als organisches Substrat in den Gliedern und im Kopf hat, sondern es auch in Gegenstände und Artefakte, Riten und Praktiken, Zeit- und Raumordnungen, Monumente und Denkmäler auslagert«,[2] betont die Kulturwissenschaftlerin Aleida Assmann. Demnach findet die menschliche Erinnerung auch in (Kirchen-)Räumen und in entsprechenden künstlerischen Gestaltungsformen statt. Von Maurice Halbwachs stammt die Prägung des Begriffs des »kollektiven Gedächtnisses«.[3] Er geht davon aus, dass Gesellschaften – insbesondere auch Religionsgemeinschaften – ein gemeinsames, d. h. ein identitätsstiftendes Erinnern brauchen. Sinn- und gemeinschaftsstiftendes Erinnern findet seinen Niederschlag in Architektur, Kunst und Kultur. Peter Bubmann betitelt die christliche Religionskultur als ästhetische Gestaltwerdung der Erinnerung und bezieht sich bei seiner anschließenden Formulierung auf Ingrid Schoberth:

> »In mehrfacher Hinsicht leitet die christliche Religion zum Erinnern an: Sie hat – wie fast alle Religionen – Formen ausgebildet, um das heilsame Eingreifen Gottes zu erinnern und um der Toten zu gedenken. Die christliche Religionsgemeinschaft kann sich zu Recht als Erinnerungsgemeinschaft verstehen. Zugleich hat sie mit dem aus dem Judentum übernommenen Bilderverbot Grenzen der erinnernden Vergegenwärtigung Gottes markiert. In ihren ästhetischen Ausdrucksformen bietet sie Medien bildender Erinnerung: Im kirchlichen Singen, in Architektur und Bildkultur wie in komplexen Ritualen werden ausgegrenzte Orte und Zeiten zu Gelegenheiten ästhetisch formatierter Erinnerung (und Erwartung und verdichteter Gegenwart). In der christlichen Frömmig-

---

[1] Peter BUBMANN, Erinnerungskultur, Ritual und ästhetische Bildung, in: Ästhetische Bildung in der Erinnerungskultur, hg. von DEMS./Hans DICKEL (Ästhetik und Bildung 8, Bielefeld 2014) 11–28, hier 11.

[2] Aleida ASSMANN, Art. Erinnerung/Gedächtnis. Metzler Lexikon Religion. Gegenwart – Alltag – Medien 1 (1999) 280–287, hier 280f.

[3] Vgl. Maurice HALBWACHS, Das kollektive Gedächtnis (Frankfurt a. M. 1985 [1939]).

keit und Bildung kultivieren und entwickeln Menschen Formen des Erinnerns als Teil des biographischen Arbeitens an der eigenen Lebensgeschichte.«[4]

Der Verfasser folgt also der Behauptung, dass dort, wo lutherische Christen Orte und Räume gestalten und benutzen, wo sie einander treffen und Gottesdienst abhalten, Erinnerungskultur entsteht.

Einen Erinnerungsort par excellence, welcher als Mahnmal gegen Krieg zu verstehen ist, soll im Folgenden vorgestellt werden: Die 1895 als Pfarr- und Garnisonskirche eingeweihte, neugotische Johanniskirche in Würzburg war 1945 bis auf den Turmstumpf zerstört worden. Für den Wiederaufbau wurde neun Jahre später ein Wettbewerb ausgelobt, der auf die Integration der Ruine als Mahnmal und den ursprünglichen Grundriss abzielte. Werner Eichberg erhielt den 1. Preis, umgesetzt wurde aber 1956/57 der Entwurf von Reinhard Riemerschmid: Der Turmstumpf aus Sandstein wird von zwei sehr spitzen, mit Eternit belegten Achteckpyramiden flankiert, so dass die Westsituation als neue Zweiturmfassade zu lesen ist. Völlig neu ist der anschließende Saalbau, dessen sichtbare Konstruktion aus sieben hohen Dreigelenkbindern aus Beton und zwischengefügter Sichtmauerung aus alternierenden Lagen von wiederverwendeten Sandsteinen der Ruine und Ziegeln besteht. Der eingezogene, konisch verjüngte, gerade abschließende Chorraum im Osten wird lediglich durch ein südliches Fenster belichtet. Die schräg geführte Stufenanlage des Chores vermittelt zwischen Kanzel und Taufkapelle. In ihrer Vereinigung von Alt und Neu stellt die Kirche eine bemerkenswerte Erinnerungsstätte an die v. a. in Würzburg fatalen Zerstörungen des Zweiten Weltkrieges dar und »gehört zu den bedeutendsten Leistungen des evangelischen Kirchenbaues der 1950er Jahre«.[5]

»Vor der Kirche fand 1993 die Skulptur des russischen Künstlers Vadim Sidur *Tod durch Bomben* Aufstellung. St. Johannis ist Mitglied der Nagelkreuz-Bewegung und somit Teil des europaweiten Netzwerkes, das sich für Erinnerung und Versöhnung einsetzt.«[6] So setzt St. Johannis im gesellschaftlichen und kulturellen Lebens Würzburgs sowie darüber hinaus Akzente. Am 16. März 2019 wurde die Kirche zum Mahnmal für den Frieden erklärt. St. Johannis ist ein wichtiger Teil der Erinnerungskultur der Stadt und der Bayerischen Landeskirche.

Der vorliegende Beitrag versucht jedoch, eine Engführung auf solch genuine Erinnerungsorte zu vermeiden. Vielmehr soll verdeutlicht werden, dass zeitgenössische Kunst das Potential zur Erinnerung, zur Vergewisserung und zu einer selbstreflexiven Bewusstseinsebene haben kann.

---

[4] Ingrid SCHOBERTH, Erinnerung als Praxis des Glaubens (München 1992), 18.
[5] Ulrich KAHLE, St. Johanniskirche Würzburg, in: Evangelischer Kirchenbau in Bayern seit 1945, hg. von Helmut BRAUN/Hans-Peter HÜBNER (Berlin/München 2010), 132f., hier 133.
[6] Evang.-lutherische Kirchgemeinde St. Johannis, Die Architekturgeschichte des Kirchenbaus: https://www.johannis-wuerzburg.de/gemeinde/st-johanniskirche/st-johannis [14.04.2023].

Das Landeskirchliche Archiv der Evangelisch-Lutherischen Kirche in Bayern wurde nach den Entwürfen der Architekten von Gerkan, Marg und Partner 2013 in Nürnberg neu gebaut. Das Archiv ist das ›Gedächtnis‹ der bayerischen Landeskirche, dort werden Dokumente aus Hunderten Jahren evangelischer Kirche gespeichert. Die Innenraumgestaltung des Foyers – eine typische Kunst-am-Bau-Aufgabe – stammt von Stefanie Unruh, die 2015 im Rahmen eines Kunstwettbewerbes als Siegerin hervorging.

Stefanie Unruh, Fotocollagen, *Bildersammlung*, 2015, Schwarz-Weiß-Fotoprints hinter Echtglas, *Kirchenräume*: H. 280 cm, B. 600 cm; *Archiv*: H. 280 cm, B. 300 cm; Landeskirchliches Archiv der Evang.-Luth. Kirche in Bayern, Foyer, Nürnberg (Foto: Siegfried Wameser, München)

Ihre *Bildersammlung* besteht aus zwei Fotocollagen, die großformatig auf die Ost- und die Südwand des Foyers abgestimmt sind. Für die Arbeit *Kirchenräume* an der Ostwand hat die in München lebende Künstlerin, die sich mit Erinnerungskultur beschäftigt, mehr als 40 Kirchen in ganz Bayern besucht und Schwarz-Weiß-Aufnahmen der Innenräume und einzelner Kunstwerke angefertigt. Die Kirchen[7] stammen aus dem Mittelalter bis hin zur Gegenwart und repräsentieren sowohl architektonisch und künstlerisch als auch funktional ein breites Spektrum: Kleine Dorfkirchen sind ebenso darunter wie berühmte Ordens- und Stadtpfarrkirchen. Für die Collage hat Stefanie Unruh 73 Fotografien über- und nebeneinander geschichtet. Durch Überblendung werden aus realen Kirchenräumen neue, fiktive Räume geschaffen. Während Kirchenräume der Öffentlichkeit zugänglich sind, soll die zweite Fotoarbeit *Archiv* an der Südwand des Foyers den Blick ins üblicherweise Verborgene zeigen. 58 Fotos von sämtlichen Räumen des Landeskirchlichen Archivs und von ausgewählten Archivalien wurden miteinander kombiniert, alles fließt ineinander, ein neues, beinahe surreales Gefüge entsteht. Gönnt man sich vor den Collagen einen Moment der Ruhe, gesellt sich zur visuellen Dynamik eine weitere, nämlich die individuelle und sinnliche Erinnerungsebene: Beim Anblick der Kirchenräume mag man an das Knarzen alten Gestühls denken und sich

---

[7] Die Auswahl der Kirchen erfolgte in enger Abstimmung mit dem Arbeitskreis »Inventarisation der Evangelisch-Lutherischen Kirche in Bayern«.

erinnern an den Geruch von Holz, beim Archivbild an die Stille einsamer Gänge, und wie es sich anfühlt, Religions- bzw. Glaubensgeschichte nachlesen und nachempfinden zu können und zu überlegen, ob es so etwas wie evangelische Identität geben könnte.[8]

II. Evangelischer Kirchenbau in Bayern als Ort des ›Convenire‹

Im Folgenden wird dargelegt, dass in Architektur und Kunst Erinnerungskultur an christologischen Themen wie Nachfolge, Gemeinschaft, Versammlung, gemeinsames Beten, Singen und Handeln ablesbar ist. Hier mag es angebracht sein, zu überlegen, was einen evangelischen, einen lutherischen Raum ausmacht.

> »Nun muss das Volk ja einen Ort und einen Tag oder eine Stunde haben, die den Zuhörern passt. Darum hat Gott es gut eingerichtet, dass er die heiligen Sakramente eingesetzt hat, die in der Gemeinde gespendet, und dass wir an einem Ort, an dem wir zusammenkommen, beten und Gott danken.«[9]

Das Zitat Martin Luthers (1483–1546), ein Ausschnitt der Predigt zur Einweihung der Schlosskirche in Torgau am 5. Oktober 1546, verdeutlicht, dass Kirche als Ort beider Sakramente – Taufe und Abendmahl – ein Versammlungsraum, ein Gesprächsraum mit Gott ist.

Im evangelischen Kirchenbau in Bayern, so die Beobachtung, gibt es eine starke Tendenz zum Zentralraum, die dem Anliegen der Versammlung folgt. Deutlich vor Augen tritt diese bereits in den Markgrafenkirchen des 18. Jahrhunderts mit dem Bautypus der Saalkirche, den oft mehrgeschossigen dreiseitig umlaufenden Emporen und dem Kanzelaltar.[10] Theoretisch unterfüttert von der Kirchbautheorie Johann Christian Sturms (1635–1703) steht die liturgische Funktion mit den sakramentalen Handlungen und der Wortverkündigung im Mittelpunkt und damit im Vordergrund. Auch im *Wiesbadener Programm* (1891) findet die Einheit der Gemeinde in der Einheitlichkeit des Raumes ihren Ausdruck. Die Wiesbadener Ringkirche ist sicherlich das beeindruckendste Beispiel. Ebenso sind die zentralen Gestaltungsgedanken in der noch stilrein bis in alle Ausstattungselemente hinein erhaltenen Lukaskirche in München ablesbar, die von Albert Schmitt 1895 erbaut wurde.

---

[8] Vgl. Janette Witt, Stefanie Unruh, Fotocollagen *Bildersammlung*, 2015, in: Sieben mal Sieben. Kunst des 21. Jahrhunderts in der Evangelisch-Lutherischen Kirche in Bayern, hg. von Helmut Braun (Lindenberg 2019) 171.

[9] Martin Luther, Einweihung eines neuen Hauses zum Predigtamt des göttlichen Wortes, Erbaut im Kurfürstlichen Schloss zu Torgau (1546). In: Martin Luther. Deutsch-deutsche Studienausgabe, Bd. 2: Wort und Sakrament, hg. von Dietrich Korsch/Johannes Schilling (Leipzig 2015) 851–891, hier 861.

[10] Vgl. Günter Dippold/Markus Mühlnikel/Klaus Raschzok (Hg.), »Markgrafenkirchen«. Interdisziplinäre Perspektiven auf die protestantischen Sakralbauten des Fürstentums Brandenburg-Bayreuth (Bayreuth 2022).

Die *Rummelsberger Empfehlungen* (*Grundsätze für die Gestaltung des gottesdienstlichen Raumes der evangelischen Kirchen*), die die Evangelische Kirche in Deutschland (EKD) 1951 auf ihrer Zweiten Evangelischen Kirchbautagung in Rummelsberg verabschiedete, wandte sich dezidiert gegen das *Eisenacher Regulativ* von 1861, das die Orientierung auf historische, namentlich mittelalterliche Baustile und Vorbilder propagierte, aber auch gegen das *Wiesbadener Programm* von 1891, welches das Ideal der (oft als Zentralbau angelegten) protestantischen Predigtkirche der Neuzeit in den Vordergrund gerückt hatte. Im Zusammenwirken von Theologen und Architekten wurden allgemeine Regeln entwickelt, die den protestantischen Kirchenbau der Nachkriegszeit in seinem geänderten Verhältnis zur Gesellschaft bestimmen sollten: Ausrichtung nach Osten, Mittelgang, dreistufig erhöhter Chorraum, ›Familie‹ der Prinzipalia.

Schließlich raten die bis heute noch gültigen *Wolfenbütteler Empfehlungen* (1991), Räume in protestantischer Sakralität zu planen, die Begegnung der Kirchengemeinschaft mit dem lebendigen Gott zu ermöglichen und dabei Flexibilität – auch in ökumenischer Hinsicht – zuzulassen. Künstler und Künstlerinnen sollten bei der Gestaltung frühzeitig eingeschaltet werden. Der Altar sollte von allen Seiten zugänglich sein, um das Prinzip des Zusammenkommens und das Priestertum aller Gläubigen anschaulich zu machen. Bereits Luther hat die Stellung des Predigers *versus populum* empfohlen. »Aber ynn der rechten Messe unter eyttel Christen muste der altar nicht so bleyben und der priester sich ymer zum volck keren, wie on zweyffel Christus ym abendmal gethan hat.«[11] Luther spricht immer auch vom ›Sakrament des Altares‹: An diesem Ort erkennt der Glaube (›mit gläubigem Herzen‹!) Leib und Blut Christi. Im Glauben erreicht Gott in Wort und Sakrament das ›Herz‹ des Menschen, um ihn ›an Leib und Seele zu erfüllen‹. Deshalb sollten der Altar und alle für die Liturgie wichtigen Ausstattungsobjekte mit höchstem Anspruch künstlerisch gestaltet werden. Diese sogenannten Prinzipalstücke sind diejenigen Orte, an denen Liturgie als wichtigste Pointe des Zusammenspiels von Theologie, Kirche und Kultur stattfindet. In ihrer Gestaltung soll die Kunst, Gott zu feiern, zum Ausdruck kommen.

---

[11] Martin LUTHER, Deutsche Messe und Ordnung Gottesdiensts (1526), in: WA 19 (Weimar 1897), 44–113, hier 80.

III. Der Raum und die Kunst als Selbstvergewisserung religiöser Erinnerungskultur: ausgewählte Beispiele zeitgenössischer Kunst

III.1 Meide Büdel, Altar und Ambo, Christuskirche Nürnberg

Die neuen Prinzipalstücke von Meide Büdel in der Christuskirche in Nürnberg muten zunächst wie eine physikalische Versuchsanordnung an.

Abb. 2: Meide Büdel, Altar und Ambo, *Ort der Rede*, 2007–2008, Stahl, Beton, Acrylglas, Altarplatte: B. 270 cm, T. 140 cm, H. 6 cm; *Ort der Rede*: H. 115 cm, B. 410 cm, T. 30 cm; Glasband: L. 1316 cm, B. 2,1 cm; Christuskirche Nürnberg
(Foto: Annette Kradisch, Nürnberg)

Es sind im Raum verankerte und verspannte Großplastiken, die mit der architektonischen Hülle eine feine Objektsetzung und Materialkonstellation darstellen. Nicht mehr und nicht weniger. Und doch: Sie strukturieren den Raum, schaffen Bezüge zu ihm, verändern seine Wahrnehmung. Sie werden in liturgische Feiern einbezogen. An der Betonplastik wird das Evangelium verkündet, an der abgehängten Stahlplatte das Abendmahl empfangen. Die Gemeinde hat hier einen besonderen Ort im Raum für die Versammlung und für die Begegnung mit Christus.[12]

Eine Baumaßnahme war der Auslöser für einen künstlerischen Wettbewerb zur Neugestaltung des liturgischen Bereichs, aus dem Meide Büdel als Siegerin hervorging. Das in der Nachkriegszeit neu errichtete Kirchengebäude neben dem vom Krieg verschonten neugotischen Backsteinturm war für die Südstadtgemeinde in den letzten Jahren zu groß geworden. Daher wurde in den Jahren 2006 bis 2008 ein dreigeschossiger, kubischer Baukörper aus Stahl und Sichtbeton mit hängender Glasfassade in den vorderen Teil der Kirche, ein Gemeindehaus mit Versammlungsräumen, Pfarramt und einem Kirchencafé (Architektin Susanne Frank) nach dem Prinzip Haus im Haus eingebaut. Der verbleibende liturgische Raum von nunmehr fast quadratischem Grundriss bedurfte einer künstlerischen Neuordnung. Das gestalterische Konzept, mit dem zwei neue Prinzipalia in die vorhandene Situation zu integrieren und der alte Taufstein bei-

---

[12] Vgl. Helmut Braun/Rüdiger Scholz, Meide Büdel, Altar und Ambo *Ort der Rede*, 2007–2008, in: Braun (Hg.), Sieben (wie Anm. 8) 56.

zubehalten waren, orientierte sich am nun kompakteren und optisch höher wirkenden Gottesdienstraum:[13] »Diesen Luftraum wahrzunehmen und dreidimensional erlebbar zu machen, ist ein wichtiger Teil meines künstlerischen Konzepts.«[14]

Der ›schwebende Altar‹ ist eine massive brünierte und polierte Stahlplatte, die über einer in den Kirchenraum vorgezogenen Stufe an vier Stahlseilen von der Decke abgehängt ist. Dahinter befindet sich der *Ort der Rede* ein Ambo mit leicht konvexer Brüstung aus anthrazit eingefärbtem Beton mit zwei rückwärtigen Stahlblechen als Buchablage. Die Materialität bezieht sich auf die Betonbinder des Kirchenschiffs wie auch auf das neu eingebaute Gemeindehaus und bildet gleichzeitig einen ruhigen optischen Hintergrund für den ›schwebenden Altar‹. Beide Prinzipalstücke verbindet ein in den Boden eingelegtes Band aus gelbem Acrylglas. Meide Büdels Arbeiten sind in ihrer symbolisch-assoziativen Bildsprache sowohl im Bereich sakraler Funktions- als auch religiöser Denkräume eine starke Herausforderung für die Wahrnehmung theologischer, philosophischer und gesellschaftlicher Übergänge. Ihre Arbeiten sind nie eindeutig zuzuordnende Zeichen, sondern entfalten sich aufgrund ihres vielfältigen Deutungspotenzials als starke ›Code-freie‹ Symbole, die in tieferen Schichten angelegte Bilder hervorrufen und religiöse Gefühle freilegen können.[15] Mit dieser Installation und dem Zusammenspiel von Kunst und Architektur entsteht in der liturgischen Nutzung ein Ausdruck des Erinnerns an protestantische Christologie.

III.2 Lutzenberger + Lutzenberger, Altar und Ambo, St. Anna-Kirche Augsburg

Die im Kern 1321 von den Karmeliten errichtete St. Anna-Kirche inmitten der Altstadt Augsburgs, seit 1534 evangelische Hauptkirche, stellt sich als komplexes Raumgefüge unterschiedlicher Bau- und Ausstattungsphasen dar. Für die Gestaltung eines umschreitbaren Mittelaltars als Ersatz für ein jahrzehntelanges Provisorium sowie eines Ambos wurde 2012 ein Wettbewerb ausgeschrieben. Die Jury sprach sich einstimmig für den Entwurf des Künstlerehepaars Susanna und Bernhard Lutzenberger aus und wählte somit einen Altar in Form eines kubischen, liegenden lateinischen Kreuzes, umgesetzt als Plastik in der Verwendung von rot pigmentiertem Feingusswachs.

Der Körper zeigt sich in seiner Reduziertheit zurückhaltend einfach. Neben dem Altar befindet sich der Ambo, eine Stele mit angeschrägtem oberem Abschluss, die aus dem gleichen Material gefertigt wurde.[16] Altar und Ambo bilden einen neuen li-

---

[13] Vgl. ebenda.
[14] Meide BÜDEL, Kunstpreis der Evang.-Luth. Kirche Bayern 2008, hg. vom Landeskirchenrat der Evangelisch-Lutherischen Kirche in Bayern (Schriftenreihe Kunstpreis der Evang.-Luth. Kirche in Bayern 1, München 2008) 8.
[15] Vgl. BRAUN/SCHOLZ, Meide Büdel, Altar und Ambo *Ort der Rede*, 2007–2008, in: BRAUN (Hg.), Sieben (wie Anm. 8) 56.
[16] Vgl. Eva MAIER, Lutzenberger + Lutzenberger, *Abendmahlsaltar und Ambo*, 2013, in: BRAUN (Hg.), Sieben (wie Anm. 8) 54.

Abb. 3: Lutzenberger + Lutzenberger, *Abendmahlsaltar und Ambo*, 2014, Pigmentiertes Wachs, Altar: H. 95 cm, L. 148 cm, B. 108,5 cm; Ambo: H. 113 cm, B. 57 cm, T. 38 cm; St. Anna-Kirche, Augsburg (Foto: Klaus Lipa, Diedorf)

turgischen Mittelpunkt unter der Kanzel. Sie sind in besonderer Weise als integrative Teile der Ausstattung zu verstehen und fügen sich ausgesprochen stimmig und sensibel in den historischen Kontext.

»Die Farbregie bedient sich der Grundfarbe Rot als dominante, im gesamten Raum immer wiederkehrende Hauptfarbe. Im Bereich der neuen Prinzipalstücke kulminiert nun die Raumfarbigkeit und der Altar bindet den Raum, ohne ihn zu beherrschen. Hier konzentriert sich der intensivste Farbwert im Raum, der zugleich Widerhall in den Marmor- und – bereits abstrahiert – in den erwähnten Stuckmarmorverkleidungen und der Deckenmalerei findet. Die Farbe transportiert zugleich eine bedeutungsschwere Materialikonographie: Durch den Guss entstanden Farbverläufe, die an die Musterung eines Gesteins erinnern. Die Verwendung roten Gesteins konnte sich auf die Assoziation eines aus der Antike abgeleiteten, unumschränkten Herrschaftsanspruchs beziehen. Eine besonders starke Herrschaftsikonographie liegt dem Gestein Porphyr inne, ein besonders harter, beständiger Stein und Symbol für Dauerhaftigkeit, dessen Materialikonographie später eine Ausweitung auf christliche Bedeutungszusammenhänge erfuhr. Ein spannender Kontrast zu dieser transportierten Bedeutung ist die Verletzlichkeit des Werkstoffs Wachs – die sich schon heute an den zahllosen Spuren und Kratzern in der Oberfläche offenbart.«[17]

Für die überaus ästhetische, in Inhalt und Gestaltung übereinstimmende Arbeit erhielt das Künstlerpaar 2014 den Kunstpreis der Evangelisch-Lutherischen Kirche in Bayern.

Kulturelle Systeme – wie die Religion – leben von Prozessen der Erinnerung sowie der Bewahrung und Sammlung von Erinnerungsobjekten, gerade wenn es sich um Gotteserfahrungen bzw. deren Erzählungen handelt.

---

[17] Ebenda.

III.3 Olafur Eliasson, raumbezogene Gestaltung, Gemeindezentrum Kösching

Das von dem Büro Diezinger Architekten entworfene und 2018 eingeweihte Gemeindezentrum in Kösching ging ebenfalls aus einem Architektenwettbewerb hervor. Der Kern der um einen Innenhof gruppierten Anlage bildet der Gottesdienstraum als introvertierter Sakralraum mit indirekt von oben beleuchteter Wandscheibe hinter dem liturgischen Bereich. Der ebenfalls vom selben Architekturbüro entworfene Altar vereinigt die beiden Sakramente der evangelischen Kirche – Taufe und Abendmahl – sowie den Ort der Predigt und stellt eine Konstante der Christusbegegnung im Raum dar. Der Künstler Olafur Eliasson wurde um eine raumbezogene Gestaltung gebeten.

Abb. 4: Olafur Eliasson, Installation *Der Lauf der Sonne,* 2018, 12 Ellipsen aus Messing mit Abstandshaltern, H. 712 cm, B. 827 cm, T. 445 cm; Dietrich-Bonhoeffer-Kirche, Kösching
(Foto: Peter Bonfig, München)

Seine Installation besteht aus zwölf Messingringen, die raumgreifend an der Altarrückwand, der Decke und der Seitenwand angeordnet und zu Ellipsen verformt sind. Die Anordnung der Kreise bezieht sich auf den Lauf der Sonne zur jährlich zweimal wiederkehrenden Tag-und-Nacht-Gleiche im März und September. Je nach Lichteinfall – ob Tageslicht oder elektrische Beleuchtung – verändert sich das Schimmern ihrer Oberflächen. Bei einem Besuch in seinem Berliner Studio erzählte der in Kopenhagen geborene und in Island aufgewachsene Künstler von Kirchenbesuchen als Junge mit seinen Eltern in Dänemark. Das Flackern des Kerzenlichts, seine Reflexionen im Raum und v. a. das Schimmern des Lichts auf den vergoldeten Altären hätten ihn damals schon fasziniert. Von diesem Schimmer soll auch die Köschinger Installation erzählen. Eliasson bezieht sich auch in dem kleinen Raum in Kösching auf die Natur, die Schöpfung, den Kosmos. Eine moderne Interpretation des Versuchs mittelalterlicher Kirchen, die geistige Ordnung der Welt darzustellen und anschaulich zu machen. Während der konzentrierte Altar eine im christlichen Sinne Gestalt gewordene Mitte definiert, so bringt Eliassons Werk das Erlebnis der Weite und Endlosigkeit und damit der Allgegenwärtigkeit Gottes mit in den Raum ein. Fragen über die eigene Verortung, den eigenen Standpunkt zwischen Gott und Welt werden angeregt. Es gibt einen Betrachterstandpunkt im Raum, an dem sich optisch alle Ellipsen zu Kreisen schließen.[18]

---

[18] Vgl. Helmut BRAUN, Olafur Eliasson, Installation *Der Lauf der Sonne*, 2018, in: DERS. (Hg.), Sieben (wie Anm. 8) 170.

III.4 Meide Büdel, Kreuzigungsgruppe, Auferstehungskirche Rottach-Egern

Weder ästhetisch ansprechend noch gefällig und schon gar nicht leicht konsumierbar: Die Kreuzigungsgruppe der Nürnberger Bildhauerin Meide Büdel an der Fassade der Auferstehungskirche in Rottach-Egern will auch nichts von alledem sein. Ihre Darstellung fernab gewohnter Ausdrucksweisen zielt auf das Grausame, das Schmerzhafte des Ereignisses, den unmittelbaren Todesmoment Christi.

Abb. 5: Meide Büdel, *Kreuzigungsgruppe* 2010–2011, Lärchenholz, Gummibänder, Stahlbänder H. 437 cm, B. 188 cm; Auferstehungskirche, Rottach-Egern
(Foto: Siegfried Wameser, München)

Im Fokus der abstrakten Komposition stehen zwei geschwärzte, scheinbar gebrochene Holzblöcke: der geschundene Korpus am absoluten Nullpunkt, konzentriert »auf den ›Schmerzpunkt‹, die Seele«.[19] Umspannt wird das klaffende Holz von zwei waagrechten, leicht versetzten Gummibändern, die mit nagelähnlichen Schrauben in der Wand fixiert sind. Alle übrigen darstellerischen Elemente treten demgegenüber optisch zurück. Den Kreuzstamm markiert ein vertikales, helles, nur vier Zentimeter breites Stahlband. Bedingt durch die Neigung der Fassade ist es am Fußende in die Wand eingeschnitten und tritt oben aus der Fassade heraus. Einerseits eine Verletzung der Fassade, andererseits ein Aufwärtsstreben, das – oberhalb des Todesmoments – symbolhaft auf die Auferstehung verweisen kann. Die Stelle dreier früherer, hier angebrachter Figurenkonsolen nehmen nun kurze Bänder ein. Der traditionelle Platz der Assistenzfiguren Maria und, Johannes unter dem Kreuz bleibt jedoch leer; lediglich ihre Größe im Verhältnis zum Kreuz wird wiederum durch kurze Bandstücke angezeigt. Hier ist der Betrachtende gefragt, wird möglicherweise aufgefordert, die leere Stelle unter dem Kreuz einzunehmen und die Trauer der Begleitfiguren unmittelbar selbst zu erfahren.[20]

---

[19] Meide Büdel, Notiz in einer Entwurfsskizze vom 24. September 2011, abgebildet in: Kirchenführer Auferstehungskirche Rottach-Egern, hg. von der Evang.-Luth. Kirchengemeinde Tegernsee (Rottach-Egern 2016) 38.

[20] Vgl. Rüdiger Scholz, Meide Büdel, *Kreuzigungsgruppe*, 2010–2011, in: Braun (Hg.), Sieben (wie Anm. 8) 82f., hier 83.

In den Jahren 2010 bis 2011 erhielt die nach Plänen von Olaf Andreas Gulbransson 1955 erbaute Auferstehungskirche in Rottach-Egern ein neues Dach. Gleichzeitig fand ein engerer Wettbewerb für Künstlerinnen und Künstler zur Gestaltung der Fassade statt, für die von Anfang an eine *Kreuzigungsgruppe* über der Eingangstür vorgesehen, aber nie verwirklicht worden war. Unter den fünf eingereichten Entwürfen wurde der von Meide Büdel einstimmig ausgewählt und zur Ausführung empfohlen – der einzige Entwurf, der mit der traditionellen Kreuzigungsikonographie radikal bricht und vom Betrachter eine neue Seh- und Annäherungsweise fordert. Und dennoch fügt sich die zeitgenössische Komposition nahtlos in den historischen Bestand ein, ohne in künstlerische Konkurrenz zu dem bereits Vorhandenen zu treten. Die (von Beginn an vorgesehene) Kreuzigungsdarstellung vervollständigt das ikonographische Bildprogramm der Kirche: Der Besuchende tritt unter dem Todesmal Jesu in die Kirche ein, schreitet am Taufstein (Aufnahme in die Gemeinde) im dreieckförmigen Zentrum vorbei in Richtung Ambo (Verkündigung) bis vor den Altar (Gemeinschaft im Mahl) und blickt hinauf zum 1964 geschaffenen Glasfenster von Arno Bromberger (Auferstehung).[21] Der Tod und seine Überwindung sowie wichtige christliche Lebensstationen, all das macht der Kirchenbau erfahrbar.

Prozesshafte Veränderungen, die Beschaffenheit der Materialien, ihre Spannungen und die Suche nach dem Gleichgewicht der Kräfte, das sind Themen, die Meide Büdel in ihrem Werk beschäftigen. Auch die *Kreuzigungsgruppe* in Rottach-Egern greift diese Motive sinnfällig auf und stellt sie gleichzeitig in einen christlichen Kontext.

> »Die Arbeit hat wegen ihrer Abwendung von traditioneller Ikonographie, ihrer Transformation in neu gefundene Bildelemente und ihrer konzentrierten Zurückhaltung in der Darstellung das Potential, nicht nur künftig auf Dauer den vorhandenen Kirchenbau mitzuprägen, sondern ein wichtiger Beitrag zum Christusbild des 21. Jahrhunderts zu sein.«[22]

Architektur, Raum, Inhalt und Liturgie spielen hier und in den vorangegangenen Beispielen zusammen.

> »Im Gottesdienst (jedenfalls in der Form der Messfeier) gilt daher die rituell im Abendmahl vollzogene vergegenwärtigende Erinnerung an das Heilshandeln Gottes in Jesus Christus (Anamnese) als ein Zentrum des Rituals. Die um die Eucharistie versammelte Gemeinde ist eine feiernde Erinnerungsgemeinschaft. Ihr Ritual ist eine performative Handlung, die bewirken soll, was symbolisch zum Ausdruck gebracht wird. In der Feier der Eucharistie wird dankbar des geschichtlich offenbarten Heils gedacht und zugleich der Grund gelegt zu einer Änderung des Lebens und Handelns. Die eucharistische Feier ermöglicht zugleich die Erfahrung neuer Lebenskraft und die Todeswahrnehmung in-

---

[21] Vgl. Peter POSCHARSKY, Kirchen von Olaf Andreas Gulbransson (München 1966) 30.
[22] Helmut Braun im Protokoll der Jury vom 1. Juli 2010, zitiert nach: Helmut BRAUN, »Consummatum est«. Zum Todesmal Jesu an der Auferstehungskirche in Rottach-Egern. *Kirche + Kunst* 90/1 (2012), 16–19, hier 18.

mitten einer Welt der Todesverdrängung und der fortschrittsfixierten Todesflucht. Sie sensibilisiert für das Leiden und motiviert zum Engagement für das Leben in Gerechtigkeit und Frieden.«[23]

III.5 Juliane Schölß, Abendmahlsgarnitur, Karolinenkirche, Großkarolinenfeld

Die ungewöhnlich heterogene, poröse Oberfläche der drei Silberschalen, ihre unebenen Kanten und der Wechsel zwischen Glanz und Matt lassen erahnen, dass diese Gefäße bereits eine Geschichte in sich tragen. Diese beginnt in den Häusern der Großkarolinenfelder Bürgerinnen und Bürger, die aufgerufen waren, Gegenstände aus Silber für neue *Vasa sacra* zu spenden.

Abb. 6: Juliane Schölß, *Abendmahlsgarnitur*, 2018, Silber, 3 Kelche: H. 24,5 cm; 3 Brotschalen: Dm. 16,7–18,7 cm; 1 Kanne: H. 29,3 cm; Karolinenkirche, Großkarolinenfeld (Foto: Eva Jünger, München)

Bestecke, Münzen, Schmuck und allerlei Erinnerungsstücke wurden am Metallurgischen Institut der Rheinisch-Westfälischen Technischen Hochschule Aachen eingeschmolzen, gereinigt und in Barren gegossen. Die Künstlerin Juliane Schölß stellte Wachsschalen her, deren Form sich sowohl an den Proportionen der menschlichen Hand als auch an den in der Karolinenkirche vorkommenden Tür- und Fensterbögen orientierten. Diese wurden anschließend im Rahmen einer Abendmahlsfeier unter den Teilnehmern weitergegeben, wobei jeder die Möglichkeit hatte, Spuren zu hinterlassen. Die so mit ›Eindrücken‹ der Gemeinde versehenen Schalen wurden an der Akademie der Bildenden Künste Nürnberg mit dem gesammelten Silber ausgegossen. Die Größe der Schalen sollte sowohl für die Verwendung von Hostien wie auch von Brot geeignet sein. In ihrer Individualität können sie als künstlerische Interpretation der Vorstellung von der Gemeinde als in sich vielfältiger ›Leib Christi‹ gedeutet werden. Ergänzend entstanden drei schlichte, streng geometrische Kelche aus mattiertem Silberblech. Diese unterscheiden sich lediglich durch leicht variierende Proportionen von Fuß und Cuppa sowie in der Gestaltung

---

[23] BUBMANN, Erinnerungskultur (wie Anm. 1) 21f.

des Nodus. Einer der Kelche, der als Saftkelch genutzt wird, nimmt darin die für den Fliesenboden der Kirche charakteristische Dreiecksform auf. Alle Kelche sind dreiteilig aufgebaut und inwendig verschraubt. Die Kelchverschraubung, auch Seele genannt, ist ebenfalls aus dem gesammelten Silber gefertigt. Dazu tritt schließlich eine ebenso schlichte, nach oben strebende Abendmahlskanne mit bügelförmigem Henkel und erneut dreiecksförmiger Schnaupe.[24]

Die im Rahmen eines Wettbewerbs hervorragend gelöste künstlerische Aufgabe bestand zum einen in der Auseinandersetzung mit dem bilderlosen, weißen Raum der klassizistischen Karolinenkirche, der ältesten evangelischen Kirche Altbayerns. Zum anderen sollte unter dem Motto ›Versammelt um den Kelch‹ zusammen mit dem bestehenden, sogenannten Karolinenkelch[25] ein neues Ensemble geschaffen werden, innerhalb dessen keine Hierarchie entsteht zwischen alt und neu, ornamentaler Verzierung und moderner Schlichtheit.

Die Besonderheit dieses Projekts liegt nicht zuletzt in seiner ökumenischen Dimension. Nicht nur die katholische Nachbargemeinde hat eine Sonderkollekte gesammelt, auch zahlreiche Silberspenden katholischer Mitchristinnen und Mitchristen sind in die neuen *Vasa sacra* wortwörtlich eingeflossen.[26]

IV. Friedhöfe als Erinnerungsorte

> »Mit dem Verweis auf die Bestattungsfeiern ist der Übergang zu den stärker persönlich-individuellen Formen der Inanspruchnahme ästhetischer Prozesse innerhalb der religiösen Erinnerungskultur vollzogen. Der Umgang mit den Toten war und ist schon immer ein besonders markanter Bereich der religiösen Erinnerungskultur. Eine komplexe Form ästhetischer Erinnerung der Toten hat sich entwickelt im Begräbnis und in den Gedenkgottesdiensten. Der Friedhof mit seinen spezifischen ästhetischen Ausdrucksformen an Grab- und Gartengestaltung und mit den Ritualen der Grabpflege ist deutlichstes Symbol dieser Erinnerungskultur.«[27]

Am Beispiel des Ausstellungsprojekts *unendlich still… Zeitgenössische Kunst auf evangelischen Friedhöfen in Bayern* soll dies verdeutlicht werden.[28] Die Beobachtung des dramatischen Umbruchs der Friedhofs- und Bestattungskultur und damit einhergehend der Erinnerungskultur in Deutschland war Anlass für eine Bestandsaufnahme aller evangelischen Friedhöfe in Bayern und einer Dokumentation des

---

[24] Vgl. Richard Graupner, Juliane Schölß, *Abendmahlsgarnitur*, 2018, in: Braun (Hg.), Sieben (wie Anm. 8) 104.

[25] Vgl. Johann S. Tretzel, Kurze Geschichte der Kolonie und protestantischen Pfarrgemeinde zu Groß-Karolinenfeld (Sulzbach 1823) 21f., 38; Johann M. Fritz, Das evangelische Abendmahlsgerät in Deutschland. Vom Mittelalter bis zum Ende des Alten Reiches (Leipzig 2004) 313, 519f.

[26] Vgl. Richard Graupner, Juliane Schölß, *Abendmahlsgarnitur*, 2018, in: Braun (Hg.), Sieben (wie Anm. 8) 104.

[27] Bubmann, Erinnerungskultur (wie Anm. 1) 23.

[28] Vgl. Kunstreferat der Evangelisch-Lutherischen Kirche in Bayern (Hg.), unendlich still… Zeitgenössische Kunst auf evangelischen Friedhöfen in Bayern (Nürnberg 2022).

mit ihnen verbundenen kirchlichen Lebens. Dazu ist das Buch *Evangelische Friedhöfe in Bayern*[29] erschienen, das einen Blick auf die vielfältig historisch gewachsenen Gegebenheiten und die Bestattungskultur in den Kirchengemeinden wirft. Ziel war es, den Reichtum der eigenen Traditionen und Formen in den Bereichen Geschichte, Kunst, Kultur, Theologie, Spiritualität und ästhetischer Erinnerungskultur wahrzunehmen sowie Linien der eigenen Identität zu entdecken und aufzuzeigen. Ein weiterer Aspekt ist die gegenwärtige Gestaltung von Friedhöfen und der Versuch, sie durch Kunst und Kultur als Erlebnisräume und als Orte des Innehaltens, des Nachdenkens und auch der Hoffnung neu wahrzunehmen. Der italienische Architekt Carlo Alberto Scarpa (1906–1978) bemerkte bei seiner Gestaltung des Friedhofs La Tomba Brion im Veneto, 1970/72 gebaut, Friedhöfe sollten »Orte der heiteren Meditation«[30] sein. Kann ein Friedhof der Ort einer ›heiteren‹ Erinnerungskultur sein? Das Kunstreferat der Evangelisch-Lutherischen Kirche in Bayern hat im Herbst 2021 eine entsprechende Konzeption einer temporären Ausstellung unter dem Titel *unendlich still… Zeitgenössische Kunst auf evangelischen Friedhöfen in Bayern* entwickelt. Die Ausstellung fand vom 1. Mai bis 30. September 2022 zeitgleich an sechs Orten statt: am Stadtfriedhof Ansbach, am Protestantischen Friedhof Augsburg, am Stadtfriedhof Bayreuth, am Johannisfriedhof Nürnberg, am Friedhof Oberallershausen und am Evangelischen Zentralfriedhof Regensburg. Die Interventionen der 28 beteiligten Künstlerinnen und Künstler griffen vielfältige historische Motive auf und spielten mit ganz unterschiedlichen Materialien, Ausformungen und sinnlichen Ausdrucksweisen (Video, Fotografie, Malerei, Zeichnung, Sound, Installation, Skulptur). Dazu kam ein Begleitprogramm mit je eigenen Eröffnungsveranstaltungen, Künstlerinnen- und Künstlergesprächen, Vorträgen und Konzerten in Kooperation mit den regionalen Kunstbeauftragten der Kirchenkreise. Als Beispiel sei auf die Installation von Ursula Kreutz auf dem Nürnberger Johannisfriedhof verwiesen (Abb. 7).

Vom Kuratoren-Team befragt, äußerten sich die beteiligten Künstlerinnen und Künstler zum Spannungsfeld Kunst und Friedhof überwiegend positiv:[31] In einer »digitalisierten, virtuellen Welt sind neben den klassischen Ausstellungsorten Orte der Besinnung […] von besonderer Bedeutung«. Sie könnten durch zeitgenössische Kunst »mit neuer Energie aufgeladen werden« (Manfred Mayerle) oder »sich im besten Falle gegenseitig aufladen« (Meide Büdel). Friedhof und Atelier seien enge

---

[29] Vgl. Hans-Peter Hübner/Klaus Raschzok (Hg.), Evangelische Friedhöfe in Bayern (München 2021).
[30] Carlo Scarpa, La Tomba Brion, San Vito d'Altivole, Fotografie Klaus Kinold (München 2016) 57. Vgl. Philippe Duboy/Peter Noever (Hg.), Die andere Stadt. Die Arbeitsweise des Architekten am Beispiel der Grabanlage Brion in S. Vito d'Altivole (Wien 1989) 37.
[31] Das Kuratoren-Team bestand aus Helmut Braun und Janette Witt. Die beteiligten Künstlerinnen und Künstler wurden mündlich bzw. schriftlich befragt; die Antworten liegen unveröffentlicht vor.

Abb. 7: Ursula Kreutz, Installation FUALUN, 2022, Installation, Stahlstangen 5 m, Schnüre, 150 Filmstills, ca. 60 x 75 cm aus Chiffon, Feld von 20 x 20m; Johannisfriedhof Nürnberg (Foto: Annette Kradisch, Nürnberg)

Verwandte: »An beiden Orten werden die letzten Dinge verhandelt. Es geht um Substanz, Resonanz und Loslassen.« (Werner Mally)

Die Kuratorinnen und Kuratoren konnten ein überwiegend positives Fazit ziehen: Für die Künstlerinnen und Künstler war es eine gern angenommene und Mut machende Herausforderung. Viele Werke waren von hoher künstlerischer Qualität mit klugem Ortsbezug und berührten in ihrer inhaltlichen Tiefe. Je mehr die Trägerinnen und Träger der Ausstellung vor Ort mit eingebunden waren bzw. das Rahmenprogramm selbst verantwortet haben, desto besser war auch die Verknüpfung mit der Gemeinde und den Besuchern. Bei weiteren Projekten dieser Art sollten Konzeptfindung, Auswahl der Künstlerinnen und Künstler, Finanzierung und publikumsorientiertes Rahmenprogramm möglichst frühzeitig gemeinsam mit der zuständigen Fachkompetenz und in gegenseitiger Verantwortung entwickelt werden. Die Einbeziehung zeitgenössischer Kunst kann die Wahrnehmung des sensiblen Ortes Friedhof schulen und verändern. Und damit Erinnerungskultur befördern. Derartige Ausstellungsprojekte bergen enorme Chancen, in Friedhöfen Bereiche ›der heiteren Meditation‹ zu etablieren – temporär wie dauerhaft.

V. Schlussbetrachtung: Thesen für die Kunst und Architektur im Evangelischen Kirchenbau

Kunst ist nicht Illustration eines biblischen Geschehens. Es geht vielmehr um Metaphern, Assoziationen, Analogien – in hoher Qualität. Kunst kann/sollte in Kirche ›eingestellt‹ werden – es geht um die Beziehung zum Raum, zur Form, zum Inhalt, zum ›handelnden‹ Menschen. Der Raum und die Kunst können zum Handeln anregen. So kann im lebendigen Gemeindeleben an Christologie erinnert werden. Im erneuerten Sehen und Wahrnehmen hat die Kunst ihr Ziel und ihre unglaubliche

Chance – Perspektivenwechsel, Einübung des Sich-Öffnens, Sich-Einlassens, Sich-Berühren-Lassens, Sich-Erinnerns, Sich-Vergewisserns, Sich-Erkennens: vielleicht die einzige Chance des Spürens einer bilateralen horizontalen (gesellschaftlichen, sozialen) und vertikalen (religiösen, spirituellen) Resonanz.

Abschließen möchte ich mit einem Zitat von Peter Bubmanns Überlegungen zur ›Erinnerungskultur‹:

»Es ginge also einerseits darum, in je individueller Weise eigene Erinnerungsprozesse in den vielfältigen Medien ästhetischer Wahrnehmungs- und Ausdrucksformen gestalten zu können, um daraus Gewinne für die eigene Identitätsbildung zu ziehen. Und andererseits darum, die existierenden (und politisch wie massenmedial gesteuerten) Formen der kollektiven ästhetisch-kulturellen Gedächtniskultur kritisch auf ihre Ziele und ihre Stimmigkeit hin befragen zu können, um als freie und souveräne Mitspielende und nicht allein als passiv Konsumierende innerhalb der Gedächtniskultur agieren zu können. Insofern beförderte ein Mehr an ästhetischer Bildung in der Erinnerungskultur zugleich immer auch die Chancen demokratischer Teilhabekultur insgesamt. Die Erinnerungskultur benötigt also um ihrer selbst willen ein fortwährendes Bemühen um die ästhetisch-bildende Kultivierung des Erinnerungssinns.«[32]

---

[32] BUBMANN, Erinnerungskultur (wie Anm. 1) 27.

Der Raum predigt mit

Erinnern, Gedenken und Feiern in der Lutherischen Stadtkirche Wien

Von Johannes Modeß

I. Einleitung: Erinnerung synchron. Oder: Erinnerungsensembles theologisch lesen lernen

Im Zentrum des Nachdenkens über das evangelische Erinnern stehen zumeist einzelne Denkmäler, Denkmäler aus einzelnen Epochen oder aber Systematisierungen bestimmter Denkmalstypen.[1] In den Beschreibungen von Kirchenräumen in Broschüren oder Denkschriften wiederum werden die verschiedenen Erinnerungsstücke des Raumes meistens diachron dargestellt, nämlich von ihren jeweiligen historischen Kontexten beleuchtet und erklärt. Dies ist gut und richtig so – allerdings geht dabei ein Aspekt unter, den ich jedoch für sehr spannend halte, wenn es um das evangelische Erinnern gehen soll. Dieser Aspekt lässt sich am besten beschreiben, wenn ich den Kirchenraum aus zwei Perspektiven in den Blick nehme – aus der Perspektive einer Touristin und eines Liturgen. Der Blick beider stimmt darin überein, dass er die diachronen Erinnerungsstücke synchronisiert: Der Raum wird als eine Einheit wahrgenommen, die jetzt so ist, wie sie geworden ist. In ihm befindet sich ein Erinnerungsensemble, das Erinnerungen an verschiedene Zeiten im Jetzt zusammenfasst: Jetzt zeigt dieses Ensemble an, mit welchen Erinnerungen die Gemeinde lebt (auch wenn sie vielleicht nicht gut mit ihnen leben kann). Der Blick der Touristin ist exemplarisch spannend, weil er keine Zukunft hat: Bei ihm bleibt es mutmaßlich. Vor ihm als immer mögliche Momentaufnahme wird sich das Erinnerungsensemble rechtfertigen müssen. Die Touristin macht sich schließlich auch ein Bild von der Gemeinde, die sich auf jene Weise erinnert, die sich dieser Touristin so gerade darbietet. Für den Liturgen ist der Raum, so wie er ist, ein liturgischer Spielpartner: Das Erinnerungsensemble, wie es *jetzt* ist, redet, betet, predigt mit – unterstützt das gesprochene Wort oder widerspricht ihm. Touristin und Liturg verstehen den Kirchenraum in seiner ›Gleichzeitigkeit des Ungleichzeitigen‹ und müssen und dürfen so mit ihm umgehen.

So möchte ich in zweierlei Hinsicht nach unserem Erinnern in der Lutherischen Stadtkirche Wien-Innere Stadt fragen, in der ich seit September 2022 als Pfarrer tätig bin. Einerseits, inspiriert vom touristischen Blick: Wer sind ›Wir‹ als

---

[1] Vgl. dazu jetzt etwa den hervorragenden Beitrag von Tim Lorentzen, Trauer und Trotz. Religiöses Kriegsgedenken nach 1918. *MKiZ* 17 (2023) 13–47.

Erinnerungsgemeinschaft, als Gemeinde, in diesem Kirchenraum? Und ich frage als Liturg nach dem Kirchenraum als meinem liturgischen Spielpartner: Was predigt unser ›Erinnerungsensemble‹, für welche Theologie steht es? Ich gliedere meinen Beitrag nach verschiedenen ›Predigt-Moves‹[2] unseres Kirchenraumes, d. h. nach zusammenhängenden Teilen innerhalb des Erinnerungsensembles, die mir als Liturgen und der versammelten Gemeinde etwas sagen wollen, durch die die Gemeinde sich aber auch selbst als Gemeinde entwirft.

II. Predigt-Move 1: Was machst du hier in meinem Kloster? Oder: Es gibt ein Leben vor der ›Stunde Null‹

Leonhard Jungwirth und Astrid Schweighofer schreiben in diesem Band (mit Verweis auf Rudolf Leeb) vom Toleranzpatent 1781 als der ›Stunde Null‹ des österreichischen Protestantismus.[3] Ich halte das für eine sehr treffende Formulierung, die ein Spezifikum der innerprotestantischen österreichischen Geschichtsschreibung gut auf den Punkt bringt. In unserem Kirchenraum allerdings werde ich als Liturg schon vor dem Beginn des Gottesdienstes daran erinnert, dass diese ›unsere‹ Kirche, ein Leben vor der ›Stunde Null‹ hatte. Während ich den Sitz des Beffchens (manchmal gar mit Lutherrose) im Spiegel in der Sakristei kontrolliere, fällt mein Blick notgedrungen auf jenes Fenster, das mich mahnt, das Leben vor der ›Stunde Null‹ nicht zu vergessen: »Elisabetha von Gottes Gnaden Französische Königin geb. Königin von Ungarn und Böhmen Erzherzogin von Österreich« steht da auf Latein. Die Gnade Gottes, die zu verkündigen in wenigen Minuten mein Auftrag sein wird, begegnet mir hier – gleichsam *backstage* – noch bevor das Präludium erklingt. Allerdings begegnet sie mir eingebettet in eine Herrschaftstheologie zugunsten jener Stifterin des Klarissenklosters, die eben das Leben in diesem Raum vor der ›Stunde Null‹ möglich gemacht hat. Elisabeth, Tochter Maximilians II. und Ehefrau jenes Karl IX., der die Protestantenverfolgung in der sogenannten Pariser Bartholomäusnacht zu verantworten hat. Die Inschrift im Sakristeifenster fragt mich: Was machst du hier in meinem Kloster? Ich werde erinnert: Du bist hier nicht der historische Hausherr. Wie du gleich die Gnade auslegen wirst, ist nicht unumstritten. Evangelisches Erinnern ist immer auch Erinnern an ein ›Davor‹.

Ich gehe hinein in die Kirche, verneige mich vor dem Altarbild und setze mich schließlich im Presbytergestühl vor jene Gedenktafel, die an Joseph II. und das Toleranzpatent erinnert. Freilich, das Toleranzpatent hat es möglich gemacht, dass dieser Kirchenraum ›unserer‹ wurde, ein lutherischer Kirchenraum. Auch für diesen Kirchenraum markiert 1781 jene Wende, die bis heute darüber bestimmt hat, wer ihn nutzt. Allerdings wissen wir aus den Quellen um die Ambivalenzen, die

---

[2] Moves nennt man in der Dramaturgischen Homiletik kürzere Einheiten, aus denen die gesamte Predigt komponiert wird.
[3] Vgl. den Beitrag im vorliegenden Band.

sich um die Rezeption des Toleranzpatents ranken. Einerseits hat Johann Georg Fock, der erste Pfarrer der Gemeinde, im ersten lutherischen Gottesdienst in dieser Kirche von der Kanzel einen überschwänglichen Dank der Gemeinde an Joseph II. ausgerichtet. Andererseits sind wegen der Unsicherheit der Gemeinde über den Bestand der neu gewonnenen Freiheit zwei Jahre zwischen 1781 und diesem ersten Gottesdienst am 1. Advent 1783 verstrichen. Es gab durchaus Zweifel, ob es sich lohnen würde, einen eigenen Raum zu erwerben oder zu bauen:

> »Itzt hatten wir wohl die Erlaubniß, unsern Gottesdienst frey zu halten, es gieng uns aber das Bethaus ab. Vorher seufzeten wir laut über den Abgang dieses Kleinods, itzt ließen wir uns aber ziemlich Zeit die Hand ans Werk zu legen. Sollen wir es sagen: daß einige aus den Unsrigen sogar an der Dauer dieser Erlaubniß ein Bedenken trugen?«[4]

Doch nicht nur die Gemeinde, auch Joseph II. selbst bekam zu spüren, dass das Toleranzpatent nicht ausschließlich Jubel hervorrief:

> »Während der Umbauarbeiten an der Kirche [1783, Anm. d. Verf.] wurde an der Türe eine Schmähschrift gegen den Kaiser angenagelt. Die Joseph überbrachte Schrift ließ dieser mit der Überschrift ›Pasquill gegen den Kaiser‹ drucken und zu Gunsten der evangelischen Gemeinde auf der Straße verkaufen.«[5]

Nicht alle diese Fakten werden bei einem Blick in die Kirche aufgerufen werden können – besonders die letzten Erklärungen gehen über das hinaus, was im Kirchenraum sichtbar wird. Doch selbst, wenn man dies alles nicht weiß, wird schon in der Kombination aus Elisabeth-Fenster und Josephs-Gedenktafel der feiernden Liturgin etwas mitgegeben: Diese Kirche ist eine ›fremde Heimat‹. Dieser Raum hat schon ganz andere Theologien vertreten als deine. Von Gott und seiner Gnade kann man auch ganz anders reden als du es gleich vorhast. Und das ist legitim. Wie auf Erden, so in diesem Raum: Du bist mindestens so sehr Gast wie Hausherrin!

III. Predigt-Move 2: Der Altar und seine Umgebung

Wer unsere Kirche durch den Haupteingang betritt, sieht auf den Altar und erblickt dabei drei Elemente. Zunächst, wie eine Überschrift, oben über der Empore der Schriftzug: »Des Herrn Wort bleibet in Ewigkeit«. Dann das Altarbild, »ein Ölgemälde, stammt von Franz Linder und ist eine Kopie des kleineren Originalgemäldes *Christus am Kreuz* von Anthonis van Dyck, das sich im Kunsthistorischen

---

[4] N. N. [»Ein Protestant«], Geschichte des ersten Gottesdienstes der Evangelischen in Wien im Auszuge. Ein Vorgeschmack von der Geschichte der neuen akatholischen Kirchen in Österreich. *Wienerische Kirchenzeitung* (1784) 107–132, hier 114.
[5] N. N., Aus der Geschichte der Lutherischen Stadtkirche (Kirchenführer 2017), https://stadtkirche.at/wp-content/uploads/2018/03/kirchenfuehrer-neu-2017.pdf [28.9.2023] 18.

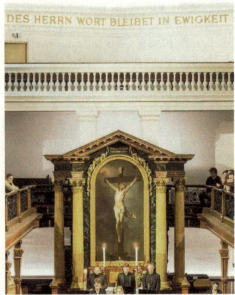

Element 1: Schriftzug

Element 2: Der Gekreuzigte

Element 3: Der sog. Sündenfall

Abb. 1: Der Blick auf den Altar
Abb. 2: Das Relief mit Adam und Eva
Bildrechte Abb. 1 und 2: Alois List

Museum in Wien befindet«.[6] Schließlich das goldene Relief mit einer Darstellung des sogenannten Sündenfalls, das im Übrigen schon bei der Inbetriebnahme der Lutherischen Stadtkirche Aufsehen erregte: »noch unter dem Kruzifix ist der Garten von Eden vorgestellt samt Adam und Eva und den Thieren, alles vergoldet. Die nackte Eva beut dem nackten Adam den Apfel dar. Wie diese Vorstellung die Andacht der Kommunikanten wecken dürfte, ist schwer einzusehen.«[7]

Die exemplarische Touristin, die vielleicht nicht theologisch geschult ist, wird wohl eher zufällig in eine Leserichtung gelenkt. Dabei macht es einen großen Unterschied, ob sie das Altarensemble von oben nach unten oder von unten nach oben liest. Von oben nach unten ergibt sich etwa diese Lesart: »Des Herrn Wort bleibt in Ewigkeit«, aber es ward Fleisch und segnete als solches das Zeitliche (Kreuz, Abb. 1), weil es Mensch und damit Sünder wurde (Adam und Eva, Abb. 2). Als Liturg werde ich versuchen, dem Raum zu dienen, indem ich mit meiner Theologie eine Lesart von unten nach oben stütze, die sich etwa so darstellen könnte: Trotz Schlange, trotz

---

[6] Ebenda.
[7] N. N., Geschichte (wie Anm. 4) 122.

Apfel – Gott sei Dank (Kreuz) – gibt es Zukunft (ewiges Wort). In diesem Blick von unten nach oben liegt ein Grundzug evangelischer Theologie: die hier versammelte Gemeinde versteht sich, ur-evangelisch, als *simul iusta et peccatrix*, Sünderin, aber gerechtfertigt und mit Zukunft ausgestattet. So wird das Altar-Ensemble der Lutherischen Stadtkirche zu einem wahren Stück ›evangelischen Erinnerns‹, da sich die biblischen Erinnerungsstücke zu einer theologisch grundlegenden Aussage zusammenfügen: Die hier versammelte Gemeinde ist gerechtfertigte Sünderin – eine Sünderin mit Zukunft![8]

IV. Predigt-Move 3: Täter, Opfer – oder beides?

Diese Grundaussage, die das Altarensemble biblisch-theologisch artikuliert, wird nun durch die historischen Erinnerungsstücke im Kirchenraum noch weiter vertieft. Betritt man den Kirchenraum über den Haupteingang, durchschreitet das Foyer und tritt ein, so findet man an der linken Wand eine besonders spannende Zusammenstellung: Hier hängen zunächst links die Verschlussplatten der Herzbecher dreier Habsburger. Im Kirchenführer heißt es:

> »In der Wand links vom Haupteingang eingemauert sehen wir die ehemaligen Verschlussplatten der vorübergehenden Grablege für Kaiserin Anna Maria (gest. 1618), Kaiser Matthias (gest. 1619) und Kaiser Ferdinand II. (gest. 1637). Die Herzen der Habsburger sind seit Kaiser Matthias vom Körper getrennt in Silberbechern verwahrt worden, die Eingeweide wurden in Kupfergefäßen verschlossen und diese in der Fürstengruft bei St. Stephan bestattet. Die Herzbecher von Kaiser Matthias, seiner Gemahlin, der Kaiserin Anna Maria sind links und rechts vom Hochaltar der Klosterkirche beigesetzt worden, später hat dort auch das Herz Ferdinand II. seinen Platz gefunden. Diese Tafeln aus rotem Marmor sind nach der Überführung der Herzbecher im Jahre 1782 in die Loretokapelle der Augustinerkirche in unserer Kirche zurückgeblieben.«[9]

Direkt neben den Marmorplatten hängt die Gedenktafel für Kaspar Tauber, der als erster evangelischer Märtyrer Österreichs in die Geschichte eingegangen ist, weil er seine reformationsfreundliche Position nicht widerrufen wollte. Am 17. September 1524 wurde er am Wiener Stubentor enthauptet, sein Leichnam verbrannt. Eine theologische Lesart dieser Wand verrät uns wieder etwas darüber, wer wir als Gemeinde in diesem Kirchenraum sind. Besonders Ferdinand II., der einer derjenigen Habsburger Herrscher mit den schärfsten gegenreformatorischen Maßnahmen war, leitet uns mit der Verschlussplatte seines Herzbechers auf eine interpretatorische Spur. Aus protestantischer Sicht sagt die Verschlussplatte: Hier lagerte ein

---

[8] Dies ist die raumtheologische Konkretion meiner soteriologisch-anthropologischen Formel »Sünder*innen mit Möglichkeit«, die ich in meiner Dissertation entwickelt habe: Johannes Michael Modess, Gottesdienst als Skandal. Eine kreuzestheologische Fundamentalliturgik (HUTh 85, Tübingen 2022) 401–403.

[9] N. N., Aus der Geschichte (wie Anm. 5) 14.

Herz, das jemand nicht am rechten Fleck hatte. Ich finde es beeindruckend, dass die Gemeinde die Verschlussplatten nicht nur aufgehoben, sondern in ihren Kirchenraum integriert hat. So erzählt diese Wand wiederum Grundlegendes über evangelische Theologie: Wir können zwischen Tätern und Opfern unterscheiden und tun das auch. Aber auch die Menschen, die zu Unterdrückern wurden, behalten bei uns ihre Würde. Ihre Herzens-Gräber werden nicht geschändet, sondern bewahrt.

Evangelisches Erinnern heißt also: unser evangelisches Menschenbild als Befreiung zu einem realistischen Blick auf die Geschichte einzusetzen, für einen Blick, der ohne historische Schönfärberei auskommt; sich selber als Gemeinde zu verorten in einer Geschichte von Tätern und Opfern, Unterdrückung und Befreiung. Als Gemeinde sind wir selbst verstrickt in diese Geschichte und leben und feiern in ihr. Wir halten uns das vor Augen und lassen es uns von unserem Kirchenraum predigen. Erinnern heißt: Täter und Opfer benennen zu können, ohne überheblich zu werden, weil ja auch wir selbst als Gerechte und Sünder zugleich (siehe Move 2) in der Geschichte stehen. Evangelisches Erinnern heißt schonungslos erinnern zu können, aber niemals entwürdigend. Genau das unterstreichen nun auch jene Gedenktafeln, die in unserer Kirche an Kriegszeiten erinnern, etwa die 2014 enthüllte Gedenktafel für die Opfer des Nationalsozialismus:

> »Wenn wir unseren Mitmenschen lieben, dann sind wir im
> Licht. Wenn wir aber unseren Mitmenschen hassen, sind
> wir in der Finsternis und wandeln in der Finsternis und
> wissen nicht wohin wir gehen, weil die Finsternis unsere
> Augen verblendet hat (1. Brief des Joh. 2, 10–11)
>
> ZUM GEDENKEN AN ALLE OPFER DES NATIONALSOZIALISMUS
>
> Wir lassen uns mahnen für alle Zeiten der Verblendung«

Das Bibelzitat führt aus den Ambivalenzen der Geschichte in eine gegenwärtige Haltung zur Geschichte: Wir sind es, die wir uns an der Haltung messen lassen müssen zu allen Zeiten – ist es Liebe oder Hass? Wir sind es, die wir immer in der Gefahr der Verblendung stehen zu allen Zeiten.

V. FAZIT

(1) Der vorliegende Beitrag enthält zunächst ein methodisches Plädoyer: In der Erforschung von (evangelischen) Erinnerungskulturen ist neben einer Detailerforschung einzelner Denkmäler, Epochen und Erinnerungsstücke auch ein anderer Zugang interessant. Wird ein Kirchenraum in seiner Jetzt-Gestalt synchron gelesen und das Erinnerungsensemble daraufhin befragt, wie bestimmte Erinnerungsstücke, Denkmäler, Gedenktafeln etc. miteinander interagieren, so wird der Kirchenraum als Subjekt einer ›Theologie der Erinnerung‹ ernstgenommen und erforschbar.

Dieser Kirchenraum ist immer ein Ausdruck dessen, was die Gemeinde in ihrer Jetzt-Gestalt über sich erzählen will. Das Wir der Gemeinde wird im Kirchenraum sichtbar, in und jenseits der im Raum gefeierten Liturgien.

(2) Wird diese methodische Grundentscheidung zugrunde gelegt, so ergibt sich im Blick auf die Lutherische Stadtkirche in der Dorotheergasse eine wirklich evangelische ›Theologie der Erinnerung‹.

(a) Sie ist zunächst darin evangelisch, dass sie ihr ›Davor‹ nicht verschweigt. Die Gemeinde Wien-Innere Stadt feiert in einem Raum, in dem Gott schon verkündigt wurde, als es sie noch gar nicht gab. Der Raum führt notwendigerweise aus der Enge eines allzu starken Konfessionalismus heraus, denn er erzählt davon, dass von Gott immer auch anders geredet werden kann als ›lutherisch‹. Das ›Wir‹ dieser Gemeinde weiß: Wir sind nicht das Maß aller Dinge.

(b) Evangelisch ist die hier sichtbar werdende ›Theologie der Erinnerung‹ schließlich darin, dass die Erinnerungsstücke so zusammenspielen, dass die Gemeinde als Gerechte und Sünderin zugleich sichtbar wird. Das Altarensemble führt das biblisch aus: Hier feiern Sünder*innen mit Zukunft. Die geschichtstheologischen Erinnerungsstücke ergänzen: Die hier feiernde Gemeinde ist verstrickt in Geschichte, lebt in der Gefahr der Verblendung, weiß darum, dass ihre Lehren sie zu Opfern und Tätern gemacht haben und ebenso darum, dass andere an ihr Täter wurden, deren Menschenwürde dennoch beizubehalten ist.

Kurzum: Der Kirchenraum der Lutherischen Stadtkirche ist ein Ausdruck evangelischen Erinnerns und Selbstkundgabe einer Gemeinde, die weiß, wer sie ist – weil der Raum es ihr predigt.

VI. Ausblick

Die »Tagung evangelisches:erinnern«, bei der die vorangegangenen Überlegungen vorgetragen wurden, ist aus der Arbeit des »Memory Labs evangelisches:erinnern« des »Albert Schweitzer Haus – Forum der Zivilgesellschaft« entstanden.[10] Die Arbeit des »Memory Labs« hat u. a. das Ziel, Pfarrgemeinden und kirchliche Institutionen in ihrer erinnerungskulturellen und erinnerungstheologischen Arbeit zu unterstützen. Dabei sollen Kriterien erarbeitet werden, mithilfe derer konkrete Entscheidungen in diesen Institutionen erleichtert werden. Ich möchte den Beitrag daher in diesem Sinne damit schließen, dass ich aus Sicht des Vorangegangenen einige Fragen formuliere, die Pfarrgemeinden und kirchliche Einrichtungen sich stellen können, wenn es um erinnerungskulturelle Raumgestaltung geht:

(1) *Erster Schritt: Analyse des Erinnerungsensembles.* Die Grundfragen lauten dabei: Wie interagieren die Erinnerungsstücke im Raum miteinander? Welche theologischen Aussagen ergeben sich aus dem Zusammenspiel der einzelnen Denk-

---

[10] Vgl. dazu: Das Memory Lab evangelisches:erinnern, in: https://www.ash-forum.at/site/memorylab [12.12.2023].

mäler, Tafeln etc.? Lassen sich Elemente des Raumes bereits als Kommentare zu anderen Elementen lesen? Gibt es Quellen, die über die Motive berichten, warum Erinnerungsstücke im Raum so und nicht anders miteinander kombiniert wurden (diachrone Frage)? Was predigt der Raum in seiner Jetzt-Gestalt (synchrone Frage)? Wie machen wir die Ergebnisse einer solchen theologischen Raumanalyse für Lai*innen zugänglich?

(2) *Weiterentwicklung des Erinnerungsensembles.* Entspricht die erarbeitete Theologie des Raumes dem Wir, das die Gemeinde heute sein will? Welche Stimmen fehlen in unserem Erinnerungsensemble? Gibt es Perspektiven, die der Gemeinde heute wichtig sind, die aber im Raum nicht erinnert werden? Lassen sich Perspektiven durch Erweiterung des Ensembles, Kommentierungen (textlich oder künstlerisch) oder durch Wegnahme einzelner Erinnerungsstücke verändern?

Derartiges Fragen kann es hoffentlich möglich machen, die Diskussionen in den Gemeinden und Institutionen ein wenig von oft umstrittenen Einzelstücken der Erinnerung wegzuleiten hin zu einer Frage nach dem erinnerungstheologischen Gesamtkonzept des Raumes, das mit dem Selbstverständnis der Gemeinde korrespondieren sollte. So zu fragen und zu arbeiten, kann aus meiner Sicht für Pfarrgemeinden gewinnbringend und spannend sein.

Intentionen des Gefallenengedenkens

Von Karl-Reinhart Trauner

I. Vorbemerkungen

Eine evangelisch-kirchliche Gedenkkultur war und ist Teil der allgemeinen Gedenkkultur, weshalb eine abgeschottete Konzentration auf eine rein evangelische Sepulkralkultur wenig sinnvoll ist. ›Gefallene‹ sind im Sinne des Beitrags alle jene, die »im Kampf sterben, als Soldat o. Ä. ums Leben kommen«.[1] Weil dieser Begriff zivile Kriegsopfer nicht einschließt, wird heute oft der Begriff des ›Kriegstoten‹ verwendet.[2] Viele der historischen Begriffe – man denke nur an ›Opfer‹ – sind ideologisch aufgeladen; deshalb wird hier der (weitgehend) neutrale Begriff ›Gefallenengedenken‹ verwendet.

Hinsichtlich des generellen Totengedenkens verweist die Kulturwissenschaftlerin Aleida Assmann darauf, dass dieses zwei Ebenen beinhaltet:[3] zum einen die *fama*, d. h. das ruhmreiche Andenken, das sich auf einen konkreten Verstorbenen richtet, zum anderen die *pietas*, d. h. das ehrende Andenken der Verstorbenen, mit dem das allgemeine, öffentliche Gedenken begriffen wird und das sich auf eine allgemeine Haltung zur Sterblichkeit und zum Lebensende bezieht.

Auch wenn seit dem 18. Jahrhundert die Kirche ihre Deutungshoheit über den Tod verlor, behielt in der Konfrontation mit extremen, lebensbedrohlichen Situationen der Glaube seine besondere Bedeutung.[4] Deshalb griff und greift man beim Totengedenken generell und beim Gefallenengedenken speziell eine (quasi-)religiöse Formen- und Symbolsprache auf.[5] Dennoch hielt man möglichst jeglichen inneren – nationalen wie konfessionellen – Konflikt aus dem Militär heraus.

Denkmäler interpretieren das Sterben aus der Sicht der Überlebenden. Beim Gefallenengedenken handelt es sich damit um Narrative, bei denen es in vielen Fällen um die Gewinnung einer Deutungshoheit geht.[6]

---

[1] N. N., »fallen«, Abschn. 4. a. *Duden*; https://www.duden.de/rechtschreibung/fallen [5.3.2023].

[2] Vgl. Otto Jaus, Österreichisches Schwarzes Kreuz/Kriegsgräberfürsorge – gestern und heute, in: Österreichisches Schwarzes Kreuz – Kriegsgräberfürsorge. Dokumentation, hg. von Andreas Reiter (Wien 1987) 9–21, hier 11.

[3] Aleida Assmann, Erinnerungsräume. Formen und Wandlungen des kulturellen Gedächtnisses (München 1999) 33f.; vgl. auch, unter Bezug auf Unfallkreuze, Michael Wolf, Friedhofspädagogik. Eine Untersuchung im Kontext der Fragen nach erfülltem Leben, Tod und Ewigkeit (Schulfach Religion 30, Wien 2011) 112f.

[4] Vgl. u. a. Elmar Dinter, Die körperlichen und seelischen Belastungen des Soldaten im Krieg. *Truppenpraxis* 27/4 (1983) 261–269, hier v. a. 267.

[5] Vgl. George L. Mosse, Fallen Soldiers. Reshaping the Memory of the World Wars (New York/Oxford 1990) 32f.

[6] Vgl. Edgar Wolfrum, Geschichtspolitik in der Bundesrepublik Deutschland. Der Weg zur

II. Denkmäler, Mythen und Narrative

Denkmale für Gefallene werden erst ab der zweiten Hälfte des 19. Jahrhunderts errichtet.[7] Die Entwicklung ist dabei nicht zuletzt von der Entstehung von Massenheeren bestimmt, wie sie in den Napoleonischen Kriegen üblich wurden. Entsprechend hoch waren die Verluste. Nur selten konnten die Gefallenen in ihre Heimat überführt werden;[8] erst am Beginn der zweiten Hälfte des 19. Jahrhundert begann sich das zu ändern. Eine andere Entwicklung begann ebenso in den Napoleonischen Kriegen: das Mythisieren des Krieges einschließlich des Sakralisierens des Kriegstodes.[9]

II.1 Intentionen des Gedenkens an Fallbeispielen

Anhand von drei exemplarisch ausgewählten Denkmälern sollen die wichtigsten traditionsbildenden Stränge, die vielfach verwoben sind, benannt werden.

1824, am elften Jahrestag der Völkerschlacht von Leipzig, wurde das neu gestaltete Äußere Burgtor in Wien feierlich eröffnet.[10] Die staatliche Stilisierung verfolgte politische Interessen: sie unterstrich einerseits den Status des neuen österreichischen Kaiserstaates, andererseits den nach wie vor bestehenden Führungsanspruch der Habsburgermonarchie in Deutschland. Um die Soldaten der ›Völkerschlacht von Leipzig‹ geht es nicht.

Etwa 15 Jahre später wurde in Lützen ein Denkmal für den schwedischen König Gustav II. Adolf errichtet; er fiel hier in der Schlacht im Jahr 1632. Das bevorstehende 200-jährige Gedenken an Gustav Adolfs Tod führte zu Bestrebungen, ein repräsentatives Denkmal zu errichten, es wurde jedoch erst 1837 enthüllt. Stets bestand aber auch die Forderung nach einem »lebendigen Denkmal«.[11] Anfang der 1840er Jahre entstand deshalb der »Evangelische Verein der Gustav Adolf-Stiftung«. Er

---

bundesrepublikanischen Erinnerung 1948–1990 (Darmstadt 1999) 17f.
[7] Vgl. Philippe Ariès, Studien zur Geschichte des Todes im Abendland (München 1981) 50–52; Ders., Geschichte des Todes (München ¹⁰2002) 678f.; anders akzentuiert bei Ute Planert/Dietmar Süss, Nichts ist umsonst. Anmerkungen zu einer Sozialgeschichte des Todes. *Archiv für Sozialgeschichte* 55 (2015) 3–18, hier 10f.
[8] Vgl. Arnold Vogt, Den Lebenden zur Mahnung. Denkmäler und Gedenkstätten. Zur Traditionspflege und historischen Identität vom 19. Jahrhundert bis zur Gegenwart (Hannover 1993) 48.
[9] Vgl. u. a. Mosse, Soldiers (wie Anm. 5) 7, 15–50; außerdem Ute Planert, Der Mythos vom Befreiungskrieg. Frankreichs Kriege und der deutsche Süden: Alltag–Wahrnehmung–Deutung 1792–1841 (Krieg in der Geschichte 33, Paderborn/München/Zürich 2007).
[10] Vgl. Richard Kurdiovsky, Das Äußere Burgtor. Planungs-, Bau- und Nutzungsgeschichte 1817–1916, in: Gedächtnisort der Republik. Das Österreichische Heldendenkmal im Äußeren Burgtor der Wiener Hofburg. Geschichte–Kontroversen–Perspektiven, hg. von Heidemarie Uhl/Richard Hufschmied/Dieter A. Binder (Wien/Köln/Weimar 2021) 15–71.
[11] Der Begriff geht auf den Gründer der »Gustav-Adolf-Stiftung« zurück; vgl. Christian Gottlob Grossmann, Bauten des Gustav-Adolf-Vereins. *Jahrbuch für Freunde des Gustav-Adolf-Vereins* 1 (1864) 33–47, hier 34.

begann bald, auch das evangelische Leben in Österreich zu stimulieren.¹² Besonders tat er sich durch die Unterstützung beim Bau kirchlicher Infrastruktur hervor.

Gustav Adolf wurde neben einem militärischen Helden zu einem ›Glaubenshelden‹;¹³ in der *Evangelischen Kirchen-Zeitung für Österreich* wurde er als »ein Held im Kriege«, noch mehr aber als »Glaubensstreiter, als Glaubensheld« bezeichnet.¹⁴ Sein Opfer(tod) machte ihn erst zu einem tätigen ›Glaubenshelden‹, zu einem positiven ›Täter‹ mit Vorbildfunktion.

Das Narrativ vom starken, opferfreudigen ›Glaubenshelden‹ Gustav Adolf – frei nach Offb 2, 10 »treu bis in den Tod« – war eine der Grundlagen einer nationalprotestantischen Identität.¹⁵

Beim dritten, hier genannten Denkmal handelt es sich um das sogenannte Preußendenkmal im niederösterreichischen Poysdorf. Im Preußisch-Österreichischen Krieg des Jahres 1866 stießen preußische Truppen bis Wien vor, wobei die Cholera ausgebrochen ist. In Poysdorf starben daran 136 preußische Soldaten. An ihren Begräbnisort erinnerte bis 1901 ein schlichtes Eisenkreuz.¹⁶ Das Denkmal war damit ein tatsächliches Grabmal. Zu einem Ort des Besuches oder der Besinnung für die hinterbliebenen Angehörigen konnte dieses Denkmal aber nicht werden.

II.2 Politisches oder religiöses Denkmal

Unschärfen ergaben sich dadurch, dass viele der Denkmäler später überformt und damit auch ihrer Intention nach umgeformt wurden. Bis zur Mitte des 19. Jahrhunderts waren Gefallenendenkmäler in erster Linie staatliche Monumente. Die soldatische Pflichterfüllung stand im Mittelpunkt, die mit dem erlittenen Tod ihre höchste Form fand.¹⁷ Gefallenen- oder Kriegerdenkmäler wurden dabei weitgehend überkonfessionell verstanden.

---

¹² Vgl. u. a. Karl W. SCHWARZ, Gustav Adolf in Österreich. *Amt und Gemeinde* 62/4 (2011) 251–265, hier 260f.

¹³ Vgl. dazu u. a. Bernhard R. KROENER, Ein protestantisch-arischer »Held aus Mitternacht«. Stationen des Gustav-Adolf-Mythos 1632 bis 1945. *Militärgeschichtliche Zeitschrift* 59 (2000) 5–22; Harald F. POTEMPA, Der Löwe aus Mitternacht und Retter des Protestantismus. Gustav II. Adolf von Schweden in der protestantischen Hagiografie, in: Reformation und Militär. Wege und Irrwege in fünf Jahrhunderten, hg. von Angelika DÖRFLER-DIERKEN (Göttingen 2019) 115–126.

¹⁴ Martin MODL, Zum 300jährigen Gedenktage der Geburt Gustav Adolfs. *Evangelische Kirchen-Zeitung für Österreich* (1.12.1894) 354–357, (15.12.1894) 369–371, hier 370f.

¹⁵ »Narratives don't just describe events, they show us how to understand them. Even though narratives pretend to, they do not show us objective reality.« Ajit MAAN, Plato's Fear (Narrative Strategies o. Bd.; o. O. 2020) 10.

¹⁶ Vgl. N. N., »Preussendenkmal [Poysdorf]«. *Kultur in der Flur. marterl.at/Kultur.Region.Niederösterreich*, https://www.marterl.at/index.php?id=23&no_cache=1&oid=4391 [8.3.2023].

¹⁷ Hier ergibt sich ein Unterschied zwischen der deutschen und der österreichischen Militärtradition. In der österreichischen standen die militärischen Tugenden im Vordergrund, in der deutschen Themen wie Triumph oder Sieg. Dem entsprach auch ein differenziertes Verständnis des ›Helden‹. Vgl. Joachim GILLER/Hubert MADER/Christina SEIDL, Wo sind

Das änderte sich unter dem Einfluss des deutschen evangelischen Geistlichen Friedrich von Bodelschwingh d. Ä. In den 1880er Jahren begründete er vornehmlich in Preußen eine Reformbewegung, die sich um ein bewusst christliches Profil des Gefallenengedenkens bemühte. Bald kam es zu Konflikten, aufgrund derer beim Militär zwischen konfessionell gebundenen Gottesdiensten einerseits und militärischen Feiern mit überkonfessioneller, »religiöser Weihe« andererseits unterschieden wurde.[18] Dieses Verständnis setzte sich auch in Österreich durch.

Es geschahen aber auch politische Um- und Überformungen. Ein Beispiel dafür ist Poysdorf. Das heutige Preußendenkmal wurde 1901 durch ein österreichisch-preußisches Komitee errichtet und ersetzte das alte, unscheinbare Monument.[19] Die politischen Verhältnisse hatten sich grundlegend geändert. Das preußisch dominierte Deutsche Reich war zum wichtigsten Bündnispartner des Habsburgerreiches geworden. Die Inschrift lautet: »Gewidmet als Symbol treuer Bundesgenossenschaft von Wohlthätern aus Österreich und Preußen [...].« Die politische Botschaft verdrängte die ursprüngliche Widmung, die rein den Toten galt.

II.3 Heldenstilisierung

Bemerkenswerterweise geht das 19. Jahrhundert zunächst mit dem Begriff ›Opfer‹ spärlich um. Das Wort hat im Deutschen eine doppelte Bedeutung:[20]

> 1. ein Opfer bringen; entsprechend dem lateinischen *sacrificium*. Es handelt sich dabei um einen aktiven Akt, der sich auf die Formel ›Das Opfer ist zugleich Täter‹ zuspitzen lässt.
> 2. ein Opfer sein; entsprechend dem lateinischen *victima*. Hierbei handelt es sich um einen passiven Akt.

Ein nationalprotestantisches Heldenbild vertrug sich nicht mit einem passiven, leidenden Opfer (*victima*). Eine der wenigen Stimmen, die das Narrativ einer Heroisierung Gustav Adolfs (als Glaubenshelden) dekonstruierte, war der reformierte Oberkirchenrat Charles Alphonse Witz-Oberlin. Er ging einen konträren Weg und wies auch dem österreichischen »Gustav Adolf-Verein« eine andere Richtung. Dieser werde sich »nicht eines blinden, überschwänglichen Heroencultus schuldig machen«.[21]

---

 sie geblieben ...? Kriegerdenkmäler und Gefallenenehrung in Österreich (Schriften des Heeresgeschichtlichen Museums in Wien 12, Wien 1992) 56f.
[18] Vgl. dazu VOGT, Lebenden (wie Anm. 8) 94–98.
[19] Vgl. N. N., Preussendenkmal (wie Anm. 16).
[20] Vgl. Aleida ASSMANN, Der lange Schatten der Vergangenheit. Erinnerungskultur und Geschichtspolitik (München 2006) 73.
[21] Charles A. WITZ-OBERLIN [hier K. A. Witz-Stöber]/Georg LOESCHE, Wien. (Aufruf zur Gustav-Adolf-Gedenkfeier). *Evangelische Kirchen-Zeitung für Österreich* (1.12.1894) 360f., hier 361.

Bei verlorenen Kriegen stellt sich hinsichtlich der Kriegstoten immanent eine Sinnfrage. Der Vers, der sich auf vielen Soldatendenkmälern findet, »Treu bis in den Tod« (in verschiedenen Abwandlungen), ist erstmals auf einem Denkmal für die »Batterie der Toten« verwendet, das 1893 errichtet wurde.[22] Der Spruch ist ursprünglich ein Bibelzitat (Offb 2,10), im militärischen, jedoch vom Religiösen bereits weitgehend abgelösten Kontext ergibt er mit seinem Verweis auf den endzeitlichen Lohn erst dann einen Sinn, wenn der militärisch-politische Erfolg auf dieser Welt nicht sinnstiftend ist.

III. Der Erste Weltkrieg

Was zunächst für die Mittelmächte zunächst nach einem kurzen und siegreichen Scharmützel aussah, entpuppte sich bald als militärischer wie auch politischer ›Weltenbrand‹. Der Oberkirchenrat in Wien sprach schon Ende Juli 1914 von einer »ernsten und schweren Zeit«.[23] Sogar der erklärte Pazifist Witz-Oberlin konnte sich einem betonten Patriotismus nicht verschließen.[24]

Der Erste Weltkrieg brachte mit seinem Massensterben eine neue Dimension in die Kriegsführung. Schon im Dezember 1914 zählte Österreich-Ungarn 115.000 gefallene und 358.000 verwundete Soldaten, dazu kamen hunderttausende Kriegsgefangene und Vermisste. Der Krieg verlor jede Form der Romantik, der Mythos der Kriegserfahrung zerbrach. Die Massenheere bewirkten eine »Demokratisierung« des Krieges, auch der normale Soldat, zumindest nach seinem Tod, wurde zum »Helden der Masse«[25]. Insgesamt wurde der Erste Weltkrieg zu einem Höhepunkt einer Gedenkkultur für Gefallene.

III.1 Staatliches Gedenken

Bald stellte sich die Frage nach der Bestattung der Gefallenen. Noch im November 1914 verfügte der Oberkirchenrat in Vollzug der staatlichen Vorgaben, »es mögen

---

[22] Vgl. u. a. GILLER/MADER/SEIDL, Kriegerdenkmäler (wie Anm. 17) 53f. 1866 verhinderte der österreichische Hauptmann August van der Groeben übermäßige Verluste. Er und die meisten Soldaten seiner Einheit fielen bei diesem Einsatz.

[23] Erlass OKR A. u. H. B. vom 29. 7. 1914, Z. 4960, anläßlich des Ausbruches des Krieges. *Sammlung der allgemeinen kirchlichen Verordnungen des k. k. evangelischen Oberkirchenrates Augsb. und Helv. Bekenntnisses* 41 (1914) 389f., hier 390.

[24] Vgl. Karl-Reinhart TRAUNER, Pazifismus und Patriotismus: Charles Alphonse Witz-Oberlin (1845–1918) und der Krieg, in: Beiträge zur österreichischen Militärgeschichte 864–2019, hg. vom Heeresgeschichtlichen Museum Wien (Schriften des Heeresgeschichtlichen Museums 26, Wien 2019) 443–481.

[25] Hubert M. MADER, Helden und Märtyrer – Das Gefallenenbild in der evangelischen Kirche, in: Religionen im Krieg 1914–1918. Evangelische Kirche in Österreich, hg. von Karl-Reinhart TRAUNER (Schriften des Heeresgeschichtlichen Museums 19/1, Wien 2014) 375–406, hier 405.

den ihren Wunden Erlegenen und Gefallenen, insoferne nicht schon Ehrengrabstätten gewidmet sind, besondere, räumlich zusammenhängende Plätze auf den Friedhöfen eingeräumt werden«.[26] Die Überführung in die Heimat stieß jedoch auf zahlreiche Schwierigkeiten. In den Frontabschnitten entstanden deshalb riesige Gräberanlagen, die nach dem Ende des Weltkrieges weiter ausgestaltet wurden.

Zu einem offiziellen Denkmal für die Gefallenen des Ersten Weltkrieges wurde das Äußere Burgtor umgestaltet. 1916 wurden zum Gedenken an die gefallenen Soldaten Lorbeerkränze angebracht, außerdem das Tor mit der Inschrift »laurum militibus lauri dignis (Lorbeer den des Lorbeers würdigen Soldaten)« versehen.[27] Eine Nennung von Namen erfolgte nicht, ging es doch nicht zuletzt darum, die Bevölkerung zu mobilisieren.

III.2 Totenandacht

In ganz anderen Bahnen verlief die Gedenkkultur bei den Betroffenen. Eine kirchliche Zeitschrift mahnte schon im Oktober 1914: »Trauernde Witwen wird dieser Krieg schaffen und tiefgebeugte Väter und Mütter werden das junge, frische Leben ihrer Söhne beweinen.«[28]

Dass viele der Gefallenen nicht in die Heimat überführt wurden, bedingte große pastorale Herausforderungen. Nicht nur waren die meisten der Gefallenen fern der Heimat und fern der Familie gestorben, sondern waren dort auch beerdigt (oder einfach verscharrt) worden; oft kannten die Angehörigen nicht einmal den Ort. Besonders schwierig gestaltete sich der Abschied bzw. das Gedenken bei Vermissten.

Mit dem Fehlen eines Begräbnisses fehlte ein *rite de passage*, mit dem Fehlen eines Grabes gab es auch keinen Trauerort.[29] Die in den Kirchen abgehaltenen Andachten nahmen deshalb oftmals den Charakter von Begräbnissen an. Gedenktafeln o. Ä. in Kirchen wurden während des Krieges zumeist nicht geschaffen, sieht man von einigen persönlichen Monumenten ab.

III.3 ›Predigt der Steine‹

Nach Kriegsende begann man, die Namen der Gefallenen öffentlich festzuhalten. Tafeln in Kirchen und auf Friedhöfen ersetzten das Grab als Trauerort. Nur am Rande kann hier auf die pastorale Bedeutung von Namen verwiesen werden, ihrer Nennung wird oftmals eine große Rolle zugemessen.[30] In manchen Kirchen, wie

---

[26] Erlass OKR A. u. H. B. vom 14. 11. 1914, Z. 6336, betr. Widmung besonderer Plätze auf den Friedhöfen für die ihren Wunden erlegenen Krieger. *Sammlung der allgemeinen kirchlichen Verordnungen des k. k. evangelischen Oberkirchenrates Augsb. und Helv. Bekenntnisses* 41 (1914) 411.

[27] Vgl. Richard LEIN, »Lorbeer für unsere Helden«. Ein erster Schritt zum Kriegergedenken im Äußeren Burgtor, in: UHL/HUFSCHMIED/BINDER (Hg.), Gedächtnisort (wie Anm. 10) 73–100.

[28] H. J., Unsere gefallenen Helden. *Evangelischer Hausfreund* (1.10.1914) 283f., hier 283.

[29] Vgl. WOLF, Friedhofspädagogik (wie Anm. 3) 149f.

[30] Darauf verweist zurecht MADER, Helden (wie Anm. 25) 383f.; aber auch Michael BÜNKER, Einleitung. »Bewahre deine Seele, dass du nicht vergisst!« (5 Mose 4,9). Zum Projekt »Evan-

beispielsweise in der evangelischen Kirche in Bregenz, wurden die Denkmäler zu dominanten Bauelementen. Sie waren deshalb so raumbestimmend, weil auch der Krieg über Jahre das alles dominierende Momentum war.

Bei den Denkmälern der ersten Jahre nach Kriegsende fehlen weitgehend politische Botschaften. Ein Beispiel eines solchen Grabdenkmals befand sich in der Lutherkirche in Wien-Währing aus dem Jahr 1923 (vgl. Abb.). Es war altar- oder grabähnlich gestaltet. Drei Bilder von Karl Alexander Wilke bildeten ein Kreuz. Trauernde Eltern, eine Witwe und Waisen rahmten das Bild ein. Ihnen wurde, wenngleich theologisch überhöht, die todüberwindende Kraft des christlichen Glaubens verkündet.[31] Am Fuß des Denkmals befand sich die Inschrift: »Sei getreu bis an den Tod! / Zum ehrenden Gedächtnis / unserer Gefallenen im Weltkriege / 1914–1918«. Darunter waren die Namen der gefallenen Mitglieder der Gemeinde sowie der gefallenen kriegsfreiwilligen Theologen aufgelistet.[32]

Abb.: Gefallenendenkmal Lutherkirche Wien-Währing (Bildrechte: Marco Uschmann/Karl-Reinhart Trauner)

Ganz frei sind viele der Tafeln jedoch nicht von impliziten politischen Botschaften. Immerhin ergab sich aus dem Ausgang des Weltkrieges in besonderer Weise die Sinnfrage des Sterbens. Ende 1921 wurde die Gedenktafel in der Johanneskirche in Klagenfurt enthüllt. Auch sie enthält eine Reihe von Namen gefallener Gemeindemitglieder. Auch diese Tafel dient dem persönlichen Gedächtnis. Sie zitiert hier einen Vers aus dem Johannesevangelium: »Christus spricht: Niemand

---

gelische Pfarrer im KZ Mauthausen«, in: Evangelische Pfarrer im KZ Mauthausen, hg. von DEMS./Dietlind PICHLER (Wien 2022) 12–18, hier 13.

[31] Die Apotheose der Gefallenen war ein beliebtes Motiv der Zeit, nicht nur im deutschen Sprachraum; vgl. MOSSE, Soldiers (wie Anm. 5) 75f.

[32] Vgl. u. a. MADER, Helden (wie Anm. 25) 376–379.

hat größere Liebe denn die, daß er sein Leben lässet für seine Freunde. Joh. 15, 13«. Die Inschrift bringt den Tod der Gefallenen allerdings in einen politischen Zusammenhang: »Es starben im Weltkrieg und im Kärntner Freiheitskampf für's deutsche Volk und Vaterland«, dann folgen die Namen. Gilt das Adjektiv »deutsch« nur für das Volk oder auch für das Vaterland? Die – vermutlich bewusst gesetzte – Doppeldeutigkeit verweist schon auf eine weitere Entwicklung der Denkmäler.

III.4 Vom Helden zum Opfer

Der inhaltlichen Umformung der Gefallenendenkmäler vom Grabersatz zu einem politischen Denkmal, wie sie dann in der Zwischenkriegszeit erfolgte, ging eine Uminterpretation des Soldatentodes voraus. Schon im Oktober 1914 konnte ein Beitrag im *Evangelischen Hausfreund* feststellen: »Es [der Heldentod] ist ein Opfertod, ein Tod für uns. [...] [D]amit wir in Frieden leben können.«[33]

Diese Sicht spiegelt sich auch in den Denkmälern. Das vor der Ramsauer Kirche errichtete Denkmal hält die Namen der Gefallenen der Gemeinde fest: »Den Heldenopfern des Weltkrieges 1914–1918 zu immerwährendem Treugedächtnis die dankbare Ramsau«.[34] Sind die ›Heldenopfer‹ noch *sacrificia*, oder schon *victimae*?

Ähnlich wie bei der Heldenstilisierung Gustav Adolfs im 19. Jahrhunderts war es wieder ein Reformierter, der einen Kontrapunkt setzte. 1925 wurde in der Wiener Reformierten Stadtkirche eine Gedenktafel enthüllt, die unter maßgeblicher Einflussnahme von Josef Bohatec entstand.[35] Die Inschrift lautet:

> »In dankbarer Erinnerung an treue Pflichterfüllung während des Weltkrieges 1914–1918 und zur Ehrung der auf dem Schlachtfelde gefallenen Gemeindeglieder. Mögen kommende Geschlechter nicht vergessen, dass Friede der Menschheit höchstes Gut ist. / Der Gerechtigkeit Frucht wird Friede sein. Jes. 32.17. [...]«.

IV. UMDEUTUNGEN

Während des Ersten Weltkrieges galt: »[T]here was little space for the sanctification of death at the front; that had to wait until after the war, or be left to those who had stayed at home.«[36] Dazu schuf der »Schwund christlicher Todesdeutung [...] einen Freiraum für rein politische und soziale Sinnstiftungen«.[37]

---

[33] H. J., Helden (wie Anm. 28) 283.
[34] Vgl. Florian PERL, Ramsau bei Schladming (o. O. [Graz] o. J. [1936]) 95.
[35] Vgl. Peter KARNER, Der reformierte Lehrstuhl der evangelisch-theologischen Fakultät in Wien, in: Die evangelische Gemeinde H. B. in Wien, hg. von DEMS. (Forschungen und Beiträge zur Wiener Stadtgeschichte 16, Wien 1986) 177–187, hier 183.
[36] MOSSE, Soldiers (wie Anm. 5) 163.
[37] Reinhart KOSELLECK, Kriegerdenkmale als Identitätsstiftungen der Überlebenden, in: Identität, hg. von Odo MARQUARD/Karlheinz STIERLE (Poetik und Hermeneutik 8, München 1979) 255–275, hier 259.

Politisch blieben weite Teile der österreichischen Gesellschaft in einer Art von ›Kriegs-Modus‹.[38]

Einige Jahre nach Ende des Krieges war bei den Hinterbliebenen die persönliche Trauer für die Gefallenen weitgehend ›bewältigt‹, der Umgang mit dem Verlust war in die Phase eingetreten, die heute als Gewinnung eines neuen Selbst- und Weltbezuges charakterisiert wird.[39]

IV.1 Ein politisches Vermächtnis

Am 30. März 1919 hielt Fritz Wilke, Ordinarius für Altes Testament an der Evangelisch-Theologischen Fakultät in Wien, bei einer Trauerfeier für die im Weltkrieg gefallenen deutschen Studenten eine programmatische Rede. Sie ist ein Beispiel für die Wirkung eines Narrativs: »If you want to influence an audience […] you tell a strategic narrative that tells them who they are and how to make sense of the events they are expecting.«[40]

Wilkes inhaltlicher Ausgangspunkt war eine politische Beurteilung: Das deutsche Volk (einschließlich der ›Deutschösterreicherinnen‹ und ›Deutschösterreicher‹) sei ein »geknechtetes, ein entehrtes Volk«. Den Grund dafür sieht Wilke in einem »schmählichen Verrat im Felde und daheim«.[41] Er spricht damit einerseits das an, was heute als Dolchstoßlegende bezeichnet wird, andererseits Fehlleistungen der militärischen Führung.

Für Wilke ergeben sich daraus jene Fragen, die er, sehr emotionalisierend als ihr Vermächtnis, den Toten in den Mund legt: »Warum mußten wir dann sterben? […] Was half unser Ausharren in Eis und Schnee, in Gluthitze und Gletscherbrand? Was half es, daß wir dem höllischen Trommelfeuer trotzten und uns den Feinden entgegenwarfen?«[42] – Aber: »Nicht die Feinde, sondern *ihr* habt uns umgebracht. *Ihr* seid unsere Mörder!«[43] Damit dreht sich Wilkes Argumentation.

Was das Opferverständnis angeht, vollzieht Wilke hier einen schwierigen Schritt: Einerseits hält er programmatisch am traditionellen Opferbegriff als *sacrificium* fest, andererseits stilisiert er die Kriegstoten zu passiven, leidenden Opfern (*victima*). Schon diese inhaltliche Schere im Opferverständnis deutet darauf hin, dass Wilke mit seiner Rede ein toxisches Narrativ positioniert; seine Rede ist ›narrative warfare‹.

---

[38] Vgl. Robert GERWARTH, The Vanquished. Why the First World War failed to end, 1917–1923 (London 2016).
[39] Vgl. Verena KAST, Trauern. Phasen und Chancen des psychischen Prozesses (Freiburg i. Br. ⁴2015).
[40] Ajit MAAN, Narrative Warfare (o. O. 2018) 49.
[41] Beide Zitate: Fritz WILKE, Totenehrung. Eine Gedenkrede gehalten bei der Trauerfeier für die im Weltkriege gefallenen deutschen Studenten im Konzerthaus (Wien 1920) 11.
[42] Ebenda.
[43] Ebenda 13 [Hervorhebung durch d. Verf.].

Ausgehend davon entwarf Wilke ein Zukunftsprogramm: »Das deutsche Volk [...] ist nicht tot, sondern es lebt und es wird sich wieder erheben«.[44] Die Aufrichtung eines neuen Deutschlands sah Wilke als Muss: »Für unser Volk seid ihr [die Gefallenen] gestorben, ›für unser Volk‹ heißt unsere Losung.«[45] Diese Umdefinierung des Gefallenengedenkens war direkt anschlussfähig für die Ideologie des Nationalsozialismus.

IV.2 Die Rolle der Kirchen und die theologische Überhöhung des Todes

Wie schon in der Habsburgermonarchie, war auch im neuen Österreich der Katholizismus vorherrschend; dies wurde beispielsweise in der steigenden Bedeutung des Allerheiligenfestes für militärische Totenfeiern deutlich.[46] 1929 forderte man aber seitens der burgenländischen Landesregierung vom Bundesministerium für Heerwesen eine verstärkte Präsenz des Bundesheeres bei Gefallenen- und Heldengedenkfeiern mit vorwiegend evangelischer Bevölkerung ein. Der Forderung wurde seitens des Bundesministeriums für Heerwesen entsprochen.[47]

Parallel mit der politischen Umdeutung vollzog sich eine theologische Umdeutung der Helden- bzw. Opferstilisierung. Bei der Präsentation des Kriegerdenkmals in Bregenz 1923 sprach Ortpfarrer Hellmuth Pommer die theologische Überhöhung des Helden direkt an: Das Denkmal sei »der reinste Ausdruck des Opfergedankens, versinnbildlicht durch die Gestalt des leidenden Heilands«.[48]

Ein neues Opfer-Narrativ entstand. Der Zusammenbruch alles dessen, wofür man gekämpft hatte, machte nicht nur eine politische Umdeutung notwendig, sondern auch eine des *sacrificiums*.

IV.3 Zwischenkriegszeit

Der ›Ständestaat‹ (1933/34–1938) versuchte sich nicht nur politisch-ideologisch, sondern auch sichtbar vom Nationalsozialismus abzugrenzen. Ein Zeichen dafür war die neuerliche Umgestaltung des Äußeren Burgtores in Wien.[49]

Bemerkenswerterweise geschah unter diesen Vorzeichen eine Neuentwicklung beim jüdischen Gefallenengedenken. 1929 wurde ein jüdisches Kriegerdenkmal am Wiener Zentralfriedhof eingeweiht. Zwischen 1932 und 1937 fand jährlich eine gut besuchte Gedenkfeier – 1934 waren rund 30.000 Personen anwesend –

---

[44] Ebenda 14.
[45] Ebenda 19.
[46] Darauf verweisen GILLER/MADER/SEIDL, Kriegerdenkmäler (wie Anm. 17) 73.
[47] Vgl. MADER, Helden (wie Anm. 25) 380f.
[48] Zit. nach: Karl W. SCHWARZ/Wolfgang OLSCHBAUR, Chronik der Pfarrgemeinde A. u. H. B. in Bregenz, in: Evangelisch in Vorarlberg. Festschrift zum Gemeindejubiläum, hg. von DENS. (Bregenz 1987) 59–108, hier 79.
[49] Vgl. u. a. Richard HUFSCHMIED, Militärisch-staatliches Totengedenken in der Zwischenkriegszeit, in: DERS./UHL/BINDER (Hg.), Gedächtnisort (wie Anm. 10) 247–268. Die dabei gewählte Symbolsprache findet sich auch in anderen Staaten; vgl. MOSSE, Soldiers (wie Anm. 5) 94–98.

unter Mitwirkung des Bundesheeres statt.⁵⁰ Damit bekam das Denkmal neben der Erinnerung an die Gefallenen eine neue Funktion, nämlich die der öffentlichkeitswirksamen Dokumentation des eigenen Beitrags zur österreichischen Geschichte angesichts der Desintegrationsbestrebungen durch den Nationalsozialismus im Deutschen Reich.

IV.4 Nationalsozialismus und Zweiter Weltkrieg

1939 begann der Zweite Weltkrieg. Anders als fünfundzwanzig Jahre zuvor herrschte keine euphorische Stimmung.⁵¹ »The Second World War was a different kind of war that would blur the distinction between the front line and the home front.«⁵²

Die Vorstellungen des Nationalsozialismus von Leben und Tod waren untrennbar mit seiner Ideologie verbunden, die keine andere identitätsbestimmende Größe duldete. Der Nationalsozialismus war dementsprechend bestrebt, den christlichen Bezug aus dem Totengedenken zu entfernen. Die Errichtung neuer Denkmäler sollte allein staatlichen Stellen vorbehalten sein.⁵³ Alfred Rosenberg erklärte in seinem *Mythus des 20. Jahrhunderts* (1930): »Die Heldendenkmäler [...] werden [...] zu Wallfahrtsorten einer neuen Religion gestaltet werden [...].«⁵⁴

Insgesamt ist aber für die Zeit des Nationalsozialismus eine Zurückhaltung gegenüber Gefallenengedenkstätten zu konstatieren. Man muss vermuten, dass man jeden Eindruck eines Massensterbens an der Front, das solche Denkmäler nicht anders als dokumentieren konnten, vermeiden wollte.

V. NACH 1945

Die Zeit nach 1945 war in Österreich durch die zahlreichen Verwerfungen und Brüche der ersten Hälfte des 20. Jahrhunderts geprägt.⁵⁵

---

⁵⁰ Vgl. Martin SENEKOWITSCH, Ein ungewöhnliches Kriegerdenkmal. Das jüdische Heldendenkmal am Wiener Zentralfriedhof, in: Religionen im Krieg 1914–1918. Griechisch-orientalische (orthodoxe) Kirche, Islamitische Glaubensgemeinschaft, Israelitische Glaubensgemeinschaft in der Habsburgermonarchie, hg. von Karl-Reinhart TRAUNER/Claudia REICHL-HAM (Schriften des Heeresgeschichtlichen Museums 19/3, Wien 2020) 471–482, hier 478f.
⁵¹ Darauf verweisen MOSSE, Soldiers (wie Anm. 5) 205; VOGT, Lebenden (wie Anm. 8) 177.
⁵² MOSSE, Soldiers (wie Anm. 5) 201.
⁵³ Vgl. GILLER/MADER/SEIDL, Kriegerdenkmäler (wie Anm. 17) 112–117; VOGT, Lebenden (wie Anm. 8) 170.
⁵⁴ Alfred ROSENBERG, Der Mythus des 20. Jahrhunderts. Eine Wertung der seelisch-geistigen Gestaltenkämpfe unserer Zeit (München ⁷1942) 450.
⁵⁵ Aber auch in Deutschland bewirkte 1945 eine Umdeutung der Gedenkkultur; vgl. Tim LORENTZEN, Trauer und Trotz. Religiöses Kriegergedenken nach 1918. *MKiZ* 17 (2023) 13–47, hier 36–41.

V.1 Ein neuer Opferbegriff

Viele Österreicherinnen und Österreicher hatten den Nationalsozialismus mitgetragen, nicht zuletzt zahlreiche Evangelische.[56] Wenngleich im Laufe der NS-Zeit nicht wenige erkannten, dass ihre Vorstellungen und Hoffnungen nicht den politischen Realitäten entsprachen, lud die Evangelische Kirche, so eine rückblickende Erklärung des Oberkirchenrates in Wien 2015, »schwere Schuld auf sich«.[57] Die Gruppen der Toten, die das ›Dritte Reich‹ und der Zweite Weltkrieg hervorgebracht hatten, waren vielfältig.

Zunehmend setzte sich die Anschauung durch, dass die meisten der Gefallenen nicht freiwillig in den Krieg gezogen und gefallen waren, sondern erzwungen, und damit Opfer (*victima*) waren. Man entzog sich damit auch der Schuldfrage. Im Zuge dessen verzichtete man auch auf den Heldenbegriff; er war im Dritten Reich überstrapaziert und pervertiert worden.[58]

V.2 Familiäres Gedenken

Aus politischen Gründen entstand nicht sofort nach 1945 eine öffentliche Gedenkkultur, das Erinnern wurde weitgehend in den privaten Bereich gedrängt. Hier griff jedoch angesichts der Tragik vieler Schicksale eine Beschönigung Platz: »In den familiären Erzählungen wurde versucht, die Leerstelle, die der Tod des Vaters hinterlassen hatte, zu füllen: Der ›gute Mensch‹, der der Vater gewesen war, blieb präsent […], entkoppelt zumeist von […] seinen Kriegserfahrungen.«[59]

V.3 Kontinuität der Denkmäler?

Erst in den späten 1950er Jahren setzte der erneute Bau von Denkmälern ein, die nun den Charakter von Mahnmalen annahmen. Oftmals wurden auf den schon vorhandenen Gefallenendenkmälern des Ersten Weltkrieges Tafeln mit den Namen der Gefallenen des Zweiten Weltkrieges beigefügt.

Das gilt auch für den evangelischen Bereich, wo es keine oder kaum bemerkenswerte Aufbrüche in der Denkmalkultur gab. Für den im KZ getöteten Zsigmond Varga[60] erinnert neben einem Bild an der Wiener Evangelisch-Theologischen Fakultät eine Gedenktafel in der Reformierten Stadtkirche in Wien. Anders ist das bei Robert Bernardis, dem einzigen Österreicher im näheren Umfeld Claus Schenk

---

[56] Vgl. Leonhard JUNGWIRTH, Evangelische Pfarrer und Nationalsozialismus in Österreich, in: BÜNKER/PICHLER, Pfarrer (wie Anm. 30) 52–68. Karl W. Schwarz skizziert in zahlreichen seiner Aufsätze die Entwicklung von anfänglicher Begeisterung zur Distanz, z. B. Karl W. SCHWARZ, Bejahung – Ernüchterung – Verweigerung. Die Evangelische Kirche in Österreich und der Nationalsozialismus. *JGPrÖ* 124/125 (2008/2009) 18–38.

[57] Evangelischer Oberkirchenrat A. und H. B. [Wien], Erklärung zu 70 Jahre Ende des Zweiten Weltkrieges, zum 8. Mai 2015. *Evangelische Kirche in Österreich*; https://evang.at/wp-content/uploads/2015/07/150506_OKR_Erklaerung70JahreEndeWK2.pdf [20.3.2023].

[58] GILLER/MADER/SEIDL, Kriegerdenkmäler (wie Anm. 17) 119.

[59] PLANERT/SÜSS, Nichts (wie Anm. 7) 17.

[60] Vgl. Thomas HENNEFELD, Varga Zsigmond, in: BÜNKER/PICHLER, Pfarrer (wie Anm. 30) 130–134.

Graf von Stauffenbergs beim Attentat des 20. Juli; er war evangelisch.[61] Für ihn gibt es außer einer Gedenktafel im Evangelischen Studentenheim Linz nirgendwo eine Tafel o. Ä. im kirchlichen Bereich; an staatlichen Denkmälern hingegen fehlt es nicht, z. B. in der Towarek-Schul-Kaserne in Enns oder durch die Benennung der Rossauer-Kaserne in Wien mit dem Traditionsnamen »Bernardis-Schmid«. Ähnliches kann auch für die im Einsatz ums Leben gekommenen evangelischen UN-Soldaten festgestellt werden.

VI. Zusammenfassung und Ausblick
In der Zusammenschau ergeben sich folgende hauptsächliche Aspekte:

(1) Perspektiven des Erinnerns
Zur »neuen Sichtbarkeit des Todes«[62] gehören die Gedenkstätten für alle Kriegstoten. Auch im kirchlichen Bereich ist das Gefallenengedenken Teil einer Erinnerungskultur; Gefallenendenkmäler als Teil einer Sepulkralkultur sind Bezugspunkte von Kirchen- und Friedhofspädagogik.[63] Namen haben dabei eine wichtige Bedeutung.

Wie alle Denkmäler spiegeln Gefallenendenkmäler nicht die Perspektive des Gefallenen, sondern der Gedenkenden. Beim Gefallenengedenken ergeben sich damit im Besonderen Fragen um die Stellung der Frau und des Frauenbildes (als Kriegerwitwe, aufopfernde Mutter etc.).

(2) Kontextualisierung
Das Gedenken wie auch die Gefallenendenkmäler weisen einen Zug zur Politisierung auf. Auch jenes Gedenken, das privat begründet war (*fama*), verliert mit zunehmender zeitlicher Distanz seine private Dimension und wird zu einer Mahnung (*pietas*). Pointiert ausgedrückt: Aus dem Erinnern wird ein Gedenken. Diese Entwicklung geht häufig mit einem Ideologisierungsprozess einher. Daraus folgt die Notwendigkeit einer Kontextualisierung ebenso wie eine Reflexion eigener Narrative.

(3) Überformung der Gefallenengedenkstätten
Oftmals besteht eine Kontinuität bei Denkmälern, ältere Denkmäler erhielten Zusätze. Bauliche Kontinuität bei Gefallenengedenkstätten bedeutet jedoch nicht, dass es nicht inhaltliche Brüche gibt. Unabhängig von den vorhandenen Auf- und Inschriften sowie der Symbolik werden ›Kriegerdenkmäler‹ heute als Mahnmale verstanden.[64]

---

[61] Vgl. aber Evangelische Kirche A. und H. B. in Österreich (Hg.), Robert Bernardis, Österreichs Stauffenberg zum ehrenden Gedenken anlässlich seines 100. Geburtsjubiläums, mit einer Einführung von Heinz Fischer (Wien 2008). Zu Bernardis vgl. Karl-Reinhart TRAUNER, Mit Stauffenberg gegen Hitler. Oberstleutnant i.G. Robert Bernardis (Szentendre 2008).

[62] Thomas MACHO/Kristin MAREK (Hg.), Die neue Sichtbarkeit des Todes (Paderborn/München 2007).

[63] Vgl. WOLF, Friedhofspädagogik (wie Anm. 3) v. a. 116, 120–150.

[64] Vgl. GILLER/MADER/SEIDL, Kriegerdenkmäler (wie Anm. 17) 125–130.

(4) *Kontinuität der Begriffe?*
Begriffe werden oftmals weiterverwendet, obwohl sich ihre Bedeutung grundlegend verändert. Das führt zu einer scheinbaren Kontinuität, die zwar der Form, dem Inhalt nach aber nicht oder nur bedingt besteht. Ein Beispiel dafür ist das sehr breite Verständnis des Begriffes ›Opfer‹. Diese Diskontinuität wird durch historische Brüche verstärkt, wie sie gerade für die österreichische Geschichte des 20. Jahrhunderts kennzeichnend sind.[65]

(5) *Narrative*
Narrative sind notwendige Grundlage unseres Lebens und per se nicht negativ. Alte Narrative werden durch neue ersetzt. Toxische Narrative jedoch, die »menschenverachtende und todbringende Kräfte« bergen,[66] sind zu dekonstruieren.

(6) *Für die Zukunft*
»Das […] biblisch begründete Gedenken und Erinnern bleibt nicht rückwärtsgewandt.«[67] Es öffnet durch Vergegenwärtigung Wege in die Zukunft: »Nie wieder soll sich die Kirche mit menschenverachtenden und todbringenden Kräften verbünden, sondern die Würde jedes einzelnen Menschen achten.«[68]

---

[65] Anders stellt sich die Situation für die erste Hälfte des 20. Jahrhunderts in Deutschland dar, wo eine Kontinuität angesichts der kaum mit Österreich vergleichbaren politischen Rahmenbedingungen stärker ausgeprägt ist, wie beispielsweise an der konzisen und illustrativen Darstellung von Tim Lorentzen über die deutsche Gedächtniskultur des 20. Jahrhunderts deutlich wird; vgl. LORENTZEN, Trauer (wie Anm. 55).
[66] OKR A. u. H. B., Erklärung (wie Anm. 57).
[67] BÜNKER, Einleitung (wie Anm. 30) 17; vgl. auch WOLF, Friedhofspädagogik (wie Anm. 3) 149f.
[68] OKR A. u. H. B., Erklärung (wie Anm. 57).

»Zur Umkehr schreiten wir voran«

Erinnern und Mahnen in der Heilandskirche Graz

Von Matthias Weigold und Heinz Schubert[1]

I. »Geschichte ist nicht nur Geschehenes, sondern Geschichtetes.«

Dieser Satz, der vom früheren württembergischen Landesbischof Hans von Keler stammt, ist mir (Matthias Weigold) beim Studium in Jerusalem begegnet, als der damalige deutsche Bundespräsident Johannes Rau am 16. Februar 2000 als erstes deutsches Staatsoberhaupt eine Rede vor der Knesset hielt.[2] Im Anschluss daran stellte er sich bei einer Konferenz dem Gespräch mit jungen Israelis und Deutschen. Aus jenem Gespräch hat sich dieses Zitat eingeprägt: »Geschichte ist nicht nur Geschehenes, sondern Geschichtetes.« Dieses Bild begleitet mich seitdem, im Blick auf Geschichte und auch im Blick auf die Erinnerung daran.

II. Das Denkmal in der Grazer Heilandskirche

Erinnern wollten sich unsere Vorfahren an die gefallenen Soldaten der beiden Weltkriege. Wie in vielen Kirchen errichteten sie ihnen daher auch in der Grazer Heilandskirche ein Denkmal: prominent neben der Kanzel, drei monumentale Tafeln mit den Namen, zuerst (1924) »Unseren Helden 1914–1918« und später (1949) »1939–1945«, dazu das Wort Jesu aus dem Johannesevangelium: »Niemand hat größere Liebe denn die, daß er sein Leben lässet für seine Brüder.«[3]

Es handelt sich um ein Kriegerdenkmal, das – wie so viele – den Soldatentod glorifiziert und das Grauen des Krieges verschweigt. Ein Denkmal, das nur an die umgekommenen Landsleute erinnert und keinen Sinn hat für das Millionenheer der toten und ins Elend gestürzten Menschen der vielen Völker, gegen die diese Kriege geführt wurden. Daran wollten sich unsere Vorfahren nicht erinnern. Auch nicht erinnern wollten sie sich an die Opfer des Nationalsozialismus; deren Namen

---

[1] Eine frühere Fassung des Beitrags von Matthias Weigold ist erschienen unter dem Titel: Geschichtetes Erinnern. Das Denkmal in der Grazer Heilandskirche. *Amt und Gemeinde* 68 (2018) 237–242. Heinz Schubert hat ihn ergänzt um den Anhang: Kriterien aus unserer Sicht für den Erfolg eines solchen Projekts.

[2] Die Rede ist hier dokumentiert: http://www.bundespraesident.de/SharedDocs/Reden/DE/Johannes-Rau/Reden/2000/02/20000216_Rede.html [26.11.2023].

[3] In Joh 15,13 ist nicht von Brüdern die Rede, sondern von Freund:innen.

gerieten in Vergessenheit. Und schon gar nicht erinnern wollten sie sich an die eigenen Verstrickungen:

Die Evangelische Kirche in Österreich war seit der Wende vom 19. zum 20. Jahrhundert tief verstrickt in die Ideologie des Deutschnationalismus und damit einhergehend des Antisemitismus. Konfrontiert mit einem Staat, der den römischen Katholizismus zur Staatsideologie erhob, wurde sie zur Handlangerin des Nationalsozialismus.[4]

Aber vor allem auch die Verstrickungen der eigenen Pfarrgemeinde sind zu thematisieren: Die Grazer Heilandskirche mit ihrem damaligen Pfarrer Friedrich Ulrich und der von ihm herausgegebenen Zeitschrift *Der Säemann* spielte kirchenpolitisch und propagandistisch eine führende Rolle bei der intensiven Annäherung und punktuellen Verschmelzung von Protestantismus und Nationalsozialismus.[5]

III. »LERNEN WIR MITEINANDER ZU LEBEN, NICHT GEGENEINANDER«

Es hat lange gedauert, bis in der Gemeinde seit Mitte der 1970er Jahre langsam begonnen wurde, sich dieser Geschichte zu stellen – Widerständen zum Trotz. Bahnbrechend für die Auseinandersetzung mit der antisemitischen Tradition in Theologie und Kirche und das Engagement im christlich-jüdischen Dialog waren Pfarrer Othmar Göhring (1975–2000), gemeinsam mit Mitstreiter:innen wie Ulrich Trinks (Evangelische Akademie Wien), Pfarrer Gerhard Beermann oder der Theologin und Religionspädagogin Evi Krobath.

---

[4] Vgl. dazu Leonhard JUNGWIRTH, Evangelische Pfarrer und Nationalsozialismus in Österreich, in: Evangelische Pfarrer im KZ Mauthausen, hg. von Michael BÜNKER/Dietlind PICHLER (Wien 2022) 52–68; DERS., Politische Vergangenheiten. Der österreichische Protestantismus in den Jahren 1933/34 bis 1968 (AKiZ B 93, Göttingen 2024) bes. 65–143; Rudolf LEEB, Die Deutschen Christen in Österreich im Lichte neuer Quellen. *JGPrÖ* 124/125 (2008/2009) 39–101; Günter MERZ, Schweigen! Vom Umgang evangelischer Pfarrer mit Konzentrationslagern in Oberösterreich, in: BÜNKER/PICHLER (Hg.), Pfarrer, 69–75; Karl W. SCHWARZ, Bejahung – Ernüchterung – Verweigerung: Die Evangelische Kirche in Österreich und der Nationalsozialismus. *JGPrÖ* 124/125 (2008/2009) 18–38; Astrid SCHWEIGHOFER, Antisemitismus in der evangelischen Kirche von 1880 bis 1938. *Dialog-Du Siach* 74 (2009) 22–36; DIES., Der österreichische Antisemitismus des 19. und frühen 20. Jahrhunderts und seine Quellen, in: Protestantismus, Antijudaismus, Antisemitismus. Konvergenzen und Konfrontationen in ihren Kontexten, hg. von Dorothea WENDEBOURG/Andreas STEGMANN/Martin OHST (Tübingen 2017) 419–447; DIES., Evangelischer Antisemitismus im Österreich der Zwischenkriegszeit, in: Antisemitismus in Österreich 1933–1938, hg. von Gertrude ENDERLE-BURCEL/Ilse REITER-ZATLOUKAL (Wien/Köln/Weimar 2018) 259–275.

[5] Vgl. dazu die Diplomarbeit von Heinz SCHUBERT, Pfarrer Friedrich Ulrich. Ein Grazer evangelischer Geistlicher als Kirchenpolitiker, Publizist und Antisemit (Dipl.-Arbeit Karl-Franzens-Universität Graz 2005) bzw. seinen Beitrag: Heinz SCHUBERT, Pfarrer Friedrich Ulrich. Schlaglichter auf einen Grazer Geistlichen mit Strahlkraft im Spiegel des »Säemann«. *JGPrÖ* 124/125 (2008/2009) 121–196.

Als sichtbares Zeichen dieser Auseinandersetzung wurde 1992 im Zuge der Innenrenovierung und nach heftigen Kontroversen über dem alten Kriegerdenkmal eine Glastafel angebracht mit dem Satz: »Lernen wir miteinander zu leben, nicht gegeneinander«.[6]

Diese Glastafel bildet gewissermaßen eine zweite Schicht über dem ursprünglichen Denkmal. Eine Schicht, die durchsichtig ist, die die Vergangenheit nicht verdeckt, auch nicht die vergangene Gestalt des Erinnerns.[7] Das Kriegerdenkmal bleibt Teil dieser Kirche und ihrer Geschichte, aber beides, die Geschichte und ihre Erinnerung werden durch die darüberliegende Schicht in eine neue Perspektive gestellt.

IV. »ZEIT ZUR UMKEHR«

Auch in der Evangelischen Kirche in Österreich setzt sich eine neue Perspektive durch. Im Jahr 1998, zum 60. Jahrestag der Novemberpogrome, verabschiedete die Generalsynode die Erklärung *Zeit zur Umkehr. Die Evangelischen Kirchen in Österreich und die Juden*.[8] Darin bekennen sich die lutherische und die reformierte Kirche zu ihrer Mitschuld an der Schoah und »zur bleibenden Erwählung Israels als Gottes Volk«, wie es 2004 auch in die Präambel der Kirchenverfassung aufgenommen wurde. Der Inhalt der judenfeindlichen Schriften Martin Luthers wird ausdrücklich verworfen und die ›Judenmission‹ abgelehnt.

V. »ZUR UMKEHR SCHREITEN WIR VORAN«

In Graz legte 2005 der Historiker Heinz Schubert, damals Presbyter der Heilandskirche und später Kurator (2011–2020), seine Diplomarbeit vor: *Pfarrer Friedrich Ulrich. Ein Grazer evangelischer Geistlicher als Kirchenpolitiker, Publizist und Antisemit*.[9]

In der Heilandskirche wurde in den Jahren 2008 bis 2010 ein Forschungsprojekt mit Schüler:innen zweier Grazer Gymnasien durchgeführt, geleitet von den Historikern Heimo Halbrainer (Verein CLIO) und Gerald Lamprecht (Centrum für Jüdische Studien der Karl-Franzens-Universität Graz), im Zuge dessen die Lebensgeschichten der vom Judentum zum Christentum konvertierten Mitglieder

---

[6] Der Satz ist angelehnt an die Rede des früheren deutschen Bundespräsidenten Richard von Weizsäcker zum 40. Jahrestag des Endes des Zweiten Weltkrieges in Europa am 8. Mai 1985. Darin formulierte er als Bitte an die jungen Menschen: »Lernen Sie, miteinander zu leben, nicht gegeneinander.« http://www.bundespraesident.de/SharedDocs/Reden/DE/Richard-von-Weizsaecker/Reden/1985/05/19850508_Rede.html [26.11.2023].

[7] Entsprechend dem Leitgedanken der Transparenz des Raumes, der das Gesamtkonzept der Innenrenovierung bestimmt.

[8] https://evang.at/wp-content/uploads/2015/07/umkehr_011.pdf [26.11.2023].

[9] SCHUBERT, Ulrich (wie Anm. 5).

der Heilandskirche zwischen 1880 und 1955 recherchiert und in einer Ausstellung dokumentiert wurden.[10] Mit dem sogenannten Anschluss Österreichs ans nationalsozialistische Deutschland im März 1938 galten diese Gemeindemitglieder den Nationalsozialisten nach den ›Nürnberger Rassengesetzen‹ als Jüdinnen und Juden und wurden verfolgt – und haben aus der Gemeinde ebenso keinerlei Unterstützung erfahren. Erst dieses Forschungsprojekt holte ihre Namen und Geschichten aus der Vergessenheit.

Seitdem wurde immer klarer, dass auch das Denkmal in der Kirche weiterzuentwickeln war. Die Namen der gefallenen Soldaten, dazu der Appell an die Pfarrgemeinde selbst: Doch was ist mit den Menschen, die zu Opfern des Nationalsozialismus wurden, die verfolgt, vertrieben und/oder ermordet wurden? Auch sie sollten ihren sichtbaren Platz im Gedächtnis der Gemeinde bekommen.

Konkret wurde das Projekt dann im Frühjahr 2016 im Zuge der Vorbereitungen des Reformationsjubiläums in Angriff genommen, in einem Team unter Federführung von Kurator Heinz Schubert mit den drei Pfarrer:innen Ulrike Frank-Schlamberger, Manfred Perko und Matthias Weigold, begleitet und unterstützt von Univ.-Prof.[in] Dr.[in] Karin Schmidlechner-Lienhart vom Institut für Zeitgeschichte der Universität Graz, von »rotor – Zentrum für zeitgenössische Kunst« (Margarete Makovec und Anton Lederer) und vom Bundesdenkmalamt (DI Silvia Hudin). Das Vorhaben wurde im Presbyterium und in der Gemeindevertretung vorgestellt, und die Gemeindevertretung beschloss im Herbst einen entsprechenden Posten im Budget (€ 5.000,-). In völligem Konsens! Mit großer Zustimmung zum Vorhaben, und auch mit einhelliger Bereitschaft, dafür Geld auszugeben.[11]

Somit konnte Ende 2016 ein künstlerischer Wettbewerb ausgeschrieben werden. Die Aufgabe lautete, ein zeitgenössisches Denkmal im Innenraum der Heilandskirche zu gestalten, das an jene Gemeindemitglieder erinnert, die dem nationalsozialistischen Unrechtsregime zum Opfer gefallen sind. Die zum damaligen Zeitpunkt bekannten Menschen, die als Jüdinnen und Juden verfolgt und ermordet wurden, sollten namentlich genannt werden. Das Denkmal sollte in räumlichem Bezug zum existierenden Kriegerdenkmal angebracht werden und die Glastafel von 1992 erhalten bleiben.

Drei Künstler:innen wurden zu dem Wettbewerb eingeladen und stellten ihre Entwürfe in der Jury-Sitzung des Presbyteriums der Muttergemeinde am 8. März 2017 vor.[12] Im Zuge der durchaus kontroversen, aber wertschätzenden Diskussio-

---

[10] Heimo HALBRAINER/Gerald LAMPRECHT, »So dass uns Kindern eine durchwegs christliche Umgebung geschaffen war.« Die Heilandskirche und ihre »Judenchristen« zwischen 1880 und 1955 (Graz 2010). Demnach traten zwischen 1880 und 1934 105 Jüdinnen und Juden in die Heilandskirche ein (bei insgesamt 6.267 Eintritten). Vgl. die Dissertation von Astrid SCHWEIGHOFER, Religiöse Sucher in der Moderne. Konversionen vom Judentum zum Protestantismus in Wien um 1900 (AKG 126, Berlin/München/Boston 2015).

[11] Die tatsächlichen Kosten beliefen sich schließlich auf ca. € 12.000.

[12] Zur Jury gehörten mit beratender Funktion auch die genannten Expert:innen von zeithistorischer, künstlerischer und denkmalpflegerischer Seite sowie der Architekt der Innenrenovierung 1992, Werner Hollomey.

nen in der Jury wurde klar, dass sich das Gremium der großen Bedeutung dieses Schrittes bewusst war.

Die Entscheidung fiel schließlich für den Entwurf von Adina F. Camhy: ein Textkunstwerk mit dem Titel *Zur Umkehr schreiten wir voran*, das eine dritte Schicht über das Kriegerdenkmal und die Glastafel legt. Der Text ist auf sechs Leisten angebracht; in den Leisten befinden sich LEDs, mit denen die Wörter beleuchtet werden, in den oberen vier Zeilen abwechselnd und in verschiedenen Kombinationen, die entsprechend programmiert werden können. Darunter werden, durchgehend beleuchtet, vier Menschen namentlich genannt, die aufgrund ihrer jüdischen Abstammung verfolgt und in Konzentrationslagern zu Tode gebracht wurden: Hermann Brücklmeier, Margit Frankau, Eduard Huppert, Franz Öhler.[13]

Nach der Entscheidung für diesen Entwurf stellten sich Fragen der praktischen Umsetzung, zumal zeitgleich die neue Orgel eingebaut wurde – und Intonieren braucht nun einmal absolute Ruhe.

Immer wieder haben uns auch inhaltliche Fragen beschäftigt: Diese vier Menschen oder ihre Eltern haben sich taufen lassen – übernehmen wir mit dem namentlichen Gedenken an sie die Sicht der Rassenlehre? Wie haben sich diese vier Personen selber verstanden? Margit Frankau war, wie in der Dokumentation des Forschungsprojekts zu lesen ist, eine überzeugte Deutschnationale – zumindest, solange sie in Freiheit lebte. Soll ausgerechnet ihr Name hier stehen? Was ist mit anderen Verfolgten? Was ist mit weiteren, unbekannten Opfern?

Um jedes Wort hat das Team mit der Künstlerin Adina Camhy gerungen. Nicht, weil es grundsätzlich unterschiedliche Meinungen gab, sondern weil der Umgang mit der Frage von ›Tätern‹ und ›Opfern‹ schwierig ist. Oder müssen wir bewusst auch ›Täterinnen‹ sagen?

Der endgültige Text, für den eine gemeinsame Entscheidung fiel, lautet:

IST SCHWEIGEN IN SCHICHTEN VERDRÄNGEN IST HELDENTUM UNSERE BELASTETE SUCHE NACH SINN OHNE MIT SCHULD IST ZEIT WER WIRD NICHT VERGESSEN ERINNERT DIE HEUTIGEN ZUR UMKEHR SCHREITEN WIR VORAN ERINNERN DIE OPFER DIE MITTRAGENDEN DIE TÄTER_INNEN

IM GEDENKEN AN ALLE IM NATIONALSOZIALISMUS VERFOLGTEN MITGLIEDER DER PFARRGEMEINDE. ALS »JUDEN«
DEFINIERT UND ERMORDET WURDEN HERMANN BRÜCKLMEIER, MARGIT FRANKAU, EDUARD HUPPERT, FRANZ ÖHLER

---

[13] Ihre Lebensgeschichten finden sich bei HALBRAINER/LAMPRECHT, Heilandskirche (wie Anm. 10) 116–121, 122–129, 158–161, 186f.

Diese vier Menschen stehen auch stellvertretend für viele andere, deren Namen nicht, vielleicht noch nicht bekannt sind, die das Konzentrationslager überlebt haben, die als Angehörige der Verfolgten ebenfalls Opfer des Nationalsozialismus geworden sind.

Abb.: Denkmal Heilandskirche Graz (Bildrechte: Helmut Lunghammer)

Am 8. November 2017 wurde das erneuerte Denkmal enthüllt – die dritte Schicht.[14] Dies geschah in Anwesenheit etlicher Angehöriger und Nachkommen der Menschen, deren Namen auf dem Denkmal stehen, soweit sie ausfindig gemacht und eingeladen werden konnten; manche konnten nicht kommen und haben sich schriftlich herzlich entschuldigt. Für die, die zugegen waren, war es sehr bewegend. Auch Mitglieder der Jüdischen Gemeinde Graz waren bei der Enthüllung zugegen – ein erfreulicher Ausdruck des gemeinsamen Erinnerns trotz aller Ambivalenzen der einzelnen Lebensgeschichten.

Die Enthüllung des Denkmals für die Opfer des Nationalsozialismus war der letzte Höhepunkt des Reformationsjubiläumsjahres in der Heilandskirche, am Vorabend des 79. Jahrestags der Pogromnacht und fast auf den Tag genau 500 Jahre nach der Veröffentlichung der 95 Thesen Martin Luthers, dessen Antisemitismus evangelische Christ:innen heute mit Scham und tiefster Ablehnung erfüllt. Als evangelisch-christliche Gemeinde gedenken wir damit nicht nur ermordeter Menschen einer Zeit, die kaum noch jemand von uns miterlebt hat. Wir erinnern auch an die

---

[14] Die feierliche Enthüllung wurde mitgestaltet von der Autorin Gerhild Steinbuch, die eine literarische Intervention vortrug, und musikalisch umrahmt von Rivka Saltiel und Kurt Bauer.

Mitschuld unserer Kirche. Sie hat gegen sichtbares Unrecht nicht protestiert, sie hat geschwiegen und weggeschaut, sie ist »dem Rad nicht in die Speichen gefallen« (Dietrich Bonhoeffer). Das soll uns Mahnung sein für unser Handeln heute und das unserer Nachkommen.

Das Denkmal leuchtet, sichtbar jeden Tag. Solange die Kirche offen ist, von acht Uhr in der Früh bis sieben Uhr am Abend. Auch im Gottesdienst. Und wer genau hinsieht, wird merken: Am Ende steht kein Punkt. Das Denkmal ist kein Schlusspunkt, auch diese dritte Schicht nicht. Zur Umkehr schreiten wir voran!

VI. Kriterien aus unserer Sicht für den Erfolg eines solchen Projekts

Im Rückblick darauf, was zum Gelingen dieses Projekts beigetragen hat, erkennen wir folgende Kriterien, die anderen Gemeinden mit einem ähnlichen Ansinnen hilfreich sein können:

- Der Wille von ein paar Leuten, die an das Presbyterium angeschlossen sind, etwas zu initiieren.
- Von Vorteil: ein bereits ›aufbereitetes‹ Klima, sich den belasteten Teilen unserer Geschichte zu stellen.
- Eine Willensbekundung des Presbyteriums. Es muss klar sein, dass Geld in die Hand genommen werden muss. Dafür braucht es als Bewilligungsorgan schließlich auch die Gemeindevertretung (die jedenfalls in den Willensbildungsprozess eingebunden werden soll).
- Historische Expertise – kann auch von ›Externen‹ kommen. Das betrifft zunächst die Recherche über die Faktenlage, zuletzt aber auch die Mitwirkung bei der Formulierung von Texten.
- Rechtzeitige Einbindung des Bundesdenkmalamtes (Gestalterische Veränderungen in/an Kirchengebäuden sind genehmigungspflichtig!).
- Überlegung, welche weiteren *Stakeholder* es geben könnte, die für das Projekt gewonnen werden sollten.
- Vernetzung mit Menschen, die Kompetenzen in der künstlerischen Umsetzung von baulichen Veränderungen haben.
- Ein möglichst offener und dennoch klarer Entscheidungsprozess in Bezug auf das Umzusetzende und die Umsetzenden: Wer trifft letztlich wofür die Entscheidung?

Erinnerung hat viele Gesichter. Zeig mir deines! – Erinnern im Religionsunterricht

Von Sonja Danner

Das Christentum ist eine Erinnerungsreligion. Nicht nur deshalb hat Erinnern im Religionsunterricht einen wichtigen Stellenwert, sondern auch, weil es schlicht für uns und unser Leben wichtig ist: Erinnern für Geist und Körper. Die Formen der Erinnerung sind dabei vielfältig. Manches wird durch das Sehen, manches durch das Hören, Spüren, Riechen oder Schmecken memoriert, und genauso vielfältig ist das Lernen. Während die einen den visuellen Impuls brauchen, um sich Inhalte anzueignen oder Fakten zu memorieren, finden andere ihren Weg durch das Hören, das Handeln etc. Das Körpergedächtnis wird dabei vielfach unterschätzt. Es funktioniert auch dann noch, wenn Erkrankungen wie Demenz von unserem Körper Besitz ergreifen. Bewusst können manche Inhalte nicht mehr abgerufen werden, während im Körpergedächtnis Verankertes wie z. B. Schwimmen, Radfahren etc. noch gut funktioniert. Im Unterricht tun Lehrer*innen also gut daran, die Möglichkeiten unterschiedlicher Lernzugänge zu bedenken, wenn sie Inhalte für ihre Schüler*innen aufbereiten.

Um einen kleinen Einblick in die religionspädagogische Arbeit von Lehrpersonen zum Thema Erinnern zu bekommen, fand im März 2023 eine Umfrage unter Religionslehrer*innen statt. Neben den Fragen, die sich ganz allgemein auf den Stellenwert von Erinnerung im eigenen Leben und den Glaubenskontext bezogen, wurden auch kirchengeschichtlich relevante Fragen gestellt, ob und in welcher Weise die Geschichte (oder Personen) des österreichischen Protestantismus im Religionsunterricht [im Folgenden: RU] erinnert werden. Diese Umfrage ist wegen des zahlenmäßig kleinen Samples[1] in keiner Weise repräsentativ, aber sie gibt einen ersten Eindruck über den persönlichen und beruflichen Zugang von evangelischen Religionslehrer*innen zum Thema Erinnern. Mittels Online-Fragebogen wurden fünf Fragen in Hinblick auf den persönlichen Zugang, die Zukunftsrelevanz und die didaktische Auseinandersetzung in der Schule beantwortet, die nach der qualitativen Inhaltsanalyse von Philipp Mayring[2] ausgewertet wurden.

Im Folgenden wird zunächst der persönliche Zugang der Religionslehrer*innen zum Erinnern dargelegt. Was Lehrpersonen mit dem Begriff ›Erinnern‹ verbinden,

---

[1] Es wurden 28 evangelische Religionslehrer*innen in ganz Österreich befragt. Nicht erfragt wurden die Schulstufen, in welchen Erinnern im Religionsunterricht eine Rolle spielt.
[2] Siehe Philipp MAYRING, Qualitative Inhaltsanalyse. Grundlagen und Techniken (Weinheim ¹³2022). Die Antworten der Lehrpersonen wurden in eine Excel-Tabelle überspielt und nach Zeilen durchnummeriert. Zitate wurden so gekennzeichnet, z. B. Z15 (in der Excel Tabelle die 15. Zeile).

welche Rolle Erinnerung in ihrem Leben spielt – speziell im Kontext ihres Glaubens – tritt hier in den Vordergrund.

I. Persönlicher Zugang

Woran denken Religionslehrer*innen, wenn sie das Wort ›Erinnern‹ hören, was assoziieren sie damit? Mehr als die Hälfte aller Befragten verbindet Erinnern mit der eigenen Biografie. Dabei richtet sich der Blick v. a. auf die eigene Herkunft, die Kindheit – mit ihren schönen Augenblicken, aber auch traurigen Erlebnissen – und auf verstorbene Menschen. »Denken an wichtige Menschen aus meiner Vergangenheit, denken an prägende Ereignisse auf meinem Lebensweg.« (Z6) Damit eng verbunden sind das kulturelle Erbe, die Identität und Biografiearbeit, denn das Bewusstmachen der eigenen Geschichte und von Geschichte insgesamt hat nicht nur eine Bedeutung in der Vergangenheit, sondern auch in Gegenwart und Zukunft. Das Einbeziehen vergangener Erfahrungen in die Gegenwart ist unabdingbar, aber auch das ›Abrufen‹ von Dingen, die für die Zukunft Relevanz haben. Weiters werden theologische Inhalte assoziiert: das Erlösungswerk Christi in seiner existentiellen Bedeutung oder das ›Erinnere Dich‹ des Alten Testaments sowie Psalm 111,4. »Er hat ein Gedächtnis gestiftet seiner Wunder, der gnädige und barmherzige HERR.« Neben das Erinnern tritt sein ›kleiner Bruder‹ – das Vergessen, d. h., nicht auf etwas vergessen dürfen. »Erinnern ist ein aktives ›Nicht-Vergessen‹, um Fehler zu vermeiden oder Sinn zu stiften.« (Z27) Dabei spielen für die Lehrpersonen Erinnerungskultur, Gedenkstätten und Wahrnehmung von Vergangenem aus gegenwärtiger Sicht eine Rolle, aber auch Bindung. Man versucht sich zu erinnern, indem etwas (er)lernt, wiederholt oder vertieft wird und man darüber spricht. Auch die Shoa und das Thema Nationalsozialismus kommen ins Bewusstsein, werden jedoch von den Religionslehrer*innen nicht explizit erwähnt.

Wie wird Erinnern nun sichtbar im Leben der Religionslehrer*innen? Am häufigsten tritt Erinnern in Form von Fotos und Videos zum Vorschein und »zum anderen, dass kleine Souvenirs quer durch den Haushalt verteilt mit mir mitwohnen (ohne dass ich ein Datum dazu wüsste) bzw. dass ich zu vielen Gegenständen eine Geschichte im Bewusstsein bewahre (die ich bei manchen teile und bei anderen nicht)«. (Z36) Auch Gedenksteine und Kerzen eignen sich dafür. Erinnern lebt jedoch ebenso von Kommunikation und wird durch Gespräche sowie gemeinsame Reflexion mit Freund*innen oder in der Familie wachgehalten. Der Austausch über Vergangenes wird lebendig, indem man einander persönliche Geschichten oder von Erlebnissen in der Vergangenheit erzählt. Das ganze Leben ist Erinnerung, so könnte man den Zugang der Religionslehrer*innen auch bezeichnen, denn Erinnern ist ein täglicher Begleiter in vielen kleinen Alltagssituationen und der »Art und Weise, wie ich lebe«. (Z44) Gelebte Traditionen sind dabei genauso wichtig wie die täglichen *To-Dos*. »Ich erinnere mich auch an den Arzttermin, den ich erst nächste

Woche – also in der Zukunft – haben werde.« (Z59) Der Unterricht bzw. die Arbeit wird ebenfalls als Ort, an dem Erinnerung sichtbar wird, gesehen.

Erinnern im Kontext des eigenen Glaubens ist eng mit der Reflexion über die religiöse Biografie verbunden, die eine zentrale Rolle spielt. Ein*e Religionslehrer*in fasst das kurz und bündig zusammen: »Gelernte Glaubensinhalte, erlebte Glaubenserfahrung.« (Z95) Was verbirgt sich dahinter? Die Bandbreite ist groß, wie die Antworten zeigen. Einige Religionslehrer*innen reflektieren die Wurzeln ihres Glaubens, die sie mit Erinnern verbinden. Hier ein paar Beispiele, um die Vielfalt deutlich zu machen:

> »Meine Sozialisation, schöne und weniger schöne Erfahrungen, Auseinandersetzung mit evangelikalem ›Erbe‹.« (Z79) »Meine evangelische Tradition fußt auf dem Wort Reformation (Erneuerung), dieses zieht sich durch meine Glaubenserfahrungen über die Jahrzehnte.« (Z88) »Mich an meine Großmutter zu erinnern, die mir den Glauben so nahebrachte, dass er für mich einfach zum Leben dazugehört und nicht mehr wegzudenken ist.« (Z89)

Diese Wurzeln tragen zur Identitätsbildung bei und zeigen nicht nur eine tiefe Gottesbeziehung, sondern auch, welch stärkende Kraft im Glauben für den/die Einzelne*n liegt. »An einen Gott zu glauben, der immer schon da war, an die Wunder zu denken, die Gott getan hat und daraus Kraft schöpfen für die Gegenwart.« (Z91) »Durch die Ebenbildlichkeit Gottes fällt uns Schöpferkraft zu.« (Z70) Die Zugänge der Lehrpersonen machen deutlich, dass das Erinnern an diese Gottesbeziehung, aus der bereits viel Gutes erwachsen ist, Hoffnung, Vertrauen, Geborgenheit und Gemeinschaft gibt, Gott aber andererseits dieses Erinnern auch einfordert, etwa in den Psalmen des Alten Testaments oder durch das Einhalten von Sonntagen, Festtagen, Feiern etc. Im Gottesdienst wird diese Erinnerung durch das Abendmahl eingelöst. Biblische Geschichten und Biografien geben zusätzliche Orientierung; im Mitgefühl und sich Hineinleben ist ein persönliches Lernen und Wachsen möglich. »›Niemand ist gerecht, nicht einer‹ schreibt Paulus. Darum brauchen wir die Erlösung Christi. Würde ich dieses Erlösungswerk vergessen, liefe ich Gefahr, überheblich und selbstgerecht zu werden.« (Z92)

Die Zugänge und die Bedeutung von Erinnern im Leben der Religionslehrer*innen zeigen, dass die eigene Biografie – eng verbunden mit der Religion – im Zentrum steht. Die einzelnen Erlebnisse und Abschnitte werden durch Artefakte und Kommunikation mit Familie und Freund*innen durch Erzählungen von Erlebnissen der Vergangenheit wachgehalten. Eine tragfähige Gottesbeziehung wie auch biblische Geschichten geben Halt und Orientierung im Leben und ermöglichen eine persönliche Weiterentwicklung. Auch die Shoa wird mit Erinnern assoziiert, spielt jedoch im Leben der Lehrpersonen keine explizit genannte Rolle. Damit sind bereits alle drei Erinnerungsstränge, die auch im Religionsunterricht in Form von Erinnern von Bedeutung sind, angesprochen.

II. Erinnerungsstränge im Religionsunterricht

- Erinnerungslernen – erinnerungsgeleitetes Lernen – Shoa
- Bibel als Basis der Erinnerungstradition
- Religiöse/kirchengeschichtliche Biografie

Wie setzen die Religionslehrer*innen diese Erinnerungsstränge im Religionsunterricht um? Ihre Vorüberlegungen dazu betreffen allgemeine Aspekte des Erinnerns, wie das Eingebunden-Sein in die Heilsgeschichte oder Erinnerung als wesentlichen Bestandteil des Menschseins insgesamt. (Z153) Für die Lehrpersonen gehören auch Gedenktage dazu, die die Verarbeitung von Ereignissen ermöglichen, denn nicht verarbeitete Erinnerungen können fragwürdige Ideale hervorbringen. Erst die Erinnerung ermöglicht Vergebung und damit eine Zukunft. Das wäre auch dringend bei Friedensbemühungen nötig, wie v. a. im Konflikt zwischen Juden/Jüdinnen und Palästinenser*innen in Israel immer wieder eingefordert wird. Ein Vergessen wäre hier unumgänglich, um Versöhnung zu ermöglichen. Nicht ein Vergessen im Sinne einer Verdrängung, sondern ein Vergessen im Sinne eines ›Stehen-Lassen-Könnens‹, eines Annehmens, was war, um einen Neuanfang zu ermöglichen.

II.1 Erinnerungslernen – erinnerungsgeleitetes Lernen – Shoa

Im kirchengeschichtlichen Bereich liegt der eindeutige Schwerpunkt der Religionslehrer*innen auf dem Nationalsozialismus und der Shoa, die aus einem evangelischen Blickwinkel unter die Lupe genommen werden. Beginnend beim Antisemitismus in all seinen Ausprägungen kommt es zu einem »Erinnern an Verirrungen, Verbrechen und Verblendungen der evangelischen Kirchen und ihrer Mitglieder in der Zeit des NS-Regimes«. (Z150) Die aus der Barmer Bekenntnissynode (1934) resultierende *Theologische Erklärung* ist dabei ein unerlässliches Dokument, nicht zuletzt, um den Unterschied zwischen ›Gottesdienst‹ und ›Götzendienst‹ aufzuzeigen. Dabei ist es den Lehrpersonen wichtig, für die Schüler*innen eine Brücke zur Gegenwart zu schlagen.

> »Dort, wo man die Vergangenheit vergisst, läuft man Gefahr die Fehler der Vergangenheit zu wiederholen. Darum ist mir der Blick auf die Gräuel des NS-Regimes sehr wichtig. Ich zeige den SuS[3] falsche Glaubenssätze auf, die das Erstarken der Nationalsozialisten erst ermöglicht haben. Zum Beispiel wurde der Satz aus dem 25 Punkte Plan der Nationalsozialisten von 1920 ›Das Wohl der Gemeinschaft geht über das Wohl des Individuums‹ im Völkerrecht 1945 bewusst abgelehnt und durch die Position ›Rechte des Individuums haben Vorrang vor den Rechten der Gemeinschaft‹ verankert. Es gibt Glaubenssätze, die theoretisch gut klingen, aber in der Praxis massive Probleme schaffen. Ich will die SuS daran erinnern, dass sie solchen Sätzen besonders Gehör schenken.« (Z154)

---

[3] Schüler*innen.

Die Religionspädagogik kennt den Begriff des Erinnerungslernens oder des erinnerungsgeleiteten Lernens. Hier wird das dahinterstehende didaktische Konzept jedoch auf die Shoa reduziert. Auf evangelischer Seite hat sich Wilhelm Schwendemann verstärkt mit diesem Thema auseinandergesetzt und auf katholischer Seite Reinhold Boschki. Auch die Publikation *Niemals Nummer – Immer Mensch. Erinnerungslernen im Religionsunterricht*[4] beleuchtet das Thema aus der Sicht österreichischer Religionslehrer*innen. Erinnerungslernen wird hier eng verbunden mit der eigenen Lebensgeschichte bzw. der Einbettung in die Familiengeschichte. Zusätzlich wird das Erinnerungslernen häufig mit der Historie der Kirchengemeinde, der man angehört, verbunden. Die Shoa ist der häufigste Anknüpfungspunkt an den Protestantismus in Österreich – oder anders gesagt: an evangelische Kirchengeschichte in Österreich. So benennt eine Lehrperson die »Geschichte des Protestantismus in Österreich und evangelischen Antijudaismus (z. B. Stadtkirche Wittenberg). Ziel: Wir werden zu Opfern und Tätern im Wandel der Geschichte« (Z167), während eine andere Erinnerung mit dem »Novemberprogrom 1938. Die Evangelische Kirche in Österreich während NS-Zeit, Los-von-Rom-Bewegung« (Z149) verbindet. Dennoch wird auch dieses Thema häufig nicht mit speziellem Österreichbezug aufgegriffen. Ebenfalls nicht explizit genannt, aber mit der österreichischen Geschichte verbunden, werden »z. B. der Minarettstreit und die evangelische Haltung dazu aus Erinnerung an die eigene Geschichte mit der unseligen ›Toleranz‹« (Z151) sowie die Themen Reformation, Gegenreformation, Geheimprotestantismus und ›Los-von-Rom-Bewegung‹. Damit soll das Bewusstsein für die eigenen Wurzeln und die evangelische Identität bei den Schüler*innen gestärkt werden. Bei manchen im Rahmen des Religionsunterrichts aufgegriffenen kirchengeschichtlichen Themen kann ein Bezug zum österreichischen Protestantismus angenommen werden, ein solcher geht jedoch nicht dezidiert aus den Antworten hervor (Reformationszeit, christliche Vorbilder, Verbrechen und Verblendungen der evangelischen Kirchen und ihrer Mitglieder in der Zeit des NS-Regimes).

Das Ergebnis aller Überlegungen zum Erinnerungslernen ist eine Reihe von religionspädagogischen Leitlinien und didaktischen Umsetzungsmöglichkeiten, wobei Boschki folgende sieben Punkte als richtungsweisend sieht: doppelte Subjektorientierung,[5] biblische Erinnerung, ethische und selbstkritische Orientierung, religiöse Bildung als Menschenrechtslernen, Biografie- und Ortsorientierung, der größere Kontext jüdisch-christlichen Lernens, Überwältigungsverbot und Antisemitismus-Bekämpfung.[6]

---

[4] Sonja DANNER, Niemals Nummer – Immer Mensch. Erinnerungslernen im Religionsunterricht (Evangelische Hochschulschriften Freiburg 9, Göttingen 2020).

[5] Hier steht die These im Raum, dass es sich um eine dreifache Subjektorientierung handelt, da Boschki diese auf Schüler*innen und Subjekte des Lernens bezieht, während die Lehrpersonen, die ihrerseits ebenfalls mitbedacht werden müssen, unbeachtet bleiben. Vgl. ebenda 296.

[6] Reinhold BOSCHKI, Art. Erinnerung/Erinnerungslernen (2015), http://www.bibelwissenschaft.de/wirelex/das-wissenschaftlich-religionspaedagogisches lexikon/lexikon/sachwort/

II.2 Bibel als Basis der Erinnerungstradition

Der Hauptbezugspunkt von Religionslehrer*innen beim Erinnern im Religionsunterricht ist die Bibel. Geschichten aus dem Alten und Neuen Testament werden als Anknüpfungspunkte an die Primarstufe, in welcher die Schüler*innen schon einige dieser Geschichten kennengelernt haben, aufgegriffen. Dabei steht die Bedeutung der einzelnen Erzählungen im Hier und Jetzt im Mittelpunkt. Welche Bezüge können hergestellt werden und wie können sie für das eigene Leben genutzt werden? Umgekehrt soll durch lebendiges wiederholtes Erzählen und Identifikation biblische Erinnerung (Jesus) entstehen. Als Beispiele aus dem Alten Testament werden u. a. die Erzelterngeschichten (Abraham/Zacharias: Gott hält sein Versprechen), Noah (Gottes Versprechen gilt auch mir), der Auszug aus Ägypten – Pessach – Ostern, die Psalmen und Propheten angeführt, während aus dem Neuen Testament Jesusgeschichten, Korintherbrief, Römerbrief (Kap. 11) etc. im Unterricht behandelt werden. In einigen Fällen beziehen die Religionslehrer*innen die Geschichten des Neuen Testaments auf das Alte Testament. Damit soll die direkte Verbindung des Christentums zum Judentum ausgedrückt werden – das Christentum quasi als ›Tochter‹ des Judentums:

> »Geschichte des Exodus, Geschichten in der Bibel, in denen an das Exodusgeschehen erinnert wird (Psalmen, Propheten), an die Geschichten Jesu, vor allem Bergpredigt, in denen Jesus auf die Thora Bezug nimmt, Streitgespräche mit Pharisäern ebenso mit Bezug auf Gebote im AT [Alten Testament] bzw. der Thora.« (Z146)

Das Abendmahlsverständnis und die Taufe sind als Themen der Erinnerung ein wichtiger Teil des Religionsunterrichts, wobei sowohl das reformierte Abendmahlsverständnis als symbolisches Erinnerungsmahl angesprochen wird als auch das lutherische. Untermauert wird dies durch Texte aus den Evangelien oder dem Korintherbrief, die das Abendmahlsgeschehen lebendig werden lassen unter dem Motto: »Jesus begegnet mir.« (Z143)

Das Christentum hat hier eine Erinnerungstradition, deren Zentrum in der griechischen Bibel, im Neuen Testament liegt: die ›Memoria Passionis‹ – auch als ›Memoria Passioni, Mortis et Resurrectionis Iesu Christi‹ bezeichnet. Sie ist das Herzstück der Erinnerungsgemeinschaft der Christ*innen. Im Mittelpunkt steht der Tod Jesu am Kreuz, der häufig als Sieg dargestellt wird.[7] Erinnerung, die sich von biblischer jüdisch-christlicher Tradition ableitet und von der Geschichte der Shoa ausgeht, ist auch Teil einer anamnetischen Glaubenspraxis. Die christliche Tradition bringt das Erinnern in ihrem Apostolischen Glaubensbekenntnis zum Ausdruck, während das Judentum das Schma Jisrael als kristallisierte Erinnerung verschriftlicht hat. Abendmahl und Taufe sowie einzelne Fixpunkte im Kirchen-

---

anzeigen/details/erinnerungerinnerungslernen/ch/17f3508aa7e5204858639a9e68cd547a/ [18.4.2023].

[7] Diese Form dieser Kreuzestheologie wird aber immer wieder in Frage gestellt.

jahr (Weihnachten, Ostern, Reformationsfest) mit ihren Ritualen sind Symbole der Erinnerung.[8]

Erinnerung ist nötig, um nicht fortzuschreiben, was verändert werden kann und muss, um nicht in einer unveränderbaren Dauerschleife ins andauernd Gleiche zu verfallen. Biblische Erzählungen sind so nach wie vor relevant für die Gegenwart der Schüler*innen, da sie sich als Modelle anbieten, die eigene Situation zu reflektieren, zu analysieren und (neu) zu interpretieren. Durch dieses *Reframing* können neue Einsichten gewonnen werden. In der Tradition christlicher Erinnerung sind diese Möglichkeiten der Deutung mit den neutestamentlichen Texten über das Leben, Sterben und Auferstehen Jesu gegeben. Astrid Greve betont, dass die (nicht historische) Erinnerung der biblischen Geschichten zu einer Sensibilisierung für Geschichten unserer Zeit beiträgt, und meint: »Es gibt keine Randbezirke ›religiösen‹ Lebens der Menschen. Die ganze Geschichte ist der Ort der Begegnung von Gott und Mensch.«[9] Aus christlicher Perspektive ist die Erinnerung an die Auferstehung der zentrale Punkt, an dem das Leid überwunden ist und dennoch nicht in Vergessenheit geraten darf.

Greve sieht zudem das Buch Deuteronomium als »Basis und Ausgangspunkt biblischer Erinnerungskultur«.[10] Es geht um Identitätsstiftung und die religionspädagogisch relevante Frage, wie nachkommende Generationen sich diese Geschichte zu eigen, zu ihrer eigenen Geschichte, machen. Das geschieht nicht durch Zwang, sondern weil der Sinn für das eigene Leben erkannt wird.[11] Die kulturelle Mnemotechnik von Jan Assmann wird dafür als modellhaft gesehen, die in acht Schritten in kanonisierter Form vorliegt.

> »1) Dtn 6,6: Bewußtmachung, Beherzigung; Einschreibung ins eigene Herz; 2) Dtn 6,7: Erziehung; Weitergabe an die folgenden Generationen durch Kommunikation, Zirkulation; davon Reden allerorten und allerwege; 3) Dtn 6,8: Sichtbarmachung; Denkzeichen auf Stirn und Hand (Körpermarkierung); 4) Dtn 6,9: ›Limitische Symbolik‹; Inschrift auf den Türpfosten (Grenze des eigenen); 5) Dtn 27, 2–8 u 31, 9–13: Speicherung und Veröffentlichung; Inschrift auf gekalkten Steinen; 6) Dtn 16: Feste der kollektiven Erinnerung; die drei großen Versammlungs- und Wallfahrtsfeste: Pessach, Schawuot und Sukkot; 7) Dtn 31: Mündliche Überlieferung, d. h. Poesie als Kodifikation der Geschichtserinnerung; das Buch schließt mit einem großen Lied, das die Warnung vor den fürchterlichen Folgen der Untreue und Vergeßlichkeit noch einmal in poetisch verdichteter Form zusammenfaßt. Dieses Lied soll in der mündlichen Überlieferung des Volkes lebendig bleiben und es auf diese Weise ständig an seine Bindungen erinnern; 8) Dtn 31, 9–13: Kanonisierung des Vertragstextes (Tora) als Grundlage ›Buchstäblicher‹ Einhaltung.«[12]

---

[8] Edmund ARENS, Anamnetische Praxis. Erinnern als elementare Handlung des Glaubens, in: Erinnern. Erkundungen zu einer theologischen Basiskategorie, hg. von Paul PETZEL/ Norbert RECK (Darmstadt 2003) 41–55.

[9] Astrid GREVE, Erinnern lernen. Didaktische Entdeckungen in der jüdischen Kultur des Erinnerns (Weg des Lernens 11, Neukirchen-Vluyn 1999) 131.

[10] Ebenda 34.

[11] Ebenda 62.

[12] Jan ASSMANN, Die Katastrophe des Vergessens. Das Deuteronomium als Paradigma Kultureller Mnemotechnik, in: Mnemosyne – Formen und Funktionen der Erinnerung, hg. Aleida

Zusammengefasst könnte man auch sagen: Hirn – Herz – Hand frei nach Pestalozzi, der einen ganzheitlichen pädagogischen Ansatz damit verfolgte.

II.3 Religiöse/kirchengeschichtliche Biografie

Kirchengeschichte unter dem Aspekt des Erinnerns muss im Zusammenwirken mit religiösem Lernen gesehen werden, was bedeutet, dass christliche Traditionen unter historischer Perspektive betrachtet werden müssen. Daher sind religionsdidaktische Konzepte gefragt, die an Kirchengeschichtsdidaktik andocken können, um Kirchengeschichte zu vermitteln. Klaus König schreibt dazu:

> »Wenn also religiöses Lernen anhand von Kirchengeschichte thematisiert, wie Subjekte und lokale, regionale, staatliche sowie kirchliche Gemeinschaften in unterschiedlichen zeitlichen Kontexten sich für die Gestaltung ihres Lebens auf Motive und Gehalte von Christlichem beziehen, wenn dabei zudem deutlich wird, dass diese Beziehungen für religiöse Orientierung in der Gegenwart auf unterschiedliche Weise bedeutsam sind […], dann wäre ein didaktisch relevanter Begriff von Kirchengeschichte gewonnen.«[13]

Damit liefert die Kirchengeschichte aus religionsdidaktischer Sicht einen Beitrag zur Orientierung der Schüler*innen. Dem Bedürfnis nach Orientierung in Krisenzeiten, wie wir sie seit einigen Jahren verstärkt in Europa durch Pandemie und Krieg erleben, kann zusätzlich Rechnung getragen werden, indem bewährte Krisenmodelle mit ihren Handlungsoptionen und Konsequenzen aus der Vergangenheit mit Gegenwartsbezug zum Leben der Schüler*innen im Unterricht gemeinsam reflektiert werden. Damit wird ein Orientierungsrahmen alternativ zu vorherrschenden kapitalistischen Mustern geschaffen, der Sicherheit bietet. Nicht das reine Faktenwissen steht dabei im Vordergrund, sondern die Begegnung mit Geschichte mit dem Ziel, religiöses Leben zu stärken. Auf die Vergangenheit, die aus Sicht der Gegenwart unveränderbar ist, zurückzuschauen und sich ihrer zu erinnern, vermittelt zusätzliche Sicherheit.

Heidrun Dierk u. a. fordern daher eine Elementarisierung kirchengeschichtlicher Inhalte, wobei für Dierk die »Relevanzerfahrung« in dieser Begegnung mit kirchengeschichtlichen Themen besonders wichtig erscheint, der sie zwei Tiefendimensionen zuordnet. Einerseits die Bewusstmachung/-werdung »der Fremdheit, mit der die kirchengeschichtlichen Traditionen gegenwärtigem Denken und Handeln gegenübertreten«. Diese sei für die Persönlichkeits- und religiöse Entwicklung wichtig. Andererseits die ethische Dimension, die sich in der Auseinandersetzung

---

Assmann/Dietrich Harth (Fischer-Wissenschaft 10724, Frankfurt a. M. 1991) 337–355, hier 339–341.

[13] Klaus König, Kirchengeschichte aus der Perspektive der Religionspädagogik, in: Kirchengeschichtsdidaktik. Verortungen zwischen Religionspädagogik, Kirchengeschichte und Geschichtsdidaktik, hg. Stefan Bork/Claudia Gärtner (Religionspädagogik innovativ 12, Stuttgart 2016) 49–61, hier 52.

der Schüler*innen mit den sich wandelnden Wertvorstellungen im Laufe der Kirchengeschichte entfaltet und zur Reflexion bezüglich eigener Werte anregen soll.[14]

Wie setzen evangelische Religionslehrer*innen das um? Eng verbunden mit dem Erinnern kirchengeschichtlicher Inhalte ist das Besinnen auf und die Reflexion über die eigene religiöse Biografie. Damit kommt einerseits die Familiengeschichte in den Fokus und andererseits das biografische Lernen anhand fremder Biografien, die als Hintergrundfolie für das eigene Leben dienen können.

Häufig greifen Religionslehrer*innen auf Biografiearbeit zurück, wenn es um das ›Wie‹ der Vermittlung geht, da »Nachfolger Vorbilder brauchen«. (Z160) Dabei wird Biografien evangelischer Persönlichkeiten (Dietrich Bonhoeffer) ebenso Aufmerksamkeit geschenkt wie etwa Martin Luther King. Auch die persönliche Biografiearbeit darf dabei nicht zu kurz geraten. Das Erzählen der Lehrpersonen von Erfahrungen aus dem eigenen Leben soll die Schüler*innen ermuntern, sich mit ihrer Lebensgeschichte auseinanderzusetzen, zu reflektieren, zu erzählen und zu gestalten. Wertschätzende Gespräche und das Erzählen von Geschichten sollen zur Erweiterung des Horizonts beitragen und über die Schule hinaus erinnert werden. Komplexe Themen werden ›heruntergebrochen‹ und durch regelmäßige Wiederholung geschärft. Eine Lehrperson hält einzelne Übungen fotografisch fest und händigt sie zum Ende des Semesters in Collageform an die Schüler*innen aus: Das schärft die Erinnerung ebenso wie die Stundenwiederholung zu Beginn jeder Einheit.

Als ethische Themen der Erinnerung werden Migration, Flucht, Rassismus und Euthanasie genannt. Es wird jedoch nicht näher darauf eingegangen, wie hier die Zusammenhänge zum Erinnern gedacht sind.

Zusammengefasst lässt sich sagen, dass der persönliche Zugang zum Erinnern den Unterricht nicht nur in der Wahl der Themen prägt, sondern auch in der Herangehensweise. Die positive Erfahrung mit der Auseinandersetzung der eigenen (religiösen) Biografie und das Bewusstmachen der eigenen Geschichte, die wiederholt mit Freund*innen oder Familie ausgetauscht, erzählt und reflektiert wird, schlagen sich im Unterricht nieder. Auch die Schüler*innen werden angeregt, über ihre (Familien)Geschichte nachzudenken und in den Austausch zu gehen. Dasselbe ist in Bezug auf biblische Geschichten zu beobachten, die im persönlichen Bereich eine hohe Relevanz aufweisen und deren Inhalte in den Religionsstunden mit den Schüler*innen anverwandelt werden. Einzig das Thema Nationalsozialismus wird zwar mit Erinnern assoziiert, spielt jedoch im Leben der Lehrpersonen keine explizite Rolle. Im Religionsunterricht hingegen nimmt es einen hohen Stellenwert in Bezug auf die Shoa ein.

Welchen Beitrag leistet religiöses Erinnern, um die Gegenwart zu gestalten und die Zukunft annehmen zu können?

---

[14] Vgl. Heidrun DIERK, Kirchengeschichte elementar. Entwurf einer Theorie des Umgangs mit geschichtlichen Traditionen im Religionsunterricht (Heidelberger Studien zur praktischen Theologie 10, Münster 2005) 247–260.

Religiöses Erinnern leistet einen großen Beitrag für die Menschheit, die Gesellschaft und die Einzelperson, denn ohne Erinnern, ein Kennen und Vergegenwärtigen der Vergangenheit ist das sinnvolle Gestalten der Gegenwart und Zukunft schwierig, da sie eng miteinander verwoben sind. Erinnerung wird als Teil tieferen Verstehens angesehen, das Besinnen auf Bekanntes – auf die großen Schätze des Christentums – gibt Orientierung und erdet in der Gegenwart. Der Slogan ›aus der Geschichte lernen‹ wird weitergedacht: aus der Geschichte und den biblischen Geschichten lernen. Verwiesen sei v. a. auf Dtn 32,7:

> »Denkt zurück an längst vergangene Zeiten, erinnert euch an die früheren Generationen. Fragt eure Väter – sie werden es euch erzählen, die Alten unter euch – sie werden es euch sagen. (Neue Genfer Übersetzung) Dieses Wort gilt für mich noch heute. Ich frage Erinnerungen ab, bewahre, tradiere und bewerte sie im heutigen Kontext.« (Z191/92)

Die Erinnerung an vergangenes Geschehen birgt die Chance eines Neu/Anders-Denkens und damit die Zukunft mitzugestalten – ohne Klarheit, welche Werte dann zum Tragen kommen werden. Religiöse Erinnerung kann einen Rahmen für ein friedvolles Zusammenleben stecken, wenn die Sensibilität für Mechanismen, die in Gesellschaften Menschen zu Täter*innen oder Opfern werden lassen, geschaffen wird. Das ist unabdingbar, da es auch gegenwärtig immer wieder zu gruppenbezogener Menschenfeindlichkeit im Kontext von Religion kommt. Dafür muss Verantwortung übernommen werden. Religiösem Erinnern kommt dabei ein größerer Zeithorizont zu als staatlichem.

> »Der Reformation zu gedenken hat Relevanz im Widerstehen gegen Autoritarismus, das Erinnern an Regenbogen, Inkarnation und Abendmahl weist über die Gegenwart, sogar über die (planbare) Zukunft hinaus ins Eschaton und hat das Potenzial, gegen Erpressung durch politische, wirtschaftliche oder gesellschaftliche ›Sachzwänge‹ zu immunisieren.« (Z169)

Aber auch für den einzelnen Menschen ist religiöses Erinnern von großer Wichtigkeit. Durch das Eingebunden-Sein in Gottes Geschichte, die Geborgenheit »in Erinnerung an den ewigen Gott, der unser Leben in seiner Hand hält vom Anfang bis zum Ende und darüber hinaus« (Z195), werden Trost, Hoffnung und Mut zugesprochen durch Gottes Treue. Dieser Zugang ist Resilienz fördernd, schenkt Energie zum Handeln und gibt christliche Werte vielleicht auch an die nächste Generation weiter. Das Besinnen auf die eigenen religiösen Wurzeln kann Perspektiven eröffnen und den Dialog mit dem Anderen, dem Fremden ermöglichen bzw. zu einem positiven Menschenbild beitragen. Fehlentwicklungen aus der Vergangenheit und ihr mögliches *Revival* in der Gegenwart werden dadurch möglicherweise rascher erkannt und den Mechanismen von Ausgrenzung, Stigmatisierung etc. wird damit entgegengewirkt. Eine Lehrperson macht dies am Thema Schuld und Vergebung anhand der Geschichte von Adam und Eva fest:

»Zum Beispiel kann die Geschichte von Adam und Eva beim Erinnern daran helfen, wie das System Schuld und Vergebung funktioniert. Selbst atheistische SuS können sich anhand der Geschichte wieder ins Gedächtnis rufen, dass Schuldzuweisung [sic!] nicht zielführend sind (›Die Frau die du mir gegeben hast, gab mir zu essen und ich aß‹), dass die Frage nach Schuld keine Lösungen bringt, dass einzig das persönliche und freiwillige Schuldeingeständnis zielführend ist, dass Vergebung eine freiwillige Willensentscheidung und keine Emotion ist, und dass es unbedingt Schuldeingeständnis UND Vergebung für eine funktionierende Beziehung braucht, aber beides gleichzeitig nicht gefordert werden kann, sondern immer nur freiwillig gegeben, was das Konzept von Schuld und Vergebung kontrafaktisch – gegen jede Vernunft und Logik – werden lässt. SuS können sich in ihrem Leben außerhalb der Schule daran erinnern und die Geschichte von Adam und Eva als Beispiel misslungener Schuldeingeständnis [sic!] verwenden, um es in Zukunft besser zu machen.« (Z196)

Resümierend kann gesagt werden, dass evangelisches Erinnern fest im Religionsunterricht verankert ist, es aber nicht explizit mit Personen, Ereignisse und Orten der Geschichte des Protestantismus in Österreich verbunden wird.

Selbst- und Geschichtsbilder in unterschiedlichen Erinnerungskulturen

Der lange Weg zur Gleichberechtigung

Die Erinnerung an evangelische Frauen und Frauenorganisationen im 20. Jahrhundert

Von Barbara Heyse-Schaefer

I. Vorbemerkung

Das Gedenken an die Geschichte der Frauen im österreichischen Protestantismus bewegte und bewegt sich zwischen den Eckpunkten Glorifizierung, Diskriminierung und Vergessen. Obwohl Frauen innerhalb der Gesellschaft keine Minderheit sind, geraten sie oft in eine doppelte ›Opferrolle‹ – ›evangelisch‹ und ›Frau‹. Diverse Diffamierungen, die häufige Personalisierung von an sich strukturellen Benachteiligungen und die in manchen Bereichen zunehmenden Abhängigkeiten von kirchlichen Subventionen wurden besonders von ehrenamtlich engagierten Frauen oft als mangelnde Wertschätzung wahrgenommen[1] und führten zu diesem doppelten Opfernarrativ.[2] Außerhalb der evangelischen Kirche wird an evangelische Frauen oft mit großer gesellschaftlicher Resonanz und Wertschätzung gedacht. Erstaunlich ist allerdings, dass es aus heutiger Sicht die Gleichberechtigung in der Evangelischen Kirche scheinbar immer schon gegeben hat.

Der Weg der Frauen in der evangelischen Kirche zu Beginn der Frauenbewegung (ab ca. 1860) wurde gerne als ein leiser und aufopfernder dargestellt. Sie seien zu christlicher Liebesarbeit angehalten oder zur Unterweisung von Frauen und Kindern herangezogen worden. Tatsächlich stellte ihr Dienst oft die einzige Möglichkeit einer bezahlten oder unbezahlten Tätigkeit außerhalb der Familie dar.[3]

---

[1] Vgl. z. B. Astrid WINKLER/Monika BAUER, Frauen im kirchlichen Ehrenamt. Studie der Evangelischen Akademie Wien (Wien 2001).

[2] Zu den Opfernarrativen der Evangelischen in Österreich vgl. z. B. den Beitrag von Leonhard Jungwirth und Astrid Schweighofer sowie den Beitrag von Michael Bünker im vorliegenden Band.

[3] Vgl. z. B. Kap. III »Die Gallneukirchner Diakonissen« und das dort wiedergegebene Zitat »Dienen will ich. […] Mein Lohn ist, dass ich darf.« In späterer Folge wurde den Theologinnen nahegelegt, sich im Berufsfeld der Diakonissen zu verankern, nach der Devise: ›Den Männern das Amt, den Frauen der Dienst.‹ »Die Theologin ist diese theologisch ausgebildete Diakonisse, deren Dienst insbesondere in der Seelsorge und Unterweisung im Wort an Kindern, Mädchen und Frauen besteht. [Ihren] Dienst kann sie nicht selbständig, sondern nur in Verbindung mit dem Hirten der Gemeinde zu dessen Unterstützung ausführen.« Zit. nach: Dagmar HERBRECHT/Ilse HÄRTER/Hannelore ERHART (Hg.), Der Streit um die Frauenordination in der Bekennenden Kirche. Quellentexte zu ihrer Geschichte im Zweiten Weltkrieg (Neukirchen-Vluyn 1997) 128.

Dennoch gab es auch seit den Anfängen der Frauenbewegung kämpfende und fordernde Frauen innerhalb der evangelischen Kirche.

II. Engagierte Frauen in Vereinen 1860–1938

Die Entstehungsphase der ersten österreichischen Frauenvereine wurde schon früh gut dokumentiert.[4] Zeitgleich mit der Gründung von Vereinen, die die Erwerbstätigkeit und gesellschaftliche Mitsprache von Frauen förderten, wurden auch die ersten evangelischen Frauenvereine gegründet, die überwiegend wohltätig orientiert waren. Manchmal waren die Gründerinnen beider Arten von Vereinen ein und dieselben Personen. Der evangelische Anteil an den allgemeinen Frauenvereinen wie auch die evangelischen Frauenvereine sind bis heute kaum erforscht. Zwei Frauen seien hier besonders hervorgehoben.

Eine der führenden Persönlichkeiten der ersten Frauenbewegung in Österreich war Iduna Laube (1808–1879), eine sächsisch-österreichische Frauenrechtlerin. Sie war in zweiter Ehe mit dem Burgtheaterdirektor Heinrich Laube verheiratet. In ihrem Haus in der Rahlgasse 4 im 6. Wiener Gemeindebezirk, dem späteren ersten Wiener Mädchengymnasium (ab 1892), betrieb sie mit ihrem Mann einen Literatursalon. In diesem Salon gründete sie den »Wiener Frauenerwerbsverein«, den ersten Verein, der wirtschaftliche Forderungen für Frauen aufstellte.[5] Aus einer von ihr initiierten Nähstube entwickelte sich eine erste Handelsschule und in weiterer Folge eine Frauengewerbeschule. Gemeinsam mit Helene von Hornbostel gründete Iduna Laube 1860 den Evangelischen Frauenverein mit Sitz in der Dorotheergasse 18.[6]

Vgl. parallel dazu auch die Entwicklung in Österreich, insbesondere rund um §13 KV 1940 bei Ruth NIEDERWIMMER, Die Frau im kirchlichen Dienst in Österreich. Anfragen an die Grundrechtsüberzeugung der Evangelischen Kirche. *Informationsdienst der Salzburger Gruppe* (Sondernummer 1987) 41.
Auch mir persönlich wurde noch um das Jahr 1980 wiederholt die Haltung einer Diakonisse nahegelegt.

[4] Vgl. Martha Stephanie BRAUN (Hg.), Frauenbewegung, Frauenbildung und Frauenarbeit in Österreich (Wien 1930), und dort besonders die beiden Artikel von Marianne Hainisch, Zur Geschichte der österreichischen Frauenbewegung. Aus meinen Erinnerungen (S. 13–24) und Gisela URBAN, Die Entwicklung der Österreichischen Frauenbewegung. Im Spiegel der wichtigsten Vereinsgründungen (S. 35–64); Susanne FEIGL, Politikerinnen in Wien: 1848–2000. 2 Bde.: Biographien; Einblicke (Wien 2000); N. N., »Frauenzimmer« und Politik: 175 Jahre seit der Revolution im Jahr 1848, in: https://www.parlament.gv.at/aktuelles/news/in-einfacher-sprache/Frauenzimmer-und-Politik/ [6.1.2024].

[5] Margret FRIEDRICH, Versorgungsfall Frau? Der Wiener Frauen-Erwerb-Verein – Gründungszeit und erste Jahre des Aufbaus. *Studien zur Wiener Geschichte. Jahrbuch des Vereins für Geschichte der Stadt Wien* 47/48 (1991) 263–308.

[6] Vgl. dazu Evangelischer Frauenverein (Hg.), Jahresbericht des Evangelischen Frauen-Vereines in Wien (Wien 1862–1920). Statuten und Geschäftsordnung des evangelischen Frauenvereines in Wien (Wien 1877).

Auch die genannte Helene von Hornbostel (1815–1888), die Frau des Seidenfabrikanten und Politikers Theodor Friedrich von Hornbostel, war Gründungsmitglied und zudem Präsidentin (1866/1867) des »Frauenerwerbsvereins«.[7] Sie setzte sich für die mittels Bildung zu erreichende Unabhängigkeit von Frauen und Mädchen ein und ermöglichte das diakonische Engagement von Frauen innerhalb der Evangelischen Kirche.

In evangelischen Publikationen finden sich wenige Hinweise auf die beiden Frauen. Am Evangelischen Friedhof in Wien-Favoriten existieren aber noch immer ihre Gräber als Ehrengräber. Ortspfarrer Michael Wolf (Christuskirche am Matzleinsdorferplatz) gedenkt heute in seinen friedhofspädagogischen Rundgängen an beide Frauen. Beide werden auch in dem 2008 veröffentlichten Buch von Monika Salzer und Peter Karner *Vom Christbaum zur Ringstraße. Evangelisches Wien* erwähnt, das zahlreiche Kurzbiographien evangelischer Wienerinnen und Wiener bietet.[8]

»Im Jahr 1938 wurden die bis dahin blühenden evangelischen Frauenvereine, die eben erst knapp vorher eine Zentralorganisation unter der Leitung der Baronin Marianne Rinaldini[9] aufgebaut hatten, durch die neuen [nationalsozialistischen] Machthaber aufgelöst.«[10] Trotz der erfolgreichen Reaktivierung mancher Frauenvereine (Wien-Innere Stadt, Wien-Gumpendorf und Wien-Währing) nach 1945 erreichte ihr Engagement nie mehr wieder das Vorkriegsniveau. Sie gerieten zunehmend in Vergessenheit.

III. Die Gallneukirchner Diakonissen

»Was will ich? Dienen will ich. Wem will ich dienen? Dem Herrn Jesus in Seinen Elenden und Armen. Und was ist mein Lohn? Mein Lohn ist, dass ich darf.«[11] Dieser Leitspruch der Diakonissen stammt von Wilhelm Löhe (1808–1872), dem Gründer des Diakonissenmutterhauses in Neuendettelsau und ist wohl als sein Idealbild des Diakonissenamts zu verstehen. Ob die Diakonissen ihre Rolle selbst so verstanden haben, ist nicht untersucht.

---

[7] Vgl. z. B. N. N., Art. Hornbostel Helene von, geb. Winkler, Frauenrechtlerin. ÖBL 2 (1994) 423; Margret FRIEDRICH, Zur Tätigkeit und Bedeutung bürgerlicher Frauenvereine im 19. Jahrhundert in Peripherie und Zentrum, in: Bürgerliche Frauenkultur im 19. Jahrhundert, hg. von Brigitte MAZOHL-WALLNIG (Wien 1995) 125–173.

[8] Monika SALZER/Peter KARNER, Vom Christbaum zur Ringstraße. Evangelisches Wien (Wien 2008) 100f., 210.

[9] Geboren 1870 in Wien als Marianne Luhde und wahrscheinlich Verwandte der österreichischen Frauenrechtlerin, Sozialreformerin und Journalistin Auguste Fickert (1855–1910), deren Mutter ebenfalls eine geborene Luhde war.

[10] Gustav REINGRABNER, Eine Wolke von Zeugen – Helga Hartmann. *Glaube und Heimat* 40 (1986) 37f.

[11] Therese STÄHLIN, So wir im Lichte wandeln (Neuendettelsau 1959) 6.

1877 traten mit Elise Lehner und Elisabeth Obermeier die ersten Diakonissen ihren Dienst im Diakonissenmutterhaus in Gallneukirchen an. In den 1990er Jahren endete mit dem Ausscheiden der letzten Diakonissen aus der Berufstätigkeit 120 Jahre prägende diakonische Arbeit durch Frauen in den Bereichen Krankenpflege sowie Betreuung alter und behinderter Menschen.[12]

Die Erinnerung an diese Geschichte ist jedoch sehr lebendig. Unter dem Titel *hilfe. Lebensrisiken, Lebenschancen – Soziale Sicherung in Österreich* fand 2015 die Oberösterreichische Landesausstellung im Mutterhaus in Gallneukirchen statt. In der Ausstellung und im Katalog wurden die Diakonissen prominent bedacht, nicht aber im Titel erwähnt. Landeshauptmann Josef Pühringer betonte bei der Eröffnung der Ausstellung allerdings: »Die Diakonissen sind ein Teil des kulturellen Gedächtnisses des Landes«.[13]

Weiters befindet sich eine Gedenkstätte für die Diakonissen am Friedhof von Gallneukirchen. Ein Marmorband und über QR-Codes abrufbare Lebensgeschichten erinnern seit 2019 an die Namen der dort ruhenden 318 Diakonissen.[14] Es ist ein Ort der Stille und des Erinnerns, ein Kunst-Raum, der die Geschichte der evangelischen Schwesternschaft des Diakonissenmutterhauses Bethanien zum Thema macht.

Bei den Überlegungen zu einer neuen Namensfindung des »Diakonissenkrankenhauses Linz« nach der Generalsanierung 2010 bis 2021 wählte man »Klinik Diakonissen Linz«. Die Namensgebung erfolgte als Ergebnis einer Marketingumfrage, laut der die Bezeichnung ›Diakonissen‹ eine sehr starke Marke in Oberösterreich darstellt. Im ehemaligen »Diakonissenkrankenhaus Wien«, heute »Evangelisches Krankenhaus Wien«, ist zwar der Berufsname nicht mehr im Titel, aber in den Gängen hängen lebensgroße Fotos der Diakonissen.

Ein besonderes Erinnerungssymbol stellt für viele Menschen die Diakonissentracht dar. Bei den Reformationsjubiläumsfeierlichkeiten 2017 am Wiener Rathausplatz wurde in einer historisch arrangierten Modenschau typisch ›kirchliche‹ Festbekleidung aus den einzelnen Jahrzehnten des 20. Jahrhunderts gezeigt. Bei dieser Veranstaltung unter dem Motto »Kirche zieht an« durfte die Diakonissentracht nicht fehlen.

---

[12] https://www.diakonie.at/ueber-uns/geschichte [24.9.2023].
[13] Gemäß den mündlichen Erinnerungen von Christa Schrauf, ehemalige Rektorin des Diakoniewerks Gallneukirchen.
[14] N. N., Gallneukirchen: Gedenkstätte für Diakonissen im Haus Bethanien. Lebensgeschichten von 318 Frauen seit Gründung 1877. *epdÖ* (12.6.2019), zit. nach: https://evang.at/gallneukirchen-gedenkstaette-erinnert-an-wirken-der-diakonissen-im-haus-bethanien [24.9.2023].

IV. »EVANGELISCHE FRAUENSCHULE« UND »EVANGELISCHE FRAUENARBEIT«

Mit der Machtergreifung des NS-Regimes 1938 wurde alsbald auch die Weiterführung der von der »Inneren Mission« unterhaltenen »Evangelischen Sozialen Frauenschule« untersagt. Der Präsident des Oberkirchenrates von 1939 bis 1949, Heinrich Liptak, berief daraufhin die bisherige Direktorin der »Frauenschule«, Helga Hartmann, als Referentin in den Oberkirchenrat und betraute sie mit der Leitung einer neu eingerichteten kirchlichen »Frauenbibelarbeit«.[15] 1940 gilt als Gründungsdatum der »Evangelischen Frauenarbeit«. Bis 1965 lagen sowohl die Geschicke der »Frauenschule«, die nach 1945 wieder zugelassen wurde, als auch der »Evangelischen Frauenarbeit« in den Händen von Hartmann.

Die Geschichte der »Evangelischen Sozialen Frauenschule« und ihre Entwicklung zur »Evangelischen Religionspädagogischen Akademie« bis hin zur »Kirchlichen Pädagogischen Hochschule Wien/Krems« ist in der 2018 veröffentlichten Festschrift zum 100-Jahr-Jubiläum hinlänglich gut dokumentiert und muss hier nicht weiter ausgeführt werden.[16]

Die »Evangelische Frauenarbeit« (EFA) vertritt und organisiert seit 1940 die Belange ehrenamtlicher evangelischer Frauen und Frauenkreise. Was als kirchliche Frauenbibelarbeit begonnen hat, ist heute ein Werk der Kirche, indem die EFA einen nicht unwesentlichen Teil der evangelischen Kirche vertritt und sowohl im Bildungsbereich als auch in der sozialen und entwicklungspolitischen Arbeit tätig ist. Dorothea Mernyi, die erste Vorsitzende der EFA als Werk der Kirche, verfasste 2010 eine erste Geschichte der EFA.[17] Ein kurzer Abriss der Geschichte findet sich auch im virtuellen »Evangelischen Museum Österreich«.[18]

2020 feierte die »Evangelische Frauenarbeit« in einem Festgottesdienst in Wien-Gumpendorf ihr 80-jähriges Bestehen und rief sich damit einer breiteren Öffentlichkeit ins Gedächtnis. Darüber hinaus sind der jährliche Gottesdienst zum Sonntag Jubilate, für den die EFA regelmäßig einen Gottesdienstentwurf erstellt, und die an die EFA ergehende Pflichtkollekte dieses Gottesdienstes ein guter Ort der Erinnerung an den Beitrag der Frauen in der Kirche.

---

[15] Vgl. REINGRABNER, Wolke (wie Anm. 10) 37f.
[16] Siegfried KREUZER/Dagmar LAGGER/Helene MIKLAS (Hg.), 100 Jahre Evangelische Frauenschule – Evangelische Religionspädagogische Akademie – Kirchliche Pädagogische Hochschule (Wien 2018).
[17] Dorothea MERNYI, Die Geschichte der Evangelischen Frauenarbeit in Österreich (o. O. 2010).
[18] Barbara HEYSE-SCHAEFER, Von der Suppenküche zum interreligiösen Dialog, https://museum.evang.at/rundgang/unsere-kirche/evang-frauenarbeit/die-efa [24.9.2023].

V. Pfarrfrauen

Die Pfarrfrauen galten lange als besonders prägend für das Bild vom evangelischen Pfarrhaus. Als ehrenamtliche Vollzeitkräfte wirkten sie oft selbstverständlich an der Seite ihrer Männer. Die Erinnerung an die Pfarrfrauen mit diesem spezifischen – heute oft überholten – Rollenbild und Selbstverständnis ist in Österreich allerdings nicht sehr groß. Allein Dorothea Mernyi, ebenfalls Pfarrfrau, hat in zwei Büchern den Frauen, die mit Pfarrern verheiratet waren und unter den besonderen Herausforderungen der Diaspora wirkten, ein Denkmal gesetzt.[19]

VI. Theologinnen

Ab dem Jahr 1928 studierten Frauen an der Evangelisch-Theologischen Fakultät der Universität Wien. Kriegsbedingt – viele Pfarrer waren zum Kriegsdienst eingezogen worden – wurde im Jahr 1945 die erste Frau, Dr.^{in} Dora [Winkler-]Herrmann, zum geistlichen Amt ordiniert. Nach dem Krieg wurde allerdings ihre Ordination wieder zurückgenommen. Im Jahre 1965 beschloss die Generalsynode, offiziell Frauen zu ordinieren, allerdings mit Einschränkungen hinsichtlich der Kompetenzen und des Familienstandes – sie durften nicht heiraten. Erst im März 1980 wurde die volle rechtliche Gleichstellung der Theologinnen eingeführt. Die Geschichte der Gleichstellung der Theologinnen wurde 1993 erstmals umfassend von Birgit Meindl dokumentiert und seither auch andernorts weiterbeforscht.[20]

1995 feierten die Theologinnen in einem Festgottesdienst in der Reformierten Stadtkirche in Wien 30 Jahre Ordination und 15 Jahre Gleichberechtigung. Der Gottesdienst stand unter dem Motto »Die Fülle des Himmels – die Hälfte der Arbeit«. Die Predigt hielt die 1994 als erste Frau in ein kirchliches Leitungsamt gewählte Superintendentin des Burgenlandes, Gertraud Knoll. Die zweite Superintendentin in der Evangelischen Kirche in Österreich, Luise Müller (Superintendentin in Salzburg/Tirol von 1995 bis 2012), und ein großer Teil der Pfarrerinnen der ›ersten Generation‹ wirkten mit. Der ORF gestaltete einen Beitrag dazu.

---

[19] Dorothea Mernyi, Gottes vergessene Töchter. Spuren aus dem Leben der evangelischen Pfarrfrau in Österreich (Wien 2001); Dies., Die leeren Seiten eines Tagebuches (Wien 2006).

[20] Birgit Meindl, Der Weg zur Frauenordination und zur Gleichstellung der Theologin in der Evangelischen Kirche Österreichs (Diplomarbeit Universität Wien 1993); Dies., Die Fülle des Himmels – die Hälfte der Arbeit. Der Weg zur Frauenordination der Theologin in der Evangelischen Kirche Österreichs (WBThG 4, Wien 1995). Die Geschichte der evangelischen Theologinnen in Österreich wurde seither insbesondere von Alexander Hanisch-Wolfram, Von der Kriegsnotlösung zur Gleichberechtigung. Entscheidungsprozesse und innerkirchliche Diskurse über Frauenordination und Gleichstellung 1945–1980. JGPrÖ 126 (2010) 245–271 sowie von Leonhard Jungwirth, Politische Vergangenheiten. Der österreichische Protestantismus in den Jahren 1933/34 bis 1938 (AKiZ B 93, Göttingen 2024) bes. 311–325 weiter beforscht und kontextualisiert.

Eine besondere Stellung unter den evangelischen Theologinnen in Österreich nimmt Margarete Hoffer (1906–1991) ein.[21] Die gebürtige Grazerin lebte und arbeitete während des Zweiten Weltkrieges in Baden-Württemberg als Vikarin und half dort, verfolgte Jüdinnen und Juden zu versorgen und zu verstecken.[22] Sie erhielt 2012 – also posthum – von der israelischen Holocaustgedenkstätte Yad Vashem für ihr Engagement den Ehrentitel »Gerechte unter den Völkern« verliehen.[23] 2020 wurde ein Platz im Grazer Bezirk Lend nach ihr benannt und am Evangelischen Friedhof St. Peter in Graz eine Gedenktafel für sie errichtet.[24]

Als zweite hervorstechende Theologin sei hier Evi Krobath (1930–2006) genannt. Die gebürtige Wienerin mit jüdischen Wurzeln studierte auch bei Martin Buber Philosophie. Sie war – über die Konfessionsgrenzen hinaus – eine der führenden feministischen Theologinnen in Österreich und Mitorganisatorin der christlich-jüdischen Bibelwochen in Mariatrost bei Graz (1982–2007). Als Referentin und als Netzwerkerin war sie in zahlreichen Frauenorganisationen und Bildungseinrichtungen oder auch im Rahmen von (Groß-)Veranstaltungen in Mitteleuropa tätig, z. B. beim Deutschen Evangelischen Kirchentag in München 1993.[25] Das »Österreichische Frauenforum Feministischer Theologie« widmete 2007 dem Gedenken an Evi Krobath eine Ausgabe der Zeitschrift *Der Apfel*.[26] Im Jahr 2010 wurde unter dem Titel »Die Bibel zur Sprache bringen« im Rahmen eines Symposiums ebenfalls an Krobath erinnert und ein gleichnamiges Buch zu ihrem Gedenken präsentiert.[27]

2014 widmete sich eine Sonderausstellung des Kärntner Diözesanmuseums in Fresach dem Thema *Die Hälfte des Himmels – Protestantische Impulse zur Gleichberechtigung der Frauen*.[28] Die Ausstellung hatte neben der Rolle der Theologinnen auch ein Augenmerk auf die »Evangelische Frauenarbeit« gelegt. Sie dokumentierte zudem, dass der Prozess der Gleichberechtigung noch nicht abgeschlossen ist.

---

[21] http://biografia.sabiado.at/hoffer-margarete [26.9.2023]. Vgl. außerdem Sabine M. KLAMPFL, »Es war doch so lächerlich wenig, was ich tun konnte«. Biographie der evangelischen Theologin Dr.in Margarete Hoffer (1906–1991) (Dipl.-Arb. Universität Graz 2005).

[22] Vgl. bes. Hartmut LUDWIG, »Wie ein Leuchtturm auf dunkler See«. *Junge Kirche. Zeitschrift europäischer Christinnen und Christen* 57/9 (1996) 470–474. Auch in vielen weiteren wissenschaftlichen Beiträgen findet Hoffers Engagement während der NS-Zeit Erwähnung.

[23] https://www.erinnern.at/bundeslaender/steiermark/artikel/psothume-ehrung-fuer-margarete-hoffer-als-gerechte-unter-den-voelkern [28.9.2023].

[24] https://www.graz.at/cms/beitrag/10357683/8106610/Ein_Platz_fuer_Margarete_Hoffer.html [28.9.2023]; Auskunft Ulrike Frank-Schlamberger, Pfarrerin Graz-Heilandskirche.

[25] Vgl. Maria HALMER/Barbara HEYSE-SCHAEFER/Barbara RAUCHWARTER (Hg.), Anspruch und Widerspruch. Evi Krobath zum 70. Geburtstag (Klagenfurt/Ljubljana/Wien 2000) 221f.

[26] Zur Erinnerung an Evi Krobath. *Der Apfel. Rundbrief des Österreichischen Frauenforums Feministische Theologie* 84 (2007).

[27] Astrid BAMBERGER/Marianne GROHMANN (Hg.), Die Bibel zur Sprache bringen: Texte von Evi Krobath (Wien 2010).

[28] Alexander HANISCH-WOLFRAM, Die Hälfte des Himmels: protestantische Impulse zur Gleichberechtigung der Frauen. Katalog zur Sonderausstellung im Evangelischen Kulturzentrum Fresach, 26. April bis 31. Oktober 2014 (Klagenfurt 2014).

Um diesem Defizit zu begegnen, erinnerten 2022 der »Verein evangelischer Pfarrerinnen und Pfarrer in Österreich« (VEPPÖ) und die »Arbeitsgemeinschaft Evangelischer Theologinnen« mit der Aktion »›Danke Dora!‹ – Theolog*innen fordern mehr Geschlechtergerechtigkeit und Diversität« an die erste ordinierte Frau in der Evangelischen Kirche in Österreich, Dr.^{in} Dora Winkler-Herrmann, und verknüpften damit Forderungen nach mehr Geschlechtergerechtigkeit und Diversität in der evangelischen Kirche.[29] Die Geschichte der »Arbeitsgemeinschaft Evangelischer Theologinnen« und ihres breiten Tätigkeitsfeldes fand 2023 eine erste wissenschaftliche Darstellung und Einordnung in der kirchengeschichtlichen Masterarbeit Hannah Wolfs.[30]

VII. Ökumene und internationale Entwicklung

Wenig im öffentlichen Bewusstsein ist die Tatsache, dass die Frauen in der evangelischen Kirche Vorreiterinnen sowohl in der Ökumene als auch auf dem Gebiet der internationalen Entwicklung sind.

Mit dem »Weltgebetstag der Frauen« (WGT) ist schon 1952 eine ökumenische Basisinitiative in Österreich etabliert worden, die bis heute einmal im Jahr einen österreichweiten Gottesdienst veranstaltet. Evangelische Frauen waren dabei stets besonders engagiert. Der WGT informiert durch eine intensive Vorbereitungsarbeit über die Situation der Frauen aus je einem anderen Land der Welt. Eine damit verbundene Projektarbeit verbessert die Situation in vielen Regionen der Erde.[31]

Neben dem WGT liegt seit 1960 auch die entwicklungspolitische Aktion »Brot für Hungernde« in der Verantwortung der »Evangelischen Frauenarbeit«.[32] Was ursprünglich als einmalige Aktion gegen den Welthunger gedacht war, wurde zu einer dauerhaften Einrichtung, die sich in globalen Entwicklungsfragen engagiert und sich neben Ernährungssicherung auch besonders auf die Förderung von Frauen spezialisiert hat. Seit 2011 wird die Aktion unter dem Namen »Brot für die Welt« gemeinsam mit der Diakonie Austria gem. GmbH weitergeführt.[33]

---

[29] https://www.dankedora.at [26.9.2023]; N. N., »Danke, Dora!« – Religions- und Gemeindepädagogische Impulse zur Geschlechtergerechtigkeit in der Evangelischen Kirche A. B. in Österreich, https://evang.at/projekte/aus-dem-evangelium-leben/epr/danke-dora-religions-und-gemeindepaedagogische-impulse-zur-geschlechtergerechtigkeit-in-der-evangelischen-kirche-a-b-in-oesterreich [26.9.2023].

[30] Hannah Wolf, Kirche und Frau: weibliche Rollenbilder und Rollenwandel im österreichischen Protestantismus seit 1978 mit besonderem Fokus auf die Arbeitsgemeinschaft evangelischer Theologinnen (Masterarbeit Universität Wien 2023).

[31] https://www.weltgebetstag.at/ueber-uns/70-jahre-oekumenischer-weltgebetstag-der-frauen-in-oesterreich [27.9.2023].

[32] Vgl. Jungwirth, Vergangenheiten (wie Anm. 20) 317.

[33] https://de.wikipedia.org/wiki/Brot_f%C3%BCr_die_Welt_%C3%96sterreich#Geschichte [27.9.2023]; https://www.brot-fuer-die-welt.at [27.9.2023].

Die Festgottesdienste zum 70-jährigen Bestehen des Weltgebetstages 2022 in Wien-Gumpendorf und zum 50-jährigen Jubiläum der Aktion »Brot für die Welt« 2010 im »Kardinal König Haus« in Wien-Lainz wurden weitgehend im Kreis der engagierten Frauen begangen.

VIII. Schluss

»Darum wagt es, Schwestern – schaut genau hin!«[34] Es ist an der Zeit, die Erinnerung an die evangelische Frauengeschichte nachhaltig im kulturellen Gedächtnis zu verankern. Der über 100 Jahre andauernde Prozess zur Gleichberechtigung der Frau im geistlichen Amt war und ist ein langer, steiniger Weg, der es verdient, nicht nur vor dem Vergessen bewahrt, sondern auch gewürdigt zu werden. Es überrascht immer wieder, wie selbstverständlich die Gleichstellung der Frauen in der Evangelischen Kirche in Österreich heute erscheint, obgleich sie ja noch bis 1980 ein Problem gewesen war. Dennoch gilt es festzuhalten, dass noch immer keine Parität auf der Leitungsebene der evangelischen Kirche besteht[35] und – wie etwa ein Blick in die Evangelisch-Lutherische Kirche Lettlands zeigt[36] – schwer erworbene Rechte auch wieder verlustig gehen können.

Darüber hinaus gilt es – in aller Anerkennung der Verdienste evangelischer Frauen, aber ohne überbordende Glorifizierung – im Gedächtnis zu behalten, dass wichtige Arbeitszweige der Kirche (Diakonie, Evangelische Krankenhäuser, »Brot für die Welt«, der »Weltgebetstag« als größte ökumenische Basisbewegung, Schulen und Ausbildungsstätten wie die »Kirchliche Pädagogische Hochschule« und viele mehr) immer auch durch das Engagement evangelischer Frauen entstanden sind.

---

[34] Titel einer Corona-bedingt ausgefallenen Podiumsveranstaltung beim Ökumenischen Kirchentag 2021.
[35] Birgit Meindl-Dröthandl, in: Arbeitsgruppe des Vereins evangelischer Pfarrerinnen und Pfarrer Österreichs und der Arbeitsgemeinschaft Theologinnen, Danke Dora! Manifest zur Geschlechtergerechtigkeit und Diversität in der Evangelischen Kirche in Österreich (17.4.2022) 2, in: https://www.dankedora.at [26.9.2023].
[36] 2016 hat die Synode der Evangelisch-Lutherischen Kirche Lettlands die Abschaffung der – bereits seit 1993 nicht mehr praktizierten – Frauenordination beschlossen.

»Gedenke der vorigen Zeiten« (5. Mose 32,7)

Erinnerungs- und Gedenkkultur im österreichischen Luthertum

Von Michael Bünker

I. Vorbemerkungen

»»Die Övngölischn hâmp weiter nix Guats ghât«, moant der Vâter. ›Mei Vâter, önker Öngge, hât noch oft derzöhlt, wia sie lei gânz hoamla, wânn's Haus guat verspirrt gwesn is, die Betbüacher und die Bibel untern Bodn auser hâmp. Die Scheandarn send gâr oft nachschaugn kömmen, hâmp âber moastla nix gfunen. Dâ ban Pliaßnig muaß a amâl an övngölischer Bsitzer gwesn sein. Es hoaßt, die övngölischn Büacher warn obern Saustâll untern Tönn verstöckter gwesn.‹ Sâgg die Muater drauf: ›Mei Muater hat ihre Büacher, a die Buaßroasn, dö wr noch hâbm,¹ âf der Radl weit untn in Feld in aner Stoangröfl ghât. Wia obm in Haus de Scheandarn âlls âbgsuacht hâmp, is sie untn ba der Stoangröfl gekniat und hât aus der Buaßroasn laut gebetet.‹ ›Jâ,‹ sâgg der Vâter, ›man terf nit drauf dönkn, wia sie'n âltn Groamânn in der Nöring, wo mei Öngge ângekaft hât, wia a Wild umanândergjâgg hâmp und wia die Kinder gschriarn hâmp, wia sie von der Muater wöck nâch Siebenbürgen gliefert worn send, bloß weil die Leut ihrn luthrischen Glaubm nit hâmp aufgebm wölln.‹«²

Das war ein Abschnitt aus Michael Unterlerchers *In der Einschicht*, erschienen im Jahr 1932. Darin blickt der 74-jährige Lehrer aus St. Ruprecht bei Villach zurück auf seine Kindheit und das Leben am evangelischen Bauernhof bei Wiedweg in den 1860er Jahren. Wiedweg war damals eine Filiale der Toleranzgemeinde Feld am See, die zu der Zeit bis nach Murau reichte. Das Leben der Gemeinde wird von Unterlercher beschrieben, mehrfach werden Pfarrer Christof Tillian³ und auch Superintendent Andreas Friedrich Gunesch⁴ erwähnt. Doch das Gedenken der vorigen Zeiten bleibt auf den Bauernhof und die Familie konzentriert. Die Erin-

---

[1] Es könnte sich bei der im Zitat erwähnten »Buaßroasn« um das Werk *Bußros, Neue vermehrte, Gott wohlgefällige oder auserlesene Andachten* mit zahlreichen Erscheinungsorten (Nürnberg/Frankfurt a. M./Leipzig u. a.) handeln. Dazu: Dieter Knall, Aus der Heimat gedrängt. Letzte Zwangsumsiedlungen steirischer Protestanten nach Siebenbürgen unter Maria Theresia (Forschungen zur geschichtlichen Landeskunde der Steiermark 45, Graz 2002) 77.

[2] Michael Unterlercher, In der Einschicht. Das Leben eines Kärntner Bergbauernbuben. Erinnerungen eines Siebzigjährigen (St. Ruprecht bei Villach 1932 [Klagenfurt ²1975]) 163.

[3] Christof Tillian, geboren am 15. Juli 1830 in Leifling (Gailtal), 1857 bis 1866 Pfarrer in Eisentratten, 1866 bis 1901 in Feld am See, dort gestorben am 26. Jänner 1907. Vgl. Johann K. Bünker, Die evangel. Pfarrer in Kärnten vom Toleranzpatent bis zur Gegenwart. JGPrÖ 34 (1913) 147–158, hier 147, 149.

[4] Andreas Friedrich (seit 1874: Ritter von) Gunesch, geboren am 6. März 1799 in Mediasch in Siebenbürgen, gestorben am 7. August 1875 in Wien-Neuwaldegg, war 1828 Pfarrer in

nerung reicht etwa drei Generationen zurück (»mei Vâter, önker Öngge«, sagt der Vater).

Diese Form des Erinnerns lässt sich als »kommunikatives Gedächtnis« bezeichnen, von dem das »kulturelle Gedächtnis« deutlich zu unterscheiden ist.[5] Dieses eher private und auf mündlichen Traditionen beruhende Gedächtnis macht sich weniger an den historischen Zäsuren, sondern eher an markanten Lebensabschnitten fest. In der Regel verbleibt die private Erinnerung im nichtöffentlichen Bereich. Nur bisweilen fließt sie in die Öffentlichkeit ein und wird Teil der Erinnerungskultur, etwa durch publizierte Familienchroniken, Tagebücher oder – wie bei Michael Unterlercher – Lebenserinnerungen. In ihnen gehen mehrere Zeitebenen ineinander über: Zuerst die Zeit der Abfassung des Buches, die in den 1920er und frühen 1930er Jahren liegt; dann die Zeit der eigenen Erinnerungen Unterlerchers an seine Kindheit und Jugend in den 1860er Jahren und zuletzt die auch ihm erzählte Zeit des Untergrundprotestantismus vor 1781, an die im kommunikativen Gedächtnis der mündlichen Tradition in der Familie erinnert wird. In diesem insgesamt rund 150 Jahre umfassenden Zeitraum hat der österreichische Protestantismus mehrere Transformationen durchlaufen, die auch die in ihm dominierende Erinnerungs- und Gedenkkultur geprägt haben. Diese Transformationsschübe lassen sich bis heute empirisch nachweisen, etwa in Bezug auf Kirchenbindung, religiöses Leben und politische Einstellungen.[6] Dazu im Folgenden einige Beobachtungen.

II. ›Alt‹- und ›Neuprotestantismus‹ in der frühen Toleranzzeit

Die erste betrifft die frühe Zeit der Toleranzgemeinde Feld am See. 1786 wurden die jungen Toleranzgemeinden in Kärnten und der Steiermark vom Arriacher Senior Johann Gottfried Gotthardt visitiert. Der Bericht[7] dokumentiert eine erste Transformation. Die bäuerlichen Gemeinden sahen sich nach sechs Generationen des Untergrundprotestantismus Pfarrern gegenüber, die wohl alle unter dem Einfluss der Aufklärung Theologie studiert hatten. Gotthardt selbst schreibt ganz in diesem Sinne an die Kärntner Pastoren am 18. Dezember 1784: »Aufklärung und

---

Trebesing (Kärnten), ab 1829 in Wien; von 1862 bis 1875 Superintendent der Wiener Superintendenz.

[5] Gerald Echterhoff, Das kommunikative Gedächtnis, in: Gedächtnis und Erinnerung. Ein interdisziplinäres Handbuch, hg. von Christian Gudehus/Ariane Eichenberg/Harald Welzer (Stuttgart 2010) 102–108.

[6] Johannes Dantine/Wilhelm Dantine/Thomas Krobath/Hannes Ungar (Hg.), Evangelisch. Das Profil einer Konfession in Österreich (Wien 1995) 27–36; Isa Hager, Protestantische Vielfalt, in: Kehrt die Religion wieder? Religion im Leben der Menschen 1970–2000, hg. von Paul. M. Zulehner/Isa Hager/Regina Polak (Ostfildern 2001) 167–226; Paul M. Zulehner, Verbuntung. Kirchen im weltanschaulichen Pluralismus. Religion im Leben der Menschen 1970–2010 (Ostfildern 2011) 156–159.

[7] Franz Reischer, Die Toleranzgemeinden Kärntens nach einem Visitationsbericht vom Jahr 1786 (Archiv für vaterländische Topographie 60, Klagenfurt 1965).

echte Begriffe des evangelischen Christentums unter den Gemeinden neu zu fördern ist eine der vorzüglichsten Pflichten eines Volkslehrers des Augsburgischen Bekenntnisses.«[8]

Diesen transformativen Epochenwechsel hat Ernst Troeltsch mehr als ein Jahrhundert später durch eine »programmatische Zuspitzung des Begriffs«[9] auf die bis heute übliche Gegenüberstellung von ›Altprotestantismus‹ und ›Neuprotestantismus‹ gebracht.[10] ›Altprotestantismus‹ ist für Troeltsch der Protestantismus des 16. und 17. Jahrhunderts, ›Neuprotestantismus‹ ein durch Aufklärung und Pietismus geformtes »innerliches, freies, geistiges, von allen äußeren Autoritäten unabhängiges Christentum«.[11] Die Sache selbst begegnet schon weit früher, der Begriff ›Neuprotestantismus‹ findet sich erstmalig in einem Brief an Friedrich Schleiermacher aus dem Jahr 1818.[12] Beide Formen des Protestantismus lassen sich auf die Reformation zurückführen. Insofern stellt sich das allgemeine Problem der »Kontinuität des Protestantismus angesichts seiner neuzeitlichen Geschichte«.[13] »Dem Protestantismus ist die eigene Kontinuität als Problem aufgegeben.«[14]

Besonders virulent wurde der Konflikt zwischen ›Alt‹- und ›Neuprotestantismus‹ in den noch jungen Toleranzgemeinden im Kontext der dauernden Streitigkeiten um die Einführung eines neuen Gesangbuches;[15] Feld am See dürfte dabei »ein wesentlicher Ursprungsort der Unruhen« gewesen sein.[16] Zur Gedenkkultur findet sich im Visitationsbericht von Senior Gotthardt wiederum folgende Anregung aus Feld am See:

---

[8] Ebenda 20.
[9] Friedrich-Wilhelm GRAF, Art. Neuprotestantismus. RGG⁴ 6 (2007) Sp. 239f., hier 239. Vgl. dazu auch Volker DREHSEN, Art. Neuprotestantismus. TRE 24 (1995) 363–383; Eilert HERMS, Neuprotestantismus. NZSTh 51 (2009) 309–339.
[10] Die beiden Schlüsseltexte von 1906 sind: Ernst TROELTSCH, Protestantisches Christentum und Kirche in der Neuzeit (Ernst Troeltsch – Kritische Gesamtausgabe 7, Berlin/New York 2004) und DERS., Schriften zur Bedeutung des Protestantismus für die Entstehung der modernen Welt (Ernst Troeltsch – Kritische Gesamtausgabe 8, Berlin/New York 2001). Vgl. dazu Friedrich-Wilhelm GRAF, Ernst Troeltsch. Theologe im Welthorizont (München 2022) 263–276.
[11] Christian ALBRECHT, Einleitung, in: TROELTSCH, Christentum (wie Anm. 10) 1–38, hier 6.
[12] Ebenda 10.
[13] Hans-Joachim BIRKNER, Über den Begriff des Neuprotestantismus, in: Schleiermacher-Studien, hg. von DEMS. (Schleiermacher Archiv 16, Berlin/New York 1996) 23–37, hier 36.
[14] Ebenda 37.
[15] Werner HORN, Evangelische Gesangbücher in Österreich seit dem Toleranzpatent (1781), in: StimmKraft. Kirchenlieder schreiben Geschichte (Wissenschaftlicher Begleitband zur Sonderausstellung im Evangelischen Kulturzentrum Fresach 2015), hg. von DEMS./Alexander HANISCH-WOLFRAM (Klagenfurt 2015) 104–113; Alexander HANISCH-WOLFRAM, Neue Lieder, neuer Geist und die Frage nach der evangelischen Identität. Der Gesangbuchstreit in den Kärntner Toleranzgemeinden, in: DERS./HORN (Hg.), StimmKraft, 114–128; Gustav REINGRABNER, Im Consistorium – zum amtlichen Wirken von Jakob Glatz, in: Jakob Glatz. Theologe – Pädagoge – Schriftsteller, hg. von Gottfried ADAM/Robert SCHELANDER (Wien 2010) 74–76.
[16] HANISCH-WOLFRAM, Lieder (wie Anm. 15) 122.

»Das Consistorium möchte erlauben jährlich ein Reformations Fest zum Andenken der durch D. Luther veranstalteten Kirchenverbesserung zu feiern, an welchem eine besondere Predigt v. den rechten Grundsätzen des Evang. Lutherisch. Glaubensbekenntnisses nach der Augsburger unveränderten Konfession u. besonders der 4. u. 20. Artikel derselben zu halten.«[17]

Erst 1817 war es dann so weit: Das Reformationsjubiläum wurde nach wesentlichen Vorarbeiten von Konsistorialrat Jakob Glatz[18] gemeinsam mit dem Toleranzfest am 2. November 1817 gefeiert. Pfarrer in Feld am See war der aus Sachsen stammende Johann Caspar Christian Voigt.[19] Er predigte allerdings nicht zur Confessio Augustana, sondern über »Vorsätze eines evangelischen Christen, zu welchen ihn die Feyer des heutigen Festtages in Hinsicht seines Glaubens, und in Hinsicht seines Lebens bewegen soll«.[20] In seiner Predigt[21] ging es in gut aufgeklärtem Sinn um das »Werk der Kirchenverbesserung«, um die Überwindung des Aberglaubens und um erhöhte moralische Anstrengungen, insgesamt um typische Anliegen des ›Neuprotestantismus‹.[22]

Nach 1817 gab es zwar wieder die jährlichen Toleranzfeste, aber keine Reformationsfeste. Die von Jakob Glatz 1828 erstellte Agende sah ebenso wie die Vorgängeragende von 1787 nichts (also keine Schriftlesung, Gebet o. Ä.) für ein Gedenken der Reformation vor.[23]

III. Erinnerungskultur und ›Los-von-Rom-Bewegung‹

Der Festkalender bietet überhaupt erhellende Einblicke in die Gedenk- und Erinnerungskultur in der Kirche. Vor 1863 gab es in der Wiener evangelischen Kirchengemeinde A. B. neun Jahresfeste, darunter fünf Marienfeste und das des Hl. Leopold (!). Erst ab 1863 etablierte die Wiener Gemeinde[24] anstatt eines mehr oder weniger ›katholischen‹ Kalenders einen in der Zahl deutlich reduzierten protestantischen Festkalender.[25] Eine starke Zunahme erfuhren die auf das Kaiserhaus bezogenen

---

[17] REISCHER, Toleranzgemeinden (wie Anm. 7) 86.
[18] REINGRABNER, Consistorium (wie Anm. 15) 61–80, v. a. 71–74. Vgl. dazu Wichmann VON MEDING, Österreichs erstes Reformationsjubiläum. Jakob Glatz und die Gemeinden Augsburgischer Konfession 1817/18. Ein Modell des Verhältnisses von Kirchenleitung und Verkündigung (Kontexte 23, Frankfurt a. M. 1998).
[19] Er stammte aus Sachsen und war von 1815 bis 1823 Pfarrer in Feld am See. Vgl. BÜNKER, Pfarrer (wie Anm. 3) 149.
[20] VON MEDING, Reformationsjubiläum (wie Anm. 18) 209.
[21] OKR-Archiv Wien (Sonderfaszikel Refomationsjubiläum 1817).
[22] Walther VON LOEWENICH, Luthers Stellung im Neuprotestantismus, in: Die Reformation geht weiter, hg. von Ludwig MARKERT/Karl H. STAHL (Erlangen 1984) 188.
[23] REINGRABNER, Consistorium (wie Anm. 15) 76–78.
[24] Josef K. MAYR, Der Presbyter Theodor Sickel. JGPrÖ 67 (1951) 36–58, hier 47.
[25] Rupert KLIEBER, Jüdische, christliche, muslimische Lebenswelten der Donaumonarchie 1848–1918 (Wien/Köln/Weimar 2010) 200.

Feste,²⁶ zu denen sich die »evangelische Kirche [...] nach ihrem eigensten Wesen gedrängt« wusste.²⁷

Die erste Transformation des österreichischen Luthertums geschah also durch die zumeist aufgeklärten Pfarrer in den Toleranzgemeinden. Eine zweite erfolgte durch die Gemeindegründungen ab der Mitte des 19. Jahrhunderts vor allem im städtischen Bereich und durch die Zuwanderung von Evangelischen aus deutschen Ländern und der Schweiz. Neben dem kommunikativen Gedächtnis der alten Toleranzgemeinden wurde ein offizielles kulturelles Gedächtnis vor allem im Blick auf das Herrscherhaus etabliert und praktiziert. Die konservative kaisertreue Gesinnung und ein konfessionelles Luthertum verbanden sich mit der Frömmigkeit der Toleranzgemeinden in »einer gewissen Beschaulichkeit«²⁸ bis zum Ende des 19. Jahrhunderts.

Die ›Los-von-Rom-Bewegung‹ brachte dann eine deutliche Wende. 1910 veröffentlichte der Grazer Pfarrer Friedrich Ulrich (1877–1944)²⁹ in der Schriftenreihe des »Evangelischen Bundes« die Broschüre *Unsere Neuprotestanten und was wir ihnen schuldig sind*³⁰ und besprach verschiedene Möglichkeiten, Eingetretene in der Kirche zu beheimaten. Nationalpolitische Töne fehlen zwar nicht,³¹ sie stehen aber nicht im Vordergrund. Die im Zuge der ›Los-von-Rom-Bewegung‹ gerade erst in die evangelische Kirche eingetretenen ›Neuprotestanten‹ begannen auch damit, die Geschichte der Evangelischen als ihre eigene Geschichte zu erzählen. Im Kern wurde damit die Geschichte des österreichischen Protestantismus »fast ausschließlich unter dem Aspekt seiner Vernichtung und Unterdrückung thematisiert« und die gegenwärtige Existenz nicht zuletzt durch das »Gustav-Adolf-Werk« und vor allem durch den 1886 gegründeten »Evangelischen Bund zur Wahrung der deutsch-protestantischen Interessen«, der in Österreich 1903 als »Deutsch-evangelischer Bund für die Ostmark« etabliert wurde,³² unter dem Leitwort der »Diaspora« gefasst, was dem Selbstverständnis der Toleranzgemeinden, wie Rudolf Leeb zutreffend feststellt, gar nicht entsprach.³³

---

26 Karl W. SCHWARZ, Der Anteil des Protestantismus an den Monarchie- und Kaiserjubiläen, in: Reformationszeit und Protestantismus im österreichischen Gedächtnis, red. von Martina FUCHS/Astrid SCHWEIGHOFER (JGPrÖ 132/133 [2016/2017], Leipzig 2019) 173–187.

27 Friedrich PREIDEL, Die evangelische Kirchengemeinde A. C. zu Wien in ihrer geschichtlichen Entwicklung von 1781 bis 1881 (Wien 1881) 29.

28 Rudolf LEEB, Der österreichische Protestantismus und die Los-von-Rom-Bewegung, in: Protestantische Mentalitäten, hg. von Johannes DANTINE/Klaus THIEN/Michael WEINZIERL (Wien 1999) 195–230, hier 196.

29 Herbert RAMPLER, Evangelische Pfarrer und Pfarrerinnen der Steiermark seit dem Toleranzpatent. Ein Beitrag zur österreichischen Presbyteriologie (Forschungen zur geschichtlichen Landeskunde der Steiermark 40, Graz 1998) 278–281.

30 Friedrich ULRICH, Unsere Neuprotestanten und was wir ihnen schuldig sind (Halle 1910). Vgl. dazu Karl-Reinhart TRAUNER, Die Los-von-Rom-Bewegung (Szentendre ²2006) 505f.

31 Dem Eintretenden ist der Protestantismus »der deutsche Glaube. Alles, was deutsch ist, liebt er. Da wird er Protestant.« ULRICH, Neuprotestanten (wie Anm. 30) 3.

32 LEEB, Protestantismus (wie Anm. 28) 198–200. Vgl. dazu außerdem Karl-Reinhart TRAUNER/Bernd ZIMMERMANN (Hg.), 100 Jahre Evangelischer Bund in Österreich [= *Bensheimer Hefte* 100] (Göttingen 2003).

33 LEEB, Protestantismus (wie Anm. 28) 210.

IV. Das Bild der ›Märtyrerkirche‹ setzt sich durch

Freilich wurde schon in Gustav Trautenbergers *Kurzgefasster Geschichte der evangelischen Kirche in Österreich* von 1881 lapidar von der »Märtyrerkirche Österreichs« gesprochen,[34] der der Herr der Kirche »in den Tagen der Reformation einen Sieg um den andern geschenkt, sie dann durch das Läuterungsfeuer der Verfolgung hindurchgeführt und sie aus den Fluten der Trübsal wundersam herausgerettet hat«.[35] Mit den ›Neuprotestanten‹ der ›Los-von-Rom-Bewegung‹ wurde diese Geschichte aber neu erzählt und weithin für die politischen und konfessionellen Interessen instrumentalisiert. Die Toleranzgemeinden wurden in den Hintergrund gedrängt, sie galten manchen als altmodisch und weltfremd;[36] ihre Geschichte wurde nun von den ›Neuprotestanten‹ angeeignet und übernommen.

So ist die ›altprotestantische‹ Tradition »im kirchenpolitischen Diskurs zunehmend in eine Abseitsstellung gedrängt worden«.[37] Die bürgerlich-urban geprägten Evangelischen[38] orientierten sich nach 1918 an den deutschen Landeskirchen und standen den bodenständigen kirchlichen Traditionen weithin fremd gegenüber. Gerhard May sprach 1954 mit Blick auf den Protestantismus des 19. Jahrhunderts vom »unpolitischen Österreichertum« der ›altprotestantischen‹ Gemeinden,[39] ab dem 20. Jahrhundert dominierten aber die deutschnationalen, kulturprotestantischen und antikatholischen Einstellungen.[40] Die ›Los-von-Rom-Bewegung‹ eignete sich die Geschichte der ›altprotestantischen‹ Toleranzgemeinden an. Es entstand das vorherrschende Bild der unterdrückten und hilfsbedürftigen Diasporakirche.[41] Das prägte von nun an die Kirchengeschichtsschreibung und auch die Gedenkkultur.

---

[34] Gustav Trautenberger, Kurzgefasste Geschichte der evangelischen Kirche in Österreich, Anhang zu: Evangelisches Predigtbuch aus Österreich. Eine Jubiläums-Festgabe von evangelischen Predigern Österreichs zur hundertjährigen Feier des Josephinischen Toleranzpatentes, hg. von Johann W. Heck (Wien 1881) 89.

[35] Ebenda 101.

[36] Leeb, Protestantismus (wie Anm. 28) 205.

[37] Herbert Unterköfler, Zwischen zwei Welten. Anmerkungen zur kulturellen Identität der Evangelischen in Österreich, in: Geistiges Leben im Österreich der Ersten Republik, hg. von Isabella Ackerl/Rudolf Neck (Veröffentlichungen der Wissenschaftlichen Kommission zur Erforschung der Geschichte der Republik Österreich 10, Wien 1986) 348–369, hier 349.

[38] Klieber, Lebenswelten (wie Anm. 25) 188.

[39] Gerhard May, Was ist von der Los-von-Rom-Bewegung übrig geblieben? *Die evangelische Diaspora* 25 (1954) 22.

[40] Einen Höhepunkt dieser Entwicklung stellt Georg Loesches (1855–1932) *Geschichte des Protestantismus in Österreich* von 1921 bzw. 1930 dar. Vgl. dazu Rudolf Leeb, Zum wissenschaftlichen Profil der an der Fakultät lehrenden Kirchenhistoriker und zur österreichischen evangelischen Protestantengeschichtsschreibung, in: Zeitenwechsel und Beständigkeit. Beiträge zur Geschichte der Evangelisch-Theologischen Fakultät in Wien 1821–1996, hg. von Karl Schwarz/Falk Wagner (Wien 1997) 13–50.

[41] Klieber, Lebenswelten (wie Anm. 25) 202–207; Leeb, Protestantismus (wie Anm. 28) 210.

V. Auf dem ideologischen Irrweg

Walter Stökl (1897–1976)[42] veröffentlichte 1931 seine Publikation zum Gottesdienst in Österreich. Im wieder deutlich erweiterten Festkalender nennt er bereits ganz selbstverständlich das Reformationsfest,[43] schlägt aber dann weitere »geschichtliche Gedenktage unserer Kirche« vor, und zwar das Toleranzgedächtnis am 13. Oktober, das Gedenken an den Reichstag von Worms am 18. April (sic!) und das Gedächtnis des Augsburger Bekenntnisses am 25. Juni. Dazu noch Luthers Geburts- und Todestag,

> »[…] und jedes Land feiere seine besonderen Helden- und Gedächtnistage, Wien seinen Kaspar Tauber, Niederösterreich seine Religionsassekuration, Oberösterreich seinen Leonhard Kaiser oder das wichtigste Datum aus 1625 und 1626 als Gedächtnis des Bauernkrieges, Salzburg den Tag des Emigrationspatents oder den Abschluß des Salzbundes, usf.«[44]

An »vaterländischen Gedenktagen« nennt Stökl nur den 1. Mai und den 12. November. Und dann stellt er die Frage: »Ob wir einmal einen volksdeutschen Tag oder einen Volkstumstag feiern können? In Österreich den Tag unserer Eingliederung in das dritte deutsche Reich oder anderswo einen Tag, der der Volkssehnsucht und dem heiligen Gut des Volkstums gilt?«[45]

Im März 1938 fand die Frage ihre Antwort. Aus Anlass der Eingliederung der österreichischen Kirche in die Deutsche Evangelische Kirche (DEK) gab es am 24. Juni 1939 in der Lutherischen Stadtkirche in Wien einen Festgottesdienst. Die Predigt hielt Hans Eder, ein im Attergau in ein bewusst evangelisches Elternhaus geborenes Kind der ›altprotestantischen‹ Tradition, in der man »auf die Geschichte der eigenen Kirche stolz war«,[46] und zugleich tief geprägt von den geistigen Strömungen ab der Jahrhundertwende – und da vor allem vom Deutschnationalismus. Eders Predigt überhöht das Selbstbild der ›neuprotestantischen‹ Kirche christologisch:

> »Und so wurde unsere Kirche zur Gemeinschaft derer, die nicht bloß im Blick auf das Schicksal ihres Herrn, sondern auch im Blick auf ihr eigenes Schicksal Sonntag für Sonntag in innerer Ergriffenheit bekennen: gekreuzigt, gestorben und begraben; aber am dritten Tage wieder auferstanden!«[47]

---

[42] Ernst Hofhansl, Altpfarrer Dr. theol. Walter Stökl. Zum Gedenken. *Pfarrbrief der Evangelischen Gemeinde Purkersdorf* 31/V (Oktober 1976) 2–4.

[43] Walther Stökl, Gottesdienst und Kirchenjahr in der evangelischen Kirche Österreichs (Göttingen 1931) 126.

[44] Ebenda 137.

[45] Ebenda.

[46] Grete Mecenseffy (Hg.), Die Lebensgeschichte des Bischofs Dr. Hans Eder, von ihm selbst erzählt. Erster Teil. *JGPrÖ* 83 (1967) 6.

[47] Hans Eder, Und doch! Predigt, in: Die evangelische Kirche in Österreich, hg. von Dems. (Berlin 1940) 7.

VI. Späte Neubesinnung und Umdenken

Zurück nach Feld am See: Die »gewisse Beschaulichkeit« spiegelt sich auch in den Visitationsberichten des 19. Jahrhunderts.[48] Die ›Los-von-Rom-Bewegung‹ spielte hier wie in den meisten ländlichen Toleranzgemeinden so gut wie keine Rolle, auch Walter Stökls Fülle der Gedenktage von 1931 wäre wohl kaum auf große Gegenliebe gestoßen.

Aber die Gemeinde dürfte sich zunehmend der deutschnationalen Ideologie bzw. dem Nationalsozialismus geöffnet haben. Ihr Pfarrer Hans Tillian, Sohn von Christof Tillian, hat gemeinsam mit mindestens 53 anderen Pfarrern um Parteimitgliedschaft in der NSDAP angesucht. Er wurde als ›Illegaler‹ eingestuft und musste sich nach 1945 einem Entnazifizierungsverfahren unterwerfen.[49] Die beschauliche altösterreichische Prägung der Toleranzgemeinde hat sich in eine politische Gesinnung transformiert, die wir eher mit der ›Los-von-Rom-Bewegung‹ und dem »Evangelischen Bund« verbinden. In Feld am See wie auch in der Ramsau und den Kärntner Gemeinden Arriach, Weißbriach, Trebesing und Afritz erreichte der VDU, das Sammelbecken ehemaliger Nationalsozialisten,[50] 1949 die meisten Stimmen. In Gosau und den Kärntner Gemeinden Techendorf, Stockenboi und Fresach wurde er zweitstärkste Kraft.

Nach 1945 brachte die »Austrifizierung« der Kirche[51] und die schon während des Krieges einsetzende Verkirchlichung ihres inneren Lebens eine weitere Transformation. Bischof Gerhard May gab 1947 die Parole aus: »Wir sollen Kirche werden!«[52] und beschrieb 1962 den Weg der Kirche unter dem leitenden Begriff des »Wandels«, der sich in mehreren Bereichen, eben auch in der Stellung zur eigenen Vergangenheit ausdrückt: »Die Kirche [...] verleugnet nicht den Zusammenhang mit ihrer Vergangenheit, aber sie ist in vielen Zügen anders geworden.«[53]

---

[48] Georg Loesche, Inneres Leben der österreichischen Toleranzkirche [= JGPrÖ 36] (Wien/Leipzig 1915) 432–437, 441–447, 456–468.

[49] Leonhard Jungwirth, Politische Vergangenheiten. Der österreichische Protestantismus in den Jahren 1933/34 bis 1968 (AKiZ B 93, Göttingen 2024) bes. 75; Alexander Hanisch-Wolfram (Hg.), Glaube – Gehorsam – Gewissen. Protestantismus und Nationalsozialismus in Kärnten (Ausstellung im Evangelischen Kulturzentrum Fresach Mai – Oktober 2013) (Klagenfurt 2013) 68.

[50] Anton Pelinka/Sieglinde Rosenberger (Hg.), Österreichische Politik. Grundlagen – Strukturen – Trends (Wien 2000) 137; Oliver Rathkolb, Die paradoxe Republik. Österreich 1945 bis 2015 (Wien 2015) 36–38.

[51] Karl W. Schwarz, Bischof D. Gerhard May und die Austrifizierung der Evangelischen Kirche, in: Evangelische Identitäten nach 1945, hg. von der Evangelischen Akademie Wien (Wien 2012) 71–86; Rudolf Leeb, Die Evangelische Kirche in Österreich nach 1945 und die Suche der Kirchenleitung nach einer neuen kirchlichen Identität, in: Evangelische Akademie Wien (Hg.), Identitäten, 47–70; Jungwirth, Vergangenheiten (wie Anm. 49) 222–229, 435–452.

[52] Gerhard May, Zur Einführung. *Amt und Gemeinde* 1/1 (1947) 1.

[53] Gerhard May, Unsere Kirche im Wandel der Gegenwart, in: Die Evangelische Kirche in Österreich, hg. von Dems. (Göttingen 1962) 5–40, hier 5.

Die Verkirchlichung prägte die Gedenkkultur der evangelischen Kirche bis in die 1980er Jahre und wurde durch den gottesdienstlichen Festkalender unterstützt. Das heute geltende Gottesdienstbuch sieht nur noch drei Gedenktage vor, und zwar den 25. Juni (Gedenktag des Augsburger Bekenntnisses), den 31. Oktober (Gedenktag der Reformation) und den 1. November (Gedenktag der Heiligen) und nennt dann noch vier besondere Möglichkeiten eines Gedenkens ohne Datum, nämlich die Gedenktage eines Märtyrers/einer Märtyrerin der Kirche, eines Lehrers/einer Lehrerin der Kirche, der Entschlafenen und der Kirchweihe.[54] Das gottesdienstliche Gedenken ist also konsequent auf den kirchlichen Bereich bezogen. Im Gottesdienstkalender der Gemeinde Feld am See findet sich heute nur der Gedenktag der Reformation.

Erst nach der sogenannten Waldheim-Affäre 1986 ist eine Neuausrichtung des Erinnerns wie in der Gesamtgesellschaft, so auch in der Evangelischen Kirche in Österreich eingetreten.[55] Herausragend für ein neues Gedenken der Kirche ist die Erklärung der Generalsynode »Zeit zur Umkehr« von 1998.[56] Für die Evangelischen sind die Erfahrungen des Nationalsozialismus überwiegend solche des Irre-Gehens und Schuldig-Werdens der Kirche und ihrer Mitglieder. Unter diesem Vorzeichen steht die Erinnerungs- und Gedenkkultur heute.

---

[54] Kirchenleitung der VELKD i. A. des Rates der EKD (Hg.), Evangelisches Gottesdienstbuch: Agende für die Evangelische Kirche der Union und für die Vereinigte Evangelisch-Lutherische Kirche Deutschlands. Ausgabe für die Evangelische Kirche A. B. in Österreich (Berlin 1999) 441.

[55] Überblick bei Michael BÜNKER, Die Evangelische Kirche in Österreich und das Gedenken, in: HANISCH-WOLFRAM (Hg.), Glaube (wie Anm. 49) 21–37 und auch in Michael BÜNKER, Unruhe des Glaubens. Evangelische Beiträge zu Kirche und Gesellschaft (Wien 2014) 126–151.

[56] Michael BÜNKER, »Zeit zur Umkehr« – Zur Entstehung einer Synodenerklärung. *Amt und Gemeinde* 60 (2009) 9–18.

Erinnerungskultur in reformierter Tradition aus heutiger Perspektive

Von Thomas Hennefeld

I. Vorbemerkung

Über Themen der reformierten Kirche in Österreich allgemein gültige Aussagen zu treffen, ist nicht ganz einfach, weil diese Kirche aus sehr unterschiedlichen Pfarrgemeinden besteht, die ganz unterschiedliche Traditionen und Identitäten aufweisen, verbunden mit entsprechenden Erinnerungskulturen. So ist die Pfarrgemeinde in Oberwart mit der ältesten evangelischen Kirche auf heutigem österreichischem Staatsgebiet – sie feiert 2023 ihr 250-Jahr-Jubiläum – vom ungarischen Calvinismus beeinflusst, während die Pfarrgemeinden in Vorarlberg zwar reformiert und von der Zürcher und Oberdeutschen Reformation beeinflusst sind, aber heute mehrheitlich aus lutherischen Gemeindegliedern bestehen. In Wien wiederum existiert eine starke reformierte Identität, die auf die Gründung der Gemeinde nach dem Toleranzpatent zurückgeht. Die Pfarrgemeinde in Linz ist schlussendlich erst nach dem Zweiten Weltkrieg aus vertriebenen Donauschwaben aus der Batschka entstanden.

Dennoch werde ich in aller Kürze versuchen, das Gemeinsame an Erinnerungskultur herauszuarbeiten; das ist aber aufgrund der beschriebenen Gegebenheiten nur mosaikartig möglich.

II. Bekenntnisschriften als gemeinsame Grundlage des Glaubens

In einer der beiden grundlegenden Bekenntnisschriften, dem *Heidelberger Katechismus* aus dem Jahr 1563, auf die Pfarrerinnen und Pfarrer bis heute ordiniert werden, finden sich im dritten und letzten Teil »Von der Dankbarkeit« die Zehn Gebote. Im Katechismus, der aus Fragen und Antworten besteht, lautet die Frage 92[1]

Frage 92: Wie lautet das Gesetz des Herrn?
Antwort: ›Gott redete alle diese Worte:
Erstes Gebot
Ich bin der Herr, dein Gott, der ich dich aus dem Land Ägypten, aus dem Sklavenhaus herausgeführt habe. Du sollst keine anderen Götter haben neben mir.‹ (Ex. 20,2; Dt.5,6)

---

[1] Zit. nach: Evangelisches Gesangbuch. Ausgabe der Evangelischen Kirche in Österreich (2000, Nr. 807.1).

Den Verfassern des *Heidelberger Katechismus* war es wichtig, die Gebote so aufzunehmen, wie sie im Dekalog stehen. So wie in der *Hebräischen Bibel* an zahlreichen Stellen, vor allem bei den Propheten und in Psalmen, an die Heilstaten erinnert wird, die Gott an seinem Volk getan hat, so erinnern sich auch Reformierte an das biblische Exodusgeschehen. Anders als im Judentum, in dem die Erinnerung wesentlicher Teil der Identität ist (vgl. *Schma Israel*), ist das Erinnern von Reformierten mit einer bestimmten Charakterisierung Gottes als universeller Befreier von Unterdrückung verknüpft. Das Exodusmotiv wird konstitutiv als Kennzeichen Gottes, der parteiisch auf der Seite der Schwachen und Unterdrückten steht. Damit haben sich vor allem die Hugenotten in Frankreich identifiziert – ›L'église du désert‹ (›Kirche in der Wüste‹). Johannes Calvin hat in seinen Briefen an die Flüchtlingsgemeinden immer wieder dieses Motiv ins Treffen geführt. Diese biblische Erinnerung ist ein Auftrag, auch heute Gott als Befreier zu proklamieren und Konsequenzen für das eigene Leben, für das Engagement in der Gesellschaft und für die Theologie zu ziehen.

Reformierte erinnern sich an die ihnen von Gott geschenkte Freiheit, die immer auch mit Verantwortung gegenüber den Mitmenschen, der Gesellschaft und der ganzen Schöpfung einhergeht. Der reformierte Theologe Eberhard Busch nennt diese Freiheit »gehorsame Freiheit«.

»Das Miteinander von Gott und Menschen beruht auf Gottes Befreiung der Menschen […]. Rechte Freiheit ist gehorsame Freiheit, d.h. nicht unfreie Freiheit; sie ist Freiheit in dem von Gott begründeten und erhaltenen Bund. Daher ist davon gelöste (ungehorsame) Freiheit Verlust der Freiheit, Rückfall ins ›Sklavenhaus Ägypten‹, auch wenn es uns mit seinen Fleischtöpfen darüber hinwegtäuscht.«[2]

Der *Heidelberger Katechismus* macht deutlich: Der Verweis auf die Befreiung aus Ägypten ist kein nur für das jüdische Volk geltender Hinweis. Er ist auch nicht allein als Erinnerung an Gottes Befreiung zu verstehen, um die menschliche Motivation zum Befolgen der Gebote zu steigern. Vielmehr ist es vor allem ein Hinweis darauf, dass die folgenden Gebote den Charakter der Befreiung in sich tragen.[3]

Entscheidend in der Erinnerung ist das, was ganz allgemein für den Umgang mit Bekenntnisschriften gilt: die Aktualisierung und Kontextualisierung auf der Grundlage des geoffenbarten Wortes Gottes in der Schrift. Diesen Gedanken nimmt die Präambel der Grundsatzerklärung der Evangelischen Kirche H. B. in Österreich auf, die die Synode 1996 beschlossen hat. Dort heißt es:

»Die Evangelische Kirche H. B. in Österreich setzt die Reformation fort, die mit Zwingli, Luther und Calvin begonnen wurde, und sie stellt in Übereinstimmung mit ihrer kirchlichen Tradition fest, dass die Ordnung der Kirche nicht beliebig, sondern Ausdruck des Bekenntnisses ist. Das Bekenntnis beruht nicht nur auf einmal niedergelegten Urkunden,

---

[2] Eberhard Busch, Der Freiheit zugetan. Christlicher Glaube heute – im Gespräch mit dem Heidelberger Katechismus (Neukirchen-Vluyn 1998) 244.

[3] Georg Plasger, Glauben heute mit dem Heidelberger Katechismus (Göttingen 2012) 193.

sondern muss in den jeweiligen Herausforderungen der Zeit an der Heiligen Schrift geprüft werden und sich vor ihr neu bewähren.«[4]

Die *Barmer Theologische Erklärung* nimmt unter anderem indirekt Bezug auf die Lehre der reformierten Reformatoren, wie sie sich in den Bekenntnisschriften und Katechismen der Reformationszeit finden.

Johannes Calvin und die Synodalen von Barmen haben ihre Theologie nicht von der geschichtlichen Existenz abstrahiert. Vielmehr erklärten sie an ihrem Ort und zu ihrer Zeit, was theologisch an der Zeit war.[5] Wenn aber autoritative biblische Orientierungen den Dienst übernehmen, das anzuleiten und auszurichten, was in der Kirche unbedingt gesagt werden muss, dann hat das eine befreiende Wirkung.[6] Am Beispiel der zweiten Barmer These gesagt: Eine Kirche, die sich vom Geschenk der Freiheit her versteht, fragt nach dem Grund der Befreiung und entdeckt ihn in der von Jesus Christus gewirkten frohen Befreiung aus den gottlosen Bindungen der Welt.[7] Aus der biblischen Bestimmung der Freiheit als Geschenk entwickelt Calvin ein Verständnis von Humanität, die den Menschen nicht nur nach sich, sondern auch nach den anderen Menschen fragen lässt. So zeichnen sich Konturen eines Lebens ab, das von Gewissensfreiheit, öffentlicher Mündigkeit, Kommunikation und Erbarmen geprägt ist.[8]

III. Rezeption der Barmer Theologischen Erklärung

Die *Barmer Theologische Erklärung* aus dem Jahr 1934 spielte zur damaligen Zeit in Österreich, auch in der reformierten Kirche, keine nennenswerte Rolle. Sie wurde erst ab 1963 in Verbindung mit der Theologie Karl Barths von dem Wiener Professor für reformierte systematische Theologie, Kurt Lüthi, rezipiert – später auch von der Kirchenleitung.

Zum 50. Jahrestag der *Barmer Theologischen Erklärung* erschien im *Reformierten Kirchenblatt für Österreich* ein Artikel von Balázs Németh, später Oberkirchenrat der Kirche H. B., mit dem Titel: »Barmen heute: Konsequentes Eintreten für Frieden und Abrüstung.«[9] In dem Artikel schrieb er: »Die beste Methode, wie man eine brisante und kritisch herausfordernde Sache entschärft, ist, sie zu historisieren,

---

[4] Auszug aus der Grundsatzerklärung der Evangelischen Kirche H. B. in Österreich, beschlossen von der 13. Synode, im Oktober 1996, vgl. https://reformiertekirche.at/grundlagen/grundsatzerklaerung/ [28.9.2023].
[5] Matthias Freudenberg, Reformierter Protestantismus in der Herausforderung. Wege und Wandlungen der reformierten Theologie (Berlin 2012) 28.
[6] Ebenda 31.
[7] Ebenda.
[8] Ebenda 33.
[9] Balázs Németh, Barmen heute: Entschiedenes Eintreten für Frieden und Abrüstung, in: Peter Karner (Hg.), typisch evangelisch reformiert. Texte (RKBl.AR 32, Wien 1992) 174f. Der Artikel erschien erstmals in der Zeitschrift *Kritisches Christentum* im Mai 1984.

zu bestaunen, sie in einen musealen Glaskasten zu stellen oder zu ihrer Ehrung feierliche Jubiläumsfeste zu veranstalten.«[10]

Auf diese Weise kann auch aus der kirchen-kritisch gedachten *Barmer Theologischen Erklärung* von 1934 eine historische Urkunde gemacht werden oder ein historisches Bekenntnis, an dem das heutige Leben vorbeigeht und das zum aktuellen Bekennen nicht mehr herausfordert.

> »Über Barmen heute zu sprechen, bedeutet nichts anderes, als sich der kritischen Herausforderung unserer Zeit zu stellen und das Bekenntnis von 1934 in dieses Licht zu stellen, das aktuelle Bekennen exerzieren und somit den Glauben heute leben. Das Kriterium des Glaubens zeigt sich dabei in unseren Tagen am Einsatz der Kirchen und der Christen für die konkreten Maßnahmen in der Friedensarbeit, da der Weltfriede heute die Voraussetzung für das Leben der Welt und somit die Lebensfrage überhaupt darstellt.«[11]

IV. ERINNERUNG AN EINEN REFORMIERTEN MÄRTYRER – ZSIGMOND VARGA

Zu dieser Zeit, am Beginn der 1980er Jahre, wurde auch ein Mann wiederentdeckt, der mit der *Barmer Theologischen Erklärung* vertraut gewesen sein dürfte und aufgrund seiner theologischen Überzeugungen zum Märtyrer wurde. Gemeint ist Zsigmond Varga, ungarischer Theologe, der in Gusen, einem Außenlager des KZ Mauthausen, ums Leben kam. Es ist das Verdienst des Professors für Kirchenrecht, Albert Stein, der in einer Gedenkrede 1980 anlässlich des Tages der antifaschistischen Universität in der Evangelisch-Theologischen Fakultät[12] den mutigen Theologen würdigte, der einzige Pfarrer mit Österreichbezug, der in Mauthausen starb. Sein Porträt in den Räumlichkeiten der Evangelisch-Theologischen Fakultät in der Schenkenstraße 8–10, Wien-Innere Stadt, erinnert an ihn. Ganz im Sinne Karl Barths und der *Barmer Theologischen Erklärung* unterstrich Varga die Formel »Christus allein« als Absage an das Führerprinzip und Bekenntnis zu der alleinigen Quelle, dem Wort Gottes – eine klare Distanzierung von anderen Lebensgrundlagen wie ›Rasse‹ und ›Volkstum‹. Gerade dieser Dienst am Wort Gottes, das gemäß der Theologie Karl Barths den absoluten Vorrang gegenüber allen Worten, Befehlen und Anmaßungen der Diktatoren hat, brachte Zsigmond Varga mit dem Nationalsozialismus in Konflikt und führte auch zu seiner Festnahme. Die Anklage gegen ihn lautete: eine öffentlich geäußerte Hoffnung, dass die Bombardierung durch die Alliierten das baldige Ende des blutigen Krieges bedeute; das Abhören von sogenannten Feindsendern und seine Feindseligkeit gegenüber dem NS-Gedankengut. Varga predigte 1944 regelmäßig in der Reformierten Stadtkirche, wo seine

---

[10] Ebenda 174.
[11] Ebenda.
[12] Dazu und zum Folgenden vgl. Albert STEIN, Zsigmond Varga zum Gedächtnis, in: KARNER (Hg.), typisch (wie Anm. 9) 200–203. Erstveröffentlicht in: *RKBlÖ* 58/2 (1981) 1–4.

Predigten von Gestapobeamten in Zivil verfolgt wurden und es auch zu einem Eklat gekommen sein dürfte.

1997 wurde im Rahmen der Synode von der Evangelischen Kirche H. B. eine Gedenktafel für Zsigmond Varga im KZ Gusen enthüllt. Am Reformationstag 2005 wurde in der Wiener Reformierten Stadtkirche, in der er im Jahre 1944 regelmäßig predigte, eine Gedenktafel für die Opfer des Faschismus errichtet. Die reformierte Kirche Ungarns führt Zsigmond Varga jun. in der Reihe der Glaubenszeugen und Märtyrer der letzten 400 Jahre.

Eine andere Person, die in der reformierten Kirche Österreichs einen festen Erinnerungsplatz hat, ist aufgrund seiner wissenschaftlichen Leistungen der große Calvinforscher, Theologe und Philosoph, Josef Bohatec. Sein Name findet sich auf der Ehrentafel der Theologischen Fakultäten (eigentlich: der Katholisch-Theologischen Fakultät) der Universität Wien.

V. Bund für wirtschaftliche und ökologische Gerechtigkeit

Gedanklich knüpft eine Erklärung des Reformierten Weltbundes aus dem Jahr 2004 an ›Barmen‹ an, die von der Synode in Österreich diskutiert und schließlich mehrheitlich angenommen und in den Gemeinden rezipiert wurde. Manche Kirchen nannten sie ein Bekenntnis, andere eine Erklärung im Geist und in der Struktur von ›Barmen‹: *Bund für wirtschaftliche und ökologische Gerechtigkeit.*[13] Er war als Antwort auf den Appell der Mitgliedskirchen im südlichen Afrika und in Anerkennung der wachsenden Dringlichkeit globaler wirtschaftlicher Ungerechtigkeit und ökologischer Zerstörung gedacht. Die Mitgliedskirchen wurden »aufgefordert, in einen Prozess des Erkennens, der Aufklärung und des Bekennens (processus confessionis) einzusteigen«. Darin heißt es:

> »Die Zeichen der Zeit sind alarmierender geworden und müssen gedeutet werden. Die tieferen Wurzeln dieser massiven Bedrohung des Lebens liegen vor allem in einem ungerechten Wirtschaftssystem, das mit politischer und militärischer Macht verteidigt und geschützt wird. Wirtschaftssysteme sind eine Sache von Leben und Tod [...]. Aus unserer reformierten Tradition heraus und auf Grund unserer Erkenntnis der Zeichen der Zeit erklärt die Generalversammlung des Reformierten Weltbundes, dass die globale wirtschaftliche Gerechtigkeit für die Integrität unseres Glaubens an Gott und unsere Nachfolgegemeinschaft als Christinnen und Christen wesentlich ist. Wir glauben, dass die Integrität unseres Glaubens auf dem Spiel steht, wenn wir weiterhin angesichts des gegenwärtigen Systems der neoliberalen ökonomischen Globalisierung schweigen und untätig bleiben.«[14]

---

[13] Bund für wirtschaftliche und ökologische Gerechtigkeit. Reformierter Weltbund, 24. Generalversammlung, Accra, Ghana, https://evang.at/wp-content/uploads/2015/07/bund_01.pdf [18.9.2023].
[14] Ebenda.

VI. Gedächtnis des Abendmahls

Der leider früh verstorbene Pfarrer in der Wiener Reformierten Stadtkirche, Erwin Liebert, hat 1984 im *Reformierten Kirchenblatt für Österreich* einen Artikel über die Abendmahlslehre Ulrich Zwinglis verfasst, in dem er schrieb:

> »Vor einigen Jahren hat der katholische Theologe J. B. Metz die Evangelien als gefährliche Erinnerung der Kirche bezeichnet. Gefährlich ist diese Erinnerung, weil die in der Bibel bezeugte Jesusbewegung die etablierten Kirchen und ein angepasstes Christentum immer wieder neu in Frage stellt. Sich an Jesus von Nazareth zu erinnern, heißt seine Radikalität vergegenwärtigen, die Radikalität seiner Liebe, seiner Vergebung und seiner Forderungen. An diesem Maßstab sollen sich die Nachfolger Christi aller Generationen messen und dadurch in eine heilsame Unruhe bringen lassen.«[15]

Nach dem Verständnis Zwinglis ist die Teilnahme an der Abendmahlsfeier mit einem Bekenntnis vor Gott und der Gemeinde verbunden. Solches Bekennen schließt konkrete Verpflichtungen mit ein. Die Gefährlichkeit der Erinnerung besteht darin, den eigenen Lebenswandel mit dem Gebot Gottes und der Nachfolge Jesu in Einklang zu bringen und damit mit der Bereitschaft, sich der Verfolgung der Menschen auszusetzen. Wer sich also zu den Christen gesellt, wenn sie den Tod des Herrn verkünden, wer zugleich das symbolische Brot oder Fleisch isst, der müsse hernach tatsächlich nach Christi Gebot leben.

VII. Jubiläen im 21. Jahrhundert

Die Jubiläen, die wir als reformierte Kirche im 21. Jahrhundert feierten, wurden in dem oben dargelegten Verständnis reformierten Bekennens begangen. Das galt für den 500. Geburtstag Johannes Calvins, wie für die 450. Jahrestage des *Heidelberger Katechismus* (2013) und des *Zweiten Helvetischen Bekenntnisses* (2016) und für den Beginn der Zürcher Reformation (2019). Gleiches gilt auch für die Schriften des Wiener reformierten Pfarrers Charles Alphonse Witz-Oberlin. Zur Wiederkehr des 100. Jahrestages des Beginns des Ersten Weltkriegs erinnerte die reformierte Kirche an einen der wenigen Friedensfreunde und Kritiker des Krieges. Im Jahr 2019 erschien eine Publikation seiner Friedensschriften[16] in einer lutherisch-reformierten Koproduktion des Militärsuperintendenten und Kirchenhistorikers Karl-Reinhart Trauner und des reformierten Landessuperintendenten Thomas Hennefeld in Erinnerung an einen herausragenden Pazifisten und seines Gedankengutes, das auch über 100 Jahre später noch aktuell ist.

---

[15] Erwin LIEBERT, Christus spricht: Tut dies zu meinem Gedächtnis. Zur Abendmahlslehre Ulrich Zwinglis, in: KARNER (Hg.), typisch (wie Anm. 9) 121. Erstveröffentlichung in: *RKBlÖ* 61/5 (1984) 7.

[16] Vgl. Thomas HENNEFELD (Hg.), Si vis pacem, para mentem. Charles Alphonse Witz-Oberlin als pazifistischer Vordenker (Wien/Köln/Weimar 2019).

Bei all diesen Jubiläen ging es darum, das Erbe der Reformation fruchtbar zu machen bzw. Erinnerungen an Persönlichkeiten wachzuhalten, die uns auch heute noch etwas zu sagen haben. Gleichzeitig sollten die Gedanken der Reformatoren, wie sie in ihren Werken, Katechismen und Bekenntnisschriften dargelegt wurden, aktualisiert und kontextualisiert werden. Die gemeinsame Klammer ist der befreiende Gott, der in die Kirche und die Gesellschaft spricht und sein Reich des Friedens und der Gerechtigkeit verkündigt. Das *Reformierte Kirchenblatt für Österreich*, das Presseorgan der reformierten Kirche in Österreich seit 1924, gibt Zeugnis von dieser Erinnerungskultur.

Der kürzlich verstorbene ehemalige Landessuperintendent und Pfarrer in der Reformierten Stadtkirche Peter Karner war die ›personifizierte Erinnerungskultur‹, weil er diverse Jubiläen zum Anlass nahm, Ereignisse, Persönlichkeiten und kirchliche Entwicklungen lustvoll, kritisch und nicht selten provozierend in den Blick zu nehmen. Manchmal dienten solche Reminiszenzen auch dazu, das Profil der kleinen reformierten Minderheit in Österreich zu schärfen, wie zum Beispiel der »Henrietten-Weihnachtsmarkt«, der an die reformierte Henriette von Nassau erinnert, die den Christbaum nach Österreich gebracht hat. Im Sinne reformierter Bekenntnistradition steht der erfundene Feiertag des »Palmdonnerstags«, der am Tisch des Herrn Bibelworte mit zeitgenössischen Texten in Verbindung brachte.

In einer Festschrift für Peter Karner, die Michael Bünker und Evelyn Martin anlässlich seines Eintritts in den Ruhestand 2004 herausgegeben haben,[17] durfte ich einen Artikel über die Bedeutung des *Reformierten Kirchenblattes für Österreich* schreiben.

Das Spezifische dieser Zeitung ist ein politischer Geist, der letztlich im Religiösen wurzelt.

> »Bestimmte Themen ziehen sich wie ein roter Faden durch die Jahre und Jahrzehnte des Blattes und vermitteln damit auch zentrale Botschaften des Evangeliums: Frieden und Gewaltfreiheit, Kampf gegen Rassismus und gegen Diskriminierung jeglicher Art, Umweltbewusstsein, Vergangenheitsbewältigung [...].«[18]

Kurt Lüthi, langjähriger Autor im *Reformierten Kirchenblatt für Österreich*, schrieb im November 1994 eine Würdigung anlässlich des 70. Geburtstages des Blattes. In dieser Jubiläumsausgabe wurde er gebeten, einen Artikel darüber zu verfassen, wie Kirchenblätter heute sein sollen. In seinem Artikel heißt es: »Es würde auf Zusammenhänge aufmerksam gemacht, die man sonst verschweigt [...]. So müssten Kirchenblätter es wagen, den Dornröschenschlaf der Christen in der Welt von heute zu stören und den Christen zu sagen, was heute wirklich geschieht.«[19]

---

[17] Vgl. Michael Bünker/Evelyn Martin (Hg.), Der Himmel ist ein Stück von Wien. Eine Festschrift für Peter Karner (Innsbruck/Wien 2004).

[18] Thomas Hennefeld, Das Reformierte Kirchenblatt. Journalistische Provokationen, in: Bünker/Martin (Hg.) Festschrift (wie Anm. 17) 250–261, hier 250f.

[19] Kurt Lüthi, Ein Kirchenblatt für unsere Zeit, RKBlÖ 71/11 (1994) 1.

»Das Beste von allem ist, dass Gott mit uns ist.« (John Wesley)

Erinnern, Bezeugen, Gedenken in methodistischer Tradition

Von Esther Handschin

Wie geschieht evangelisches Erinnern in der Tradition der Evangelisch-methodistischen Kirche und somit der jüngsten der drei evangelischen Kirchen in Österreich? Als Kirche kann sie gerade einmal auf 285 Jahre Bekehrung (1738) ihres Gründervaters John Wesley (1703–1791) zurückschauen. Vor 153 Jahren kam der erste Prediger der Methodisten nach Wien (1870);[1] staatlich anerkannt ist die methodistische Kirche seit 72 Jahren (1951).

I. Erinnern

Was wird in methodistischer Tradition gerne erinnert? An erster Stelle ist etwa das Sterbewort von John Wesley zu nennen. Es lautet: »Das Beste von allem ist, dass Gott mit uns ist.« Es wurde der Nachwelt von seiner Haushälterin Elizabeth Richie überliefert.[2] Davor sang er noch unter großer Kraftanstrengung das Lied von Isaac Watts (1674–1748) *I'll praise my maker while I've breath*. Das war am Dienstag, dem 1. März 1791. Am Tag darauf starb John Wesley und brachte nur noch ein »Lebt wohl« hervor.[3]

Auch der letzte Brief, den er diktierte, erlangte eine gewisse Berühmtheit. Nach der Lektüre der Lebensgeschichte eines Sklaven auf Barbados ermutigte John Wesley den britischen Parlamentsabgeordneten William Wilberforce (1759–1833), in seinem Kampf gegen die Sklaverei fortzufahren. Am Tag davor, am Mittwoch, dem 23. Februar, hatte John Wesley das letzte Mal gepredigt. Das war auch der Tag, an dem er – nach 55 1/2 Jahren – den letzten Eintrag in sein Tagebuch (Journal) schrieb.

---

[1] Vgl. dazu Esther Handschin, Die Anfänge der Methodisten in Wien und Österreich-Ungarn ab 1870. *JGPrÖ* 138 (2022) 199–222.
[2] Im Folgenden: Richard P. Heitzenrater, John Wesley und der frühe Methodismus (Veröffentlichungen der Evangelisch-Methodistischen Kirche in Deutschland, Göttingen 2007) 362.
[3] Ebenda 363.

Die Art und Weise der Beschreibung der letzten Tage von John Wesley passt sehr gut in die englische Tradition der *ars moriendi*, wie sie bei Jeremy Taylor (1613–1667) in *The Rules and Exercises of Holy Dying* (1651) beschrieben wird. John Wesley hat dieses Buch sehr geschätzt. Dieses ist mit dem ein Jahr zuvor erschienenen Buch *The Rules and Exercises of Holy Living* (1650) in Zusammenhang zu sehen. Von Jeremy Taylor hat sich John Wesley abgeschaut, Rechenschaft über sein Leben abzulegen und darauf zu achten, womit er seine Zeit verbringt.[4]

Darüber schrieb er auch in sein Tagebuch: Darin kann man einen Eintrag vom 24. Mai 1738 lesen, auf den gerne angespielt und damit in Erinnerung gerufen wird, dass John Wesley an diesem Abend nur unwillig an einer religiösen Versammlung in der Londoner Aldersgatestreet teilgenommen habe. Beim Hören auf Martin Luthers *Vorrede zum Römerbrief* geschah dann Folgendes: »I felt my heart strangely warmed. I felt I did trust in Christ, Christ alone for salvation, and an assurance was given me that he had taken away *my* sins, even *mine*, and saved *me* from the law of sin and death.«[5]

Allerdings gilt es anmerken, dass dieser Gedenktag der Bekehrung John Wesleys eigentlich am 4. Juni zu feiern wäre, da England den Gregorianischen Kalender erst im Jahr 1752 eingeführt hat.

Die Tradition, das Leben und Sterben von ›Menschen des Glaubens‹ zu erinnern, förderte John Wesley ab 1778 durch die Herausgabe der Zeitschrift *Arminian Magazine*. Darin publizierte er monatlich Biografien von Menschen, die ein ›heiliges Leben‹ geführt haben.[6] Weiters erschienen in dieser Zeitschrift Schriften, in denen der Weg der Erlösung erklärt wurde, Briefe und Berichte von frommen Personen sowie poetische Werke, die den Weg des Glaubens darstellten.

Die Tradition der Veröffentlichung von Lebensgeschichten inklusive der Schilderung des Sterbens kann in den deutschsprachigen Zeitschriften des Methodismus bis ins 20. Jahrhundert verfolgt werden.[7] Das wiederum ist verbunden mit einem weiteren Punkt, der in der methodistischen Tradition eine wichtige Rolle spielt und in gewisser Weise mit dem Erinnern in Verbindung steht.

---

[4] Ebenda 56.
[5] W. Reginald WARD/Richard P. HEITZENRATER (Hg.), The Works of John Wesley, Volume 18, Journals and Diaries I (1735–1738) (Nashville 1988) 250.
[6] HEITZENRATER, Wesley (wie Anm. 2) 317f.
[7] Vgl. die Zeitschriften *Sonntagsgast* und *Methodisten-Herold* (Wesleyanische Methodisten-Gemeinschaft in Deutschland), *Evangelist*, *Schweizer Evangelist* und *Evangelist für die Donauländer* (Bischöfliche Methodistenkirche in Deutschland, der Schweiz und in der Österreichisch-Ungarischen Monarchie).

II. Zeugnis geben

»Lobe den Herrn, meine Seele, und vergiss nicht, was er dir Gutes getan hat«, heißt es in Psalm 103,2.

Von den Erfahrungen zu erzählen, die ein Mensch in seinem Leben mit Gott macht, und davon, was Gott im eigenen Leben bewirkt – das ist ein wichtiger Aspekt, wenn es darum geht, ein Leben im christlichen Glauben einzuüben. John Wesley hat diejenigen, die sich durch seine Predigten den methodistischen Versammlungen und Gemeinden angeschlossen haben, dazu angeleitet. Eine dafür wesentliche Struktur war die sogenannte Klasse (vom lateinischen *classis* [Abteilung]),[8] in der sich wöchentlich bis zu zwölf Personen trafen, um sich über ihren Glauben und darüber, wie er im Leben Gestalt gewinnt, auszutauschen. Sie wurden von ›Klassführern‹ geleitet, die wiederum mit dem Prediger in Verbindung standen, der für den Dienst auf dem jeweiligen Bezirk eingeteilt war. Dabei wurden folgende Fragen diskutiert: Was hast du mit Gott in der vergangenen Woche erlebt? Wie bist du der Sünde entflohen? Wie bist du in der Heiligung gewachsen? Das übten die Versammelten miteinander ein und ermutigten sich gegenseitig, wobei der ›Klassführer‹ auch Rat erteilte, Streit schlichtete, einen Verweis aussprach oder Missverständnisse klärte. Nach ein bis zwei Stunden schloss man die ›Klassversammlung‹ mit Gesang und Gebet. Auf diesem Weg erfuhren die ›Klassführer‹, wer krank war, wo es konkrete Not gab, um so dem Prediger weitervermitteln zu können, wer zusätzlichen Zuspruch und Unterstützung brauchte.

Das Erinnern an Gottes Taten im eigenen Leben hatte auch einen rituellen Platz, d. h. einen liturgischen Ort im Rahmen der vierteljährlich gefeierten ›Liebesfeste‹ (*Lovefeast*, auch Liebesmahl, Agapefeier). Der Zutritt zu einem ›Liebesfest‹ wurde über sogenannte *class-tickets*, die den Besitzer, die Besitzerin als aktives Mitglied einer methodistischen Gemeinschaft auswiesen, streng kontrolliert. Mit dem ›Liebesfest‹ übernahm Wesley eine Tradition der Herrnhuter Brüdergemeine, die auf altkirchliche Wurzeln zurückgeführt wurde. Beim ›Liebesfest‹ wurden Brot und Wasser miteinander geteilt, es wurde gesungen, die Heilige Schrift gehört, eine Kollekte für die Armen veranstaltet und Zeugnis gegeben.[9] Das ›Liebesfest‹ diente zur Stärkung des Glaubens und zur Vorbereitung auf das Abendmahl. Es wurde auch von den amerikanischen Methodisten übernommen. John Wesleys jüngerer Bruder Charles (1707–1788) hat dazu Lieder gedichtet, die anlässlich dieser Feiern gesungen wurden.[10] Die restriktive Handhabung der Zulassung ermöglichte es, dass Frauen sich in diesen Versammlungen frei und gleichwertig äußern konnten,

---

[8] Heitzenrater, Wesley (wie Anm. 2) 144–146.
[9] Karen B. Westerfield Tucker, American Methodist Worship (Religion in America Series, New York 2001) 61.
[10] Franz Hildebrandt/Oliver Beckerlegge (Hg.), The Works of John Wesley, Volume 7, A Collection of Hymns for the Use of The People Called Methodists (Nashville 1983) 695–700, Lieder Nr. 505–508 unter »Love-Feast«.

und zwar zu einer Zeit, in der das gesellschaftlich noch nicht akzeptiert war.[11]

Im *Sonntags-Gast*, der Zeitschrift der Wesleyanischen Methodisten-Gemeinschaft in Österreich, gibt es aus dem Jahr 1896 einen Bericht über das erste ›Liebesfest‹ der böhmischen, tschechisch-sprachigen Gemeinde in Wien:

> »Während sichs Alle schmecken ließen, trugen einige Brüder Gedichte vor und etliche Brüder und Schwestern erzählten uns auch ihre Bekehrungsgeschichte, und es war gar herrlich rühmen zu hören von Jesus, der uns so geliebet hat, der das Verlorene wieder gefunden, daß Tote lebendig gemacht hat. Bruder A. Kudrna erzählte uns, wie seine Eltern ihm frühe gestorben seien und ihn als kleinen Knaben fremden Leuten zurückgelassen hätten. Verwaist und verlassen unter fremden Leuten habe er viel zu leiden gehabt und sich deshalb recht verloren gefühlt. Erst im 19ten Jahre fand er in unserer Gemeinde den Freund der Waisen, Jesum, der ihm alles wiedergegeben hat: Vater, Mutter, Brüder und Schwestern und dazu noch das ewige Leben; die Brüder Michael und Josef Rohaczek bezeugten die wunderbaren Führungen Gottes und wie Er ihnen Kraft verliehen habe, den Satan zu überwinden. Eine Schwester, die eine arme Witwe ist, erzählte uns, was für einen Reichtum sie im Herzen trage; sie ist reich an der Liebe und an kindlichem Vertrauen zu ihrem himmlischen Vater. Alle waren durch diese Zeugnisse tief ergriffen. Ein 23jähriger junger Mann war so ergriffen, daß er aufstand und bekannte, er fühle in sich auch ein Verlangen, das Leben der wahren Christen zu leben, und er versprach es zu thun. Auch ein älterer Mann bezeugte, wie reichen Segen er in dieser Stunde empfangen habe. Solche schöne Zeugnisse haben wir gehört und uns miteinander gefreut über die Wege, die Gott geht, um Seinen Kindern zu helfen und sie zu erretten. Weil aber alles seine Zeit hat und ein Ende nimmt, so ist auch uns die Zeit über unser Erwarten schnell vergangen und wir mußten unser schönes Liebesfest schließen. Nach einem Liede und einem Gebet von Bruder Beno sind wir frohen Herzens nach Hause gegangen.«[12]

›Liebesfeste‹ haben sich – mit einigen Abänderungen – etwa bis in die Mitte des 20. Jahrhunderts gehalten. Die Tradition des Zeugnisgebens besteht je nach Gemeinde oder je nach Land bis heute: Jemand erzählt – meist im Rahmen der Bekanntgaben im Gottesdienst –, was er oder sie mit Gott erlebt hat. Es kann auch ein ganzer Gottesdienst mit Glaubenszeugnissen gestaltet werden – insbesondere dann, wenn niemand zur Verfügung steht, der predigen kann. Nicht wenige methodistische Laienprediger*innen haben damit angefangen und dadurch geübt, vor anderen Menschen zu sprechen, indem sie in ihrer Gemeinde ein solches Glaubenszeugnis gegeben haben.

III. Gedenken

Methodistische Erinnerungskultur ist darüber hinaus geprägt vom Gedenken für Menschen, die ihren Glauben gelebt haben und im Glauben verstorben sind. Dies geschieht in den Gemeinden in der Regel am Sonntag nach dem Begräbnis. Für

---

[11] WESTERFIELD TUCKER, Worship (wie Anm. 9) 65.
[12] Johann PRIB, Das erste böhmische Liebesfest der Methodisten-Gemeinde in Wien. *Sonntags-Gast* 23. Jahrgang, Nr. 25 (3.12.1896) 390.

diejenigen, die zur Dienstgemeinschaft der Pastor*innen gehört haben, geschieht das Gedenken im Rahmen eines Gottesdienstes oder einer Feier anlässlich der Jährlichen Konferenz, wie die Synode genannt wird.

Die weltweit gültige Kirchenordnung in der Adaption für das Bischofsgebiet der Zentralkonferenz von Mittel- und Südeuropa sieht vor, dass in den Berichten und Verhandlungen der Jährlichen Konferenz auch ein Abschnitt mit Nachrufen von Pastor*innen der Dienstgemeinschaft und eine Liste der verstorbenen pastoralen Mitglieder zu führen ist.[13]

IV. Gedenkorte

Wer methodistische Denkmäler sucht, findet diese zuhauf in Großbritannien, dem Mutterland des Methodismus. »Hier hat John Wesley gepredigt«, liest man etwa auf einer Plakette an einer Straßenecke. Man kann das Grab John Wesleys hinter dem Kirchengebäude in der City Road in London besuchen. Gleich neben dem Kirchengebäude befindet sich das Wohnhaus Wesleys aus dem 18. Jahrhundert und das dazugehörige Museum.[14]

Welche Gedenkorte jedoch gibt es für Methodisten in Österreich?

Das Buch *Historische Stätten des Methodismus in Deutschland, Österreich und der Schweiz* aus dem Jahr 2021 führt für Österreich fünf Gebäude an:[15] Das ist die 1953 durch Flüchtlinge erbaute Kirche in der Wiener Straße 260 in Linz, die im Jahr 1998 generalsaniert und umgebaut wurde.[16] Aus Graz wird die seit 1923 im Hinterhof der Wielandgasse 10 befindliche Kirche erwähnt, die als einzige in Österreich im Stil einer englischen *Chapel* erbaut wurde. Hier erfolgte 1993 ein großer Umbau.[17]

Zwei weitere Liegenschaften stehen im Zusammenhang mit der großen Gönnerin der Methodisten, Baronin Amelie von Langenau (1830–1902). In ihrem Palais in der Dorotheergasse 12[18] im ersten Wiener Gemeindebezirk wurden bis zu 160 Kinder in der Sonntagsschule unterrichtet. Während eines polizeilichen Versammlungsverbotes der Methodisten lud die Baronin 15 Monate lang privat zu

---

[13] Kirchenordnung der Evangelisch-methodistische Kirche, Ausgabe 2005 auf der Grundlage des *Book of Discipline* 2004, letzte Teilrevision 2023 gemäß Entscheidungen der Zentralkonferenz 2022, Art. 606, Absatz 3, h) und i): https://www.umc-cse.org/download/2hBelSzKPO0/KO-MSE-2023.pdf [1.2.2024].

[14] Als besondere Sehenswürdigkeit sei dort eine der wenigen erhaltenen WC-Anlagen aus viktorianischer Zeit empfohlen.

[15] Michael Wetzel (Hg.), Historische Stätten des Methodismus in Deutschland, Österreich und der Schweiz (Leipzig 2021) 247–255.

[16] Helmut Nausner, Linz, Kirche, in: Wetzel (Hg.), Stätten (wie Anm. 15) 247–249.

[17] Helmut Nausner, Graz, Kirche, in: Wetzel (Hg.), Stätten (wie Anm. 15) 249–251.

[18] Helmut Nausner, Wien, Palais Langenau, in: Wetzel (Hg.), Stätten (wie Anm. 15) 251–253.

Gottesdiensten in ihren Salon ein. Zahlreiche Gäste beherbergte sie in ihrem Palais, u. a. den ›Waisenvater‹ Georg Müller aus Bristol, Friedrich Wilhelm Baedeker, der Gefängnisse in Russland besuchte, Hofprediger Adolf Stoecker aus Berlin, den Begründer des »Christlichen Sängerbundes« Ernst Gebhardt oder Emil Lüring, Missionar und Gelehrter, der in 24 Sprachen predigen konnte.

Die von Baronin von Langenau im Jahr 1891 um 80.000 Gulden erworbene Liegenschaft in der Trautsohngasse 8[19] diente bis 1927 als Versammlungsort der ersten methodistischen Gemeinde. Von 1963 bis 2013 wurden die Räume für die Buchhandlung der Methodistenkirche genutzt. Dazwischen wohnten Diakonissen und Prediger in diesem Haus, und es diente auch als Wohnheim für Dienstmädchen. Im Jahr 2015 wurde das Gebäude verkauft. Die Gedenktafel für die Baronin Langenau wurde Mitte der 1990er Jahre in die Liegenschaft Sechshauserstraße 56 im 15. Wiener Gemeindebezirk übersiedelt. Dort befindet sich – inzwischen im Keller – auch das einzige Inventar, das aus der Zeit der Baronin erhalten geblieben ist: eine kleine Kanzel.

Schließlich ist in diesem Buch noch der Auhof in Türnitz (Niederösterreich) abgebildet.[20] Nach dem Ersten Weltkrieg wurden mit finanzieller Unterstützung aus den USA, der Schweiz und Skandinavien über die »Kinderhilfe der Methodisten« sechs Heime in Deutschland und der Auhof in Türnitz angekauft, um Kindern eine Erholungskur zu ermöglichen. Die Kinder, die sich im Auhof aufhielten, waren zum geringsten Teil Kinder aus methodistischen Gemeinden, sondern sie wurden über einen Arzt der Stadt Wien zugewiesen.

Kurz nach dem ›Anschluss‹ Österreichs im März 1938 wurden auch die Jährliche Konferenz Österreich in die Süddeutsche Jährliche Konferenz eingegliedert und alle Prediger dahin überwiesen. Auf Druck der Nationalsozialisten musste der Auhof im Jahr 1940 weit unter seinem Wert verkauft werden. Ein großer Teil des Erlöses wurde für den Pensionsfonds der Prediger der Süddeutschen Jährlichen Konferenz verwendet.[21] In der NS-Zeit diente der Auhof als eine von zwei Nationalpolitischen Erziehungsanstalten für Mädchen. Heute ist darin eine Höhere Bundeslehranstalt für wirtschaftliche Berufe untergebracht.

In gut methodistischer Tradition – so lässt sich mit Blick auf all diese Gedenkorte feststellen – geht es darum, den Menschen zu dienen, die am meisten der Hilfe bedürfen. Dient ein Gebäude diesem Zweck nicht mehr, so scheinen sich Methodisten leichter von ihren Liegenschaften zu trennen als andere Konfessionen.

So sei abschließend noch auf einen anderen Gedenkort hingewiesen, der sich für viele Methodisten als mindestens ebenso wichtig für ihre Identität erweist wie ein Gebäude: das Gesangbuch[22] und die darin enthaltenen Lieder. Nicht wenige dieser

---

[19] Helmut NAUSNER, Wien, Trautsohngasse, in: WETZEL (Hg.), Stätten (wie Anm. 15) 253–255.
[20] Karl-Heinz VOIGT, Heime der Kinderhilfe, in: WETZEL (Hg.), Stätten (wie Anm. 15) 265.
[21] Protokoll des Kirchenvorstands der Bischöflichen Methodistenkirche in Deutschland vom 25. bis 27. März 1942, Zentralarchiv der Evangelisch-methodistischen Kirche Deutschland in Reutlingen.
[22] Gesangbuch der Evangelisch-methodistischen Kirche (Stuttgart/Zürich/Wien 2002).

Lieder stammen von Charles Wesley. Von seinen tausenden Liedern, welche die methodistische Theologie singbar gemacht haben, finden sich 22 Übersetzungen im deutschsprachigen Gesangbuch. Wenn man so will, ist das Gesangbuch für Methodisten derjenige ›Gegenstand‹, durch den ihr Glaube in Liedern lebendig wird. Das ist ein Schatz, den viele Methodistinnen und Methodisten auswendig in ihrem Herzen tragen.

Selbst- und Geschichtsbilder im pietistisch-evangelikalen Milieu der evangelischen Kirche

Von Frank Hinkelmann

I. Vorbemerkungen

Eine Begriffsklärung vorneweg: Mit ›pietistisch-evangelikal‹ bezeichne ich Personen und Gruppierungen innerhalb der Evangelischen Kirche in Österreich, die ihre theologischen Wurzeln im Pietismus des 17. und frühen 18. Jahrhunderts, in der Erweckungsbewegung des späten 18. und des 19. Jahrhunderts, im Neupietismus des 19. Jahrhunderts sowie in der evangelikalen Bewegung der zweiten Hälfte des 20. Jahrhunderts verorten. ›Evangelikal‹ ist hierbei als ein theologisch und nicht – wie oft im österreichischen Kontext üblich – als ein konfessionell definierter (vielfach freikirchlich verstandener) Begriff zu verstehen.

Aufgrund des eingeschränkten Umfangs kann ich einzelne Aspekte nur anreißen und muss anderes pauschalieren – dies trotz der Tatsache, dass die verschiedenen Aspekte eine differenzierte und ausführliche Auseinandersetzung verdienen würden.

Ich werde daher thesenartig drei Wahrnehmungen zum pietistisch-evangelikalen Selbst- und Geschichtsbild in den Raum stellen, die allerdings nicht unbedingt ausschließlich im pietistisch-evangelikalen Milieu anzutreffen sind.

II. Ein pietistisch-evangelikales Selbst- und Geschichtsbild ist vielfach von einer Idealisierung der Vergangenheit sowie von einer glaubensstärkenden und auferbauenden In-Zweck-Setzung geprägt

In einem Editorial des *CMV Journals* des »Christlichen Missionsvereins« in Kärnten schrieb der Vorsitzende des »Christlichen Missionsvereins« im Jahr 1993: »Da möchte ich [...], daß wir die Spur der Väter ganz fest im Auge haben [...].«[1] Im Unterschied, ja regelrecht im Gegensatz zu österreichischen Freikirchen evangelikaler Prägung – hier stößt man oft auf eine erschreckende Geschichtslosigkeit verbunden mit fehlenden kirchengeschichtlichen Grundkenntnissen – werden im pietistisch-evangelikalen Milieu der evangelischen Kirche die Geschichte und ihre Kenntnis hochgehalten. Immer wieder finden sich daher in den Mitteilungsorganen dieser Gruppen historische Beiträge, vor allem zu einzelnen pietistischen bzw. evangelikalen Persönlichkeiten, die allerdings immer wieder entweder mit einer

---

[1] Traugott Graf, Liebe Freunde. *CMV Journal* 1/3 (1993) 2.

Idealisierung der Vergangenheit verbunden werden oder aber einer apologetischen In-Zweck-Setzung historischer Entwicklungen und Persönlichkeiten dienen sollen. Ein Beispiel: Im Jahr 1974 veröffentlichte der Wiener Superintendent und Vorsitzende der »Europäischen Evangelischen Allianz«, Georg Traar, im »Evangelischen Presseverband« ein Buch unter dem Titel *Eine Wolke von Zeugen* mit Kurzbiographien. Dort schreibt Traar im Vorwort u. a.:

> »Wenn wir in Sorgen und Sünde sind, wenn Verzagtheit und Furcht über uns kommen, wenn unser Glaube müde wird und unser Gebet schwach, dann sollten wir uns von den vielen Zeugen, die Gott seiner Gemeinde geschenkt hat, sagen lassen, daß wir unrecht tun, an Gottes Wirklichkeit und Herrlichkeit zu zweifeln; dann sollten sie uns mit ihrem Leben und Erleben mahnen, auf Gott zu hoffen und es ihm zuzutrauen, daß er auch aus der Gefahr und Anfechtung, aus Versuchung und Sünde herausholen und retten kann. Es ist wirklich eine Wolke von Zeugen um uns. Einen ganz kleinen Ausschnitt bieten uns die folgenden Seiten. Sie erzählen uns von Männern und Frauen, die in ihrem Leben und in ihrer Arbeit Gott vertraut, seine Führung erfahren und unserer Kirche zum Segen gereicht haben.«[2]

Geschichte wird in den Dienst der Glaubensstärkung und Auferbauung gestellt und dabei gleichzeitig oftmals idealisiert. Ein differenziertes historisches Verständnis der eigenen Frömmigkeitsbewegung ist – allgemein gesprochen – eher selten anzutreffen.

III. Ein pietistisch-evangelikales Selbst- und Geschichtsbild ist vielfach geprägt von hagiographischen Ansätzen, die Deviantes Verhalten ausblenden bzw. verschweigen

An dieser Stelle greife ich drei Persönlichkeiten exemplarisch heraus, um diese These zu belegen: Elvine Gräfin de La Tour, Gründerin der heutigen diakonischen Einrichtung »Diakonie de La Tour« in Treffen (Kärnten), Pfarrer Max Monsky, Gründer der »Österreichischen Volksmission« sowie Oberin Lydia Haman, Gründerin und langjährige Leiterin des »Missionswerks Salzburg«. Bis heute stellen wissenschaftliche Arbeiten zu Monsky und Haman ein Desiderat dar.[3] Wer jedoch die biographischen Publikationen zu allen drei Personen aus pietistisch-evangelikaler Perspektive sichtet, findet zwar durchgängig eine Würdigung der geistlichen Leistungen dieser Persönlichkeiten, allerdings werden kritische Anmerkungen über Persönlichkeitsstrukturen sowie Fehler und Schwächen in der Regel zur Gänze

---

[2] Georg Traar, Eine Wolke von Zeugen (Wien 1974) 5.
[3] Einzig zu Elvine de La Tour ist eine Monographie erschienen, die sich auch kritisch mit Person und theologischer Prägung der Gräfin auseinandersetzt. Vgl. Heidrun Szepannek, Elvine Gräfin de La Tour (1841–1916). Protestantin – Visionärin – Grenzgängerin (Klagenfurt 2010) bes. 69–77.

ausgeblendet.⁴ Weder werden bei Gräfin de La Tour kritische Aspekte erwähnt, noch bei Lydia Haman auf ihren absolutistischen und durchaus eigenwilligen Führungsstil – mit all seinen Konsequenzen in der Nachfolgefrage im »Missionswerk Salzburg«⁵ – oder bei Max Monsky auf die exzentrische und ›missionarische Verkündigung‹ der Naturheilkunde eingegangen – intern sprach man zwar von »Sonderlichkeiten«,⁶ was dazu führte, dass Monsky nach dem Zweiten Weltkrieg immer weniger Einladungen zu Vorträgen erhielt.⁷ Doch in den vorliegenden biographischen Beiträgen fehlen hierzu jegliche (selbst-)kritischen Bezüge.

IV. Ein pietistisch-evangelikales Selbst- und Geschichtsbild ist vielfach von einem mehrfachen Dualismus geprägt

Immer wieder wird in pietistisch-evangelikalen Milieus ein Dualismus zwischen Gesamtgesellschaft und eigener Gruppe aufgebaut und die jeweilige Gegenwartsgesellschaft mit negativen Begriffen und Konnotationen belegt. In einem Beitrag über den englischen Sozialreformer William Wilberforce hieß es im *Rundbrief der Arbeitsgemeinschaft Bekennender Christen in Österreich* im Jahr 2008: »In einem ähnelt die heutige Zeit der Ära, in der Wilberforce aufwuchs. Sie wurde beschrieben als gottlos, repressiv, zynisch und gewalttätig. Auch die Moral unserer Gesellschaft

---

[4] Vgl. zu Gräfin de La Tour: Anna Katterfeld, Elvine de La Tour. Aus Liebe zu Gott und den Kindern. (Holzgerlingen 2007); Friedrich Gienger, Gib mir Deinen Reichtum. Ein Lebensbild der Gräfin de La Tour (Treffen 1982); Heinrich Norden, Eine tapfere Frau und ihr Werk. Gräfin Elvine de La Tour (Treffen 1958); Traar, Wolke (wie Anm. 2) 207–209; Gerhard Krömer, Elvine Gräfin de La Tour 1841–1916, in: Gesichter und Geschichten der Reformation. 366 Lebensbilder aus allen Epochen, hg. von Roland Werner/Johannes Nehlsen (Basel 2016) 330f. Vgl. zu Monsky: Traar, Wolke (wie Anm. 2) 278–283; Gerhard Krömer, Im Kampf für Christus: Pfarrer Max Monsky (1876–1969), in: Das lässt uns hoffen. Festschrift für Theo Schneider zum 60. Geburtstag, hg. von Christoph Morgner (Gießen/Kassel 2009) 89–96; Gerhard Krömer, Max Monsky 1876–1969, in: Werner/Nehlsen (Hg.), Gesichter (wie Anm. 4) 434f. Vgl. zu Lydia Haman: Gerhard Krömer, Lydia Haman 1907–1978, in: Werner/Nehlsen (Hg.), Gesichter, 588f.
[5] Vgl. hierzu Hannelore Reiner, Das Amt der Gemeindeschwester am Beispiel der Diözese Oberösterreich: Entstehung, Funktion und Wandel eines Frauenberufes in der Kirche (Wien 1992) 184f., 230–247; Frank Hinkelmann, Die Evangelikale Bewegung in Österreich: Grundzüge ihrer historischen und theologischen Entwicklung 1945–1998 (Bonn 2014) 181–190, 328–333.
[6] Brief des Missionsleiters der Mission für Süd-Ost Europa, Paul Wißwede, vom 2. September 1959 an den Präses des Gnadauer Verbandes, Hermann Haarbeck (Archiv zur Geschichte christlicher Bewegungen reformatorischer Tradition, Pöchlarn).
[7] Vgl. Hinkelmann, Bewegung (wie Anm. 5) 181f.

ist unter jeder Kritik.«[8] Im Anschluss an einen Bericht über Intoleranz und Diskriminierung gegenüber Christen in der EU heißt es in demselben Organ:

> »Angesichts solcher Entwicklungen in der EU könnte man als Christ schon ein wenig den Mut verlieren. Auf der einen Seite zunehmende Bedrohung durch das Vordringen des Islam und auf der anderen eine immer rascher voranschreitende Säkularisierung unserer Gesellschaft gepaart mit einer von politischer Seite oft aggressiv durchgesetzten Ethik, die zur biblischen Ethik, der wir uns als Christen verpflichtet wissen, in vielen Bereichen im krassen Widerspruch steht. In diesem Spannungsfeld verliert nicht nur Gottes Gebot immer mehr an Verbindlichkeit für die Gestaltung öffentlichen Lebens – mit oft verheerenden Folgen für das Wohlergehen der Völker, sondern auch wir Christen selbst müssen uns zunehmend auf Repressalien einstellen, wenn wir unseren Glauben bekennen und nach Gottes Gebot leben wollen.«[9]

Im Gegensatz dazu steht in der Regel die eigene theologische Position, gepaart mit den eigenen ethischen Überzeugungen, als Gegenmodell, als Bollwerk gegen säkulare Trends. Denn die Moderne, und hier im Besonderen die Aufklärung, wird grundsätzlich eher kritisch interpretiert und beurteilt.[10] Wenig reflektiert wird dabei die Tatsache, dass der Pietismus von Anfang an gleichzeitig sowohl ein Kind der Aufklärung als auch eine Gegenbewegung zur Aufklärung darstellte.[11] Ähnlich verhält es sich im Umgang pietistisch-evangelikaler Kreise mit der Postmoderne. Auch diese wird überwiegend negativ gedeutet,[12] ohne zu reflektieren, dass beispielsweise individualistisch-subjektive Aspekte auch im Pietismus und in der evangelikalen Bewegung eine wichtige, wenn nicht gar entscheidende Funktion einnahmen und einnehmen.

Ein weiterer Dualismus zeigt sich im theologischen Bereich. Hier ist es der Gegensatz zwischen theologisch ›liberal‹ und theologisch ›orthodox‹. Ein Beispiel aus dem Organ der »Arbeitsgemeinschaft Bekennender Christen in Österreich« aus

---

[8] Harald HÖGER, Stimme der Väter und Mütter im Glauben: William Wilberforce (1759–1833) und die Clapham-Gruppe. *ABCÖ – Rundbrief der Arbeitsgemeinschaft Bekennender Christen in Österreich* 1 (2008) 8.

[9] Wilfried KERLING, Liebe Mitglieder und Freunde der ABCÖ. *ABCÖ – Rundbrief der Arbeitsgemeinschaft Bekennender Christen in Österreich* 1 (2011) 7. Vgl. ferner Rudolf JINDRICH, Werden bibeltreue Christen diskriminiert? *ABCÖ – Rundbrief der Arbeitsgemeinschaft Bekennender Christen in Österreich* 2 (2012) 11.

[10] Vgl. Andreas GRIPENTROG, Reformation und Aufklärung – ein gutes Gespann? *ABCÖ – Rundbrief der Arbeitsgemeinschaft Bekennender Christen in Österreich* 1 (2008) 2–4.

[11] Vgl. David W. BEBBINGTON, Evangelicalism in Modern Britain. A History from the 1730s to the 1980s (London 1989) 74; Garry J. WILLIAMS, Enlightenment Epistemology and Eighteenth-Century Evangelical Doctrines of Assurance, in: The Emergence of Evangelicalism. Exploring Historical Continuities, hg. von Michael A. G. HAYKIN/Kenneth J. STEWART (Nottingham 2008) 147.

[12] Vgl. Rudolf JINDRICH, ABCÖ Mitgliederversammlung am 19.05.2012. *ABCÖ – Rundbrief der Arbeitsgemeinschaft Bekennender Christen in Österreich* 1 (2012) 6; Daniel VON WACHTER, Postmoderne. *ABCÖ – Rundbrief der Arbeitsgemeinschaft Bekennender Christen in Österreich* 1 (2018) 8–11.

dem Jahr 2012 soll dies verdeutlichen. Dort heißt es in einer Bibelarbeit über den alttestamentlichen König Jerobeam:

> »So wie Israel unter Jerobeam hat sich auch der Mainstream der evangelischen Theologie vom Evangelium Gottes radikal abgewandt. Vor rund 90 Jahren, [...] hat die kritische (auch ›moderne‹ oder ›liberale‹ Theologie genannt) in unserer Kirche ihren Einzug gehalten und mit ihr der Abfall vom Worte Gottes.«[13]

Weiter heißt es dort: »Unsere Kirche ist krank, lebensbedrohlich krank. Wenn wir uns nicht entschieden von dem Irrweg dieser Theologie abwenden und uns wieder Gott und seinem Wort zuwenden, wird der Untergang unaufhaltsam sein.«[14] Hier deutet der Autor auch schon die Lösung an und führt dies an anderer Stelle noch einmal ausführlicher aus: »Solange wir Christen uns an Gott und sein Wort halten, brauchen wir uns um die Zukunft unserer Kirche keine Sorgen machen.«[15]

Hier tritt ein weiterer Dualismus zutage: Es wird eine Zugehörigkeit, ein ›Drinnen‹, und ein Außerhalb, ein ›Draußen‹, postuliert. ›Wir‹ würden uns an Gott und sein Wort halten und seien damit ›drinnen‹, die anderen allerdings nicht, so dieser Dualismus in der Selbstwahrnehmung pietistisch-evangelikaler Milieus. Verstärkt wird dieser Dualismus wiederum durch die Betonung einer persönlichen Lebensübergabe (Bekehrung/Wiedergeburt). Wer diese erlebt habe, gehöre dazu, wer nicht, bliebe ›draußen‹. Max Monsky schildert seine eigenen Erfahrungen als junger Pfarrer, als er an einer Konferenz in Wernigerode im Harz teilnahm:

> »Der liebe ostpreußische Pfarrer Edelhoff klopfte mir dort, als er erfuhr, es sei aus Österreich ein ›Los-von-Rom-Vikar‹ da, in der nicht ganz unbegründeten Vermutung, daß mit dem bloßen ›Los von Rom‹ nicht viel getan sei, mit den Worten auf die Schulter: ›He, Landsmann, sind Sie auch bekehrt?‹ [...] Ich bin damals fortgegangen und meinte, ich würde mit diesen Kreisen nie etwas zu tun bekommen; das sei nicht Geist von meinem Geist.«[16]

Später merkt Monsky selbst an: »Ohne Bekehrung kein echtes Christentum. Bekehrung schafft erst den wahren Grund, das Abc, den Anfang.«[17]

Fassen wir zusammen:

1.) Ein pietistisch-evangelikales Selbst- und Geschichtsbild ist vielfach von einer Idealisierung der Vergangenheit sowie von einer glaubensstärkenden und auferbauenden In-Zweck-Setzung geprägt.

---

[13] Arndt NEUKIRCHNER, Das Evangelium Gottes und der Stier von Bet-El. *ABCÖ – Rundbrief der Arbeitsgemeinschaft Bekennender Christen in Österreich* 1 (2012) 5.
[14] Ebenda.
[15] Ebenda.
[16] Max MONSKY, Im Kampf um Christus. Erlebnisse und Erfahrungen eines Fünfundachtzigjährigen aus sechsfachem Jubiläum (Mödling ²1961) 46.
[17] Ebenda 50.

2.) Ein pietistisch-evangelikales Selbst- und Geschichtsbild ist vielfach geprägt von hagiographischen Ansätzen, die deviantes Verhalten ausblenden bzw. verschweigen.

3.) Ein pietistisch-evangelikales Selbst- und Geschichtsbild ist vielfach von einem mehrfachen Dualismus geprägt.

Kopftuch und »Chat Noir«

Die Brückenbauer aus Syrmien in Tulln

Von Andrea Ramharter-Hanel

Durch die siegreiche Schlacht von Slankamen am 19. August 1691, die zu einem erheblichen Teil auch in jener Region geführt worden war, in der später Krčedin (in Syrmien, Vojvodina) entstand, war die Bedrohung des Königreichs Ungarn durch das Osmanische Reich weggefallen.[1] Damit war auch die Möglichkeit zur Neubesiedlung dieses fruchtbaren Gebietes gegeben. Krčedin wurde um 1770 als serbische Siedlung mit einem rechtwinkeligen Straßensystem neu angelegt. Ab den 1860er Jahren stieg die Bevölkerung durch massiven Zuzug deutschsprachiger Siedler, vorwiegend aus der benachbarten Bačka, stark an. 1929 hatte der Ort 3.857 Einwohner, von denen 2.502 serbisch waren. Durch kaiserliches Patent vom 1. September 1859 war auch den Evangelischen die freie Ansiedlung in Kroatien gestattet worden, und 1901 konnte die evangelische Gemeinde von Krčedin eine eigene Kirche errichten.[2] Bevorzugt wurden Menschen mit landwirtschaftlichen Kenntnissen, und die Bevölkerung Syrmiens blieb auch in der Folge landwirtschaftlich geprägt.

Zunächst war das Gebiet Teil der sogenannten Militär-Grenze, einem Sicherheitskordon zwischen den habsburgischen Ländern und dem Osmanischen Reich, einer militärischen Einrichtung, die 1871 aufgelöst wurde.[3] Krčedin gehört danach mit Kroatien zum ungarischen Teil der Doppelmonarchie. Nach dem Ersten Weltkrieg kam der Ort an das neugegründete Königreich Jugoslawien und war danach einem erheblichen Slawisierungsdruck ausgesetzt. Im April 1941 griff die Deutsche Wehrmacht Jugoslawien an, wodurch sich die politischen Verhältnisse plötzlich zugunsten der deutschen Bevölkerung änderten, ohne dass dies offenbar stärkere Auswirkungen auf das Zusammenleben in Krčedin hatte.

Nach der Kapitulation des Königreichs Rumäniens in der zweiten Augusthälfte des Jahres 1944 wurde ernsthaft mit der Evakuierung der deutschsprachigen

---

[1] Vgl. Philipp ROEDER VON DIERSBURG, Des Markgrafen Ludwig Wilhelm vom Baden Feldzüge wider die Türken, Bd. 2 (Karlsruhe 1842) 154–174.

[2] Zu diesen Ausführungen vgl. Friedrich RENZ, Heimatbuch der Krčediner Deutschen (Krčedin 1930) 256f.

[3] Vgl. Walter WAGNER, Die Militärgrenze, in: Die bewaffnete Macht, hg. von Adam WANDRUSZKA/Peter URBANISCH (Die Habsburgermonarchie 1848–1918, Bd. 5, Wien 1987) 183–199, sowie Gunther E. ROTHENBERG, Die österreichische Militärgrenze in Kroatien 1522 bis 1881 (Wien/München 1970), und Franz KAINDL, Die k.k. Militärgrenze – zur Einführung in ihre Geschichte, in: Die k.k. Militärgrenze. Beiträge zu ihrer Geschichte (Schriften des Heeresgeschichtlichen Museums 6, Wien 1973) 9–27.

Bevölkerung Syrmiens begonnen. Am 16. September erhielten die Ortsvorsteher versiegelte Kuverts mit Instruktionen, die erst nach Übermittlung eines Passworts geöffnet werden sollten. Dabei ging es in erster Linie darum, die Transportmittel zu sichern und festzulegen, was mitgenommen werden sollte und was zurückzulassen sei.[4] Der 10. Oktober 1944 wurde als der Tag festgelegt, an dem Krčedin evakuiert werden sollte.[5] Die Trecks blieben unbehelligt; Probleme bereitete nur der starke Regen auf dem Weg über Ungarn nach Österreich.

Grundsätzlich war diese Evakuierung nur als vorübergehende Maßnahme gedacht. Es spricht für das gute Verhältnis zwischen den deutschsprachigen und den serbischen Einwohnern des Ortes, dass die Aussiedler nicht nur Fuhrwerke ihrer Nachbarn für die Evakuierung mitbenutzen konnten; sie übergaben ihre Hausschlüssel auch ihren serbischen Nachbarn mit der Bitte, sich um die verwaisten Häuser zu kümmern. Zurück blieben v. a. die älteren Einwohner sowie diejenigen, die serbische Verwandte hatten und sich deshalb fälschlicherweise sicher fühlten. Unter den danach folgenden Misshandlungen der örtlichen Bevölkerung durch Partisanen hatten aber nicht nur die verbliebenen Deutschsprachigen zu leiden, sondern auch Krčediner Serben, die sich nicht an den Ausschreitungen beteiligen wollten.[6]

Abb. 1: Flüchtlinge aus Krčedin (Pfarrarchiv der Evangelischen Gemeinde A. und H. B. Tulln)

---

[4] Ein leider ohne Titel online gestellter, längerer Beitrag über das Schicksal der deutschen Minderheit in der Vojvodina im Internet auf einer Seite, die dem Banat gewidmet ist, unter: http://www.banatul.com/info/Zoran-Janjetovic-copy-for-Todor-Krecu.pdf. [24.9.2023], dort 153.

[5] Dieses Ereignis wird auch von Louis Mahrer, dessen Erzählung *Bora* ein »Arbeitsjournal« beigegeben ist, unter dem Datum des 17. Oktober 1944 erwähnt: Louis MAHRER, Bora (Weitra o. J. [2017]) 200. Freundlicher Hinweis von Martina Fuchs, Wien.

[6] Vgl. Friedrich RENZ/Johann WACK/Ella TRSISSNAK-ENZMINGER, Krtschedin – das war unsere Heimat (Stuttgart 1984) 371.

Die Gruppe der Aussiedler teilte sich schließlich: Der größte Teil fand in Bad Leonfelden in Oberösterreich Unterkunft, ein Teil verblieb in Ostermiething (ebenfalls Oberösterreich), während einige nach Coburg in Franken weiterzogen.[7] Nach der Kapitulation der Deutschen Wehrmacht am 8. Mai 1945 glaubten die Flüchtlinge, die sich in Bad Leonfelden befanden, wieder in ihre Heimat zurückkehren zu können. Dieser Konvoi in Richtung Jugoslawien wurde aber in Niederösterreich gestoppt, und die Krčediner erhielten Arbeit durch die Firma Waagner-Biro bei der Instandsetzung der Tullner Donaubrücke, die 1945 von der SS gesprengt worden war, sowie beim Flughafen in Langenlebarn. Ein Brief an das Rote Kreuz, der sich im Tullner Pfarrarchiv erhalten hat, zeigt, dass die Flüchtlinge zunächst nicht besonders willkommen waren:

> »Zunächst hatten wir überhaupt keine Unterkunft und lagen in Tulln sechs Wochen vor dem Bahnhof auf dem freien Feld. Schließlich stellten wir uns aus Abfallholz selbst Baracken auf, in denen wir einen bitteren Winter zubringen mussten. […] Jetzt hat uns die Firma Wagner und Biro [sic!] übernommen, aber Unterkunft kann sie uns auch nicht gewähren. Die Stadtgemeinde lehnt die Verantwortung ab, es soll die Firma uns Unterkünfte beschaffen. […] Unsere Kranken, Alten und Kinder werden von den in den Wohnräumen alles beherrschenden Wanzen bei lebendigem Leib angefressen. Die in Arbeit Stehenden finden nachts keinen Schlaf. Unser nimmt sich niemand an. In dieser Not bitten wir Sie herzlich und dringend um Ihr Eintreten für uns bei den entsprechenden Stellen. Haben Sie Erbarmen für uns Heimatlosen und Unglücklichen.«[8]

Viele der Aussiedler, die zum Teil große Höfe bewirtschaftet hatten, mussten nun die bittere Erfahrung machen, um ihr Vermögen gebracht worden zu sein und sich als Knechte und Mägde auf österreichischen Höfen verdingen zu müssen. Beeindruckend war aber der Zusammenhalt der Gruppe, die darauf bestand, die missliche Lage nur durch die eigene Arbeitskraft, ohne fremde Hilfe zu lösen.

> »Ich sah beim Betonieren 17 Landsleute, die mitgeholfen haben. Wir brauchen keinen Kredit und Siedlungsgenossenschaft, die sich mit unserem Schweiß die Säckl füllen wollen. Wir brauchen nur unsere Arbeitskraft, alles andere machen wir uns selber. Wir haben es bewiesen. Mehr als 40 Siedlungshäuser unserer Landsleute stehen!«[9]

---

[7] Vgl. ebenda 385.
[8] Petition von 54 Familien vom 30. Juni 1946, Tulln, Pfarrarchiv der Evangelischen Gemeinde A. und H. B., zit. nach: Andrea RAMHARTER/Johannes RAMHARTER, Neubeginn und Wiederaufstieg der Evangelischen, in: Geschichte der Evangelischen im Bezirk Tulln, hg. vom Heimatkundlichen Arbeitskreis für die Stadt und den Bezirk Tulln (Mitteilungen des Heimatkundlichen Arbeitskreises für die Stadt und den Bezirk Tulln 17, Tulln 2003) 100–139, hier 122.
[9] Christian MÄRZ, Tagebuch eines Flüchtlings. *Neuland. Zeitschrift für Heimatsuchende* Nr. 40–43 (1950) unpag. März spielt auf die von kirchlicher Seite im März 1950 gegründete Baugemeinde »Neusiedler« an, auf deren Unterstützung verzichtet wurde. Vgl. Gerhard MAY, Unsere Kirche im Wandel der Gegenwart, in: Evangelische Kirche in Österreich, hg. von DEMS. (Göttingen 1962) 26.

Abb. 2: Barackenlager der Krčediner Flüchtlinge (Pfarrarchiv der Evangelischen Gemeinde A. und H. B. Tulln)

Der Zuzug von 300 Bewohnern aus Krčedin änderte auch die Struktur der seit 1908 bestehenden evangelischen Gemeinde. Hatten zunächst die meisten Gemeindeglieder in Wördern ihren Wohnsitz gehabt, so lebte bald der Großteil der Evangelischen im Gemeindebezirk der Bezirksstadt Tulln, sodass schließlich der Sitz der Pfarrei, der ursprünglich in Wördern gewesen war, dorthin verlegt wurde.[10] Freilich befand sich die Gemeinde in Wördern selbst in einer Krise, da der damalige Pfarrer Georg Harth (1893–1961), der selbst aus der Bukowina stammte, 1943 in der Auseinandersetzung mit der Kirchenleitung suspendiert wurde. Die Pfarre Wördern wurde danach vom Pfarrer von Krems a. d. Donau, Emil Mayer (1918–1947), administriert. Aufgrund der sich kriegsbedingt ständig verschlechternden Verkehrsverbindungen musste er allerdings seine Tätigkeit in Tulln auf ein Minimum reduzieren. Der vormalige Pfarrer Harth nahm Kontakt zu den Aussiedlern auf, um sie in die Pfarrstruktur einzubinden. Allerdings wurde er erst im Mai 1946 wieder in den Kirchendienst aufgenommen. So sehr sich auch Bischof Gerhard May um die

---

[10] Zweifellos bedeuteten die Zuwanderer aus Syrmien eine wesentliche Bereicherung für die evangelische Gemeinde in Tulln wie Leeb konstatiert, »die evangelische Gemeinde Tulln war in diesen Nachkriegsjahren kaum mehr am Leben gewesen«. Rudolf LEEB, Die Heimatvertriebenen und Flüchtlinge nach 1945 und die evangelische Kirche in Österreich: Auswirkungen der Migration auf eine »Diasporakirche«, in: Migration und Konfession. Konfessionelle Identitäten in der Flüchtlingsbewegung nach 1945, hg. von Uwe RIESKE (Die Lutherische Kirche, Geschichte und Gestalten 27, Gütersloh 2010) 167–201, hier 196.

Eingliederung der donaudeutschen Seelsorger bemühte, so waren doch die meisten nach Deutschland weitergezogen, wo sich ihnen mehr Möglichkeiten boten. Auch der ehemalige Krčediner Pfarrer war nach München gegangen, sodass die Aussiedler auf sich alleine gestellt waren. Nach dem Ausscheiden von Pfarrer Harth aus dem Pfarrdienst in Wördern wurde mit Pfarrer Richard Albert von 1948 bis 1952 zwar ein Aussiedler aus Siebenbürgen Pfarrer in Tulln. Aber auch er wurde offenbar in Österreich nicht heimisch, sondern übernahm bald die zweite Pfarrstelle in St. Pölten und übersiedelte danach ins Rheinland.

Bedingt durch die Beschäftigung am Flugplatz ließ sich ein großer Teil der Aussiedler in Langenlebarn nieder. Die Predigtstation war zunächst im sogenannten Florahof untergebracht, nach dessen Abbruch konnte das ehemalige Feuerwehrdepot 1979 zu einer Kirche umgebaut werden. Diese Kapelle wurde zu einem Mittelpunkt der ehemaligen Krčediner, und es ist daher verständlich, dass die Auflösung dieser Predigtstation 2013, die durch den immer schwächer werdenden Kirchenbesuch notwendig wurde, auf erheblichen Widerstand stieß.[11] Andererseits engagierten sich die ehemaligen Aussiedler, die über erhebliche handwerkliche Fähigkeiten verfügten, bei der Errichtung einer neuen Kirche in Tulln, die ohne diese freiwilligen Arbeitsleistungen bei den knappen finanziellen Möglichkeiten der Gemeinde nicht möglich gewesen wäre. In besonderer Weise tat sich dabei der damalige Kurator Karl Steigerle, selbst ein Aussiedler, hervor, der als Baupolier über die erforderlichen Kenntnisse für den Bau, der 1967 eingeweiht werden konnte, verfügte.

Generell waren die Aussiedler ungeachtet der in sich geschlossenen Gruppe in der Zeit nach dem Zweiten Weltkrieg wesentliche Träger der heterogenen Struktur des Gemeindelebens. Dabei war der sonntägliche Gottesdienst im Wochenablauf zentral, und in diesem Sinn waren die Aussiedler durch Jahrzehnte die Träger des kirchlichen Lebens. Die Gemeinde von Wördern war, bedingt durch die politischen Spannungen rund um die »Deutschen Christen«, massiv unter Druck geraten, Pfarrer Harth – wie schon erwähnt – ab 1943 suspendiert, sodass die Gemeinde von Krems aus geführt wurde. In dieser Situation bedeutete der Zuzug der Krčediner eine wichtige Erneuerung des evangelischen Lebens. Das Presbyterium berichtete 1947 über den Gottesdienstbesuch in Wördern und den diversen Predigtstationen: »In Tulln machen die evangelischen Flüchtlinge etwa zwei Drittel der Besucher aus, in den übrigen Stationen sogar fast 100%.«[12] In diesem Jahr hatte die Gemeinde 1.040 Gemeindeglieder, die über den flächenmäßig großen Bezirk verstreut waren. Davon waren 338 ehemalige Aussiedler, die überdies in Tulln und Langenlebarn in jeweils engem räumlichen Zusammenhang ihre Häuser errichteten. Entsprechend positiv wurde diese Vergrößerung der Pfarrgemeinde vom Presbyterium aufge-

[11] Beschluss der Gemeindevertretung vom 15. November 2013: Tulln, Pfarrarchiv der Evangelischen Gemeinde A. und H. B. Dieser Widerstand konnte erst durch Mediation des damaligen Superintendenten Paul Weiland beigelegt werden.
[12] Handschriftlicher Jahresbericht der evangelischen Pfarre A. B. und H. B. 1947, Tulln, Pfarrarchiv der Evangelischen Gemeinde A. und H. B., zit. nach RAMHARTER/RAMHARTER, Neubeginn (wie Anm. 8) 123.

nommen, wenn es schrieb: »Wir freuen uns, dass diese unsere Glaubensgenossen, die zu unseren eifrigsten Kirchengehern gehören und auch darüber hinaus Stützen der Gemeinden sind, nun als gleich berechtigte Gemeindeglieder gelten sollen.«[13]

Allerdings blieben die Krčediner Jahrzehnte hindurch weiterhin eine in sich geschlossene Gruppe. Der Glaube spielte eine große Rolle, es wurde vor jedem Essen gebetet und täglich eine biblische Geschichte von einem evangelischen Abreißkalender vorgelesen. Der sonntägliche Gottesdienst war unumgänglich. Jede Familie war abwechselnd für Schmuck und Reinigung der Kirchen zuständig. War der Pfarrer nicht verfügbar, gestaltete ein Gemeindemitglied den Gottesdienst. Einen kleinen ›Luxus‹ erlaubten sich die Frauen am Sonntag: In der Handtasche durfte das Eau de Toilette »Chat Noir« nicht fehlen. Am Karfreitag hatte die Kleidung tiefschwarz zu sein; das Kopftuch, auf bestimmte Art gebunden – zur Verstärkung wurde ein Papierstreifen eingelegt –, war auch im Alltag nicht wegzudenken.

Ein großes Thema war stets die Sparsamkeit. So wurden Besen aus Reisig gebunden, Hauspatschen selbst gestrickt und mit Ledersohlenflecken versehen. Zähne putzte man nur mit Salz. Vergnügungen wie Konzerte, Theater, Kino wurden als unnötig erachtet, zur Erbauung und Unterhaltung ging man ja am Sonntag zur ›Karch‹ (Kirche). Was die Gemeinschaft noch verband, war natürlich der schwäbische Dialekt.

Ungeachtet der neuen Umstände blieb die Gruppe der Aussiedler landwirtschaftlich geprägt. So wurde etwa am Beginn des Jahres ein Schlachtfest gefeiert, für das ein Schwein erworben wurde. In den Kellern der Häuser wurden Würste nach speziellem Rezept und »Schlachtsuppe« hergestellt. Kinder mussten einen Schlachtspruch dichten und erhielten dafür Würste.

Abb. 3: Eine Hausschlachtung (Pfarrarchiv der Evangelischen Gemeinde A. und H. B. Tulln)

---

[13] Ebenda.

Der »Frauenkreis« beschaffte u. a. durch seine Aktivitäten die finanziellen Mittel, welche die Anschaffung einer Orgel für die neue Heilandskirche in Tulln ermöglichten. Auch trugen sie zum Gelingen der Pfarrfeste bei, indem sie großzügig Mehlspeisen beistellten. Überdies engagierten sich die Krčediner in besonderer Weise in der Flüchtlingsarbeit etwa nach 1956 in der ›Ungarn-Krise‹.

Allerdings kam es auch hier im Laufe der Zeit zu einer Auflösung des Zusammenhaltes der Gruppe innerhalb der Gemeinde, sodass heute der Krčediner Anteil am Gemeindeleben gering ist. So wesentlich der Zuzug der Krčediner für das Überleben der evangelischen Gemeinde in Tulln war, handelt es sich doch um ein historisches Phänomen, das nur mehr in Erzählungen präsent ist. Die Nachkommen der damaligen Aussiedler sind aktuell weder in der Gemeindevertretung noch im Presbyterium präsent.

Selbst- und Geschichtsbilder:
Evangelische Museen und Gedächtnisprojekte

Ein Evangelisches Museum für Österreich

Von Waltraud Stangl und Ernst Dieter Petritsch

Um 1985 tauchte der Gedanke auf, die in ganz Österreich verstreuten zahlreichen historischen Dokumente und Glaubenszeugnisse evangelischen Lebens in einem neuen, von den Lutherischen und den Reformierten gemeinsam getragenen Museum zu sammeln und so einem größeren Publikum zugänglich zu machen.[1] Dieses Museum sollte, nach dem Vorbild des 1979 eröffneten Landesmuseums der Lutherischen Kirche in Budapest sowie des Budapester Bibelmuseums, auch als Begegnungs-, Kommunikations- und Forschungszentrum dienen und weder mit den bereits bestehenden Diözesanmuseen (Fresach, Murau, Stoob), noch mit den vielen kleineren Sammlungen in den Gemeinden konkurrieren. Als Standort dieses Museum strebte man Räumlichkeiten in dem mit der Geschichte der Protestanten eng verknüpften Niederösterreichischen Landhaus in Wien an.

Zwecks Realisierung wurde auf Initiative von Landessuperintendent Peter Karner am 17. Oktober 1989 im Rahmen einer Sitzung des evangelischen Oberkirchenrates A. u. H. B. eine Museumskommission konstituiert. In der ersten Sitzung dieser »Evangelischen Museumskommission« am 20. November 1989 wurde Superintendent Werner Horn zum Vorsitzenden gewählt, Landessuperintendent Peter Karner zu seinem Stellvertreter, zum Finanzreferenten Superintendent Gustav Reingrabner (er schied 1990 wegen Arbeitsüberlastung wieder aus der Kommission aus) und zum Protokollführer Pressepfarrer Paul Weiland.

Vorrangig war für die Kommission die Motivierung der Öffentlichkeit und aller irgendwie vom Projekt Betroffenen sowie die Suche nach unterstützenden Personen. Es wurden Pressefahrten zu vergleichbaren musealen Einrichtungen organisiert, ein Exposé erstellt, welches das Projekt ›Evangelisches Museum‹ beschrieb und argumentativ sowohl auf die in der Gegenreformation erfolgte Zerstörung des Protestantismus als auch auf den kulturellen Beitrag der Evangelischen in Österreich einging,[2] und am 23. Oktober 1990 eine Enquete mit dem Titel *Evangelisch in Österreich – ein Haus für Dokumente und Zeugnisse* im Niederösterreichischen Landhaus veranstaltet, an der Verantwortliche der Kirche sowie in- und ausländische Museumsexperten teilnahmen.

Zwecks Schaffung einer Rechtsform für die am Museumsprojekt Interessierten wurde der Verein »Evangelisches Museum Österreich« (EMÖ) gegründet und im

---

[1] Gustav REINGRABNER, Der Verein EMÖ: https://museum.evang.at/der-verein-emoe/ [15.9.2023].

[2] Evangelische Kirche in Österreich, Kirchenamt A. B., Registratur (EKÖ KaAB, Registratur), Zl. Syn22–Gl. 1599/89): Protokoll der 1. Sitzung der Evangelischen Museumskommission am 20.11.1989.

Oktober 1991 als evangelisch-kirchlicher Verein anerkannt.³ Am 13. Jänner 1992 fand die konstituierende Sitzung statt, und der Verein EMÖ übernahm die Aufgabe, ein Zentrum, bestehend aus Museum, Zentralarchiv sowie einer Bibliothek mit historischem Forschungsinstitut, aufzubauen, das die Geschichte des österreichischen Protestantismus in Ausstellungen, wissenschaftlichen Vorträgen und Tagungen zur Darstellung bringen sollte.

Nach etwas mehr als einem Jahr hatte der Verein 67 Mitglieder. Gemäß Protokoll der Generalversammlung des Vereins vom 23. März 1993 gehörten dem Vereinsvorstand Superintendent Werner Horn als Obmann, Landessuperintendent Peter Karner als Obmann-Stellvertreter, Pressepfarrer Paul Weiland als Schriftführer, Archivar Ernst Petritsch als sein Stellvertreter, der Jurist und spätere Präsident des Revisionssenats der Evangelischen Kirche A. und H. B. Gerhard Onder als Kassier, Superintendent Hellmut Santer als Kassier-Stellvertreter sowie Bischof Dieter Knall an. Der Versuch, Vorstandsmitglieder aus dem Bereich Wirtschaft und Politik zu gewinnen, war nicht erfolgreich gewesen. Als Rechnungsprüfer fungierten Pfarrerin Ingrid Vogel und Pfarrer Christoph Weist. Ein wissenschaftlicher Beirat aus Historikern, Archivaren und einem Museologen sollte die Bemühungen des Vereins unterstützen.⁴

Der Plan, das Niederösterreichische Landhaus zu einem Zentrum der Geschichte des österreichischen Protestantismus zu machen, ließ sich aus Kostengründen nicht verwirklichen. Nachdem auch andere Vorhaben, wie etwa eine Unterbringung des angedachten Museums in den Räumlichkeiten der Lutherischen Stadtkirche oder eine enge Zusammenlegung mit dem Bibelzentrum beim Museumsquartier, an fehlenden finanziellen Mitteln gescheitert waren, gab man Mitte der 1990er Jahre den Gedanken an ein evangelisches Museum vorerst auf. Der Verein EMÖ blieb jedoch durch die Veranstaltung von Sonderausstellungen – besonders die 1996/97 in der Österreichischen Nationalbibliothek gezeigte Ausstellung *Evangelische in Österreich* – lebendig. Weiters übernahm der Verein die Ausstellung *Martin Luther. Der Reformator* vom »Luther-Zentrum Wittenberg e. V.«, ließ den Katalog der eben genannten Ausstellung ins Deutsche übersetzen und präsentierte sie 2006/07 als Wanderausstellung in Wien, Linz und Klagenfurt.⁵ Außerdem organisierte der Verein ab 1999 jährliche Museumsfahrten zu historischen Stätten des Protestantismus in Österreich und den Nachbarländern.

Im Rahmen dieser Museumsfahrten regte Vorstandsmitglied Wilhelm Schneider wiederholt an, die Zeugnisse evangelischer Geschichte und Identität im Internet zu präsentieren. Der zunehmende Einsatz des Internets zur Informations-

---

3   EKÖ, KaAB, Registratur, Zl. Syn22-Gl. 1474: Protokoll der 9. Sitzung der Evangelischen Museumskommission vom 04.10.1991.
4   Archiv des Vereins »Evangelisches Museum Österreich« (EMÖ): Protokoll der 1. Generalversammlung des Vereins »Evangelisches Museum Österreich« vom 23.03.1993.
5   Martin Luther. Der Reformator, Begleitheft zur Ausstellung, 21. Oktober bis 18. Dezember 2006 in Klagenfurt – Linz – Wien, Mitwirkende: Ernst Petritsch/Rudolf Leeb, hg. vom Verein Evangelisches Museum Österreich (EMÖ) (Wien 2006).

Vermittlung und der erfolgreiche Internetauftritt des »Evangelischen Museums Oberösterreich« in Rutzenmoos führten schließlich dazu, dass sich der Verein EMÖ für die Gründung eines virtuellen Museums entschied. In diesem sollten zunächst besonders bedeutsame Objekte, die für den Protestantismus in Österreich von großer Wichtigkeit sind, versammelt, abgebildet und knapp beschrieben werden. Nach und nach sollten dann weitere Objekte in ähnlicher Weise dargestellt werden, sodass allmählich eine möglichst umfassende Dokumentation zum Thema ›Evangelisch in Österreich‹ entstehen würde, die alle denkbaren und wichtigen Faktoren berücksichtigt.[6]

Auf Bitten von Ernst Petritsch, der die Leitung des Vereins EMÖ von Werner Horn übernommen hatte, übermittelte der Kirchenrechtler- und -historiker Gustav Reingrabner im August 2007 Überlegungen zum Aufbau eines virtuellen Museums.[7]

Auf dieser Grundlage wurde bis Dezember 2007 in mehreren Vorstandssitzungen, das Konzept des virtuellen Museums, u. a. auch mit dem Kirchenhistoriker Rudolf Leeb, diskutiert und entwickelt: Projektiert wurde ein chronologischer Durchgang durch die Geschichte des Protestantismus in Österreich sowie ein Lexikon evangelischer Persönlichkeiten, die innerhalb des heutigen Österreich tätig waren oder noch sind, und eine Liste von Sehenswürdigkeiten, die Bezug zum Protestantismus in Österreich haben. Nach einer Kurzbeschreibung sollten die Objekte um Literaturangaben sowie weitere Informationen ergänzt werden. Mittels Zeitleiste und Landkarten sollten Ereignisse und Entwicklungen im geographischen wie auch im historischen Kontext erfasst werden können. Ein Audio-Modul und ein 3D-Modul sollten lebendig und nachvollziehbar vermitteln, wie sehr der Protestantismus Österreich geprägt hat.[8] Auch ein ›Kindermuseum‹ sowie ein Abschnitt für wissenschaftliche Projekte wurden in Erwägung gezogen;[9] das Museum sollte zweisprachig sein.[10]

Ende 2007 wurde die probeweise Befüllung eines ›Raumes‹ beschlossen. Landessuperintendent Peter Karner übernahm mit Ernst Petritsch die dafür nötige Organisation und die beiden trafen einander von da an in regelmäßigen Abständen.[11] Bis zum Mai 2009 langten die ersten Beiträge für den ›Zeitgeschichtsraum‹ ein, weitere waren angekündigt.[12]

Bezüglich der nötigen technischen Voraussetzungen für eine Homepage ließ sich der Vorstand von Thomas Dasek, dem Geschäftsführer des Evangelischen

---

[6] Reingrabner, Verein (wie Anm. 1).
[7] Archiv des Vereins EMÖ: Überlegungen von Gustav Reingrabner betr. den Aufbau des Evangelischen Museums Österreich, Mail vom 3.8.2007.
[8] Ebenda: Protokoll der Vorstandssitzung des Vereins EMÖ am 11.01.2008.
[9] Ebenda: Protokoll der Vorstandssitzung des Vereins EMÖ am 18.04.2008.
[10] Ebenda: Protokoll der Vorstandssitzung des Vereins EMÖ am 12.10.2007.
[11] Ebenda: Protokoll der Vorstandssitzung des Vereins EMÖ am 12.10.2007.
[12] Ebenda: Protokoll der Vorstandssitzung des Vereins EMÖ am 28.5.2010.

Presseverbands, beraten.[13] Entsprechend seiner Empfehlung entschied man sich für ein CMS-(=Redaktion-)System mit ›Rahmen‹ und ›Containern‹. Der Rahmen ist dabei standardisiert, Änderungen der Texte, Bilder, Aktualisierungen etc. in den sogenannten Containern können von Berechtigten mittels Passworts leicht und ohne Zusatzkosten durchgeführt werden.

2008 wurden Kostenvoranschläge eingeholt, und es zeigte sich, dass die Homepage zwischen 5.000 und 20.000 Euro kosten würde, die billige Variante jedoch wenig attraktiv wäre. Der Verein hatte damals Dank der Mitgliedsbeiträge ein Vermögen von rund 8.000 Euro. Er entschied sich für eine einfach zu bedienende Homepage und beauftragte im Sommer 2010 die Firma Opitz PR mit der technischen Einrichtung der Website. Die Kosten dafür konnten zur Gänze aus Vereinsmitteln beglichen werden. Die laufende Betreuung wird seither mit Hilfe der Mitgliedsbeiträge aufgebracht.

Beim Reformationsempfang am 28. Oktober 2010 gab Ernst Petritsch einen ersten Einblick in die ›Räume‹.[14] »Um den Unkenrufen jener zu begegnen, die glauben, dass unser Projekt viel zu groß wäre, um je verwirklicht werden zu können, aber auch, um noch zögernde potentielle Mitarbeiter zu motivieren«,[15] wurde der Betrieb am 1. Jänner 2011 aufgenommen, obwohl die Befüllung des Museums noch nicht weit fortgeschritten war.

Das Museum wuchs von da an – zwar langsam, aber stetig. Seine Schwerpunkte sind der Rundgang, das Personenlexikon und die Liste von Sehenswürdigkeiten. In einem eigenen Abschnitt stellt sich der Verein EMÖ vor und informiert über seine Aktivitäten. Es gibt einen Bereich, der für Sonderausstellungen vorgesehen ist (derzeit Johannes Calvin, weitere sollen folgen), eine Liste nützlicher Adressen und Links sowie Suchoptionen. Ausstattung mit Zeitleiste und Landkarten, Audio-Modul und 3D-Modul sind aus Kostengründen nicht realisiert worden. Die Möglichkeit, mit der Topothek (Evangelische Kirche in Österreich) zu verlinken, kann den Mangel an Anschauungsmaterial jedoch etwas ausgleichen, wofür wir sehr dankbar sind. Für die Einrichtung eines ›Kindermuseums‹ und eines Abschnitts für wissenschaftliche Projekte fehlten Expertinnen und Experten.[16] Eine englische Übersetzung der wichtigsten Teile des Museums war zwar in Vorbereitung,[17] wurde allerdings bisher nicht realisiert.

Das virtuelle Evangelische Museum Österreich ist nicht wissenschaftlich ausgerichtet, sondern für interessierte Laien, Schülerinnen und Schüler bzw. Lehrerinnen und Lehrer konzipiert worden. Mit dem Rundgang durch Geschichte und

---

[13] Ebenda: Informationsgespräch vom 5.10.2007.
[14] https://evang.at/thema-migration-im-zentrum-des-reformationsempfangs/?highlight= Evangelisches%20Museum%20%C3%96sterreich [15.9.2023].
[15] Peter KARNER, Vorwort zum Rundgang: https://museum.evang.at/rundgang/ [15.9.2023].
[16] Archiv des Vereins EMÖ: Protokoll der Vorstandssitzung des Vereins EMÖ am 18.04.2008.
[17] Ebenda: Protokoll der Vorstandssitzung des Vereins EMÖ am 12.10.2007.

Gegenwart der evangelischen Kirche in Österreich sollen »nicht nur Informationen und ein Überblick über jene Zeit, ihre Gegebenheiten und Ereignisse präsentiert werden, sondern ein aktuelles Portrait kirchlicher und außerkirchlicher Realität«.[18] In dem auf Grund zahlreicher Einreichungen von Beiträgen recht umfangreichen Lexikon evangelischer Persönlichkeiten finden sich sowohl Theologinnen und Theologen als auch Laien, unter ihnen auch einige, die sich nur aus beruflichen oder familiären Gründen für den Kircheneintritt oder -austritt entschieden haben. Die Liste der Sehenswürdigkeiten ist hingegen noch sehr lückenhaft. Für diesen Teil des Museums hatte der Verein auf Unterstützung aus den Gemeinden gehofft – v. a. nach dem Jubiläumsjahr 2017, in dem viele einschlägige Publikationen entstanden sind – allerdings meist vergeblich.

Die Autorinnen und Autoren der Beiträge sind in verschiedenen kirchlichen und weltlichen Bereichen tätig; ferner kommen auch Zeitzeugen zu Wort. Mit Genehmigung der Rechteinhaber wurden auch bereits publizierte Texte übernommen – sowohl wissenschaftliche Aufsätze als auch Teile von Publikationen wie *Weg des Buches*[19] und *Vom Christbaum zur Ringstraße*.[20] Weitere Angebote liegen vor.

Die redaktionelle Tätigkeit und die Wartung der Webseiten des virtuellen Museums übernahmen drei Vorstandsmitglieder ehrenamtlich.[21]

Aus der praktischen Erfahrung ergaben sich Wünsche nach Verbesserungen, daher führte die Fa. Opitz im Laufe des Jahres 2013 eine Adaptierung der Website durch, deren Kosten in Höhe von 1.634,40 Euro mit Hilfe einer Subvention aus den Mitteln der erweiterten Bildungsvorsorge für 2013 (Gesamthöhe 2.000 Euro)[22] finanziert werden konnte.[23]

2015 war die bis dahin verwendete Version des EDV-Programms veraltet. Auf Empfehlung von Herrn Opitz erfolgte ein Umstieg auf das Content-Management-System WordPress, was Erleichterungen bei der Bearbeitung brachte und durch ein reaktionsfähiges Design auf den Einstieg über Smartphones und Tablets ausgerichtet ist.[24] Die Kosten für den Umstieg und die damit verbundenen Arbeiten konnte der Verein aus eigenen Mitteln aufbringen.[25]

Das Anliegen des virtuellen Evangelischen Museum Österreich ist, Allgemeinwissen zu vermitteln und Breitenwirkung zu erzielen.[26] Derzeit ist dies aber

---

[18] KARNER, Vorwort (wie Anm. 14).
[19] Michael BÜNKER/Margit LEUTHOLD (Hg.), Der Weg des Buches. Auf den Wegen der Bücherschmuggler durch Österreich (Salzburg 2008).
[20] Monika SALZER/Peter KARNER, Vom Christbaum zur Ringstraße. Evangelisches Wien (Wien 2009).
[21] Ernst Petritsch, Waltraud Stangl und Bernd Zimmermann: Archiv des Vereins EMÖ, Protokoll der Vorstandssitzung des Vereins EMÖ am 28.05.2010.
[22] Archiv des Vereins EMÖ: Schreiben vom 11.03.2013.
[23] Ebenda: Dankschreiben von Ernst Petritsch an die Bildungskommission vom 09.02.2014.
[24] Ebenda: Protokoll der Generalversammlung des Vereins EMÖ am 13.06.2015 und Protokoll der Vorstandssitzung des Vereins EMÖ am 04.09.2015.
[25] Ebenda: Protokoll der Generalversammlung des Vereins EMÖ am 13.06.2015.
[26] Ebenda: Protokoll der Vorstandssitzung des Vereins EMÖ am 12.04.2019.

leider nur beschränkt im gewünschten Ausmaß möglich, denn nachdem die Website schon seit längerem nur mehr von zwei Bearbeitern betreut wurde,[27] ist das ›Team‹ zuletzt aus gesundheitlichen Gründen auf eine einzige Bearbeiterin geschrumpft. Eine Erweiterung des redaktionellen EMÖ-Teams wäre daher dringend nötig. Doch kann für die Mitarbeit, selbst für gelegentlich einlangende Gastbeiträge, kein Honorar angeboten werden. Für eine ehrenamtliche Mitarbeit konnte bisher jedoch noch niemand gewonnen werden. Der Verein EMÖ ist weiter auf der Suche nach ehrenamtlichen Mitarbeiterinnen und Mitarbeitern.[28]

Außerdem wäre es hilfreich, einen Museumspädagogen im Team zu haben, denn dem Vereinsvorstand gehören nur Theologen, Archivare und Historiker an. Eine engere Zusammenarbeit mit den in Österreich bestehenden evangelischen Museen wäre ebenfalls von Vorteil, doch als ›Dachverein‹ der evangelischen Museen möchte sich der Verein EMÖ nicht betrachten, strebt eine derartige Rolle auch keinesfalls an.[29]

---

[27] Ebenda: Protokoll der Generalversammlung des Vereins EMÖ am 29.09.2013.
[28] Interessierte wenden sich bitte an: museum@evang.at
[29] Archiv des Vereins EMÖ: Protokoll der Vorstandssitzung des Vereins EMÖ am 12.04.2019.

Fotoarchive im Netz am Beispiel der Evangelischen Topothek und ihr Beitrag zur Erinnerungskultur

Von Johannes Leitner

Im Folgenden werde ich die Topothek der Evangelischen Kirche in Österreich *ekioe. topothek.at* zum Ausgangspunkt nehmen, um in aller Kürze drei unterschiedliche Fragen zu erörtern: erstens allgemeine Fragen zu digitalen Fotoarchiven, zweitens zur Evangelischen Topothek im Besonderen, drittens Fragen zum Beitrag von Archiven und insbesondere Fotoarchiven zu einer Erinnerungskultur.

I. Fotoarchive im Netz

Dass Fotoarchive und archivisch-museale Fotosammlungen digital im Netz verfügbar sein müssen, wenn sie zeitgemäß bleiben und zukunftstauglich werden wollen, ist zur Binsenwahrheit geworden, für die einzutreten beinahe müßig ist, fast genauso, wie für die archivische Digitalisierung an sich. Dennoch in kurzer Aufzählung einige Gründe und mögliche Vorteile der Digitalisierung und Onlinestellung:[1]

- Sicherung der Bildinformation vor Materialverschlechterung und Totalverlust
- Erleichterung der (digitalen) Verzeichnung, Erschließung und Bereitstellung
- massive Erhöhung der Reichweite, des Benutzerinteresses und der Benutzerzufriedenheit
- weitere öffentliche Sichtbarmachung des Archivträgers bzw. Hintanhaltung der Tendenz *quod non est in rete, non est in mundo*
    - dadurch Zuwächse an Sammlungsgut aus privater Hand
    - dadurch Metadatengewinnung durch Benutzerhinweise
- Möglichkeit, dislozierte Sammlungen virtuell zu vereinen
- Grundlage für weitere Publikationen und historische Visualisierungen
- schließlich die moralische Verpflichtung von Kultureinrichtungen, ihr Kulturgut mit geringstmöglichen Einschränkungen der Öffentlichkeit zugänglich zu machen

---

[1] Vgl. Gerhart MARCKHGOTT, Digitalisierung im Archiv. Versuch einer Versachlichung. *Scrinium. Zeitschrift des Verbandes Österreichischer Archivarinnen und Archivare* 67 (2013) 84–96. Vgl. auch Empfehlung der Bundeskonferenz der Kommunalarchive beim Deutschen Städtetag, Digitalisierung von archivischem Sammlungsgut (2005) 6 und passim: https://www.bundeskonferenz-kommunalarchive.de/empfehlungen/Empfehlung_Digitalisierung.pdf [9.12.2023].

Auch und v. a. im digitalen Raum und zugunsten der Veröffentlichung im Netz schlage ich vor zu unterscheiden zwischen einem ›Fotoarchiv im engeren Sinne‹ und dem, was ich ›archivisch-museale Fotosammlung‹ nennen möchte. Wie oft fließen die Grenzen; idealtypisch ergeben sich folgende Unterschiede, wobei alle Zugänge und natürlich auch Mischformen rechtfertigbar sind:

- Herkunft: Das Archiv (an dieser Stelle immer im engeren Sinne) veröffentlicht ausschließlich Bestände, die es physisch selbst besitzt und die ihm vom bestandsbildenden Archivträger zuwachsen; die Sammlung übernimmt Bestände auch aus den Händen Dritter und produziert selbst Archivgut.
- Auswahl: Das Archiv will alles an sich (d. h. auch physisch) Archivwürdige ins Netz stellen; die Sammlung trifft aufgrund bestimmter Kriterien eine Auswahl.
- Digitale Nachbearbeitung: Das Archiv veröffentlicht das Bild im gegenwärtigen Zustand; die Sammlung bearbeitet das Bild restaurativ zugunsten eines möglichen Ursprungszustands (z. B. in den Farben und Kontrasten).
- Benutzerzielgruppe: Das Archiv hat in erster Linie den wissenschaftlichen, professionellen Benutzer im Blick, die Sammlung den fachfremden Amateur.
- Aufwand: Beim Archiv mit seinem wissenschaftlichen Anspruch ist der Digitalisierungs- und Erschließungsaufwand groß, bei der Sammlung oft geringer.

Beispiele für große Fotoarchive im Netz sind österreichweit die Angebote der Nationalbibliothek, des Wien Museums oder der Vorarlberger Landesbibliothek, Beispiele für ›Fotosammlungen‹ das Austria-Forum und das Topothek-Projekt, insbesondere die hier vorgestellte Topothek der Evangelischen Kirche. Langfristiges Ziel muss die Verknüpfung möglichst vieler Archive sein, wie sie etwa die Sammlung Europeana betreibt, wenigstens deren Durchsuchbarkeit von einem Zugriffspunkt.

Betrachtet man nun eine Reihe dieser Plattformen mit ihren Vor- und Nachteilen, so lassen sich Desiderata für zukunftsweisende Netzauftritte formulieren. An erster Stelle, abgesehen von gewissen rechtlichen, technischen und archivischen Vorbedingungen, hat immer die Benutzerfreundlichkeit zu stehen, also die Einfachheit der Handhabung und die Möglichkeit der Weiternutzung.

Zu nennen sind: rascher Einstieg in die Vorschau- und Vollbildansicht, schnelle Responsivität, Blättern in der Metadaten- und in der Vollbildansicht (ohne nach jedem Bild in die Suchmaske oder die Vorschau zurückkehren zu müssen), stufenloses Vergrößern und Verkleinern der Bilder mit dem Mausrad, einfache Suche nach Schlagworten, Aufnahmedatum und Verortung, Sortieren der Treffer nach Aufnahme- oder Einstellungsdatum. Was die Weiternutzung betrifft: Freigabe der Bilder mit einer *Creative-Commons*-Lizenz; unbedingter Verzicht auf Wasserzeichen; Möglichkeit, urheberrechtsfreie Bilder im Netzformat JPG und im Archivformat TIFF (gegebenenfalls einschließlich einer unbearbeiteten Ebene) kostenlos herunterzuladen.

II. Die Evangelische Topothek

Als Gesamtprojekt vereint die Topothek[2] rund 450 Einzeltopotheken aus ganz Europa, die meisten davon allerdings aus Nieder- und Oberösterreich. Sie werden vorrangig von politischen Gemeinden betrieben und in ehrenamtlicher Tätigkeit kuratiert. Etwa 1,5 Millionen Bilder wurden bisher hochgeladen und sind zum größten Teil auch öffentlich zugänglich. Träger ist der gemeinnützige Verein »Icarus – Internationales Zentrum für Archivforschung«.

Die Topothek der Evangelischen Kirche in Österreich besteht seit drei Jahren und wird vom Oberkirchenrat A. u. H. B. getragen. Sie enthält mittlerweile mehr als 12.000 Bilder und andere Dokumente (Druckschriften, Akten, Protokolle). Sammlungsschwerpunkt ist das Gebiet der ›alten‹ Kirche bis 1918 (Cisleithanien) einschließlich ›Deutsch-Westungarns‹; der größte Teil stammt jedoch aus dem Gebiet des heutigen Österreichs. Ein Drittel der Dokumente entfällt auf die Zeit bis 1970, ein weiteres Drittel auf die Zeit bis 2010 und das letzte Drittel auf die unmittelbare Gegenwart. Dies entspricht einerseits der quantitativen Entwicklung der Fotografie, andererseits dem Anspruch der Evangelischen Topothek, historisches Repositorium und Bestandsdokumentation zugleich zu sein.

Den Großteil ihres Angebots schöpft diese Topothek aus den Archiven des Oberkirchenrats, des Presseamts, der Superintendenturen, einzelner Pfarrgemeinden und des Evangelischen Museums Wien sowie – besonders wertvoll, da ansonsten unbekannt und unzugänglich – aus Beiträgen von Privatpersonen. Hauptinhalte sind Gebäude und Inventar (allein die Schlagworte ›Kirchengebäude‹ und ›Kirchenraum‹ mit zusammen etwa 3.000 Treffern), Aufnahmen geistlicher Personen (im Porträt oder als Gruppenfoto) sowie Szenen evangelischen Lebens (Gottesdienste, Konfirmationen, Amtseinführungen und andere Ereignisse).

Wo immer möglich, werden Dokumente auf einer Karte verortet. Wichtige Schlagworte finden sich gesammelt in einem Inhaltsverzeichnis; es zeigt u. a. sämtliche Pfarrgemeinden geordnet nach Superintendenzen, geistliche Personen in alphabetischer Ordnung, darüber hinaus Anlässe und Ereignisse, evangelische Einrichtungen, Gebäude und Objekte, Sammlungen und Serien sowie Symbole und Figuren.

Auf Benutzerbeiträge angewiesen ist die Topothek insbesondere bei der Verschlagwortung der Bilddokumente. Hier beweisen sich die Vorteile des kollaborativen Ansatzes und der Schwarmintelligenz; neben Berichtigungen von Fehlern und Falschzuordnungen gilt es besonders, das Wissen von Zeitzeugen zu bewahren. Wer kann heute noch Aufnahmen von Presbytern der Pfarrgemeinde Wien um 1900 ihren an sich überlieferten Namen zuordnen?[3]
Erfreulicherweise ist kirchenweit die Evangelische Topothek mittlerweile gut ein-

---

[2] https://www.icar-us.eu/cooperation/online-portals/topothek/ oder https://www.topothek.at/de/ [19.12.2023].

[3] Ob sich verlorengegangene Informationen durch eine zukünftig hochentwickelte Künstliche Intelligenz wiederherstellen lassen, ist keineswegs gesichert.

geführt und bekannt. Mehrere hundert Bildansichten werden im Durchschnitt täglich aufgerufen, bei deutlich wachsender Tendenz. Der Netzauftritt der Evangelischen Kirche *evang.at* verweist auf den Überblicksseiten der Pfarrgemeinden durchgängig auf die entsprechenden Schlagworte, ebenso das Evangelische Museum Österreich *museum.evang.at* in seinen Artikeln. Als offenes Projekt wird die Evangelische Topothek niemals abgeschlossen sein, immer Baustelle bleiben. Ihre unmittelbaren Ziele erreicht sie immer dann, wenn sie mit Gewinn benutzt wird; langfristig ist sie Teil des Archivierungskonzeptes evangelischen Kulturerbes.

III. Der Beitrag von (Bild-)Archiven zur Erinnerungskultur

Es mögen zwei Formen von Geschichtserinnerung oder geschichtlichem Gedächtnis unterschieden werden, die gleichrangig Teil von Erinnerungskultur sind oder sein können:

- Faktisches oder reales Erinnern: Welche Überreste hat das Geschehen hinterlassen? Auftrag, diese für die Zukunft zu bewahren und zugänglich zu machen.
- Narratives oder interpretatives Erinnern: Wie ist das Geschehene zu verstehen, auf welche Weise und zu welchen Zwecken wird es erzählt, was wird betont und was verschwiegen? Auftrag, daraus für die Zukunft zu lernen.[4]

Beide Formen können einander in fruchtbarer Dialektik ergänzen, sind wohlverstanden sogar Bedingung der Möglichkeit füreinander; sie können einander aber auch verdecken und bekämpfen, wenn sie einseitig und übertrieben gedacht werden. In dem einen Falle spräche man dann von kontextberaubter, für Genesis und Geltung blinde Vergötzung der Sache; im anderen von überfrachtender, sachfremder und sachverfälschender Willkürinterpretation, gar Bildersturm und *damnatio memoriae*. Und immer wäre es wohl angebracht, der Erinnerung ihre Ambivalenzen wiederzugeben und sie somit zu entmythologisieren.

Das Archiv ist in erster Linie für das faktische und reale Erinnern zuständig, nämlich für das Sammeln und Zeigen von Realien, von überlieferten Zeugnissen vergangenen Tuns, Handelns und Leidens, Denkens und Fühlens, Daseins und Soseins. Erinnern heißt hier noch nicht Nachdenken über die Bedeutung einer Sache in der Ordnung der Dinge, noch weniger ihre Verwertung in einem

---

[4] Eine ähnliche Unterscheidung bei Aleida Assmann zwischen unbewohntem und bewohntem Gedächtnis, Speichergedächtnis und Funktionsgedächtnis. Vgl. Aleida Assmann, Erinnerungsräume. Formen und Wandlungen des kulturellen Gedächtnisses (München 1999 [⁵2010]) 132–143 sowie Dies., Der lange Schatten der Vergangenheit. Erinnerungskultur und Geschichtspolitik (München 2006) 54–58. Vgl. auch Christian Gudehus/Ariane Eichenberg/Harald Welzer (Hg.), Gedächtnis und Erinnerung. Ein interdisziplinäres Handbuch (Stuttgart/Weimar 2010) 93f. und 167.

Begründungszusammenhang, um Identitäten, Welt- und Geschichtsbilder zu konstruieren oder zu dekonstruieren. Es meint lediglich das sonst zweckfreie Bewusstwerden und Bewusstbleiben der Existenz einer Sache, der Tatsache ihres Daseins als Überrest vergangenen Geschehens.⁵

Die grundsätzliche Gleichrangigkeit beider Zugänge in der Erinnerungskultur könnte durch die Digitalisierung der Bestände erstmals tatsächlich erreicht werden. Wenn früher die Öffentlichkeit lediglich das erhaltene Bauwerk und das ausgestellte Museumsstück als Vergangenheitszeugnisse zu Gesicht bekam, darüber hinaus nur die wichtigsten schriftlichen Geschichtsquellen in edierter Form vorlagen, so blieben die meisten Dokumente doch versteckt und unzugänglich. Wo sie museal oder illustrierend dienten, waren sie bereits einer bestimmten Auswahl und Auslegung unterworfen. Der Reichtum *ad fontes* erschloss sich dem archivunkundigen Laien nicht – nunmehr aber könnten ein paar Mausklicks zum ›Sesam-öffne-dich‹ werden. Als eine Art ›Zeitmaschine‹ bringt das digitale Archiv den Benutzer zwar in eine andere Zeit; deren Verständnis und Interpretation bleibt aber, ohne Anleitung eines gelehrten Führers und Kustoden, dem Anwender selbst überlassen.

Realien haben – als Quellen – nicht nur einen Materialwert für Geschichtserzählung und Geschichtsverständnis, sondern sie besitzen – als überkommene Dinge – auch einen Wert und eine Würde an sich. Wenn jedes Zeitalter gleich unmittelbar zu Gott steht, dann tun das auch seine Überreste, seien diese körperlicher Natur oder auch geistiger (Ideen, Weltbilder, Religionen). Man kann sich diesen Überresten unbefangen nähern und seine Freude, sein Erstaunen oder sein sonstiges Interesse zunächst bloß aus ihrer (›auratischen‹⁶) Existenz gewinnen. Am mittelalterlichen Siegel finden wir den gleichen Gefallen wie am bunten Schmetterling, ohne noch genau über ihre Bedeutung in Geschichte oder Natur Bescheid wissen zu müssen. (Gewiss ist bereits an dieser Stelle Quellenkritik möglich und notwendig; allerdings wird sie vorderhand intuitiv die Frage nach der Echtheit der Sache stellen – ist sie das, was sie vorgibt zu sein? –, weniger aber noch die nach ihrer Zuverlässigkeit als Quelle im Überlieferungszusammenhang.)

Für die meisten Menschen eignen sich Bilder, insbesondere Lichtbilder, dafür wohl am besten oder jedenfalls am unmittelbarsten – neben den überkommenen Bauwerken und den archäologischen Funden. Zum einen können zwar Fotografien wie alle Quellen Einseitiges und Unwahres vermitteln, aber sie können es wahrscheinlich weniger als schriftliche Quellen, bedürfen dazu mehr der beabsichtigten Auslassung, Inszenierung, Kontextverfälschung oder gar Retusche (was auch dazu führt, dass wir Fotos weniger geneigt sind zu misstrauen als schriftlichen Dokumenten). Zum andern berühren Fotografien den Sehsinn als jenen Sinn, mit dem

---

⁵ Zur Rolle des Archivs siehe auch Assmann, Erinnerungsräume (wie Anm. 4) 343–347.
⁶ Vgl. Daniel Jeller, Die Archivalie im Zeitalter ihrer digitalien Reproduzierbarkeit (Dipl.-Arb. Universität Wien 2013) 64f. Vgl. auch Walter Benjamin, Das Kunstwerk im Zeitalter seiner technischen Reproduzierbarkeit, in: Walter Benjamin Gesammelte Schriften Band I, Teil 2, hg. von Rolf Tiedemann/Hermann Schweppenhäuser (Frankfurt a. M. 1980) 471–508.

wir die Welt meist am vielfältigsten und eindringlichsten wahrnehmen. Dagegen bleibt die Fotografie zunächst stumm: Während das Schriftdokument eine Sache, ein Ereignis oder einen Gedanken durch den Mund eines Erzählers beschreibt, muss der Betrachter seine Phantasie bemühen, um den eingefrorenen Augenblick wieder mit Leben zu erfüllen.

So erklärt sich die Wirkung von Sammlungen historischer Bilder, aber auch des Dokumentenarchivs an sich; wir tauchen ein in eine Bild- und Soseinswelt, die es in der Gestalt nicht mehr gibt – aber die meist doch nichts ganz Anderes ist, die doch etwas mit unserer Welt zu tun hat. Das Archiv ist der Ort des Anderen im Eigenen, nicht aber des völlig Fremden, Unverwandten. Das nach menschlichen Maßstäben ganz Andere, das als solches eigenen Reiz hat, finden wir nicht mehr im Archiv, sondern nur im Museum. Die Papyrussammlung ist bereits museal, die von mittelalterlichen Urkunden noch archivisch.

Als Beispiel erscheint die Fotografie vom Bau einer Kirche dann am interessantesten, wenn man das gegenwärtige Kirchengebäude kennt oder sonst mit dem Ort oder der Institution zu tun hat, und am stärksten, wenn man Ort und Institution als Teil seiner eigenen Identität auf- und angenommen hat. Genauso wie das alte Gebäude oder die Landschaft beweist das Bild, dass die Zeichen der eigenen Identität älter und beständiger sind als das eigene Selbst. Von unseren alten Kirchen blicken Jahrhunderte auf uns herab. Überkommene Objekte verankern die Person in Ort, Zeit und Geschichte, und sie tun das bereits aus sich selbst, nicht bloß als Baustoff von Erzählungen und Mythen. Auch dieses faktische, objektbezogene Erinnern weist also auf die Identität des Einzelnen und seiner Gruppe, kann sie stärken und untermauern.

Faktisches Erinnern kann Identität aber auch in Frage, unsere Ambiguitätstoleranz auf die Probe stellen – die Frage an uns lautet dann: Sind wir fähig zu verstehen und gar auszuhalten, dass frühere Zeiten und Kulturen, obwohl uns in Anbetracht der langen Weltgeschichte noch sehr nahe und verwandt, eine in ihren Realien, Fakten und Symbolen dennoch andere Welt schufen als die uns gewohnte? *The past is a foreign country; they do things differently there.* Im Gegensatz zur Museumspraxis und überhaupt zur Kulturpolitik im öffentlichen Raum, die seit jeher dazu neigen, unangenehme und anstößige Dinge *ad usum Delphini* zu verhüllen oder wenigstens ›einzuordnen‹ in den Verstehenszusammenhang der Gegenwart,[7] ist die archivische Sammlung aufgefordert, die hinreichende Wertfreiheit und somit Unterschiedslosigkeit und Vollständigkeit in der Verfügbarmachung ihrer Dokumente beizubehalten. Sie soll dies auch tun, um im Benjamin'schen Sinne einerseits die ursprüngliche Aura des Überrestes zu bewahren, und ihn andererseits nicht mit einer ihm fremden Aura aufzuladen, einer künstlichen Musealisierung und

---

[7] Vgl. Michael HOCHEDLINGER, Miteinander – Gegeneinander – Nebeneinander? Archive und Geschichtswissenschaft im Schatten von »Erinnerungskultur«, Kulturgeschichte und Digitalisierungspopulismus. Eine Empörung. *Scrinium. Zeitschrift des Verbandes Österreichischer Archivarinnen und Archivare* 67 (Wien 2013) 27–63.

Pädagogisierung, Emotionalisierung und Moralisierung, Beschuldigung und Entschuldigung, Sakralisierung und Tabuisierung.

Das Archiv ist (im normativen Sinne, also wieder: soll sein) keine Einrichtung, die Geschichtspolitik oder auch nur Geschichtserzählung betriebe; Klio findet in ihm keine Wohnstatt, sondern bleibt als Benutzerin bloß Tagesgast. In Umkehrung seiner Etymologie ist es vielmehr der von Politik und herrschendem Zeitgeist freie, an ihnen und ihren Narrativen interesselose Ort: Anarchiv.

Das Evangelische Diözesanmuseum in Fresach

Ein Überblick

Von Anita E. Ernst

I. Vorbemerkungen

Am 25. September 1960 wurde im Toleranzbethaus in Fresach das Evangelische Diözesanmuseum eröffnet. Es war das erste dieser Art in Österreich. Datumsgleich erfolgte die Gründung des »Vereins zur Pflege evangelischer Glaubensüberlieferung in Kärnten« (›Museumsverein‹).[1] Seit damals sammelt der Verein Kulturgüter aus der evangelischen Vergangenheit Kärntens.[2] 50 Jahre lang, bis 2011, war der Verein Träger des Diözesanmuseums.[3]

Die geistige und geistliche Triebkraft war von Beginn an und bis zu seinem Tod Oskar Sakrausky (1914–2006), von 1968 bis 1983 Bischof der Evangelischen Kirche A. B. in Österreich.[4]

II. Das Museum im Bethaus

II.1 Die Umsetzung einer Idee. Ziel und Sinn des Museums

Mit dem Kirchenneubau (1949–1951)[5] hatte das Bethaus von 1785 als Versammlungsort der Pfarrgemeinde ausgedient. Überlegungen zur sinnvollen Nachnutzung

---

[1] Protokoll über die Gründungsversammlung des Vereines zur Pflege evang. Glaubensüberlieferung in Kärnten (›Museumsverein‹), am Sonntag dem 25. 09. 1960 (Akten des Museumsvereins, Fresach).

[2] Vgl. Anita ERNST/Alexander HANISCH-WOLFRAM, Das Evangelische Diözesanmuseum Fresach, in: Glaubwürdig bleiben. 500 Jahre protestantisches Abenteuer. Wissenschaftlicher Begleitband zur Kärntner Landesausstellung 2011 in Fresach, hg. von Wilhelm WADL (Archiv für vaterländische Geschichte und Topographie 101, Klagenfurt 2011) 496–504.

[3] Vgl. Oskar SAKRAUSKY/Margarethe PRINZ-BÜCHL, 50 Jahre Diözesanmuseum Fresach (Fresach 2010).

[4] Oskar Sakrausky war von 1968–1983 Bischof der Evangelischen Kirche A. B. in Österreich. Zur Biographie Oskar Sakrauskys und seine Bedeutung für das Museum vgl. Karl SCHWARZ, »Glaubenszeugnis und musealer Gedanke.« Zum 90. Geburtstag von Altbischof Dr. Oskar Sakrausky. Amt und Gemeinde 55 5/6 (2004) 78–81; DERS., Laudatio auf Altbischof Oskar Sakrausky. Carinthia I 194 (2004) 775–781; DERS., Bischof Dr. Oskar Sakrausky zum Gedenken (24.3.1914–10.2.2006). Carinthia I 196 (2006) 677–680; Rudolf LEEB, Nachruf Oskar Sakrausky. Amt und Gemeinde 57/3 (2006) 49f.

[5] Otto BÜNKER, Geschichte des Kirchenbaues der Gem[einde] Fresach, Manuskript, 10.8.1953 (Akten der Evang. Pfarrgemeinde A. B. Fresach); Oskar SAKRAUSKY, Vom Toleranzbethaus zur evangelischen Kirche in Fresach 1781–2001 (Fresach 2001) 11–18.

des Gebäudes gingen in Richtung einer »Gedenkstätte« für jene Evangelischen, »die in Verborgenheit und Angst vor Verfolgung dennoch ihrem evangelischen Glauben mit Gebet und Lesen der Postillen treu geblieben waren«.[6] »Dazu kam die Idee, in ihre Stammhäuser zu gehen und nach den Quellen ihres Glaubens [...] zu fragen und diese hier zu sammeln.«[7] Das Interesse galt also dem Untergrundprotestantismus.

Ein Museums-Ausschuss mit Pfarrer Otto Bünker (Fresach), Pfarrer Oskar Sakrausky (Bleiberg), und Pfarrer Otto Bünker jun. (Radenthein) leitete die Aufbauarbeit.[8] Bei den Kärntner Pfarrgemeinden wurde um Archivalien und Bildmaterial, Bibeln, Gebet- und Gesangbücher angefragt, vorzugsweise mit persönlichen Eintragungen, mit Gebrauchsspuren also.

Durch engagierte Pfarrer und Gemeindeglieder entstand bis zur Museumseröffnung eine Bibliothek mit etwa 400 Exponaten, vorwiegend protestantische Erbauungsliteratur von der Reformationszeit bis zum Beginn des 20. Jahrhunderts und somit Anschauungsmaterial für die Frömmigkeitsgeschichte der Kärntner Gemeinden.[9]

Die erste Ausstellung lief unter dem Titel *Evangelisches Glaubensleben in vier Jahrhunderten im Kärntnerland*.[10]

Oskar Sakrausky hatte Sinn und Ziel der Einrichtung klar definiert: Sie sollte helfen, die Eigenart der evangelischen Kirche in Österreich besser zu erkennen und sie sollte Lehranstalt, Schauanstalt und Forschungsanstalt sein.[11]

II.2 Museum oder »Glaubenszeugnis«?

Die Benennung der Sammlung aus theologischer Perspektive bedeutete die Verbindung von materiellem Kulturgut und transzendenter Motivlage. Oskar Sakrausky haderte mit dem Begriff ›Museum‹ und fasste Exponate und Bethaus als »Glaubenszeugnisse« auf.[12] Aufgabe der Sammlung sei, so Sakrausky, den Konnex zwischen evangelischer Geschichte und gegenwärtiger Kirche herzustellen sowie die Eigenständigkeit der Geschichte der Evangelischen (Kirche) in Österreich bzw. konkret in Kärnten aufzuzeigen. Ihm ging es um die Veranschaulichung der Glaubensentscheidungen früherer Generationen in missionarischer Absicht.[13] Die museale Bedeutung wurde nachgereiht. Vielmehr war das Museum in Fresach mitbeteiligt

---

[6] Vgl. ERNST/HANISCH-WOLFRAM, Diözesanmuseum (wie Anm. 2) 491.
[7] Oskar SAKRAUSKY, Evangelisches Diözesanmuseum Fresach. Zeugnisse des österreichischen Geheimprotestantismus (Fresach o. J. [ca. 2003]) 4f.
[8] Vgl. ERNST/HANISCH-WOLFRAM, Diözesanmuseum (wie Anm. 2) 489.
[9] Oskar SAKRAUSKY, Aufbau, Sinn und Ziel eines Diözesanmuseums. *Carinthia I* 171 (1981) 259–270, hier 260.
[10] Verein für die Pflege der evangelischen Glaubensüberlieferung in Kärnten (Hg.), »Evangelisches Glaubensleben in vier Jahrhunderten im Kärntnerland«. Katalog 1964 zur Ausstellung im Evangelischen Diözesanmuseum Fresach (Fresach 1964).
[11] SAKRAUSKY, Aufbau (wie Anm. 9) 263f.
[12] DERS., Glaubenszeugnis und musealer Gedanke. *Carinthia I* 171 (1981) 265–270, hier 265.
[13] Vgl. ERNST/HANISCH-WOLFRAM, Diözesanmuseum (wie Anm. 2) 493.

»an der großen kirchlichen Aufgabe, nämlich auf seine besondere Weise das Evangelium von Jesus Christus zu verkündigen«.[14] Sehr viel später bezeichnete Oskar Sakrausky Bethaus und Sammlung dann einmal als »eine Predigt«, die bei einer Führung Gestalt werden muss.[15]

II.3 Das Bethaus als Ausstellungsobjekt und Ausstellungsort. Das Diözesanmuseum als ›Erinnerungsort‹

Ein Feuer hatte 1784 das erste Bethaus aus Holz vernichtet. Spekulationen über die Brandursache formten ein Narrativ, dass sich bis in unser Jahrtausend hartnäckig hielt, wie auch die Legende, die sich um den Bethausneubau von 1785, konkret um die (polygonale) Apsis, rankte.[16] Die jüngste Geschichtsforschung rückte die Narrative zurecht. Die Gleichzeitigkeit von Langhaus und Apsis wurde angezweifelt, die Hochführung des Altarraums in die Zeit zwischen 1809 und 1814 verlegt. Damit wurde die Behauptung, dass der Bau seit 1785 unverändert geblieben sei, aufgeweicht.[17]

Der in Stein errichtete Nachfolgebau des niedergebrannten Bethauses war im Wesentlichen das Werk ortsansässiger Bauhandwerker. Die Hauptverantwortung trug Maurermeister Christian Wegscheider, Bauer an der Nußbaumerhube in Tscheuritz und ein Mitglied der evangelischen Pfarrgemeinde.[18] Empore und Kirchenbänke sind Arbeiten einheimischer Zimmerleute und bis auf den heutigen Tag erhalten; ebenso der Kanzelaltar von 1785, der sehr wahrscheinlich einem Altartischler aus Millstatt zuzuschreiben ist.[19]

---

[14] Sakrausky, Glaubenszeugnis (wie Anm. 12) 268.
[15] Protokoll zur 38. Jahresversammlung des Vereines für die Pflege evangelischer Glaubensüberlieferung in Kärnten am 31.10.1998 (Akten des Museumsvereins, Fresach).
[16] Das Bethaus war angeblich durch eine Brandstiftung von katholischer Seite zerstört worden. Die ›Akatholiken‹ sollen jedoch auf eine Anzeige verzichtet haben, nahmen sich dafür aber die Freiheit heraus, den Toleranzbestimmungen zu trotzen und ein Bethaus mit Apsis zu errichten. Vgl. dazu Sakrausky, Diözesanmuseum (wie Anm. 7) 3; Sakrausky/Prinz-Büchl, 50 Jahre (wie Anm. 3) 16. Zum Bethausbrand gab es sehr wohl behördliche Untersuchungen, wenn auch die Ursache letztlich ungeklärt blieb. Vgl. dazu Alexander Hanisch-Wolfram, Das Fresacher Toleranzbethaus, in: Wadl (Hg.), Glaubwürdig (wie Anm. 2) 488–490, hier 488
[17] Vgl. dazu Hanisch-Wolfram, Toleranzbethaus (wie Anm. 16); Ders., »... die Hand der Bosheit, die dießes Unglück wahrscheinlich gestüftet hat«. Der Brand des Fresacher Bethauses 1784 und der Beginn einer Legende, in: Archivwissen schafft Geschichte. Festschrift für Wilhelm Wadl zum 60. Geburtstag, hg. von Barbara Felsner/Christine Tropper/Thomas Zeloth (Archiv für vaterländische Geschichte und Topographie 106, Klagenfurt 2014) 473–484; Ders., Erzählungen von Verfolgung und Duldung. Zur Erinnerungskultur des Oberkärntner Protestantismus, in: Reformationszeit und Protestantismus im österreichischen Gedächtnis, red. von Martina Fuchs/Astrid Schweighofer (JGPrÖ 132/133 [2016/2017], Leipzig 2019) 311–322, hier 320.
[18] Hanisch-Wolfram, Erzählungen (wie Anm. 17) 318.
[19] Rechnungsbuch über alle Einnahmen, 1781–1859 (Akten der Evang. Pfarrgemeinde A. B. Fresach).

Während ab etwa 1850 die Toleranzbethäuser in Kärnten durchwegs erneuert oder wenigstens repräsentativ umgestaltet wurden, etwa durch Turmanbauten,[20] veränderte sich der Baubestand des Fresacher Bethauses durch einen Sakristeianbau nur unwesentlich. Dieser dürfte im Rahmen der Kirchenrenovierung am Anfang der 1880er Jahre erfolgt sein,[21] die vor allem im Bethausinneren Spuren hinterließ: Ein weißer Farbanstrich überzog seither nicht nur die Wände sowie die tragenden Säulen und die Balustrade der Empore, sondern auch den Kanzelaltar. Über der Apsis täuschten Schablonenmalereien eine Kassettendecke vor.[22]

Fast zeitgleich mit den Renovierungsarbeiten ermöglichte eine Geldspende die Anlegung eines Kirchenerneuerungsfonds.[23] Anfang des 20. Jahrhunderts wurde ernsthaft überlegt, »in Anbetracht des Umstandes, daß seit der trüben Toleranzzeit, in welcher die Väter mit großem Opfer unser Bethaus erbauet, an demselben keine nennenswerte Reparatur vorgenommen wurde, dasselbe, wenn auch bescheiden, so doch der freiheitlichen Verhältnisse, in welchen wir leben, entsprechend und seines Zweckes würdig zu erneuern«.[24] Realisiert wurde ein Kirchenneubau schließlich Mitte des 20. Jahrhunderts.[25] Das Bethaus blieb als ein Relikt aus der Toleranzzeit erhalten und wurde zwecks Errichtung des Museums dem Museumsverein überlassen.

In Zusammenarbeit mit dem Bundesdenkmalamt erfolgten die Abtragung der Sakristei, im Innenraum die Entfernung aller Übermalungen des 19. Jahrhunderts und die Wiederherstellung der Originalfarben und Vergoldungen am Kanzelaltar.[26]

Die Bethausempore wurde als Präsentations- und Aufbewahrungsort der Museumssammlung adaptiert.

Innerhalb einer Dekade wurde das Museum zur »Gedenkstätte evangelischen Glaubens in Kärnten«, zu einer »Stätte der Ermahnung und Selbstbesinnung für evangelische Christen heute«.[27] In einer aktuellen Studie, die sich mit der Erinnerungskultur der Protestanten in Oberkärnten befasst, wird das Diözesanmu-

---

[20] Vgl. Rudolf LEEB/Erwin HEROLD, Das österreichische Toleranzbethaus. Zur historischen Einordnung eines Symboles. *JGPrÖ* 107/108 (1991/1992) 3–23, hier 10f.

[21] Protocoll [über die Einnahmen und Ausgaben der Kirchenkasse], 1860–1882 (Akten der Evang. Pfarrgemeinde A. B. Fresach).

[22] Vgl. dazu die Abbildung bei Franz REISCHER, Die Toleranzgemeinden Kärntens nach einem Visitationsbericht vom Jahre 1786 (Archiv für vaterländische Geschichte und Topographie, Klagenfurt 1965) 64f. Ein Originalfoto befindet sich in der Sammlung des Museumsvereins in Fresach.

[23] BÜNKER, Geschichte (wie Anm. 5).

[24] Protokoll über die am 11. 9. 1904 stattgefundene Sitzung der größeren Gemeindevertretung der ev. Kirchengemeinde A. K. zu Fresach (Akten der Evang. Pfarrgemeinde A. B. Fresach).

[25] Oskar SAKRAUSKY/Alexander HANISCH-WOLFRAM (Bearb.), Die evangelische Kirche Fresach, in: Glaubwürdig bleiben, 500 Jahre protestantisches Abenteuer. Katalog zur Kärntner Landesausstellung in Fresach, hg. von Alexander HANISCH-WOLFRAM/Wilhelm WADL (Klagenfurt 2011) 147–150.

[26] SAKRAUSKY, Aufbau (wie Anm. 9) 259.

[27] Protokoll der Jahreshauptversammlung des »Vereines zur Pflege evangel. Glaubensüberlieferung in Kärnten« vom 31. 10.1970 (Akten des Museumsvereins, Fresach).

seum als »verdichteter Erinnerungsort der Zeit von Untergrundprotestantismus und Toleranzpatent« beschrieben.[28] Menschen aus aller Welt hatten im Laufe der Jahrzehnte das Diözesanmuseum besucht. Es war ein Anziehungspunkt für Nachkommen von Exulanten und Transmigranten, die nach ihren familiären Wurzeln suchten.[29]

III. Das Museum seit 2011

III.1 Neuer Standort / Neue Impulse

Fresach war 2011 Austragungsort der Landesausstellung *Glaubwürdig bleiben. 500 Jahre protestantisches Abenteuer in Kärnten.* Der Museumsverein zählte zu den Impulsgebern und wichtigsten Leihgebern.[30]

Ein neues Museum samt klimakontrolliertem ›Schauarchiv‹ entstand, wohin die Vereinssammlung übersiedelt wurde. Das Schauarchiv, ein ›Speicher‹ der Kulturgüter aus der evangelischen Vergangenheit Kärntens, ist jene Konstante, die auf die Anfänge des Diözesanmuseums hinweist.

Ferner hatte die Landesausstellung die Weichen für eine Neuorientierung des Museums gestellt. Es wird nun verstärkt auf kirchlich-kulturhistorische Themen gesetzt, die aus gesellschaftspolitischer Perspektive betrachtet werden.[31] Trägergesellschaft des Museums ist die »Evangelische Diözesanmuseum GmbH«.

III.2 Museale Neuzugänge. Das Potenzial der Sammlung

Die Sammlung, deren Bewahrung, Beforschung[32] und Veröffentlichung sind nach wie vor (Kern-)Aufgabe des Museumsvereins.

Die Landesausstellung hatte das Interesse an den ererbten evangelischen Kulturgütern geweckt und das Museum wird seitdem als ›der Ort‹ wahrgenommen, an dem sie ›gut aufgehoben‹ sind. Seither wächst der Vereinsbestand durch Schenkungen aus Privatbesitz. Sehr oft handelt es sich dabei um evangelische Andachtsliteratur aus dem 18. und 19. Jahrhundert. Neuzugänge, die zeitlich in das 20., seltener in das 21. Jahrhundert fallen, binden den Altbestand[33] an die Gegenwart, so beispielsweise

---

[28] Hanisch-Wolfram, Erzählungen (wie Anm. 17) 311–322, hier 318.
[29] 38. Jahreshauptversammlung des Vereines für die Pflege evangelischer Glaubensüberlieferung in Kärnten am 31. 10. 1998 in Fresach (Akten des Museumsverein, Fresach); Oskar Sakrausky, 40 Jahre Diözesanmuseum in Fresach (Fresach 2000).
[30] Vgl. dazu Wadl (Hg.), Abenteuer (wie Anm. 2).
[31] Bisherige Ausstellungsthemen waren u. a. der Nationalsozialismus, Flucht und Migration oder die Frage nach protestantischen Impulsen für die Gleichberechtigung der Frauen.
[32] Vgl. dazu Oskar Sakrausky, Das evangelische geistliche Lied in Kärnten. *Carinthia I* 171 (1981) 271–287; Ders., Slowenische Protestantica im evangelischen Diözesanmuseum Fresach (Wiener Slawistischer Almanach, Sonderbd. 13: Protestantismus bei den Slowenen / Protestantizem pri Slovencih, Wien 1984) 7–13.
[33] Zum Vereinsbestand vgl. Ders., Evangelisches Diözesanmuseum Fresach (Klagenfurt 1985); Ders., Diözesanmuseum (wie Anm. 7); Ernst/Hanisch-Wolfram, Diözesanmuseum (wie

der Nachlass von Superintendent Paul Pellar (1968–1988) sowie Konvolute aus den Nachlässen von Pfarrern und Pfarrerinnen oder von anderen Frauen, die aktiv in die Kirche hineinwirken. Ein Einzelfall ist die Schenkung einer Privatsammlung an das Museum im Jahr 2023: Sie beinhaltet Drucke aus der Reformationszeit, darunter Martin Luthers Schrift *Von der Freiheit eines Christenmenschen* von 1520.

Schenkungen an das Museum erfolgen in jedem Fall mit dem Wissen und aus der Überzeugung heraus, dass sich die Exponate in die Sammlung einfügen. Zweitrangige Motive sind das Desinteresse jüngerer Generationen, der Umzug in eine kleinere Wohnung oder einfach die Scheu, religiöses Schriftgut als Altpapier zu entsorgen.

Neuzugänge verändern den Charakter der Sammlung und den Blick auf die Vergangenheit ein Stück weit. Sie eröffnen neue Ansätze für Ausstellungen und Forschung, wobei letztere ein wesentliches Anliegen des Vereins ist.

Bei eindeutiger Provenienz konservieren die Museumsobjekte stets auch Erinnerungen an die Vorbesitzer, und dies immer öfter zum Nutzen von Besuchern und Besucherinnen, die anhand der Schriften aus einstigem Familienbesitz die eigene Vergangenheit abfragen.

Der museale Bestand ermöglicht die Veranschaulichung kirchen- oder frömmigkeitsgeschichtlicher Themen mit authentischem Material.[34]

Durch Angaben zu Fundort und Herkunft, durch Gebrauchsspuren und schriftliche Eintragungen werden Objekte zu multiperspektivischen Informationsträgern, die unterschiedliche Erzählstränge zulassen. So etwa zeigen die Exponate in der Dauerausstellung (*EVANGELISCH. glauben leben erinnern*) nicht nur die Geschichte der Evangelischen (Kirche) in Kärnten, sondern sie ›erzählen‹ auch Geschichten von Menschen.

Aus der Sammlung herausentwickelte Schwerpunktthemen werden in Wechselausstellungen aufgegriffen.[35] Die Tauglichkeit musealer Dinge für gegenwartsbezogene Themen zeigt sich wiederum in den alljährlichen Sonderausstellungen im Obergeschoss des Museums.[36]

Anm. 2) 496–515; Anita ERNST, Die Gesangbuchsammlung des Museumsvereins in Fresach, in: StimmKraft. Kirchenlieder schreiben Geschichte. Beiträge zu Vergangenheit, Gegenwart und Zukunft evangelischen Singens. Wissenschaftlicher Begleitband zur Sonderausstellung im Evangelischen Kulturzentrum Fresach 2015, hg. von Alexander HANISCH-WOLFRAM/ Werner HORN (Das Kärntner Landesarchiv 44, Klagenfurt 2015) 177–194.

[34] So etwa für die Ausstellungen *Primož Trubar. Spracheiniger und Reformator. stati inu obstati* (2012) oder *StimmKraft. Kirchenlieder schreiben Geschichte* (2015).

[35] Die Ausstellungen befassten sich etwa mit dem Reformationsjubiläum 2017, der Buchrestaurierung, der ›Geistlichen Arznei‹ oder der ›Sammlung Lerchbaumer‹.

[36] Eine beachtliche Anzahl an Schauobjekten konnte der Museumsverein beispielsweise zu den Themen *Paradise lost. Vom Reisen, Glauben und Suchen* (2018), *ERSCHÖPFUNG ... und siehe, es war sehr gut* (2019), *Fairness. Die neue Globalisierung* (2021) oder *Wachstum am Ende. Was jetzt?* (2023) beitragen.

Das Evangelische Museum Oberösterreich in Rutzenmoos

Von Günter Merz

I. Vorgeschichte

Der Wunsch nach Sammlung evangelischer Kulturgüter bestand in Oberösterreich seit Anfang des 20. Jahrhunderts. Josef Friedrich Koch, Pfarrer und Superintendent in Gmunden und von 1893 bis 1929 Vorstandsmitglied der »Gesellschaft für die Geschichte des Protestantismus in Österreich«, widmete große Teile seiner Bibliothek einer aufzubauenden oberösterreichischen Diözesanbibliothek. Dieser Bestand bildet einen wichtigen Teil der heute im Evangelischen Museum Oberösterreich ausgestellten Druckwerke, darunter viele Bücher, theologische Streitschriften, Leichenpredigten und Ähnliches bis zum Jahr 1630. Kochs im Oberösterreichischen Landesarchiv aufbewahrte Dokumentensammlung und seine Forschungsergebnisse[1] prägen bis heute die Darstellung der evangelischen Kirchengeschichte Oberösterreichs. Zwar setzte sein Neffe und Nachfolger im Amt des Superintendenten, Jakob Ernst Koch (IV.), die kirchengeschichtlichen Forschungen fort, wobei ihm insbesondere die Geschichte der evangelischen Gemeinden bis in seine Gegenwart (ca. 1940) wichtig war, doch der Wunsch nach Errichtung der Diözesanbibliothek blieb unerfüllt. Die wertvollen Bücher landeten ungeordnet und unsachgemäß gelagert in Räumen der evangelischen Pfarrgemeinde Linz. Nach dem Abbruch des Linzer Pfarrhauses 1970 gelangte ein Teil davon in die Superintendentur Oberösterreich.

In den 80er Jahren des 20. Jahrhunderts boten Jubiläen (200 Jahre Toleranzpatent 1981, 500. Geburtstag Luthers 1983 mit österreichweitem Festakt in der Linzer Sporthalle, 200 Jahre Bistum Linz 1985) die Gelegenheit, die Geschichte der Evangelischen in Oberösterreich bekannt zu machen. Das geschah mit dem von Superintendent Leopold Temmel herausgegebenen Buch *Evangelisch in Oberösterreich*[2] und dem von Superintendent Herwig Karzel mitverantworteten, die Reformation betreffenden, Teil der Landesausstellung 1985 *Kirche in Oberösterreich*.[3] Dort

---

[1] Veröffentlicht im *Jahrbuch für die Geschichte des Protestantismus in Österreich*, darunter: Josef F. Koch, Seltsame Bücherschränke und deren Inhalt. *JGPrÖ* 2 (1881) 65–76; Ders., Exulantenlieder. *JGPrÖ* 4 (1883) 139–144; Ders., Streiflichter zur Geschichte des Protestantismus in Oberösterreich. *JGPrÖ* 25 (1904) 152–164.

[2] Leopold Temmel, Evangelisch in Oberösterreich. Werdegang und Bestand der Evangelischen Kirche (Linz 1982).

[3] Helga Litschel (Red.), Kirche in Oberösterreich. 200 Jahre Bistum Linz. Oberösterreichische Landesausstellung 1985 im ehemaligen Benediktinerstift Garsten. Katalog (Linz 1985) 424–448.

Abb. 1: Daniel TANNER, Passionalbüchlein (Nürnberg 1630), aus der Bibliothek von Josef Friedrich Koch (Foto: Evang. Museum OÖ, O. Saxinger)

wurden erstmals wertvolle evangelische Kulturgüter einer breiten Öffentlichkeit präsentiert, darunter mehrere Bücher, die heute in Rutzenmoos zu sehen sind. Der Wunsch nach dauerhafter Präsentation dieser Schätze verstummte seither nicht mehr.

II. Die Errichtung des Museums

Das Museum befindet sich im Gebäude der ehemaligen evangelischen Schule der Toleranzgemeinde Rutzenmoos (politische Gemeinde Regau) und ist von 15. März bis 31. Oktober geöffnet.[4] Der Neubau einer öffentlichen Volksschule 1996 und der daraus folgende Leerstand des zur Pfarrgemeinde Rutzenmoos gehörigen alten Schulgebäudes veranlassten Superintendent Hansjörg Eichmeyer, den Traum vom evangelischen Museum zu verwirklichen. Auf seine Initiative hin wurde 1996 der Verein »Evangelisches Museum Oberösterreich« gegründet. Unter Leitung des Linzer Kurators Roland Juranek (Vorstandsvorsitzender von 1996 bis 2006) wurden Planung, Finanzierung und inhaltliches Konzept erarbeitet. Das Land Oberösterreich erklärte sich unter der Bedingung, dass ein modernen Kriterien entsprechendes Museum errichtet würde, zu großzügiger Unterstützung bereit. Für Bau und Ausgestaltung des Museums konnten Fachleute gewonnen werden (Architekt Peter Kuglstätter, Kunstuniversität Linz; Museumsgestalterin Waltraud Pichler, Stadtmuseum Nordico Linz; Regisseur Daniel Pascal, Linz). Da für die Erarbeitung des

---

[4] Genaue Öffnungszeiten siehe Homepage: https://museum-ooe.evang.at/

Abb. 2: Evang. Museum OÖ, Außenansicht (Foto: G. Merz)

inhaltlichen Konzepts und die Zusammenstellung und Textierung der Ausstellung keine wissenschaftlich tätige Persönlichkeit gefunden wurde, übernahm der Verfasser dieses Beitrags diese Aufgaben ehrenamtlich. Zugute kam ihm dabei, dass er schon nach seinem Amtsantritt als Pfarrer in Linz-Innere Stadt 1992 die am Dachboden der Martin Luther-Kirche gelagerten Bestände aus dem Nachlass J. F. Kochs gefunden und sortiert hatte und durch kollegiale Kontakte die Möglichkeit erhielt, in evangelischen Pfarrgemeinden und der Superintendentur Linz nach für das Museum interessanten Objekten zu suchen. So gelang es, jene Ausstellungsstücke zusammenzutragen, die bis heute, ergänzt durch spätere Geschenke und Leihgaben, im Museum zu sehen sind. Zahlreiche weitere Personen, darunter viele aus Rutzenmoos, trugen mit Ideen und durch Mitarbeit in Ausschüssen und Arbeitsgruppen das Projekt mit, sodass das Museum am 16. September 2000 eröffnet werden konnte. Ein umfangreicher Katalog informierte über Hintergründe und Inhalt der Ausstellung. Zum Reformationsgedenkjahr 2017 wurde die Ausstellung überarbeitet und ein neuer Katalog aufgelegt.[5] Die seit 1999 erscheinende Museumszeitung *Toleranz*[6] informiert über Entwicklungen im Museum und über Themen, die mit dem Auftrag des Museums in Verbindung stehen.

---

[5] Günter Merz/Peter Kraft/Hansjörg Eichmeyer u.a., Evangelisches Museum Oberösterreich Rutzenmoos. Ausstellungskatalog (Rutzenmoos 2001); Günter Merz, Evangelisches Museum Oberösterreich. Ausstellungskatalog, Neubearbeitung (Rutzenmoos 2017).

[6] Toleranz. Evangelisches Museum OÖ Rutzenmoos. Berichte/Informationen (bis 2021). Toleranz. Geschichte und Gegenwart Evangelischen Lebens in Oberösterreich (ab 2022), hg. vom Verein Evangelisches Museum Oberösterreich.

Günter Merz

III. Inhalt und Konzept

Die große Zahl historisch bedeutsamer Ausstellungsobjekte und die bewegte Geschichte der Evangelischen in Oberösterreich sind Gründe dafür, dass sich Inhalt und Dramaturgie der Ausstellung in erster Linie an der Geschichte orientieren. Der Schwerpunkt liegt daher auf einem Gang durch die Vergangenheit der Evangelischen, wobei im Untergeschoß die Vorgeschichte und im Erdgeschoß theologische Inhalte und ein geschichtlicher Überblick über die Reformationszeit präsentiert werden, ehe dann das protestantisch geprägte Oberösterreich bis 1620 und schließlich Gegenreformation, Bauernkrieg und Exulanten thematisiert werden. Im ersten Stock führt der Rundgang durch Räume zu Geheimprotestantismus, Toleranzzeit, Kirche im 19. Jahrhundert und in der ersten Hälfte des 20. Jahrhunderts. Daran schließt ein Raum an, der Kirche heute als Baum mit verschiedenen Zweigen (evangelische Frömmigkeit und Gottesdienstpraxis, Arbeitsbereiche etc.) präsentiert und damit über Selbstverständnis, Praxis und Organisation der evangelischen Kirche informiert. Schließlich erinnert eine historische Schulklasse an die Bedeutung der evangelischen Schulen bis 1938. Nicht zum ursprünglichen Konzept gehören großformatige Fotografien von in heute katholischen Kirchen erhaltenen Epitaphen aus der Reformationszeit im Stiegenhaus. Die Bilder wurden anlässlich der oberösterreichischen Landesausstellung 2010 *Renaissance und Reformation* angefertigt.[7]

Ein wesentliches Charakteristikum der Dauerausstellung ist, dass fast nur Originale aus der jeweiligen Epoche gezeigt werden. Das soll verdeutlichen, dass die meisten ausgestellten Objekte eine weit über ihren historischen Wert hinausgehende ideelle Bedeutung für die Kirche, einzelne Pfarrgemeinden oder evangelische Familien hatten und haben. Viele Ausstellungsstücke sind Leihgaben, deren Herkunft aus bestimmten Häusern oder Orten nachvollzogen werden kann.

Abb. 3: Raum Toleranzzeit (Foto: Evang. Museum OÖ, O. Saxinger)

Zur Dramaturgie der Ausstellung gehört die farbliche Gestaltung der Räume, die von schwarz (Austrofaschismus und NS-Zeit) über dunkelrot (Gegenreformation), weiß (Reformationszeit und 19. Jahrhundert) bis grün (Gegenwart) reicht. In einigen Räumen akzentuieren akustische Signale das jeweilige Thema.

---

[7] Rudolf LEEB/Karl VOCELKA/Andrea SCHEICHL (Hg.), Renaissance und Reformation. Ausstellungskatalog Oberösterreichische Landesausstellung 2010 (Linz 2010).

IV. Anliegen und Erfolge

Das Museum stärkt oder weckt das Bewusstsein für die Geschichte des Protestantismus in Oberösterreich und den Wert historischer evangelischer Zeugnisse, von denen noch viele in Privathäusern, aber auch auf Kirchendachböden und dergleichen lagern. Da in vielen Familien die kirchliche Tradition keine große Rolle mehr spielt, werden alte Bücher oder Dokumente als überflüssige Lasten angesehen und entsorgt. Im Museum erkennen Besucherinnen und Besucher den ideellen Wert dieser Objekte, lernen sie schätzen oder bringen sie als Geschenke ins Museum. Damit wirkt das Museum dem drohenden Verlust dieser Zeugnisse der evangelischen Geschichte entgegen.

Zugleich konfrontiert das Museum mit Fragen nach evangelischer Identität und führt besonders unter Jugendlichen zum Nachdenken über den Stellenwert des Glaubens, wenn es um wichtige Entscheidungen geht.

Das Museum verweist auf die Existenz des Protestantismus in Vergangenheit und Gegenwart in Oberösterreich. Es ist ein ökumenischer und landesgeschichtlicher Lernort, der auch von katholischen und nichtkirchlichen Gruppen gern besucht wird. Die hohe Wertschätzung des Museums durch den früheren Linzer Diözesanbischof Maximilian Aichern und den ehemaligen Landeshauptmann Josef Pühringer hat die Verankerung des Evangelischen Museums in der oberösterreichischen Museumslandschaft gefördert.

Als Lernort gewann das Museum auch durch zahlreiche wissenschaftlich fundierte Vorträge hohes Ansehen. Ulrike Eichmeyer-Schmid (Vorstandsvorsitzende von 2006 bis 2021) lud dazu prominente Referentinnen und Referenten aus Kirche und Wissenschaft ein, darunter der damalige Bischof der Evangelischen Kirche Berlin-Brandenburg Wolfgang Huber (Berlin), die damalige leitende Archivarin der Vatikanischen Bibliothek Christine Maria Grafinger, der Kirchenhistoriker Heinz Schilling und der österreichische Historiker Manfried Rauchensteiner.

Durch partnerschaftliche Zusammenarbeit mit evangelischen, katholischen und staatlichen Organisationen ist in unregelmäßigen Abständen die Erarbeitung und Durchführung einer Sonderausstellung möglich. Jede der bisherigen Ausstellungen (*Glaube klingt* 2002; *Fröhliche Auferstehung* im Rahmen der oberösterreichischen Landesausstellung 2010; *Ortenburg und Oberösterreich* 2013; *Reformation – Gegenreformation. Interessantes aus oberösterreichischen Stiften* 2017; *WesWEGen? Evangelische Migrationsgeschichten aus Oberösterreich* im Rahmen der internationalen Museumspartnerschaft »Evangelische Migrationsgeschichte(n)« 2023) gab der wissenschaftlichen und organisatorisch-technischen Entwicklung des Museums neue Impulse und erweiterte den Horizont aller Beteiligten.

Nach den pandemiebedingten Rückschlägen von 2020 bis 2022 und dem Ausscheiden langgedienter Mitarbeiterinnen und Mitarbeiter der ersten Stunde steht das Museum vor Herausforderungen und Neuorientierungen. Dazu gehören technische Erneuerungen, andere Formen des Zugangs zu potentiellen Besucherinnen und Besuchern, insbesondere Kindern und Jugendlichen, das Finden neuer Mitarbeitender und die finanzielle Absicherung des Projekts. Aussicht auf hauptamtliche Mitarbeiterinnen und Mitarbeiter besteht nicht. Die Zukunft des Museums liegt daher, wie schon seit den Anfängen, beim Vorstand (seit 2021 unter Vorsitz von Renate Bauinger) und rund 25 Personen, die das Museum ehrenamtlich mittragen.

Das evangelische Diözesanmuseum Steiermark

Von Michaela Legenstein

I. Gründung des Museums in Murau

Im Jubiläumsjahr – 200 Jahre nach dem Erlass des Toleranzpatents durch Kaiser Joseph II. – konnte am 26. April 1981 in der Spitals- oder Elisabethkirche in Murau das Diözesanmuseum der Evangelischen Superintendenz A. B. für die Steiermark eröffnet werden. Warum gerade an diesem Standort?

Blicken wir kurz zurück auf die besondere Geschichte dieser Kirche.[1] Sie dürfte als Kapelle im Zusammenhang mit dem in den Jahren 1329–1331 errichteten Bürgerspital entstanden sein. Erstmals wird diese Kirche urkundlich in einem Ablassbrief aus dem Jahre 1457 erwähnt. Von ihrem einzigen, der heiligen Elisabeth geweihten Altar dürfte ihr Name herrühren. Während des 16. Jahrhunderts, als auch das obere Murtal von der Reformation erfasst wurde, war die Elisabethkirche evangelische Predigt- und Versammlungsstätte. Erst die Gegenreformation bereitete auch in Murau dem regen evangelischen Leben ein gewaltsames Ende, und der letzte Prädikant musste gegen Ende des Jahrhunderts die Stadt verlassen.

Nur die Herrin der Grundherrschaft, Anna Neumann von Wasserleonburg, deren hervorragende Verdienste um die Stadt Murau unbestritten in die Geschichte eingegangen sind, blieb bis zu ihrem Tod 1623 evangelisch. Ihr letzter Ehemann, Reichsgraf Georg Ludwig zu Schwarzenberg, konnte dem Salzburger Erzbischof eine standesgemäße Bestattung seiner Gattin in der Elisabethkirche abringen. Der Sarg der Verstorbenen musste allerdings so beigesetzt werden, dass ihr Kopf außerhalb der Kirche zu liegen kam.[2]

Die ursprünglich gotische Elisabethkirche wurde in den Jahren 1628–1639 teilweise abgebrochen und das Schiff danach als frühbarocker Rechteckbau wiedererrichtet. Im Zuge der Josephinischen Reformen kam es 1789 zu einer Sperrung der Kirche und 1873 zu einer Überführung von Anna Neumanns Sarkophag in die nahe gelegene Kirche des Kapuzinerklosters.

---

[1] Vgl. grundsätzlich: Christian BRUGGER/Heimo KAINDL/Antje SENARCLENS DE GRANCY, Kunst und Kultur in den Evangelischen Pfarrgemeinden, in: Evangelische Kunst und Kultur in der Steiermark, hg. v. Ernst-Christian GERHOLD/Johann-Georg HADITSCH (Graz 1996) 75–229, hier 149–158.

[2] Vgl. Evangelische Superintendentur Steiermark (Hg.), Evangelisches Diözesanmuseum Steiermark. Die Elisabeth-Kirche in Murau (Graz o. J. [ca. 1981]) 10–13; ferner: Verein Evangelisches Diözesanmuseum in der Steiermark (Hg.), Evangelisches Diözesanmuseum in der Steiermark (o. O. [Murau] 2013). Zu Anna Neumann von Wasserleonburg siehe etwa Wolfgang WIELAND, Anna Neumanin von Wasserleonburg. Die Herrin von Murau (überarb. u. erg. Drittaufl. Stolzalpe 2015 [1986]).

Knapp 50 Jahre später erhielt die Elisabethkirche einen hölzernen Zwischenboden und wurde für über ein halbes Jahrhundert als Turnsaal verwendet. Nach dem Auszug der Turner:innen im Jahr 1977 stand die kleine evangelische Gemeindegruppe vor der Entscheidung, ob man hier wieder einen würdigen Gottesdienstraum errichten könnte. Der Eigentümer der Liegenschaft, Fürst Karl Johannes Schwarzenberg, machte der evangelischen Predigtstation ein ebenso günstiges wie großzügiges Angebot für eine zeitlich unbegrenzte Überlassung der Kirche gegen einen symbolischen Anerkennungszins von einem Schilling jährlich.

Im Zuge der Überlegungen, wie die Kosten für die Restaurierung des Sakralraumes aufgebracht werden könnten, wandte man sich an damaligen Superintendenten und späteren Bischof Dieter Knall. Er stellte die Idee in den Raum, dass das evangelische Diözesanmuseum für die Steiermark im westlichen Drittel der Elisabethkirche errichtet werden solle und davor, durch eine Glaswand abgetrennt, ein Betsaal in den restlichen zwei Dritteln etabliert werden könne. Durch dieses Konzept konnte er im Unterrichtsministerium eine ›Museumsmillion‹ lukrieren, die das Ausgangskapital für die Kirchenrenovierung wurde. Die Verwirklichung dieses Projekts wurde auch durch kräftige Unterstützung des »Gustav-Adolf-Vereines«, einer Spende der Leser:innen des *Württembergischen Gemeindeblattes* und der Stadt Murau möglich.

Ein Schicksalsjahr für das Museum war 1998: Das große Erdbeben im Friaul, dessen Ausläufer auch die Kirche so schwer beschädigten, dass sie als einsturzgefährdet geschlossen werden musste, machte es notwendig, dass man das gesamte Museum in das Pfarrhaus evakuierte.

Im Jahr 2000 war die Renovierung der Kirche unter Aufsicht des Bundesdenkmalamtes abgeschlossen und konnte von der nun schon inzwischen installierten Tochtergemeinde Murau-Lungau um einen symbolischen Schilling von Fürst Schwarzenberg als Kirche gekauft werden. Diesmal unter dem Motto: »400 Jahre nach der Vertreibung der letzten Prädikanten!«

Im Jahr 2004 übersiedelte das Museum in die Unterkirche und wurde nach einem Konzept von Helmut Trutnovsky neu eröffnet. 2011 musste das Museum wegen Hausschwammbefalls aus dem Keller entfernt werden. Alle organischen Bauteile wurden ausgebaut und der Hausschwamm gründlich bekämpft. Es erfolgten ein Austausch des Füllmaterials (Schotter) und die Verlegung von Betonplatten im gesamten Ausstellungsraum.

II. Wiedereröffnung des Museums mit neuem Konzept

2013 wurde des Museum nach fast drei Jahren Umbauzeit wieder neu eröffnet. Der ursprüngliche Plan, das Museum bloß zu sanieren und wieder mit den vorhandenen Objekten und Präsentationen einzurichten, wurde bald verworfen, obwohl die Qualität der Ausstellungsstücke hoch war. Es wurde rasch klar, dass die Errichtung eines Museums heutzutage nach anderen Kriterien und Maßstäben zu erfolgen hat.

»Evangelische Identität und das Leben der Kirche soll anschaulich und begreifbar werden«,[3] erklärte der damalige Obmann des »Evangelischen Museumsvereins«, Superintendent in Ruhe Ernst-Christian Gerhold, bei der Eröffnung am 19. Oktober 2013. Im Jahr darauf wurde dem Museum das Österreichische Museumsgütesiegel verliehen.[4]

Für die Erstellung dieses neuen Ausstellungskonzepts in Form eines Fisches konnte die Grazer Restauratorin Erika Thümmel gewonnen werden. Den Zusammenhängen von Geschichte und Gegenwart wurde dabei eine hohe Bedeutung beigemessen. Fünf Jahrhunderte evangelischer Glaube in der Steiermark präsentierten sich auf Wandtafeln; in Vitrinen wurden Ausstellungsobjekte wie Abendmahlskelche, Gedenkmünzen, historische Schriften etc. gezeigt. Es wurde auch auf die Bedürfnisse von Kindern sowie Jugendlichen Rücksicht genommen und museumspädagogisches Material hergestellt.

In den ersten Jahren nach der Eröffnung erhielt das Museum regen Besuch: Gemeindeausflüge, Konfirmandengruppen, Exkursionen von Religionslehrer:innen etc. kamen nach Murau; es gab auch immer wieder Sonderausstellungen und interessante Vortragsabende. Doch dann wurde es immer ruhiger, und die Besucherzahlen waren sehr überschaubar.

So ging man daran, neue Perspektiven für das Museum zu suchen und einen Standort auszuwählen, der auf eine höhere Besucherfrequenz hoffen lässt. Daher entschloss sich der Museumsverein in seiner Mitgliederversammlung im Februar 2020, das Museum in Murau dauerhaft zu schließen und Kontakte zur Pfarrgemeinde Radkersburg aufzunehmen, um dort eine neue Heimat für das Museum zu finden.

III. Übersiedlung nach Bad Radkersburg[5]

Warum gerade die Stadt Bad Radkersburg, die sich ja ebenfalls in einer Randlage befindet? Die in den Jahren 1930–1931 errichtete Christuskirche wurde 2017 komplett renoviert und begrüßt die Besucher:innen der kleinen historischen Stadt beim Zugang ins Altstadtzentrum. Die Kirche ist im Verlauf der Jahre für die kleinste evangelische Pfarrgemeinde der Steiermark mit ihren rund 250 Gemeindeglie-

---

[3] Ernst-Christian Gerhold, Ansprache Eröffnung Diözesanmuseum in Murau, 19.10.2013. Online unter: https://evang.at/steiermark-evangelisches-dioezesanmuseum-eroeffnet/ [20.10.2023].

[4] Das Museumsgütesiegel ist durch die Übersiedlung des Museums nach Bad Radkersburg leider verloren gegangen. Grund dafür war nicht die Qualität der Ausstellung, sondern die eingeschränkten Öffnungszeiten, die sich durch den rein ehrenamtlichen Betrieb ergeben. In Murau gab es im Rahmen eines MUSIS-Projekts eine teils von der Superintendentur Steiermark finanzierte Angestellte; diese Stelle musste durch Einsparungsmaßnahmen wieder gestrichen werden.

[5] Die Pfarrgemeinde nennt sich »Radkersburg«, da das Pfarrgebiet nicht nur die Stadt, sondern auch den ehemaligen politischen Bezirk Radkersburg umfasst. Die Christuskirche und damit das Diözesanmuseum befinden sich in der Stadt Bad Radkersburg.

dern zu groß geworden. Außerdem entwickelte sich Bad Radkersburg in den letzten Jahrzehnten zu einer aufstrebenden Kurstadt mit über 500.000 Nächtigungen jährlich, was auch den Wunsch nach einem erweiterten kulturellen Angebot mit sich brachte. Triftige Gründe also, den hinteren Teil der Kirche für ein Museum zu nutzen! Die Radkersburger Pfarrgemeinde stand diesem Plan von Anfang an sehr offen gegenüber und sagte auch eine Subvention für die nötigen Umbauarbeiten zu. Für das Archiv des Museums stellte sie überdies einen Raum im Pfarrhaus zur Verfügung. Zum einen subventionierte das Land Steiermark das Projekt – im Rahmen des »Museum-Calls« – und zum anderen wurde es seitens der Superintendenz finanziell unterstützt.

Das Bundesdenkmalamt stimmte dem von Frau Erika Thümmel erstellten neuen Konzept zu, in dem sich Ausstellungs- und Gottesdienstraum harmonisch verbinden. So wurde im Frühling 2021 damit begonnen, den Kirchenraum für das Museum zu adaptieren (Entfernung der hinteren sechs Bankreihen, Verlegung eines neuen Fußbodens, Installierung einer zusätzlichen Beleuchtung etc.) sowie den Transport der Objekte und des Museumsbüros von Murau nach Bad Radkersburg vorzunehmen. Nach kurzer Überlegung, die vorhandenen Schautafeln aus Murau auch in Bad Radkersburg zu verwenden, einigte man sich aber bald darauf, neue, dem Kirchenraum angepasste, zu erstellen. Da die Anna-Neumann-Gedenkstätte in Murau verblieb, werden die vorherigen Textpaneele dort weiterhin Besucher:innen zur Verfügung stehen. Ebenfalls in Murau verblieb der Kanzelaltar aus der ›Toleranzzeit‹, der 1827 für den wieder errichteten Betsaal der Gemeinde Schladming angefertigt worden war.

Aufgrund der Corona-Pandemie gestalteten sich manche Vorhaben schwieriger als in ›normalen‹ Zeiten, aber Dank des großen Arbeitseinsatzes eines ehrenamtlichen Teams konnte der geplante Termin für die Wiederöffnung des Diözesanmuseums eingehalten werden, nämlich der 23. Oktober 2021.

Auf 37 Informationstafeln präsentiert das Museum Geschichte und Gegenwart der Evangelischen in der Steiermark und gibt einen Einblick, was ›typisch evangelisch‹ ist. Auf fünf Monitoren stellen sich Pfarrgemeinden vor, wird der evangelische Religionsunterricht an zwei Standorten gezeigt, kann man besondere Orgeln in der Steiermark kennenlernen, über deftige Luthersprüche schmunzeln und zuhören, wenn sich Superintendent Wolfgang Rehner und Superintendentialkurator Michael Axmann in luftiger Höhe am Brucker Kirchturm darüber unterhalten, »warum man Kirche braucht«.

Ausstellungsobjekte aus der Reformationszeit sind u. a. die ältesten steirischen Lutherbibeln aus dem 16. Jahrhundert, Schriften aus einem Ramsauer Bücherversteck aus der Zeit der Gegenreformation und des Geheimprotestantismus, Abendmahlskelche, Kannen sowie eine Hostiendose aus der ›Toleranzzeit‹ und vieles mehr. In einer Leseecke hat man Gelegenheit, in aktuellen Büchern evangelischer Autor:innen zu schmökern. Bei einer alten Schulbank können Kinder sich altersgemäß mit der Kirchengeschichte beschäftigen.

IV. Verbindung von Vergangenheit, Gegenwart und Zukunft

Seit fast zwei Jahren dürfen wir nun Gäste in unserem kleinen Museum begrüßen. Viele davon sind ›Zufallsbesucher:innen‹, die als Urlaubs- bzw. Kurgäste am Sonntagsgottesdienst teilnehmen und sich anschließend mit Interesse dem Museum und den ausgestellten Objekten zuwenden. Als besonders wichtig hat es sich dabei herausgestellt, dass dabei auch eine Ansprechperson zur Verfügung steht, die mit Informationen, Erläuterungen und kleinen Anekdoten Kirchengeschichte lebendig werden lässt. Die Verbindung von Ausstellungs- und Gottesdienstraum wird als sehr positiv empfunden, eine gelungene Kombination von Vergangenheit und gegenwärtigem Gemeindeleben.

Da wir uns in der Region Radkersburg in einer extremen Diasporasituation befinden, hat das Museum ebenfalls einen wichtigen Impuls dafür gesetzt, dass man sich auch im öffentlichen Leben wieder verstärkt mit den evangelischen Menschen in der Region auseinandersetzt und deren bewegte Geschichte ins Bewusstsein kommt.

Das Diözesanmuseum arbeitet deshalb seit 2022 auch bei einem Projekt im Rahmen des Prozesses »Aus dem Evangelium leben« mit. Es trägt den Titel: »Mit anderen Augen sehen«. Dabei soll jüdischen und evangelischen Spuren in der Region Radkersburg nachgegangen werden. Das Ziel ist die Erstellung eines kulturhistorischen Spazierwegs durch Bad Radkersburg, der zu jüdischen und evangelischen Gedächtnisorten führt. Die Fertigstellung ist für Ende 2023 geplant; per QR-Code sollen dann nähere Informationen zu diesen Stätten abrufbar sein.[6]

Das Museum wird ausschließlich ehrenamtlich betrieben, was eine Herausforderung darstellt, besonders im Hinblick auf die Mitarbeiter:innen vor Ort. Warum aber engagieren sich Menschen überhaupt für diese Aufgabe? Die Aussage von Johannes Leitner, dem Archivar und Bibliothekar der Evangelischen Kirche in Österreich, gibt darauf eine Antwort: »Ohne Erinnern wissen wir nicht, woher wir kommen […] wissen wir auch nicht, wer wir sind, und wohl auch nicht, wohin wir gehen.«[7]

---

[6] Die Darstellung der bewegten Geschichte des Museums fußt auf den Berichten des langjährigen Museumskustos Helmut Markel sowie den Kenntnissen bzw. Erfahrungen der Autorin dieses ›Werkstättenberichts‹.

[7] Michael LINK/Imo TROJAN/Marco USCHMANN, Zukunft braucht Herkunft. Evangelische Museen in Österreich. *Saat. Evangelische Zeitung für Österreich* 70/9 (2023) 9–11, hier 9.

Michaela Legenstein

Christuskirche   Innenansicht/Diözesanmuseum   (Fotos: Michaela Legenstein)

Gedächtnisprojekt »Weg des Buches«

Von Andrea Greinecker und Michael Bünker

Am Samstag, dem 4. Oktober 2008, wurde in der Ramsau (Steiermark) der »Weg des Buches« offiziell eröffnet.[1] Gemeinsam mit »respect«, dem »Institut für Integrativen Tourismus und Entwicklung«, hatte die Evangelische Kirche A. B. in Österreich diesen Weitwander- und Pilgerweg eingerichtet, und mit Charlotte Matthias, bei der im Kirchenamt die Fäden zusammenliefen, waren viele Expert:innen an dem Gesamtprojekt beteiligt.[2] Heute ist der »Weg des Buches« gemeinsam mit ähnlichen Projekten aus Polen, Deutschland, Ungarn, Italien, Slowenien und der Tschechischen Republik sowie der Schweiz Teil des vom Europarat zertifizierten Projekts der »European Cultural Routes« als »Routes of Reformation«.[3]

Seit 2008 hat sich der »Weg des Buches« deutlich erweitert. Er beginnt seit dem Jahr 2013 offiziell in Ortenburg in Bayern. Von dort sind früher zahlreiche Bücher ins heutige Österreich geschmuggelt worden, mit denen die Evangelischen hierzulande ihren Glauben lebendig halten konnten. Von Ortenburg ließe sich der »Weg des Buches« nach Norden über Cheb (Tschechien) und Zwickau bis zum »Lutherweg«, der zur Wartburg führt, verlängern.

Nach Süden wurde der »Weg des Buches« bereits bis Triest/Trieste verlängert. Dieser Abschnitt mit seinen 18 Tagesetappen trägt die Bezeichnung »Weg des Buches – Südroute« oder »Elvine-de-la-Tour Weg«.

Nach Osten wurde der »Weg des Buches« bis Mitterbach (NÖ) verlängert. Dieser Abschnitt wird in Erinnerung an Rosina Steinauer[4] als »Via Rosina« bezeichnet. In

---

[1] Dazu: http://www.wegdesbuches.eu [8.11.2023].

[2] Ihre Namen finden sich in: Michael BÜNKER/Margit LEUTHOLD (Hg.), Der Weg des Buches. Auf den Wegen der Bücherschmuggler durch Österreich (Salzburg 2008) 188f. Weiter in: Rudolf LEEB/Astrid SCHWEIGHOFER/Dietmar WEIKL (Hg.), Das Buch zum Weg. Kirchen-, Kunst- und Kulturgeschichte am Weg des Buches (Salzburg 2008) 205 sowie auf den Websites http://www.wegdesbuches.eu [8.11.2023] und https://reformationroutes.eu [8.11.2023].

[3] Dazu: https://reformationroutes.eu [8.11.2023].

[4] Die Untergrundprotestantin Rosina Steinauer (1718–1794) entstammte einem evangelischen Bauernhof in Lunz am See. Sie heiratete den ebenfalls evangelischen Knecht am väterlichen Hof und führte mit ihm eine kleine Landwirtschaft in Baichberg, das heute zur Gemeinde Sonntagberg bei Amstetten gehört. Nach dem Bekanntwerden des Toleranzpatents ging sie rund 20 Stunden, um im Toleranzbethaus in der Scharten bei Eferding den evangelischen Gottesdienst zu feiern. In Baichberg wurde ihr Haus zum Zentrum der etwa 20 Evangelischen, die sich trotz massiver Widerstände in der Toleranzgemeinde Neukematen in die Kirchenbücher eintragen ließen. Noch im hohen Alter nahm sie den 12stündigen Fußweg zum Gottesdienst auf sich. Vgl. Anton PONTESEGGER, Geheimprotestanten in Niederösterreich. Dargestellt am Beispiel der Rosina Steinauer (1718–1794), in: Gustav REINGRADNER (Hg.), Evangelisch! Gestern und Heute einer Kirche. Ausstellung des Landes

zehn Tagesetappen geht es von Mitterbach nach Scharten (OÖ), wo die »Via Rosina« auf den »Weg des Buches« trifft.

In Triest trifft dieser Weg auf den aus Murska Sobota heranführenden »Primož-Trubar-Weg«. Die Verbindung zur Reformation in Slowenien ist damit hergestellt.

Der »Weg des Buches« zeigt mehrere Seiten und lässt sich in doch sehr unterschiedlichen Hinsichten verstehen, begehen oder mit dem Rad befahren. Zuerst einmal ist es ein klassischer Weitwanderweg, der in 16 Radetappen und 30 Tageswanderetappen von Nord nach Süd durch Österreich führt und dabei einige der schönsten Wandergebiete durchmisst.

Vom »Weg des Buches« als Wanderweg soll in einem ersten Abschnitt kurz die Rede sein.

Dann ist der »Weg des Buches« aber auch ein Pilgerweg. Darauf wird in einem zweiten Abschnitt (ebenfalls kurz) eingegangen.

Im Kern aber ist der »Weg des Buches« ein thematisch ausgerichteter Gedenk- und Erinnerungsweg, der – so der eigene Anspruch – auf den Wegen der Büchersmuggler durch Österreich führt.

I. Der »Weg des Buches« als Weitwanderweg

Der »Weg des Buches-Zentralweg« (also der Abschnitt Ortenburg – Arnoldstein) führt durch besonders schöne und bekannte Wandergegenden. Von Ortenburg wandert man durch Bayern und bestaunt riesige Eichenbäume. In Schärding passiert man die Grenze und durchquert die Weiten des Innviertels. Es folgen die Hügel des Traunviertels mit seinen stattlichen Vierkantern. Ab Gmunden taucht man in das Salzkammergut und seine Bergkulisse ein. Etwas ehrfürchtig geht es über den Gosaukamm nach Schladming und über die Schladminger Tauern in den Lungau. Ab hier werden die Berge sanfter. Der Weg führt über die grünen Nockberge durch Kärnten mit seinen Seen, weiter durch den Kurpark in Villach und steigt dann bei Arnoldstein noch einmal an zum Dreiländereck Österreich/Italien/Slowenien.

Unvergleichlich auch der »Weg des Buches – Südroute«. Er führt quer durch den Nationalpark Triglav, vorbei am Bleder See durch die Region Bohinj (auch das Salzkammergut Sloweniens genannt) in die Weinbauregion Brda, wo nicht nur der Wein und die Kirschen zu genießen sind, sondern auch das Dorf Šmartno (das gesamte Dorf wurde zum Kulturerbe ernannt) zu bestaunen ist.

Die »Via Rosina« hat ebenfalls viel an wunderbarer Landschaft zu bieten. Sie beginnt in Mitterbach am Erlaufsee, der einzigen Toleranzgemeinde in Niederösterreich, und führt von dort über die Hügel des Mariazellerlandes, vorbei am Lunzersee, nach Waidhofen/Ybbs und über den Sonntagberg durch das Mostviertel ins Steyrerland und in die Eisenstadt Steyr. Von dort geht es weiter über das Vor-

---

Niederösterreich und der Evangelischen Kirche in Niederösterreich, Schallaburg 2002 (Sankt Pölten 2002) 161–168.

alpenland in den Zentralraum zu den Kirsch- und Marillenbäumen in die Scharten. So mag der »Weg des Buches« für manche einfach ein schöner Weitwanderweg sein, der sich in Zeiten der Klimakatastrophe auch mit gutem Gewissen begehen lässt: »Wandern ist vom Aufwand her die geringste Form des Gebrauches der Welt. Jede andere Form der Freizeitgestaltung – angefangen beim Mountainbiken – ist mit Materialaufwand verbunden, mit externer Produktion, mit Bereitstellung. Beim Wandern brauche ich nur aus der Tür treten und losgehen«, so der Sozialpsychologe Harald Welzer.[5]

II. Der »Weg des Buches« als Pilgerweg

Es gibt keinen Zweifel: Pilgern *boomt*, Pilgern ist *in*.[6] Seit den 1980er Jahren steigt die Zahl der pilgernden Menschen ständig und stark an. 1989 wurden am Jakobsweg nach Santiago de Compostela rund 6.000 Pilger:innen gezählt, im Jahr 2022 waren es auf demselben Weg schon mehr als 440.000![7] Freilich: Pilgern ist ein diffuses Phänomen, das von zahlreichen Ambivalenzen bestimmt ist. Es gilt als typisch zeitgenössische post- oder spätmoderne Praxis mit religiöser Beimischung, die sich mehr oder weniger stark reglementiert in so gut wie allen Religionen findet und deshalb zum mittlerweile intensiv beforschten Phänomen der Religionswissenschaften und ihrer Nachbardisziplinen geworden ist.[8] Allgemein lässt sich mit Ralph Kunz sagen: »Das Pilgern ist eine religiöse Praxis und eine Form des leibbezogenen Betens, die das Weite sucht.«[9] Aber viele, die auf einem Pilgerweg unterwegs sind, verstehen sich weder als Betende noch als religiös Suchende, sondern finden sich in einer Rollenvielfalt als Vagabundierende, Tourist:innen, Passant:innen, Flaneur:innen und Spielende, die sich jeder kirchlichen Vereinnahmung oder theologischen Deutung entziehen. Dazu kommt, dass gerade im Bereich

---

[5] Das Wandern ist Herrn Welzers Lust, in: *gehört. Das Öl-Magazin* (August 2023) 14. Zum Wandern grundsätzlich: Rebecca Solnit, Wanderlust. Eine Geschichte des Gehens (Berlin 2019).

[6] Zum Pilgern grundsätzlich: Ralph Kunz, Pilgern. Glauben auf dem Weg (Theologische Literaturzeitung – Forum 36, Leipzig 2019).

[7] So Reinhard Mawick im Gespräch mit Ralph Kunz: Stolperer, nicht Leistungssportler. *zeitzeichen* 24/8 (2023) 35.

[8] So neben Kunz, Pilgern (wie Anm. 6) z. B.: Detlef Lienau, Sich fremd gehen. Warum Menschen pilgern (Ostfildern 2009); Ders., Religion auf Reisen. Eine empirische Studie zur religiösen Erfahrung von Pilgern (Praktische Theologie und Kultur 24, Freiburg i. Br. 2015); Ders., Das Weite suchen. Pilgern – mit Gott auf dem Weg sein (Edition Geistlich leben, Gießen 2018); Roger Jensen, Weite offene Augen. Pilgern gestern und heute (Göttingen 2018); Isabella Schwaderer, Pilgern – eine religionswissenschaftliche Einordnung eines zeitgenössischen Phänomens. *Theologie der Gegenwart* 62/2 (2019) 95–106; Bernd Lohse, Beten mit den Füßen. Über den Mehrwert, der das Pilgern vom Wandern unterscheidet. *zeitzeichen* 22/8 (2021) 34–36.

[9] Kunz, Pilgern (wie Anm. 6) 30.

evangelischer Tradition die fundamentale Kritik Martin Luthers am Pilger- und Wallfahrtswesen seiner Zeit nach wie vor Beachtung findet;[10] Luthers Ablehnung hing stark mit seiner Zurückweisung des Ablasswesens zusammen. Letztendlich mag seine Kritik als zeitgebunden überholt gelten. Nur an einem Punkt bleibt die evangelische Tradition aktuell: Es gibt keinen ›heiligen‹ Ort, der das Ziel des Pilgerweges sein könnte. Das markiert den Unterschied zum Wallfahren, das immer zu einem heiligen Ort oder zu einem/einer Heiligen in einer bestimmten Kirche führt. Pilgern hingegen ist ein Weg zu sich selbst. Deshalb schickt die Jugendgerichtshilfe in einigen europäischen Ländern (Deutschland, Belgien, Italien u. a.) mit messbarem Erfolg straffällig gewordene Jugendliche zum Pilgern, um sie wieder auf einen richtigen Lebensweg zu bringen.

So spricht wohl ebenso viel dafür, den »Weg des Buches« als evangelischen Pilgerweg zu bezeichnen, wie sich auch dagegen anführen lässt.

Unbestritten mag bleiben, dass Jesus als Pilger gesehen werden kann und mit guten biblischen Gründen nicht nur das Christsein als ein Weg, sondern auch die Gemeinde als *communio viatorum*, als Pilger- und Wandergemeinschaft, verstanden werden kann.[11]

So kann der »Weg des Buches« zum Pilgerweg werden, weil und wenn er – wie es seinem Anspruch als Weg des Bücher- und Bibelschmuggels ja auch entspricht – mit der Bibel begangen wird. Jutta Henner, Direktorin der Österreichischen Bibelgesellschaft, hat den »Bibelleseplan zum Weg des Buches« gestaltet, der gemeinsam mit dem Wanderführer angeboten wird.[12] Für jeden Tag wurden drei Texte aus der Bibel als Impulse zum Nachdenken ausgewählt, die oft jene biblischen Texte aufgreifen, die etwa in den evangelischen Kirchen am Weg als Inschriften zu lesen sind. So knüpft der Bibelleseplan ein feines Netz zwischen den begangenen und besuchten Orten entlang des Weges, der Bibel als wichtigstem Buch in der Lesefrömmigkeit der Untergrund- bzw. Geheimprotestanten:innen und den ganz bewusst nicht kirchlich-theologisch starr ausgedeuteten spirituellen Erwartungen der Pilgernden heute.

III. Der »Weg des Buches« als thematischer Gedenk- und Erinnerungsweg

Für den Zusammenhang der Tagung *evangelisches:erinnern* ist dieser dritte Aspekt, den der »Weg des Buches« als Gedächtnisprojekt eröffnet, von besonderer

---

[10] Thomas KAUFMANN, Draufgängertum und heiliger Kampf. Ein Gang durch die Epochen des religiösen Reisetourismus in der Christentumsgeschichte. *zeitzeichen* 24/8 (2023) 28–31.

[11] So lässt sich Ralph Kunz verstehen, der das Pilgern von Karl Barths Versöhnungslehre her in gut evangelischer Weise theologisch profiliert: KUNZ, Pilgern (wie Anm. 6) 197–227.

[12] Jutta HENNER (Hg.), Bibelleseplan zum Weg des Buches. Impulse zum Nachdenken (Salzburg 2008); BÜNKER/LEUTHOLD (Hg.), Weg (wie Anm. 2).

Bedeutung. Diesen Aspekt unterstützt nachhaltig *Das Buch zum Weg*.[13] Es bietet durch kurze Übersichtsartikel eine valide Einführung in die Geschichte des Protestantismus in Österreich, v. a. aber detaillierte Hinweise zur Kirchen-, Kunst- und Kulturgeschichte entlang des »Weges des Buches«. Das Buch ist mittlerweile gewiss zum Standardwerk geworden.

Schon bei der Eröffnung des »Weges des Buches« am 4. Oktober 2008 konnten die Teilnehmenden in der Ausstellung in der evangelischen Kirche in Ramsau einige Bücher aus der Zeit des Geheimprotestantismus sehen. Der Weg führte dann die Wandergruppe am Wieserhof vorbei, auf dem sich die vermutlich älteste Lutherbibel Österreichs befindet. Auf dem Weg dorthin rief ein als Bibelschmuggler auftretendes Mitglied der »Theatergruppe Ortszeit« die Erinnerung wach und bot den Wandernden Bücher als ›heiße Ware‹ an.[14]

Der »Weg des Buches« führt aber nicht durch Salzburg, wo der Protestantismus mit der großen Emigration unter Fürsterzbischof Firmian 1731/1732 so gut wie ganz erloschen ist, sondern durch jene Gebiete Österreichs, in denen es trotz aller Unterdrückung und Furcht vor Deportation sowie Zwangskonversion über gut sechs Generationen evangelisches Glaubensleben auf den Bauernhöfen, also den sogenannten Geheim- oder Untergrundprotestantismus mit seinen Hausandachten und der von allen am Hof Lebenden praktizierten Lesefrömmigkeit, gegeben hat. Das sind die Gebiete, in denen aufgrund des Toleranzpatents vom 13. Oktober 1781 in Oberösterreich, der Steiermark und Kärnten die ersten Gemeinden gebildet werden konnten. Woher hatten die evangelischen Bauern ihren Glauben? Von den Eltern und anderen Glaubensgeschwistern bestimmt, aber in erster Linie aus den Büchern. Das belegen zahlreiche Verhörprotokolle aus diesem Teil des habsburgischen Reiches.[15] An vielen Orten ist diese Art des evangelischen Glaubenslebens bis heute lebendig. So ist der »Weg des Buches« nicht nur – wenn auch in erster Linie – ein historischer Weg des Gedenkens und der Erinnerung, an dem den Wandernden die Geschichte des Protestantismus in Österreich mit seiner Blütezeit, aber auch mit den Schattenseiten der Zwangsumsiedlungen, Ausweisungen und Massenemigrationen als wichtiger Teil der österreichischen Geschichte bewusst werden kann,[16] sondern auch ein Weg der Begegnung mit dem auch heute gelebten evangelischen Glauben.

---

[13] LEEB/SCHWEIGHOFER/WEIKL (Hg.), Buch (wie Anm. 2).

[14] Die »Theatergruppe Ortszeit« hat ebenfalls im Jahr 2008 in Leogang im Stück *Protestanten!* das Schicksal der evangelischen Bevölkerung in Salzburg bis zur Emigration 1731/32 aufgeführt und dabei alle Zuschauenden zu Teilnehmenden werden lassen. Pressemeldung epd Ö (Evangelischer Pressedienst für Österreich): Theater erzählt Geschichte der ausgewiesenen Salzburger Protestanten (9.6.2008), https://evang.at/theater-erzaehlt-geschichte-der-ausgewiesenen-salzburger-protestanten/ [17.8.2023].

[15] Dietmar WEIKL, Das religiöse Leben im Geheimprotestantismus in den habsburgischen Erblanden, in: Geheimprotestantismus und evangelische Kirchen in der Habsburgermonarchie und im Erzstift Salzburg (17./18. Jahrhundert), hg. von Rudolf LEEB/Martin SCHEUTZ/Dietmar WEIKL (Wien/Köln/Weimar 2009) 457–473.

[16] So Rudolf Leeb in: LEEB/SCHWEIGHOFER/WEIKL (Hg.), Buch (wie Anm. 2) 9.

Sowohl im Wanderführer[17] als auch im kirchen-, kunst- und kulturgeschichtlichen Begleitbuch zum Weg[18] wird derselbe Ausschnitt aus der Predigt des Hannß Moßegger zitiert.[19] Der Wagrainer Zimmermann war neben anderen wohl der bekannteste Prediger der Salzburger Untergrundprotestant:innen. Er wurde im September 1731 verhaftet und am 6. Mai 1732 im »Wagrainer Zug« deportiert. Moßegger starb bald darauf am 15. Juni 1732 in Altenburg bei Leipzig.[20] Er wurde in ehrenvoller Erinnerung gehalten, in seinem Sterbejahr erschien eine Publikation mit einem fingierten Gespräch, das er im Jenseits mit Martin Luther führt.[21] Wenn von der großen Liebe der Untergrundprotestant:innen zur Heiligen Schrift, die sich in dieser Predigt ausdrückt, nur ein schwacher Abglanz auf alle Wandernden am »Weg des Buches« fällt, hat sich alle Mühe gelohnt.

> »O, wie a schöne Zeit habn wir ghabt! Mit dem Evengeli und der hl. Schrift sind wir schlafen ganga, die Sennderin, der Hirte hats auf d'Alma genumma, der Holzknecht in den Wald, der Jager auf die Bürsch, die hl. Schrift war ünser Ge[s]chichtenbuech, ünser Heil und Glück, ünser Segen, Freud und Lust.«[22]

---

[17] BÜNKER/LEUTHOLD (Hg.), Weg (wie Anm. 2) 56 und 67.
[18] LEEB/SCHWEIGHOFER/WEIKL (Hg.), Buch (wie Anm. 2) 174.
[19] Gerhard FLOREY, Predigt eines Salzburger Prädikanten aus dem Jahr 1731. *JGPrÖ* 97 (1981) 133–146. Die Predigt gilt als »Unikat« (so Dietmar WEIKL, Das religiöse Leben der Geheimprotestanten [Diss. Universität Wien 2012] 131). Dazu: Astrid VON SCHLACHTA, Die Emigration der Salzburger Kryptoprotestanten, in: LEEB/SCHEUTZ/WEIKL (Hg.), Geheimprotestantismus (wie Anm. 15) 63–92, besonders 75f., 87f.
[20] Gerhard FLOREY, Geschichte der Salzburger Protestanten und ihrer Emigration 1731/32 (Studien und Texte zur Kirchengeschichte und Geschichte. Erste Reihe 2, Wien/Graz/Köln 1977) 84–92, 167–176.
[21] Angelika MARSCH, Die Salzburger Emigration in Bildern (Schriften des Norddeutschen Kulturwerks e.V. Lüneburg, Weißenhorn ²1979) 166 und Abb. 182.
[22] FLOREY, Predigt (wie Anm. 19) 144.

Österreichische Öffentlichkeit, evangelische
Erinnerungsarbeit und Geschichtspolitik

›Holprige Umkehr‹

Die evangelische Kirche und das Judentum seit 1945

Von Roland Werneck

Dass bei einer Tagung zum ›Evangelischen Erinnern‹ das Verhältnis der evangelischen Kirche zum Judentum in den Blick genommen wird, ist nicht nur aufgrund des spannungsreichen Verhältnisses in der Geschichte des 20. Jahrhunderts wichtig, sondern auch, weil das Thema ›Erinnern‹ im Judentum als *das* zentrale Stichwort für sein Überleben und seine Theologie gelten kann: *Zachor* – Erinnere Dich! Diese biblische Aufforderung hat wohl nicht nur die jüdische, sondern auch die christliche Geschichtsauffassung immer wieder durchgehend geprägt.[1]

I. Vorsichtige Annäherung

›Holprige Umkehr‹ – es war nach 1945 ein mühsames Ringen in der Evangelischen Kirche in Österreich mit der Frage nach der Schuld durch die Verstrickungen maßgeblicher Vertreter in den Nationalsozialismus. Eine erste vorsichtige Annäherung findet sich in einem Bericht von Bischof Gerhard May auf der Dritten Generalsynode 1949, in dem er den Mangel an Mut in unserer Kirche beklagt:

> »So tragen wir durch unser falsches Reden oder falsches Schweigen Schuld daran, daß wir nicht weitere Kreise zur vollen Klarheit und Wahrheit geführt haben. Wie schwer aber war es vielen, aus den anfänglichen Irrtümern zurechtzufinden! Ich denke etwa an Religionslehrpläne, die das Alte Testament zurückdrängten – konnte man sie öffentlich widerrufen? Ich denke an Pfarrer, die sich in seelsorgerlichen Gesprächen über die Behandlung der Juden oder religionspolitische Maßnahmen geäußert hatten und von Gemeindegliedern der Gestapo denunziert wurden.«[2]

Das Wort ›Schuld‹ taucht hier zwar schon auf, aber es bleibt insgesamt doch sehr undeutlich, worin diese Schuld besteht.

---

[1] Yosef Hayim YERUSHALMI, Zachor: Erinnere Dich! Jüdische Geschichte und jüdisches Gedächtnis (Berlin 1988).
[2] Dokumentiert in: Hans Hermann HENRIX/Wolfgang KRAUS (Hg.), Die Kirchen und das Judentum, Dokumente von 1986 2000 (Paderborn/Gütersloh 2001) 525f.

II. »Dienst an Israel«

Eine intensive grundsätzliche Beschäftigung mit den theologischen Fragen des Verhältnisses von Christentum und Judentum geschah in den folgenden Jahren vor allem in der Evangelischen Arbeitsgemeinschaft »Dienst an Israel«. Die Gründung dieser Arbeitsgemeinschaft geht auf Pfarrer Felix Propper zurück. Propper wurde wegen seiner jüdischen Abstammung von den Nazis aus Wien vertrieben. Er war bereits 1916 in die Evangelische Kirche A. B. eingetreten und studierte als Jurist im französischen Exil Theologie. 1951 wurde er zum Dienst an der »Schwedischen Israelmission« in der Seegasse beauftragt und war in Wien für die ›Judenmission‹ zuständig.[3]

1952 riefen verschiedene Persönlichkeiten des kirchlichen Lebens dazu auf, den »Dienst an Israel« zu unterstützen. Unter den Namen finden sich u. a. der Professor für Kirchengeschichte Wilhelm Kühnert und der damalige Studentenpfarrer Wilhelm Dantine, die beide in der »Arbeitsgemeinschaft für Theologie und Kirche« tätig waren. Diese Arbeitsgemeinschaft hatte schon 1950 eine *Erklärung zum Problem Kirche und Israel* verabschiedet. Zwei Jahre nach der Gründung des Staates Israel werden hier mit besonderem Bezug auf Römer 9–11 die heilsgeschichtliche Kontinuität zwischen Israel und der Kirche und die bestehende Erwählung Israels hervorgehoben. Wörtlich heißt es: »Der Antisemitismus läßt sich mit dem Glauben an Jesus Christus, mit der Botschaft des Evangeliums nicht vereinbaren.«[4]

Das Ziel der von Propper gegründeten Initiative »Dienst an Israel« war es, »›das Gewissen der Glieder unserer Kirche für den missionarischen Dienst an dem Volk zu wecken, das diesen Ruf zuerst vernommen hat‹ und ›eine grundlegende Sinnesänderung‹ in den Gemeinden herbeizuführen«.[5] Der »Evangelische Dienst an Israel« zählte nach zwei Jahren bereits 200 Mitglieder. Nach dem Urteil von Karl Schwarz »dürfte diese Einrichtung« jedoch »kaum tiefer in das kirchliche Bewusstsein eingedrungen sein. Während am Anfang der Hauptschwerpunkt die Judenmission war, so äußerte man sich in späteren Jahren zur Frage der Wiedergutmachung und trat gegen den Antisemitismus auf.«[6]

Die von Propper in der Zeitschrift *Der Judenchrist* veröffentlichten Beiträge nehmen zahlreiche Themen des späteren christlich-jüdischen Dialogs vorweg.[7]

---

[3] Vgl. zu ihm: Monika Nüchtern/Karl W. Schwarz/Roland Werneck, Felix Propper und der christlich-jüdische Dialog. Auf dem Weg zur Synodenerklärung „Zeit zur Umkehr" (1998). In Memoriam Prof. D. Ulrich Trinks (1930–2008). *JGPrÖ* 124/125 (2008/2009) 220–245.

[4] Dokumentiert in: Rolf Rendtorff/Hans Hermann Henrix (Hg.), Die Kirchen und das Judentum, Dokumente von 1945 bis 1985 (Paderborn/München 1988) 446f.

[5] Zit. nach: Nüchtern/Schwarz/Werneck, Propper (wie Anm. 3) 228.

[6] Ebenda 229.

[7] Gesammelte Aufsätze in: Felix Propper, Die Kirche und ihre Juden (Wien/München 2006).

Einige Beispiele: Was bedeutet es theologisch, dass Jesus Jude war? Welche Konsequenzen müssen Christen aus ihrer judenfeindlichen Geschichte ziehen? Was bedeutet die bleibende Existenz des jüdischen Volkes für die nichtjüdische Christenheit?

Die anfängliche Befürwortung einer christlichen ›Judenmission‹ verändert sich bei Propper in den 1950er Jahren kontinuierlich bis hin zu einer deutlichen Absage. 1961 schreibt er:

> »Unter gar keinen Umständen aber ist eine Judenmission zulässig. Sie beruht auf einer völligen Verkennung nicht nur der geschichtlichen Ereignisse, die die Entstehung der Kirche und die Trennung von Israel bewirkt haben. Sie ist ein wichtiger Assimilationsfaktor geworden, der zum Untergang des jüdischen Volkes führen muss. Sie ist nach der Vernichtung von einem Drittel des jüdischen Volksbestandes [...] nichts anderes als die Fortsetzung der Judenausrottung mit anderen Mitteln. Da aber das jüdische Volk nach dem Zeugnis des Alten wie des Neuen Testament bis zum Ende bewahrt werden soll, ist es unverständlich, wie die Christenheit die Judenmission schriftgemäß begründen will.«[8]

Propper blieb mit diesen sehr deutlichen Worten allein in seiner Kirche, er war seiner Zeit weit voraus. Als er 1962 verstarb, begann sich in Deutschland das christlich-jüdische Verhältnis gerade erst langsam in die Richtung eines Gesprächs miteinander zu entwickeln. Propper wurde nach seinem Selbstverständnis als ›Judenchrist‹ mit Kippa und Tallit begraben. Mit seinem Tod endeten auch die Aktivitäten des »Evangelischen Dienstes an Israel«.

III. Neue Institutionen – eine neue Generation

1955 wurde in Wien nach Abschluss des Staatsvertrags die gesellschaftspolitisch ausgerichtete »Aktion gegen Antisemitismus« gegründet. Neben Felix Propper arbeitete hier von evangelischer Seite von Beginn an Wilhelm Dantine mit. Er war auch einer der Väter des »Koordinierungsausschusses für christlich-jüdische Zusammenarbeit«, der auf Initiative des Judaisten Kurt Schubert 1965 gegründet wurde und sich bis heute auf einer ökumenischen Basis vor allem mit den religiösen Fragestellungen einer Erneuerung des Verhältnisses von Christen und Juden beschäftigt.

Das Jahr 1965 ist in mehrfacher Hinsicht bedeutsam für das christlich-jüdische Verhältnis in Österreich. Es ist das Jahr des für die römisch-katholische Kirche wegweisenden Konzilsdokuments *Nostra aetate*, das im Rahmen des Zweiten Vatikanischen Konzils das Verhältnis zu nichtchristlichen Kirchen verhandelt und die bleibende Erwählung des Judentums bestätigt, in dem das Christentum wurzelt.

---

[8] Ebenda 186.

Außerdem sorgten in diesem Jahr antisemitische Äußerungen des an der Hochschule für Welthandel tätigen Professors Taras Borodajkewycz für heftige inneruniversitäre Debatten.⁹ Eine erste öffentliche Debatte über die Rolle Österreichs in der NS-Zeit wurde geführt. Auch das Verhalten der christlichen Kirchen wurde zunehmend angefragt. Eine neue Generation stellt an die Älteren unbequeme Fragen.¹⁰

IV. Das Synodenwort 1965

In der evangelischen Kirche beschloss die Generalsynode nach langer Vorarbeit und auf Betreiben von Bischof May im November 1965 ein *Seelsorgerliches Wort an die Gemeinden über Christen und Juden*.

> »Die Folgen dieses Rassenfanatismus hätten alle zur Einsicht und Umkehr bringen müssen. Dennoch schwelt der Antisemitismus in mancherlei Gestalt unter uns und die Seele unseres Volkes erleidet Schaden. [...] Darum ruft die Generalsynode alle Glieder unserer Kirche auf, mit [...] Entschiedenheit und Nachdruck für die Überwindung von Antisemitismus einzutreten. Darum fordert die Generalsynode alle, die in unserer Kirche Verantwortung tragen, vor allem Prediger und Lehrer, auf, diesen Fragen in ernstem Studium, in Konferenzen, in Predigt, Unterricht und Seelsorge ihre besondere Wachsamkeit zu widmen. Bischof, Superintendenten, Professoren und Fachleute mögen Anweisungen und Grundlagen für diese Arbeit regelmäßig darbieten.«¹¹

Der immer noch und schon wieder gegenwärtige Antisemitismus in der Kirche wird hier deutlich benannt. Von Schuld oder Mitschuld der Kirche ist hier keine Rede, allerdings taucht das Wort ›Umkehr‹ in diesem Zusammenhang das erste Mal auf. Aber was ist aus diesem eindrücklichen Aufruf geworden? Der langjährige Leiter der Evangelischen Akademie Wien Ulrich Trinks sagte dazu in einem Interview Anfang der 1990er Jahre:

> »Es war sehr betrüblich, dass die Synodalerklärung keine weiteren gesamtkirchlichen Folgen hatte [...]. Es blieb in diesem Kreis der Spezialisten, auch des christlich-jüdischen Koordinierungsausschusses, an dessen Veranstaltungen sich viele Leute aus der Akademikerschaft beteiligt haben, es hatte aber keine gesamtkirchliche Wirkung.«¹²

Das christlich-jüdische Verhältnis blieb insgesamt ein Nischenthema auf einer akademischen Ebene. An der Evangelisch-Theologischen Fakultät der Universität Wien waren es bis in die 1980er Jahre v. a. die Systematiker Wilhelm Dantine

---

9   Nüchtern/Schwarz/Werneck, Propper (wie Anm. 3) 239.
10 Leonhard Jungwirth, Politische Vergangenheiten. Der österreichische Protestantismus in den Jahren 1933/34 bis 1968 (Arbeiten zur Kirchlichen Zeitgeschichte B 93, Göttingen 2024).
11 Henrix/Kraus (Hg.), Kirchen (wie Anm. 2) 526f.
12 Albert Brandstätter/Johannes Dantine (Hg.), Konflikte leben. 40 Jahre Evangelische Akademie Wien. 1952–1992 (Wien 1992) 100.

und Kurt Lüthi sowie der Kirchenhistoriker Alfred Raddatz, die die theologische Auseinandersetzung mit dem Judentum und das Thema Antijudaismus bzw. Antisemitismus in ihre Lehrveranstaltungen einbrachten und dazu veröffentlichten.[13]

V. Die 1980er Jahre: ein Neuaufbruch

Durch die Arbeit des »Koordinierungsausschusses« trat man langsam in die dialogische Phase ein. Christen und Christinnen begannen nicht nur über Juden und Jüdinnen, sondern auch mit ihnen zu sprechen. Ein neuer Impuls zur Intensivierung der Diskussion kam Anfang der 1980er Jahre aus Deutschland, wo die Erklärung der Rheinischen Synode *Zur Erneuerung des Verhältnisses von Christen und Juden* großes Aufsehen erregte.[14] Am Beginn dieser Erklärung steht die »Erkenntnis christlicher Mitverantwortung und Schuld an dem Holocaust«. Weitere Themen sind Fragen über die heilsgeschichtliche Bedeutung Israels nach Röm. 9–11, christologische Fragen, aber auch die nach einer möglichen theologischen Interpretation der Gründung des Staates Israel. Der klassischen Form der ›Judenmission‹ wird eine deutliche Absage erteilt. Das Gewicht dieser Synodalerklärung wird auch dadurch deutlich, dass sie nach einem intensiven vierjährigen Prozess in den Gemeinden und auf den verschiedenen kirchlichen Ebenen auch im Gespräch mit Juden und Jüdinnen beschlossen wurde.

In Österreich gab die sogenannte Waldheim-Debatte Mitte der 1980er Jahre den Anstoß für eine breite gesellschaftspolitische Diskussion über den Nationalsozialismus, die Shoah und die Rolle Österreichs. Es war vor allem das Narrativ von Österreich als ›erstem Opfer‹ des Nationalsozialismus, das massiv in Frage gestellt wurde. Die Frage nach Schuld und Mitschuld wurde damals in Österreich gesamtgesellschaftlich, aber besonders auch in den Kirchen neu diskutiert. Das Jahr 1988 wurde in Österreich als Gedenkjahr begangen. Zahlreiche Veranstaltungen und Publikationen beschäftigten sich 50 Jahre nach 1938 mit der historischen Aufarbeitung des sogenannten Anschlusses und mit dem Novemberpogrom.

Im kirchlichen Bereich gab es erstmals in Österreich Stellungnahmen und Gedenkgottesdienste zum 9. November 1938. Auch der seither regelmäßig stattfindende ökumenische Gedenkgottesdienst *Mechaye HaMetim* – der die Toten auferweckt – in der Ruprechtskirche in unmittelbarer Nähe zur Synagoge in der Seitenstettengasse geht auf dieses Jahr zurück. Es war dies eine Initiative der katholischen und evangelischen Studentengemeinde.

»Während der 80er- und 90er-Jahre [des 20. Jahrhunderts] wurde das Thema ›Christen und Juden‹ intensiv auch von religionspädagogischer Seite bearbeitet. Schulbücher

---

[13] Vgl. zu Alfred Raddatz neuerdings Karl W. Schwarz, In memoriam Alfred Raddatz, den Vordenker zum »Weg der Umkehr«. *Dialog-Du Siach* 134 (Jänner 2024).

[14] Rendtorff/Henrix (Hg.), Kirchen (wie Anm. 4) 522–525.

wurden auf antijudaistische und antisemitische Inhalte überprüft, das Selbstverständnis des Judentums als Fixpunkt in Lehrpläne aufgenommen. Dazu fanden verschiedene Fortbildungsveranstaltungen statt.«[15]

VI. Zeit zur Umkehr und die Folgen[16]

Eine offizielle Stellungnahme der evangelischen Kirchen in Österreich stand in den 1990er Jahren noch aus. Die reformierte Kirche eilte den Lutheranern voraus und verabschiedete im Jahr 1996 eine *Grundsatzerklärung*,[17] in der sie sich die sogenannte Zwei-Wege-Theorie zu eigen machte: »Gott geht einen Weg mit den Juden und einen mit den Christen.«[18] Konsequenterweise wird hier christliche ›Judenmission‹ abgelehnt.

Anfang 1998 erteilte der Oberkirchenrat A. u. H. B. dem theologischen Ausschuss den Auftrag, ein Wort zur Frage ›Kirche und Israel‹ zu erstellen. Von einer solchen Erklärung erwartete sich der damalige Oberkirchenrat Johannes Dantine, »dass der unterschwellige, aber sehr giftige antijüdische Bodensatz unserer Theologie ausgemerzt wird«;[19] auch sei es ihr Ziel, »die Beziehungen zur Israelitischen Kultusgemeinde zu normalisieren«.[20]

Nachdem der erste Entwurf einer Expertenkommission vom theologischen Ausschuss mehrmals abgeändert wurde, verabschiedete die Generalsynode das Wort schließlich am 28. Oktober 1998 mit dem Titel *Zeit zur Umkehr – Die Evangelischen Kirchen in Österreich und die Juden.*[21] Der Entstehungsprozess von *Zeit zur Umkehr* unterscheidet sich vom Beschluss der Rheinischen Synode fundamental. In Österreich gab es keine breiten Vorbereitungen auf Ebene der Gemeinden oder in kirchlichen Gremien. Es war ein typischer *top-down*-Beschluss. *Zeit zur Umkehr* beginnt ähnlich wie der Rheinische Synodalbeschluss 1980 mit einem Bekenntnis zur Mitschuld von Christen und Kirchen an der Shoah. Im zweiten Punkt erinnert die Synode an die Geschichte der Verfolgung und Diskriminierung der Evangelischen in der Gegenreformation: »Mit Scham stellen wir fest, dass sich unsere Kirchen für das Schicksal der Juden und ungezählter anderer Verfolgter unempfindlich zeigten.«[22]

---

[15] Nüchtern/Schwarz/Werneck, Propper (wie Anm. 3) 241. Vgl. dazu die Dokumentationen in *Schulfach Religion* 2 (1983) Nr. 3–4; 7 (1988) Nr. 3–4; 20 (2001) Nr. 3–4.

[16] Dieser Abschnitt ist weitgehend ident mit den Ausführungen zum Dokument *Zeit zur Umkehr* in Nüchtern/Schwarz/Werneck, Propper (wie Anm. 3) 242–245.

[17] Grundsatzerklärung 1996 der Evangelischen Kirche H. B. in Österreich. *Reformiertes Kirchenblatt* 73/11 (1996) 1, 3.

[18] Henrix/Kraus (Hg.), Kirchen (wie Anm. 2) 509.

[19] epd-Meldung vom 9. April 1998.

[20] Einladungsschreiben Dantine vom 30. März 1998, Archiv der Evangelischen Akademie Wien.

[21] Abgedruckt in: ABl. Nr. 212/1998, 132–134; Nachdruck in: Henrix/Kraus (Hg.), Kirchen (wie Anm. 2) 522–527.

[22] Henrix/Kraus (Hg.), Kirchen (wie Anm. 2) 522.

Im dritten Punkt werden die Israelitischen Kultusgemeinden und die Juden in Österreich direkt angesprochen: U. a. heißt es:

> »Die evangelischen Kirchen wissen sich verpflichtet, Lehre, Predigt, Unterricht, Liturgie und Praxis der Kirche auf Antisemitismen zu überprüfen und auch über ihre Medien Vorurteilen entgegenzutreten. Die Evangelischen Kirchen wissen sich verpflichtet, jeglichem gesellschaftlichen und persönlichen Antisemitismus zu wehren. Die Evangelischen Kirchen wollen in der Beziehung zu Juden und Kultusgemeinden einen gemeinsamen Weg in eine neue Zukunft gehen.«[23]

In Punkt vier wird zunächst an die bleibende Erwählung Israels erinnert und festgehalten, dass die Auseinandersetzungen über die Bedeutung Jesu im Neuen Testament nicht antijüdisch missbraucht werden dürfen. Dann heißt es wörtlich: »Uns evangelische Christen belasten in diesem Zusammenhang die Spätschriften Luthers und ihre Forderung nach Vertreibung und Verfolgung der Juden. Wir verwerfen den Inhalt dieser Schriften.«[24] So deutlich hatte sich zuvor keine deutsche Synode zum Antijudaismus Luthers geäußert.

Im fünften Punkt weist die Synode darauf hin, dass in der Auslegung der Heiligen Schrift die jüdische Auslegung der Hebräischen Bibel stets mitzuhören sei. Zum umstrittenen Thema ›Judenmission‹ stellt die Synode fest: »Da der Bund Gottes mit seinem Volk Israel aus lauter Gnade bis ans Ende der Zeit besteht, ist Mission unter den Juden theologisch nicht gerechtfertigt und als kirchliches Programm abzulehnen.«[25] Im letzten Punkt sechs von *Zeit zur Umkehr* wird auf die Gründung des Staates Israel Bezug genommen und die Hoffnung zum Ausdruck gebracht, dass Juden, Christen und Muslime in der Region friedlich zusammenleben können.

Zuletzt schließt sich die Synode der Empfehlung des Ökumenischen Rates der Kirchen in Österreich an, den 17. Jänner als Tag der Verbundenheit mit dem Judentum zu begehen.[26] Seit dem Jahr 2000 feiern alle Kirchen in Österreich jeweils an diesem Tag den »Tag des Judentums« als Lehr- und Lerntag für die Kirchen. Die Initiative dafür ging auf die »Zweite Europäische Ökumenische Versammlung« 1997 in Graz zurück. Das Datum ist bewusst gewählt. Vom 18. bis zum 25. Jänner findet weltweit die »Gebetswoche für die Einheit der Christinnen und Christen« statt. Um ins Bewusstsein zu rufen, dass vor aller Verschiedenheit der Kirchen untereinander das allen gemeinsame Fundament der Verwurzelung im Judentum steht, wird der »Tag des Judentums« vor dem Beginn der Gebetswoche begangen. Dieser Tag hat sich in den letzten Jahren als fixe Einrichtung im Kirchenkalender etabliert. Jedes Jahr findet in Wien ein zentraler ökumenischer Gottesdienst statt, wobei Ort und Prediger:in jährlich wechseln. In den größeren Städten mit jüdischen Gemeinden

---

[23] Ebenda 523.
[24] Ebenda.
[25] Ebenda 524.
[26] Helmut NAUSNER, 17. Jänner – Tag des Judentums. Einige Hinweise zu seiner Einführung in Österreich. *Dialog-Du Siach* 62/1 (2006) 6–13.

wie Graz, Linz, Salzburg und Innsbruck gibt es ökumenische Bildungsveranstaltungen oder Gottesdienste zum Thema – immer wieder auch mit jüdischer Beteiligung. Eine wichtige Einrichtung als Folge von *Zeit zur Umkehr* war die Ernennung von Beauftragten für das christlich-jüdische Gespräch in jeder Superintendenz der Kirche A. B. bzw. in der Kirche H. B. Die Beauftragten koordinieren diverse Aktivitäten im christlich-jüdischen Bereich und informieren die Gemeinden. Einmal jährlich kommen sie zum Austausch zusammen und berichten der Kirchenleitung über aktuelle Entwicklungen in der jeweiligen Diözese.

Fünf Jahre nach *Zeit zur Umkehr* wurde im Oktober 2003 von der Generalsynode mit deutlicher Mehrheit beschlossen, in die Präambel der gemeinsamen Kirchenverfassung der Evangelischen Kirche A. u. H. B. das Verhältnis zu Israel aufzunehmen: »Beide Kirchen bekennen die bleibende Erwählung Israels als Gottes Volk und wissen sich durch ihren Herrn Jesus Christus hineingenommen in die Heilsgeschichte Gottes.«[27]

VII. Erste Bilanz und Ausblick

Das Jahr 2008 wurde vom Oberkirchenrat A. u. H. B. als »Jahr der Standortbestimmung zum evangelisch-jüdischen Verhältnis in Österreich« erklärt. Zehn Jahre nach *Zeit zur Umkehr* wird eine erste Bilanz gezogen. Im Aufruf heißt es dazu: »Diese Erklärung hat aufgrund ihrer Kürze und ihrer Prägnanz hohe Beachtung in der Ökumene und bei unseren jüdischen Gesprächspartnern gefunden. Ihre Anregungen sind in Ansätzen im Leben unserer Kirchen umgesetzt.«[28]

Folgende Fragen zur Weiterarbeit werden formuliert: »Welche Anstrengungen braucht es in unseren Kirchen, damit im kirchlichen Leben deutlich wird, dass das Judentum die Wurzel ist, die die Kirche Jesu Christi trägt? Wie können wir sichtbar machen, dass das Christentum in enger Verbindung mit dem Judentum steht, ohne es vereinnahmen zu wollen?«[29] Die gesamtösterreichische Pfarrer:innentagung beschäftigte sich in diesem Schwerpunktjahr 2008 mit den Entwicklungen der christlich-jüdischen Beziehungen.

2023 regten die Beauftragten eine Umfrage in den Pfarrgemeinden und kirchlichen Bildungseinrichtungen an, wie sich die Themen des christlich-jüdischen Verhältnisses seit dem Synodenbeschluss von 1998 entwickelt haben. Die Auswertung dieser Befragung steht noch aus. Nach meiner Beobachtung haben sich Theologie und Praxis in unserer Kirche im Verhältnis zum Judentum besonders in den letzten 25 Jahren stark verändert. Die Synodenerklärung *Zeit zur Umkehr* hat

---

[27] Präambel zur Verfassung der Evangelischen Kirche A. und H. B. in Österreich, https://www.kirchenrecht.at/document/39212/search/Pr%25C3%25A4ambel%2520Kirchenverfassung#s1225842199 [26.11.2023].

[28] *Amtsblatt für die Evangelische Kirche in Österreich*, 190. Zl. A 57; 3138/2007 (9. Oktober 2007).

[29] Ebenda.

dazu einen entscheidenden Beitrag geleistet. Die institutionelle Verankerung des christlich-jüdischen Gesprächs innerhalb der Kirche war ein wesentlicher Faktor für die Nachhaltigkeit der Veränderung. So hat unsere Kirche nach der anfänglich so ›holprigen Umkehr‹ einen Weg der Umkehr beschritten, der m.E. unumkehrbar ist. Auf der akademischen Ebene ist die christlich-jüdische Zusammenarbeit inzwischen selbstverständlich.[30]

Das Thema ›Schuld‹ und ›Mitschuld‹ der Kirchen an der Shoah ist aufgrund des wachsenden zeitlichen Abstands mehr in den Hintergrund gerückt, wird aber weiterhin im christlich-jüdischen Verhältnis eine wichtige Rolle spielen. Die Begegnung mit Zeitzeug:innen der NS-Zeit wird immer schwieriger, da nur mehr sehr wenige Überlebende unter uns sind. Die zeitgeschichtliche Vermittlung braucht neue Medien und neue Methoden. Besonders antisemitisch konnotierte Verschwörungsmythen stellen unsere Gesellschaft, aber auch die Kirchen vor neue Herausforderungen.

---

[30] Gerade auch aktuell wieder verhandelt in: Christian DANZ/Kathy EHRENSPERGER/Walter HOMOLKA (Hg.), Christologie zwischen Judentum und Christentum. Jesus, der Jude aus Galiläa, und der christliche Erlöser (Dogmatik in der Moderne 30, Tübingen 2020).

Evangelische Geschichte im öffentlichen Raum: *Mental Maps* der Erinnerung

Von Elisabeth Gruber

I. Einleitung

Evangelische Geschichte begegnet im öffentlichen Raum in unterschiedlichen Intensitäten: Gebäude etwa zur Feier des Gottesdienstes, Gedenktafeln, Hinweis- und Straßenschilder, die auf Akteure der evangelischen Gemeinden verweisen, sind in vielen urbanen und ländlichen Gemeinden Österreichs präsent. Die Tagung *evangelisches:erinnern. Evangelische Erinnerungskulturen im Österreich des 20. und 21. Jahrhunderts* hat auf einen Zeitraum fokussiert, in dem der als öffentlich gekennzeichnete Raum für soziale, gesellschafts- und machtpolitische Ausverhandlungsprozesse unterschiedlicher Intensität und Inhalte intensiv genutzt wurde und wird. Er dient als Bühne, als Projektionsfläche, als Kommunikationsraum oder – und darum wird es in diesem Beitrag gehen – als Raum der Erinnerung.[1] Der Beitrag möchte an ausgewählten Beispielen zeigen, wie einzelne Objekte zu Gegenständen evangelischer Erinnerung und damit zu Bestandteilen von *mental maps* evangelischer Erinnerungsräume wurden. Die Nutzung von Raum ist kein ausschließlich neuzeitliches Phänomen, vielmehr jedoch die Frage der Zugänglichkeit zum Raum und zur Rezeption dessen, was in diesem Raum passiert. ›Öffentlich‹ und ›privat‹ sind variable Beschreibungskriterien, die sich im Laufe der Zeit verändert haben. Während für Mittelalter und Neuzeit eine Unterscheidung zwischen öffentlich und privat nur bedingt zu fassen ist, sind es gerade die sozialen, politischen und gesellschaftlichen Debatten des 19. Jahrhunderts, die vermehrt auf die allgemein sichtbaren und zugänglichen Räume in Stadt und Land als Orte von Erinnerung zugreifen.[2] Die Nutzung von Raum im städtischen und ländlichen Umfeld wird ausgedehnt und ›öffentlicher‹ Raum von einer Bühne der (hierarchischen) Sichtbarkeit hin zu einem Ort der Verhandlung von Konflikten und des Gedenkens erweitert.

---

[1] Zu den multiplen Nutzungsmöglichkeiten von öffentlichem Raum und den damit verbundenen Ausverhandlungsprozessen bietet Susanne Rau einen guten Überblick: Susanne Rau, Räume. Konzepte, Wahrnehmungen, Nutzungen (Historische Einführungen 14, Frankfurt a. M./New York 2013) bes. 7–121; zum kollektiven Gedächtnis und den Erinnerungskulturen vgl. den instruktiven und noch immer aktuellen Band von Astrid Erll, Kollektives Gedächtnis und Erinnerungskulturen (Stuttgart/Weimar ²2011).

[2] Susanne Rau/Gerd Schwerhoff (Hg.), Zwischen Gotteshaus und Taverne. Öffentliche Räume im Spätmittelalter und Früher Neuzeit (Norm und Struktur 21, Köln 2004); Kathrin Wildner, La Plaza: Öffentlicher Raum als Verhandlungsraum, in: Bildräume und Raumbilder. Repräsentationskritik in Film und Aktivismus, hg. von Gerald Raunig (Republicart 2, Wien 2014) 83–90.

Damit wird der für alle (oder zumindest viele) zugängliche, also öffentliche, Raum auch zum Medium, zum Vermittler von Vorstellungen unterschiedlicher Akteure und Akteursgruppen.[3]

Mental maps beinhalten neben Informationen zu räumlichen Strukturen v. a. qualitative Eigenschaften, die mit der Vorstellung von Raum aktiviert und abgerufen werden können.[4] Die kulturwissenschaftliche Herangehensweise an *mental maps* fragt danach, auf welche Weise kulturell vermittelte Bilder auch Raumvorstellungen beeinflussen und wie sich diese Vorstellungen auf Prozesse von Gemeinschaftsbildung und Identitätskonstruktion auswirken.

Fragt man nach der evangelischen Geschichte im öffentlichen Raum, wird gleichzeitig auch danach gefragt, wo denn überhaupt die Geschichte einer Gruppe, die aufgrund der schon mehrfach angesprochenen Rahmenbedingungen fast die Hälfte der Zeit ihres Bestehens im Verborgenen verbracht hat, im öffentlichen Raum stattgefunden hat und sichtbar wurde.[5] Wo und an welchen Stellen konnten bzw. können *mental maps* und Erinnerungsräume geschaffen werden? Dieser Frage möchte ich mich anhand von drei Aspekten annähern. Für die frühe Geschichte evangelischen Erinnerns frage ich nach der Vermittlungsfunktion von sichtbarem Raum; die Möglichkeiten zur Gestaltung von bebautem Raum können am Beispiel der Errichtung eines Gebetshauses im städtischen Raum skizziert werden, und schließlich wird evangelisches Erinnern über die Benennung von Straßenzügen greifbar. Mit dem Begriff der *mental maps* wird dabei auf die enge Beziehung zwischen sozialem und topographischem Raum der Stadt Bezug genommen, die sich in unterschiedlichen Praktiken beobachten lässt. Zwei davon sollen exemplarisch vorgestellt werden: Zum einen skizziere ich die *mental maps* evangelischer Geschichte am Beispiel der evangelischen Kirche Innere Stadt in Linz als stadtmorphologischen Prozess;[6] zum anderen versuche ich am Beispiel von Straßenbenennungen evangelisches Erinnern anhand räumlicher Orientierungspunkte festzumachen. Mit beiden Fallbeispielen soll deutlich werden, welcher Mittel sich evangelische Gedenkkultur im öffentlichen Raum bedient.

---

[3] Birgit NEMEC/Florian WENNINGER (Hg.), Geschichtspolitik im öffentlichen Raum. Zur Benennung und Umbenennung von Straßen im internationalen Vergleich. *Zeitgeschichte* 46 (Wien 2019).

[4] Frithjof Benjamin SCHENK, Mental Maps: Die kognitive Kartierung des Kontinents als Forschungsgegenstand der europäischen Geschichte, in: Europäische Geschichte Online (EGO), hg. vom Leibniz-Institut für Europäische Geschichte (IEG), Mainz 6.5.2013: http://www.ieg-ego.eu [20.11.2023].

[5] Zur Geschichte der evangelischen Gemeinde in Österreich vgl. im Überblick Rudolf LEEB, Der Streit um den wahren Glauben. Reformation und Gegenreformation in Österreich, in: DERS./Maximilian LIEBMANN/Georg SCHEIBELREITER/Peter G. TROPPER, Geschichte des Christentums in Österreich. Von der Spätantike bis zur Gegenwart (Geschichte Österreichs, Wien 2003) 145–280.

[6] Evangelische Martin-Luther-Kirche, Martin-Luther-Platz 1, 4020 Linz.

II. Der öffentliche Raum als Vermittler von (Glaubens-)inhalten

Die Akteure der Reformation nutzten das Potential von Raum als Medium der Vermittlung, wie beispielsweise die Anbringung der Thesen Martin Luthers am Tor der Schlosskirche in Wittenberg zeigt.[7] Dieser für ein spezifisches Publikum sichtbare Akt des zur Kenntnisbringens kann als allgemein übliche Praxis des sogenannten Anschlagens von Urkunden und Erlässen an Kirchentüren oder Stadttoren gelesen werden. Dem spezifischen Akt des Thesenanschlags wurde damit Nachdruck, Autorität, aber auch Rechtmäßigkeit zugeschrieben.[8] Diese Form der Sichtbarmachung war vorwiegend ein Instrument adeliger und bürgerlicher Gruppen. Die Repräsentation des eigenen Standes, seiner Errungenschaften, seiner Einflussnahme diente der sozialen wie machtpolitischen Positionierung.[9] Man bediente sich dieser Praktiken daher auch dann, wenn es um die konfessionelle Positionierung ging.[10] Die im Rahmen der Oberösterreichischen Landesausstellung *Renaissance und Reformation* (2010) ausführlich thematisierte Fassadendekoration des Landschlosses der Familie Polheim im oberösterreichischen Parz ist ein beredtes Beispiel dafür.[11]

---

[7] Zu den Anfängen der Reformation in Österreich im Überblick vgl. Leeb, Streit (wie Anm. 5) 160–184. Der Thesenanschlag an der Schlosskirche in Wittenberg 1517 wurde in den vergangenen Jahren im Kontext des 500-Jahr-Jubiläums in zahlreichen Ausstellungen, Veranstaltungen und Publikationen thematisiert. Vgl. dazu die Einleitung des Bandes Reformation als Kommunikationsprozess: Petr Hrachovec/Gerd Schwerhoff/Winfried Müller/Martina Schattkowsky, Einleitung, in: Reformation als Kommunikationsprozess. Böhmische Kronländer und Sachsen, hg. von Dens. (Norm und Struktur 51, Göttingen 2021) 9–18, bes. 11–13. Eine Reflexion zum Jubiläumsjahr bietet der Band Hartmut Lehmann/Herman J. Selderhuis/Christopher B. Brown/Günter Frank/Bruce Gordon/Barbara Mahlmann-Bauer/Tarald Rasmussen/Violet Soen/Zsombor Tóth/Günther Wassilowsky (Hg.), Das Reformationsjubiläum 2017. Umstrittenes Erinnern (Refo500 Academic Studies 70, Göttingen 2020). Für Österreich vgl. Rudolf Leeb, Das Bild von Reformation und Gegenreformation in Österreich in der katholischen und evangelischen Geschichtsschreibung sowie im österreichischen Geschichtsbewusstsein, in: Reformationszeit und Protestantismus im österreichischen Gedächtnis, red. von Martina Fuchs/Astrid Schweighofer (JGPrÖ 132/133 [2016/2017], Leipzig 2019) 21–40. Zu Luthers ›Thesenanschlag‹ siehe etwa: Joachim Ott/Martin Treu (Hg.), Luthers Thesenanschlag – Faktum oder Fiktion (Schriften der Stiftung Luthergedenkstätten in Sachsen-Anhalt 9, Leipzig 2008).

[8] Zu dieser Vermittlungsfunktion von Urkundenanschlägen vgl. beispielsweise Andrea Stieldorf, Die Magie der Urkunden. *Archiv für Diplomatik* 55 (2009) 1–32.

[9] Martina Schattkowsky, Adel und Reformation. Adliges Engagement zur Konfessionsbildung im ländlichen Raum, in: Hrachovec/Schwerhoff/Müller/Schattkowsky (Hg.), Reformation (wie Anm. 7) 189–201, bes. 192f.

[10] Jiří Just, Böhmischer und mährischer Adel in der Reformation des 16. Jahrhunderts, in: Hrachovec/Schwerhoff/Müller/Schattkowsky (Hg.), Reformation (wie Anm. 7) 171–188. Zur tragenden Rolle der Grundherren für die Ausbreitung des reformatorischen Glaubens in Österreich vgl. Leeb, Streit (wie Anm. 5) 225.

[11] Karl Vocelka/Rudolf Leeb/Andrea Scheichl (Hg.), Renaissance und Reformation. OÖ. Landesausstellung 2010 (Linz 2010); Alexander Ritzinger, Schlösser Parz. Sigmund von Polheim und der ersäufte Papst (Kulturgut Oberösterreich 1, Regensburg 2010).

Abb.: Schloss Parz. Aus: Georg Matthaeus VISCHER, Topographia Austriae Superioris Modernae 1674, hg. von Anton Leopold SCHULLER (Nachdruck Graz 1977), Nr. 130

Im Jahr 1514 erwarb das im Land ob der Enns äußerst einflussreiche Oberhaupt der Adelsfamilie Polheim, Sigmund Ludwig, das Wasserschloss Parz und errichtete daneben einen Neubau, um eine neue Residenz für seine Familie zu etablieren. Den Ausbau zu einer dreiflügeligen Anlage führte jedoch erst sein Sohn Sigmund Ludwig der Jüngere (1531–1598) durch.[12] Dieser nutzte die langgestreckte Fassade des Neubaus, um seiner im Zuge der adeligen Ausbildungsreisen angenommenen religionspolitischen Haltung Ausdruck zu verleihen: Auf 90 Metern wurde an der Südwand des Schlosses ein Bildprogramm entwickelt, das auf mehreren Bedeutungsebenen eindrücklich die Botschaften des evangelischen Glaubens vermittelt. Szenen aus dem Alten und dem Neuen Testament deuten »das Schicksal und die Geschichte der wahren Kirche im reformatorischen Sinn«.[13] So wird beispielsweise

---

[12] Walter ASPERNIG, Geschichte des Schlosses Parz bei Grieskirchen, in: VOCELKA/LEEB/SCHEICHL (Hg.), Renaissance (wie Anm. 11) 23–30, bes. 26, sowie Walter ASPERNIG, Geschichte des Schlosses Parz bei Grieskirchen, in: Das Kulturerbe im Spannungsfeld zwischen privatem Engagement und öffentlichem Auftrag. Festschrift anlässlich des 30jährigen Bestehens der Zeitschrift ARX, hg. von Petra NIEDZIELLA (Arx-Schriftenreihe Band 2, Bozen 2009) 109–117.

[13] Rudolf LEEB, Das Bildprogramm der Fresken von Schloss Parz, in: VOCELKA/LEEB/SCHEICHL (Hg.), Renaissance (wie Anm. 11) 39–50, bes. 43.

der Durchzug der Israeliten durch das Rote Meer und die Vernichtung der nachfolgenden Ägypter in einen zeitgenössischen Kontext gestellt: Der Papst repräsentiert dabei den Anführer der Ägypter, umgeben von seinem Gefolge, Kardinal, Bischof und Mönch. Auf der Richtung Süden ausgerichteten Fassade konnte das Bildprogramm schon von weitem gesehen werden. Was heute aufgrund der veränderten Verkehrsbedingungen kaum mehr nachvollziehbar ist, wird an einem Kupferstich des späten 17. Jahrhunderts deutlich: Der regionale Hauptverkehrsweg verlief in entsprechendem Sichtabstand parallel zur Fassade: Das Bildprogramm konnte – und musste – in seiner gesamten Länge regelrecht abgeschritten werden.

Im Zuge der Gegenreformation wurde das Fresko übertüncht und geriet in Vergessenheit. Erst in den 1980er Jahren brachten umfassende denkmalpflegerische Arbeiten sein gesamtes Ausmaß wieder zutage. Die zu vermittelnde Botschaft war zunächst überdeckt, später zwar wieder sichtbar, aber ohne Bewertung und Analyse nicht mehr verständlich. Erst die Vermittlung, die Kontextualisierung, konnte diesen Schritt ermöglichen. So gelangten das Fresko und sein Bildprogramm zunächst in die kunst- und denkmalpflegerische Erinnerung, bevor es im Rahmen der Oberösterreichischen Landesausstellung 2010 architektur- und kunsthistorisch, aber auch religionsgeschichtlich gewürdigt wurde.

III. Evangelische Geschichte und die Gestaltung von bebautem Raum

Evangelische Geschichte im öffentlichen Raum wird in der Gestaltung von verbautem und unverbautem Raum deutlich. Die Platzierung von Gebäuden, die Gestaltung von Plätzen und die Benennung von Straßen ergeben in ihrem Zusammenspiel spezifische Konstellationen, die nach den Entstehungszusammenhängen von ge- und bebautem Raum fragen lassen. Dafür bietet sich das Beispiel der evangelischen Gemeinde der Stadt Linz an, deren bauliche Manifestation auch die religionspolitischen Konjunkturen widerspiegelt.[14] In der zweiten Hälfte des 16. Jahrhunderts dominierten protestantische Adelsfamilien wie die Jörger und Polheimer den Landtag ob der Enns.[15] Die Konventsgebäude des Minoritenklosters wurden abgebrochen und an deren Stelle das Landhaus erbaut, das zu einem Zentrum des evangelischen

---

[14] Einen Überblick zur Geschichte der Reformation in Linz und im Land ob der Enns bot zuletzt Rudolf ZINNHOBLER, Die Entwicklung des Protestantismus in Oberösterreich. Schwerpunkte und Wendepunkte. *JGPrÖ* 121 (2005) (=Festgabe Bischof Dieter Knall zum 75. Geburtstag und Professor Peter F. Barton zum 70. Geburtstag) 443–470; Cathrin HERMANN, Wie wurden Reformation und Gegenreformation in Linz vom 19. bis zum 21. Jahrhundert erinnert?. in: FUCHS/SCHWEIGHOFER (Red.), Reformationszeit (wie Anm. 7) 379–388; Andreas HOCHMEIR/Martina FUCHS, Reformation und Protestantismusgedächtnis im Land ob der Enns, in: FUCHS/SCHWEIGHOFER (Red.), Reformationszeit (wie Anm. 7) 323–338.

[15] Zur Familie Jörger vgl. Heinrich WURM, Die Jörger von Tollet (Forschungen zur Geschichte Oberösterreichs 4, Linz 1955); sowie zusammenfassend Elisabeth GRUBER, Die Familie Jörger und ihre Rolle in der konfessionellen Geschichte Österreichs, in: VOCELKA/LEEB/SCHEICHL (Hg.), Renaissance (wie Anm. 11) 67–74; zur Familie Pollheimer vgl. Walter

Glaubens werden sollte. Da die Umwandlung der an das Landhaus räumlich angeschlossenen Minoritenkirche in eine protestantische Kirche untersagt wurde, nutzten die evangelischen Stände den Landhaussaal zum Gottesdienst.[16] Der als Steinerner Saal bezeichnete Versammlungsraum nahm ursprünglich die gesamte Länge der Durchfahrt vom Nord- bis zum Südtor ein und bot mit einer Fläche von 330 Quadratmetern ausreichend Platz für bis zu 200 Abgeordnete zum Landstand ob der Enns. Diese Nutzung des Steinernen Saales als konfessioneller Versammlungsraum endete mit der Gegenreformation, die weiteren Versammlungsorte sind bis auf den durch das Toleranzpatent 1781 ermöglichten Aufenthalt im Gasthof zum Weißen Lamm in der Nähe der Herrengasse in Linz unbekannt. Erst das Toleranzpatent ermöglichte den evangelischen Gemeinden die Errichtung von Gebetshäusern.[17] So erhielt die evangelische Gemeinschaft in Linz nach mehreren vergeblichen Versuchen Mitte des 19. Jahrhunderts die Genehmigung für den Bau eines Bethauses. Nach dem Kauf eines Grundstückes an der Linzer Landstraße konnte das Gebäude 1844 eingeweiht werden.[18] Die von der Straßenflucht der Landstraße um 50 Meter zurückversetzte Lage entsprach der im Toleranzpatent festgelegten Vorschrift, nach der evangelische Kirchen nicht dominant im Vordergrund stehen durften. Ebenso waren die Errichtung eines Turmes und die Verwendung von Glocken untersagt.

Bereits vier Jahre nach der Eröffnung des Bethauses wurden diese Vorschriften aufgehoben, sodass 1854 mit der Grundsteinlegung für den Turm begonnen werden konnte. Noch vor der Fertigstellung 1862 wurden drei Glocken geweiht und im unvollendeten Turm montiert.

Maßgeblichen Anteil an der Verwirklichung des gesamten Bauvorhabens hatte der 1883 verstorbene Linzer Zuckerbäcker Johann Konrad Vogel, der über 25 Jahre Kirchenvorsteher der evangelischen Gemeinde von Linz war.[19] Aufgrund seines Einsatzes als Initiator der Evangelischen Waisenstiftung und des sogenannten Armenvereins ernannte die Stadt Linz ihn zu ihrem Ehrenbürger. Ebenfalls nicht unerwähnt bleiben soll die Tatsache, dass er auch als Erfinder der Linzer Torte gilt.

ASPERNIG, Die Adelsfamilie Polheim und ihre Rolle in der konfessionellen Geschichte Oberösterreichs, in: VOCELKA/LEEB/SCHEICHL (Hg.), Renaissance (wie Anm. 11) 75–80.

[16] Eduard STRASSMAYR, Das Landhaus in Linz. Seine Baugeschichte, politische und kulturelle Bedeutung (Linz 1950); Heinz GRUBER, Das Linzer Landhaus, in: Im Brennpunkt der Geschichte: Landhaus und Promenade in Linz, red. von Nikolaus HOFER (Fundberichte aus Österreich Materialhefte Reihe A, Sonderheft 8, Wien 2009) 48–57.

[17] Vgl. dazu Martin SCHEUTZ, Bethäuser, Türme, Glocken und Kirchen. Das Erbe der Reformation rund um den Dachstein, in: FUCHS/SCHWEIGHOFER (Red.), Reformationszeit (wie Anm. 7) 299–310, hier 302.

[18] Justus SCHMIDT (Bearb.), Die Linzer Kirchen (Österreichische Kunsttopographie 36, Wien 1964).

[19] Zu Konrad Vogl vgl. Johanna DOLLHÄUBL, Nahrung für Leib und Seele – Johann Konrad Vogel. Biographie des Monats: https://www.oeaw.ac.at/acdh/oebl/biographien-des-monats/2016/august [22.11.2023].

Heute zeigt sich das Ensemble als *mental map* der Erinnerung im Linzer Stadtbild: Der Vorplatz trägt seit 1945 den Namen Martin-Luther-Platz, die seitlich verlaufende Johann-Konrad-Vogel-Straße setzt dem Initiator der Linzer evangelischen Gemeinschaft ein Denkmal. Die evangelische Kirche befindet sich übrigens auf gleicher Höhe mit dem 1862 eröffneten Mariendom, jenem Dom mit dem Anspruch, nach St. Stephan in Wien den höchsten Turm Österreichs zu besitzen.[20]

IV. Evangelisches Erinnern in Form von Strassennamen

Der niederländische Autor und Schriftsteller Cees Nooteboom beschreibt in seinem 1997 erschienenen Roman *Die Dame mit dem Einhorn. Europäische Reisen* die Bestandteile einer Stadt folgendermaßen:

> »Denn woraus besteht eine Stadt? Aus allem, was in ihr gesagt, geträumt, zerstört, geschehen ist. Aus dem Gebauten, dem Verschwundenen, dem Geträumten, das nie verwirklicht wurde. [...] Wer will, kann es hören. Es lebt fort in Archiven, Gedichten, in Straßennamen und Sprichwörtern, in Wortschatz und Tonfall der Sprache.«[21]

Kulturhistorische Zugänge zur Stadt beschreiben Städte nicht nur als Orte vielfältiger sozialer Prozesse, sondern betonen, dass Städte auch als kulturelle Figurationen eigener Ordnung verstanden werden können.[22] Die Benennung von Straßen, Wegen und Plätzen dient der Orientierung – sowohl im topografischen als auch im sozialen Raum. Die eindeutige Zuordnung von Gebäuden zu eindeutig benannten Straßenzügen ist eine nicht zu unterschätzende gemeinschaftliche Leistung mit hohem Identifikationspotential. Der österreichischen Gesetzgebung zufolge liegt die Benennung der Verkehrsflächen im Kompetenzbereich der Gemeinden und wird nicht auf Landes- oder Bundesebene reglementiert. Die Vergabe von Straßenbezeichnungen als Instrument der Raumordnung folgt Kriterien, die auf schriftlich wie mündlich fixierten Vereinbarungen basieren und im Rahmen der Gemeindevertretungen ausverhandelt werden. Lediglich das ›Verbotsgesetz‹ (Wiederbetätigung) und das Urheberrechtsgesetz schränken den Auswahlpool ein.[23] Eine 2015

---

[20] Zum sogenannten Mariendom in Linz vgl. Erika DOBERER, Ein Dom des 19. Jahrhunderts, in: Kirche in Oberösterreich. 200 Jahre Bistum Linz. Katalogbuch, hg. vom Land Oberösterreich, Amt der Ober- Österreichischen Landesregierung, Abteilung Kultur in Linz (Linz 1985) 249–258.

[21] Zitiert nach Jens WIETSCHORKE, Anthropologie der Stadt: Konzepte und Perspektiven, in: Stadt. Ein interdisziplinäres Handbuch, hg. von Harald A. MIEG/Christoph HEYL (Stuttgart 2013) 202.

[22] Ebenda 201.

[23] Zu den in Österreich praktizierten Benennungsgrundsätzen für Verkehrsflächen vgl. Peter AUTENGRUBER/Birgit NEMEC/Oliver RATHKOLB/Florian WENNIGER, Umstrittene Wiener Straßennamen. Ein kritisches Lesebuch (Wien 2014); Oliver RATHKOLB/Peter AUTENGRUBER/Birgit NEMEC/Florian WENNIGER, Forschungsprojektendbericht. Straßennamen Wiens seit 1860 als »Politische Erinnerungsorte« (Wien 2013) 39.

österreichweit durchgeführte Studie zur Benennungspraxis von Verkehrsflächen hat ergeben, dass abgesehen von der Zeit zwischen 1938 und 1945 erst ab der Mitte des 20. Jahrhunderts vermehrt auf die politischen Kontexte der geehrten Personen geachtet werde. Besonders deutlich wurde und wird dies in den Debatten rund um die Umbenennung von Verkehrsflächen, deren bisherige namensgebende Persönlichkeiten ein besonderes Naheverhältnis zum Nationalsozialismus aufweisen. Hier sind v. a. die Städte Wien und Salzburg zu nennen, die sich bereits früh für eine wissenschaftliche Auseinandersetzung mit einzelnen Biografien eingesetzt haben.[24]

Es verwundert daher kaum, dass gruppenspezifische und durchaus regional orientierte Interessen in der Benennung von Verkehrsflächen ihren Widerhall finden. So haben beispielsweise die Gemeindevertreter der Stadt Wien schon früh Kriterien dafür festgelegt. Mit den im 19. und frühen 20. Jahrhundert vollzogenen Eingemeindungsprozessen war Wien als eine der ersten Städte damit konfrontiert, Reglements zu entwickeln, etwa die Vermeidung von Doppelbenennungen (1862), die Einbeziehung von Persönlichkeiten und Ereignissen lokalen Interesses (1872 und 1894) oder die Einführung der sogenannten Interkalarfrist, mit der erst nach Jahresfrist des Ablebens einer Persönlichkeit auch eine Straßenbenennung nach deren Namen erfolgen durfte.[25]

Um einen Eindruck zu gewinnen, welche Personen und Gruppen evangelisches Erinnern im Stadtraum repräsentieren, wurde die Dokumentation der Straßenbezeichnungen der Statistik Austria, die aktuelle Bezeichnungen evident hält, konsultiert. Die Auswertung der dort dokumentierten Bezeichnung von Verkehrsflächen hinsichtlich der Religionszugehörigkeit ihrer Namensgeber erbrachte interessante Details.[26] Zwar ist der Reformator Martin Luther mehrfach als Namensgeber für Straßenbezeichnung vertreten: etwa in den Bundesländern Niederösterreich und Kärnten in acht Gemeinden, in Oberösterreich in fünf, und am häufigsten in der Steiermark in elf Gemeinden. Erstaunlicher ist jedoch, dass andere bekannte Namen der Reformation, wie etwa Georg Spalatin, Thomas Müntzer oder Philipp Melanchthon nicht für Straßenbenennungen ausgewählt wurden. Lediglich

---

[24] Für Salzburg: Peter F. KRAMML/Sabine FEITS-VALK/Johannes HOFINGER, Nach NS-belasteten Personen benannte Straßen in der Stadt Salzburg. Schlussbericht des Fachbeirats »Erläuterungen von Straßennamen«, Teil A: Ergebnisse und Empfehlungen; Projektdokumentation Mitarbeiter*innen (Salzburg 2021); für Linz: Cornelia DAURER/Marcus GRÄSER/Brigitte KEPPLINGER/Martin KRENN/Walter SCHUSTER/Cornelia SULZBACHER (Hg.), Bericht der Linzer Straßennamenkommission (Linz 2022).

[25] RATHKOLB/AUTENGRUBER/NEMEC/WENNINGER, Forschungsprojektendbericht (wie Anm. 23) 40f. Die meisten schriftlichen und nicht schriftlich festgelegten Grundsätze der Namensgebung stammen aus dem späten 19. Jahrhundert; die Vermeidung politisch umstrittener Benennungen lässt sich vermehrt gegen Ende des 20. Jahrhunderts (bzw. ab 1945) feststellen, während die Einbindung von Migrant:innen und Frauen explizit erst ab dem Beginn des 21. Jahrhunderts gefordert wird. Ebenda 46.

[26] Die Webseite der Statistik Austria bietet hierzu Abfragemöglichkeiten: https://www.statistik.at/statistik.at/strassen/#/strassenInput [19.11.2023].

die 1937 eingeführte Zwingligasse im 15. Wiener Gemeindebezirk erinnert an den schweizerischen Reformator.

Sehr viel mehr wurde bei der Auswahl von Protagonist:innen der Reformation auf regional bekannte Persönlichkeiten zurückgegriffen, etwa im Fall der Familie Jörger, deren Name in zwölf oberösterreichischen, drei Wiener und drei niederösterreichischen Gemeinden Verwendung fand. Besonders hervorzuheben ist hier Seewalchen am Attersee, wo mit der Dorothea-Jörger-Straße explizit auf Dorothea Jörger als direkte Kontaktperson zu Martin Luther referenziert wird.[27] Auch die konfliktbeladene Geschichte von Reformation und Gegenreformation zeigt sich an der Benennung von Straßenzügen: Unter der Herrschaft der Familie Jörger wurde der Wiener Vorort Hernals zu einem Zentrum des Protestantismus. Im Zuge der Gegenreformation wurden die Jörger'schen Besitzungen dem Domkapitel von St. Stephan zugesprochen, das ausgehend von St. Stephan, eine *Via Dolorosa* zu den ehemaligen Besitzungen der Familie einrichten ließ. Die später als Kalvarienberggasse bezeichnete Straße des Prozessionswegs zweigt direkt von der heute als Jörgerstraße bezeichneten Ausfallstraße ab – diese ist übrigens erst später und nach den katholischen bzw. rekatholisierten Vertretern der Familie benannt.[28]

Zur Personengruppe der protestantischen *celebraties* gehört auch Johannes Kepler, auf den in sieben Bundesländern in insgesamt 38 Gemeinden über die Straßenbenennung verwiesen wird. Besonders häufig davon in Oberösterreich, wo in 28 Gemeinden Keplerstraßen, -gassen, -wege etc. zu finden sind; nach dem Wiener Keplerplatz ist sogar eine U-Bahn-Station benannt. Der heute v. a. hinsichtlich seiner mathematisch-naturwissenschaftlichen Erkenntnisse bekannte Protestant Kepler pflegte enge Kontakte zum Hof in Wien sowie Prag/Praha und verbrachte viele Jahre in Linz, das er schließlich 1627 mit ›dem letzten Schiff‹, so das Narrativ, rechtzeitig vor der Belagerung durch die oberösterreichischen Bauern verließ.[29]

Ein stichprobenartiger Abgleich von Personen, die im virtuellen »Museum der Evangelischen Kirchen in Österreich« als »Evangelische Persönlichkeiten«[30] gelistet sind, mit dem Wiener Straßennamenverzeichnis lässt einige grundsätzliche Tendenzen erkennen:

---

[27] Rudolf LEEB, Luthers Kontakte nach Oberösterreich, in: VOCELKA/LEEB/SCHEICHL (Hg.), Renaissance (wie Anm. 11) 51–58.

[28] Peter AUTENGRUBER, Lexikon der Wiener Straßennamen. Bedeutung, Herkunft, Hintergrundinformation, frühere Bezeichnung(en) (Wien ⁹2014) 148.

[29] Roman SANDGRUBER, Oberösterreich und Linz zur Zeit des Aufenthalts von Johannes Kepler, in: Johannes Kepler in Linz 1612–1628. Die wissenschaftliche Ernte. Vorträge, Buchausstellung, Hörtheater. Symposium Linz, 2. Juni 2012, hg. von Herbert KALB/Franz PICHLER (Schriftenreihe Geschichte der Naturwissenschaften und Technik 22, Linz 2012) 1–12.

[30] Siehe dazu das virtuelle Museum der Evangelischen Kirche Augsburgischen und Helvetischen Bekenntnisses, der Evangelisch-Lutherischen und der Evangelisch-Reformierten Kirche in Österreich, das eine Liste von Persönlichkeiten anbietet, die den Betreibern der Plattform erinnerungswürdig erscheint. Die Auswahl der dort verzeichneten 440 Personen beruht vorwiegend auf dem regionalen Kontext Österreich. https://museum.evang.at/persoenlichkeiten/ [18.10.2023].

Elisabeth Gruber

Eine Konjunktur von Straßenbenennungen nach Personen protestantischen Glaubens ist nicht zu erkennen; dennoch haben insbesondere die Stadterweiterungen im 19. Jahrhundert und das Ende der Monarchie eine Reihe von Persönlichkeiten evangelischer Konfession in das Straßenbild Wiens gebracht, wie zum Beispiel die Schauspielerinnen Julie Rettich oder Charlotte Wolter. Auch die politischen Veränderungen der ersten Hälfte des 20. Jahrhunderts haben zu Veränderungen in der Benennung von Straßen geführt; dabei wurden immer auch protestantische Namensgeber ausgewählt – manche davon Fälle mit intensivem Diskussionsbedarf, wie etwa der Volksliedforscher Josef Pommer oder der Philosoph Otto Weininger.

Ausgewählt wurden vornehmlich Personen von gesellschaftlich ›ausverhandeltem‹ Interesse: Leistungsträger in Wissenschaft, Kunst, Kultur: Ingeborg Bachmann ist hier ebenso zu nennen wie Egon Schiele oder Robert Musil oder eine Reihe weniger bekannter Persönlichkeiten protestantischen Glaubens des Wiener öffentlichen Lebens.

Es verwundert, dass zwar dem 1524 enthaupteten Kaspar Tauber[31] eine Straße ihre Benennung verdankt, aber weder der 1528 in Erdberg hingerichtete Balthasar Hubmair[32] noch jüngere Personen wie Robert Bernardis[33] als ›Märtyrer‹ der NS-Herrschaft im Namensrepertoire der Straßenbezeichnungen zu finden sind.

Beispiele wie Wien und Linz zeigen, dass die regionale Identifikationsmöglichkeit ein nicht zu unterschätzendes Kriterium für die Auswahl aus dem ›Pool‹ von Persönlichkeiten protestantischen Glaubens ist. So steht die Müglendergasse im 17. Wiener Gemeindebezirk in Bezug zum Wirken von Andreas Müglender als lutherischem Prediger in Hernals, ebenso wie die Jörger-Straße in Hernals auf die dort fest verankerte protestantische Adelsfamilie der Jörger verweist.[34] Die schon genannten Polheimer finden sich fast ausschließlich in oberösterreichischen Gemeinden mit Benennungen vertreten.

---

[31] Alexander NICOLADONI, Tauber, Kaspar. *ADB* 37 (1894) 423–429 (Online-Version: https://www.deutsche-biographie.de/pnd121452239.html#adbcontent [23.11.2023]).

[32] Torsten BERGSTEN, Balthasar Hubmaier. Seine Stellung zu Reformation und Täufertum. 1521–1528 (Acta Universitatis Upsaliensis. Studia Historico-Ecclesiastica Upsaliensia 3, Kassel 1961).

[33] Karl GLAUBAUF/Karl-Reinhart TRAUNER, Robert Bernardis. Österreichs Stauffenberg zum ehrenden Gedenken anlässlich seines 100. Geburtsjubiläums (Wien 2008).

[34] Karl Josef TRAUNER/Karl-Reinhart TRAUNER, Wiener Straßenbezeichnungen nach Evangelischen, in: Evangelische in Österreich. Vom Anteil der Protestanten an der österreichischen Kultur und Geschichte. Katalog zur gleichnamigen Ausstellung in der Österreichischen Nationalbibliothek, Wien November 1996 bis Feber 1997, hg. von Gustav REINGRABNER (Wien 1996) 60–67.

VI. Ausblick

Geschichte begegnet im öffentlichen Raum überall und insbesondere dort, wo menschliches Handeln seine Spuren hinterlassen hat. Dieses vergangene Handeln erschließt sich jedoch nicht von selbst: Es muss erfasst, kontextualisiert, erzählt, in Erinnerung gebracht werden. Das trifft auch auf die Geschichte der evangelischen Glaubensgemeinde zu.

Spuren der Überlieferung evangelischer Geschichte müssen verfolgt, die Kontextualisierungen aktiviert und die Erzählungen in das Bewusstsein gebracht werden – das haben die ausgewählten Beispiele gezeigt.

Transformation des Gedächtnisses

Zur Instrumentalisierung des Oberösterreichischen Bauernkrieges im 19. und 20. Jahrhundert

Von Hannes Leidinger

I. Die Skelette von Lambach[1]

Die spätere Literaturnobelpreisträgerin Elfriede Jelinek war aufgebracht. »Ich bin«, sagte sie, »im Grunde ständig tobsüchtig über die Verharmlosung« der Vergangenheit.[2] Als unmittelbarer Anlass für die Verärgerung erwies sich der Arbeitsbeginn an einem in Oberösterreich, in der Lambacher Au, geplanten Wasserkraftwerk während der Wintermonate 1995/96. Hatten sich die Projektbefürworter bislang mit Umweltschützern herumschlagen müssen, so schien nun auch die Geschichte Schwierigkeiten zu machen. Skelette waren zum Vorschein gekommen. »Solche ›Knochen‹ würde ja fast jeder ›Häuslbauer‹ finden«, bemerkte dazu der damalige oberösterreichische Landeshauptmann Josef Pühringer, der, wie das Nachrichtenmagazin *Profil* befand, »von Pietät offenbar nicht angekränkelt« war, als es galt, Forderungen nach einer Bauverzögerung vom Tisch zu wischen.[3]

Längst aber geriet die ganze Causa außer Kontrolle. Experten trafen ein. Ihrem Kompetenzbereich entsprechend, gelangten sie zu unterschiedlichen Ergebnissen. Der vom Innenministerium beauftragte ›Umbetter von Kriegsgräbern‹ reklamierte die sterblichen Überreste gewissermaßen für sich: »Es sind Angehörige der deutschen Wehrmacht, die 1945 im amerikanischen Auffanglager verstorben sind«, hieß es in den *Oberösterreichischen Nachrichten* am 2. Februar 1996.[4] Nur drei Tage früher ließ der Sachverständige der Israelitischen Kultusgemeinde verlautbaren, dass es sich bei dem Fundort um ein Massengrab jüdischer KZ-Häftlinge handeln dürfte. »Da war vielleicht ein KZ, denn es gab dort überall KZs und Außenstellen von KZs«, mutmaßte Jelinek und fügte hinzu: »Da wurden ungarische Juden durchgetrieben und von den Einwohnern erschlagen, auch noch nach dem

---

[1] Dieses Unterkapitel entspricht im Wesentlichen der Einleitung zum Kapitel »»Altlasten‹ oder: Die Schatten der Vergangenheit«, in: Hannes Leidinger/Verena Moritz, Umstritten – verspielt – gefeiert. Die Republik Österreich 1918/2018 (Innsbruck/Wien 2018).

[2] Elfriede Jelinek, »Ich bin im Grunde ständig tobsüchtig über die Verharmlosung«. Gespräch mit der Autorin (7.2.2008): https://www.elfriedejelinek.com/fstab.html [15.9.2023, bzw. www.a-e-m-gmbh.com/wessely/fstab.htm (1995/96)]. Vgl. Leidinger/Moritz, (wie Anm. 1) 44.

[3] Marianne Enigl/Herbert Lackner, Die verschüttete Geschichte […]. *Profil. Das unabhängige Nachrichtenmagazin Österreichs* Nr. 6 (5.2.1996) 18–22, hier 18.

[4] Zit. nach: Leidinger/Moritz (wie Anm. 1) 44.

Friedensschluß. Es gab eine ungeheure Brutalität der Landbevölkerung gegenüber diesen ausgemergelten und schon fast verhungerten Menschen.«[5]

Die Presse stürzte sich auf das Thema, während Prähistoriker des Linzer Landesmuseums das Kraftwerksareal systematischer zu untersuchen begannen. Die ersten Grabschächte, erkannten sie, hatte man ordentlich in einer Reihe angelegt und sorgfältig in den Flussschotter eingetieft. Im rechten Winkel dazu aber wurden Gruben gefunden, die »randvoll mit sorglos, ja brutal hingeworfenen« Leichen gefüllt waren.[6] Anthropologische Analysen der Gebeine sowie die Bestimmung der Kleinfunde erbrachten ein eindeutiges Resultat. Die Toten lagen seit mehr als 300 Jahren in der Au. Schriftquellen räumten letzte Zweifel aus. Aufständische Bauern hatten im Oktober 1626 Lambach belagert. Gefallene waren von ihnen anfangs noch selbst bestattet worden, daher die Sorgfalt bei der ersten Grabanlage. Dann aber hatten sich die kaiserlichen Truppen durchgesetzt. Es »sei hart hergegangen«, heißt es in den überlieferten Dokumenten,[7] 600 Rebellen sollen umgebracht worden, die Auheide ganz schwarz vor Toten gewesen sein. Ortsbewohner und Kaiserliche hatten die Leichen in der Folge gründlich beraubt und in Gruben geworfen. Unbrauchbares Gerümpel des bäuerlichen Lagers war über den Bestatteten gestapelt und angezündet worden. Deshalb entdeckten die Linzer Archäologen auf den Massengräbern eine Brand-Asche-Schicht. Am 18. März 1996 vermerkte das *Profil* lakonisch: »Plötzlich interessieren die Lambacher Skelette keinen mehr, seit sie 370 Jahre alt« sind.[8]

Die oberösterreichischen Prähistoriker fühlten sich angesichts der allgemeinen Gleichgültigkeit zu einigen persönlichen Nachbetrachtungen berufen. In einer alles andere als knochentrockenen Sprache fügten sie ihrem Grabungsbericht folgende Schlussbemerkungen hinzu: Bei Lambach liegen die

> »bleichen Knochen einer blühenden Jugend, die bereit war, für einen winzigen Bruchteil jener Freiheit auszubluten, wie sie jeder Angehörige unseres Staates inzwischen längst in gedankenloser Selbstverständlichkeit genießen darf [...]. Gab es innerhalb des Millenniums nicht auch so manch Unbewältigtes, das man nur allzugerne beiseiteschob und zugunsten bequemer wohlstandsgesättigter Friedhaftigkeit einfach vergaß?«[9]

Die Forscher spielten auf die Tausendjahrfeiern an, für die sich Österreich gerade rüstete. Eine groß angelegte Schau war geplant. Bei dieser Gelegenheit wurde allerdings festgehalten, dass die beurkundete Schenkung von Otto III. an den Freisinger Bischof, in der es um ein Gebiet ging, das im Volksmund ›Ostarrichi‹ hieß, im Grunde wenig jubiläumsverdächtig sei. Als man im November 1946 dennoch auf die damals 950 Jahre alte Urkunde zurückgriffen hatte, war dieses Gedenken

---

[5] JELINEK, Verharmlosung (wie Anm. 2).
[6] Manfred PERTLWIESER, Die Toten von Lambach. Archäologie Österreichs 7/2 (1996) 49–59, hier 52.
[7] Zit. nach: LEIDINGER/MORITZ, Altlasten (wie Anm. 1) 45.
[8] Zit. nach: PERTLWIESER, Die Toten (wie Anm. 6) 52.
[9] Ebenda 58.

allerdings ein weiterer Gründungsakt der Zweiten Republik gewesen. Diese wollte sich damit zur Kleinstaatlichkeit bekennen und den habsburgischen und reichsdeutschen Großmachtphantasien abschwören.[10]

Der Rückgriff auf die Babenberger, mit dem schon vor 1938 das kleinere Österreich bejaht werden sollte, bedeutete gleichzeitig eine Hinwendung zu einem eher unproblematischen Mittelalter, gemessen an den traumatischen Erfahrungen zweier Weltkriege. Ähnliches galt zudem für einen bereits existenten Habsburger-Mythos, der im kultur- beziehungsweise gedächtnispolitischen Design v. a. der frühen Zweiten Republik als weitgehend entpolitisiertes Element einer nicht zuletzt tourismuswirksamen Selbstdefinition fungierte. Dunkle Kapitel der Geschichte bis 1918 – der Erste Weltkrieg oder die rigiden Formen der Gegenreformation – waren in diesem Zusammenhang unbeliebte Themen.

Aber riefen sie, wie der Landesarchäologe im Zuge der Lambacher Forschungen feststellte, tatsächlich keine Reaktionen hervor?

II. Der Untote[11]

Ganz anders verlief jedenfalls im Sommer 1973 im Rahmen von Bauarbeiten in der Pfarrkirche Altmünster am Traunsee die Auffindung der sterblichen Überreste von Adam Graf von Herberstorff. Er nahm seit 1620, als der habsburgische Kaiser Ferdinand II. das »Land ob der Enns« an den Wittelsbacher-Herzog und Kurfürsten Maximilian verpfändete, die Funktion des bayerischen Statthalters ein.[12] Herberstorff griff nach Unmutsäußerungen der Einheimischen und Protesten gegen religionspolitische Maßnahmen, Truppeneinquartierungen und Abgabenerhöhungen hart durch. Im Gedächtnis blieben v. a. die Geschehnisse am Haushamerfeld vom 15. Mai 1625. Hier würfelten Repräsentanten der »unbotmäßigen« Gemeinden und Märkte um ihr Leben. 17 Unglückliche wurden dem Henker übergeben. Für die oberösterreichische Bevölkerung galt der »willfährige Fürstenknecht« fortan als Schinder und Tyrann, als verhaßter »Exekutor« und Personifikation der Fremdherrschaft.[13] Die Gemüter schienen sich erstaunlicherweise noch nicht abgekühlt zu haben, nachdem sein Sarg geöffnet worden war und die Zeitungen eine historische

---

[10] Vgl. Ernst BRUCKMÜLLER, Das Konzept der Ausstellung, in: Österreichische Länderausstellung. Ostarrîchi – Österreich 996–1996. Menschen, Mythen, Meilensteine, hg. von DEMS./Peter URBANITSCH (Katalog des Niederösterreichischen Landesmuseums NF 388, Horn 1996) 1–6, hier 1.

[11] Die beiden nachfolgenden Abschnitte entsprechen in Teilen den Ausführungen in: Hannes LEIDINGER, Geschichte der Erinnerung. Zur Rezeption des oberösterreichischen Bauernkriegs, in: Renaissance und Reformation. Oberösterreichische Landesausstellung 2010, hg. von Karl VOCELKA/Rudolf LEEB/Andrea SCHEICHL (Linz 2010) 341–346.

[12] Ebenda 341.

[13] Hans STURMBERGER, Adam Graf Herberstorff. Herrschaft und Freiheit im konfessionellen Zeitalter (Wien 1976) 231–248.

Sensation meldeten. Am Stirnbein des gräflichen Schädels klaffte ein zirka fünf Zentimeter großes Loch. Der »Henker von Frankenburg« sei mit einer Hacke erschlagen worden, hieß es in einem rasch verbreiteten Gerücht. Während Historiker aufgrund ihrer Quellenkenntnis einen spektakulären Racheakt der unterdrückten Bauern bezweifelten und Gerichtsmediziner »einen Knochenverlust durch Gewalteinwirkung« letztlich ausschließen konnten, förderte die »Causa Herberstorff« erstaunliche Reaktionen unter den Einheimischen hervor.[14] Einige weigerten sich, das durch den »Bauernmörder entweihte Gotteshaus« noch einmal zu betreten. Andere wiederum wollten unbedingt einen Blick auf die Gruft werfen.[15] Der Pfarrer von Altmünster sah sich veranlasst, die Gendarmerie gegen Schaulustige zu Hilfe zu rufen. Reporter befragten indes die Menge. Von den »leidenschaftlich Interessierten« erfuhren sie, dass ältere Bauern vor etwa 30 Jahren niemals die Kirche betraten, ohne das bereits seit Längerem bekannte Epitaph Herberstorffs anzuspucken.[16]

War der Hass Ausdruck eines kollektiven Traumas mit unmittelbarer historischer Langzeitwirkung? Oder wurde durch spätere historische und ideologische Deutungen indirekt ein Feindbild konserviert? Zunächst gilt es festzuhalten, dass selbst die Profiteure der Gegenreformation der Persönlichkeit des ehemaligen bayerischen Statthalters wenig Positives abgewinnen konnten. Franz Josef Rudigier, Linzer Bischof von 1853 bis 1884, ließ z. B. stets das Grabmal von Herberstorff mit Tüchern verhüllen, wenn er in Altmünster die Messe feierte.[17]

III. Konstruktion der Vergangenheit

Das ›Blutgericht‹ vom Mai 1625 blieb ebenso in Erinnerung wie der nachfolgende Bauernkrieg von 1626. Die enorme Zahl der Opfer und das brutale Verhalten der ›Unterdrücker‹ prägten das regionale Geschichtsverständnis. Den bayerischen Besatzern warf man vor, nicht einmal den Toten ihre Ruhe zu gönnen. Die Leiche des Bauernführers Stephan Fadinger etwa durfte nach Herberstorffs Ansicht nicht bei den »Ehrlichen« am Friedhof liegen.[18] Der Scharfrichter verscharrte sie an anderer Stelle. Ein Galgen über dem Grab sollte dazu beitragen, dem »Rädelsführer« ein »schändliches Nachgedenken« zu bewahren.[19] Dort, wo Fadinger in ein »wildes unwohnsamliches Moos« eingegraben werden musste, befindet sich heute eine von rund 30 Gedenkstätten, die in ganz Oberösterreich über die Geschehnisse vor fast 400 Jahren berichten.[20] Kleinere Kapellen und Tafeln mit Inschriften verweisen auf die Gewaltakte und Tragödien gleichermaßen wie jene größeren Denkmäler, die

---

[14] Leidinger, Geschichte (wie Anm. 11) 343.
[15] Ebenda.
[16] *Oberösterreichische Nachrichten* Nr. 166 (20.7.1973) 5.
[17] Vgl. Sturmberger, Herberstorff (wie Anm. 13) 17.
[18] Leidinger, Geschichte (wie Anm. 11) 342.
[19] Ebenda.
[20] Ebenda.

1925 und 1926 am Haushamerfeld beziehungsweise im Emlinger Holz bei Eferding enthüllt wurden. Der Eferdinger ›Gedächtnisort‹ nahm auf Vorgänge am 8. November 1626 Bezug. Damals kamen schätzungsweise 3.000 Bauern bei einem grausamen Gemetzel ums Leben. 2.000 starben eine Woche später in Pinsdorf bei Gmunden. 1883 errichtete man auch hier auf dem »Bauerngrab« einen »Markstein der Landesgeschichte«; im Zuge der Bauarbeiten fand man Skelette von ungefähr 400 »unbekleidet aufeinander geschichteten Menschen«.[21] Den Toten, darunter auch Kinder, war offensichtlich das Gewand abgenommen worden. Die Befunde entsprachen offenbar weitgehend den Lambacher Grabungsergebnissen des Jahres 1996.[22]

Signifikanterweise bildete das 19. Jahrhundert den geistigen und politischen Hintergrund für die vermehrte Aufmerksamkeit gegenüber den Geschehnissen der 1620er Jahre. Erst nach dem Zeitalter Josephs II., welches die Duldung der Evangelischen sowie Erleichterungen im Verhältnis der Bauern zur Grundobrigkeit brachte, rüttelte man an den Grundfesten der alten Ordnung. Die Revolution von 1848 beseitigte schließlich die verbliebenen Reste des Feudalsystems, die Prinzipien des Liberalismus führten zur Gleichberechtigung der Religionen. Konfessionelle Toleranz und schrittweise Demokratisierung begünstigten die Teilnahme der sich allmählich emanzipierenden Bürger und Bauern an der historischen Erinnerungsarbeit. Denkmäler entstanden unter diesen Bedingungen ebenso wie Kompositionen und literarische Werke. 13 der wichtigsten Epen, Dramen, Romane und Erzählungen über die Bauernkriegszeit wurden zwischen 1850 und 1914 verfasst.[23]

In keinem geringen Ausmaß erfasste die Erinnerungswelle auch den jungen Adolf Hitler, der den »Helden des Landes« aus der Epoche des Dreißigjährigen Krieges eines »stolzes Denkmal« setzen wollte.[24] Stefan Fadinger wurde zur Schlüsselfigur. Mit ihm setzten sich einige Werke auseinander. Mehrmals betrat die legendäre Gestalt die Bühne des Linzer Landestheaters, zu Zeiten des Realschülers Hitler etwa 1903: Gustav Streichers *Tragödie aus dem oberösterreichischen Bauernkrieg* befand sich dabei gewissermaßen im Sog einer u. a. auch bei Schiller-Festen und -Inszenierungen wahrnehmbaren Habsburg-Kritik. Streichers Hauptfigur ist eigentlich der bestehenden Ordnung respektvoll ergeben. Vor seinem Ende durch eine gegnerische Kugel aber quälen ihn die Zweifel. Er erkennt, dass hinter Bedrückung, Fremdbesatzung und v. a. Glaubenskampf letztlich der Kaiser selbst steckt. Recht und Unrecht kann Fadinger nicht mehr unterscheiden, »wenn selbst dem Kaiser nicht mehr zu vertrauen ist«.[25]

---

[21] Josef JEBINGER, Der oberösterreichische Bauernaufstand des Jahres 1626. *Salzkammergut-Zeitung* Nr. 31 (2.8.1973) 24.
[22] Vgl. PERTLWIESER, Die Toten (wie Anm. 6) 52.
[23] Vgl. ebenda 57.
[24] Hannes LEIDINGER/Christian RAPP, Hitler. Prägende Jahre. Kindheit und Jugend 1889–1914 (Salzburg/Wien 2020) 133.
[25] Ulrich LENZ, Abseits der Klassiker. »Linzer Stücke« in den Spielplänen des 19. Jahrhunderts, in: Promenade 39. Das Landestheater Linz 1803–2003, hg. von Michael KLÜGL (Salzburg/Wien 2003) 61–72, hier 71.

Angesichts der krisengeschüttelten Donaumonarchie handelte es sich durchaus um einen explosiven Stoff. Da Streichers Stück darüber hinaus zur Schwarz-Weiß-Malerei neigt, könnte es ganz nach dem Geschmack des späteren ›Führers‹ gewesen sein, der sein selektives Geschichtswissen früh mit einer wachsenden Antipathie gegenüber dem habsburgischen ›Erzhaus‹ verband. Immerhin empfand der völkisch gestimmte Einzelgänger mit antimodernistischem Kunstgeschmack sowohl das Landestheater als auch gewisse Bibliotheken und Buchhandlungen als Inspirationsquelle. Neben dem Landesmuseum ist diesbezüglich das Geschäft von Fidelis und Sepp Steurer zu nennen. Letzterer würdigte nicht zufällig Fadinger und empfahl den Geschichtsstoff v. a. auch der Los-von-Rom-Bewegung.[26]

Die radikalen, von Georg Ritter von Schönerer beeinflussten Deutschnationalen instrumentalisierten das Bauernkriegsthema nach Kräften. Steurer war alles andere als eine Ausnahme. Ein »Fadinger-Bund« wurde etwa in der oberösterreichischen Landeshauptstadt im ›alldeutschen‹ Sinn publizistisch tätig und verschaffte sich besonders durch sein Bundesorgan, die *Linzer Fliegenden Blätter*, Gehör.[27]

IV. VERDRÄNGUNG UND AUFARBEITUNG

Ganz anders sah es demgegenüber in den späten 1970er Jahren aus. Das Interesse an der Problematik ließ spürbar nach. Verantwortlich dafür war u. a. die eingehende Beschäftigung mit dem Bauernkrieg von 1626 im Rahmen einer eigenen oberösterreichischen Landesausstellung, die 1976 in Scharnstein und Linz sowohl den Verlauf der Erhebung als auch den historischen Kontext zu erhellen versuchte. Begleitet war die Schau von weiteren Veranstaltungen, künstlerischen Produktionen und gründlichen wissenschaftlichen Forschungen beziehungsweise Veröffentlichungen. Das Ziel der eingehenden Beschäftigung mit dem »350jährigen Gedenken an einen tragischen Abschnitt der Landesgeschichte« war der nüchterne Rückblick. Er sollte bei der Bewältigung eines Kapitels der Vergangenheit helfen, das, so Landeshauptmann Erwin Wenzl, »unterschwellig« immer noch Emotionen hervorrufen könne.[28]

Wenzls Aufruf, liebgewordene Klischees zu überwinden und die ›ideologische Brille‹ abzulegen, ließ sich – auch ohne expliziten Hinweis – auf die Instrumentalisierung des frühneuzeitlichen Bauernaufstandes durch die deutschnationale und schließlich nationalsozialistische Bewegung verstehen. Nicht zufällig erschienen zahlreiche Veröffentlichungen zum Thema zwischen 1918 und 1945. Speziell die Vorfälle am Haushamerfeld wurden hervorgehoben. Der »Landbund«, eine groß-

---

[26] Vgl. *Ostdeutsche Rundschau*, Nr. 22 (23.1.1902) 3.
[27] Siehe: Der Fall Petran. Rede des Abgeordneten Rudolph Berger in der 297. Sitzung des Abgeordnetenhauses, in: Beilage zu *Linzer Fliegende Blätter* 7/8 (1905) 38.
[28] Der oberösterreichische Bauernkrieg 1626. Ausstellung des Landes Oberösterreich, 14.5.–31.10. 1976, Linzer Schloß, Schloß zu Scharnstein, Almtal, red. von Dietmar STRAUB (Linz 1976), Geleitwort.

Transformation des Gedächtnisses

deutsche, antimarxistische, antiklerikale und antisemitische Agrarpartei, stand wiederholt hinter der Inszenierung des sogenannten Frankenburger Würfelspiels. Sein Verfasser Karl Itzinger wurde schließlich in der NSDAP aktiv.[29] In deren Sinn begann man den ›christlichen Ständestaat‹ mit den Gegenreformatoren um Kaiser Ferdinand und den bayerischen Herzog Maximilian sowie die aufständischen Bauern mit den illegalen Nationalsozialisten gleichzusetzen. Die ›weltanschauliche Schlagseite‹ des Würfelspiels war offensichtlich.[30] Mit dem ›Anschluss‹ Österreichs an das Deutsche Reich im März 1938 fand die Aufführung in Gegenwart der NS-Prominenz statt.[31] Nach 1945 verhinderten die Amerikaner zunächst eine Wiederaufnahme des Stücks. Dann wurde es gegen den kirchlichen Widerstand ab 1952 erneut auf die Bühne gebracht und von den »dumpfesten Stellen des deutschvölkischen Blut-und-Boden-Schauspiels« befreit.[32] V. a. seit den 1980er Jahren setzten sich manche Frankenburger allerdings genauer und kritischer mit der Vergangenheit auseinander. Nicht ohne Grund fürchteten sie, das Bauernkriegsgedenken könnte ideologisch vereinnahmt werden. 2007 trommelten Rechtsradikale mit eintätowierten Runen und einschlägigen T-Shirt-Aufdrucken ein ›Würfelspiel-Treffen‹ zusammen. Darüber hinaus nahm die restriktive Ausländerpolitik der FPÖ Anleihe bei der Geschichte. Die mediale Aufregung um eine kosovarische Familie in Frankenburg verknüpften »Freiheitliche« mit den Untaten des »landfremden« bayerischen Statthalters im 17. Jahrhundert. In beiden Fällen ginge es, so der eigentümliche Vergleich, um die Bewahrung des »Einheimischen« gegenüber dem »Fremden«.[33]

Fast zeitgleich, am 22. Juli 2007, eröffnete ein kleines Museum, das sich den frühneuzeitlichen Ereignissen in der Region widmet.[34] Das »Würfelspielhaus« von

---

[29] Itzinger gehörte dem Stab der illegalen SA-Obergruppe Österreich an, er war zudem Führer des »Freikorps Oberland« gewesen. Im Mai 1938 trat er der NSDAP bei, in der Folge wurde er NS-Kreisschulungsleiter in Linz bzw. Gauhauptstellenleiter für die bäuerliche Nachwuchserziehung. Ende des Zweiten Weltkrieges fungierte er in Lambach als Ausbilder und Leiter einer Volkssturmeinheit. Vgl. Uwe BAUR/Karin GRADWOHL-SCHLACHTER, Literatur in Österreich 1938–1945. Handbuch eines literarischen Systems, Bd. 3: Oberösterreich (Wien/Köln/Weimar 2014) 246–251.

[30] Vgl. dazu Hannes SULZENBACHER, Das Frankenburger Würfelspiel, in: Verspielte Zeit. Österreichisches Theater der dreißiger Jahre, hg. von Hilde HAIDER-PREGLER/Beate REITERER (Wien 1997) 170–183. Itzingers Band *Das Blutgericht am Haushamerfeld* wurde im Übrigen während des ›Ständestaates‹ zweimal verboten. Das ›Thingspiel‹ *Das Frankenburger Würfelspiel* des deutschen Dramatikers Eberhard Wolfgang Möller, im Auftrag des NS-Propagandaministers Joseph Goebbels während der Olympischen Spiele 1936 in Berlin aufgeführt, wertete Itzinger im Übrigen als Plagiat.

[31] Richard Walter Darré, NS-Reichsminister für Ernährung und Landwirtschaft, engagierte sich in diesem Zusammenhang. In Absprache mit Itzinger sorgte Darré für die Beteiligung des Reichsarbeitsdienstes am Bau der Frankenburger Freilichtbühne.

[32] Edith MEINHART, A richtige Hetz. *Profil. Das unabhängige Nachrichtenmagazin Österreichs* Nr. 28 (6.7.2009) 22–24, hier 22.

[33] Ebenda.

[34] Siehe *Frankenburger Gemeindenachrichten* Nr. 4 (2007) 5.

Frankenburg will sich seither deklariert von jeder »nostalgischen« Beschäftigung mit der Thematik fernhalten und die Geschichte der Spiele speziell im 20. Jahrhundert kritisch dokumentieren.[35] Die Freiluftinszenierung selbst wurde daraufhin v. a. für Plädoyers zur (religiösen) Toleranz genutzt, während der Historiker Hannes Koch und der Literaturwissenschaftler Christian Schacherreiter dem lange weitgehend in Vergessenheit geratenen Autor des Stückes 2012 Studien gewidmet haben. Seine Funktionen im ›Dritten Reich‹ und das NS-Gedankengut seiner Werke und Handlungen werden in ihren Forschungsergebnissen sichtbar.[36]

Vor diesem Hintergrund entschied die Gemeinde Ried im Innkreis per Gemeinderatsbeschluss, den seit 1981 existierenden ›Itzingerweg‹ umzubenennen. Seit Sommer 2012 wird damit nicht mehr Karl, sondern Josef Itzinger gewürdigt, ein Pfarrer und Mitglied der »Österreichischen Freiheitsbewegung« gegen Ende des Zweiten Weltkrieges.[37]

Frankenburg selbst ehrt allerdings nach wie vor Karl Itzinger mit einer eigenen Weg-Bezeichnung. Mit Blick auf das 400jährige Gedenken 2025/26 werden Stimmen laut, das »Würfelspielhaus« neu zu gestalten. Auch andere Erinnerungsorte finden angesichts dessen gelegentlich Erwähnung, die Dokumentation und Renovierung von entsprechenden Denkmälern steht zur Disposition, ebenso wie die Aufarbeitung diverser ›Spiele‹.[38]

---

[35] https://www.wuerfelspielhaus.at [25.7.2023].

[36] Hannes Koch, Karl Itzinger – Heimatdichter und Nationalsozialist. *Der Bundschuh. Heimatkundliches aus dem Inn- und Hausruckviertel* 15 (2012) 97–105; Christian Schacherreiter, Nationalsozialistische Ideologie in Karl Itzingers Bauernkriegstrilogie. *Der Bundschuh. Heimatkundliches aus dem Inn- und Hausruckviertel* 15 (2012) 106–109.

[37] Vgl. https://www.ried.at/system/web/sonderseite.aspx?menuonr=224963641&detailonr=224963641 [8.9.2023].

[38] U. a. Bauernkriegsmuseum Peuerbach, Evangelisches Museum in Rutzenmoos, Denkmal in Pfaffing; Bauernkriegsspiel St. Agatha/Stefan Fadinger-Waldbühne.

Verschüttete Erinnerung, Verdrängung und Aufarbeitung: Werkstättenberichte

Fenster mit Geschichte(n): Eine Kirchengemeinde lebt mit ›Dunkelbunten‹ Fenstern

Werkstattbericht einer evangelischen Pfarrerin

Von Elke Petri

I. Vorbemerkungen

In der Öffentlichkeit wird intensiv über problematische Denkmäler und Bildwerke diskutiert. Ein prominentes Beispiel ist das »Dr.-Karl-Lueger-Denkmal« am Wiener Stubenring, das in den dritten Wiener Gemeindebezirk ›blickt‹, wo sich auch die Evangelische Pauluskirche befindet. Anders als das ›Lueger-Denkmal‹, das ›nur‹ einen antisemitischen Bürgermeister Wiens zeigt, der die Bevölkerung aufwiegelte, haben die Fenster der Pauluskirche selbst ein antisemitisches Bildprogramm.[1] Die Pauluskirche ist somit ein evangelisches Beispiel für problematische Denkmäler im öffentlichen Raum, das bereits seit Anfang der 2000er Jahre immer wieder diskutiert wird.

Der vorliegende Beitrag ist als Werkstattbericht einer Kirchengemeinde zu verstehen. Als solcher ist er gleichsam eine Momentaufnahme innerhalb eines bislang noch unabgeschlossenen Bearbeitungs- und Aufarbeitungsprozesses, in dem sich laufend neue Fragen stellen und sich Erkenntnisse sowie Rahmenbedingungen ändern. Als Pfarrerin stehe ich der Evangelischen Pfarrgemeinde A. B. Wien-Landstraße an der Pauluskirche seit 2017 vor. Mit dem 2018 gewählten Leitungsgremium betreiben wir seit damals (wieder) Bewusstseinsbildung und setzen uns aktiv mit der bedenklichen Geschichte der Kirchenfenster auseinander. Im Folgenden werden im Dreischritt 1. die Darstellung der Fenster, 2. die heutige Auseinandersetzung damit und 3. die geplanten Projekte beleuchtet.

II. ›Dunkelbunte‹ Fenster. Der Ikonografie der Pauluskirche auf der Spur

»Aber wo liegt das Problem der Kirchenfenster in der Pauluskirche? Sie sind doch so schön bunt!«, das höre ich als Pfarrerin oft, wenn ich Menschen durch die Pauluskirche führe und auf die Fenster zu sprechen komme.

---

[1] N. N., »Schande« Graffiti, Forscherin zu Lueger Denkmal. Vandalismus keine Dauerlösung. *Der Standard* (20.10.2021). https://www.derstandard.at/story/2000130608892/forscherin-zu-lueger-denkmal-vandalisierung-keine-dauerloesung [08.01.2024].

»Sie sind dunkelbunt!«, antworte ich dann. Denn nur vordergründig erzählen die bunten Fenster unserer Kirche neutestamentliche Episoden. Auf den zweiten Blick wird allerdings das fragwürdige Bildprogramm erkennbar. Zum Beispiel wurden Motive aus dem Alten Testament unserer Bibel vermutlich gänzlich ausgespart, weil sie als ›jüdisch‹ erachtet wurden. Außerdem wird Jesus als ›arischer Jüngling‹ dargestellt. Kleine Mädchen sehen aus, als kämen sie direkt aus dem »Bund deutscher Mädel«. Und schließlich werden Juden in den Kirchenfenstern verletzend dargestellt.

Wie konnte so ein Bildkonzept über 20 Jahre nach Kriegsende überhaupt noch umgesetzt werden? Wie in vielen Leitungsgremien waren in den Nachkriegsjahrzehnten ehemalige Anhänger des Nationalsozialismus tätig, so auch in unserer Kirchengemeinde. So kam es, dass noch Ende der 1960er Jahre diese Kirchenfenster für das junge Kirchengebäude beim Künstler Rudolf Böttger in Auftrag gegeben wurden,[2] der sich auch nach dem Krieg nicht von seinen Aktivitäten während der NS-Zeit und seiner NSDAP-Mitgliedschaft distanzierte. So verwundern Überlegungen nicht, ob nicht etwa auch Parteifreunde des Künstlers in den Jesus-Darstellungen porträtiert worden sein könnten.

III. RUDOLF BÖTTGER. DER KÜNSTLER DER ›DUNKELBUNTEN‹ FENSTER

Von Oktober 2021 bis April 2022 fand im Wien-Museum die Ausstellung *Auf Linie. NS-Kunstpolitik in Wien* unter der Leitung der Kuratorinnen Ingrid Holzschuh und Sabine Plakolm-Forsthuber statt.[3] Zur selben Zeit wurde Gerhard Milchram, im Wien Museum für Politische Geschichte, Stadtchronik und Restitution zuständig, durch einen Zeitungsartikel in der Wochenzeitung *Die Furche*[4] und einen Ö1-Radiobeitrag auf die Böttger-Fenster aufmerksam. Die Forscher*innen des Wien Museums waren vor allem deswegen so erstaunt über den ›Fund Pauluskirche‹, weil sie davon ausgegangen waren, dass Rudolf Böttger nach 1945 keine großen Aufträge mehr in Österreich bekommen hatte.

In der Ausstellung *Auf Linie* wurden neben anderen Kunstwerken von Künstler*innen der NS-Reichskammer auch Rudolf Böttgers Werke gezeigt. Die Zusammenschau ermöglichte Einblicke in die politischen Machtstrukturen, Abläufe, Netzwerke und die künstlerische Haltung des NS-Regimes und seiner Akteur*innen. Originalobjekte und -dokumente gaben Aufschluss über das Werk der Künstler*innen sowie die politische Propagandakunst. Unter den ›Eliten‹ der

---

[2] Vgl. Michael Dufek, Die Chronik der Evangelischen Pfarrgemeinde A. B. Wien Landstraße. 1894–2002 (Wien 2002).

[3] Vgl. Ingrid Holzschuh/Sabine Plakolm-Forsthuber, Auf Linie. NS-Kunstpolitik in Wien. Die Reichskammer der bildenden Künste (429. Sonderausstellung des Wien Museums, Basel/Berlin/Boston 2021).

[4] Vgl. Otto Friedrich, Gefährliche Bilder. *Die Furche. Österreichische Wochenzeitung* (20.10.2021), https://www.furche.at/dossier/gefaehrliche-bilder [08.01.2024].

Wiener NS-Kunst wurde auch Rudolf Böttger behandelt. Er soll auch hier kurz vorgestellt werden:[5]

Rudolf Böttger, 1887 im heute tschechischen Tachau/Tachov geboren, studierte Anfang des 20. Jahrhunderts an der Akademie der bildenden Künste Wien und München, bevor er sich 1911 als freischaffender Künstler in Wien niederließ. Ende der 1920er Jahre begann sich Böttger als Künstler zu etablieren und machte sich vor allem ab etwa 1930 als Porträtist einen Namen – später sollte er die sogenannten Nazi-Bonzen porträtieren. Rudolf Böttger wurde zu dieser Zeit bereits mit sakralen Werken beauftragt. Er schuf etwa eine *Hirtenmadonna*, die von Bundeskanzler Schuschnigg gekauft wurde.[6]

Schon vor 1938 war Böttger illegales NSDAP-Mitglied. Nach dem ›Anschluss‹ Österreichs an das nationalsozialistische Deutschland übernahm Böttger leitende Funktionen in der Kunst- und Kulturpolitik. So war er u. a. im Gaukulturrat Wiens für die Sparte ›Malerei‹ zuständig. Der ›Anschluss‹ ermöglichte ihm eine breitere künstlerische Betätigung im Reichsgebiet.

Böttger distanzierte sich auch nach 1945 nicht von seinen damaligen Aktivitäten und seiner NSDAP-Mitgliedschaft.[7] Anfang der 1950er Jahre ließ sich er sich in Regensburg nieder, wo er bis zu seinem Tod 1973 lebte.

Ab 1948 war es Böttger wieder offiziell erlaubt, nach Österreich einzureisen. Er besuchte regelmäßig Freunde und Bekannte, die er mitunter auch porträtierte. In den 1950er Jahren erhielt Böttger vermehrt Aufträge in Bayern für Kunst am Bau, die ihm durch befreundete Architekten vermittelt wurden. 1962/63, kurz vor seiner Beauftragung durch die evangelische Pfarrgemeinde Wien-Landstraße, wurde in Hofkirchen ein Glasfenster mit den vierzehn Kreuzwegstationen Christi nach den Entwürfen Böttgers ausgeführt.[8]

Offen bleiben die Fragen: Wer waren die ehemaligen Partei-Freunde Rudolf Böttgers im dritten Bezirk und im evangelischen Wien? Wieso konnte die Kirchengemeinde einen Künstler mit dieser Vergangenheit beauftragen und wie konnte die Evangelische Superintendentur so einen Auftrag genehmigen? Wurde ein Parteifreund in den Fenstern portraitiert?

Aber nicht nur, dass dieser Künstler ausgewählt wurde, muss stutzig machen. Das Bildprogramm selbst ist problematisch. Es sollen Beispiele herausgegriffen werden.

---

[5] Vgl. Joseph HANDL, Rudolf Böttger 85 Jahre. *Die Kunst und das schöne Heim* 84 (1972) 451; Gertrud TRÄGER (Hg.), Bildende Künstler aus dem ehemaligen Kreis Tachau-Pfraumberg im Egerland (Schriften zur Tachauer Heimatgeschichte 3, Geretsried 1989) 58–67.
[6] Vgl. Florian JUNG, Der Maler Rudolf Böttger in Metten (1945–1952). *Deggendorfer Geschichtsblätter* 27 (2005) 315–344, hier 317f.
[7] Vgl. ebenda 320.
[8] Vgl. ebenda 326.

IV. Die Fenster

IV.1 Der 12-jährige Jesus im Tempel[9]

Die Szenen aus Jesu Leben auf der Empore des Kirchenraumes zeigen Jesus und seine Gefolgschaft durchwegs als stereotyp ›arische‹ Männer – bis auf Judas, der in einer sichtlich antisemitischen Bildsprache gräulich dargestellt wird. Besonders deutlich wird die antisemitische Haltung Böttgers allerdings in der Darstellung des Jesus im Tempel. Die jüdischen Gelehrten neben dem heranwachsenden ›arischen‹ Jüngling Jesus haben schwarze Haare und verziehen ihr Gesichter zu Fratzen. Ihre Hautfarbe ist gräulich wie die des Judas. Die Hakennasen in den Gesichtern der jüdischen Gelehrten erinnern an Darstellungen von Juden in der NS-Wochenzeitung *Der Stürmer*, der sich wiederum selbst auf ein breites Repertoire antijudaistischer und antisemitischer Ikonografien aus dem Bereich der Kirchen stützen konnte.[10] Auf dem Buch der Gelehrten findet sich obendrein ein ›Judenstern‹. Das sind Darstellungsweisen, die über Jahrhunderte antijudaistische und antisemitische Darstellungen prägen und die Dämonisierung von jüdischen Menschen vorantreiben. Dass Jesus selbst Jude war, ist in dieser Darstellung völlig irrelevant, ja es scheint sogar verdrängt zu werden.[11]

Abb. 1: Jesus im Tempel mit den Gelehrten (Bildrechte: Elke Petri)

Offen bleiben die Fragen: Entschied sich die Kirchengemeinde bewusst für dieses Bild-Arrangement? Wurde aus einem Unrechtsbewusstsein der etwas weniger einsehbare Standort an der Empore gewählt? Gilt dieses Bild als erhaltenswert?

---

[9] Vgl. Abb. 1.
[10] Vgl. z. B. Martha Keil, ›Judenbilder‹ und Stereotype – von der Wiener Gesera 1421 bis heute, in: Kontinuität und Aktualität des Antisemitismus, hg. von Regina Polak (Frankfurt a. M. 2023) 34–43.
[11] Vgl. Robert Winter, Rudolf Böttger. Ein Nazi-Künstler vor, während und nach dem Anschluss (Bachelorarbeit Universität Wien 2022) 15.

IV.2 Jesus und die Kinder[12]

Ein weiteres Fenster ist als bedenklich einzustufen; es befindet sich ebenso auf der Empore des Kirchenraumes neben dem oben beschriebenen Fenster. Es zeigt eine Szene, in der Jesus ein Mädchen mit blonden Zöpfen und roten Kleidern segnet. Nicht nur, dass das Mädchen aussieht, als käme es direkt aus dem »Bund Deutscher Mädel«. Das Bild zitiert mit dieser Segnungsszene Hitlergesten aus Kinderpropagandabüchern der NS-Zeit. Diese Bücher waren berühmt und prägten als Teil der Kriegspropaganda eine ganze Kindergeneration. Die Darstellung Hitlers als Freund der Kinder – diese Segenspose war in den Kinderbüchern der NS-Propaganda dem ›Führer‹ vorbehalten.[13]

Abb. 2: Jesus und die Kinder (Bildrechte: Elke Petri)

Offen bleiben die Fragen: Wurde das Bildzitat bewusst gewählt, um Hitler in dieser chiffrierten Szene mit Jesus gleichzustellen?[14] Kannten die damaligen Gemeindemitglieder, die diese Szene beauftragten, die Hitler-Segens-Posen aus Propaganda-Kinderbüchern? Hatte Böttger diese Szene bewusst zitiert? Ist dieses Bild erhaltenswert, mehr noch als das vorher beschriebene?

---

[12] Vgl. Abb. 2.
[13] Vgl. Peter LUKASCH, Der muss haben ein Gewehr: Krieg, Militarismus und patriotische Erziehung in Kindermedien vom 18. Jahrhundert bis in die Gegenwart (Norderstedt 2012) 260.
[14] Ich wurde auf die Kunstinstallation *Your Coloring Book* des israelischen Künstlers und Vertreters der dritten Generation Ram Katzir aufmerksam gemacht, der die Propaganda-Anmalbücher der NS-Zeit analysiert hat und durch eine performative Herangehensweise zu einer kritischen Selbstreflektion anregt abseits von den existierenden Holocaust-Bildungsmethoden. Vgl. Diana I. POPESCU, Teach ›the Holocaust‹ to the Children – The Educational and Performative Dimension of ›Your Coloring Book‹ – A Wandering Installation. *Zeitschrift der Vereinigung für Jüdische Studien* 16 (2010) 134–152.

IV.3 Das letzte Abendmahl

Neben den beiden beschriebenen Bildern ist ein weiteres zu finden, das das letzte Abendmahl Jesu mit den Seinen darstellt. Links im Bild ist das bereits erwähnte und als graue Fratze dargestellte Gesicht des ›Jesusverräters‹ Judas zu sehen. Am unteren rechten Bildrand ist wie auf den anderen Kirchenfenstern die Stifterfamilie namentlich erwähnt. Es handelt sich bei ihr um eine bekannte Wiener Familie, nämlich die evangelische Familie Kolarik. Die Kolariks führen bis heute die berühmte Wiener Gaststätte »Schweizerhaus« im Wurstelprater.

In den vergangenen Jahrzehnten wagte man es u. a. aus Achtung gegenüber den Stifterfamilien nicht, über eine mögliche Entfernung der Fenster zu sprechen. Hätte man jedoch in der Vergangenheit das aufklärende Gespräch gesucht, hätte man z. B. im Gespräch mit den Kolariks feststellen können, dass diese unter keinen Umständen namentlich mit diesem Bildprogramm in Verbindung gebracht werden möchten und für eine Entfernung der Fenster plädieren.[15]

Offen bleiben die Fragen: Wer sind die Nachfahren der anderen Stifter? Kann man diese noch ausfindig machen? Sind diese zu einem Gespräch über die (bereits beschlossene) Zukunft der Fenster bereit?

V. Die Auseinandersetzung mit den Fenstern bis heute

Etwa seit den 2000er Jahren beschäftigen sich die Gremien der Pauluskirche kritisch mit den Kirchenfenstern. Auch in den vergangenen Jahren des derzeit (bis Herbst 2023) amtierenden Leitungsgremiums hat sich die Kirchengemeinde im Austausch mit Medien, Forschenden und Arbeitsgruppen mit den Fenstern auseinandergesetzt.

»Kann man die Liebe Gottes in einem Raum feiern, in dem Menschen in Bildern diffamiert werden?«, fragte der evangelische Kirchenhistoriker Leonhard Jungwirth im Rahmen eines Workshops die versammelte Gemeindevertretung. Wie können Kinder und Jugendliche hier ihren Platz finden, wenn ausgerechnet die Fenster diesen Raum derart einnehmen? Manches wurde in der Vergangenheit bereits versucht: In den 2000er Jahren wurde eine Gedenk- und Erklärtafel an der Empore angebracht. Informationsmaterial wurde in den 2010er Jahren im Kirchenraum gut sichtbar aufgelegt, später ein Erklär-Video veröffentlicht.[16] Die Kinder- und Jugendecken wurden in den 2020er Jahren umplatziert. Befriedigend ist nichts davon.

Ausgehend von Beratungsgesprächen mit Kunsthistoriker*innen, Kirchenhistoriker*innen und den Ergebnissen von Workshops stellte das aktuelle Presbyterium einen Lösungsansatz vor. Mit diesem Ansatz soll die Kirche von der antise-

---

[15] Telefonat Frau Kolarik und Pfarrerin Petri am 21.3.2023.
[16] Evangelische Pauluskirche Wien, Geschichte(n) unserer Kirchenfenster (Wien 2021), https://www.youtube.com/watch?v=76RucWKyg_E [23.9.2023].

mitischen Ikonografie befreit, eine neue Gedenkstelle geschaffen und die Debatte zwischen ›Beibehaltung‹ und ›Entfernung‹ durchbrochen werden. Denn weder kann es darum gehen, die antisemitische Ikonografie einfach so zu belassen, wie sie ist, noch darum, sie gänzlich zu tilgen. Es geht um Aufarbeitung, und dies bedeutet immer zweierlei: Man distanziert sich von einem historischen Erbe und macht es neu zum Thema.

Wie das geschehen kann, dafür gibt es vielfältige Möglichkeiten. Dabei berücksichtigen wir methodisch vier Schritte:[17]

1.) *Wir gehen das Problem an und schauen hin!* Wir sind erleichtert, dass es mit dem Netzwerk »Memory Lab evangelisches:erinnern« des »Albert Schweitzer Haus – Forum der Zivilgesellschaft« seit 2021 eine fachkundige Begleitung gibt, denn bei diesem Thema stellt sich schnell Überforderung ein. Wir sind dankbar, dass weder Netzwerk noch Kirchenleitung vorschreiben, wie die Ergebnisse der Aufarbeitung aussehen sollen. Wir denken, dass wir als Kirchengemeinde selbst aufarbeiten müssen. Wichtig ist uns, die Nachfahren der Fensterstifter miteinzubeziehen. Allerdings wollen wir die heiklen Entscheidungen nicht an diese delegieren.

2.) Wir sind überzeugt, dass es (Kunst)Historiker*innen braucht, die die Geschichte der Fenster und des Künstlers *erforschen, erzählen und dokumentieren*. Wo liegt die Bedeutung des Gesamtkonzeptes und der einzelnen Fenster? Was wird abgebildet und weggelassen? Wieso wurden die Fenster so spät noch eingebaut? Wie wurden sie über die Jahrzehnte wahrgenommen? Forschung ist dabei kein Selbstzweck, sondern dient der sachlichen Information aller, die die Pauluskirche auch in Zukunft besuchen oder mit ihr leben und arbeiten. Besucher*innen haben ein Recht darauf, unkompliziert und verständlich Auskunft zu erhalten, um sich ein eigenes Urteil bilden zu können.

3.) *Es muss entschieden werden, was mit den Fenstern geschehen soll.* Mehrere Bilder sind so beleidigend oder irritierend, stacheln Ressentiments an, so dass man sie abnehmen muss. Damit wäre die Aufgabe aber noch nicht erledigt, denn wir müssen überlegen, ob manche der Fenster besonders erhaltenswert sind. Sie aber einfach in ein entferntes Museum zu bringen, greift zu kurz, weil wir uns nicht aus der Verantwortung stehlen wollen, zumal auch das naheliegende Wien Museum kein Interesse bekundet hat. Außerdem soll es in der Pauluskirche weiterhin zur Auseinandersetzung mit der eigenen Schuldgeschichte kommen. Wir wollen den Lösungsansatz somit nicht grundsätzlich an die Kunst delegieren. Deshalb wurde von uns die Entscheidung getroffen, die Fenster zu entfernen und durch thermische Fenster mit einem neuen bunten und abstrakten Bildkonzept zu ersetzen. Aus den Scherben der alten

---

[17] Vgl. Johann H. CLAUSSEN, Stellt euch dem giftigen Erbe! *Chrismon Plus. Das Evangelische Magazin* (März 2023) 66.

Fenster soll eine Gedenkstelle mit Information entstehen. Mit der konkreten künstlerischen Umsetzung der neuen Fenster und der Gedenkstelle soll dann die Kunst beauftragt werden.
4.) Es ist in der Pauluskirche eingeübte Praxis, an den Gedenktagen im November und im Jänner regelmäßig über die eigene Schuldgeschichte nachzudenken. Wir denken, dass im rituellen, gottesdienstlichen Erinnern im Lauf des Kirchenjahres eine große Kraft liegt. Selbst nach der Umsetzung des Fenstertausches und der Errichtung einer Gedenkstelle mit Glasscherben muss es verlässlich zu Gedenktagen eine Konfrontation mit dem belastenden Thema geben und die Suche nach einer besseren Zukunft wachgehalten werden.

VI. Wie geht es nun weiter mit den Fenstern?

VI.1 Beschlüsse und Wissenstransfer

Die aktuelle Gemeindevertretung hat in ihrer letzten Sitzung im März 2023 vor den Gemeindevertretungswahlen im Oktober 2023 in einer Absichtserklärung beschlossen, die Fenster in der kommenden Legislaturperiode zu tauschen und eine Gedenkstelle zu errichten. Ein wesentlicher Grund, die kommende Gemeindevertretung mit einer Absichtserklärung dazu zu verpflichten, ist es, die Weitergabe des erarbeiteten Wissens zu gewährleisten. In den vergangenen Jahren haben das aktuelle Presbyterium und die bestehende Gemeindevertretung von Beratung und Austausch über die Geschichte(n) unserer Kirchenfenster mit namhaften Menschen aus Forschung und Theologie profitiert. Die Impulse von Kunsthistoriker*innen, Museums-Kurator*innen, des Netzwerks »Memory Lab evangelisches:erinnern« oder des »Koordinierungsausschusses für christlich-jüdische Zusammenarbeit« wie auch die internen Debatten führten uns zur Entscheidung, das erarbeitete Wissen und den bestehenden Konsens durch einen Beschluss in das neue Gremium zu transferieren.

Was wurde beschlossen? Durch eine begleitende wissenschaftliche Schrift sollen die Fenster, ihre Entstehungsgeschichte, zum Teil ihre Spender*innen und ihre bisherige künstlerische Einordnung dokumentiert und analysiert werden.[18] Auch Ergebnisse der projektbegleitenden Lehrveranstaltung »evangelisches:erinnern – Erinnerungskultur und Geschichtspolitik im österreichischen Protestantismus« an der Evangelisch-Theologischen Fakultät der Universität Wien (Leonhard Jungwirth und Thomas Scheiwiller, Sommersemester 2023) fließen in die Dokumentation mit ein. Mit Unterstützung des »Memory Labs« wird geklärt, ob ein (evangelisches) Museum eines der Fenster in die eigene Sammlung aufnehmen möchte. Welches Bild erhaltenswert ist, wird im Austausch mit Forscher*innen entschieden.

Im Kirchenraum soll im Rahmen eines Kunstprojekts eine Erinnerungsstelle

---

[18] Eine derartige wissenschaftliche Dokumentation ist derzeit in Arbeit und wird voraussichtlich im Herbst 2024 in der Zeitschrift *Dialog-DuSiach* veröffentlicht.

errichtet werden, die das Material bewahrt, ohne aber den menschenfeindlichen Geist zu erhalten. Die Scherben für dieses Kunstprojekt sollen beim Ausbau der restlichen Fenster gesammelt werden.

Bei der Neugestaltung der Fenster wird auf die thermische Sanierung und Optimierung des Raumklimas bei gleichzeitiger Wahrung des sakralen Charakters des Raumes geachtet. Kunststudierende bzw. etablierte Künstler*innen werden in einem Kunstprojekt mit einer bunten, abstrakten Ausgestaltung der neuen Fenster beauftragt.

Dieser Prozess wird kosten- und zeitintensiv. Aber wie ertragen wir die Fenster bis zum Umbau? Wie schaffen wir Bewusstsein für den notwendigen Umbau-Schritt? In der Gemeindevertretungssitzung vom März 2023 wurde die Bitte geäußert, Bildungsprojekte zu den Fenstern zu planen. Entsprechend setzten Jugendliche der Pfarrgemeinde ein Projekt um, bei dem die Kirchenfenster verhüllt wurden.

VI.2 Wertevermittlung

Die Jugendlichen beschäftigten sich auf ihrer Sommerfreizeit 2023 in Landskron in Kärnten einerseits mit der Geschichte der Fenster, andererseits mit den ›Paulus-Werten‹ Glaube, Hoffnung, Liebe als *Vademecum* gegen Menschenfeindlichkeit.

Die Jugendlichen überlegten methodisch angeleitet und künstlerisch begleitet, was Glaube, Hoffnung und Liebe bedeuten, welche Potentiale sie haben und durch welche Farben sie symbolisiert werden. Im nächsten Schritt wurden die Jugendlichen bei einer Exkursion in eine Siebdruckwerkstatt mit einem besonderen Druckverfahren vertraut gemacht. Eine Künstlerin hatte zuvor mit einer speziellen Paste die Worte Glaube, Hoffnung, Liebe auf die jeweils dazugehörigen Stoffbahnen aus Ausbrennstoff gebrannt bzw. gedruckt. Die vorbereiteten genähten Stoffbahnen wurden später von den Jugendlichen zu je drei Teilen in die für Glaube, Hoffnung und Liebe stehenden Farben gefärbt. Danach lernten die Jugendlichen die Geschichte der einzelnen Fenster besser kennen und überlegten, welcher der drei Werte das beste *Vademecum* zum jeweiligen Fenster sein könnte.

In einem Gottesdienst im Herbst 2023 wurden die Stoffbahnen eingeführt und von den Jugendlichen präsentiert. Die Werte Glaube, Hoffnung, Liebe verdecken seitdem die Fenster. Der Stoff ist gerade so transparent, dass Licht und Konturen der Fenster durchscheinen. Durch die Stoffbahnen entsteht ein Bewusstsein einerseits für die problematischen Fenster, andererseits werden die Werte der Pauluskirche mit dieser Aktion prominent präsentiert. Beides – Fenster und Werte – werden damit zum Gesprächsthema. Eine Broschüre und ein Info-Clip geben Besucher*innen über das Jugendkunstprojekt Auskunft.

VI.3 Umgang mit dem Widerstand

Wie groß der Widerstand gegen Bewusstseinsbildung noch Anfang der 2000er Jahre war, zeigt die Geschichte der verschwundenen Gedenktafel: Mehrmals wurde nach der Errichtung der Gedenktafel an der Empore in der Pauluskirche eingebrochen und die Tafel entwendet.

Wir rechnen damit, dass der Prozess als Ganzes Unruhe bei den Bewahrer*innen auslösen wird, Widerstand bei denjenigen, die *Cancel Culture* hinter dem Prozess wittern, Misstrauen bei denjenigen, die seit Jahren gelernt haben, bedenkliche Denkmäler müssten unaufhörlich kontextualisiert werden, Wehmut vielleicht bei den Stifterfamilien, die die Fenster als Erinnerungsstücke an ihre Vorfahren betrachten. Es wird viel Aufklärungsarbeit und Gespräche brauchen. Dabei muss klar sein: Erinnerungskultur ist ein offener Prozess und die ›Pauluskirche‹ kommt zu ihren ganz eigenen Ergebnissen.

Gelungene ›Neurahmung‹ des antijudaistischen Altarbildes in der evangelischen Kirche Voitsberg?

Von Sabine Maurer

Der vorliegende Beitrag beschäftigt sich mit dem antijudaistischen Altarbild in der evangelischen Kirche in Voitsberg in der Weststeiermark und der Intervention, die das »Grazer Komitee für christlich-jüdische Zusammenarbeit« unternommen hat, um eine ›Neurahmung‹ dieses Bildes zu erreichen.

Nach der Vorstellung des Altarbildes und der Erörterung seiner antijudaistischen Aspekte werden die Intervention des »Grazer Komitees« und die damit verbundenen Schwierigkeiten beschrieben, um abschließend der Frage nachzugehen, ob das erzielte Ergebnis, also die jetzige ›Neurahmung‹ des Altarbildes, als gelungen bezeichnet werden kann.

I. Das Altarbild

Das Altarbild befindet sich in der evangelischen Gustav-Adolf-Kirche in Voitsberg. Die Kirche wurde vom Architekten Hans Hönel (1884–1964) geplant,[1] der zu den aktivsten Architekten des »Steiermärkischen Werkbundes« gehörte.[2] Die Grundsteinlegung des Kirchenbaus erfolgte am 29. September 1935 durch Pfarrer Erwin Kock (1905–1979). Bereits ein Jahr später, am 27. September 1936, konnte die Kirche durch Superintendent Johannes Heinzelmann (1873–1946) eingeweiht werden.

Das Altarbild entstand im Jahr 1936, also im Jahr der Fertigstellung der Kirche, und wurde vom Grazer Grafiker und Maler Erich Hönig (1894–1945), eigentlich Erich Hönig-Hönigsberg, geschaffen.[3] Hönig war als freischaffender Künstler in Graz sowie Westfalen tätig und auf Freskomalerei spezialisiert, ferner als Konservator alter Fresken. Hönig, Gründungsmitglied der »Grazer Sezession«,[4] schuf einige Jahre zuvor für die evangelische Kirche in Judenburg, Bezirk Murtal in der Steiermark, ein Fresko-Altarbild (1928): Auch hier steht wie in Voitsberg der gekreuzigte Christus im Mittelpunkt des Bildes. Bereits diese Darstellung ist ein bezeichnender

---

[1] Ernst-Christian Gerhold/Johann-Georg Haditsch, Evangelische Kunst und Kultur in der Steiermark (Graz 1996) 218.
[2] Antje Senarclens de Grancy, Keine Würfelwelt. Architekturpositionen einer ›bodenständigen‹ Moderne. Graz 1918–1938 (Graz 2007) 42, 53. Zum Wirken von Hönel: Herbert Lipsky, Kunst einer dunklen Zeit. Die bildende Kunst in der Steiermark zur Zeit des Nationalsozialismus. Ein Handbuch (Graz 2010) 64.
[3] Zu Erich Hönig: Lipsky, Kunst (wie Anm. 2) 210–213.
[4] Zur Grazer Sezession: Ebenda 68–78.

Ausdruck des ideologischen Hintergrundes der Entstehungszeit.⁵ Die Gemeinde nahm daher den Umbau der Judenburger Kirche im Jahr 2003 zum Anlass, um sich von der Darstellung zu distanzieren. Sie beschloss, das Altarbild hinter einer Gipswand ›verschwinden‹ zu lassen, sodass es heute nicht mehr sichtbar ist.

Abb 1: Altarbild in der evangelischen Kirche Voitsberg (Foto: Robert Eberhardt)

Betritt man die Kirche in Voitsberg, so führt uns der Mittelgang genau auf das Fresko zu, welches die gesamte Stirnseite der Kirche einnimmt. Davor steht zentral der Altar, rechts daneben befindet sich die Kanzel. Bei dem Gemälde handelt es sich um eine plakative Form der Malerei: Die abgebildeten Personen werden ohne individuelle Gesichtszüge dargestellt; der Hintergrund des Bildes besteht aus großen, einfarbig gestalteten Flächen. Im Zentrum steht Christus, der Gekreuzigte. Hinter dem Kreuz erhebt sich ein Berg, darüber der geöffnete Himmel.

Auffallend ist die symmetrische Anordnung der Personen rechts und links des Gekreuzigten, die sich zusammen mit ihm auf einem Felsplateau befinden.

Auf der hell grundierten Fläche, auf der Seite rechts von Jesus aus betrachtet, sind zwei trauernde Frauen zu sehen, denen sich der Gekreuzigte zuwendet. Zur Linken Jesu, auf der dunkel gefärbten Seite des Felsblocks, sehen wir einen Mann in römischer Kleidung, der zu Christus aufschaut. Ein weiterer Mann sitzt am Boden: Er hält in seiner linken Hand eine Lanze und in seiner rechten ein großes weißes Tuch. Neben ihm sieht man Würfel auf dem Boden liegen, die aus einem umgefallenen Becher herausgerollt sind.⁶

---

[5] Der gekreuzigte Christus wird hier als »blond, langhaarig und muskulös mit geöffneten blauen Augen vorgeführt –, eine unübliche, aber für den ideologischen Hintergrund der Entstehungszeit bezeichnende Darstellung.« GERHOLD/HADITSCH, Kunst (wie Anm. 1) 143. Abbildung des Altarfreskos und Bildeschreibung ebenda.

[6] Eine Anspielung auf Mt 27,35.

Einer symmetrischen Anordnung folgen auch die beiden Szenen rechts und links des Felsenberges: Auf der linken Seite, von den Betrachter:innen aus gesehen, ist der Verkündigungsengel über den Hirten auf dem Feld auf der gleichen Höhe angeordnet wie die Taube rechts über den vier Evangelisten. Vom Engel und von der Taube ausgehend zielen jeweils (Licht)strahlen auf die Menschen unterhalb. Der Stab des Hirten ragt in etwa gleich hoch in den Himmel wie die Lanze des römischen Soldaten rechts.

Dieser Hirte wendet sich, mit dem Rücken zu den Betrachter:innen, zum Engel nach oben. Ein anderer Hirte wirft sich, von den Lichtstrahlen geblendet, drastisch zurück und richtet seinen Blick zum Himmel. Auf der rechten Seite, neben der nach oben gerichteten Lanze, sehen wir ein brennendes Gebäude. Durch einen Davidstern ist es eindeutig als jüdischer Tempel gekennzeichnet. Gut erkennbar ist der Rauch, der aus dem brennenden Tempel in einer senkrechten Säule in den Himmel aufsteigt und dann am oberen Rand des Bildes wegzieht.

Die Rauchsäule grenzt die Kreuzigungsszene von der Darstellung der vier Evangelisten ab. Sie sind in langen weißen Gewändern mit blonden Haaren dargestellt; einer von ihnen trägt demonstrativ ein Buch vor sich her. Ihre Blicke wenden sich in vier unterschiedliche Richtungen.

Ganz rechts außen ist ein Engel zu sehen, der mit einer Hand eine Grabplatte berührt und diese leicht anzuheben scheint. Damit wird auf Jesu Grablegung und auf seine Auferstehung hingewiesen.

Das Fresko spannt einen heilsgeschichtlichen Bogen von der Geburt Jesu, der Verkündigung an die Hirten, Jesu Kreuzigung und Tod über die Ausgießung des Heiligen Geistes bis zur Verkündigung des Evangeliums. Grablegung und Auferstehung Jesu sind angedeutet. Hervorgehoben ist der Gekreuzigte durch seine erhöhte und zentrale Stellung wie auch durch die Stilmittel einer roten Scheibe und eines grünen Rings hinter den Kreuzesbalken, welche die kosmische Bedeutung des Dargestellten zum Ausdruck bringen. Durch die zentrale Stellung des Gekreuzigten präsentiert sich das Kircheninnere als ein von evangelischer Kreuzestheologie geprägter Raum.

Was macht das Bild nun antijudaistisch? Zum einen ist die Darstellung eines brennenden jüdischen Tempels Ausdruck des sich in der Zwischenkriegszeit radikalisierenden Antisemitismus, der sich zuerst medial, dann zunehmend auch physisch gegen Jüdinnen und Juden richtete.[7]

---

[7] In Graz war der Antisemitismus ein »wesentliches ideologisches Element« der ersten Jahrzehnte des 20. Jahrhunderts, siehe: Gerald LAMPRECHT, Rabbiner Dr. David Herzog – Leben und Werk, in: Meine Lebenswege. Die persönlichen Aufzeichnungen des Grazer Rabbiners David Herzog, hg. von Heimo HALBRAINER/Gerald LAMPRECHT/Andreas SCHWEIGER (Graz 2013) 165–194, hier 190. In der Reichspogromnacht am 9./10. November 1938 wurden auch in Graz die Synagoge und die Zeremonienhalle in Brand gesteckt. Zahlreiche Grazer Jüdinnen und Juden wurden nachts in ihren Wohnungen überfallen, misshandelt, festgenommen und teilweise nach Dachau deportiert.

Zum anderen lässt das Altarbild die bekannte antijudaistische Bildtradition *ecclesia et synagoga* anklingen, die ich anhand eines mittelalterlichen Freskos in der Pfarre Allerheiligen bei Wildon (Bezirk Leibnitz, Steiermark) in Erinnerung rufen möchte. Es handelt sich dabei um ein sogenanntes Lebendes Kreuz.[8]

Abb 2: ›Lebendes Kreuz‹, Pfarre Allerheiligen bei Wildon (Foto: Sabine Maurer)

Auf diesem Fresko sehen wir vom Gekreuzigten aus gesehen rechts die allegorische Frauengestalt der *ecclesia* mit Krone, Fahne und Kelch. Links ist die *synagoga* auf einem Esel reitend mit geknicktem Stab und herunterfallender Krone dargestellt. Die Frauengestalt der *synagoga* wird von einer Hand, die aus dem Kreuzbalken hervorgeht, mit einem Schwert durchbohrt.

Die Darstellung in Voitsberg schließt insofern an diese antijudaistische Bildtradition an, als sie die brennende Synagoge genau an der Stelle platziert, an der üblicherweise die *synagoga* als Frauenfigur dargestellt ist.

---

[8] Ein beispielhafter Umgang mit einer Darstellung des ›Lebenden Kreuzes‹ von Thomas von Villach (um 1435/1440–1523/1529) findet sich in der Pfarre Thörl-Maglern in Kärnten, https://www.kath-kirche-kaernten.at/dioezese/detail/C2488/17-jaenner-tag-des-judentums-neuer-folder-erlaeutert-eine-das-judentum-abwertende-darstellung-im-fresko-vom-lebenden-kreuz-in-der-pfarrkirche-thoerl-maglern [30.9.2023].

Diese Bildtradition der Gegenüberstellung von *synagoga* und *ecclesia* beabsichtigte nicht nur eine Abwertung von Jüdinnen und Juden sowie des jüdischen Glaubens, sondern propagierte im Laufe der Entwicklung zunehmend auch die Anschauung von der Verwerfung des Volkes Israel durch seinen Gott. Solche und andere antijudaistische Muster haben jahrhundertelang den politischen Antisemitismus bedient, der, von den Nationalsozialisten weiter angetrieben, letztlich in die geplante Vernichtung der Judenheit, in die Shoa, führte. Dieser antijudaistischen Bildtradition von *synagoga und ecclesia* ist die Auffassung entgegenzuhalten, dass die Erwählung des Volkes Israel durch seinen Gott weiterhin gilt.[9]

II. Die Intervention

Das »Grazer Komitee für christlich-jüdische Zusammenarbeit«, das sich seit 1991 um eine Erneuerung der Kirchen in Bezug auf ihre Haltung zum Judentum bemüht und zu einer Auseinandersetzung mit christlicher Judenfeindschaft in der Geschichte anregt, sah die Notwendigkeit gegeben, einen Anstoß zur einer vertieften und kritischen Auseinandersetzung der Gemeinde in Voitsberg mit ihrem problematischen Erbe zu geben. Ziel war es, einen Prozess der Diskussion in Gang zu setzen, um sich in geeigneter Form sichtbar von dem antijudaistischen Bildinhalt zu distanzieren.

Der vom »Grazer Komitee« eingeleitete und beabsichtigte Nachdenkprozess startete im Jahr 2008 und wurde 2014 mit dem Anbringen von zwei erklärenden Tafeln an der Außenwand der Kirche vorerst abgeschlossen.

Wie ging das Komitee vor? Es wurde zunächst nach Personen Ausschau gehalten, die in der Gemeinde Ansehen genießen und das Anliegen unterstützen. Mit dem damaligen Superintendenten Hermann Miklas[10] wurde eine solche Person gefunden. Zudem sollte die amtierende Pfarrerin dafür gewonnen werden, sich in der Gemeinde für dieses Anliegen einzusetzen.

Im Anschluss daran gab das Komitee inhaltliche Impulse für eine Diskussion, z. B. mit einem Vortragsabend im Jänner 2011. Über die *Verhängnisvolle antijudaistische Bildgeschichte* der christlichen Kirchen referierte damals Peter Ebenbauer von der Katholisch-Theologischen Fakultät Graz, ein Mitglied des Komitees. Die Verfasserin gegenständlicher Ausführungen stellte in einem Vortrag den *Wandel*

---

[9] Röm 9,1–3. Dazu auch die Erklärung der Generalsynode der Evangelischen Kirche A. und H. B. im November 1998 »Zeit zur Umkehr – Die Evangelischen Kirchen in Österreich und die Juden«, insbesondere Abschnitt V, https://evang.at/wp-content/uploads/2015/07/umkehr_01.pdf [30.9.2023].

[10] Hermann Miklas war von 1977 bis 1979 Vikar, danach bis 1986 Pfarrer in der evangelischen Pfarrgemeinde Voitsberg. Vgl. Herbert RAMPLER, Evangelische Pfarrer und Pfarrerinnen in der Steiermark seit dem Toleranzpatent. Ein Beitrag zur evangelischen Presbyteriologie (Graz 1998) 205.

des Verhältnisses der Evangelischen Kirchen zum Judentum nach 1945 vor. Im Anschluss an beide Vorträge fand eine moderierte Diskussion statt.

Des Weiteren machte das Komitee ein Jahr später im Rahmen einer Tagung eine Exkursion in die Kirche nach Voitsberg und lud vor Ort zu einem Gespräch über das Altarbild als Beispiel einer antijudaistischen Darstellung in christlichen Kirchen ein.[11]

Wie waren die Reaktionen auf die Intervention? Die Gemeindemitglieder selbst reagierten mit Unverständnis und Weigerung darauf, das Bildmotiv der brennenden Synagoge aus der bis dahin wohlgehüteten ›Unsichtbarkeit‹ ins Bewusstsein zu heben und sich mit seinem Inhalt auseinanderzusetzen. Einen Grund dafür kann man darin sehen, dass es dem Komitee nicht gelang, die in diesem Zeitraum wirkenden amtsführenden Pfarrerinnen und Kurator:innen davon zu überzeugen, dieses Anliegen in ihre Gemeinde zu tragen und zu vertreten.

Wenn ich auf den Prozess der Intervention des »Grazer Komitees« in Voitsberg nochmals kritisch zurückblicke und überlege, was wir für die Zukunft daraus lernen können, dann würde ich sagen: Die Entwicklung einer vertrauensvollen Beziehung zu Akteuren der Gemeinde ist nicht zu unterschätzen und spielt für den Erfolg einer Intervention eine sehr wichtige Rolle. Diese Dimension wurde zwar bedacht, jedoch müsste ihr weitaus mehr Bedeutung eingeräumt werden.

Zur Veranschaulichung seien einige der geäußerten Einwände gegen eine Auseinandersetzung mit der Thematik genannt: 1. Die brennende Synagoge sieht man nicht, sie fällt nicht auf. 2. Das Altarbild steht unter Denkmalschutz. Es darf daher ohnehin nichts geändert werden. 3. Gemeindeglieder, die noch am Leben sind, standen dem Künstler Modell. 4. Der künstlerische Wert des Bildes verbietet eine kritische Distanzierung zum Bildinhalt. 5. Die Vergangenheit kann man nicht ändern. 6. Es gibt Wichtigeres zu tun.

Dass es trotz dieses Widerstands im Jahr 2014 zur Anbringung von zwei Tafeln an der Außenwand der Kirche kam, von denen eine die Problematik des Altarbildes thematisiert, ist der Unterstützung von Hermann Miklas zu verdanken. Er nutzte die Gunst der Stunde, nämlich einen bevorstehenden Besuch des Bischofs, um der Gemeinde nahezulegen, in dieser Sache aktiv zu werden und ein sichtbares Zeichen der kritischen Distanzierung zum Bildinhalt zu setzen.

Am 7. September 2014 konnte Bischof Michael Bünker in Anwesenheit von Pfarrerin Fleur Kant und Kurator Dietmar Böhmer die feierliche Enthüllung der Tafeln vornehmen.

Die Formulierung auf der Tafel zum Altarbild kam unter Mitwirkung eines Mitglieds des Vorstands des »Grazer Komitees« zustande. Es gab mehrere Vorschläge, die der Vorstand erarbeitete: Sie alle versuchten den Bedenken der Voitsberger Gemeinde entgegenzukommen, ohne das Anliegen selbst aufzugeben.

---

[11] Der Titel der Tagung lautete: *Judentum in der christlichen Bildkunst* und wurde u. a. vom »Grazer Komitee« vom 29. April bis 1. Mai 2012 im Bildungshaus Graz-Mariatrost veranstaltet.

Der beschlossene Text der Erläuterungstafel zum Altarbild lautet:

> »Auf dem Altarbild von Erich Hönig ist ein brennender jüdischer Tempel zu sehen, versehen mit dem Davidstern als dem Symbol des ganzen Judentums.
> Mit *Scham und Trauer* distanzieren wir uns von der Jahrhunderte lang wirksamen judenfeindlichen Haltung der christlichen Kirchen und bekennen uns zum Weg der Umkehr und Erneuerung im Verhältnis zu unseren jüdischen Schwestern und Brüdern.«

Die zweite Tafel, eine Tafel zum Wirken von Pfarrer Erwin Alfons Kock in der Gemeinde,[12] trägt den Text:

> »Von 1934 bis 1940 wirkte Erwin Alfons Kock (* 1905 St. Petersburg, Rußland † 1979 in Wien) als Pfarrer an dieser Kirche. Er scheute nicht das offene Wort gegenüber dem NS-Regime, wurde deshalb seines Amtes enthoben und inhaftiert.
> Er wurde 1945 wieder in den Dienst der Evangelischen Kirche in Österreich aufgenommen und engagierte sich in der Friedensbewegung.«

Darunter ist (in Großbuchstaben) eine allgemeine Formulierung gesetzt, die als ›Unterschrift‹ beider Tafeln zu verstehen ist: »Die Evangelische Pfarrgemeinde Voitsberg distanziert sich von jeder Form von Diskriminierung und Gewalt.«

III. Bewertung

Abschließend sei die Frage gestellt, ob die ›Neurahmung‹ des Altbarbildes in der Voitsberger Kirche als gelungen bezeichnet werden kann.

Positiv zu werten ist, dass die erste Tafel auf die Darstellung des brennenden Tempels als Symbol des Judentums hinweist und sich die Gemeinde klar von der jahrhundertelangen judenfeindlichen Haltung der Kirchen distanziert. Positiv ist ferner, dass die Tafeln außen, also sichtbar an der Kirche und damit für die Öffentlichkeit zugänglich angebracht sind.

Formulierungsvorschläge, die eindeutig und klar zum Ausdruck bringen, dass das Bildmotiv der brennenden Synagoge Ausdruck einer jahrhundertelang wirksamen Judenfeindschaft ist, die zur Verfolgung von Jüdinnen und Juden sowie letztlich zur Shoa führte, wurden leider nicht berücksichtigt.[13] Als problematisch kann

---

[12] Zu Erwin Alfons Kock: RAMPLER, Pfarrer (wie Anm. 10) 168–170. Pfarrer Kock wurde nach einer Begräbnisansprache verhaftet, die er für den Sozialisten Rudolf Rossmann am 19. Februar 1940 gehalten hatte. Rossmann war als Leiter des Stadtamtes von den Nationalsozialisten abgesetzt worden. Nach mehreren Monaten in Untersuchungshaft wurde Kock wegen »Abhörens ausländischer Sender« zu einer Haftzeit von 15 Monaten verurteilt. Die Evangelische Kirche reagierte mit einer »Disziplinaruntersuchung mit dem Ergebnis der Amtsenthebung aufgrund des gerichtlichen Urteils«. Ebenda 170, Anm. 9 und 372.

[13] Ein Entwurf sah folgende Formulierung vor: »Mit Scham und Trauer erkennen wir *in diesem Bildmotiv* den Ausdruck Jahrhunderte lang wirksamen Judenfeindschaft der christlichen Kirchen, die wir entschieden zurückweisen.«

auch angesehen werden, dass das Nebeneinander der beiden Tafeln den Eindruck entstehen lässt, hier solle ein Ausgleich geschaffen werden zwischen einer Schuld, die die Gemeinde mit diesem Altarbild (und der Abbildung eines brennenden jüdischen Tempels) auf sich geladen habe, und dem Verdienst eines in der Gemeinde tätigen Pfarrers, der sich gegenüber dem nationalsozialistischen Regime widerständig verhalten hat.

Bedenkt man, dass Pfarrer Kock im Oktober 1933 zum Pfarrer von Voitsberg gewählt wurde und dort bis zu seiner Verhaftung am 23. Februar 1940 Pfarrer war, stellt sich auch die Frage nach *seiner* Mit-Verantwortung für das Altarbild.

Zusammengefasst lässt sich sagen: Die Idee, eine zweite Tafel anzubringen, die den Voitsberger Pfarrer Kock als eine Person würdigt, die sich in der Zeit des Nationalsozialismus widerständiger als andere verhalten hat, war ein geschickter Schachzug, der es den Gemeindegliedern ermöglichte, der Anbringung einer erklärenden Tafel zum Altarbild zuzustimmen.

Allerdings kann das Anbringen der Tafeln nur als ein allererster kleiner Schritt zu einer ›Neurahmung‹ gewertet werden, dem weitere Schritte folgen müssen. Weiterhin sieht das Komitee es als dringend notwendig an, unmittelbar *vor* dem Bildmotiv eine künstlerische Intervention zu installieren, die sich der antijudaistischen Aussage entgegenstellt. Zuvor sollte eine theologische Aufarbeitung des christlichen Antijudaismus und seiner theologischen Implikationen in der Gemeinde erfolgen und eine neue Haltung zum Judentum gefunden werden.[14]

---

[14] Diese Einschätzung wird durch den Text der Homepage der Gemeinde bestätigt, der bis April 2023 abrufbar war, http://evang-voitsberg.at/ueber-uns/ [18.4.2023]: »Im Inneren der Kirche beherrscht das große Altarfresko des akademischen Malers Ernst Hönig von Hönigsberg (Graz) den Gesamteindruck. Es stellt im Stile plakativer, naiver Malerei das Leben Jesu dar: in mehreren Szenen von der Geburt bis zur Kreuzigung. Rechts im Hintergrund ist auch der brennende Tempel von Jerusalem zu sehen. Ob es sich hier um den *prophetischen Blick* des Malers handelte, der die brennenden Synagogen der Reichskristallnacht von 1938 bereits vorwegnahm? Dieser Teil des Altarbildes wird *in den 2010er Jahren einigen Anstoß erregen* und schließlich 2014 zur Enthüllung einer Gedenktafel durch Bischof Michael Bünker führen. – So weit bekannt ist, handelt es sich bei diesem Fresko um das letzte größere Werk dieses Malers, der im Krieg verschollen ist. Von seiner Hand stammt übrigens auch das Altarfresko der Judenburger evangelischen Kirche. *In Voitsberg standen ihm einige Gemeindeglieder Modell*. Das Bild – es wurde 1981 restauriert – steht heute unter Denkmalschutz.« [Kursive Hervorhebungen d. Verf.]
Auffallend ist, dass die Gründe dafür, warum das Bild Anstoß erregte, nicht angeführt werden. Es wird auch nicht erkannt, dass es nicht um einen Teil des Altarbildes geht, sondern um die gesamte Darstellung und die darin enthaltene Aussage. Auf der Homepage finden sich also die alten Argumente gegen eine Kritik am Altarbild und seinen Inhalt: Es handle sich um ein wertvolles Gemälde, das einer Kritik dadurch entzogen sein sollte, dass Gemeindemitglieder dem Künstler Modell standen. Zweitens handle es sich um das letzte größere Werk des Malers, bevor dieser im Krieg verschollen ist. Als drittes Argument wird genannt, dass der Künstler womöglich prophetische Gaben besaß, die ihn eine Reichspogromnacht voraussehen ließen. Damit wird die Tatsache in Abrede gestellt, dass der Antisemitismus in den 1930er Jahren in der Bevölkerung weit verbreitet war und das gesellschaftliche Klima bestimmte.

Man muss sich vergegenwärtigen, dass das Altarfresko die zentrale Botschaft des christlichen Glaubens in den Mittelpunkt stellt: Christus, den Gekreuzigten und Auferstandenen. Das Fresko tut dies, indem es diese Botschaft mit dem Bild einer brennenden Synagoge kombiniert, die uns nichts anderes als die jahrhundertelange Judenfeindschaft der Kirchen vor Augen führt.

Auch sprechen gewichtige theologisch-liturgische Gründe für eine sichtbare künstlerische Intervention. Denn mit dem evangelischen Theologen Klaus Raschzok ist davon auszugehen, dass zwischen Kirchenraum und Gottesdienst ein komplexes wechselseitiges Beziehungsverhältnis besteht. Nicht nur der Gottesdienst gestaltet den Raum, sondern »umgekehrt: der Raum den Gottesdienst«.[15]

Jeder Bibeltext, der vor dieser Altarwand gelesen, jede Predigt, die hier gehalten wird, jedes Abendmahl, das hier gefeiert wird, wird durch die Aussage des Freskos indirekt kommentiert, konterkariert, in Frage gestellt oder bestätigt.

Die Altarwand predigt mit, ob man das nun möchte oder nicht.

Das alles geschieht unbewusst! Der im Bild zum Ausdruck kommende Antijudaismus entfaltet damit eine ungeahnte Wirkung, die durch kritische Kontextualisierung der antijudaistischen Aussage entkräftet werden könnte.

Um der christlichen Botschaft willen sollte daher unmittelbar vor dem Bildmotiv eine künstlerische Intervention angebracht werden, die der antijudaistischen Aussage entgegenwirkt!

---

[15] Klaus Raschzok, Kirchenbau und Kirchenraum, in: Handbuch der Liturgik. Liturgiewissenschaft in Theologie und Praxis der Kirche, hg. von Hans C. Schmidt-Lauber/Michael Meyer-Blanck/Karl-Heinrich Bieritz (Göttingen ³2003) 391–412, hier 391.

Erinnerungsorte schaffen – mitten unter uns

Das Beispiel des Ramsauer Pfarrers Jakob Ernst Koch

Von Monika Faes

I. Gedenkprojekt »Gegen das Vergessen« – mit Jugendlichen forschen

Dieses Gedenkprojekt startete im Jahr 2015 zum »Jahr der Bildung« der Evangelischen Kirche. Die Verfasserin gegenständlicher Ausführungen beschäftigte sich intensiv mit Jakob Ernst Koch, dem Pfarrer der evangelischen Pfarrgemeinde A. B. Ramsau am Dachstein. 2017 entstand auf Einladung der politischen Gemeinde Ramsau das Gedenkprojekt, in dem sich Jugendliche aus der Region seither mit der Autorin engagieren. Ein erstes Ziel war es, die Erinnerung an Pfarrer Jakob Ernst Koch und sein Wirken, das über die Jahrzehnte in Vergessenheit geraten war, wieder ans Licht zu bringen. Seinen Widerstand gegen den Nationalsozialismus und die von ihm gelebte Zivilcourage in der Steiermark aufzuzeigen, sind Ziel des Projekts.

II. Pfarrer Jakob Ernst Koch (1897–1966): unermüdlich – mutig – prophetisch

In den 1930er Jahren war Koch Pfarrer der evangelischen Pfarrgemeinde Ramsau am Dachstein. In der Zeit des aufkeimenden Nationalsozialismus wurde er durch den Landeshauptmann der Steiermark als Vertreter der evangelischen Kirche in den Steiermärkischen Landtag geholt (s. u.).

Pfarrerin Martina Ahornegger betonte anlässlich der szenischen Darstellung des Verhörprotokolls von Koch im Museum »Zeitroas« in der Ramsau im September 2019:

> »Die Evangelische Pfarrgemeinde A. B. Ramsau am Dachstein hat ihre Wurzeln im frühen 16. Jahrhundert und zählt zu einer der ersten Toleranzgemeinden Österreichs, gegründet im Jahr 1782. Nach dem Toleranzpatent von Kaiser Josef II. (1781) bekannten sich 127 der 130 Ramsauer Familien zum evangelischen Glauben. Durch die Jahrhunderte blieb die Orientierung an der Heiligen Schrift sowie die persönliche Frömmigkeit eingebettet in das Familienleben von höchster Bedeutung. Gleichwohl wappnete dies nicht zureichend gegen die zerstörerische, menschenverachtende Ideologie des Nationalsozialismus. Einer der wenigen, der sich nicht blenden ließ, war Pfr. Jakob Ernst Koch. Die Aufforderung des Apostels Paulus in seinem 1. Korintherbrief 16,13 – ›Wachet, steht im Glauben, seid mutig und stark!‹ – trifft auf ihn zu. Er ließ sich den Mund nicht

verbieten und zeigte Zivilcourage, für die er samt seiner Familie den Preis zu zahlen hatte. Denunziation, Gauverbot, Rettung in letzter Minute. Und: kein Dank zu Lebzeiten. Umso mehr gilt es an ihn zu erinnern, sein Wirken und klares Bekenntnis zu würdigen, ja sein Lebenszeugnis als Mahnung an uns heute wach zu halten.«[1]

Die Fachinspektorin für Evangelische Religion an Allgemeinbildenden Pflichtschulen und Allgemeinbildenden Mittleren und Höheren Schulen, Sabine Schönwetter-Cebrat, führte zu dem Gedenkprojekt aus, dass der angestrebte Abschluss des Forschungsprojekts für das

»Evangelische Schulamt und die Evangelische Kirche in der Steiermark eine große Bedeutung [habe], insbesondere in Bezug auf die Erstellung kompetenzorientierter Unterrichtsmaterialien, sowie die Aktualisierung der steirischen und österreichischen Kirchengeschichte in Vergangenheit und Gegenwart«.[2]

III. Bruchstücke eines Lebens: Zur Biografie Kochs[3]

Abb. 1: Pfarrer Jakob Ernst Koch zwischen 1955 und 1960 (Archiv Monika Latal)

1897 in Wallern an der Trattnach geboren, wuchs Jakob Ernst Koch in Scharten, Oberösterreich, auf; 1915 legte er die Matura ab. Im Ersten Weltkrieg diente Koch – ein begeisterter Bergwanderer – bei den Kaiserschützen, einer Elitetruppe, in der er hoch dekoriert wurde und den Rang eines Leutnants erlangte. Schließlich folgte er der Familientradition und studierte evangelische Theologie in Wien, Tübingen, Göttingen und Rostock.[4] Ab 1922 wirkte er als Vikar in Wallern, ab 1926 als Pfarrer in Hallstatt, ab 1928 als Pfarrer in der Ramsau am Dachstein.[5] Seiner Ehe mit Gertrud wurden fünf Töchter geschenkt.

Das 1931 eingeweihte Gipfelkreuz auf der Scheichenspitze wurde zum Sinnbild seines

---

[1] www.jakobernstkoch.at [11.12.2023].
[2] Ebenda.
[3] Die folgenden Ausführungen wurden von der Website www.jakobernstkoch.at übernommen. Zu Koch vgl. allgemein: Herbert RAMPLER, Evangelische Pfarrer und Pfarrerinnen der Steiermark seit dem Toleranzpatent. Ein Beitrag zur österreichischen Presbyteriologie (Forschungen zur geschichtlichen Landeskunde der Steiermark 40, Graz 1998) 167f., 372.
[4] Vgl. RAMPLER, Evangelische Pfarrer (wie Anm. 3) 167. Seit 1781 waren Kochs Vorfahren mit denselben Vornamen evangelische Pfarrer in Wallern, Oberösterreich. Er war der erste, der kein Pfarramt in Wallern übernahm.
[5] Vgl. RAMPLER, Evangelische Pfarrer (wie Anm. 3) 167.

Lebens: Seine Einweihungspredigt wurde gleichsam zur Bekenntnispredigt. Prophetisch hörte die Gottesdienstgemeinde im Jahr 1931 anlässlich der Feierstunde zur Errichtung des Gipfelkreuzes folgende Worte:

> »Torheit dünkt es manchem zu sein, sich für ein einfaches Kreuz so zu mühen, ja sein Leben zu wagen. Wer mitgetragen [...] hat, der weiß, es war eine schier übermenschliche Arbeit. [...] Es war uns eine Ehre, die Last zu tragen [...] jeder von uns ist ein Kreuzträger [...]. Was hat der Glaube schon für Berge versetzt! Schau nicht bewundernd auf große Zahl und Aufmachung. Schau nicht zaghaft auf Kleinheit und Unscheinbarkeit! Schau vertrauensvoll auf den Reichtum und die überschwengliche Kraft Gottes und Sein Vermögen [...]. Brüder, unserer Kirche ist das Wort Gottes anvertraut. Das ist ihr größter Schatz, köstlicher als alles Gold der Erde. Wie haben unsere Vorfahren diesen Schatz sorgfältig gehütet, verwahrt von feindlichen Spähern und auch gebraucht! Wie lebten sie aus und in dem Wort der Schrift! Und bei uns liegt oft die Bibel verstaubt, unbenutzt oder wenig gebraucht! [...] Bekenner wie einst braucht unsere Kirche, gerade in dieser Zeit des Abfalls [...]. Dazu gehört Mut und Liebe.«[6]

Durch sein Engagement im ›Ständestaat‹ wurde Jakob Ernst Koch zum Außenseiter seiner Kirche:[7] Landeshauptmann Karl Maria Stepan holte ihn als Vertreter der evangelischen Kirche in den Steiermärkischen Landtag; dies geschah ohne Konsultation der Kirchenleitung. Auf Regierungsseite genoss er als ›heimat-‹ und ›bekenntnistreu‹ geltender Evangelischer durchaus Ansehen und publizierte auch in ständestaatlichen Medien.[8] In einem zunächst in der Wochenzeitschrift *Der Christliche Ständestaat* und wenige Tage später im *Grazer Volksblatt* veröffentlichten Artikel schrieb Koch im September 1936: »Der Weg Österreichs ist ein schmaler, ganz schmaler Weg, dass es einem manchmal fast schwindelig werden könnte, wenn man in die Abgründe zur Linken und zur Rechten blickt.«[9] Dieser Beitrag schlug hohe Wellen.

---

[6] J[akob] E[rnst] Koch, Bergpredigt über 1.Kor. 18, Joh. 3,18, Offbg. 3,11. *Bergbote, Mitteilungen der Evang. Pfarrämter Bad Ischl, Goisern, Gosau, Hallstatt, Bad Aussee, Ramsau* Jg. 6, Folge 3, Ausgabe A (September 1931) 16–18.

[7] Zu evangelischen Mandataren im ›Ständestaat‹ siehe: Karl Schwarz, Evangelische Mandatare im Ständestaat 1934–1938. *JGPrÖ* 107/108 (1991/1992) 166–178; Gertrude Enderle-Burcel/Johannes Kraus, Christlich – Ständisch – Autoritär. Mandatare im Ständestaat 1934–1938. Biographisches Handbuch der Mitglieder des Staatsrates, Bundeskulturrates, Bundeswirtschaftsrates und Länderrates sowie des Bundestages (Wien 1991).

[8] Vgl. Astrid Schweighofer, Die Evangelische Kirche in Österreich im Spiegel von Tageszeitungen zur Zeit des Ständestaates (mit einem Exkurs zu den Jahren des Nationalsozialismus), in: Reformationszeit und Protestantismus im österreichischen Gedächtnis, red. von Martina Fuchs/Astrid Schweighofer (JGPrÖ 132/133 [2016/2017], Leipzig 2019) 211–252, hier 227f., 251.

[9] Jakob Ernst Koch, Evangelisches Österreichertum. Eine Stimme eines evangelischen bodenständigen Oesterreichers. *Der Christliche Ständestaat* Jg. 3, Nr. 37 (13.9.1936) 876–879, sowie die gekürzte Version in: Ders., Evangelisches Bekenntnis zu Oesterreich. *Grazer Volksblatt* Jg. 69, Nr. 213 (16.9.1936) 1f.

Viele Evangelische begrüßten 1938 den ›Anschluss‹ an Hitlerdeutschland; wenige leisteten Widerstand gegen das ›Dritte Reich‹.[10] Zu ihnen gehörte Jakob Ernst Koch. Er sah prophetisch weit, erkannte im Nationalsozialismus dessen antichristliche Einstellung. Er wagte es, gegen den Strom zu schwimmen, nahm Feindschaft in Kauf, stellte sich leidenschaftlich gegen diese menschenverachtende Bewegung.[11] Er diente unermüdlich allen, die Hilfe benötigten, und war begeisterter Befürworter des *Barmer Bekenntnisses*. Er regte eine »Reformatorische Bekenntnisbewegung Österreichs« an.[12] Kirchenpolitisch wurde er aufgrund seiner Nähe zum betont katholischen ›Ständestaat‹ zunehmend isoliert; einer breiteren Rezeption der von ihm im Anschluss an das *Barmer Bekenntnis* vertretenen Bekenntnistheologie kamen seine politischen Affinitäten jedoch nicht entgegen.[13]

Nach dem ›Anschluss‹ wurde Jakob Ernst Koch denunziert; dies führte zum Landesverweis durch den ersten nationalsozialistischen Gauleiter der Steiermark; Ramsauer Bauern versteckten ihn auf einer Salzburger Alm; schließlich fand er durch die Fürsprache von Bischof Theophil Wurm Zuflucht als Pfarrer in Württemberg. Wie zuvor in seiner Heimat half er auch dort einer Jüdin, indem er ihr Gepäck im Pfarrhaus versteckte. Bei Kriegsende versuchte er, bei den Franzosen zu vermitteln, setzte sich als Schutzschild auf einen französischen Panzer. Das Angebot, Bürgermeister zu werden, lehnte er entschieden ab: Seine Berufung sah er zeitlebens als Seelsorger und Hirte.[14]

Nach dem Krieg fand er seine Wirkungsstätte in Peggau nördlich von Graz. Dank seines Motorrads schaffte er es, in dieser großen Diasporagemeinde bis zu

---

[10] Vgl. zur Evangelischen Kirche in Österreich und ihrem Verhältnis zum Nationalsozialismus: Leonhard JUNGWIRTH, Politische Vergangenheiten. Der österreichische Protestantismus in den Jahren 1933/34 bis 1968 (AKiZ Reihe B 93, Göttingen 2024) 65–205; Karl W. SCHWARZ, Bejahung – Ernüchterung – Verweigerung: Die Evangelische Kirche in Österreich und der Nationalsozialismus. *JGPrÖ* 124/125 (2008/2009) 18–38; DERS., Bischof Dr. Hans Eder und die Evangelische Kirche in Österreich in der Ära des Nationalsozialismus. Online unter: https://museum.evang.at/wp-content/uploads/2015/04/K_Schwarz_Eder.pdf [27.12.2023].

[11] Vgl. Maximilian LIEBMANN, Katholischer Widerstand – Der Umgang mit Priestern, die aus den KZs zurückkamen, in: Widerstand in Österreich 1938–1945. Die Beiträge der Parlaments-Enquete 2005, hg. von Stefan KARNER/Karl A. DUFFEK (Veröffentlichungen des Ludwig-Boltzmann-Instituts für Kriegsfolgen-Forschung, Sonderbd. 7, Graz/Wien 2007) 39–52, hier 48; Paul G. NITSCHE, Miteinander und Füreinander. Geschichte der Pfarrergebetsbruderschaft in Österreich in ihren Anfängen (Studien zur Geschichte christlicher Bewegungen reformatorischer Tradition 7, Bonn 2013) 104, 122; Karl W. SCHWARZ, 60 Jahre Evangelische Superintendenz A. B. Steiermark. *Blätter für Heimatkunde* 81 (2007) 79f.

[12] Seine Nähe zur »Bekennenden Kirche« ist bisher nicht genügend erforscht. Vgl. Ernst-Christian GERHOLD, Die evangelische Kirche 1938 bis 1945, in: Bundesland und Reichsgau. Demokratie, »Ständestaat« und NS-Herrschaft in der Steiermark 1918 bis 1945, 2. Teilbd., hg. von Alfred ABLEITINGER, red. von Meinhard BRUNNER (Geschichte der Steiermark 9, Wien/Köln/Weimar 2015) 386f.

[13] Vgl. JUNGWIRTH, Vergangenheiten (wie Anm. 10) 107f.

[14] Siehe: Elia Schilling (Evangelische Kirchengemeinde Ohmenhausen, Deutschland), Gesprächsnotizen, 27.2.2020. Diese Notizen befinden sich im Besitz von Monika Faes.

30 Religionsstunden pro Woche zu halten. Er initiierte den Bau von drei Kirchen, darunter der Michaelskirche in Gratkorn. Sein Wirken in der NS-Zeit wurde dagegen weitgehend vergessen.

1965 erfüllte sich der innigste Wunsch seines Lebens, eine Reise nach Israel, wo er – schon schwerkrank – einen Baum pflanzte. Das jüdische Volk sei von Gott erwählt – das war seine tiefste Überzeugung. Für dieses Volk setzte er sich ein, denn er nahm das Wort Gottes zeitlebens ernst. Zu Frühlingsbeginn, am 21. März 1966, verstarb Pfarrer Jakob Ernst Koch nach längerer Krankheit in Wallern an der Trattnach.[15]

IV. Forschungs- und Gedenkprojekt »Gegen das Vergessen«[16]

Das Projekt entstand in der Ramsau unter Mitwirkung von Jugendlichen im Alter von 14 bis 16 Jahren. Sie gaben durch ihren persönlichen Zugang, ihre spannenden Fragen, ihre Rückfragen und ihre Beharrlichkeit der Thematik eine eigene, sehr beeindruckende Prägung. Z. B. entstand eine ›Glaubenskiste‹, die biografische Zugänge zu Leben und Wirken von Pfarrer Koch ermöglicht: Diese wurde unmittelbar vor der evangelischen Kirche der Ramsau aufgestellt und in Anwesenheit der Nachkommen Kochs feierlich vorgestellt.

Eine Ausstellung mit biografischen Schautafeln zu Pfarrer Koch im Museum »Zeitroas« in der Ramsau vertiefte langfristig den Zugang zu den prägenden Inhalten seines Lebens und seines Wirkens. Damit verbunden, wurden Postkarten entworfen und eigene Briefmarken gestaltet. Gerade die Briefmarke mit einem Porträtbild von Koch sollte sinnbildlich darstellen, dass sein fast vergessenes Wirken nun wieder im Blickpunkt steht.

Das im Landeskirchlichen Archiv in Stuttgart erhaltene Gedächtnisprotokoll einer Vernehmung von Pfarrer Koch durch die Gestapo wurde in einer ›Szenischen Darstellung‹ in Graz von den Jugendlichen uraufgeführt und in der Folge fünf Mal im Ennstal vor vielen interessierten Zuschauern und Zuschauerinnen gespielt.[17] Besonders zu erwähnen ist ein Gottesdienst in Leoben, der Teile des eben erwähnten Verhörprotokolls in die Liturgie mitaufnahm.[18] Das Gedenkprojekt trägt weitere

---

[15] Vgl. RAMPLER, Evangelische Pfarrer (wie Anm. 3) 167.
[16] Dem Kirchenhistoriker Karl W. Schwarz ist das Gedenkprojekt zu großem Dank verpflichtet: Er erklärte und erläuterte die Hintergründe und stellte Forschungsergebnisse zur Verfügung. Er war es immer wieder, der das Gedenkprojekt unermüdlich und ermutigend unterstützte, viele Zugänge in der Tiefe erklärte und bei Fragen konsultiert werden konnte. Der Besuch von Karl Schwarz und seiner Frau bei einer der Aufführungen des Verhörprotokolls ermöglichte den Jugendlichen ein persönliches Kennenlernen – eine generationenübergreifende Begegnung, die zeigte, was historisches Arbeiten schaffen kann.
[17] Siehe www.jakobernstkoch.at [19.12.2023].
[18] Im Anschluss an den Gottesdienst war es möglich, den vom Filmemacher Bernhard Wohlfahrter gestalteten Kurzfilm zu sehen und mit Monika Latal, der Tochter von Pfarrer Koch, ins Gespräch zu kommen. Dass bei den verschiedenen Gedenkveranstaltungen Tochter

Früchte: So wurde etwa im Oktober 2023 auch in Peggau ein Gottesdienst zu Leben und Wirken von Pfarrer Koch gestaltet.

Die Autorin selbst führte mehre Gespräche mit Dorothea Gaidoschik (*1932) und Monika Latal (*1943), zwei Töchtern von Pfarrer Koch: Diese Gespräche eröffneten einen sehr persönlichen Zugang zu Kochs Leben.

Ein ebenfalls von der Autorin mitverfasster Beitrag zu Jakob Ernst Koch, erschienen 2021 im Kulturmagazin *Da schau her. Die Kulturzeitschrift aus Österreichs Mitte*,[19] stieß auf große Resonanz und brachte gerade aus seinem späteren Wirkungsort – Peggau – interessante Rückmeldungen und Ergänzungen von Zeitzeugen und Zeitzeuginnen: Als Beispiel seien die Erinnerungen von Marianne Taudt genannt, die sich lebhaft an Kochs Religionsunterricht, seinen langen Mantel und das legendäre Motorrad erinnert: »Pfarrer Koch war oft bei uns zu Hause und hat viel dazu beigetragen, dass die Familie tief in der evangelischen Kirche verwurzelt wurde.«[20]

V. Das Gedenken an Pfarrer Jakob Ernst Koch

Abb. 2: Stolperstein für Jakob Ernst Koch, Ramsau am Dachstein (https://de.wikipedia.org/wiki/Datei:Stolperstein_f%C3%BCr_Pfarrer_Jakob_Ernst_Koch_(Ramsau_am_Dachstein).jpg [19.3.2024])

Auf Initiative der Autorin wurde am 12. November 2021 ein ›Stolperstein‹ im Gedenken an Jakob Ernst Koch in Ramsau am Dachstein verlegt: Dieser liegt zwischen der evangelischen Pfarrkirche Ramsau und dem ehemaligen Wohnhaus von Koch, dem Ramsauer Bethaus.

In der Folge arbeiteten und forschten die Mitglieder des Gedenkprojektes ehrenamtlich zu weiteren Opfern des Nationalsozialismus im Ennstal, mit Schwerpunkt auf Schladming und Ramsau.[21]

Die Gedenkarbeit findet – wenn möglich – immer unter Einbezug der Nachfahren der Opfer statt. So wurden über Österreich hinaus Kontakte nach Schottland, Australien, USA und Neuseeland geknüpft.

Monika mit ihrem Ehemann Gernot, die Enkelin, Jutta Koch, sowie weitere Enkel von Pfarrer Koch, Wolfgang und Friedemann Gaidoschik, mit dabei sein konnten, verlieh diesen feierlichen Stunden eine bewegende Note.

[19] Monika Faes/Bernhard Wohlfahrter, Jakob Ernst Koch (1897–1966). *Da schau her. Die Kulturzeitschrift aus Österreichs Mitte* 42/1 (2021) 12–17.

[20] Marianne Taudt, Erinnerung an Pfarrer Jakob Ernst Koch, handschriftliche Notizen, 10.11.2023.

[21] Unter den Opfern finden sich Prinzessin Maria Karoline von Sachsen-Coburg und Gotha, die Familie Maria und Karl Eisler, Familie Alice und Hans Fröhlich, dem Ehepaar Gertrude und Ernst Zucker, das Ehepaar Grete und Karl Weiss, das Ehepaar Rosa und Karl Schnürmacher.

REZENSIONEN

Karl-Reinhart Trauner: Charles Alphonse Witz-Oberlin. Pfarrer, Oberkirchenrat, Professor, Pazifist

(Wien 2022, Evangelischer Presseverband in Österreich), ISBN 978-3-85073-332-8, 214 Seiten

Von Ulrich H. J. Körtner

Der reformierte Theologe Charles Alphonse Witz-Oberlin – die Schreibweise seines Vornamens variiert – gehört zu den Protagonisten des österreichischen Protestantismus in der zweiten Hälfte des 19. und am Beginn des 20. Jahrhunderts. Weit über die Grenzen der evangelischen Kirche war er eine der führenden Persönlichkeiten seiner Zeit. Umso mehr überrascht es, dass bis heute keine Biographie über den gebürtigen Elsässer, dem Österreich zur Wahlheimat wurde, erschienen ist. Karl-Reinhart Trauner, ausgewiesener Zeithistoriker und Privatdozent für Kirchengeschichte an der Evangelisch-Theologischen Fakultät der Universität Wien, hat diese empfindliche Lücke nun mit einer überaus lesenswerten, auf umfangreiches und gründliches Quellenstudium sich stützenden Monographie geschlossen.

So einflussreich der Pfarrer, Oberkirchenrat, Professor und Pazifist zu seiner Zeit auch war, so rasch gerieten sein umfangreiches literarisches Schaffen und sein vielfältiges Wirken nach seinem Tod im Dezember 1918 in Vergessenheit, was auch darauf zurückzuführen ist, dass mit ihm zusammen jene Welt untergegangen war, die Witz-Oberlin »über Jahrzehnte prominent repräsentiert hatte« (S. 182), wie Trauner treffend resümiert. Schon Johann Karl Egli, vormaliger reformierter Landessuperintendent und seit 1952 Professor für reformierte Theologie an der Wiener Fakultät, gelangte zu der Feststellung, dass Witz-Oberlin aus der Gegenwart und für seine Gegenwart literarisch tätig war, worin zugleich der Grund für die zeitliche Grenze seiner Wirkung lag (vgl. S. 181f.). Dass Witz-Oberlin, der für einige Jahre den Wiener Lehrstuhl für reformierte Theologie supplierte und dessen Berufung an die Fakultät auf eine Professur für Kirchengeschichte an verschiedenen Widerständen scheiterte, auf wissenschaftlichem Gebiet keinen Durchbruch erzielte, lag freilich, wie Trauner urteilt (S. 70), auch an der mäßigen Qualität seiner wissenschaftlichen Publikationen. Witz-Oberlins Stärke waren die Predigt, eine reiche Vortragstätigkeit und eine an breite Kreise sich richtende Publizistik. Erst im Zuge des 100jährigen Gedenkens an Beginn und Ende des Ersten Weltkriegs haben Witz-Oberlins Engagement als Pazifist – an der Seite Bertha von Suttners –, seine Predigten im Kriege, die gerade keine Kriegspredigten im üblichen Wortsinn, sondern vom Friedenswillen getragene Kanzelreden waren, und seine friedensethischen Schriften neues Interesse gefunden. 2019 erschien, von Thomas

Hennefeld herausgegeben, der Band *Si vis pacem, para menten*. Auf eine Biographie musste man aber bis 2022 warten.

Trauners Darstellung konzentriert sich auf Witz-Oberlins öffentliche Wirksamkeit, auf berufliche Stationen, Funktionen sowie seine theologischen und gesellschaftspolitischen Positionen. Sein Privatleben kommt nur am Rande vor, wenngleich Hinweise dazu nicht fehlen. Man muss darin kein Defizit sehen, wie Trauner befürchtet (S. 11), ist seine Schwerpunktsetzung doch sachlich gerechtfertigt. Sein Werk gliedert sich in zwei Hauptteile, die durch eine ausführliche Nachbemerkung und umfangreiche Beilagen ergänzt werden. Neben einem tabellarischen Lebenslauf (S. 183f.) und einem Verzeichnis der verwendeten Abkürzungen hat Trauner ein Verzeichnis der wichtigsten Schriften Witz-Oberlins, eine Auswahl einschlägiger Sekundärliteratur zu Witz-Oberlin sowie eine Übersicht über Rezensionen zu Veröffentlichungen Witz-Oberlins zusammengestellt (S. 187–212). Allein das ist überaus verdienstvoll und eine wichtige Grundlage für jede weitere Forschung zu Person und Werk Witz-Oberlins. Selbst ein Hinweis auf die Witz-Oberlin gewidmete Vertonung des *Vaterunser* von Emilie Dybwad (S. 212; vgl. 175) fehlt nicht.

Es gehört zu den Verdiensten der vorliegenden Biographie, dass sie Witz-Oberlins Person, Denken und Wirken in größere zeitgeschichtliche Kontexte einbettet. Man erfährt Wichtiges nicht allein über Witz-Oberlins Herkunft, sondern auch über die Geschichte des Elsass und die politischen Verhältnisse seiner Zeit. Gleiches gilt für die Geschichte der Straßburger Fakultät, an der Witz-Oberlin sein Theologiestudium begann, oder für Johann Christian Konrad von Hofmann und die Erlanger Schule, die Witz-Oberlin theologisch in starkem Maße geprägt haben (vgl. S. 130). Facettenreich werden auch die politischen, gesellschaftlichen und innerkirchlichen Verhältnisse des Protestantismus in der Habsburgermonarchie seit dem Toleranzpatent Josephs II. und insbesondere während der Regierungszeit Franz Josephs I. geschildert. Besonderes Augenmerk liegt auf den innerreformierten Spannungen zwischen dem neokonfessionalistischen Flügel um Eduard Böhl und dem liberaleren Teil der Reformierten, die mit dem Nationalitätenkonflikt zwischen Tschechen (»tschechischer Frühling«, S. 48 und 59f.) und Deutschösterreichern verquickt waren.

Vielseitig zeichnet Trauner das Bild Witz-Oberlins als Träger kirchlichen Lebens, wobei neben seinen Funktionen als Pfarrer an der Reformierten Stadtkirche in Wien und derjenigen als Oberkirchenrat besonders seine Aktivitäten im »Gustav-Adolf-Verein«, bei der Gründung des Evangelischen Theologenheims in Wien sowie in Diakonie und Innerer Mission gewürdigt werden. Das 19. Jahrhundert, das als Epoche der kirchlichen Vereine gilt, wird durch Witz-Oberlin wie durch keinen zweiten repräsentiert. Auch international trat Witz-Oberlin als Repräsentant des österreichischen Protestantismus in Erscheinung.

Anhand der Quellen und zahlreicher Aussagen von Zeitgenossen versucht Trauner auch die Persönlichkeit Witz-Oberlins, seinen Charakter, zu erschließen. So entsteht das Bild eines Mannes mit Führungsqualitäten, der einerseits auf Ausgleich und vermittelnde Positionen bedacht war, andererseits aber gern gegen den Strom schwamm und Positionen vertreten konnte, die nicht ohne Weiteres konsensfähig waren (vgl. S. 93). Hervorstechend sind u. a. der Patriotismus und die lebenslange Kaisertreue des Wahlösterreichers Witz-Oberlin bei gleichzeitigem Einsatz für eine Demokratisierung in der evangelischen Kirche. Im Unterschied zu seinen Gegenspielern Böhl und Hermann von Tardy zeichnete sich Witz-Oberlin theologisch durch konfessionelle Offenheit aus. Wohl auch vor dem Hintergrund der kirchenpolitischen Entwicklung in seiner Heimat, dem Elsass, nach dem Deutsch-Französischen Krieg und der Eingliederung Elsass-Lothringens in das Deutsche Reich, sich aber auch besonders auf Calvin berufend, befürwortete Witz-Oberlin die Union von Reformierten und Lutheranern im Sinne einer Korporation, die den heutigen innerprotestantischen Verhältnissen nahekommt. Wie Trauner überzeugend nachweist, steht der Begriff der Union bei Witz-Oberlin letztlich für die Ökumene. So würdigt Trauner Witz-Oberlin als überzeugten Ökumeniker, der sich auch stets um ein gutes Verhältnis zur römisch-katholischen Kirche bemühte, ohne theologische Gegensätze zu verschleiern. Der nationalistisch eingefärbten ›Los-von-Rom-Bewegung‹ stand Witz-Oberlin kritisch gegenüber, nicht nur, weil er als gebürtiger Elsässer in der Nationalitätenfrage eine gewisse Neutralität einnahm, sondern auch als überzeugter Verfechter der Habsburgermonarchie und ihres Vielvölkerstaates. Einer deutschnationalen Vereinnahmung Luthers erteilte Witz-Oberlin eine deutliche Absage. Theologisch und politisch stuft ihn Trauner als Altliberalen ein: »eine Richtung, die zu seiner Zeit schon vielen als ›konservativ‹ galt. Er war ein ›konservativer Liberaler oder liberaler Konservativer‹« (S. 105). »Konservativ und keinesfalls kulturprotestantisch-liberal« (S. 136) war Witz-Oberlins Sicht der gesellschaftlichen ebenso wie der kirchlichen Ordnung, die auch nicht davor zurückschreckte, die Monarchie als Garantin für deren Bestand theologisch zu überhöhen (S. 137). Das zeigt sich auch auf dem Gebiet der Friedensethik, wird Witz-Oberlin doch selbst noch nach Ausbruch des Ersten Weltkrieges nicht müde, den österreichischen Monarchen als Friedenskaiser darzustellen.

Der Friedensethik Witz-Oberlins und seinem pazifistischen Engagement, v. a. in der »Österreichischen Gesellschaft der Friedensfreunde«, ist ein eigenes Kapitel gewidmet. Mit seiner Formel »Si vis pacem, para mentem« bekannte sich der Kirchenmann zu einem gesinnungsethischen Ansatz. Aus heutiger Sicht mag es widersprüchlich erscheinen, dass Witz-Oberlin keineswegs den Militärdienst und die klassische Lehre vom gerechten Krieg ablehnte. Seine eigene Formel sah er durchaus nicht in einem prinzipiellen Gegensatz zur schon erwähnten Maxime »Si vis pacem, para bellum« (S. 150). Dennoch würdigt Trauner, dass Witz-Oberlin den Krieg als gottwidrig verwarf und sich nicht unter die kriegsbegeisterten Chauvinisten seiner Zeit einreihte. Wie überzeugend die heutige Kritik an der Lehre vom gerechten Krieg und ihrer Ersetzung durch eine Lehre vom gerechten Frieden ist, wie sie beispielsweise in der Friedensdenkschrift der EKD aus dem Jahr 2007 und den friedensethischen Grundlinien der Generalsynode der evangelischen Kirchen in Österreich aus dem Jahr 2017 vertreten wird (vgl. S. 178), kann hier nicht eingehend diskutiert werden. Als Vordenker der Lehre vom gerechten Frieden sollte man Witz-Oberlin wohl mit größerer Zurückhaltung als Trauner bezeichnen (vgl. S. 177).

Theologisch fällt Witz-Oberlins starke, zwischen liberaler Theologie und theologisch-positivem Christentum angesiedelte Christozentrik auf, die Trauner anhand der Schriften Witz-Oberlins überzeugend herausarbeitet (S. 129). Ob sich darin aber, wie Trauner meint (vgl. S. 162–174), eine theologische Wende anbahnte, die der Dialektischen Theologie und namentlich der Theologie Karl Barths an die Seite gestellt werden kann, ist mit einem Fragezeichen zu versehen. Zwar deutet sich bei Witz-Oberlin gegen Ende seines Lebens unter dem Eindruck der politischen und kulturellen Katastrophe des Ersten Weltkrieges ein theologischer Umbruch an, der infolge seines Todes unvollendet geblieben ist. Man sollte aber nicht jede Form von Krisenbewusstsein und Krisentheologie mit derjenigen des frühen Barth und seines Römerbriefkommentars gleichsetzen. Bei diesem ist ›Krisis‹ ein streng theologisch gefasster Begriff. Auch bedeutet der Begriff der Dialektik bei Barth etwas anderes als bei Witz-Oberlin. Letztlich relativiert Trauner selbst seine Parallelisierung, wenn er zu dem Schluss gelangt, letztlich habe das Kriegsgeschehen bei Witz-Oberlin doch nicht zu einem derart radikalen Umdenkprozess und »Bruch mit dem Alten« geführt, »wie dies in der Dialektischen Theologie dann nach 1919 geschah« (S. 177).

Auch dann, wenn man gegenüber Versuchen, Witz-Oberlins theologisches und friedensethisches Denken zu aktualisieren, Zurückhaltung übt, bleiben die Anstöße und Wirkungen, die er auf allen Feldern kirchlichen Lebens bzw. seines diakonischen und gesellschaftlichen Engagements erzielt hat, historisch bedeutsam. Ob Evangelische Stadtmission, Evangelisches Theologenheim oder »Gustav-Adolf-Verein« in Österreich – Witz-Oberlins Gründungen bestehen bis heute fort. Wer die eigene Gegenwart verstehen will, muss ihre Geschichte kennen.

Mit seiner Biographie Witz-Oberlins hat Trauner die Geschichtsschreibung des Protestantismus in Österreich um ein wichtiges Kapitel erweitert. Es hilft nicht nur den Reformierten, viele Probleme der kirchlichen Gegenwart, die erneut eine Zeit dramatischer Veränderungen ist, besser zu verstehen.

Christof Aichner/Brigitte Mazohl (unter Mitarbeit von Tanja Kraler) (Hg.): Die Korrespondenz des Ministers für Cultus und Unterricht Leo Thun-Hohenstein (1849–1860). Auswahledition zu den Reformen von Unterricht und Bildung in der Habsburgermonarchie

(Veröffentlichungen der Kommission für Neuere Geschichte Österreichs 122, Wien/Köln 2022, Böhlau), ISBN 978-3-205-21600-1, 1044 Seiten

Von Karl W. Schwarz

Leo Thun-Hohenstein repräsentiert die neoabsolutistische Periode der Geschichte Österreich-Ungarns, in deren Zentrum das erste Konkordat mit dem Hl. Stuhl vom 18. August 1855 die Kultuspolitik bestimmte.[1] Dementsprechend begegnen wir in der Literatur, zumal in der protestantischen Kirchengeschichtsschreibung, der Beurteilung des Grafen Thun als »Concordatsminister«,[2] auf den Franz Grillparzer, ein Exponent der Liberalen, zahlreiche Spottverse verfasste: »Verkehrt ihr mit Moder und Schimmel / mit Konkordat und Glaubensgericht / Gewinnt ihr die erste Stelle im Himmel / aber in Deutschland nicht.«[3]

Georg Loesche hat in seiner Gesamtdarstellung der österreichischen Protestantengeschichte diese Sichtweise geradezu programmatisch vertieft und aus großdeutscher Perspektive in Thun nur den »Amanuensis der Jesuiten«[4] sehen können.[5] Dass ihm aber im Blick auf die österreichische Bildungspolitik große Verdienste zukamen, wurde vielfach ausgeblendet. Immerhin musste aber attestiert werden, dass er die Reorganisation der Theologischen Lehranstalt betrieb und deren Erhebung zu einer selbständigen Fakultät 1850 verantwortete.[6] Das findet freilich in der vorliegenden Auswahledition keinen Niederschlag.

---

[1] Vgl. Gottfried Mayer, Österreich als katholische Großmacht. Ein Traum zwischen Revolution und liberaler Ära (Wien 1989) 205.
[2] Walter Rogge, Oesterreich von Világos bis zur Gegenwart, Bd. 2: Der Kampf um ein Reichsparlament (Leipzig 1873) 18.
[3] Franz Grillparzer, Sämtliche Werke. Historisch-kritische Gesamtausgabe, I. Abt., Bd. 12: Gedichte 3. Teil: Sprüche und Epigramme, hg. von August Sauer/Reinhold Backmann (Wien 1937) 253 (Nr. 1356).
[4] Rogge, Oesterreich (wie Anm. 2) 21.
[5] Vgl. Georg Loesche, Geschichte des Protestantismus im vormaligen und im neuen Österreich (Wien/Leipzig ³1930) bes. 596.
[6] Vgl. dazu Katharina Elisabeth Gasser, Graf Leo von Thun-Hohenstein, Österreichs erster Minister für Kultus und Unterricht (1849–1860), und seine Reformen am Beispiel der evan-

An der Universität Innsbruck ist seit 2003 eine Forschungsstelle eingerichtet, deren Aufgabe darin besteht, die Arbeiten an Thuns Nachlass zu koordinieren und eine digitale Edition seiner Korrespondenz herzustellen. Eine Auswahledition liegt mit dem rezenten Buch vor. Eine Edition des Jugendtagebuchs erschien 2023.[7] Zu einer differenzierten Sicht des Ministers trugen schon einige der Thun'schen Universitätsreform[8] oder dem Neoabsolutismus[9] gewidmete Symposien bei. Wie sich dies an einzelnen Universitäten auswirkte,[10] wurde ebenso wie an einzelnen Fachgebieten erhoben. Die Thun'sche Universitätsreform wurde sogar als österreichische Variante der Humboldt'schen Reform ausgegeben[11] und Thun geradezu als »»Humboldt« Österreichs« apostrophiert.[12] Begründet wurde diese geistes- und bildungsgeschichtliche Zuschreibung mit dessen Beheimatung im Lager des böhmischen Reformkatholizismus,[13] der durch Bernard Bolzano maßgeblich geprägt wurde.

So ergab sich ein kulturwissenschaftliches Dilemma, das dazu führte, dass man Thun ein Janusgesicht unterstellte: je nachdem wie er in seinem Doppel-Ressort

---

gelischen Kirche und der Gymnasien. Graf Leo von Thun-Hohensteins neu eingeführte Ausbildung des Gymnasiallehrkörpers im Vergleich zu heute (Dipl.-Arb. Universität Innsbruck 2009) 130.

[7] Michael PROKOSCH/Sieglinde KAPFERER, Das Tagebuch von Leo Thun-Hohenstein (1825–1842). Einblicke in die Jugendjahre des späteren Ministers für Cultus und Unterricht (Veröffentlichungen der Kommission für Neuere Geschichte Österreichs 124, Wien/Köln 2023).

[8] Vgl. Christof AICHNER/Brigitte MAZOHL (Hg.), Die Thun-Hohenstein'schen Universitätsreformen 1849–1860. Konzeption – Umsetzung – Nachwirkungen (Wien/Köln/Weimar 2017); Alois KERNBAUER, Thunsche Universitätsreform und die Restrukturierung der Habsburgergermonarchie im Neoabsolutismus, in: Universität – Reform. Ein Spannungsverhältnis von langer Dauer (12.–21. Jahrhundert), hg. von Martin KRITZINGER/Wolfgang Eric WAGNER/Julia CRISPIN (Basel 2018) 215–242; Walter HÖFLECHNER, Nachholende Eigenentwicklung? Der Umbau des habsburgischen Universitätssystems nach der Mitte des 19. Jahrhunderts, in: Die Berliner Universität im Kontext der deutschen Universitätslandschaft nach 1800, um 1860 und um 1910, hg. von Rüdiger VOM BRUCH (München 2010) 93–108.

[9] Vgl. Harm-Hinrich BRANDT (Hg.), Der österreichische Neoabsolutismus als Verfassungs- und Verwaltungsproblem. Diskussionen über einen strittigen Epochenbegriff (Wien/Köln/Weimar 2014).

[10] Vgl. Christof AICHNER, Die Universität Innsbruck in der Ära der Thun-Hohenstein'schen Reformen 1848–1860. Aufbruch in eine neue Zeit (Wien/Köln/Weimar 2018). Zur Universität Graz vgl. Adelheid ZIKULNIG, Restrukturierung, Regeneration und Reform. Die Prinzipien der Besetzungspolitik der Lehrkanzeln in der Ära des Ministers Leo Thun-Hohenstein (Diss. Universität Graz 2002).

[11] Vgl. Brigitte MAZOHL, Universitätsreform und Bildungspolitik. Die Ära des Ministers Thun-Hohenstein (1849–1860), in: Nachklänge der Aufklärung im 19. und 20. Jahrhundert, hg. von Klaus MÜLLER-SALGET/Sigurd Paul SCHEICHL (Innsbruck 2008) 129–149, hier 137.

[12] AICHNER/MAZOHL (Hg.), Universitätsreformen (wie Anm. 8) 26.

[13] Christoph THIENEN-ADLERFLYCHT, Graf Leo Thun im Vormärz. Grundlagen des böhmischen Konservativismus im Kaisertum Österreich (Graz/Wien/Köln 1967) 162f.; Brigitte MAZOHL, Der Einfluss Bolzanos und der Bolzanisten auf die österreichische Universitätsreform der Jahre 1848/49, in: Bernard Bolzano und die Politik. Staat, Nation und Religion als Herausforderung für die Philosophie im Kontext von Spätaufklärung, Frühnationalismus und Restauration, hg. von Helmut RUMPLER (Wien/Köln/Graz 2000) 221–246.

zu agieren hatte, ob als Kultus- oder als Bildungspolitiker. Bei der Erörterung von Thuns Ernennung (S. 25f.) vermisse ich unter den genannten Kandidaten für dieses Ministeramt František Palacký, der als Mitglied der kaiserlichen Akademie der Wissenschaften sogar die erste Wahl gewesen ist[14] und vom Kaiser mit Kabinettschreiben vom 8. Mai 1848 auch schon ernannt wurde,[15] aber aus konfessionellen Gründen abwinkte.[16]

Leo Thun-Hohenstein wurden am 28. Juli 1849 nicht nur die Unterrichtsagenden, sondern, wie er ausdrücklich forderte,[17] auch die Kultusagenden übertragen, die vordem zum Ministerium des Inneren ressortierten.[18] Daraus resultierte aber jene Spannung zwischen seiner Rolle als visionärer Bildungspolitiker einerseits und als »Schlüsselgestalt der feudalen Konservativen« sowie als Vertreter der »heilige[n] Tradition von Kirche, Kaiser und Reich«[19] andererseits. Dieses Dilemma fand seine Zuspitzung in dem bekannten Epigramm von Franz Grillparzer, dass in Thuns Ministerium der Cultus den Unterricht erschlagen hätte.

Ob die Edition der Thun'schen Korrespondenz zu einer Klärung dieser Anfragen an das Selbstverständnis des Ministers beiträgt? Wohl nicht, denn die Auswahledition beschränkt sich auf den Bereich der Bildungspolitik und lässt die Kultuspolitik unberücksichtigt. So kommt beispielsweise Joseph Andreas Zimmermann, Thuns Sachbearbeiter in seiner Protestantenpolitik, im Buch überhaupt nicht vor, und Karl Kuzmány, der Exponent des slowakischen Luthertums und Verfasser des ungarischen Protestantenpatents von 1859 wird mit einer knappen Notiz auf S. 17 in Fußnote 8 (mit Hinweis auf meinen Beitrag im *Jahrbuch*[20]) abgetan. Da ist man auf die digitale Edition der Briefe angewiesen.[21] Auch wenn der Bereich der Kultuspolitik fehlt, spielten dennoch religionspolitische Themen im Bildungsbereich immer wieder eine große Rolle. Bekannt ist, dass sich Thun bei der Berufung von Universitätsprofessoren an keine konfessionellen Schranken hielt, sondern die Reformgesinnung der Kandidaten als Kriterium hervorhob (S. 91; 102). Exemplarisch

---

[14] Ministerrat [MR] Nr. 29/6.5.1848, in: Thomas KLETEČKA (Bearb.), Die Protokolle des österreichischen Ministerrates 1848–1867 [= MPr] I, 162.
[15] MR Nr. 32/9.5.1848 – MPr I, in: a.a.O. 183.
[16] MR Nr. 33/10.5.1848 – MPr I, in: a.a.O. 197. Vgl. dazu Jiří KOŘALKA, František Palacký (1798–1876). Der Historiker der Tschechen im österreichischen Vielvölkerstaat (Wien 2007) 282.
[17] Helmut RUMPLER, Eine Chance für Mitteleuropa. Bürgerliche Emanzipation und Staatsverfall in der Habsburgermonarchie (Österreichische Geschichte 1804–1914, Wien 1997) 344.
[18] MR Nr. 129/28.7.1849 – MPr II/1, in: KLETEČKA (Bearb.), Protokolle (wie Anm. 14) 532. Vgl. dazu Heinrich DRIMMEL, Die Vereinigung der Agenden des Cultus und Unterrichtes im k.k. Ministerium für Cultus und Unterricht, in: Im Dienste des Rechtes in Kirche und Staat. Festschrift für Franz Arnold, hg. von Willibald M. PLÖCHL/Inge GAMPL (Wien 1963) 100–110.
[19] THIENEN-ADLERFLYCHT, Thun (wie Anm. 13) 9.
[20] Karl W. SCHWARZ, Der Protestantismus in der Ära Thun. *JGPrÖ* 137 (2021) 23–52.
[21] Die Korrespondenz von Leo von Thun-Hohenstein: https://thun-korrespondenz.acdh.oeaw.ac.at [22.2.2024].

war dies bei seinem engen Berater Hermann Bonitz der Fall, den er 1849 gegen erheblichen Widerstand seitens katholischer Kreise neben dessen Professur für Klassische Philologie an die Universität Wien in seinen Beraterstab berief. Auf ihn ging maßgeblich die Reform der Gymnasien und der Lehrerausbildung zurück, stets argwöhnisch beobachtet, dass durch ihn »eine protestantische Unterwanderung« (S. 108) der Universität erfolgen könne. Thun hielt Bonitz, auch als dieser ihm 1855 eine mögliche Rückkehr nach Deutschland andeutete und sein Bleiben an spezifische Bedingungen knüpfte, nämlich dass seine konfessionelle Option auch künftig nichts an seiner Stellung ändern werde (S. 109; 595–599). Entgegen der vor dem Hintergrund des Konkordats verlangten katholischen Rekonfessionalisierung der Universität konnte Thun seinem Berater tatsächlich diese Zusicherung geben. Bonitz hatte diese Garantien nicht ohne Grund gefordert, denn seine Wahl zum Dekan der Philosophischen Fakultät für das Studienjahr 1851/52 musste aus Gründen des katholischen Stiftungscharakters der Alma Mater Rudolfina sistiert werden, eine Maßnahme Thuns, die als Verletzung der Reichsverfassung vom 4. März 1849 empfunden wurde und massiven Protest hervorrief; der griechisch-orthodoxe Germanist und Literaturwissenschaftler Theodor Georg von Karajan legte wegen der dadurch manifestierten Missachtung der konfessionellen Gleichberechtigung seine Professur zurück. Dessen Fakultätskollege Ján Kollár, Professor für slawische Archäologie, protestierte ebenfalls dagegen. Es ist erstaunlich, dass dieser Vorgang in der Briefedition keinen Niederschlag gefunden hat. Ob das Gutachten von Rudolf Kink vom 1. Dezember 1853 (S. 423–437), mit der Causa Bonitz in einem Zusammenhang stand, wird nicht erörtert. Dieses geht jedenfalls vom katholischen Charakter der Universität aus, der nicht in Frage gestellt wird (S. 433). Daraus folgt, dass die Universität den katholischen Standpunkt zu vertreten, die Interessen der Kirche zu fördern und Angriffe gegen diese abzuwehren habe (S. 424; 434). In diesem Zusammenhang wird ausdrücklich »Philosophie« und »Geschichte« genannt, wo gegebenenfalls »feindselige Richtungen« zu vernehmen wären. Bei Professorenberufungen könnten namentlich in den meisten medizinischen, manchen juristischen, mathematischen und physikalischen Fächern »wahrhaft tüchtige und bewährte Männer protestantischer Confession« berufen werden, »wenn man gleich tüchtige Katholiken hierfür nicht haben kann« (S. 435).

Neben Bonitz, dem prominentesten evangelischen Mitarbeiter Thuns, ist hier auch der Physiologe Ernst Ritter von Brücke zu nennen, der in einer Stellungnahme ebenfalls die katholische Konfession als Voraussetzung für die Wahl in akademische Ämter kritisierte (S. 96) und tatsächlich schon lange nach der Ära Thun im Studienjahr 1868/69 der erste evangelische Dekan an der Medizinischen Fakultät der Universität Wien und zehn Jahre später der erste nichtkatholische Rektor der Alma Mater Rudolfina wurde. Der in Kiel wirkende evangelische Staats- und Verwaltungswissenschaftler und Nationalökonom Lorenz Ritter von Stein wurde 1855 über Anregung des Prager Historikers Constantin Höfler nach Wien berufen (S. 492); 1857 erfolgte die Berufung des evangelischen Historikers Theodor Ritter von Sickel, der zwölf Jahre später zum Leiter des Instituts für Österreichische Geschichtsforschung aufstieg. Mit diesem 1854 gegründeten Institut hatte Thun das Ziel verfolgt, die Pflege der österreichischen Reichsgeschichte in wissenschaftsorganisatorischer Hinsicht zu optimieren (S. 125; 131f.) und der führenden preußischen Geschichtsforschung ein katholisches österreichisches Gegenstück entgegenzustellen. Es wurde von einem Ordensmann, dem Benediktiner Albert Jäger geleitet, der zum Mitarbeiterkreis Thuns zu zählen ist (S. 1013 Register). Immer wieder klingt an, dass die deutsche Sprache und die katholische Religion »das verbindende Element zwischen den einzelnen Nationalitäten« sein könnten (beispielsweise S. 463) oder – als Ziel der Reformmaßnahmen im Rahmen der »Reconstruction von Oestreich« – (S. 341) die »Vormachtstellung« der katholischen Kirche zu restituieren und die Wissenschaft in diesem Geist zu fördern seien. In seiner Denkschrift *Die österreichischen Universitäten* (7. August 1852) gab der katholisch-konservative Publizist Karl Ernst Jarcke, enger Berater von Thun, die Losung aus, wie in Deutschland »dem Protestantismus und Indifferentismus gegenüber [...] eine katholische Wissenschaft, insbesondere eine katholische Geschichtsschreibung zu gründen« (S. 345).

Der Rücktritt Thuns am 20. Oktober 1860 hing mit dem Oktoberdiplom desselben Tages zusammen, das die bisherige Ungarnpolitik radikal änderte und die Ungarische Hofkanzlei wieder herstellte. Damit war aber eine kultuspolitische Entscheidung getroffen worden, die den Ausgleich mit den renitenten ungarländischen Protestanten suchte, indem sie deren Exponenten zum Hofkanzler bzw. Hofrat und Referenten bestellte. So stand am Ende des Thun'schen Ministeriums keine bildungspolitische Erwägung, sondern dessen Scheitern als Kultusminister und Initiator des ungarischen Protestantenpatents von 1859. Hatte er damit die fragile Position des slowakischen Luthertums durch die Schaffung einer zusätzlichen Pressburger Superintendenz der slowakischen Gemeinden zu optimieren versucht,[22] so wurde dieses Patent von den Magyaren als politischer Fehdehandschuh empfunden und bekämpft, sodass es schon nach wenigen Monaten im Mai 1860 zurückgezogen werden musste.[23] Das war in der Perspektive des Gesamtstaates geurteilt eine »*katastrophale Entscheidung*« – »katastrophal insofern, als die vollständige Kapitulation vor der protestantischen Opposition Ungarns, ein Präludium zu 1867, als zukunftsentscheidender politischer Sieg des magyarischen Nationalismus [...] zu werten ist«.[24] Thuns Kalkül war gescheitert; ihm hatte gerade der ungarländische Protestantismus als Mittel gedient, um den nachrevolutionären Aufbau des österreichischen Gesamtstaates zu leisten. Der Widerstand der Mag-

---

[22] Vladimír MAYER, Příspěvek ke korrespondenci Karla Kuzmányho Lvu Thunovi [Beitrag zur Korrespondenz Karl Kuzmánys mit Leo Thun], in: Sborník Pedagogické fakulty v Ústí n.L. (Praha 1967) 37–61.

[23] Friedrich GOTTAS, Die Frage der Protestanten in Ungarn in der Ära des Neoabsolutismus. Das ungarische Protestantenpatent vom 1. September 1859 (BSHK 14, München 1965) 129–132.

[24] Helmut RUMPLER, Der Protestantismus und die magyarische Nation. *Österreichische Osthefte* 8 (1966) 512–514, hier 513.

yaren war stärker und erzwang einen fulminanten Wechsel in der Ungarnpolitik der Wiener Hofburg.

Um noch ein bildungspolitisches Thema mit Bezug auf Ungarn aufzugreifen, möchte ich auf ein Schreiben Bonitz' hinweisen (S. 940–943), das am Tag des Rücktritts Thuns auf eine Petition ungarischer Studenten an der Universität Pest aufmerksam machte, welche die Einführung der magyarischen Unterrichtssprache forderten. So umrahmt diese Petition gleichsam das Scheitern der Thun'schen Ungarnpolitik.

Von den zahlreichen Reaktionen auf Thuns Demission (S. 944–953) sei jene des Prager Rechtsprofessors Johann Friedrich Schulte vom 20. Oktober 1860 hervorgehoben, der den Minister als jenen Mann würdigte, »der für das Gebäude der Kirche, auf welcher einzig und allein das Wohl der Völker des Kaiserstaates als auf festem Grunde ruht, das Fundament mitschaffen half, gegen welches vergebens Religionshaß, Indifferentismus und Materialismus ankämpfen, solange der Staat an seiner Spitze solche Männer hat [...]« (S. 944). Diese Würdigung dürfte wohl allfällige Zweifel über Thuns »fundamentalkatholische Einstellung«[25] zerstreuen.

Eine solche kursorische Beleuchtung könnte natürlich weitergeführt werden und etwa noch auf die Dienstreise des Sektionsrates Ludwig Heufler nach Siebenbürgen hinweisen. Dazu liegen mehrere Berichte über das dortige Schulwesen (S. 195–199; 201–212), einschließlich der Universitätsfrage (S. 199–201) und die kirchlichen Verhältnisse vor. Merkwürdigerweise bleibt der Name des Hermannstädter Rechtsgelehrten Josef Andreas Zimmermann unerwähnt, den Heufler kennenlernte und als protestantischen Kultusreferenten im Kabinett des Ministers gewinnen konnte – einen deklarierten Anhänger des österreichischen Gesamtstaates der neoabsolutistischen Ära, der auch das Projekt einer protestantischen Gesamtkirche im österreichischen Kaiserstaate entwarf. Ich lasse es dabei bewenden.

Die Edition der Korrespondenz war Teil eines langjährigen vom »Fond zur Förderung der Wissenschaftlichen Forschung« (FWF) finanzierten Projekts und erschien im Rahmen der Kommission für Neuere Geschichte Österreichs. Das vorliegende Ergebnis beeindruckt durch die luzide Einführung, welche nicht nur den Quellenbestand erörtert, sondern auch die Korrespondenzpartner, darunter mit neun Briefen Hermann Bonitz', und die inhaltlichen Schwerpunkte skizziert, um schließlich eingehend die Themen der Korrespondenz zur Sprache zu bringen: das Ministerium für Cultus und Unterricht (S. 25–37); die Volksschul- und Gymnasialreform (S. 37–69); Sprachenfrage und Nationalitätenkonflikt (S. 69–83); die Universitätsreform (S. 83–101), darunter das neue Statut für die Universität Wien (S. 92–97); Thuns Personalpolitik (S. 101–121), darunter ausführlich die Bleibeverhandlung mit Bonitz im Konkordatsjahr 1855 mit der Zusicherung einer pekuniären Lösung (4.500 fl), die das starre Gehaltsschema durchbrach (S. 110); die

---

[25] DERS., Integration und Modernisierung. Der historische Ort des »Neoabsolutismus« in der Geschichte der Habsburgermonarchie, in: BRANDT (Hg.), Neoabsolutismus (wie Anm. 9) 73–82; Diskussionsbeitrag, in: Ebenda 247.

Entwicklung der Wissenschaften (S. 121–140); und zuletzt den Problemkreis »Neue Wissenschaft und (katholischer) Glaube« mit der Überschrift »die Quadratur des Kreises« (S. 134–140), der am Beispiel der Planungen zum Universitätsneubau am Ring und deren räumlicher Stellung im Gegenüber zur Votivkirche (S. 137f.), aber auch anhand der in der Moderne forcierten Auseinandersetzung mit den Naturwissenschaften (Darwinismus-Streit) diskutiert wurde.

Die Edition wird durch vorangestellte Regesten, durch kommentierende Fußnoten und ein hilfreiches Personenregister erschlossen. Auch wenn bei der Auswahl zu bedauern ist, dass der Kultus ausgeklammert wurde, so muss das vorzustellende *opus ingens* mit Dankbarkeit aufgenommen werden, weil es ein lange zurückliegendes, in den 1930er Jahren bereits in Angriff genommenes Unternehmen nun glanzvoll abschließt und ein differenziertes Bild vom Wirken des bedeutenden Bildungspolitikers ermöglicht. Ob Thun tatsächlich, wie in restaurativen Kreisen kolportiert wurde, ein »protestantischer Kopf mit einem katholischen Herzen«[26] gewesen sei, muss freilich unbeantwortet bleiben.

---

[26] So zustimmend THIENEN-ADLERFLYCHT, Thun (wie Anm. 13) 197.

Herbert Posch/Martina Fuchs (Hg.): Wenn Namen leuchten. Von der Universität Wien 1938 bis 1945 vertriebene Geschichte-Studierende und -Lehrende: Ein Denkmal

(Austria: Forschung und Wissenschaft – Geschichte 19, Wien 2022, LIT), ISBN 978-3-643-51106-5, 208 Seiten

Von Astrid Schweighofer

Seit Mai 2022 erinnert das Denkmal *Wenn Namen leuchten* neben dem Hörsaal 41 im Hauptgebäude der Universität Wien an 120 Studierende und acht Lehrende der historischen Institute,[1] die nach dem ›Anschluss‹ Österreichs an das nationalsozialistische Deutsche Reich von der Universität Wien vertrieben wurden. Die 128 alphabetisch geordneten Namen wurden von der Künstlerin Iris Andraschek auf sechs Glasplatten mittels LED-Technik »zum Leuchten gebracht« (S. 207). »Wer innehält, um die Namen zu lesen, aber auch wer im geschäftigen Universitätsalltag nur vorübergeht, wird als Spiegelbild selbst zum Teil der Inszenierung« (S. 14).

Der vorliegende Band dokumentiert Zielsetzung, Vorgeschichte und Durchführung dieses beeindruckenden und längst fälligen Denkmalprojekts, skizziert die Phasen der Entrechtung und Vertreibung zwischen 1938 und 1945 und widmet sich sodann auf mehr als 130 Seiten den Schicksalen der Vertriebenen.

»Der lange Weg zum Denkmal« (S. 20) nahm seinen Anfang 2009/2010 mit einem, auch online verfügbaren und kontinuierlich erweiterten, *Gedenkbuch für die Opfer des Nationalsozialismus an der Universität Wien 1938*[2] und einem von den Historiker:innen Edith Saurer und Karl Vocelka initiierten Gedenktafelprojekt für verfolgte Historiker:innen, dessen Realisierung allerdings scheiterte. Zehn Jahre später gab eine Anfrage der Enkelin des vertriebenen Geschichte-Professor Alfred Francis Přibram den Anstoß zur Gründung einer Arbeitsgruppe, die unter der Leitung der Historikerin Martina Fuchs, ihres Zeichens Vorstandsmitglied unserer »Gesellschaft«, das Gedenktafelprojekt zügig zur Ausführung brachte (S. 21).

Als einen »Ort antidemokratischer, antisemitischer und deutsch-nationaler Tendenzen, die auch von den meisten universitären HistorikerInnen mitgetragen wurden« (S. 27) beschreibt Mitherausgeber Herbert Posch in seiner historischen Überblicksdarstellung die Universität Wien in den 20er und 30er Jahren des 20. Jahrhunderts. Der Prozess der Entrechtung und Vertreibung von als ›jüdisch‹ definierten oder aus politischen Gründen unerwünschten Lehrenden und Studie-

---

[1] Aufnahme fanden all jene Studierenden, die im Studienjahr 1937/1938 mindestens eine Lehrveranstaltung aus dem Bereich der Geschichtswissenschaften besuchten oder sich in der Studienabschlussphase befanden (S. 22, 52f.).
[2] https://gedenkbuch.univie.ac.at/ [31.10.2023].

renden erfolgte in rasantem Tempo: Im Zuge des ›Anschlusses‹ wurde die Universität Wien gleichgeschaltet und während einer sechswöchigen Einstellung des Studienbetriebs zwischen dem 12. März und dem 25. April 1938 umfassend ›gesäubert‹ (S. 31). Lehrende verloren ihre Lehrbefugnis, wurden beurlaubt, entlassen, zwangspensioniert (S. 32f.). ›Jüdischen‹ Studierenden wurden die Inskription und der Zutritt zum Universitätsgebäude verwehrt, sie wurden mit einem *numerus clausus* belegt und von Abschlussprüfungen und Promotionen ausgeschlossen (S. 34–37). »Vertreibung und Ausschluss waren so binnen weniger Monate weitestgehend abgeschlossen.« (S. 34) Jenen, die als ›Mischlinge ersten Grades‹ galten, war die Fortsetzung ihres Studiums bis auf Widerruf noch eine Zeit lang erlaubt, einige konnten ihr Studium im Rahmen diskriminierender »Nichtarierpromotionen« abschließen (S. 34, 38).

Rund drei Viertel des Bandes sind den Lebensläufen und Schicksalen der Vertriebenen gewidmet (S. 62–197). Den akribisch recherchierten Biographien, deren unterschiedlicher Umfang der jeweiligen Quellenlage geschuldet ist, ist eine Einleitung vorangestellt, die einen Überblick über die Zahl der Vertriebenen, die »Opfer der Shoah«, über Widerstand und die weiteren Schicksale der Vertriebenen gibt (S. 50–57, hier 56). Neun Studierende wurden in Konzentrationslagern ermordet (S. 56); die meisten emigrierten und verdingten sich im Ausland in den unterschiedlichsten beruflichen Sparten; einige konnten ihr Studium in der neuen Heimat abschließen (S. 57). Auffallend ist, mit 61 von 120 Personen, der hohe Anteil an Frauen unter den vertriebenen Studierenden (S. 57). Es finden sich auch einige Studierende katholischer und evangelischer Konfession, die dennoch aufgrund jüdischer Vorfahren dem nationalsozialistischen Rassenwahn zum Opfer fielen, unter ihnen Johanna Bechmann (1895–1981, evang. A. B.) und Paul Lande (1916–1999; r. k.), die kurzzeitig sogar evangelische bzw. katholische Theologie in Wien studierten (S. 67f. und 120f.).

Von den acht von der Universität Wien vertriebenen Lehrenden waren drei zur Flucht und Emigration gezwungen (Friedrich Engel-Jánosi, Gerhart Ladner, Alfred Francis Přibram), von den übrigen fünf in Wien Verbliebenen (Edmund Groag, Friedrich Wilhelm König, August Loehr, Hans Mžik und Karl Pink) nahmen drei, nämlich König, Loehr und Pink, nach Kriegsende ihre universitäre Lehrtätigkeit in Wien wieder auf (S. 57 und 176–197).

Dem Band und dem dahinterstehenden Gedenkprojekt – ein »*work in progress*« (S. 53) – liegen umfassende Recherchen in Archiven und Bibliotheken zugrunde, die eine wertvolle Basis für weitere zeithistorische und prosopographische Forschungen darstellen. Hilfreich sind die Chronologie zu ›Gleichschaltung‹ und Entrechtung/Vertreibung (S. 40–47) sowie das Glossar studienrechtlich relevanter Termini (S. 58f.). Gelegentliche inhaltliche Redundanzen tun der Darstellung, die graphisch sehr ansprechend gestaltet ist, keinen Abbruch.

Das beeindruckende Projekt gibt den vertriebenen Studierenden und Lehrenden wieder Namen. Es erinnert zugleich an die nationalsozialistischen Verstrickungen der Universität Wien und ihrer Angehörigen, an den mangelnden Widerstand, an Mittäterschaften. Und es versteht sich nicht zuletzt als Mahnung an uns Heutige, wachsam zu sein und ›den Anfängen zu wehren‹ (S. 14 und Klappentext).

Gerhard Strejcek: Ein Dresdener Pfarrer in Wien.
Pfarrer Paul Zimmermann und die evangelische Gemeinde 1875–1925

(Berlin 2023, Frank & Timme), ISBN 978-3-7329-0919-3, 200 Seiten

Von Karl-Reinhart Trauner

Die Studie, die Gerhard Strejcek, außerordentlicher Professor am Institut für Staats- und Verwaltungsrecht an der Universität Wien, vorlegt, ist weniger als eine Biographie – und gleichzeitig weit mehr. Verf. geht es um eine »angemessene und differenzierende Darstellung« (S. 16) der Person Paul von Zimmermanns.

Sucht man nach akribisch aufgelisteten lebensgeschichtlichen Daten von Paul von Zimmermann (1843–1927), der von 1875 bis 1925 Pfarrer an der lutherischen Stadtkirche in Wien war, wird man enttäuscht. Natürlich sind solche Fakten im Buch enthalten, sie finden sich aber verstreut. Das liegt nicht zuletzt an der schlechten Quellenlage, die Verf. selber mehrfach richtigerweise anspricht. Auch wenn die Eckdaten durch einen Beitrag von Karl W. Schwarz im *Österreichischen Biographischen Lexikon* (Bd. 16, S. 546) verfügbar sind, sind die Spuren des Geistlichen oft stark verwischt. Das gilt für seine Nobilitierung 1887/88, die nicht lückenlos geklärt werden kann (S. 76); auch die Gründe, warum der gebürtige Dresdener nach Wien kam, bleiben eigentümlich blass. Selbst die Todesursache ist nicht ganz klar. Normalerweise ist von einer Influenza-Erkrankung die Rede, in der Sterbematrike ist aber ein Gehirnschlag genannt (S. 95, 115).

Umso mehr muss man die Bemühungen des Verf. begrüßen, Paul von Zimmermann dem Vergessen wieder zu entreißen, denn er war zu seiner Zeit eine beeindruckende Persönlichkeit und war Teil eines, fast möchte man sagen, elitären sozialen Geflechts, das nicht zuletzt in der evangelischen Kirche und bei Pfarrer Paul von Zimmermann einen wichtigen Knotenpunkt besaß.

Vielleicht war es der quellenmäßigen ›Ebbe‹ geschuldet, dass Verf. bewusst den Rahmen einer üblichen Lebensgeschichte verließ und die Persönlichkeit Paul von Zimmermanns anhand dieses sozialen Geflechts ausleuchtet. Aber mit diesem Konzept wird die Studie weit mehr als eine Biographie. »Die Studie beleuchtet das evangelische Leben in einer Ära des Aufbruchs, die aber bereits den Keim des Nationalismus und des Parteienzwists in sich trug«, erklärt der Verf. (S. 7). Was sich dem Leser darbietet, ist ein Kaleidoskop des evangelischen Milieus im letzten Viertel des 19. und ersten Viertel des 20. Jahrhunderts in Wien.

Der Schwerpunkt liegt freilich im Fin de Siècle. Das Potpourri an Persönlichkeiten, die der evangelischen Pfarrgemeinde A. B. Wien angehörten und mit denen Paul von Zimmermann zusammentraf, liest sich wie ein *Who-is-Who* der Zeit. Von

Zimmermann vollzog die Einsegnungen Theophil Hansens, Theodor Billroths, Johannes Brahms' und Johann Strauß' (Sohn), taufte Heimito von Doderer (S. 93f.), Josef Redlich (S. 91–93) sowie Grete Schütte-Lihotzky und traute den Staatsrechtslehrer Hans Kelsen (88–91). Mit manchen der Genannten stand er auch im privaten Kontakt, mit dem berühmten Hansen-Schüler Georg Niemann war Zimmermann sogar verschwägert, und seine Nichte heiratete Alfred Castelliz (S. 35 u. ö.).

Diese Verwebungen der Pfarrgemeinde und ihres Pfarrers in der Zivilgesellschaft herauszuarbeiten, ist ein besonderes Verdienst des Buches, auch wenn es mancherorts eine konzentrierte Lektüre notwendig macht. Redundanzen erleichtern diese nicht. Das Buch präsentiert eine Fülle an Details, von denen manche leider nicht immer vollkommen zuverlässig sind. So ist Georg Niemann einmal Zimmermanns Schwager, einmal sein Schwiegersohn (S. 43 und 43, Anm. 81), die »Kaiser-Franz-Joseph-Jubiläumskirche« bzw. »Lutherkirche« wird öfters als »Martinskirche« bezeichnet (S. 56 u. ö.), die Umwandlung der evangelisch-theologischen Lehranstalt Wien in eine Fakultät erfolgte bereits 1850 (und nicht erst 1861 [S. 115]), Agendorf/Ágfalva liegt nicht im Burgenland, sondern in Ungarn (S. 133 u. ö.), wie auch Bielitz/Bielsko nicht in Galizien, sondern in Schlesien lag (S. 145) – sehr wohl aber der zweite Teil der Doppelstadt, Biala (Biała).

Paul von Zimmermann war selber Träger dieser Gesellschaft. Als Geistlicher und Konsenior, später auch als Oberkirchenrat trug er nicht nur Verantwortung, sondern setzte auch zahlreiche Initiativen, die den Geist des Aufbruchs mittrugen. So förderte er die Gründung eines evangelischen Krankenhauses oder war, gemeinsam mit seinem reformierten Kollegen Witz-Oberlin, Herausgeber einer der damals wichtigsten evangelischen Zeitschriften: des *Evangelischen Hausfreunds*.

1880 erfolgte seine Wahl zum Konsenior des niederösterreichischen Seniorates, er war zwischen 1885 und 1926 Mitglied in der Prüfungskommission für evangelische Theologen, 1923 wurde er außerordentliches Mitglied im evangelischen Oberkirchenrat.

Auch in der Wissenschaft hinterließ der Religionsphilosoph seine Spuren. 1877 wurde Zimmermann zum Dr. theol. promoviert, 1880 habilitierte er sich. Er war nicht nur Lehrer – ab 1908 außerordentlicher Professor – an der Evangelisch-Theologischen Fakultät der Universität Wien für Religionsphilosophie, sondern verfasste Schriften über Platons Jenseitsphilosophie, die Reformation, das *Vaterunser* und den Protestantismus in Frankreich. Seine Frömmigkeit charakterisiert Verf. als »weltoffene und dennoch gläubige Haltung« (S. 33).

Verf. verschweigt auch nicht Kritikpunkte, die heutige Leser über Paul von Zimmermanns Werke äußern könnten: seine Distanz zur Ökumene einerseits; andererseits bediente er sich mancherorts einer polemischen Sprache oder einer »Kampfrhetorik« (S. 35–39). Aber, so fragt Verf., »warum sollte der Maßstab von 2023 auf eine bald 150 Jahre zurückliegende Publikationstätigkeit anzuwenden sein?« (S. 36)

Trotz seiner großen Verdienste geriet von Zimmermann nach seinem Tod bald in Vergessenheit. Warum eigentlich? »Im Rahmen der vielseitigen Erinnerungskultur der Evangelischen Kirche in Österreich [genießt er] nicht gerade einen Ehrenplatz.«

(S. 34) Dementsprechend stehen Zimmermanns Wirken für Kirche, Wissenschaft und Gesellschaft sowie eine politische Verortung seines Handelns im Mittelpunkt dieses Buches.

Abgerundet wird die Studie mit einem ausführlichen Anhang, der nicht nur eine Zeittafel umfasst (S. 99–118), sondern auch eine breite Auswahl an biographischen Skizzen (S. 119–176), Registern, Ahnentafeln und einen Fototeil.

Karl W. Schwarz: »Wie verzerrt ist nun alles!« Die Evangelisch-Theologische Fakultät Wien in der NS-Ära

(Wien 2021, new academic press), ISBN 978-3-7003-2214-6, 228 Seiten

Von Marija Wakounig

Jubiläen von Institutionen eignen sich dazu, sich mit deren Geschichte zu beschäftigen, weil dies auch die Chance birgt, herauszufinden, wie sie sich entwickelt, unter welchen (bildungs-)politischen und gesetzlichen Rahmenbedingungen sie einen bestimmten Weg gewählt und wie sie sich »zwischen Scylla und Charybdis« (S. 127) orientiert haben. Karl W. Schwarz' überschaubare Monographie über die *Evangelische-Theologische Fakultät Wien in der NS-Ära*, einer Institution, die heute aus sechs kleinen Instituten besteht, ist aus zwei Gründen besonders wertvoll, einerseits wegen der Erfassung der Fakultät an sich und andererseits deren Entwicklung und Positionierung in der NS-Zeit.

Für den Titel seines Buches hat Schwarz die ambivalente Tagebuchnotiz des evangelischen Theologen, Journalisten und Schriftstellers Jochen Klepper »Wie verzerrt ist nun alles!« gewählt, die sowohl die Begeisterung an der Evangelisch-Theologischen Fakultät für den ›Anschluss‹ im März 1938 als auch das Ende der Lehrtätigkeit eines ihrer Mitglieder, Karl Beth, zum Ausdruck bringen soll. In sieben Kapiteln wird die Fakultätsgeschichte (1821/1921–2021/2022) aufbereitet, wobei deren Inhalt jeweils davor schon bei anderen Gelegenheiten vorgetragen oder publiziert und für diese Monographie überarbeitet worden ist. Im Eingangskapitel widmet sich Schwarz dem Titel entsprechend dem »»Haus der Zeit««, in dem er die lange Geschichte seiner Fakultät (und deren Vorgängerin) von 1821 bis 1921/22 beschreibt. Das »»Haus der Zeit«« beherbergte Lehrende und Studierende, die für dessen Geschick verantwortlich waren; einigen von diesen begegnet man in den folgenden Kapiteln wieder: Das Schicksal von Karl Beth (Systematiker und Religionswissenschafter), der nach dem ›Anschluss‹ nach langjähriger Lehrtätigkeit sowohl seine Professur als auch sein Amt als Dekan verlor, gehört »zu den dunklen Kapiteln der Fakultätsgeschichte« (S. 113) und macht die innere Zerrissenheit der Institution zwischen NS-Ideologie und Theologie erkennbar (Kapitel 2). Die kurze Wiener Lehrtätigkeit (1939–1943) des Tübinger Theologen Gerhard Kittel rahmt Schwarz geschickt in die *Denkschrift über Theologische Fakultäten* ein, die von Kittel mit Beteiligung von Gustav Entz (S .133) formuliert worden ist (Kapitel 3). Kittels »Wahrnehmung der Lehrkanzel« (S. 122) wird im Lichte des Projekts *Grenzlandfakultät der volksdeutschen Diasporakirchen im Südosten Europas* in Wien verständlich, die auch als Ersatz für die Schließung bzw. Zusammenlegungen von

Theologischen Fakultäten im Deutschen Reich geplant war. Obwohl dem Projekt, das der Nachfolger von Karl Beth als Dekan, Entz, mit großem Einsatz verfolgte, kein Erfolg beschieden war, gelang es diesem, die »Fakultät zwischen Scylla und Charybdis« (S. 127) zu lavieren. In diesem Sinne wird auch die von Entz entrierte Ehren-Promotion des rumänischen Theologen und Kulturpolitikers Nichifor Crainic im November 1940 in Wien nachvollziehbar/er (Kapitel 4).

Im Anschluss daran werden zwei Personen näher vorgestellt, die mit der Entwicklung der Wiener Evangelisch-Theologischen Fakultät während des Zweiten Weltkrieges nicht unmittelbar zu tun hatten, nämlich Gerhard May, der ›Nur‹-Kandidat für eine nicht realisierte Lehrkanzel war, und Hans Koch, der nach dem Zweiten Weltkrieg keine Ambitionen für einen ›Ausweich‹-Lehrstuhl an der Fakultät zeigte. Gerhard May, der Pfarrer aus Celje/Cilli, sollte 1939 auf einen ebenfalls mit dem Grenzlandfakultätsprojekt verknüpften Lehrstuhl für »religiöse und völkische Diasporakunde« berufen werden. Dem Lehrstuhl wurde bereits 1940 die Zustimmung entzogen; tatsächlich ad acta gelegt wurden die Pläne in Wien 1944, als May – der in Slowenien in einer doppelten (religiösen und ethnischen) Diaspora lebte und als »der Vertrauensmann der NSDAP« (S. 177) und wichtiger Funktionär des Schwäbisch-Deutschen Kulturbundes (S. 178) galt – nach Wien übersiedelte und die Leitung der Evangelischen Kirche A. und H. B. in Österreich übernahm. Der promovierte Theologe und Historiker sowie habilitierte Theologe Hans Koch war zwischen 1940 und 1945 formeller Institutsvorstand am Seminar für osteuropäische Geschichte, wie das heutige Institut für Osteuropäische Geschichte der Universität Wien damals hieß. Verstrickt in die und engagiert für die Ideologie des Nationalsozialismus nahm Koch seine Funktion während dieser Zeit nie wahr und wurde 1945 als belastet entlassen. Trotzdem versuchte der habilitierte Theologe Koch, 1958 eine Professur am Wiener Institut für osteuropäische Geschichte und Südostforschung (wie es von 1956 bis 1978 hieß) zu bekommen und schlug dafür die wohl passendere ›Ausweich‹-Professur an der Evangelisch-Theologischen Fakultät aus. Dass er in der Galerie der Institutsvorständinnen und -vorstände des Instituts für Osteuropäische Geschichte kein Bild, sondern einen leeren Rahmen bekommen hat (S. 189), ist seiner Verstrickung in das NS-System und auch seiner Absenz vom Institut geschuldet. Das behauptete ›Damaskuserlebnis‹ von Koch (S. 191), gemeint ist das Judenmassaker in Babyn Jar im Stadtgebiet von Kiev/Kiïv, bei dem am 29. und 30. September 1941 mehr als 33.000 jüdische Kinder, Frauen und Männer von der Wehrmacht, Einsatzgruppen der Sicherheitspolizei sowie dem Sicherheitsdienst ermordet wurden, wirft vielmehr die moralische Frage auf, warum es ihn, den Theologen, nicht unmittelbar danach von der menschenverachtenden NS-Ideologie abkehren ließ?

»Der Fall ›Gustav Entz‹« beschließt das Buch und schließt auch an das erste biographische Kapitel, nämlich an Karl Beth an, dessen Entfernung 1938 Entz bis 1949 an die Spitze des Dekanats brachte und die dieser nachträglich zu bedauern versuchte (S. 113), allerdings nicht überzeugend, denn schließlich plante er den Ausbau der Fakultät in Wien zu einer Grenzlandfakultät, der misslang. Entz, der im

›christlichen Ständestaat‹ als einer von wenigen Universitätsprofessoren nicht der »Vaterländischen Front« beitrat und während dieser Zeit »zum glühenden Anhänger des Nationalsozialismus« (S. 213) mutierte, der die Evangelisch-Theologische Fakultät an der Wiener Universität mit einem Gegeneinander-Ausspielen der Wiener und Berliner Behörden zu retten vermochte, kann als leitender Akteur dieser Monographie bezeichnet werden.

Karl W. Schwarz, der die »Arbeitsgemeinschaft zur Fakultätsgeschichte« jahrelang geleitet und bei verschiedenen Anlässen aus seinem reichen Fundus vorgetragen hat, hat mit dieser Fakultätsgeschichte ein lesbares und informatives Buch vorgelegt, das einerseits zu weiteren Fakultätsgeschichten mit Schwerpunkt auf der NS-Zeit und andererseits zur Ergänzung der vorliegenden ermuntern sollte.

Thomas Greif/Andrea K. Thurnwald (Hg.): Evangelische Migrationsgeschichte(n). Begleitband zum europäischen Ausstellungsprojekt 2023

(Schriften und Kataloge des Fränkischen Freilandmuseums in Bad Windsheim 94; Evangélikus Gyűjteményi Kiadványok, Új sorozat. B-sorozat 4; Miscellanea ecclesiastica des Zentralarchivs der Evangelischen Kirche A.B. in Rumänien, Hermannstadt/Sibiu, 24; Rummelsberger Reihe 26, Lindenberg im Allgäu 2023, Kunstverlag Josef Fink), ISBN 978-3-95976-426-1, 280 Seiten

Von Thomas Winkelbauer

2018 gründeten zehn evangelische Museen aus Deutschland, Frankreich, Österreich, Rumänien, Slowenien und Ungarn sowie den USA in Rummelsberg in Mittelfranken, am Sitz der »Rummelsberger Diakonie«, das Netzwerk »Museen im evangelischen Raum«. Im Jahr darauf konzipierten sie gemeinsam ein Ausstellungsprojekt, in dem evangelische Migrationsgeschichten vom 16. bis ins 21. Jahrhundert exemplarisch thematisiert werden sollten. In jedem der zehn Museen fand im Jahr 2023 eine in diesen thematischen Rahmen passende Ausstellung statt, beispielsweise im »Evangelischen Museum Oberösterreich« in Rutzenmoos die Ausstellung *wesWEGen? Evangelische Migrationsgeschichten aus Oberösterreich* und, gewissermaßen komplementär dazu, im »Museum Kirche in Franken – Fränkisches Freilandmuseum« des Bezirks Mittelfranken in Bad Windsheim die Ausstellung *Evangelische Migrationsgeschichte(n) – Zuwanderer in Franken im 17. Jahrhundert*. Als eine Art Nebenprodukt der in enger Abstimmung miteinander vorbereiteten Ausstellungen ist der hier zu besprechende Begleitband entstanden. Dessen Herausgeber sind die Kunsthistorikerin und Volkskundlerin Andrea K. Thurnwald, die während der Fertigstellung des Bandes plötzlich und unerwartet verstorbene Leiterin des »Museums Kirche in Franken«, und der Historiker Thomas Greif, der Leiter des Diakoniemuseums und des Archivs der »Rummelsberger Diakonie« in der Gemeinde Schwarzenbruck bei Nürnberg.

Eingeleitet wird der Band, nach einem Geleitwort des Landesbischofs der Evangelisch-Lutherischen Kirche in Bayern, von dem konzisen und aspektreichen Aufsatz *Migration: Bedingungen, Dynamiken, Muster* des Osnabrücker Historikers und Migrationsforschers Jochen Oltmer, der u. a. die zentrale Rolle betont, die transnationale, den Herkunfts- und den Zielkontext von Migrierenden verbindende Netzwerke in Migrationsbewegungen gespielt haben und heute noch spielen.

Thomas Winkelbauer

Als zweite thematische Einleitung fungiert die schriftliche Fassung eines Vortrags des Theologen und Publizisten Hans Jürgen Luibl mit dem Titel *Fremde Heimat Europa. Migration Europa Evangelisch – Rückblicke und Ausblicke*. Der Autor geht der Frage nach, inwiefern »Europas Migrationsbewegungen Europa verändert« haben, insbesondere inwiefern »Europas [evangelische] Glaubensflüchtlinge Europas Seele geprägt« (S. 24) haben. Im Hinblick auf die Verfolgung und Vertreibung der Täufer hebt er hervor, dass »die erste [konfessionelle] Migrationsbewegung [...] [ich würde ergänzen: auch; Th.W.] eine innerprotestantische« (S. 26) war.

Der erste Hauptteil des Bandes besteht aus 13 im Schnitt knapp zehnseitigen Aufsätzen zu Themen, die in den zehn Ausstellungen behandelt wurden. Klaudija Sedar berichtet über *Migrationen slowenischer Protestanten in der Frühen Neuzeit*. Sie berücksichtigt dabei sowohl die evangelischen Slowenen in den österreichischen Ländern Krain, Kärnten und Steiermark als auch jene im zum Königreich Ungarn gehörenden Übermurgebiet (Prekmurje). Der Beitrag enthält leider einige zum Teil grobe sachliche und Übersetzungsfehler. So ist beispielsweise die Angabe, Kaiser Maximilian I. habe »ab 1508« (S. 45) regiert, zumindest irreführend: Maximilian regierte in Tirol seit 1490 und in den anderen österreichischen Erbländern sowie als römisch-deutscher König im Heiligen Römischen Reich seit 1493; 1508 ist nur das Jahr, in dem er sich zum ›Erwählten Römischen Kaiser‹ ausrufen ließ. Auf derselben Seite werden die Lebensdaten »Ferdinands von Innerösterreich« (gemeint ist der spätere Kaiser Ferdinand I.) fälschlich mit »1478–1537« angegeben (recte: 1503–1564; es scheint sich um eine Vermengung mit den Lebensdaten Kaiser Ferdinands II. zu handeln, der allerdings von 1578 bis 1637 gelebt hat). Ebenfalls auf derselben Seite ist vom »Eisernen Komitat« die Rede (auf S. 49 von der »Eisernen Grafschaft«) – gemeint ist offenbar das westungarische Komitat Eisenburg/Vas. Apropos: Auch in einigen wenigen anderen Beiträgen sind mir Fehler aufgefallen. So war die »Gnadenkirche« in Teschen nicht »seit 1709 die einzige evangelische Kirche der österreichischen und böhmischen Erblande« (S. 74), sondern erst seit der Eroberung des Großteils Schlesiens durch Preußen zu Beginn der 1740er Jahre. In Nürnberg galt in den 1620er Jahren nicht der Gregorianische Kalender (S. 200, Anm. 7), sondern weiterhin der Julianische Kalender. Statt »Zivilkriege« (S. 97) sollte es Bürgerkriege heißen, statt »Augsburger Bund« (S. 206) Augsburger Allianz oder Augsburger Liga.

Im zweiten Beitrag thematisiert Heidrun König die *Zuwanderung von Glaubensflüchtlingen nach Siebenbürgen*. Neben der Aufnahme italienischer Unitarier (Antitrinitarier) und anderer konfessioneller ›Renegaten‹ im 16. Jahrhundert sowie deutscher reformierter Professoren und mährischer Täufer (Hutterer) im 17. Jahrhundert werden auch die euphemistisch Transmigranten genannten Evangelischen berücksichtigt, die unter der Regierung Karls VI. bzw. Maria Theresias aus Kärnten, der Steiermark und Oberösterreich in dieses auch nach der 1690 erfolgten Angliederung an die Habsburgermonarchie sowohl Lutheranern als auch Calvinisten Toleranz garantierende Land deportiert wurden. Günter Merz widmet sich der *Emigration und Immigration als prägende[n] Elemente[n] im oberösterreichischen*

Protestantismus. Er betont, sicherlich zu Recht, dass auch bei der während und nach dem Dreißigjährigen Krieg erfolgenden heimlichen Abwanderung und Flucht der sogenannten Spätexulanten »das religiöse Motiv bei der Emigration Vorrang vor wirtschaftlichen Interessen hatte« (S. 73). Weiters weist er darauf hin, dass die aus den deutschsprachigen Regionen Westungarns und aus der Zips kommenden ersten Pfarrer der in den 1780er Jahren gegründeten Toleranzgemeinden bei den Gemeindemitgliedern »oft auf Ablehnung« stießen und dass »[d]ie damals entstandenen Spannungen zwischen ›erweckten‹ und ›liberalen‹ Kreisen« die evangelische Kirche in Oberösterreich bis heute prägen (S. 74). Sylvie Dietrich schildert am Beispiel zweier evangelischer Familien im heutigen Franken, deren Vorfahren im 17. Jahrhundert aus der Umgebung von Gresten und Waidhofen an der Ybbs im niederösterreichischen Mostviertel (auf S. 81 und 82 ist irrtümlich vom Waldviertel die Rede) bzw. aus dem Gebiet der Herrschaft Pöggstall im südlichen Waldviertel nach Mittelfranken ausgewandert sind, die Schicksale österreichischer Exulanten und ihrer Nachfahren in Franken. Dank der eingehenden Quellenforschungen fränkischer Heimat- und Familienforscher wissen wir, dass die beiden Familien »zu den rund 25.000 Protestanten [gehören], die in Mittelfranken eine neue Heimat fanden, als sie vom Ende des 16. Jahrhunderts bis in die 1670er Jahre in mehreren Wellen zum Verlassen ihrer österreichischen Heimat gedrängt wurden« (S. 84). Andrea K. Thurnwald widmet sich Geschenken (Abendmahlskelche und -kannen, Patenen, Hostiendosen, Kanzelbehänge etc.) und Stiftungen österreichischer Exulanten in fränkischen Kirchen.

Die beiden nächsten Beiträge sind der Emigration der Hugenotten gewidmet. Gestützt auf den 6.000 Seiten umfassenden *Livre d'or des protestants du Poitou persécutés pour la foi*, das Lebenswerk des Pfarrers Jean Rivierre (1904–1993), schildert ein Autorenkollektiv der »Association Maison du Protestantisme Poitevin in Beaussais-Vitré« »die Wege des Exils« der Hugenotten des Poitou (von etwa 1680 bis zum Toleranzpatent von 1787, dem sogenannten Edikt von Versailles). Sylvie Dietrich geht den *Perspektiven hugenottischer Zuwanderung* in Franken nach, wohin die calvinistischen französischen Glaubensflüchtlinge im Dezember 1685 von den Markgrafen Christian Ernst von Brandenburg-Bayreuth und Johann Friedrich von Brandenburg-Ansbach eingeladen wurden, aber insbesondere in den Kreisen der lutherischen Handwerker alles andere als willkommen waren. Im Gegensatz zu den österreichischen Exulanten, die in Franken rasch integriert wurden, blieben die Hugenotten »sozial, religiös und rechtlich vom übrigen Gemeinwesen abgegrenzt« (S. 115). Ein Drittel bis die Hälfte von ihnen wanderte ab 1686 weiter, u. a. nach Hanau und Hessen-Darmstadt.

Weitere Aufsätze behandeln die Auswanderung deutscher (v. a. bayerischer) Lutheraner nach Nordamerika und die damit verbundene Missionsarbeit. Hermann Vorländer stellt Wilhelm Löhe (1808–1872) vor, der 1837 als Pfarrer nach Neuendettelsau in Mittelfranken (in der Nähe von Nürnberg) berufen wurde, im Rahmen seiner Gemeindetätigkeit vielfältige und folgenreiche Aktivitäten in den Bereichen Mission sowie Diakonie entfaltete und zu einem der Väter der neulutherischen

Erweckungsbewegung und »des weltweiten Luthertums« (S. 129) wurde. 1842 verabschiedete er die ersten beiden von ihm ausgebildeten Amerikamissionare, und 1849 gründete er die »Gesellschaft für Innere (später: und Äußere) Mission« im Sinne der lutherischen Kirche, »die fortan die Neuendettelsauer Missionsarbeit verantwortete« (S. 123). Zu Löhes engstem Mitarbeiter wurde Friedrich Bauer (1812–1874), der 1853/54 in Neuendettelsau ein Missionsseminar errichtete, das sich zur heutigen »Mission EineWelt (Centrum für Partnerschaft, Entwicklung und Mission der Evangelisch-Lutherischen Kirche in Bayern)« entwickelte. Bis zu Bauers Tod wurden etwa 190 Absolventen des Seminars zum Dienst in Nordamerika abgeordnet (bis 1853 in die Missouri-Synode, seit 1854 in die, nach einem Streit, in diesem Jahr gegründete Iowa-Synode), wo sie nicht zuletzt als Pfarrer in den zwischen 1845 und 1850 von Auswanderern im US-Bundesstaat Michigan gegründeten Ortschaften Frankenmuth, Frankentrost, Frankenlust und Frankenhilf wirkten, sich aber auch intensiv der ›Indianermission‹ widmeten. 1854 gründete Löhe die Diakonissenanstalt, aus der »Diakoneo«, eine der größten diakonischen Trägerorganisationen Deutschlands, hervorgegangen ist. Heidi Chapman zeichnet in ihrem Beitrag die Geschichte der heutigen Touristenstadt Frankenmuth (›Michigan's Little Bavaria‹) nach.

Thomas Greif stellt die »Innere Mission« in Bayern vor, die sich in ihren Herbergen seit den 1880er Jahren der Betreuung von Wanderarbeitern und anderen Nichtsesshaften widmete. Der 1886 gegründete »Landesverein für Innere Mission in Bayern«, aus dem die »Rummelsberger Diakonie e. V.« und die »Rummelsberger Anstalten« hervorgegangen sind, sorgte sich um innerhalb Deutschlands Migrierende; der Beitrag behandelt aber auch die Auswanderermission und Auswandererhilfe sowie die Sorge um Flüchtlinge und Vertriebene, um die sich das Evangelische Hilfswerk der Inneren Mission seit dem Juli 1945 kümmerte. Babette Müller-Gräper thematisiert am Beispiel der Arbeiterkolonie (des heutigen Sozialdorfes) Herzogsägmühle bei Peiting in Oberbayern von ihrer Gründung 1894 bis zu ihrer 1935 erfolgten Übergabe an den »Bayerischen Landesverband für Wanderfürsorge« die evangelische Obdachlosenhilfe in Bayern. Botond Kertész widmet sich der Integration der magyarischen Flüchtlinge aus den nach dem Ersten Weltkrieg an die Nachbarstaaten verlorengegangenen Gebieten des ehemaligen Königreichs Ungarn in die lutherische Kirche Ungarns. Er konzentriert sich dabei auf geflohene Pfarrer, Professoren, Lehrer und Akademien. Das Diakoniedorf Rummelsberg diente, wie Willi Haas anschaulich schildert, in der Zeit von 1938 bis 1945 als *Zufluchtsort für Menschen aus ganz Europa*, darunter auch für katholische Südtiroler. Im letzten Text des Themen-Teils stellt Sung Kim unter dem Titel *Migration und Mission. Unterwegs aus gutem Grund* anhand exemplarischer zeitgenössischer Biographien die Aktivitäten der Neuendettelsauer »Mission EineWelt« vor.

Der weniger umfangreiche zweite Hauptteil des Bandes versammelt Kurzbiographien von 27 Personen (18 Männer und neun Frauen), deren Geburtsjahre auf ein halbes Jahrtausend verteilt sind. Jeweils fünf bis sieben mit Biogrammen Gewürdigte sind im 17., 18., 19. und 20. Jahrhundert geboren, drei im 16. Jahrhundert (der slowenische Reformator Primož Trubar, der von 1598 bis 1628 in Oberösterreich wirkende gelehrte Arzt Philipp Persius und die ebenfalls 1628 ins Exil gegangene steirische Adelige Cordula von Pranckh), einer im 15. Jahrhundert (Paul Wiener). Aus österreichischer Perspektive von besonderem Interesse ist die Biographie von Johannes Schrenck, des 1634 auf der Furtmühle in der Pfarre Brand (bei Waldhausen) im Waldviertel geborenen und 1698 auf der Aumühle in Eyb in Franken verstorbenen Begründers einer erfolgreichen Müllerdynastie, dessen handschriftliche Leichenpredigt und dessen Grabstein sich erhalten haben. Das Gebäude der Aumühle steht seit 1990 im »Fränkischen Freilandmuseum«. Als Beispiele oberösterreichischer Transmigranten dienen der 1708 in Kirchberg (heute eine Katastralgemeinde der Gemeinde Kirchberg-Thening) geborene, in Windern bei Schwanenstadt das Fassbinderhandwerk ausübende Johann Roithner sowie der Bauer Johann Niedermaier aus Ohlsdorf bei Gmunden und dessen zweite Ehefrau Sophia Felleiter aus Desselbrunn bei Vöcklabruck. Roithner floh im März 1752 vor der maria-theresianischen Protestantenverfolgung nach Ortenburg und weiter nach Regensburg. Bei einem heimlichen Besuch bei seiner zurückgebliebenen Familie wurde er verhaftet und im September 1752 mit seiner Ehefrau und weiteren 127 Personen Richtung Siebenbürgen deportiert, während die unmündigen Kinder in das Konversionshaus im Stift Kremsmünster verschafft wurden. Über Roithners weiteres Schicksal ist nichts bekannt – möglicherweise wurde er als einer der ›Rädelsführer‹ der Geheimprotestanten in der Gegend um Schwanenstadt zur Zwangsarbeit in Komorn oder einer anderen ungarischen Festung verurteilt.

Der reich illustrierte Band thematisiert ein breites Spektrum freiwilliger und unfreiwilliger Migrationsbewegungen von Einzelpersonen bzw. Personenverbänden lutherischer sowie reformierter Konfession vom 16. bis zum 21. Jahrhundert. Im Zentrum der Darstellung stehen stets die migrierenden Menschen und die Reaktionen in den jeweiligen Aufnahmeländern. Dem zwanglos immer wieder auch Analogien zu Phänomenen gegenwärtiger Migrationsbewegungen ansprechenden Band ist eine weite Verbreitung zu wünschen.

Zur Geschichte der Gesellschaft für die Geschichte des Protestantismus in Österreich

Zum 145. Geburtstag der Gesellschaft für die Geschichte des Protestantismus in Österreich[1]

Von Karl W. Schwarz

I. Zum Selbstverständnis der Gesellschaft

Die Gesellschaft für die Geschichte des Protestantismus in Österreich ist die älteste evangelische territorialgeschichtliche Vereinigung im deutschen Sprachraum. Ihre Aufgabe wurde im ersten Statut in § 2 festgelegt, nämlich »die Erforschung, Sammlung, Erhaltung, Veröffentlichung und Bearbeitung der auf den Protestantismus in Österreich bezüglichen Denkmale, Schriftstücke, Druck- und Bildwerke, Nachrichten u.s.w.« zu leisten.

Diese Zielsetzung ist nach wie vor und ohne Abstriche gegeben. Die Gesellschaft wird – mit Worten Gustav Reingrabners ausgedrückt – ihre Bedeutung für den österreichischen Protestantismus, aber auch für die kirchengeschichtliche Forschung, und zwar über Österreich hinaus, behalten. Es wird ihr gelingen, einen entsprechenden Leserkreis zu gewinnen und das Forschungsinteresse an der Geschichte des Protestantismus im gegenwärtigen, aber auch im vormaligen Österreich zu pflegen.

Die Gesellschaft wird sich wie bisher als Plattform für die unterschiedlichen Zugänge anbieten und fakultäts- und theologiegeschichtliche, territorial- und zeitgeschichtliche, kultur- und diasporawissenschaftliche, rechts-, kunst- und frömmigkeitsgeschichtliche, sozial-, politik-, milieugeschichtliche Perspektiven zusammenführen und im Kontext ihrer theologischen Verankerung analysieren, diskutieren und zur Darstellung bringen. Dafür ist ein finanzieller Rahmen erforderlich, der durch Mitgliedsbeiträge, Spenden und Subventionen aufgebracht wird. Es ist das Ziel dieses Überblicks, Leserinnen und Leser für das *Jahrbuch* und Mitglieder für die Gesellschaft zu gewinnen, um weiterhin die skizzierten Aufgaben erfüllen zu können.

---

[1] Der vorliegende Text wurde von Karl W. Schwarz im Auftrag des Vorstands der Gesellschaft für die Geschichte des Protestantismus in Österreich für die Website der Gesellschaft verfasst (https://gesellschaft-protestantismus.univie.ac.at/ueber-uns/geschichte/ [4.3.2024]). Er versteht sich als Beitrag zum Thema ›Erinnerungskultur‹ und wird deshalb auch in diesem Jahrbuch abgedruckt. Für die Mitarbeit und Unterstützung beim Redigieren des Textes sei den Vorstandsmitgliedern ausdrücklich gedankt.

II. Vorgeschichte

Um die Gründung der Gesellschaft für die Geschichte des Protestantismus im Jahre 1879 richtig würdigen zu können, muss zum einen auf das damals bevorstehende Jubiläum des josephinischen Toleranzpatents (1781) hingewiesen werden, zum anderen aber auf die deutliche katholische Instrumentalisierung der Geschichtsforschung um die Mitte des 19. Jahrhunderts. 1854 war in Wien das »Institut für Österreichische Geschichtsforschung« gegründet worden. Damit verfolgte der Cultus- und Unterrichtsminister Leo Thun-Hohenstein (1811–1888) das Ziel, die Pflege der österreichischen Reichsgeschichte unter prononciert katholischem Vorzeichen zu optimieren und als katholisches Gegenstück der führenden preußischen Geschichtsforschung entgegenzustellen. Es wurde von einem Ordensmann, dem Benediktiner Albert Jäger (1801–1891) geleitet, einem engen Mitarbeiter des Ministers. Die Universität Wien als katholische Stiftung machte es sich zur Aufgabe, den katholischen Standpunkt zu vertreten, die Interessen der römisch-katholischen Kirche zu fördern und Angriffe gegen dieselbe auch abzuwehren, mit Nachdruck etwa aus den Fächern Philosophie und Geschichte, da hier gegebenenfalls ›feindselige Richtungen‹ zu registrieren wären. Damit war nicht ausdrücklich, aber doch auch der Protestantismus mitgemeint, obwohl er seit dem Märzpatent 1849 als formal gleichberechtigt galt und den Status einer öffentlich-rechtlichen Korporation einnahm.

1855 wurde das Konkordat mit dem Hl. Stuhl abgeschlossen, das den Höhepunkt der Ära Thun und den kulturpolitischen Sieg des Katholizismus auf allen Ebenen markierte. Es wurde von Franz Grillparzer (1791–1872) mit spöttischen Epigrammen kommentiert: »Verkehrt ihr mit Moder und Schimmel / mit Konkordat und Glaubensgericht / Gewinnt ihr die erste Stelle im Himmel / aber in Deutschland nicht.« Das Konkordat geriet zum Streitobjekt und wurde von den in den Hintergrund gedrängten Liberalen heftig bekämpft. Die militärischen Niederlagen Österreichs in Oberitalien 1859 brachten die Wende und die Rückkehr des Liberalismus als wirksame politische Kraft in den 60er Jahren des 19. Jahrhunderts. Thun musste 1860 zurücktreten, seine Vision vom österreichischen Gesamtstaat war endgültig gescheitert – nicht zuletzt an seiner politischen Fehleinschätzung des magyarischen Protestantismus.

In der nun folgenden liberalen Epoche erhielt das »Institut für österreichische Geschichtsforschung« mit dem deutschen Pfarrersohn Theodor Sickel (1826–1908) 1869 sogar einen evangelischen Direktor. Den politischen Höhepunkt dieser Ära bildete das Staatsgrundgesetz von 1867, die Verfassung der konstitutionellen Monarchie mit ihren religionsrechtlichen Folgegesetzen, die als Maigesetze 1868 in die Geschichte eingegangen sind, schließlich auch das Reichsvolksschulgesetz 1869 und nicht zuletzt die Kündigung des Konkordates 1870.

III. Die Gründung

Damit sind wir nahe an die Gründung der Gesellschaft für die Geschichte des Protestantismus in Österreich herangekommen. Sie erfolgte mit Wirkung vom 9. August 1879. Dieses Datum steht auf dem Bescheid des k.k. Ministeriums des Inneren, mit dem die eingereichten Statuten genehmigt wurden. Die Männer der ersten Stunde waren der aus der Toleranzgemeinde Rutzenmoos in Oberösterreich stammende Pfarrer von Brünn/Brno Gustav Trautenberger (1836–1902), der reformierte Oberkirchenrat Charles Alphonse Witz-Oberlin (1845–1918) und der in Teschen/Těšín/Cieszyn wirkende schlesische Senior und Reichsratsabgeordnete Theodor Carl Haase (1834–1909).

Von Trautenberger stammte der erste Impuls. In seiner Zeitschrift *Halte, was du hast!* hatte er schon 1875 den nachfolgenden Gedanken formuliert (1875/7, S. 87):

»Die ev. Kirche Österreichs wird in sechs Jahren die erste Säcularfeier ihrer staatlichen Existenz begehen. Wir zweifeln keinen Augenblick, dass sie sich zu dieser Feier würdig vorbereiten werde. Wir haben diesbezüglich gar Manches auf dem Herzen. Für heute nur die Frage: Sollten nicht auch wir, wie unsere Glaubensbrüder in Frankreich und die Israeliten in Österreich, einen historischen Verein in unserer Mitte aufrichten? – Man sage, was man wolle: die Geschichte ist und bleibt die Lehrmeisterin der ganzen Menschheit, wie einzelner Menschheitsgruppen. Wären sie mit ihren Lehren uns stets gegenwärtig gewesen, so wäre gar mancher Missgriff im protestantischen Lager Österreichs vermieden worden und manche Niederlage uns erspart geblieben.«

Er nahm Bezug auf die Gründung der »Société de l'histoire du protestantisme français« in Paris, die auf der Pariser Weltausstellung 1878 die goldene Medaille und auf der Wiener Weltausstellung 1873 die Fortschritts-Medaille erhielt. Hinzu gesellte sich in Wien die »Alliance israélite« mit ihrem Forschungsinteresse, dem die Protestanten nicht nachstehen wollten – schon gar nicht mit ihrer Neigung zur ›Moderne‹, um sich vom Antimodernismus der Katholiken abzugrenzen. Eine ›Fortschrittsmedaille‹ wäre da genau das Richtige gewesen.

Der aus dem Elsass stammende reformierte Oberkirchenrat Witz-Oberlin sekundierte seinem lutherischen Amtsbruder und forderte die Mitglieder der evangelischen Kirche, deren Geistliche und Freunde auf, ihre Zustimmung zur sofortigen Gründung eines historischen Vereins zu bekunden. Das Interesse war enorm. Das Anliegen, die Geschichte des Protestantismus seit dem Beginn der Wittenberger Reformationsbewegung bis zur – damaligen – Gegenwart zu erforschen und darzustellen, verband sich mit der Suche der Minderheitskirche nach einer eigenen Identität im katholischen Habsburgerreich.

Gustav Reingrabner hat das sehr treffend beschrieben: »Die Identitätsfindung des nach wie vor um seine innere Positionierung ringenden österreichischen

Protestantismus war ein unausgesprochener, aber deutlich sichtbarer Zug der Forschung und publizistischen Tätigkeit.«[2]

IV. Der Gründungsvorstand und Sitz der Gesellschaft

Der Gründungsvorstand bestand, neben den erwähnten drei Herren Witz-Oberlin, Haase als Vizepräsidenten und Trautenberger als Sekretär, aus dem zum Präsidenten gewählten Professor für Kirchengeschichte Karl Ritter von Otto (1816–1897), dem Reichsratsabgeordneten Ernst Bareuther (1838–1905) als Kassier und dem Mödlinger Pfarrer Johann W. Heck (1843–1892) als Archivar. Theodor Sickel hatte seine Beteiligung als Herausgeber des *Jahrbuchs* zurückgewiesen. Als Beiräte wurden gewählt: der Superintendent der Wiener Diözese und Pfarrer in Treßdorf (Kärnten) und zeitweise auch Reichsratsabgeordneter Carl Bauer (1834–1895), der Direktor des k.k. Staatsgymnasiums Prag-Kleinseite Gottlieb Biermann (1824–1901), der Direktor des k.k. Franz-Josef-Gymnasiums in Wien Carl Burkhard (1824–1893), der Kurator der Prager evangelischen Gemeinde Werner Friedrich Freiherr von Riese-Stallburg (1815–1887), der aus Siebenbürgen stammende k.k. Oberkirchenrat Eugen von Trauschenfels (1833–1903) und der Reichsratsabgeordnete und Superintendentialkurator in Asch/Aš Carl Moritz Graf von Zedtwitz (1830–1915).

Der Vorstand wurde hier in seiner topographischen Weite aufgelistet, weil er doch die Evangelische Kirche A. u. H.B. im alten Österreich zu repräsentieren vorgab. Mit vier aktiven Reichsratsabgeordneten war zugleich ein deutliches Signal für die politische Präsenz des auflebenden Protestantismus gegeben. Freilich fehlten vorerst tschechische Forscher, die erst 1882 mit Daniel Molnár (1819–1889), dem Superintendenten in Prag/Praha, und 1899 mit Gustav Adolf Skalský (1857–1926), dem Praktologen an der Wiener Fakultät, in den Vorstand berufen wurden. Letzterer trug sehr viel zur Erforschung der österreichischen Territorialkirchengeschichte bei und leistete wertvolle Rezensionsarbeit der tschechischen Literatur. Immerhin verdient Beachtung, dass das *Jahrbuch* von Pfarrer Josef Dobiáš (1831–1908) zum Vorbild für die Gründung der Zeitschrift *Časopis Historický* genommen wurde, die sich ausschließlich kirchengeschichtlichen Themen widmete. Zur slawischen Nation ist auch der slowakische Kirchenhistoriker Ján Kvačala (1862–1934) zu zählen, der mit seiner Wiener theologischen Dissertation (1892) die moderne Comeniusforschung begründete. Als Professor an der Universität in Dorpat/Tartu/Jurjew beteiligte er sich an der Arbeit der Gesellschaft und wurde 1905 zu deren Ehrenmitglied ernannt. Den polnischen Zweig des schlesischen Protestantismus vertrat der poloniophile Senior und spätere mit den Stimmen der polnischen Gemeinden

---

[2] Gustav Reingrabner, Gesellschaft für die Geschichte des Protestantismus in Österreich, in: Territorialkirchengeschichte. Handbuch für Landeskirchen- und Diözesangeschichte, hg. von Dietrich Blaufuss/Thomas Scharf-Wrede (Neustadt a. d. Aisch 2005) 196.

gewählte Superintendent in Teschen, Haase, der auch einige einschlägige Beiträge im *Jahrbuch* publizierte.

Als Sitz der Gesellschaft fungierte das reformierte Pfarramt in der Wiener Dorotheergasse 16; dem dort amtierenden Pfarrer Witz-Oberlin oblag zwischen 1889 und 1918 auch die Präsidentschaft. Er war dem zum Ehrenpräsidenten gewählten Otto nachgefolgt.

V. Das erste Jahrbuch 1880

Der erste wissenschaftliche Beitrag in dem 1880 erschienenen ersten Jahrgang des *Jahrbuchs* stammte vom Präsidenten Otto, der sich den Anfängen der Reformation im Erzherzogtum Österreich (1522–1564) widmete; den zweiten Beitrag lieferte der langjährige Pfarrer in Laibach/Ljubljana Theodor Elze (1823–1900), der die Anfänge des Protestantismus in Krain darstellte. Wenn wir diesen noch die weiteren von Trautenberger über Olmütz und Böhmen zur Zeit der Schlacht auf dem Weißen Berg sowie die mährische Wallachei, von Haase über Bielitz, von Pfarrer Friedrich Koch (1838–1929) über Oberösterreich, von Bernhard Czerwenka (1825–1886) über die Steiermark hinzufügen, ergibt dies ein buntes Kaleidoskop zur altösterreichischen Geschichte. Das besondere Engagement Trautenbergers führte dazu, dass er als Kandidat für die Nachfolge Ottos am Lehrstuhl für Kirchengeschichte vorgesehen wurde. Doch regte sich dagegen Einspruch seitens der reformierten Kirche, sodass der junge Berliner Dozent Georg Loesche (1855–1932) zum Zuge kam. Dieser hatte im Unterschied zu Trautenberger noch sehr wenig publiziert, aber mit der Arbeit über Johannes Mathesius (1504–1565) bereits begonnen, jenem Lutherschüler und Reformator in Westböhmen, der für Loesche ein »Brückenbauer zwischen Deutschland und Österreich« gewesen ist. Als erster Biograph des Reformators und als zeitweiliger Protokollant von Luthers Tischreden war Mathesius in Loesches Blickfeld geraten. Ihm widmete Loesche seine Antrittsvorlesung am 12. Oktober 1887; Mathesius wurde sein Arbeitsfeld, noch ehe er selbst zum wichtigsten Historiographen des österreichischen Protestantismus aufstieg – mit seiner Gesamtdarstellung in drei wachsenden Auflagen (1902, ²1923, ³1930), die als maßgebliche Publikation über viele Jahre den wissenschaftlichen Diskurs bestimmte. 1888 war er in den Vorstand aufgenommen und ihm auch die Herausgabe des *Jahrbuchs* überantwortet worden, 1905 wurde er zum Vizepräsidenten gewählt.

VI. Rückblick nach einem Vierteljahrhundert (1904)

Im Jubiläumsband 1904 (S. 4) resümierte Witz-Oberlin in seinem »Rückblick« über das Vierteljahrhundert seiner Tätigkeit und der Arbeit der Gesellschaft voll froher Genugtuung:

»Unsere Gesellschaft hat im Dienste der Wissenschaft einen doppelten Zweck verfolgt: sie hat das Interesse für das Glaubensleben der Vergangenheit zur Kräftigung der Heimatliebe geweckt und die Heimatliebe verklärt durch eine sorgsamere, pflichtgemäßere Pflege des väterlichen Erbes. Und in diesem ebenso patriotischen als evangelischen Sinne gedenkt sie weiter zu arbeiten, unentwegt und unverdrossen.«

Seinen Patriotismus, gepaart mit einer ausgesprochen hofburgaffinen Einstellung, brachte er in immer wiederkehrenden Würdigungen des Kaiserhauses und seines Regenten – nicht zuletzt auch im *Jahrbuch* – zum Ausdruck.

Zu Loesche ist nachzutragen, dass er 1921 nicht nur zum Präsidenten der Gesellschaft gewählt, sondern auch als korrespondierendes Mitglied in die kaiserliche Akademie der Wissenschaften berufen wurde, was seinen erfolgreichen Werdegang zweifellos krönte. Das *Jahrbuch* füllte er mit seinen Beiträgen, die bisweilen das Maß von Monographien (1911, 1915, 1920, 1921/1922, 1923, 1929) erreichten und den wissenschaftlichen Ruf dieses Organs bestimmten. Er legte ein umfangreiches Programm für die Erforschung der hiesigen Protestantengeschichte vor – mit Quelleneditionen und Darstellungen. Gemeinsam mit seinem Nachfolger Karl Völker (1886–1937) und mit Gustav Adolf Skalský verfolgte er bis 1929 das einschlägige (auch tschechische und polnische) Schrifttum und erschloss es durch eingehende Rezensionen dem Leserkreis des *Jahrbuchs*. 1905 wurde der katholische Grazer Historiker Johann Loserth (1846–1936) mit der Ehrenmitgliedschaft ausgezeichnet und damit dessen unermüdlicher Einsatz für die Erforschung der innerösterreichischen Reformationsgeschichte gewürdigt.

VII. Wechsel am Lehrstuhl für Kirchengeschichte und im Präsidium der Gesellschaft

Zu Loesches Nachfolger am Wiener Lehrstuhl wurde aber nicht sein Schüler Völker berufen, der gezwungen war, auf den Lehrstuhl für Praktische Theologie auszuweichen, sondern Johannes von Walter (1876–1940); dieser trat 1921 in den Vorstand der Gesellschaft ein und gehörte diesem auch nach seinem Wechsel an die Universität Rostock bis 1929 an. Neben Loesche, der von 1891 bis 1929 das *Jahrbuch* herausgab, gehörten zeitweise Trauschenfels und seit 1909 Skalský zum Präsidium. 1905 wurden neben Loserth der Stuttgarter Pfarrer Gustav Bossert (1841–1925), Johannes Scheuffler (1837–1917), Pastor in der Umgebung von Dresden, und der schon erwähnte Kvačala zu Ehrenmitgliedern ernannt; 1927, kurz vor seinem Ableben, erhielt auch der Wiener Pfarrer und ao. Oberkirchenrat Paul von Zimmermann (1843–1927) diese Ehrung. 1921 wechselte der oberösterreichische Superintendent J. Friedrich Koch (1838–1929) als Vizepräsident ins Präsidium.

Mit dem *Jahrbuch* 1930 kam es auch zu einem Wechsel im Vorstand. Völker übernahm die Leitung, der Brünner Senior Ferdinand Schenner (1875–1940) und der vormalige Präsident des Oberkirchenrates Wolfgang Haase (1870–1939), der

Sohn des Gründers, traten ebenfalls in den Vorstand ein. 1935 verstarb im 90. Lebensjahr der seit 1909 mit der Funktion des Schatzmeisters betraute Markus Stein (1845–1935), der den Leipziger Verlag Julius Klinckhardt mit dem Wiener Verlag Manz fusioniert und dem von ihm verlegerisch betreuten *Jahrbuch* gerade auch als Vorsitzender des »Vereins österreichisch-ungarischer Buchhändler« den Weg in den Buchhandel geöffnet hatte. In der Ära des katholischen ›Ständestaates‹ beklagte die Gesellschaft verunglimpfende Darstellungen der Reformation, insbesondere in dem *Goldene[n] Buch der Vaterländischen Geschichte für Volk und Jugend Österreichs*, ein ›Kultbuch‹ das die Reformation ausschließlich als fatalen Irrtum abkanzelte und die »Gegenreformation« als historischen Bezugspunkt für die unmittelbare Gegenwart des »Kruckenkreuz-Österreich« zu preisen wusste. Dem wurde von evangelischer Seite die 1936 in Zürich erschienene ›Beschwerdeschrift‹ *Die Gegenreformation in Neu-Oesterreich* entgegengesetzt.

Der allzu frühe Tod Völkers 1937 erzwang einen Wechsel im Vorstand: Das seit 1934 amtierende Vorstandsmitglied Josef Kallbrunner (1881–1951), Direktor des Hofkammerarchivs, übernahm die Präsidentschaft, während die Herausgabe des *Jahrbuchs* Völkers Schüler Paul Dedic (1890–1950) übertragen wurde. Dessen Berufung an die Fakultät war freilich 1937/38 wiederholt gescheitert. In einem Projekt, das den Ausbau der Fakultät vorsah, hätte Dedic eine Professur für die Kirchengeschichte des Donau- und Karpatenraumes wahrnehmen sollen – dies scheiterte aber am Nein der Münchener NS-Parteikanzlei. So war Dedic gezwungen, von Graz aus und im Schul- bzw. im Archivdienst seinen Forschungen nachzugehen. Dabei spielten die Reformationsgeschichte Innerösterreichs, die Geschichte des Geheimprotestantismus sowie die Exulantenforschung eine große Rolle. In der Nachfolge Loserths nahm er sich auch der Geschichte der Täuferbewegung an und sammelte entsprechende Dokumente. Ins Präsidium traten weiter der zum Ordinarius berufene Berliner Dozent Hans Georg Opitz (1905–1941), der freilich bald zum Kriegsdienst eingezogen wurde und an der Ostfront fiel, und bis 1945 Gustav Entz (1884–1957), der Praktologe der Wiener Fakultät, ein. Das Schatzmeisteramt blieb in der Familie Stein, denn des verstorbenen Schatzmeisters Sohn Robert Stein (1899–1970) übernahm die Geschäfte. In den Beirat traten die Superintendenten Theophil Beyer (1875–1952), Johannes Heinzelmann (1873–1946), Jakob Ernst Koch IV. (1865–1947), der Präsident der Deutschen Evangelischen Kirche in Böhmen, Mähren und Schlesien Erich Wehrenfennig (1872–1968), der Grazer Archivdirektor Max Doblinger (1873–1965) und der Senior in Graz Karl Eckhardt (1857–1946) ein.

In den *Jahrbüchern* 1938 und 1939 finden sich begeisterte Vorworte des Vorstands über die Heimkehr Österreichs ins »Mutterland der Reformation« und damit die Erfüllung der großdeutschen Sehnsucht. Darin wird auch die Verpflichtung der Gesellschaft angesprochen, ihren Teil »in den Dienst unseres Volkes« zu stellen und die »hohen Werte völkischer und religiöser Begeisterung« zu vermitteln. So haben die Phrasen der anbrechenden neuen Zeit auch im *Jahrbuch* ihre Spuren hinterlassen. Ausdrücklich wurde 1939 auch das Interesse an der Geschichte der

Evangelischen in den sudeten- und karpatendeutschen Landschaften zum Ausdruck gebracht und als Aufgabe in Erinnerung gerufen.

VIII. Neuanfang nach 1945 – die Ära Kühnert

Nach dem Zweiten Weltkrieg begann die Arbeit der Gesellschaft mit großer Verzögerung. Das erste *Jahrbuch* erschien erst 1951, auch gekennzeichnet als Festschrift für den reformierten Systematiker Josef Bohatec (1876–1954) zum 75. Geburtstag. Darin wurden die »bahnbrechenden Leistungen des großen Gelehrten« gewürdigt, »die der ganzen wissenschaftlichen Welt gehören [und die] nicht nur auf dem Boden Österreichs emporgereift sind, sondern selbst ein bedeutsames Stück Gegenwartsgeschichte des österreichischen Protestantismus darstellen« (Vorwort, S. 3). Vielleicht signalisiert dies eine gewachsene theologische Profilierung der Kirchengeschichte, die sich dadurch von einer bloß territorialgeschichtlich orientierten Deutung eines konfessionellen Segments der österreichischen Gesellschaft unterscheidet. Die Kirchengeschichte stellt auch einen Brückenschlag zur Fakultäts- und zur Theologiegeschichte dar.

Das *Jahrbuch* wurde nunmehr vom Ordinarius für Kirchengeschichte Wilhelm Kühnert (1900–1980) herausgegeben, der gemeinsam mit Josef Karl Mayr (1885–1960), dem ehemaligen Direktor des Haus-, Hof- und Staatsarchivs, der 1946 aus politischen Gründen in den Ruhestand versetzt worden war, seit 1951 das Präsidium der Gesellschaft innehatte und 1955 das 75-Jahr-Jubiläum der Gesellschaft zelebrierte. Über dreißig Jahre leitete er die Arbeit der Gesellschaft, prägte den Ruf des *Jahrbuchs*, stets darauf bedacht, die Waage zwischen wissenschaftlicher Exzellenz und gemeindenaher Aufarbeitung lokaler und regionaler Kirchengeschichte zu halten, dabei aber nicht in eine populäre Chronistik abzugleiten. Die Kontakte zu den historischen Vereinen in den Bundesländern wurden aufgenommen und deren Publikationsorgane im *Jahrbuch* vorgestellt und darin vorkommende ›Protestantica‹ rezensiert.

Das Schatzmeisteramt übernahm bis 1979 der Wiener Superintendent Georg Traar (1899–1980), das des Schriftführers bis 1966 der nach Saarbrücken bzw. Tübingen berufene Wiener Mediävist und Theologe Harald Zimmermann (1926–2020).

Seit 1951 hat sich die Historikerin und Theologin Grete Mecenseffy (1898–1986) in die Annalen des *Jahrbuchs* eingetragen. Nachdem sie mit Arbeiten zur oberösterreichischen Reformationsgeschichte promoviert (1951) und habilitiert (1952) wurde, die sie zum Teil im *Jahrbuch* publizieren konnte, rückte sie mit ihrer Gesamtdarstellung der Geschichte des Protestantismus in Österreich (1956), dem maßgeblichen Nachschlagewerk über viele Jahre, in den Vordergrund. Sie folgte 1961 dem verstorbenen Vizepräsidenten Mayr in dessen Funktion und bekleidete diese bis 1981. In der Nachfolge von Loserth und Dedic widmete sie sich der Täuferforschung und krönte diese Arbeit durch die Herausgabe dreier Quellenbände (1964, 1972, 1983). 1983 wurde ihr, wie schon zuvor 1979 Kühnert, Bischof

Oskar Sakrausky (1914–2006) – der sich eindringlich um die Berücksichtigung der Frömmigkeitsgeschichte bemühte – und Georg Traar, die Ehrenmitgliedschaft verliehen. Die Hundertjahrfeier der Gesellschaft 1979/80 markierte einen Wendepunkt. Seit 1978 öffnete sich die Gesellschaft zunehmend den Themen der zeitnahen Kirchengeschichte des 20. Jahrhunderts, zu ersehen an dem von Reingrabner und dem Berichterstatter herausgegebenen Quellenband 1988/89. Zuvor waren zeitgeschichtliche Fragestellungen weitestgehend ausgeklammert worden; in kirchengeschichtlichen Gesamtdarstellungen, die im Kontext der Gesellschaft entstanden, standen die kurzen Bemerkungen zur NS-Zeit durchwegs in einem aussagekräftigen Spannungsverhältnis zum anhaltenden Lamento über Gegenreformation und ›Ständestaat‹.

IX. DIE ÄRA BARTON AB 1979

1979 begann die Ära Barton. Peter F. Barton (1935–2014) veröffentlichte 1961 eine erste Studie zur österreichischen Reformationsgeschichte im *Jahrbuch*. Ihr folgte nebst zahlreichen Rezensionen 1963 ein Register sämtlicher Beiträge im *Jahrbuch* zwischen 1880 und 1961, das er gemeinsam mit dem Direktor des Presseverbandes Karl Spitzer (1917–1972) herausgab. Dem Register folgte 1973/74 eine zweite Auflage, schließlich 1999 eine fast 900 Seiten umfassende *Bibliographie zur Geschichte [...] des Protestantismus in Österreich und der ehemaligen Donaumonarchie* als Sonderband des *Jahrbuchs* – ein unverzichtbares Hilfsmittel, das dringend einer Fortsetzung bedarf. Außerdem verfasste er 1987 einen Überblick über die Geschichte der Evangelischen in Österreich unter dem Titel *Evangelisch in Österreich*. Durch seine Leitung des von der EKD finanzierten »Instituts für protestantische Kirchengeschichte Wien« – mit einer bemerkenswerten Reihe *Studien und Texte zur Kirchengeschichte und Geschichte* – kam es zu vielfältigen Kooperationen mit der Gesellschaft, aber auch mit einschlägigen Forschungspartnern in den Nachfolgestaaten der Donaumonarchie. Hervorgehoben seien hier die »Johannes-Mathesius-Gesellschaft« mit ihrem Ziel, »Erbe und Auftrag der Reformation in den böhmischen Ländern« zu untersuchen, der »Arbeitskreis für Siebenbürgische Landeskunde« auf Schloss Horneck in Württemberg und die kirchengeschichtliche »Primož-Trubar-Gesellschaft« in Laibach/Ljubljana mit ihrem *Jahrbuch Stati inu obstati* – »Stehen und Bestehen/Widerstehen«, das Leitmotiv des slowenischen Reformators Primož Trubar (1508–1586).

Weitete sich das Themenspektrum der Gesellschaft merklich aus (erwähnt seien nur die beiden von Barton herausgegebenen Festschriften zum Toleranzpatentjubiläum 1981), so trat mit den Landesausstellungen seit 1980 (Goldegg) die museale Seite in den Vordergrund und mündete in die Gründung eines eigenen Museumsvereins und der Suche nach einer gesamtösterreichischen Einrichtung. Auch wenn die Gesellschaft nicht explizit genannt wurde, so war sie durch einzelne Mitglieder beratend und gestaltend beteiligt. Die verstärkte Kooperation mit dem seit 1960 in Fresach (Kärnten) angesiedelten Diözesanmuseum und den neu gegründeten Museen in Rutzenmoos (Oberösterreich), vorübergehend Stoob (Burgenland) und Murau, jetzt Bad Radkersburg (Steiermark), vermittelte der Gesellschaft eine weitere Dimension ihrer Tätigkeit.

An den zahlreichen Festschriften der Toleranzgemeinden nach 1981, die im *Jahrbuch* rezensiert wurden, waren ebenso einzelne Mitglieder des Vorstands beteiligt.

Dem Vorstand gehörten seit 1959 Spitzer, seit 1961 Sakrausky, seit 1970 die ›Fernsehpfarrerin‹ Stephanie (Nadherny-)Prochaska (1915–1988), der burgenländische Pfarrer, später Superintendent Reingrabner (*1936), der zwischen 1986 und 1996 die Funktion eines Vizepräsidenten bekleidete, weiter der Innsbrucker Pfarrer Wolfgang Liebenwein (1911–1982), der Siebenbürger Otto Folberth (1896–1991) und seit 1972 der zuletzt in Wien lebende Pfarrer und Archivar Bernhard Hans Zimmermann (1904–1993) an. Mit 1976 datiert eine weitere Umgestaltung des Vorstands: Der Salzburger Pfarrer Gerhard Florey (1897–1996), der in Oberwart wirkende Landessuperintendent Imre Gyenge (1925–1996), der zwischen 1983 und 1986 als Vizepräsident fungierte, der Innsbrucker Pfarrer Bernd Hof (*1942) und die beiden Assistenten an der Wiener Fakultät Ernst Hofhansl (1945–2021) und Karl Schwarz (*1952) wurden in den Vorstand berufen. 1981 folgte der Kirchenhistoriker Ulrich Gäbler (*1940), dessen bemerkenswerter wissenschaftlicher Werdegang über Zürich und Amsterdam nach Basel führte, aber mit einer Rezension in unserem *Jahrbuch* 1966 seinen Anfang nahm. Der Pressepfarrer, später Superintendent in St. Pölten Paul Weiland (1949–2015) nahm die Aufgaben des Verlegers wahr, denn das *Jahrbuch* war nach 1945 zum Evangelischen Presseverband gewechselt. Hinzu traten der Jurist Kurt Uhlik (1922–1987) und der Siedlungshistoriker Hans Krawarik (*1944), der zwischen 1981 und 1996 für das Protokoll der Vorstandssitzungen und Generalversammlungen verantwortlich war. 1983 wurden Florey und Mecenseffy, 1986 Gyenge und Harald Zimmermann, 1993 Bernhard Hans Zimmermann und 1996 Barton zu Ehrenmitgliedern erwählt. Von 1990 bis 2000 gehörten auch der Leiter der Evangelischen Akademie Wien Ulrich Trinks (1930–2008), von 1990 bis 1996 Bischof Dieter Knall (1930–2019) und von 1986 bis 2012 der aus der Zips gebürtige Salzburger Osteuropa-Historiker Friedrich Gottas (1940–2020) dem Vorstand an; Knall wurde 1996, Gottas 2012 zum Ehrenmitglied ernannt.

X. Die Ära Reingrabner 1996–2005

1996 begann die Ära Reingrabner, der seit 1963 kontinuierlich an der Arbeit der Gesellschaft beteiligt war und mit seiner Gesamtdarstellung zur Geschichte des Protestantismus in Österreich 1981 ein Standardwerk veröffentlicht hatte. An seine Seite als Vizepräsident trat der Kirchenhistoriker der Fakultät Rudolf Leeb (*1958), der schon seit 1993 dem Vorstand angehörte. Er hat 2003 im Rahmen der von Herwig Wolfram herausgegebenen *Österreichischen Geschichte* den Maßstab setzenden Beitrag über die Reformation und Gegenreformation in Österreich veröffentlicht.

Den Vorstand ergänzten weiter der Archivar Ernst Dieter Petritsch (*1951), die Pfarrerin Ingrid Vogel (*1952), als auswärtiges Vorstandsmitglied der in Heidelberg wirkende Philosoph Heimo Hofmeister (*1940), die Pfarrer Herbert Rampler (*1957) und Marco Uschmann (*1966), Militärsuperintendent und seit 2016 Privatdozent an der Fakultät Karl-Reinhart Trauner (*1966), Günter Merz (*1958), ehemaliger wissenschaftlicher Leiter des Evangelischen Museums in Rutzenmoos, und Bernd Zimmermann (*1947), Generalsekretär des »Instituts für Österreichkunde«. Gekennzeichnet ist diese Periode einerseits durch die verstärkte Berücksichtigung der Kirchengemeinden, deren Festschriften im *Jahrbuch* besprochen wurden, andererseits durch die Beziehung zur römisch-katholischen Kirchengeschichtsforschung, mit der es neben der »Österreichischen Subkommission der Internationalen Kommission für vergleichende Kirchengeschichte« zu gemeinsamen Vorlesungen im Rahmen universitätsgeschichtlicher Lehrveranstaltungen kam. Das von Barton geleitete »Wiener Institut«, das vergeblich den Versuch unternahm, an die Evangelisch-Theologische Fakultät angegliedert zu werden, wurde bereits unter dessen Nachfolger Karl Schwarz im Jahr 2000 an die Comenius-Universität in Pressburg/Bratislava übersiedelt, um von dort – in enger Kooperation mit dem von Rektor Peter Kónya (*1966) geleiteten Exzellenzzentrum für sozial- und kulturgeschichtliche Forschung an der Universität Prešov mit der dort herausgegebenen Zeitschrift *Historia Ecclesiastica* seinem spezifischen Forschungsauftrag nachzukommen.

XI. Die Ära Leeb 2005–2020

Mit dem *Jahrbuch* 2005 traten Leeb als Präsident und Schwarz als Vizepräsident ihr Amt an; es war Bischof Knall zum 75. Geburtstag und Professor Barton zum 70. Geburtstag als Festgabe gewidmet. Mit dem *Jahrbuch* 2007 wurde die bewährte Zusammenarbeit mit dem Evangelischen Presseverband beendet, und es erfolgte der Wechsel zur Evangelischen Verlagsanstalt in Leipzig. Hintergedanke dieses Wechsels war die erhoffte verstärkte Wahrnehmung in Deutschland und im internationalen Fachdiskurs. Zudem wurden bei den *Jahrbüchern* thematische Schwerpunktsetzungen vorgenommen, die es ermöglichten, Forschungslücken gezielt aufzugreifen und zu schließen. Auffallend in dieser Ära ist das zunehmende Interesse der Profangeschichte am Protestantismus in Österreich, zu ersehen an zahlreichen interdisziplinären Lehrveranstaltungen mit dem »Institut für Geschichte« und dem »Institut für Österreichische Geschichtsforschung« der Universität Wien.

2008 trat der Kirchenhistoriker Wolfgang Wischmeyer (*1944) in den Vorstand ein, ihm folgten 2014 der Fresacher Museumskustos Alexander Hanisch-Wolfram (heute Alexander Bach) (*1977) und Pfarrer Dietmar Weikl-Eschner (*1978), 2015 die Kirchenhistorikerin Astrid Schweighofer (*1979), 2018 Pfarrerin Angelika Petritsch (1982–2019), der Kirchenhistoriker Leonhard Jungwirth (*1989) und der Kirchenhistoriker Frank Hinkelmann (*1967). Der Rücktritt des Präsidenten Leeb und der Tod des langjährigen Kasslers Ernst Hofhansl (2021) sowie von Angelika

Petritsch (2019) stürzten die Gesellschaft und ihren Vorstand in eine vorübergehende personelle Bedrängnis: Das als Vizepräsident zurückgetretene Vorstandsmitglied Schwarz übernahm die Geschäftsführung und gab die beiden Jahrbücher 2020 – als Festgabe für Ernst Hofhansl zum 75. Geburtstag – und 2021 heraus.

XII. Veränderungen im Vorstand 2022

Das *Jahrbuch* 2022, das seit diesem Jahr von wechselnden Redaktionsteams herausgegeben wird, zeigt die Veränderungen im Vorstand folgendermaßen an: Als Präsidentin fungiert die seit 2023 habilitierte Kirchenhistorikerin Astrid Schweighofer, als Vizepräsident Bischof i.R. und Honorarprofessor Michael Bünker (*1954), als Schriftführerin Ingrid Vogel, als Kassier der Archivar der Evangelischen Kirche in Österreich Johannes Leitner (*1982) sowie als weitere Vorstandsmitglieder Pfarrer Andreas Paul Binder (*1993), die Historikerin Martina Fuchs (*1966), die gemeinsam mit Schweighofer das *Jahrbuch* 2016/2017 *Reformationszeit und Protestantismus im österreichischen Gedächtnis* herausgab, weiter Pfarrerin Rahel Christine Hahn (*1975), die Patristikerin Uta Heil (*1966), Hinkelmann, Jungwirth, der Fachinspektor für den Religionsunterricht Siegfried Kröpfel (*1983), Merz und Trauner. Zum Ehrenmitglied wurde Karl W. Schwarz gewählt.

Zuletzt erschien im Jahr 2023 als Sonderband des *Jahrbuchs* eine Festschrift zum 65. Geburtstag von Rudolf Leeb, herausgegeben von Jungwirth und Schweighofer.

Der Gesellschaft wünsche ich zu ihrem Jubiläum im Jahr 2024 Erfolg, zustimmendes Echo und reichen Segen.

Literatur

Peter F. Barton, Vom Kaisertum Österreich zur Massendemokratie der Republik Österreich. Hundert Jahre »Gesellschaft für die Geschichte des Protestantismus in Österreich«. *JGPrÖ* 96 (1980) 11–52.

Wilhelm Kühnert, Zur Sinndeutung der Geschichte unserer Heimatkirche. *JGPrÖ* 71 (1955) 3–9.

Rudolf Leeb, Zum wissenschaftlichen Profil der an der Fakultät lehrenden Kirchenhistoriker und zur österreichischen evangelischen Protestantengeschichtsschreibung, in: Zeitenwechsel und Beständigkeit. Beiträge zur Geschichte der Evangelisch-Theologischen Fakultät in Wien 1821–1996, hg. von Karl Schwarz/Falk Wagner (Wien 1997) 13–48.

Gustav Reingrabner, Gesellschaft für die Geschichte des Protestantismus in Österreich, in: Handbuch Deutsche Landesgeschichte, hg. von Dietrich Blaufuss (Neustadt a. d. Aisch 1999) 247–257. – Veränderter Nachdruck in: *JGPrÖ* 120 (2004) 17–30, und in: *Standpunkt. Zeitschrift des Evangelischen Bundes in Österreich* 174 (2004) 3–41, sowie in: Dietrich Blaufuss/Thomas Scharf-Wrede (Hg.),

Territorialkirchengeschichte. Handbuch für Landeskirchen- und Diözesangeschichte (Neustadt a. d. Aisch 2005) 195–204.

Karl SCHWARZ, 125 Jahre »Gesellschaft für die Geschichte des Protestantismus in Österreich« im Spiegel ihres Vorstands (1879–2004). *JGPrÖ* 120 (2004) 33–46.

Karl-Reinhart TRAUNER, Verzeichnis sämtlicher Beiträge in den Jahrbüchern für die Geschichte des Protestantismus in Österreich 1880–2023 (Szentendre 2023).

Abkürzungen

Die Abkürzungen in den Literaturangaben folgen Siegfried M. Schwertner, IATG³ – Internationales Abkürzungsverzeichnis für Theologie und Grenzgebiete (Boston/Berlin 2014).

Mitarbeiter:innenverzeichnis

Helmut Braun MA, München
helmut.braun@elkb.de

Hon.-Prof. Dr. Dr. h. c. Michael Bünker, Wien
michael.buenker@a1.net

Mag. Dr. Sonja Danner, Wien
sonja.danner@kphvie.ac.at

Mag. Olivier Dantine, Innsbruck–Salzburg
olivier.dantine@evang.at

Dr. Anita E. Ernst, Fresach
anita.ernst@gmx.at

Dipl.-Päd. Monika Faes, Schladming
monika.faes@gmx.at

Mag. Dr. Martina Fuchs, Wien
martina.fuchs@univie.ac.at

Andrea Greinecker, Linz
andrea.greinecker@gmail.com

MMag. Dr. Elisabeth Gruber, Salzburg
elisabeth.gruber2@plus.ac.at

Mag. Esther Handschin, Wien
esther.handschin@emk.at

Mag. Thomas Hennefeld, Wien
thomas.hennefeld@evang.at

Mag. Barbara Heyse-Schaefer, Wien
barbara.heyse-schaefer@lutherkirche.at

Mitarbeiter:innenverzeichnis

Dr. Frank Hinkelmann MTh, Petzenkirchen
frank.hinkelmann@om.org

Mag. Dr. Leonhard Jungwirth, Wien
leonhard.jungwirth@univie.ac.at

o. Univ.-Prof. Dr. DDr. h. c. Ulrich H. J. Körtner, Wien
ulrich.koertner@univie.ac.at

Michaela Legenstein BA BEd, Graz
mlegenstein@yahoo.de

PD Mag. Dr. Hannes Leidinger, Wien
hannes.leidinger@univie.ac.at

Mag. Johannes Leitner, Wien
johannes.leitner@okr-evang.at

Prof. Dr. Claudia Lepp, München
ccl@evtheol.uni-muenchen.de

Prof. Dr. Tim Lorentzen, Kiel
lorentzen@email.uni-kiel.de

Mag. Sabine Maurer, Stainz-Deutschlandsberg
maurer.sabine@gmx.at

Mag. Günter Merz, Linz
guenter.merz@liwest.at

Mag. Dr. Johannes Modeß, Wien
johannes.modess@evang.at

Mag. Elke Petri, Wien
elke.petri@evang.at

Dr. Ernst Dieter Petritsch, Wiener Neustadt
ernst.petritsch@gmail.com

Dr. Andrea Ramharter-Hanel, Tulln
andrea@ramharter.co.at

Dr. Tilmann Robbe MA, Stuttgart
tilmann.robbe@dhbw.de

Mag. Dr. lic. phil. Thomas Scheiwiller, Wien
thomas.scheiwiller@univie.ac.at

Mag. Heinz Schubert, Graz
heinz.schubert@gmx.at

ao. Univ.-Prof. i. R. Dr. Dr. h. c. Karl W. Schwarz, Wien
karl.schwarz@univie.ac.at

PD MMag. Dr. Astrid Schweighofer, Wien
astrid.schweighofer@oeaw.ac.at

Dr. Waltraud Stangl, Wien
museum@evang.at

PD Dr. Dr. Karl-Reinhart Trauner, Wien
karl-reinhart.trauner@univie.ac.at

Univ.-Prof. Mag. Dr. Marija Wakounig MAS, Wien
marija.wakounig@univie.ac.at

Matthias Weigold MTh, Graz
matthias.weigold@evang.at

Mag. Roland Werneck, Wels
roland.werneck@evang-wels.at

Univ.-Prof. i. R. Dr. Dr. h. c. Thomas Winkelbauer, Wien
thomas.winkelbauer@univie.ac.at